ACCESO GRATIS ***a la Lectura en la Nube***

Para visualizar el libro electrónico en la nube de lectura envíe junto a su nombre y apellidos una fotografía del código de barras situado en la contraportada del libro y otra del ticket de compra a la dirección:

ebooktirant@tirant.com

En un máximo de 72 horas laborales le enviaremos el código de acceso con sus instrucciones.

LA INCLUSIÓN SOCIAL A TRAVÉS DE LA RENOVACIÓN DE ELEMENTOS DE ESTRUCTURA, RELACIÓN Y CONTENIDO EN LA NEGOCIACIÓN COLECTIVA

PROTAGONISTAS DE LA NEGOCIACIÓN Y NUEVOS CONTENIDOS ESENCIALES

Procedimiento de selección de originales, ver página web:
www.tirant.net/index.php/editorial/procedimiento-de-seleccion-de-originales

LA INCLUSIÓN SOCIAL A TRAVÉS DE LA RENOVACIÓN DE ELEMENTOS DE ESTRUCTURA, RELACIÓN Y CONTENIDO EN LA NEGOCIACIÓN COLECTIVA

PROTAGONISTAS DE LA NEGOCIACIÓN Y NUEVOS CONTENIDOS ESENCIALES

Directores:
JUAN JOSÉ FERNÁNDEZ DOMÍNGUEZ
HENAR ÁLVAREZ CUESTA

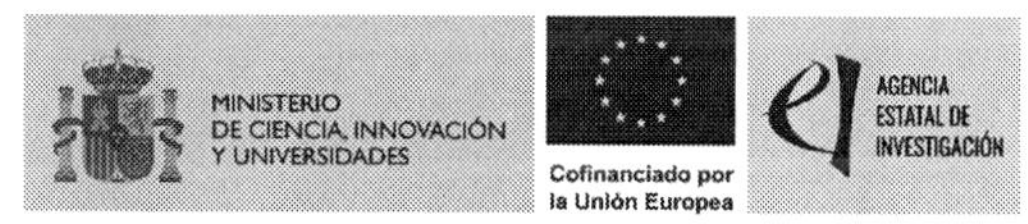

tirant lo blanch
Valencia, 2025

En caso de erratas y actualizaciones, la Editorial Tirant lo Blanch publicará la pertinente corrección en la página web www.tirant.com.

La presente obra ha sido sometida a la revisión de pares ciegos según el protocolo de publicación de la editorial a efectos de ofrecer el rigor y calidad correspondiente tanto en su contenido como en su forma, aplicándose los criterios específicos aprobados por la Comisión Nacional E 016 (BOE num. 286, de 26 de noviembre de 2016).

Esta investigación ha sido realizada en el marco del Proyecto de Investigación PID2021-122631OB-C21, financiado por el Ministerio de Ciencia e Innovación Generación del Conocimiento: investigación orientada, titulado “La inclusión social a través de la renovación de elementos de estructura, relación y contenido en la negociación colectiva”.

EDITA: TIRANT LO BLANCH
C/ Artes Gráficas, 14 - 46010 - Valencia
TELFS.: 96/361 00 48 - 50
FAX: 96/369 41 51
Email: tlb@tirant.com
www.tirant.com
Librería virtual: www.tirant.es
DEPÓSITO LEGAL: V-2948-2025
ISBN: 979-13-7010-302-6

Si tiene alguna queja o sugerencia, envíenos un mail a: *atencioncliente@tirant.com*. En caso de no ser atendida su sugerencia, por favor, lea en *www.tirant.net/index.php/empresa/politicas-de-empresa* nuestro procedimiento de quejas.

Responsabilidad Social Corporativa: http://www.tirant.net/Docs/RSCTirant.pdf

Autores

Beatriz Agra Viforcos
Henar Álvarez Cuesta
Ana Castro Franco
Laurentino Dueñas Herrero
Javier Fernández-Costales Muñiz
Juan José Fernández Domínguez
Dionisio Fernández de Gatta Sánchez
Francisco Xabiere Gómez García
Miguel Ángel González Iglesias
Cristina González Vidales
Mª de los Reyes Martínez Barroso
Diego Megino Fernández
Natalia Ordóñez Pascua
Tamara Prieto Pérez
Susana Rodríguez Escanciano
Rodrigo Tascón López

Índice

Capítulo I.

Los comités de empresa europeos desde el pasado, en el presente y hacia el futuro

JUAN JOSÉ FERNÁNDEZ DOMÍNGUEZ
Catedrático de Derecho del Trabajo y de la Seguridad Social
Universidad de Valladolid

1.- BREVE RESEÑA SOBRE LA EVOLUCIÓN DE UN INSTITUTO INACABADO

La conocida teoría del transformismo defendida por Lamarck sostiene que la función surge de la necesidad y viene a quedar cubierta a través de la creación de un órgano que la satisface. Una dinámica semejante acompaña la andadura de los comités de empresa europeos dentro del entramado de relaciones institucionales en el Viejo Continente, pues superando las reticencias que retrasaron su recepción normativa, y resistiendo las patentes limitaciones a que conduce una ordenación manifiestamente insuficiente[1], han servido y sirven para ofrecer respuesta a la ineludible necesidad de que el trabajo organizado pueda adquirir influencia real en la adopción de decisiones empresariales[2]. A tal punto que han sido considerados como una de las experiencias más avanzadas en el ordenamiento social continental, dotada de "la dimensión central a partir de la cual fortalecer la representación de los intereses laborales"[3]; valorando su ordenación jurídica como el acto legislativo probablemente más importante en el ámbito de las relaciones laborales a nivel continental[4], no solo por las implicaciones significadas, sino —y muy especialmente— por haber servido para iniciar una vía trascendente y preñada de futuro, al diseñar la figura transnacional para la representación (y negociación) en empresas multinacionales[5].

Dos son las fuerzas motrices fundamentales en su origen: de un lado, el impulso político a los aspectos sociales en el proceso de integración —fundamentalmente— económico de

---

1 FITZGERALD, I.: "Introduction: Employment participation in Europe", en AA.VV. (FITZGERALD, I. y STIRLING, J., Eds.): *European Works Councils. Pessimism of the intellect. Optmism of the will?*, Londres (Routledge), 2004, págs. 26-27.

2 BONI, G.: "Introduction", en AA.VV. (SCHÖMANN, I. *et alii*): *Transnational collective bargaining at company level*, Bruselas (ETUI), 2012, págs. 14-15.

3 DA COSTA, I. *et alii*: "Transnational negotiations and the Europeanization of industrial relations. Potential and obstacles", *European Journal of Industrial Relations*, Vol. 18, núm. 2, 2012, pág. 125.

4 WEBER, T. *et alii*: *Challenges and solutions: Case studies on European Works Councils*, Bruselas (ETUC), 2016, pág. 3.

5 HANN, D.; HAUPTMEIER, M. y WADDINGTON, J.: "European Works Councils after two decades", *European Journal of Industrial Relations*, Vol. 23, núm. 3, 2017, págs. 211-214 y 220-221.

cuanto ha llegado a ser la Unión Europea; de otro, la asunción por parte de las empresas y los sindicatos de nuevas formas de representación y defensa de sus intereses adaptadas a una realidad que trasciende las fronteras nacionales para ser claramente global.

Desde este último plano, resulta patente la evolución a lo largo del tiempo en los planteamientos sindicales, cuando levantan las miras desde lo local y los aspectos estrictamente laborales a otra visión en la cual la integración de las personas trabajadoras en una organización de dimensión internacional constituye una premisa insoslayable en orden a reforzar la representación social, concibiendo a los comités de empresa europeos (si convenientemente sindicalizados) como uno de los instrumentos apropiados a la hora de asumir nuevas responsabilidades y competencias. Ámbito funcional que en, un extremo, desborda el marco tradicional de la empresa y, en el otro, el de los Estados, para adquirir una dimensión sociopolítica y regional, abierta a la colaboración con una pléyade de agrupaciones de interés comunitario y capaz de establecer mecanismos eficaces de intervención a escala internacional[6].

Camino hacia el cual transitan también los directivos de las grandes corporaciones, quienes de igual modo desean disponer de un interlocutor válido en el momento de adoptar y ejecutar determinadas medidas dentro de esos grupos cada vez más complejos, y que no quieren encontrar dificultades o impedimentos derivados de los ordenamientos locales; de modo

---

6 PALACIO MORENA, J. I.: "Prólogo", en AA.VV. (ALBERS, D. *et alii*, Comps.): *La política regional de los sindicatos europeos. Un análisis comparativo*, Madrid (MTSS), 1993, pág. 21; sobre sus palabras, el discurso de RODRÍGUEZ ESCANCIANO, S.: "Nuevos marcos para la acción colectiva: la implantación de un sistema de relaciones laborales más dinámico y participativo", *Revista del Ministerio de Trabajo y Seguridad Social (Centro de Estudios Financieros)*, núm. 235, 2002, pág. 18.

tal que las diferencias entre el "centro" de las multinacionales (donde discurre la acción sindical tradicional) y la "periferia" (lugares donde alcanzan proyección final las iniciativas adoptadas) puedan ser superadas de la mano de estos comités capaces de trascender los límites geográficos[7].

En atención al complejo itinerario normativo seguido en paralelo, bien cabría diferenciar tres grandes etapas a través de las cuales la figura va tomando forma[8]: una primera donde las propuestas normativas fracasadas sirvieron, sin embargo, para abonar iniciativas de responsabilidad social que fructificaron en la creación de órganos de participación a nivel europeo[9]; una segunda presidida por el vital acontecimiento dado por la promulgación de la Directiva 94/45/CE del Consejo, de 22 de septiembre; y la actual, que comienza con la revisión de aquella a través de la Directiva 2009/38/CE del Parlamento Europeo y del Consejo, de 6 de mayo de 2009.

---

7 PAPADAKIS, K.: "Introducción", en AA.VV. (PAPADAKIS, K., Ed.): *Diálogo social y acuerdos transfronterizos ¿Un marco global emergente de relaciones laborales?*, Madrid (OIT), 2009, págs. 29-30.

8 Siguiendo la propuesta de GÓMEZ GORDILLO, R.: *El Comité de Empresa Europeo. Un estudio jurídico,* Madrid (CES), 2003, págs. 40-91; RODRÍGUEZ-PIÑERO y BRAVO-FERRER, M.: "Los derechos de información y consulta de los trabajadores y la dimensión comunitaria de la empresa", *Relaciones Laborales,* T. I, 1990, págs. 74-75 o KÖHLER, M. D. y GONZÁLEZ BEGEGA, S.: "¿Hacia un sistema de relaciones industriales europeo? La experiencia de los Comités de Empresa Europeos (CEUs)", *Cuadernos de Relaciones Laborales,* Vol. 22, núm. 1, 2004, págs. 7-36, con un panorama que completan en GONZÁLEZ BEGEGA, S.; KÖHLER, M. D. y ARANEA, M.: "Los Comités de Empresa Europeos dos décadas después. Una evaluación crítica", *Revista del Ministerio de Empleo y Seguridad Social,* núm. 127, 2017, págs. 258-263.

9 VALDÉS DAL-RÉ, F.: "Los derechos de información y consulta en el Derecho Social Comunitario", *Relaciones Laborales,* núm. 9, 2008, págs. 1-10.

1.1.- La etapa inicial: el fracaso normativo y los logros por la vía negociada

Esa vista atrás en el tiempo hasta llegar al día de hoy permite comprobar, a grandes trazos, cómo si bien el Programa de Acción Social aprobado por el Consejo el 21 de enero de 1974 alcanzó algunos logros notables a través de la aprobación de distintas Directivas (igualdad de trato en retribución, condiciones de trabajo y Seguridad Social, trasmisión de empresas, protección en situaciones de insolvencia o prevención de riesgos laborales específicos), la escasa intensidad armonizadora de las normas finalmente adoptadas vino a consagrar el triunfo de las posiciones conservadoras, con el resultado más descorazonador de no fructificar regulación alguna en el ámbito de los derechos colectivos de los trabajadores[10].

Esta es la clave desde la cual cabrá examinar el fracaso de las iniciativas que pretendían consagrar la participación de los trabajadores, de clara inspiración germánica, y que fueron incorporadas a las propuestas de estatuto de la sociedad europea y de la que fue denominada Quinta Directiva, destinada a armonizar la estructura orgánica de las sociedades allá por los años 70. La idéntica falta de éxito que acompaña a la propuesta de Directiva sobre estructura y órganos de la sociedad anónima europea a inicio de los años 80. Por último, y en particular, el rechazo empresarial como principal causa para impedir que prosperara la propuesta de Directiva relativa a los derechos de información y consulta de los trabajadores de las entidades de estructura compleja, y en particular de las corporaciones transnacionales.

---

[10] FERNÁNDEZ DOCAMPO, B.: *La participación de los trabajadores en el Derecho Social Comunitario*, Valencia (Tirant lo Blanch), 2006, pág. 24.

Presentada al Consejo en octubre de 1980, la participación a través de un período de consultas que habían recogido tanto las Directiva sobre despidos colectivos (75/129/CEE), como la relativa sucesión de empresas (77/187/CEE), aparecía limitada en exclusiva al marco empresarial y al ámbito nacional, encontrando en esta Directiva habilitante, nominada Vredeling, un adecuado complemento, al asumir el desafío de extender su ámbito al grupo de empresas y a un escenario trasnacional[11]. Más aún cuando, como elemento altamente incisivo, a través del conocido mecanismo de *by-pass*, los representantes de los trabajadores podían acudir de manera directa a la sede central del grupo, al centro de adopción de las decisiones, si la dirección local de la entidad no cumplía con estas obligaciones exigidas en la norma[12].

Ni siquiera la versión ulterior, mucho menos exigente, conocida como propuesta Vredeling-Richard, superó el firme rechazo de las asociaciones empresariales[13]. Motivo por el cual sus previsiones hubieran quedado en un intento loable a no ser por el feliz acontecimiento de que la filosofía subyacente fue recogida, desde mediado de los 80, en diversos acuerdos

---

11 Por extenso, CRUZ VILLALÓN, J.: *La representación de los trabajadores en la empresa y en el grupo. Un marco legal insuficiente*, Madrid (Trotta), 1992, pág. 197.

12 GÓMEZ GORDILLO, R: *El Comité de Empresa Europeo. Un estudio jurídico*, cit., pág. 48.

13 La mención detallada de este fracaso en PÉREZ DEL RÍO, M. T.: "La política social europea en materia de derechos de información y consulta de los trabajadores en empresas de estructura compleja", en AA.VV. (RODRÍGUEZ-SAÑUDO GUTIÉRREZ, F. y MARTÍN VALVERDE, A., Coords.): *Contrato de trabajo y formación profesional: consecuencias laborales y sociales de la integración de España en la Unión Europea. V Jornadas Universitarias Andaluzas de Derecho del Trabajo y Relaciones Laborales*, Madrid (Ministerio de Trabajo y Seguridad Social), 1987, pág. 153.

negociados por algunas multinacionales de origen básicamente francés y alemán (entre otras, Thomson, Danone, BSN, Bull, Saint-Gobain, Rhone-Poulenc, Scansped, Nestle, ELF, Volkswagen o Mercedes) y varias federaciones europeas o afiliadas a las mismas (en particular de la alimentación y el metal), algunos de los cuales crearon comités de empresa y/o incorporaron procedimientos de información y consulta de distinto contenido y diverso nivel de exigencia[14]. De hecho, y a su vez, la arquitectura de la regulación sobre comités de empresa europeos, su carácter voluntarista y la apuesta por la subsidiaridad como patrón llamado a ahormar la primera regulación mucho tienen que ver con la necesidad percibida, por quien estaba llamado a impulsar la norma, de utilizar la experiencia acumulada a nivel de corporación como punto de referencia para superar las importantes resistencias políticas no solo de los grupos de presión empresariales, sino también las localizadas en el seno del Consejo Europeo[15].

---

14 DA COSTA, I. y REHFELDT, U.: "Convenios colectivos transnacionales en el ámbito de la empresa: avances históricos", en AA.VV. (PAPADAKIS, K., Ed.): *Diálogo social y acuerdos transfronterizos. ¿Un marco global emergente de relaciones industriales?*, cit., págs. 76 y 77 o BEGONI, M.: *El Comité de Empresa Europeo*, Albacete (Bomarzo), 2010, págs. 9-11.

15 GOLD, M. y HALL, M.: *Evaluation de la pratique en matière d'information et de consultation au niveau européen dans les entreprises multinationales*, Dublín (Eurofound), 1992, en particular págs. 4-8; DANIS, J. J. y HOFFMANN, A.: "From the Vredeling Directive to the European Works Council Directive. Some historical remarks", *Transfer*, Vol. 1, núm. 2, págs. 183, 1995; o MÜLLER, T. y PLATZER, H. W.: "European Works Councils. A new mode of European Union regulation and the emergence of a European multi-level structure of workplace industrial relations", en AA.VV. (KELLER, B. y PLATZER, H. W., Eds.): *Industrial relations and European integration. Trans and supranational developments and prospects*, Aldershot (Ashagate), 2003, págs. 59-61.

1.2.- La Directiva original en su periodo transitorio

A partir de los condicionantes reseñados, y al calor de alguno de los objetivos fijados en la cumbre de Maastricht que recoge con nitidez en el art. 2 del Acuerdo de Política Social (donde aparece como tal la mejora del entorno laboral mediante el recurso a la información y consulta de los trabajadores), toma forma la propuesta de la que luego será Directiva 94/45/CE del Consejo, de 22 de septiembre, traspuesta al ordenamiento español por Ley 10/1997, de 24 de abril, cuya razón de ser encuentra incomparable reflejo en las propias palabras de su texto introductorio: "considerando que los procedimientos de información y consultas a los trabajadores previstos en las legislaciones o prácticas de los Estados miembros no se adaptan con frecuencia a la estructura trasnacional de la entidad que adopta la decisión que afecta a otros trabajadores; que esta situación puede dar lugar a un trato desigual de los afectados por las decisiones dentro de una misma empresa o un mismo grupo; deben adoptarse las disposiciones adecuadas para que los trabajadores de empresas o grupos de dimensión comunitaria sean debidamente informados y consultados en caso de que las decisiones que les afectan sean adoptadas en un Estado miembro de aquel en que trabaja"[16].

La promulgación de la norma abrió un periodo de dos años en el cual, y al amparo de cuanto disponía su art. 13 (en relación con el art. 14), fue posible tanto una convalidación normativa de las experiencias de representación labo-

---

16 La implicación de cuanto explicita este considerando noveno, por todos, en MARTÍNEZ BARROSO, M. R.: "Modelos clásicos y modelos nuevos de participación de los trabajadores en la empresa", *Temas Laborales*, núm. 62, 2001, págs. 63 o SÁEZ LARA, C.: "La Directiva 94/95, sobre el Comité de Empresa Europeo y su transposición al ordenamiento español", *Revista Española de Derecho del Trabajo*, núm. 78, 1996, págs. 620-623.

ral preexistentes, cuando hubieran finalizado en un acuerdo aplicable al conjunto de los trabajadores que contemplara la información y consulta a nivel europeo, como, también, la posibilidad de establecerlo desde la fecha de promulgación de la Directiva y antes de septiembre de 1996. El éxito de este extraño incentivo resulta indudable, al menos de examinar el número de acuerdos alcanzados en este breve periodo de tiempo; de hecho, y más de veinte años después, gran parte de los comités de empresa actuales fueron establecidos en este escueto lapso temporal, con independencia de su eventual renegociación posterior[17].

1.3.- La doble subsidiariedad en la Directiva original: buena idea y pobre resultado

Las razones capaces de explicar esta efervescencia puntual pueden ser muchas, pero más allá de los aspectos estrictamente procedimentales o de las diferencias institucionales en cada Estado y la pluralidad ("casi patológica"[18]) de experiencias, tres factores vienen a ser invocados por quienes han estudiado este preciso momento[19]: de un lado, y en algunos de los

---

17 El detalle en cifras en GONZÁLEZ BEGEGA, S.; KÖHLER, H. D. y ARANEA, M.: "Los Comités de Empresa Europeos dos décadas después. Una evaluación critica", cit., 263-269 y ETUI: *European Works Councils database*, 2024, en https://www.etui.org/themes/ worker-participation/european-works-councils.

18 Analizando el resultado de su desempeño desigual en los distintos Estados concernidos por la actuación del comité, KOTTHOFF, H. y WHITALL, M.: *Paths to transnational solidarity. Identity-bulding processes in European Works Councials*, Berna (Peter Lang), 2014, en particular, págs. 35 y ss.

19 Glosando los argumentos que proporcionan, con el debido detalle y bibliografía, LECHER, W. *et alii*: *European Works Councils: Developments, types and networking*, Aldershot (Gower), 2001, pags 42 y ss.;

supuestos, la participación de los trabajadores en la creación de los comités fue marginal, existiendo firmes dudas acerca de si mediaron negociaciones formales o más bien su concreción fue resultado de la iniciativa única de la dirección corporativa; de otro, y con mayor frecuencia, los acuerdos de instauración fueron alcanzados entre la empresa y la sola representación de los trabajadores del lugar donde tenía su domicilio la multinacional, sin contar con representantes de otros Estados; en fin, y ante tal realidad, resalta el pragmatismo en la posición adoptada tanto por la Comisión Europea como por sindicatos, pues prescindieron de hacer frente a tales prácticas, conducentes a una tipología en exceso heterogénea[20]; ponderando, por el

también, GILMAN, H. y MARGINSON, P.: "Negotiating European Works Councils: Contours of constrained choice", *Industrial Relations Review*, Vol. 33, núm. 1, 2003, págs. 36-51. Por extenso, GONZÁLEZ BEGEGA, S.: *Empresa transnacional y nuevas relaciones laborales. La experiencia de los Comités de Empresa Europeos*, Madrid (La Catarata), 2011, págs. 37 y ss. o GORELLI HERNÁNDEZ, J. y GÓMEZ GORDILLO, R.: "Grupos de empresa y derechos de información de los representantes de los trabajadores", en AA.VV. (RODRÍGUEZ-PIÑERO ROYO, M., Coord.): *El empleador en el Derecho del Trabajo. XVI Jornadas Universitarias Andaluzas de Derecho del Trabajo y Relaciones Laborales*, Madrid (Tecnos), 1999, págs. 362-364.

20 La muestra de los tipos que surgieron (y en gran medida se mantienen), con exhaustivo y gráfico detalle, en PLATZER, H. W. y RÜB, S.: "Europäische Betriebsräte: Genese, Formen und Dynamiken ihrer Entwicklung; eine Typologie", *Industrielle Beziehungen*, Vol. 6, núm. 4, 1999, págs. 393-426; también, a partir del estudio de catorce supuestos ordenados a mostrarla, STÖGER, H.: *Abstieg oder Aufbruch? European Betriebsräte zwischen Marginalisierung und transnationalem Einfluss*, Viena (Sigma), 2011. Sobre la tensión entre la europeización, a la cual se tiende, y la remisión a las normas nacionales y la autonomía de la voluntad, TORRENS MARGALEF, J.: "Los Comités de Empresa Europeos (Análisis de los resultados ante el inicio de una nueva fase)", en AA.VV. (VALDÉS DAL-RÉ, F. y MOLERO MARAÑÓN, M. L., Dirs.): *La representación de los trabajadores en las nuevas organizaciones de empresa*, Madrid (Fundación Largo Ca-

contrario, el valor que suponía la consolidación de los comités a partir de su expansión.

Precisamente la finalización del periodo transitorio supone, de la mano del art. 6 de la Directiva, la aplicación de un conjunto de disposiciones que trocan la libertad más amplia por un proceso de negociación sujeto a límite temporal y al mandato de establecer una vía de información y consultas incluso en los supuestos de fracaso en las negociaciones. Y sea porque poco a poco se habían ido agotando los grupos de empresas transnacionales de gran tamaño que no disponían de comité, y/o por las dificultades y el desinterés el banco económico (y también en algunos casos del social) en la mesa de negociación a la hora de comprometerse a un proceso de negociación de este tipo[21], lo cierto es que a los logros del bienio anterior subsigue una ralentización en la creación de comités de tal entidad como para llegar a preocupar a las instituciones europeas y a los sindicatos[22]. A esta inquietud responde, por ejemplo, la idea de crear una base de datos destinada a constituir un registro vivo y actualizado de los órganos de información y consulta existentes; pero, también, obediente al propósito de detectar a

---

ballero), 2010, pág. 221 o NIETO ROJAS, P.: *Las representaciones de los trabajadores en las empresas*, Tesis Doctoral, Madrid (Universidad Carlos III), 2015, pág. 164.

21 PLATZER, H. W.; RÜB, S. y WEINER, K. P.: "European Works Councils. Article 6 agreements. Quantitative developments", *Transfer*, Vol. 7, núm. 1, 2001, págs. 90-113.

22 Las cifras resultan elocuentes únicamente con parar la atención en que, mientras en el bienio 1994-1996 se constituyeron 480 (400 solo en 1996), en el periodo que va desde 1996 hasta la entrada en vigor de la revisión normativa de la Directiva tan solo lo hicieron 618 (contando renovaciones de acuerdos precedentes). Ritmo de decrecimiento y su valoración en GORDO GONZÁLEZ, L.: *La representación de los trabajadores en las empresas transnacionales*, Valencia (Tirant lo Blanch), 2019, pág. 162, nota 420.

las entidades establecidas en varios Estados e incluidas dentro del ámbito funcional de la norma europea que, sin embargo, no habían procedido a cumplir con cuanto le era requerido[23].

En buena medida, el resultado también es fruto de la complejidad que el carácter transnacional del escenario confiere a la norma destinada a abrir un nuevo camino en la prosecución del espacio jurídico común[24], convirtiendo la participación de los trabajadores (equilibrio entre acción reivindicativa y de colaboración en las decisiones de gestión económica[25]) en una seña de identidad de las empresas y grupos europeos[26]. Más aún cuando el mismo esquema viene a ser seguido, en primer lugar -y dentro de su respectivo y específico ámbito—, en las Directivas 2001/86/CE, de 8 de octubre de 2001, por la que se completa el Estatuto de la Sociedad Anónima Europea, y 2003/72/CE, de 23 de julio de 2003, por la que se completa

---

23 BLOCKLAND, A.: *Accounting for the missing European Works Councils*, Utrech (Universidad de Utrech), 2002, en especial págs. 14-18.

24 Complejidad como producto de la transnacionalidad sobre la que abundan CASAS BAAMONDE, M. E.: "Dimensión transnacional de leyes nacionales, Comités de Empresa Europeos y sentencias de conflictos colectivos", *Relaciones Laborales*, núm. 18, 1997, pág. 28; ALBIOL MONTESINOS, I.: "El Comité de Empresa Europeo", *Tribuna Social*, núm. 64, 1996, pág. 47 o MERCADER UGUINA, J. R.: "Derechos de información y consulta de los trabajadores en empresas y grupos de empresas de dimensión comunitaria", *Relaciones Laborales*, núm. 14, 1997, pág. 62.

25 MONEREO PÉREZ, J. L.: *Los derechos de información de los representantes de los trabajadores*, Madrid (Civitas), 1992, pág. 31 y ÁLVAREZ CUESTA, H.: "El Comité de Empresa Europeo como instrumento de participación de los trabajadores a nivel supranacional", *Pecvnia*, núm. 9, 2008, pág. 28.

26 DURÁN LÓPEZ, F. y SÁEZ LARA, C.: *El papel de la participación en las nuevas relaciones laborales*, Madrid (Civitas/CARL), 1997, pág. 59.

el Estatuto de la Sociedad Cooperativa Europea[27]; en segundo término, en la Directiva 2002/14/CE del Parlamento Europeo y del Consejo, de 11 de marzo de 2002, por la que se establece un marco general relativo a la información y a la consulta de los trabajadores en la entonces Comunidad Europea, donde ha lugar a una disminución generalizada en el contenido de los derechos reconocidos, así como un incremento del protagonismo de la autonomía colectiva que debilita de manera considerable el carácter mínimo de la regulación final, pudiendo catalogarla, incluso, como "normativa subsidiaria" de la aquí analizada[28].

Cohonestar los intereses en presencia para conseguir el objetivo pretendido conllevó, además de la atípica etapa de convalidación o preconfiguración al margen de la ley ya reseñada, una opción normativa que sitúa la autonomía de la voluntad de los interlocutores sociales como piedra axial del modelo, pues será la que determine el inicio del procedimiento, la designación de quienes han de integrar la comisión y su funcionalidad y hasta el alcance último de las obligaciones de información y consulta. Riesgo indudable el asumido (y

---

27 VALDÉS DAL-RÉ, F.: "La implicación de los trabajadores en la Sociedad Europea (evolución, marco general y disposiciones de referencia)" y CASAS BAAMONDE, M. E.: "La implicación de los trabajadores en la Sociedad Anónima Europea", ambos en AA.VV. (ESTEBAN VELASCO, G. y FERNÁNDEZ DEL POZO, L., Coords.): *La Sociedad Anónima Europea. Régimen jurídico societario, laboral y fiscal*, Madrid (Marcial Pons), 2004, págs. 916 y 1073, respectivamente; FERNÁNDEZ DOCAMPO, P.: *La participación de los trabajadores en Derecho Social Comunitario*, cit., pág. 138 o GARRIDO PÉREZ, E.: "La Sociedad Europea: un nuevo impulso y una nueva posibilidad para la participación de los trabajadores en las empresas", en AA.VV. (BAYLOS GRAU, A., Coord.): *La dimensión europea y transnacional de la autonomía colectiva*, Albacete (Bomarzo), 2003, págs. 203 y ss.

28 GÓMEZ GORDILLO, R.: *El Comité de Empresa Europeo. Un estudio jurídico*, cit., pág. 87.

según voces autorizadas un gran atractivo para quienes no desean fomentar cuotas de participación más exigentes o directamente quieren encontrar elementos de freno a su eficiencia[29]), pues supone renunciar a la armonización normativa en favor de una armonización de objetivos que no se imponen de manera preceptiva[30].

En este sentido, la opción adoptada consistió en establecer las reglas que configuran el procedimiento preceptivo llamado a garantizar, como soporte instrumental, el derecho y deber de negociar[31]. Únicamente en caso de incumplimiento del trámite preceptivo, o de fracaso en el procedimiento a seguir (estrictamente ajustado a los diversos sistemas nacionales como rasgo identitario[32]), obra una respuesta normativa

---

29 En los ejemplos que proponen ORTIZ LALLANA, M. C.: "La participación de los trabajadores en el ámbito internacional y comunitario", en AA.VV.: *Gobierno de la empresa y participación de los trabajadores: viejas y nuevas formas institucionales. XVII Congreso Nacional de Derecho del Trabajo y de la Seguridad Social*, Madrid (Ministerio de Trabajo y Asuntos Sociales), 2007, págs. 108 y 109 o MENÉNDEZ SEBASTIÁN, P.: "La participación de los trabajadores en la empresa", en AA.VV. (GARCÍA MURCIA, J., Coord.): *La transposición del Derecho Social Comunitario al ordenamiento español: un balance en el XX aniversario de la incorporación de España a la Comunidad Europea*, Madrid (Ministerio de Trabajo y Asuntos Sociales), 2005, pág. 829.

30 CRUZ VILLALÓN, J.: "La información y la consulta a los representantes de los trabajadores en las empresas de dimensión comunitaria", *Relaciones Laborales*, T. II, 1994, pág. 139.

31 CABEZA PEREIRO, J.: "La constitución del Comité de Empresa Europeo en una empresa o un grupo de dirección central en España", *Aranzadi Social*, núm. 16, 1997, pág. 521.

32 MONEREO PÉREZ, J. L.: *Los derechos de información de los representantes de los trabajadores*, cit., pág. 208 o CASAS BAAMONDE, M. E.: "Subsidiaridad y flexibilidad del ordenamiento y participación de los trabajadores en empresas y grupos", *Relaciones Laborales*, T. I, 1993, pág. 59.

directa consistente en la aplicación temporal del modelo de información y consulta diseñado en la Directiva. Doble subsidiariedad, por tanto: vertical en la medida en la cual la Unión Europea únicamente actúa cuando la dimensión y los efectos de la cuestión lo exigen; pero también horizontal, pues la negociación colectiva está en disposición de desplazar la labor normativa de las instituciones[33].

A la dirección central de la multinacional quedó atribuida la responsabilidad de tomar la iniciativa, consistente tanto en "proporcionar directamente a los representantes de los trabajadores la información imprescindible para el inicio de las negociaciones con el objetivo de constituir un comité europeo, como la de transmitir dicha información a los representantes de los trabajadores a través de la empresa perteneciente al grupo en la que trabajan, a la que dichos representantes hayan solicitado la información en primer lugar"[34]. Deber de información absolutamente capital, no en vano en la ausencia o tergiversación de los datos a notificar pudo estar en la base de la inactividad o retrasos injustificables[35], a partir de cuya constancia cualquiera de los legitimados podía instar la conformación de la comisión negociadora, llamada a constituirse (salvo los supuestos excepcionales en los cuales cabía y cabe legítimamente una negativa al requerimiento *ex* art. 13) y operar según las reglas previstas en cada Estado, con la sola precaución de prever que los trabajadores de las empresas y/o establecimien-

---

33 CASAS BAAMONDE, M. E.: "Doble principio de subsidiariedad y competencias comunitarias en el ámbito social", *Relaciones Laborales*, T. I, 1993, págs. 54 y 55.

34 Sobre la base de cuanto ya estableció la STJCE, de 29 de marzo de 2001, C-62/99, asunto *Bofrost*, y e mantuvo la STJCE de 13 de enero de 2004, C-440/00, asunto *Kühne y Nagel*, el literal de la STJCE, de 15 de julio de 2004, C-349/01, asunto *ADS Anker*.

35 JAGODZINSKI, R.: "EWCs after 15 years. Success or failure?", *Transfer*, Vol. 17, núm. 2, pág. 2009, págs. 203-216.

tos sin representantes de los trabajadores por motivos ajenos a su voluntad tuvieran plenamente garantizado el derecho a elegir o designar miembros, atendiendo a los criterios geográficos y cuantitativos que determinaba el art. 5.2 (pronto modificados por el art. 2 Directiva 97/74 CE)[36]; la posibilidad de asistencia a sus miembros por expertos (art. 5.4); la adopción de acuerdos por mayoría, excepto si tuvieran por objeto anular las negociaciones en curso o no iniciarlas (supuestos para los cuales el art. 6.5 exige mayoría cualificada); y, en fin, asunción de los gastos por la dirección central (art. 5.6).

El éxito en el proceso negocial conducía de manera preferente a la creación del comité de empresa europeo, aun cuando también podía finalizar con la aquiescencia común de someterse al modelo estándar previsto en la norma; susceptible de ser aplicado, en consecuencia, bien por vía autónoma y de forma directa, al entender que satisface suficientemente las necesidades y expectativas (o no estar en disposición de ir más allá) de las partes, o bien por vía heterónoma y subsidiaria[37].

La primera de las opciones conducirá a conformar el órgano cubriendo los requisitos demandados en el 6.2, para aportar la necesaria certeza y seguridad jurídica a los mecanismos convencionales diseñados (aun cuando guarde un "absoluto

---

36 Sobre los elementos de fraude que vendrían a corregir esta previsión, ALBIOL MONTESINOS, I.: "El Comité de Empresa Europeo", cit., pág. 52 o ÁLVAREZ CUESTA, H.: "El Comité de Empresa Europeo como instrumento de participación de los trabajadores a nivel supranacional", cit., pág. 33.

37 CORREA CARRASCO, M.: "Concurrencia y articulación de fuentes en la constitución del Comité de Empresa Europeo", *Temas Laborales*, núm. 53, 2000, págs. 25 y 26 o MOLINA NAVARRETE, C.: "La regulación del Comité Europeo de Empresa: puntos críticos. Estudio sobre la Ley 10/1997, de 24 de abril, de 'transposición' de la Directiva 45/94/CE)", *Revista de Trabajo y Seguridad Social (Centro de Estudios Financieros)*, núm. 49, 1998, pág. 80.

mutismo"[38] o adopte una postura neutral sobre su composición[39]); pero, de nuevo, con amplia flexibilidad para cumplimentarlos discrecionalmente, acomodándolos (con una ductilidad que en algunos extremos no deja de causar perplejidad[40]) a los concretos intereses de quienes negocian.

En el supuesto de fracaso, entrarían en vigor los "prolijas"[41] disposiciones subsidiarias como "vía imperativa"[42], pese a la finalidad principal de promocionar un establecimiento convencional de las instituciones representativas[43]. Espíritu, este últi-

---

38 FERNÁNDEZ DOCAMPO, B.: *La participación de los trabajadores en el Derecho Social Comunitario,* cit., pág. 182.

39 CABEZA PEREIRO, I.: "La constitución del Comité de Empresa Europeo en una empresa o en un grupo de dirección central en España", cit., pág. 527.

40 RODRÍGUEZ-PIÑERO ROYO, M.: "Información y consulta de los trabajadores a nivel transnacional comunitario: el modelo nacional", *Relaciones laborales,* T. II, 1995, pág. 60 o MENDOZA NAVAS, N.: "La construcción de instrumentos de representación a nivel transnacional: el Comité de Empresa Europeo y la experiencia española", en AA.VV. (BAYLOS GRAU, A., Coord.): *La dimensión europea y transnacional de la autonomía colectiva,* cit., pág. 142.

41 CRISTOBAL RONCERO, M. R.: "El Comité de Empresa Europeo en las empresas o grupos de empresas de la dimensión comunitaria", *Revista del Ministerio de Trabajo y Asuntos Sociales,* núm. 43, 2003, pág. 171.

42 Sobre tal rasgo y su sentido, MERCADER UGUINA, J. R.: "Derechos de información y consulta de los trabajadores en las empresas y grupos de empresas de dimensión comunitaria", cit., pág. 1034.

43 Los elementos de contradicción final subrayados de manera conveniente en BAZ RODRÍGUEZ, J.: "El sistema europeo de información y consulta de los trabajadores en las empresas y grupos de dimensión comunitaria: reflexiones en torno a la Ley 10/1997, de 29 de abril", *Relaciones Laborales,* T. I, 1998, pág. 268 o RAMÍREZ MARTÍNEZ, J. M.: "Perspectivas del Derecho Social en la Comunidad Europea (con especial atención al desarrollo de la Directiva sobre Comité Europeo)", cit., págs. 16 y ss.

mo, que venía a latir en el art. 1. f) del Anexo de la Directiva, cuando preveía que la decisión había de ser revisada cada cuatro años, abriendo (o no) un nuevo periodo de negociación si así lo estimará oportuno la representación de los trabajadores, única legitimada para efectuar el juicio de oportunidad sobre la conveniencia de la interlocución o la persistencia de las dificultades que impidieron el acuerdo en primera instancia.

2.- LA REGULACIÓN EN VIGOR: UNA REFORMA TARDÍA E INSUFICIENTE

"Cuando en 1994 se adoptó la Directiva, ya se veía claramente la necesidad de revisar su articulado"[44]. Con esas concluyentes palabras, el portavoz de la Confederación Europea de Sindicatos hacía un balance temprano del sentir tanto de un sector de la sociedad como de gran parte de la doctrina; viniendo a subrayar, al tiempo, las carencias de la norma y el limitado éxito de esta versión original[45].

La apuesta por la subsidiariedad, que renunciaba a determinar un suelo de derechos mínimos sobre el cual adaptar, mediante acuerdos, la extensión de los derechos de información y consulta a escala trasnacional, atribuyendo a la vía autónoma aspectos tan trascendentales como la iniciativa negocial, la configuración de procedimiento y el contenido material de los derechos, suponía fiarlo todo a la colaboración decidida de los agentes sociales. Y, según ya consta, el banco económico

---

44 BUSCHACK, W.: "La revisión de la Directiva sobre Comités de Empresa Europeos", en AA.VV. (ARAGÓN, J. *et alii*, Ed. Lit.): *Los Comités de Empresa Europeos en España*, Madrid (CC.OO./Fundación 1º de Mayo), 2001, pág. 9.

45 GORDO GONZÁLEZ, L. y NIETO ROJAS, P.: "De los Comités de Empresa Europeos a los Acuerdos Marco Globales", *Gaceta Sindical*, núm. 33, 2010, pág. 220.

distaba de estar convencido de que tal fuera el camino a seguir, conforme lo demuestra su propensión a eludir la aplicación de la norma acudiendo a los pactos de anticipación o, también, el propio tenor de un número significativo de acuerdos que, al no garantizar el ejercicio efectivo de los derechos de información[46], permitían cuestionar la utilidad de los comités como instancias representativas[47].

El palmario declive de los objetivos sociolaborales en la agenda europea, la necesidad de centrar los esfuerzos en los numerosos asuntos que demandaba la ampliación de la Unión y la persistencia en la estrategia obstruccionista de la patronal motivaron que la primera revisión —prevista para 1999— retrasara su comienzo hasta 2003, y que la iniciativa quedara en manos de la Comisión (con una encomiable labor del Consejo Económico y Social Europeo a través de dos Dictámenes sin desperdicio[48]), haciéndose esperar un nuevo texto otros seis años[49].

---

46 GILMAN, M. y MARGINSON, P.: "Negotiating European Works Councils: Contours of constrained choice", cit., págs. 46-48.

47 GOMÉZ GORDILLO, R.: "La reforma de la Directiva sobre el Comité de Empresa Europeo. Nueva apuesta por la fijación convencional de derechos de información y consulta en empresas y grupos de dimensión comunitaria", *Relaciones Laborales*, num. 13, 2010, págs. 74 a 79 o STIRLING, J. y TULLY, B.: "Power, process and practice: Communications in European Works Councils", *European Journal of Industrial Relations*, Vol. 10, núm. 1, 2004, págs. 73-89.

48 CONSEJO ECONÓMICO Y SOCIAL EUROPEO: *Sobre la aplicación concreta de la Directiva sobre la constitución de un Comité de Empresa Europeo (94/45/CE) y sobre los aspectos que en su caso deberían ser revisados*, de 24 de septiembre de 2003 (DOUE 14 enero 2004); también, *Los comités de Empresa Europeos: un nuevo papel para promover la integración empresarial* (CESE, 13 de septiembre de 2006, 1170/2006).

49 En repaso detallado a este proceso histórico desde el punto de vista de quienes se van a ver afectados, DE SPIEGELAERE, S.; JAGODZINSKI, R., y WADDINGTON, J.: *European Works Councils: Contested and still in the making*, Bruselas (ETUI), 2022, págs. 18-21 y 40-65 o,

La actuación unilateral de la Institución explica que algunas de las recomendaciones aquilatadas por el banco social con mimo (aclaración de un conjunto importante de nociones nucleares, potenciación de los derechos de información y consulta, reducción de los umbrales establecidos para constituir el comité, preocupación por la formación de los miembros y refuerzo del papel de los expertos, tratamiento específico de los grupos de empresas, establecimiento de sanciones disuasorias para el supuesto de incumplimiento de las obligaciones en las cuales se concreta la participación o, por no seguir, inclusión de la seguridad y salud dentro de las materias apropiadas como objeto de tratamiento por parte de los comités[50]), se quedaran en expectativas solo parcialmente atendidas y continuaran suscitándose numerosos problemas en su trasposición a los distintos Estados[51].

Por este motivo, y frente a cuanto manifiesta como propósito el Considerando 1 de la Directiva 2009/38/CE, lejos de

---

en perspectiva anterior en el tiempo pero más amplia, JAGODZINSKI, R.: "Review, revision or recast? The quest for an amended EWC Directive", en AA.VV. (DORSSEMONT, F. y BLANKE, T., Eds.): *The recast of the European Works Council Directive,* Amberes (Intersentia), 2010, págs. 293-308.

50 Sobre el elenco desgranado por BUSCHACK, W.: "La revisión de la Directiva sobre Comités de Empresa Europeos", cit., págs. 11-18; también, en afortunada síntesis, AA.VV. (ARAGÓN, J. *et alii*): *Los Comités de Empresa Europeos en España,* cit., págs. 51-53.

51 En torno a algunos de los asuntos que han llegado a los Tribunales, en gran medida debidos a las imposiciones o indeterminaciones en la norma europea, ÁLVAREZ ALONSO, D.: *Representación y participación de los trabajadores en la empresa. Estudio de jurisprudencia y perspectivas de futuro,* Valencia (Tirant lo Blanch), 2019, págs. 115-118 o MONEREO PÉREZ, J. L. y ORTEGA LOZANO, P. G.: "La designación de los representantes de los trabajadores en el Comité de Empresa Europeo en la doctrina jurisprudencial", *Derecho de las Relaciones Laborales,* núm 1, 2020, págs. 20-40.

"modificarse sustancialmente", el contenido final de la norma renuncia a algunos aspectos sustanciales ("norma laboral 'a la baja'"[52]), que incluso aparecían recogidos en la Propuesta presentada a consideración (su apartado 22 aludía a reducir el umbral de la plantilla a 500 trabajadores o al establecimiento de un registro de los acuerdos de aplicación)[53], para centrar la atención en los tres aspectos básicos, que ayudan a ir delimitando el a renglón seguido analizados[54]; lo cual no debe llevar a olvidar, sin embargo, otros de menor incidencia en el planteamiento propuesto, como la viabilidad de las cláusulas de adaptación frente a cambios estructurales de la corporación sin necesidad de renegociar el acuerdo, la mejora en la protección de los representantes, el retoque en las cautelas de confidencialidad en la información, la eliminación de la garantía de un representante por cada Estado afectado con indepen-

---

52 ESPEJO MEGÍAS, P.: "La participación de los trabajadores en el ámbito supranacional. Aspectos controvertidos de la Directiva 2009/38/CE del Parlamento y del Consejo de 6 de mayo, sobre constitución de un Comité de Empresa Europeo o de un procedimiento de información y consulta a los trabajadores en las empresas y grupos de empresas de dimensión comunitaria", *Lan Harremanak*, núm 28, 2013, págs. 128 y 129.

53 El detalle de los temas que dejó pendientes, al margen de los reseñados en texto, como reivindicaciones concretas de la Confederación Europea de Sindicatos, en ALAIMO, A.: "The new Directive on European Works Councils: Innovations and omissions", *International Journal of Comparative Labour Law Industrial Relations*, Vol. 26, núm. 2, 2010, págs. 219-223; LAULOM, S.: "The flawed revision of the European Works Council Directive", *Industrial Law Journal*, Vol. 39, núm. 2, 2010, págs. 204 y 205 o GARRIDO PÉREZ, E.: "La reforma de la Directiva sobre CEU a la luz de la jurisprudencia del TJCE en relación a la información y consulta en estructuras complejas", *Revista de Política Social*, núm. 49, 2010, págs. 127-129 y 144.

54 BIAGI, M.: "La Direttiva CAE dopo sei anni: il successo di un nuovo modello?", *Diritto delle Relazioni Industriali*, núm. 4, 2000, págs. 507 y 508.

dencia de la plantilla de la corporación y el nuevo reparto de los miembros llamados a integrar el comité o, por no seguir, la necesaria comunicación de la composición de la comisión negociadora del comité y el inicio de las negociaciones[55]:

2.1.- Contenido, tiempo y forma en la noción de información incorporada a la reforma de la Directiva

Con las miras puestas en el objetivo común de alcanzar una referencia armonizada a nivel europeo, probablemente la innovación de mayor calado venga de la mano del concepto de información que recoge[56]. Antes ausente, confiando –otra vez— en su fácil deducción del conjunto de la regulación y de la realidad de las relaciones laborales[57], la Comisión atiende el argumento de la Confederación Europea de Sindicatos y pro-

---

55 Siguiendo en el discurso la exposición sistemática y más detallada de GÓMEZ GORDILLO, R.: "La reforma de la Ley sobre derechos de información y consulta en las empresas y grupos de dimensión comunitaria: ¿Un impulso para los Comités de Empresa Europeos?", *Temas Laborales*, núm. 111, 2011, págs. 88-120; FLÓREZ ESCOBAR, R.: "El Comité de Empresa Europeo", en AA.VV. (CASAS BAAMONDE, M. E. y GIL ALBURQUERQUE, R., Dirs., y GARCÍA-PERROTE ESCARTÍN, I.; GÓMEZ GARCÍA-FERNAL, A. y SEMPERE NAVARRO, A. V., Coords.): *Derecho Social de la Unión Europea. Aplicación por el Tribunal de Justicia*, 2ª ed., Madrid (Francis Lefevre), 2019, págs. 1118-1137; o, también, LAULOM, S: "The flawed revisión of the European Works Council Directive", cit., págs. 205-208.

56 SENATORI, I.: "Directive 2009/38/EC on the establishment of a European Works Council", en AA.VV. (ALES, E. *et alii*; Eds.): *International and European Labour Law. A Commentary*, Baden-Baden (Nomos-Hart), 2018, pág. 1618.

57 GÓMEZ GORDILLO, R.: "La reforma de la Ley sobre derechos de información y consulta en las empresas y grupos de dimensión comunitaria: ¿Un impulso para los Comités de Empresa Europeos?", cit., pág. 90.

cede a definirla (retocando a su vez, cuanto se daba a entender por consultas) con el triple objetivo recogido en su considerando 21 de reforzar la efectividad del nivel transnacional de diálogo, permitir una articulación adecuada entre los niveles nacional y regional y garantizar la seguridad jurídica necesaria en la aplicación de la norma. A tal efecto, el art. 2.1 f) integra todos los elementos fundamentales ya recogidos en la Directiva Marco y en la Directiva sobre Sociedad Europea[58], pasados por el tamiz de la jurisprudencia, para aludir a los tres aspectos de interés situados en su contenido, momento de puesta a disposición y finalidad a la que aparece ordenada.

En tal sentido, la autonomía de la voluntad sigue disponiendo de un amplio margen a la hora de seleccionar la concreta documentación a aportar y el procedimiento para hacerlo, pero ahora el empleador debe respetar los márgenes infranqueables que proporciona la norma europea (si se prefiere, ha lugar a una transformación de la complementariedad en suplementariedad[59]) bajo el riesgo de viciar de nulidad el resultado final[60].

---

58 Así lo muestra JAGOZINSKI, R.: "The EWC directives and the SE legal framework: Symbiosis and mutual reinforcement brought to halt", en AA.VV. (CREMERS, J.; STOLL, M. y VITOLS, S., Eds.): *A decade of experience with the European company*, Bruselas (ETUI), 2013, en particular págs. 277-282, con ilustrativa muestra comparativa en Tabla 1, pág. 281; también ÁLVAREZ GIMENO, R.: " La implicación de los trabajadores en la SE y la complejidad del Derecho Social Europeo actual", AA.VV.: *Gobierno de la empresa y participación de los trabajadores: viejas y nuevas formas institucionales. XVII Congreso Nacional de Derecho del Trabajo y de la Seguridad Social*, Madrid (Ministerio de Trabajo y Asuntos Sociales), 2001, págs. 311-331.

59 Por acudir al planteamiento de CORREA CARRASCO, M.: "Concurrencia y articulación de fuentes en la constitución del Comité de Empresa Europeo", *Temas Laborales*, núm. 53, 2000, págs. 24-27.

60 En el impecable argumento de DANIS, J. J. y HOFFMANN, R.: "From the Vredeling Directive to the European Works Council Di-

Aun cuando "el alcance de sus obligaciones [de información y consulta] no puede limitarse, por lo que se refiere a los empresarios, únicamente a la dirección central", según sienta de manera preclara el Tribunal de Justicia, la realidad muestra cómo la matriz resulta ser la que –con carácter general— está en mejores condiciones para trasmitir los datos relativos al conjunto de la entidad simple o compleja de dimensión comunitaria; motivo por el cual esta será la regla abierta a excepción (según puede ocurrir, amén de en supuestos semejantes al contemplado en la sentencia referida, cuando obra la intención, por ejemplo, de constituir varios comités en el seno del grupo[61]) e, igualmente, el elemento último a utilizar llegado el momento de imputar responsabilidad[62].

De entrar al detalle de los elementos requeridos por la noción aquilatada en la Directiva, y centrar la atención en el contenido como primer condicionante, la calidad viene a ser el patrón que sirva para concretar y controlar en cada ocasión el satisfactorio cumplimiento de una obligación[63] que, así concebida, es claramente de resultado[64].

---

rective: Some historical remarks", *Transfer*, Vol. 1, núm. 2, 1995, pág. 186.

61 STJCE de 29 de marzo de 2001, C-62/99, asunto *Bofrost*.

62 LAULOM, S.: "The flawed revision of the European Works Council Directive", cit., pág. 205; ARRIGO, G.: "Dalla 'revisione' alla 'rifusione' della Direttiva n. 94/45", en AA.VV. (BARBUCCI, G. y ARRIGO G., Dirs.): *I Comitati Aziendali Europei tra vecchio e nuovo Diritto. Per una comune cultura negoziale europea*, Roma (Futura), 2010, pág. 325.

63 SACHS-DURAN, D. C.: "Information and consultation in the recast Directive", en AA.VV. (DORSSEMONT, F. y BLANKE, T., Eds.): *The recast of the European Works Council Directive*, cit., págs. 323 y 324.

64 GOMÉZ GORDILLO, R.: "La reforma de la Ley sobre derechos de información y consulta en las empresas y grupos de empresa de dimensión comunitaria. ¿Un impulso para los Comités de Empresa Europeos?", cit., pág. 94.

Por este motivo, la forma (idioma y/o soporte de transmisión), su estructura y la entidad de los detalles deben permitir una adecuada valoración de los efectos que va a provocar sobre las relaciones laborales y, en su caso, servir también de base documental para el desempeño de la representación de los trabajadores durante el periodo de consultas. Por este motivo habrá de incorporar cuantos elementos permitan a sus miembros afrontar el proceso de interlocución con las debidas garantías; incluyendo, por supuesto, la respuesta a aclaraciones o ampliaciones de datos que resulten apropiados, en delimitación que las leyes nacionales pueden facilitar a través de listados más o menos exhaustivos de materias[65].

Respecto al momento en el cual procederá proporcionar los datos, las quejas sindicales se han convertido en paisaje habitual, dejando constancia de que "la experiencia demuestra que la información se da siempre a toro pasado"[66], o "llega tan tarde que las consultas difícilmente tienen lugar o, incluso cuando tienen lugar, a menudo discurren bajo circunstancias que restringen mucho su operatividad"[67]. De ahí la referencia de la norma al "momento (...) apropiado"; exigiendo, por ende, una antelación suficiente a la luz de la finalidad a la cual sirve esta obligación, y siempre midiendo el carácter tempestivo en relación con la disponibilidad de los órganos

---

65 GOLD, M. y REES, C.: "What makes an effective European Works Council? Considerations based on three case studies", *Transfer*, Vol. 19, núm. 4, 2013, págs. 547 y 548. Destacando, no obstante, la notable mejora en la información, de comparar los datos de 2007 frente a los de 2018, DE SPIEGELAERE, S.; JAGODZINSKI, R. y WADDINGTON, J.: *European Works Council: Contested and still in the making*, cit., págs. 84-98

66 AA.VV. (ARAGÓN, J. *et alii*): *Los Comités de Empresa Europeos en España*, cit., pág. 13.

67 VOSS, E.: *European Works Councils: Assessments and requirements*, Bruselas (ETUC), 2016, pág. 14.

directivos de esos datos necesarios[68], pues demanda sopesar, en todo caso, los plazos ya fijados para cumplir con las labores ordinarias de información[69], así como las eventuales dificultades que pudieran derivar de problemas en la continuidad del flujo de noticias[70].

Este último aspecto cobra singular relieve en los supuestos en los cuales, frente a las consultas habituales fijadas para periodos ordinarios de reunión (establecidos de manera mayoritaria en el solitario encuentro anual que contempla la Directiva como umbral mínimo), deviene preciso convocar reuniones extraordinarias (en los procesos de reestructuración de manera destacada), las cuales precisan una actualización de datos para iniciar o proseguir las negociaciones[71].

Conforme cabe ver, forma, fondo y tiempo al servicio del "efecto útil"[72] que permita emitir una valoración de manera bien fundada y/o preparar las consultas de modo eficaz, pues

---

68 TELLJOHANN, V. *et alii*: *European Works Councils case studies*, Bolonia (Istituto per il Lavoro), 2005, págs. 17 y 18.

69 BLANKE, T. y ROSE, E.: "Who first? The correct timing of information and consultation of European Works Councils in relation to national rights of worker involvement", en AA.VV. (DORSSEMONT, F. y BLANKE, T., Eds.): *The recast of the European Works Council Directive*, cit., pág. 329.

70 Comentando algunos ejemplos que habrían de servir de ejemplo para supuestos futuros, WEBER, T. *et alii*: *Challenges and solutions: Case studies on European Works Councils*, cit., págs. 15-28.

71 LAULOM, S.: "The flawed revision of the European Works Council Directive", cit., págs. 205 y 207.

72 WADDINGTON, J.: *European Works Councils: A transnational industrial relations in the making*, Londres (Routledge), 2011, pág. 90; también HOFFMAN, R.: "CAE, una reforma tardiva ma utile", en AA.VV. (BARBUCCI, G. y ARRIGO, G., Dirs.): *I Comitati Aziendali Europei tra vecchio e nuovo Diritto. Per una comune cultura negoziale europea*, cit., pág. 126.

si no fuera así "todo el edificio caería por su base" y la autonomía en la configuración de la obligación corporativa habría de dar paso a la sanción de quien no cumplió con su cometido de manera diligente. Siempre, claro está, de no encontrar amparo en la excepción dada –y con demasiada frecuencia utilizada de manera abusiva— de tratarse de "información que, por su naturaleza, pudiere según criterios objetivos, crear graves obstáculos al funcionamiento de las empresas afectadas u ocasionar perjuicio a las empresas afectadas por dichas disposiciones" (art. 8.2)[73].

El contrapeso, conocido, viene dado por el deber de sigilo, cuya aplicación práctica no ha conocido mayores problemas como pauta general, a partir de las frecuentes clausulas establecidas en los acuerdos al amparo del art. 8.1[74], incluso en los supuestos más conflictivos en los cuales los datos se pro-

---

73 Con firme y fundada crítica a que tal excepción no haya sido acogida en algunos Estados –entre otros España—, bajo la forma de una cautela de autorización previa administrativa o judicial, GOMÉZ GORDILLO, R.: "La reforma de la Ley sobre derecho de información y consulta en las empresas y grupos de dimensión comunitaria. ¿Un impulso para los Comités de Empresa Europeos?", cit., pág. 102.

74 COMISIÓN EUROPEA: *Evaluation study on the implementation of Directive 2009/31/EC on the establishment of a European Works Council*, Luxemburgo (Oficina de Publicaciones de la Unión Europea), 2016, págs. 7 y 8 o *Report on the implementation by Member States of Directive 2009/38/EC on the establishment of a European Works Council or a procedure in Community-scale undertakings and Community-scale groups of undertakings for the purposes of informing and consulting employees (Recast)*, COM (2018), 292 final, pág. 28. En España, por ejemplo, PIQUERAS PIQUERAS, M. C.: "Análisis de algunos supuestos de creación por la negociación colectiva de órganos de representación de los trabajadores en empresas de dimensión comunitaria", en AA.VV. (BAYLOS GRAU, A., Coord.): *La dimensión europea y transnacional de la autonomía colectiva*, cit., pág. 226.

porcionan desde el primer momento y pueden ser altamente sensibles[75]. Los pocos supuestos identificados de colisión de intereses tienen que ver con las malas relaciones entre directivos y miembros del comité o la pluralidad-diversidad de expectativas que sobre el proceso de interlocución pudieran tener los representantes en función de su distinta procedencia[76].

2.2.- La renovada noción de consultas

El Considerando 21 de la nueva Directiva reconoce que la amplitud con la cual la versión original definía el concepto de consulta, reconduciéndolo a la tradición de los Estados miembros y a concretar en cada supuesto, empresa por empresa, había acabado llevando a la aplicación de mecanismos de muy desigual intensidad. La constatación de esta excesiva variedad en el resultado[77], unida al interés por desarrollar culturas resilientes de participación en las empresas transnacionales, así como el ejemplo de la Directiva de Sociedad Europea con su decisión de incluir un concepto de consulta más cerrado, fueron factores que contribuyeron de manera decisiva a superar los obstáculos que venían impidiendo la modificación de la noción en la Directiva.

---

75 DE SPIEGELAERE, S. y WADDINGTON, J.: "Has the recast made a difference? An examination of the content of European Works Council agreements", *European Journal of Industrial Relations*, Vol. 23, núm. 3, 2017, pág. 67.

76 PULIGNANO, V. y TURK, J.: *European Works Council on the move: Management perspectives on the development of transnational institution for social dialogue*, Lovaina (Centre for Sociological Research), 2016, pág. 28.

77 Otra vez imprescindible la remisión en este punto a PLATZER, H. W. y RÜB, S.: "Europäische Betriebosräte: Genese, Formen und Dynamiken ihrer Entwicklung; eine Typologie", cit., págs. 397-422.

La versión del texto ahora reformado ofrece, de este modo, un concepto renovado que contiene los elementos morfológicos, teleológicos y temporales analizados respecto a la información[78], aun cuando –lógicamente— sus objetivos difieren, pues cuanto en la fase previa radicaba en la toma de conciencia del estado de la empresa y su evolución, se convierte ahora en la transmisión a la dirección central ("o cualquier otro nivel") de la opinión sobre las medidas propuestas a fin de que pueda ser sopesada al conformar la decisión final, aspirando a un consenso que otorgue legitimación social a la iniciativa de la corporación.

La "carga de ambigüedad" (deliberada, u obligada ante la imposibilidad de ir más allá)[79], se traduce de manera directa en la "imprecisión como destino"[80]; e, incluso, en valoraciones más drásticas, para las cuales la utilidad del concepto retocado se ha mostrado "mínima"[81], al menos si la pretensión

---

78 GÓMEZ GORDILLO, R.: "La reforma de la Ley sobre derechos de información y consulta en las empresas y grupos de empresa de dimensión comunitaria. ¿Un impulso para los Comités de Empresa Europeos?", cit., pág. 104.

79 LAULOM, S. y DORSSEMONT, F.: "Fundamental principles of EWC Directive 2009/38/CE", en AA.VV. (JAGODZINSKI, R., Ed.): *Variations on a theme. The implementation of the EWC Recast Directive*, Bruselas (ETUI), 2015, págs. 43-45.

80 DE SPIEGELAERE, S.; JAGODZINSKI, R. y WADDINGTON, J.: *European Works Councils: Contested and still in the making*, cit., pág. 81.

81 ESPEJO MEGÍA, I.: "La participación de los trabajadores en el ámbito supranacional. Aspectos controvertidos de la Directiva 2009/38/CE del Parlamento y del Consejo, de 6 de mayo, sobre la constitución de un Comité de Empresa Europeo o de un procedimiento de negociación y consulta a los trabajadores en las empresas y grupos de empresas de dimensión comunitaria", cit., pág. 53.

versaba sobre un verdadero intercambio de opiniones como cuestión a enmendar[82].

El esquema de actuación que posibilita el precepto pocos reparos puede merecer desde un plano teórico, pues responde a las tres fases clásicas de esta singular interlocución: en primer término, la apertura a través de la aportación de la documentación necesaria sobre las medidas a implementar, incluyendo las motivaciones que las justifican y el detalle sobre la ejecución, siempre con una antelación suficiente para que los representantes puedan estudiar los datos de manera conveniente; en segundo término, y dentro de un plazo razonable (que las normas subsidiarias cifran en 7 días), elaboración por los representantes de una posición común o dictamen mayoritario, incorporando –en su caso— no solo las alegaciones oportunas respecto a la información recibida, sino modificaciones o propuestas alternativas; finalmente, decisión por la dirección central sobre el contenido de su propuesta, respondiendo a las sugerencias de la contraparte e integrando sus posiciones en la medida de lo posible. Con todo, los resultados distan de ser satisfactorios, porque si bien en ocasiones cabe apreciar un verdadero proceso de negociación[83] (y las variaciones son significativas en función de las materias abordadas y las circunstancias del escenario donde se desarrolla el dialogo[84]), una valoración general llevaría a destacar que los avances habidos en

---

82 RODRÍGUEZ CRESPO, M. J.: "La negociación del acuerdo que crea el Comité de Empresa Europeo: aspectos problemáticos", *Tribuna Social*, núm. 187, 2006, pág. 360.

83 DE SPIEGELAERE, S.; JAGODZINSKI, R. y WADDINGTON, J.: *European Works Councils: Contested and still in the making*, cit., pág. 239.

84 DE SPIEGELAERE, S. y WADDINGTON, J.: "Has the recast made a difference? An examination of the content of European Works Councils agreements", cit., págs. 303-305.

la información no encuentran su correlato lógico en el periodo de consultas, fundamentalmente en las épocas de crisis[85].

2.3.- Una acepción de las "cuestiones trasnacionales" en exceso ambigua

En último término, cabrá destacar la delimitación actual de la transnacionalidad de las materias contenida en el art. 1.4 de la Directiva ("se consideran transnacionales las cuestiones que afectan al conjunto de la empresa o grupo de empresas de dimensión comunitaria o al menos a dos empresas o establecimientos de la empresa o del grupo situados en dos Estados miembros diferentes"), aun cuando este carácter, si predicado respecto de la información, ya aparecía en el no modificado art. 6.3 *in fine* [y punto 1 a) del Anexo], donde el legislador advertía acerca de que, en los supuestos en los cuales las partes decidieran constituir un procedimiento de información y consulta, los datos debían tener este carácter que trasciende al Estado y afectar considerablemente a los intereses de los trabajadores. Por consiguiente, bien cabría cifrar la novedad ciñéndola al hecho de incluir como disposición obligatoria cuanto hasta la fecha constituía una previsión aplicable a falta de acuerdo.

---

85 HERTWIG, M.: "European Works Conucils and the crisis. Change and resistance in cross-border employee representation at Honda and Toyota", *British Journal of Industrial Relations*, Vol. 53, núm. 2, 2015, págs. 335-339; MÄHLMEYER, V.; RAMPELTSHAMMER, L. y HERTWIG, M.: "European Works Councils during the crisis: Activation, stagnation or disintegration", *European Journal of Industrial Relations*, Vol. 23, núm. 3, 2017, págs 234-239 y KERCKHOFS, P.: *European Works Council developments before, during and after the crisis*, Dublín (Eurofound), 2015, págs 58-63.

Con esta decisión "conservadora"[86], sobre la cual mostró su desacuerdo el Consejo Económico y Social Europeo a la hora de aquilatar las cuestiones de tal naturaleza, pues restringe más que precisa ("innecesaria restricción al ámbito competencial del comité de empresa europeo, incomprensible e injustificable")[87], se alzan algunas de las duras críticas que ha recibido la norma europea y apuntan en una triple dirección: en primer lugar, los evidentes problemas generados por su heterogénea trasposición a los ordenamientos internos[88], así como su recepción en los diferentes acuerdos[89]; en segundo término, la desatención al parecer del Tribunal de Justicia, cuando advertía sobre los peligros de una perspectiva tan estrecha, por dejar fuera, entre otras[90], algunas cuestiones que, si bien solo afectan a una empresa situada en uno de los Miembros, no obstante han sido adoptadas fuera de ese Estado[91]; a la

---

86 BALPLAIN, R.: "European Works Councils: The European Directive 2009/38/EC of 6 May 2009", *European Labour Law Journal*, Vol. 1, 2010, pág. 107.

87 Sobre los duros términos utilizados por el Dictamen del Consejo Económico y Social de Europa [COM (2008) 419 final], la reflexión de ESPEJO MEJIAS, P.: "La participación de los trabajadores en el ámbito supranacional. Aspectos controvertidos de la Directiva 2009/38/CE, del Parlamento y del Consejo, de 6 de mayo, sobre constitución de un Comité de Empresa Europeo o de un procedimiento de información y consulta a los trabajadores en las empresas y grupos de empresa de dimensión comunitaria", cit., pág. 138.

88 LAULOM, S. y DORSSEMONT, F.: "Fundamental principles of EWC Directive 2009/38/EC", cit., págs. 56-59.

89 WEBER, T.: *Challenges and solutions: Case studies on European Works Councils*, cit., págs. 13-145.

90 LAULOM, S.: "The flawed revision of the European Works Council Directive", cit., pág. 207.

91 STJCE de 10 de septiembre de 2009, C-44/08, asunto *Akavan*; en la doctrina, TRIANGLE, L.: "Focus: European Works Councils after 20 years: Taking stock", *International Union Rights*, Vol. 20, núm. 4, 2012, pág. 23 o LAFUENTE, S.: "The Europeanisation of board-level re-

postre, y como compendio de los dos factores precedentes, los graves problemas de comunicación-articulación a que da lugar este concepto tanto en sentido vertical (entre niveles) como en el plano horizontal (entre reuniones), capaz de exigir un replanteamiento en aras de la efectividad[92].

2.4.- La actuación de los comités de empresa europeos al margen de la norma

Más allá de las previsiones contenidas en la Directiva original y en la renovada, refundida o refundada, los comités de empresa europeos siempre han ido por delante de la norma y han proyectado su quehacer sobre ámbitos para los cuales no se había previsto su presencia, como la negociación o la representación a nivel europeo y mundial.

En este sentido, cabrá destacar cómo han adquirido el rango de sujeto sindical con capacidad para negociar en el seno de algunas multinacionales de origen europeo[93] (entre otras, Rheinmetall, Röchling, EADS, Wolkswagen, Prym, Reanult, BMV, Gea, Bosch, EADS, Wallourec o SCA). Y ello por más que su representación no pueda extenderse legítimamente a quienes trabajan en Estados que no son parte de la Unión

---

presentation in France. An emerging role for European Works Councils", *ETUI Working Papers*, núm. 4, 2022, pág. 22.

92 Con abundantes ejemplos que así lo acreditan, DE SPIEGELAERE, S.; JAGODZINSKI, R. y WADDINGTON, J.: *European Works Councils: Contested and still in the making*, cit., págs. 118-142.

93 BAYLOS GRAU, A. y MERINO SEGOVIA, A.: "Códigos de conducta negociados", en AA.VV. (APARICIO TOVAR, J. y VALDÉS DE LA VEGA, B., Dirs.): *La responsabilidad social de las empresas en España: concepto, actores e instrumentos*, Albacete (Bomarzo), 2011, pág. 1036.

Europea[94] (y aun, dentro de éstos, tampoco en aquellos que únicamente reconocen capacidad negociadora a los sindicatos, con independencia de la presencia sindical en los órganos unitarios[95]), lo cual se salva, "como solución pragmática"[96], asumiendo el papel de cosignatario junto a la Federación Sindical correspondiente.

Trátase, empero, de una negociación *sui generis*, en el ámbito que antes ocupara la responsabilidad social corporativa de origen estrictamente unilateral y que ahora encuentra en el consenso con el banco social una legitimidad de nuevo cuño. Sirve, empero, para avalar las tesis que se asientan sobre el tenor del acuerdo que crea algunos de ellos y les reconoce esta función (Solvay, Allianz, Crédit Lyonnais, Danone o Deutsche Bank), en particular cuando la entidad está situada en aquellos países donde tal atribución de competencias no suscita mayores problemas (Holanda, Alemania o Francia)[97], planteando abiertamente el interrogante sobre si este camino iniciado servirá para crear tendencia o se mantendrá la norma en su sentido actual[98].

---

94 SCHÖMANN, I. *et alii*: *Codes of conduct and International Framework Agreements: New forms of governance at company level*, Dublín (Eurofound), 2008, pág. 51.

95 ALES, E. *et alii*: *Transnational collective bargaining: Past, present and future. Final Report*, Bruselas (Comisión Europea), 2006, págs. 20 y ss.

96 SOBCZAK, A.: "Aspectos legales de los Acuerdos Marco Internacionales en el campo de la responsabilidad social de las empresas", en AA.VV. (PAPADAKIS, K., Ed.): *Diálogo social y acuerdos transfronterizos. ¿Un marco legal emergente de relaciones industriales?*, cit., pág. 477.

97 Para los modelos francés y aleman, HERDECKE, K.: *Der Europäische Betriebsrat und das Comité d'Entreprise Européen*, Baden-Baden (Nomos), 2018, págs. 206-258 o SCHMITT, M.: Négocier la représentation collective en Droit de L'Union Européene", *Le Droit Ouvrier*, núm. 852, 2019, págs. 442-444.

98 FLÓREZ ESCOBAR, R.: "El Comité de Empresa Europeo", cit., págs. 1135 y 1137. El interrogante ya quedó abierto en –casi— todas

Relevante papel, en todo caso (en otras ocasiones se ha limitado a mera información y consulta, aunque de gran calado en la práctica –Arcelor o EDF—, o a tareas propias de implementación y control de los previamente negociados por sujetos distintos), que no deja de constituir un reconocimiento a los comités como impulsores de esta interlocución[99] e integrantes válidos del banco social para las EMN[100]; a su vez, admitidos por las Federaciones Sindicales en atención tanto a la voluntad de la multinacional como a la información, experiencia y recursos que aportan[101].

---

sus dimensiones en GUARRIELLO, P.: "Le funzioni negoziali del Comitato Aziendale Europeo tra modello normativo e costituzione materiale: prime riflessioni", *Lavoro e Diritto,* Vol. 19, núm 4, 2005, pág. 638; sobre su respuesta a través de la negociación "de hecho", aun cuando pueda llevar a una aplicación no uniforme de lo acordado, MOLL NOGUERA, R.: "La negociación colectiva transnacional a nivel de empresa y los comités de empresa europeos", *Revista de Trabajo y Seguridad Social (Centro de Estudios Financieros),* núm. 419, 2018, págs 24 y 25 o JASPERS, T.: "Effective transnational collective bargaining", en AA.VV. (SCHÖMANN, I. *et alii*): *Transnational collective bargaining at company level,* cit., pág. 235.

99 GUARRIELLO, F.: "Transnational Collective Agreements", en AA. VV.: *Transformation of work: Chellenges for the national systems of Labour Law and Social Security,* Turín (ISLSS), 2020, págs. 8 y 9; CRUZ VILLALÓN, J. *et alii*: *La negociación colectiva en Europa. Una perspectiva transversal,* Madrid (Ministerio de Trabajo, Migraciones y Seguridad Social), 2019, pág. 45 o GORDO GONZÁLEZ, L. y NIETO ROJAS, I.: "De los Comités de Empresa Europeos a los Acuerdos Marco Globales: el arduo camino recorrido", cit., págs. 226-234.

100 BOIX LLUCH, I.: "Los Comités de Empresa Europeos como ámbitos de acción sindical nacional y supranacional", *Revista de la Fundación 1° de Mayo,* núm. 29, 2011, págs. 25-29.

101 SCHÖMANN, I. *et alii*: *Codes of conduct and International Framework Agreements: New forms of governance at company level,* cit., pág. 129; HAIPETER, T.; HERTWIG, M. y ROSENBOHM, S.: "Arbeitnehmeninteressen in multinationalen Konzernen: Europäische Betriesbräte un das problem der Interessenartikulation", en AA.VV. (QUACK, S.

Por otra parte, y para superar sus límites geográficos, no es extraño que desde el seno de los comités se impulse (pues la iniciativa venía de tiempo atrás en algunos sectores) un movimiento paralelo en la corporación a nivel global, ordenado a conseguir un interlocutor social unitario. Se emulan, de este modo, las fórmulas de organización y técnicas de actuación que emplean al amparo de la normativa europea, y que ahora exportan sin apoyo legal, para surgir de manera directa de la autonomía colectiva (según ocurre con otras experiencias de similar calado, como la proporcionada por las "redes sindicales mundiales" —France Telecom—), a modo de "foro mundial para el intercambio de información y el diálogo entre representantes de los empleados y la gerencia"[102]. Cabe dar cuenta, así, de una curiosa relación: potenciación de los comités mundiales para suscribir los Acuerdos Marco Globales (Volkswagen, Renault o DaimlerChrysler)[103]; pero, también, distintos Acuerdos Marco Globales como vía a partir de la cual hacer surgir los comités mundiales (SKF, Metro o Grupo PSA, en un proceso en el cual también se encuentran involucradas, por ejemplo, Renault, Falck, Arcelor, VolkerWessels, EDF, Arcelor-Mittal, Enel o

---

et alii, Eds.): *Transnationalisierung der Arbeit*, Weisbaden (Springer), 2018, págs. 185-120 y GONZÁLEZ BEGEGA, S.: *Empresa transnacional y nuevas relaciones laborales. La experiencia de los comités de empresa europeos*, cit., en especial págs. 62 y ss.

102 Más detalles en WICK, I.: *¿Herramientas de l@s trabajador@s o truco publicitario? Una guía para los códigos de prácticas laborales internacionales*, Bonn (Friedrich Ebert Stiftung), 2006, pág. 14; también, MÜLLER, T., y RÜB, S.: *Towards internationalisation of labour relations? Global union networks and International Framework Agreements: Statu quo and prospects*, Fulda (Universidad de Ciencias Aplicadas/European and Global Industrial Relations Research Group), 2004, págs. 35 y ss.

103 KUNRATH, B.: *Bargaining for social justice. The role of International Framework Agreements for fair globalization*, Lund (Universidad de Lund), 2009, pág. 131.

DaimlerChrysler)[104]. De esta manera, bien cabría afirmar que, a partir de una labor previa de los comités de empresa europeos, reverdecen los veteranos comités mundiales, "a modo de expresión de la solidaridad obrera en el seno de una empresa multinacional, ahora sin fronteras nacionales o regionales y con una nueva misión que desempeñar para dotarlos de mayor sentido": alumbrar redes sindicales internacionales firmes y eficaces[105].

3.- LA PROYECTADA (Y PRESUMIBLEMENTE INMEDIATA) MODIFICACIÓN DE LOS COMITÉS DE EMPRESA EUROPEOS

A partir de los mimbres expuestos, y mediante Resolución de 12 de septiembre de 2013, sobre las negociaciones colectivas transfronterizas y el diálogo social transnacional, el Parlamento propuso a la Comisión Europea "la promoción de un

---

104 ARROWSMITH, J. y MARGINSON, P.: "The European cross-border dimension to collective bargaining in multinational companies", *European Journal of Comparative Economics*, Vol. 35, núm. 4, 2007, págs. 251-255; STEIERT, R.: *Multinationals and unions. World Company Councils and World Works Councils as an strategies of union counter-force*, Ginebra (FITIM), 2009, en especial págs. 13 y ss.; o, profundizando en los tres modelos de comités mundiales que identifica, todos ellos fundados en los comités de empresa europeos, DAUGAREILH, I.: "La emergencia de un Derecho Transnacional de las relaciones laborales a la sombra del Derecho Internacional", en AA.VV. (CAIRÓS BARRETO, D. y FOTINOPOULOU BASURKO, O., Dirs. y MELIÁN CHIMEA, L.; GORROCHATEGUI POLO, M. y RODRÍGUEZ ROMERO, R. M., Coords.): *Hacia la construcción de un Derecho Transnacional del Trabajo y de la Seguridad Social*, Barcelona, (Atelier), 2023, págs. 96-98.

105 RÜB, S. y MÜLLER, T.: "From European to World Works Councils? The development of World Works Councils and other forms of transnational undertakings", en AA.VV. (SZELL, G.; BÖSLING, C. H. y HARTKEMEYER, J., Eds.): *Labour, globalisation and the new Economy*, Frankfurt (Peter Lang), 2005, pág. 400.

marco jurídico dispositivo y fundado en la flexibilidad y en la colaboración nacional", con el propósito de "dar efecto jurídico al convenio colectivo transnacional"; subrayando, de manera expresa, "la autonomía colectiva de las partes a nivel de empresa" (apartado 6). En tal diseño, y tras celebrar que "las asociaciones sindicales europeas hayan diseñado normas procesales para logar la participación de los comités de empresa europeos", defiende de manera expresa que estos "deben participar plenamente en las negociaciones con las asociaciones sindicales europeas cuando proceda, especialmente porque pueden detectar la necesidad/oportunidad de un convenio colectivo transnacional, iniciar el proceso para abrir camino a las negociaciones y contribuir a garantizar transparencia y la divulgación de información sobre los acuerdos a los trabajadores implicados" (apartado 8)[106].

Salvo esta puntual referencia a algún tipo de cambio en el marco regulador dado (con apoyo en los trabajos acometidos al efecto[107] y en la posición previa de la Confederación Europea de Sindicatos)[108], la aplicación de la Directiva apenas si preocupó a la Comisión, y ello a pesar de conocer la patente falta de desarrollo del proceso de implementación y par-

---

106 PARLAMENTO EUROPEO: "Negociaciones colectivas transfronterizas y diálogo social transnacional", Resolución de 12 de septiembre de 2012 (2012/20292 (INI)).

107 COMISIÓN EUROPEA: "Convenios colectivos transnacionales: la realización del potencial diálogo social", DSC (2012) 264 final.

108 ETUC *European Commissions's consultation on the Transnational Company Agreements (TCAs).* Posición adoptada por el Centro Ejecutivo de la CES en su reunión de 17 y 18 de octubre de 2012, según consta de manera fehaciente en CONFEDERACIÓN EUROPEA DE SINDICATOS: *La creación de un entorno propicio para entablar negociaciones colectivas opcionales y de carácter autónomo en el ámbito transnacional entre sindicatos y empresas multinacionales. Informe Final,* Bruselas (CES), 2016, págs. 5 y 63.

ticipación en numerosos Estados (en particular algunos del Mediterráneo —entre ellos España— o en los países de más reciente incorporación), donde la cobertura efectiva de los comités se situaba —y sitúa— en porcentajes significativamente bajos; también el hecho de la competencia —no demasiado leal y preocupante— con otras fórmulas de negociación menos comprometidas institucionalmente, como los Acuerdos Marco Transnacionales[109].

3.1.- En el camino del cambio: el proceso en marcha

De sopesar los factores expuesto no puede extrañar que, si bien a tenor del art. 15 de la Directiva la Comisión debía presentar, a más tardar el 5 de junio de 2016, un informe al Parlamento, el Consejo y el comité Económico y Social sobre su ejecución de lo que disponía ("adjuntando, cuando proceda, las propuestas oportunas"), el documento se demorara casi dos años y su contenido mostrara clara satisfacción en cuanto hace a transparencia, claridad jurídica, eficacia, eficiencia, pertinencia, coherencia y valor añadido. Y si bien reconoce algunas disfunciones innegables, diseñaba medidas poco incisivas para corregirlas[110]. Por este motivo fue el Parlamento, tras algunos

109 GONZÁLEZ BEGEGA, S.; KÖHLER, H. D. y ARANEA, M.: "Los Comités de Empresa Europeos dos décadas después. Una evaluación crítica", cit., págs. 270-271.

110 Sobre la insistencia del Parlamento, en diciembre de 2016, acerca de la necesidad de actuación por parte de la Comisión en una materia que así lo demandaba, al no cubrir las expectativas que se habían depositado en el instrumento destinado a la participación de los trabajadores, MOLL NOGUERA, R.: "La negociación colectiva transnacional a nivel de empresa y los Comités de Empresas Europeos", cit., pág. 24.

apuntes previos en igual sentido[111], el encargado de tomar las riendas para proporcionar adecuado impulso a una remodelación de los comités de empresa europeos que consiguiera reactivar constantemente su número[112] y, además, cualitativamente estar en disposición de actuar como palanca –según defienden, amparando su parecer, las Federaciones Sindicales de Industria europeas[113]— sobre el resto de las dimensiones en las relaciones colectivas europeas.

---

111 De este modo, señala como retos más significativos "el número limitado de nuevos comités europeos, la eficacia del procedimiento de consulta, la necesidad de compartir e intercambiar buenas prácticas existente; y la existencia de deficiencias en la aplicación y cumplimiento de algunas de las disposiciones de la Directiva". Para satisfacerlos propone "crear y compartir un manual práctico para los especialistas en comités de empresa europeos, conceder ayudas a los interlocutores sociales para que respalden la implantación y eficacia de los comités de empresa europeos, y garantizar la plena transposición de las principales disposiciones de la Directiva refundida en los Estados miembros". Informe de la Comisión al Parlamento Europeo, al Consejo y al Comité Económico y Social, SWD (2018) 1987, final, págs. 9-10. Una valoración medida, con elocuente título, en PULIGNANO, V. y WADDINGTON, J.: "Management European Works Councils and institutional mallealibity", *European Journal of Industrial Relations,* Vol. 26, núm.1, 2020, págs. 17-21.

112 El planteamiento, en este punto, muestra la clara la influencia de las razones expuestas en OLIJSLAGERS, C. y DE SPIEGELAERE, S.: "Why aren't there more European Works Councils? A Belgian Perspective", *ETUI Police Brief,* núm. 7, 2016, págs. 3 y 4.

113 Esgrimen tres razones fundamentales: en primer término, el hecho de que los comités, salvo en contadas excepciones, no han logrado generar espacios de negociación transnacional y, cuando lo han conseguido, ha sido bordeando su límite competencial; en segundo lugar, las dificultades para articular los distintos intereses laborales de carácter local-nacional representados en el seno del órgano europeo, que una organización sindical centralizada permitiría soslayar; por último, la limitada capacidad de control sindical sobre las dinámicas internas de los comités, aun después de las modificacio-

Tras una admonición en 2020[114], y una doble iniciativa a lo largo de 2021 (que comienza con una evaluación de valor añadido europeo[115] y continúa con la Resolución de 16 de diciembre de 2021[116]), principia su papel de motor para ese cambio que conecta de manera natural con el art. 27 de la Carta de los Derechos Fundamentales de la Unión Europea y con el principio 8 del Pilar Europeo de Derecho Sociales proclamado en 2017, a partir del cual los trabajadores o sus representantes tienen derecho a ser informados y consultados oportunamente sobre cuánto les resulte de interés, en particular sobre la

---

nes de 2009. Al respecto, GONZÁLEZ BEGEGA, S.; KÖHLER, H. D. y ARANEA, M.: "Los Comités de Empresa Europeos dos décadas después. Una evaluación crítica", cit., págs. 270 y 271.

114 Donde invita a la Comisión "a establecer la posibilidad de revisar la Directiva sobre la constitución de un comité de empresa europeo y a crear un nuevo marco sobre la información, la consulta y la participación de los empleados en las empresas europeas" (apartado 16), Resolución del Parlamento de 17 de diciembre de 2020, sobre la gobernanza empresarial sostenible (2020/2137/(INI))

115 PARLAMENTO EUROPEO: "European Works Councils Directive (EWC). Legislative initiative procedure: revision of European Works Councils Directive", enero 2021. En la ponderación de la Institución aparecen ecos preclaros del estudio que para el Comité Económico y Social Europeo realizaron VOSS, E. y PULIGNANO, V.: *A EU legal framework on safeguarding and strenghthening worker's information consultation and participation*, 31 agosto 2020, en https://www.eesc.europa.eu/ es/our-work/publications-other-work/publications/eu-legal-framework-safeguarding-and-strengthening-workers-information-consultation-and-participation.

116 PARLAMENTO EUROPEO: "Democracia en el trabajo: un marco europeo para los derechos de participación de los trabajadores y revisión de la Directiva sobre el Comité de empresa europeo" (2021/2025 (INI)).

transferencia, reestructuración y fusión de empresas y sobre los despidos colectivos[117].

Bajo una ambiciosa ponencia[118], y consciente de la oposición —frontal al inicio, más tarde suavizada— a cualquier modificación manifestada por la gran patronal desde el comienzo de la andadura en el proceso de revisión[119], la Institución elegida directamente por los ciudadanos adopta un texto cuyos considerandos apuntan en una dirección muy clara en la refor-

---

117 La creación de la reforma con estos hitos normativos en MOLINA NAVARRETE, C.: "Participación laboral en la empresa y Pilar Europeo de Derechos Sociales (PEDS): ¿Hacia un nuevo protocolo de progreso social en la Unión e institucionalización del diálogo social en España?", en AA.VV. (VILLAR CAÑADAS, I. M. y MOLINA NAVARRETE, C., Dirs.): *Pilar Europeo de Derechos Sociales y progreso jurídico de la Unión y de España: logros y asignaturas pendientes*, Albacete (Bomarzo), 2014, pág. 236 o PONS CARMENA, M.: "Participación de los trabajadores en la empresa: revisión de la normativa europea vigente y propuesta de futuro", *Revista del Ministerio de Trabajo y Economía Social*, núm. 156, 2023, págs. 198 y ss.

118 Así calificada en ETUC: "EWC Briefing on the European Parlament's report on EWC revision", 15 febrero 2023, pág. 1, en https://www.etuc.org/en/ewc-briefing-european-parliaments-report-ewc-revision.; igual consideración en HAHNKAMPER-VANDENBULCKE, N.: "Revision of the European Works Councils Directive", 26 enero 2024, pág. 4, en https://www.europarl.europa.Eu /RegData/etudes/BRIE/2024/760375/EPRS_BRI(2024)760375_EN.pdf.; o KENNEDY, A. y MAKAY, M.: "Worker's right to information, consultation and participation", 25 junio 2024, pág. 6., en https://www.europarl.europa.eu/factsheets/en/sheet/57/workers-right-to-information-consultation-and-participation

119 BUSINESSEUROPE: "Comments on the functioning of the EWC Recast Directive", 9 octubre 2017, pág. 6, en https://www.businesseurope.eu/sites/buseur/files/media/position_papers/social/2017-02-09_european_works_councils_recast_directive.pdf. Sobre la apreciable moderación en su posición de partida, WEBER, T. *et alii*: *Challenges and solutions: Case studies on European Works Councils*, Dublín (Eurofound), 2020, en particular págs. 62-67.

ma a acometer. Atendiendo a su propio orden, cabrá destacar los esfuerzos por lograr la paridad de miembros en la composición de los comités (apartado H); hacer que su opinión adquiera mayor influencia en el proceso de toma de decisiones en sus empresas, en particular en los casos de reestructuración (apartado K); conseguir que las sanciones por falta de consultas sean realmente efectivas, disuasorias y proporcionales (apartado M); y facilitar el acceso a las vías de impugnación tanto en el inicio de procedimientos judiciales en su nombre como en la representación de su relaciones con terceros (apartado O); cubrir las lagunas y corregir las faltas de aplicación que contribuyen a una aplicación fragmentada de los derechos de información y consulta (apartado Q); o, en fin, evitar la invocación abusiva de las cláusulas de confidencialidad en la información (apartado I). A tal objeto, obra una solicitud a la Comisión para que lleve a cabo "la muy esperada revisión de la Directiva", con "el propósito [de] reforzar los comités de empresa europeos y su capacidad para ejercer derechos de información y consulta, así como aumentar el número". Ponderando, además, la necesidad de sensibilizar y aumentar su visibilidad y posibles beneficios entre los representantes de los trabajadores y de la dirección, así como crear incentivos para su desarrollo, proporcionar formación especializada a los miembros sobre la funcionalidad de órgano y revisar las dificultades que les impiden acceder a los recursos financieros, materiales y jurídicos, en particular a partir de las ayudas que gestiona la entidad requerida.

La encomienda fue asumida por la Comisión, iniciando el proceso previsto en el art. 154 TFUE con una primera consulta, celebrada entre el 11 de abril y 25 de mayo de 2023, cuyo resultado fue la respuesta unánime de las organizaciones sindicales en favor de la reforma, mientras la mayor parte de las asociaciones empresariales manifestaba que la revisión resultaba innecesaria. Tras considerar las posiciones de las partes, quien impulsa la iniciativa consideró oportuno abrir la segunda consulta, celebrada entre 23 de julio y 4 de octubre de 2023, sobre cuyo parecer, junto con un importante trabajo de campo que toma forma a través de un informe finalizado en diciembre de 2023[120], ve la luz la Propuesta de revisión de la Directiva[121], recibida de manera entusiasta ("celebra", "valora positivamente", "acoge con satisfacción" o "apoya plenamente") por el Comité Económico y Social Europeo en mayo de 2024[122], y sustancialmente confirmada a través de la Orientación General emitida en el Consejo Europeo el 10 de junio de 2024. Por este motivo, y frente al parecer de algunos expertos[123], cabe apreciar una

---

120 COMISIÓN EUROPEA: *Study exploring issues and posible solutions in relation to the Recast Directive 2009/38/EC on European Works Council. Final Report*, Luxemburgo (Oficina de Publicaciones de la Unión Europea), 2024, resultando de especial interés el contenido de sus paginas 20-73.

121 COM (2924) 14 final.

122 Dictamen de 20 de mayo de 2024 [COM (2024) 14 final-2024/0006 (COD)].

123 Quien tanto y tan bien ha reflexionado sobre los comités de empresa europeos considera que la Resolución del Parlamento "se sitúa bastante lejos de las posiciones de la Comisión y, por supuesto, del Consejo en casi todas las materias"; añadiendo que, en este punto, "las organizaciones sindicales aportan las posiciones del Parlamento Europeo, mientras que las empresariales se encuentran más cómodas con las posiciones del Consejo", GÓMEZ GORDILLO, R.: "Una nueva reforma de la Directiva sobre el Comité de Empresa Europeo. El Derecho Social de la Unión se mira al espejo", *NET 21*, núm. 18, 2024, pág, 2 y 3. El motivo para no comulgar con tal parecer (aunque si con su deseo de que "quizás, en este ocasión, nos atrevamos a cruzar al otro lado del espejo") viene dada, en primer lugar, porque la opinión del Consejo en esta materia ha sido favorable a la revisión en la línea apuntada, según figura en la Recomendación de 16 de junio de 2022, para garantizar una transición justa hacía la neutralidad climática (2022/C 243/04) y en las *Draft conclusions on more democracy at work and green collective bargainig for decent work and sustainable and inclusive growth*, de 17 de noviembre de 2023 [en este sentido, también, HAHNKAMPER-VANDENBULCKE, N.: "Revision

sustancial coincidencia con los remedios de enjundia para tratar de dotar de mayor vigor a los comités que ya figuraban en la iniciativa primera del Parlamento.

3.2.- Las claves para la renovación de los comités de empresa europeos

De atender a las posiciones de los interlocutores sociales en la segunda fase de consulta efectuada por la Comisión, sencillo resulta comprender su pronunciamiento final. Bastará tener en cuenta que de aquel decálogo para la reforma de los comités elaborado por la Confederación Europea de Sindicatos allá por 2017[124], y renovado y matizado convenientemente en 2018[125] y 2021[126], nueve de sus propuestas fueron mantenidas en la Resolución del Parlamento[127] y, en su esencia, permane-

---

of Directive 2009/38/EC on Europe Work Councils", cit., pág. 6] y, por supuesto, en la Opinión General de 10 de junio de 2024; en segundo término –y según se pasa a exponer—, porque las diferencias detectadas entre Parlamento y Comisión (o, también, el Consejo Económico y Social Europeo) se ciñen a cuestiones adjetivas o instrumentales, no afectando realmente a las nucleares.

124 ETUC: "ETUC position paper for a modern European Works Council (EWC) Directive in the digital era", 16 de marzo de 2017, en https://app.overton.io/document.php?policy_document_id=etucorg-71975ac2d0771ca10a75b8de52baabaa.

125 ETUC: "Strategy for more democracy at work", de 8 de marzo 2018, en https.//etuc.org/en/ document/etuc-resolution-strategy-more-democracy-work-o-pdf.

126 CONFEDERACIÓN EUROPEA DE SINDICATOS: "Resolución de la CES sobre 2021. Año para una mayor democracia en el trabajo", de 23 de marzo de 2023, en https://www.ugt.es/sites/default/files/210322_ce_ces_20_democracia_trabajo_fin.pdf.

127 Así aparece conformado en CONFEDERACIÓN EUROPEA DE SINDICATOS: "Proyecto de resolución sobre una hoja de ruta para una iniciativa legislativa vinculante sobre la mejora de la Directiva

cieron en la propuesta de la Comisión y quedan ratificadas en la orientación general del Consejo.

Retomando aquellas sugerencias, y acomodándolas al tenor del texto que habrá de servir de guía para la reforma, procederá destacar los siguientes aspectos:

1.- La existencia de tipos distintos de comités de empresa europeos y otros procedimientos de información y consulta ha conducido a un panorama que, a día de hoy, lleva a un 62% de ellos constituidos al amparo del art. 6 de la Directiva; un 32% al calor del art. 13, como "voluntarios" o "acuerdos previos a la Directiva"; un 3% suscritos en el periodo de dos años concedido para la trasposición de la Directiva de 1994, siguiendo lo previsto en el art. 14; un 2% atendiendo a la normas subsidiarias; y, en fin, algo menos de un 1% a través de otros procedimientos de información y consulta[128].

Pluralidad que, por encima de cuanto ha considerado el Consejo Económico y Social Europeo en aras de la eficacia ("algunos acuerdos voluntarios funcionan bien"), o de facilitar el tránsito (que los cambios para cuantos "funcionan correctamente no sean automáticamente obligatorios" y sus disposiciones "pueda permanecer inalteradas siempre que así lo acuerden los comités y la dirección central"[129]), ha llevado a

---

CEE", de 31 de marzo de 2023, en https://www.ugt.es/sites/default/files/20230330_ce_ces_8_hoja_ de_ruta_directiva_cee_mejorada_final.pdf.

128 COMISIÓN EUROPEA: *Study exploring issues and posible solutions in relation to the Recast Directive 2009/38/EC on European Works Council*, cit., págs. 12 y 13.

129 Añadiendo que, si se renegociaran en este sentido, se habría de aplicar una cláusula de no regresión y mantenener el *statu quo* hasta la celebración de nuevo acuerdo; también insta en el Dictamen a la Comisión a que aclare que no existe obligación alguna de renegociar los comités "ordinarios" (celebrados siguiendo lo previsto en

valorar (considerandos 19, 20 y 20 *bis* de la Propuesta) que, por razones de claridad jurídica, igualdad de trato y eficacia, los trabajadores y sus representantes en todas las empresas o grupos de empresas de dimensión comunitaria deben, en principio, tener derecho a solicitar la constitución de un comité, siguiendo el procedimiento previsto y aplicando los requisitos subsidiarios ya no en el plazo de tres años, sino en el de dos (arts. 14 *bis* y 14 *ter*).

2.- El texto transaccional de la Presidencia de la Comisión ya apuntaba un tenor que, con la debida extensión, recibe el considerando 10, cuando se hace eco de cómo la necesidad de una representación equilibrada en materia de género a la hora de determinar la composición de los comités de empresa europeos ha resultado insuficiente para promover el equilibrio. Según los datos sindicales más recientes, la gran mayoría de los miembros son hombres y las mujeres únicamente representan el 14,4% de los integrantes[130], motivo por el cual —y siguiendo las pautas de la jurisprudencia europea[131]— se justifica la inclusión de una acción positiva al respecto (con extensión también a la composición de la comisión negociadora, bajo el propósito de acometer el objetivo ya en esta fase), siempre y cuando las medidas adoptadas para alcanzar la paridad no confieran prioridad automática e incondicional a las personas

---

los arts. 5 y 6 de las anteriores Directivas), "a los cuales se aplicará automáticamente la Directiva modificada". Sobre el sentido que podría tener esta posición del Consejo Económico y Social Europeo, MOLINA NAVARRRETE, C.: "Participación laboral e la empresa y Pilar Europeo de Derechos Sociales (PEDS): ¿Hacia un protocolo de progreso social en la Unión e institucionalización del diálogo social en España?", cit., pág. 238.

130 DE SPIEGELAERE, S. y JAGODZINSKI, R.: *Can anybody hear us? An overview of the 2018 survey of EWC and SEWC representatives*, Bruselas (ETUI), 2019, pág. 16.

131 STJUE de 28 de marzo de 2000, C-1587/97, asunto *Badeck y otros.*

de un determinado género, sino que permitan sopesar —con la flexibilidad necesaria para respetar las limitaciones jurídicas y fácticas de las medidas, así como las disposiciones y prácticas nacionales en torno a la elección y designación de representantes—, igualmente, otros criterios, tales como los méritos, las calificaciones y el procedimiento previsto al efecto.

A este propósito, se postula la incorporación al art. 5. 2 b) del objetivo comentado y, también, la inserción de un apartado a 2 *bis* al art. 6, a cuyo tenor la dirección central y la comisión negociadora, al negociar o renegociar el acuerdo sobre un comité, deberán acordar y establecer las disposiciones dirigidas a alcanzar —en la medida de lo posible y sin perjuicio del acervo estatal al respecto— el objetivo de equilibrio de género, según el cual tanto mujeres como hombres representen al menos el 40% de los miembros del comité de empresa europeo y, en su caso, al menos el 40% de los miembros del comité restringido.

3.- Preocupación constante en todos los documentos preparatorios a la Propuesta ha sido el muy diferente planteamiento de los Estados miembros en torno a la ayuda y recursos que se debe proporcionar a los comités para que puedan realizar una labor eficaz[132]. En este sentid apunta que, con el debido respeto a la autonomía de las partes, procedería recoger de manera obligatoria en los acuerdos la asistencia de expertos (técnicos y/o jurídicos) y la cobertura de sus honorarios, así como la formación pertinente de los miembros (considerando 9); por su parte, sobre los Estados habrá de pesar la adopción de las medidas pertinentes a fin de que los

---

132 Problema agudamente puesto de manifiesto por VOSS, E.: *European Works Councils. Assessments and requirements*, cit., págs. 15-16 y 26, y actualizado con perspectiva más extensa en COMISIÓN EUROPEA: *Study exploring issues and posible solutions in relation to the Recast Directive 2009/38/EC on European Works Councils. Final Report*, cit., págs. 51-56.

costes de representación y participación en los procedimientos judiciales de las comisiones negociadoras y los comités de empresa europeos corran a cargo de la dirección central si resultan razonables, o adopten otras medidas para velar por que no se impida, *de facto*, su participación en los procedimientos administrativos (considerando 18 *bis*).

Además de la imprescindible cobertura de un déficit formativo patente en muchos de los integrantes[133], así como de la falta general de recursos que lastran de partida su efectividad[134], el legislador presta específica atención a la necesidad de asesoramiento jurídico a las comisiones negociadoras y la cobertura proporcionada a estos gastos, para afirmar la exigencia de ceñirlos a los razonables (no a los "manifiestamente desproporcionados sin vínculo justificable con la prestación de asesoramiento jurídico pertinente o generados por demandas manifiestamente infundadas, frívolas o vejatorias"), pudiendo los países establecer normas presupuestarias respecto al funcionamiento de las comisiones negociadoras y los comités sobre la base de los requisitos subsidiarios; siempre teniendo presente que los gastos relacionados con un desempeño adecuado de funciones ha de ser asumido por la dirección central, la cual ha de conocer de antemano, al menos, una estimación de su importe, así como disponer de información sobre su naturaleza. De este modo, entiende pertinente la supresión, por redundantes, de las disposiciones sobre el número de expertos a financiar (considerando 7).

En atención a tal valoración, obra la intención de introducir una modificación del primer párrafo del apartado 6 del

---

[133] PULIGNANO, V. y TURK, J.: *European Works Council on the move: Management perspectives on the development of a transnational institution for social dialogue*, cit., pág. 85.

[134] HANN, D.; HAUPTMEIER, M. y WADDINGTON, J.: "European Works Councils after two decades", cit., págs. 115 y 117.

art. 5, para subsanar gran parte de los déficits apreciados[135] e incorporar, entre los gastos —sin mencionar en ningún momento los muy importantes derivados de la traducción e interpretación[136]—, los costes razonables de los expertos (suprimiendo en el segundo párrafo la mención a un solo experto), incluidos los jurídicos, notificándolos a la dirección central antes de incurrir en ellos. También la sustitución de la letra f) del apartado 2 del art. 6, con el propósito de incorporar como contenido del acuerdo de constitución del comité no solo la escueta e inconcreta mención a los recursos financieros y materiales a asignarles, sino también —y como un mínimo— las referencias al posible recurso a especialistas que asistan a los integrantes del órgano en el desempeño de sus funciones, y la derivada de la formación pertinente a sus miembros. En íntima relación con esta precisión —y en cierta medida redundante—, al reconocimiento a los miembros de la comisión negociadora y del comité del derecho a recibir una formación sin pérdida de salario, subsigue la atribución de los gastos conexos a la dirección central siempre y cuando mediara previa información al respecto[137].

---

135 Un elenco sistemático acabado en LÜCKING, S. y WHITTAL, M.: "Ansatzpunkte und Hindernisse für die Gründung eines Europäischen Betriebsrats. Das Beispiel deutscher multinationater Unternehmen", en AA.VV. (RÜB, S. y MÜLLER, T., Eds.): *Arbeits beziehungen im Prozess der Globalisierung und Europäischen Integration*, Baden-Baden (Nomos), 2013, págs. 199-201.

136 RAINONE, S.: "Enforcing EU information and consultation rights", en AA.VV. (RASNACA, Z. *et alii*, Eds.): *Effective enforcement of EU Labour Law*, Londres (Hart), 2022, pág. 258.

137 La recomendación permanente a este respecto para cubrir el déficit formativo en PARIETTI, C.: *Kompetenzen von Fach und Führugskräften für effizientere Europäische Betriebsräte*, Bruselas (Eurocadres), 2013, págs. 12-13.

4.- La inseguridad jurídica que rodea al concepto de cuestiones transnacionales, objeto de controversias en la interpretación y de frecuentes litigios, trata de ser corregida aclarando que habrá de comprender no solo los supuestos en los cuales cabe esperar razonablemente (y el criterio de razonabilidad debe poder ser determinado de manera objetiva, a la luz de la naturaleza y finalidad de las medidas previstas y circunstancias donde se desenvuelve) que las medidas consideradas por la dirección de una empresa estén en disposición de afectar a sus trabajadores en más de un Estado miembro; sino también todos aquellos casos en los cuales quepa esperar de manera igualmente razonable que solo se proyectan de manera directa e inmediata sobre los trabajadores en un solo Estado, pero las consecuencias están en disposición de extenderse a los empleados en, al menos, otro (como pudieran ser procedimientos de regulación de empleo, despidos o externalización de actividades); debido, por ejemplo, a cambios en la cadena de suministros transfronterizos o en las actividades de producción. En este sentido, se insiste, además, en que únicamente comprende cuantas medidas afecten a los trabajadores de manera significativa; es decir, no trivial y que no lo haga en exclusiva a trabajadores aislados o a decisiones ordinarias (considerando 5)[138].

Bajo esta perspectiva se construye el tenor propuesto del art. 4, donde al punto de partida expuesto se añade la presunción razonable en el doble sentido apuntado de que, ora esas medidas afectaran a los trabajadores de la empresa o grupo o sus establecimientos situados en más de un Estado; ora, si bien solo lo hicieran sobre los trabajadores situados en un Estado

---

[138] Sobre ambos extremos, RAINONE, S.: "Enforcing EU information and consultation rights", cit., pág. 259 o CAGNIN, V.: "I Comitati Azendali Europei: luci e ombre della nuova Direttiva CAE", *Ricerche Giuridiche*, Vol. 1, 2017, págs. 118-126.

miembro, quepa esperar que también vayan a verse afectados por sus consecuencias los trabajadores ubicados en —al menos— otro Estado.

Este es un planteamiento que, sin embargo, deja abiertos varios frentes importantes; entre otros el de la necesaria articulación entre el comité de empresa europeo y los representantes de y/o los trabajadores de los diferentes Estados donde la entidad desarrolla su actividad[139]. A pesar ser esta una cuestión típicamente característica de la autonomía colectiva, y por ende susceptible de una pluralidad de variantes[140] (a lo cual también ayudan los distintos modelos de relaciones laborales y situaciones fácticas en presencia[141]), preocupa en particular la formación de grupos dominantes dentro de los comités que dificulten una fluida comunicación con las bases, cuando no la aparición de discrepancias abiertas entre niveles de representación[142].

139 Por extenso, HAIPETER, T.; HERTWIG, M. y ROSENBOHM, H.: "Arbeit nehmeriteressen in multinationalen Konzernen: Europäische Betriebsräte und das Problem der Intiressenarticulation", cit., pág.

140 HERTWIG, M.; PRIES, L. y RAMPELTSHAMMER, L.: "European Works Councils as international non-profit-organisations. An organisational research approach to a crucial element of Europeanisation", en AA.VV. (HERTWIG, M.; PRIES, L. y RAMPELTSHAMMER, L., Eds.): *European Works Councils in complementary perspectives*, Bruselas (ETUI), 2009, en especial págs. 24-28.

141 GIRAUDEI, C.: "Nécrologie juridique du Comité d'Entreprise: transformation et succession d'une institution juridique", *La Revue de l'IRES*, núm. 94-95, 2018, págs. 31-42.

142 Al respecto, GORDO GONZÁLEZ, L.: *La representación de los trabajadores en las empresas transnacionales*, cit., pág. 261 o KÖHLER, M. y GONZÁLEZ BEGEGA, S.: "¿Hacia un sistema de relaciones industriales europeo? La experiencia de los Comités de Empresa Europeos (CEUs)", cit., pág. 27.

5.- El documento de trabajo elaborado por los Servicios de la Comisión advertía sobre la excesiva frecuencia con la que se utilizan las cláusulas de confidencialidad suscritas al calor del art. 8 de la Directiva. Si bien el recurso puede estar justificado en ocasiones, su invocación abusiva ha venido a constituir en la práctica un serio obstáculo para la efectividad de los derechos de información y consulta[143].

A fin de evitar este resultado a todas luces indeseado, y a corregir algunos de los desfases más frecuentes —que incluyen un concepto muy variable según el Estado y el tipo de acuerdo—[144], se adopta por el impulsor de la reforma una triple decisión llamada a actuar como norte: de una parte, cuando la dirección central comparte la información con carácter confidencial, debe estar obligada a proporcionar al mismo tiempo una justificación razonable[145]; de otra, la posibilidad de no transmitir determinados datos a las comisiones negociadoras o a los miembros del comité habrá de limitarse a los casos en los cuales su notificación perjudique gravemente el funcionamiento de las entidades afectadas, especificando las razones de manera justificada (lo bastante como para, de manera equili-

---

143 SWD (2018) 1987, final, págs. 27 y 28.

144 MEYLEMANS, L. y SPIEGELAERE, S.: "CAE confidenziale. La confidenzialità nei Comitati Azedali Europei e come i rappresentanti la gesticono: caso di studio e intuizioni di indagine", *Instituto per lo Studio dell'Innovazzione, delle Trasformazioni Produttive e del Lavoro Working Papers*, núm. 2, 2020, en particular págs. 24 y 25 y 58 y 59.

145 Con esta cautela se trata de proteger los intereses de las empresas y, al tiempo, evitar algunos riesgos crecientes, como el espionaje industrial. No cabrá ignorar, en este punto, la observación sobre modificaciones específicas que introduce el Dictamen del Comité Económico y Social de Europa, cuando demanda mayor claridad en torno al intercambio de información de los comités con los sindicatos o los representantes de los trabajadores a escala nacional o local a fin de ejercer su enlace con los representantes locales, COM (2024) 14 final–2024/0006 (GOD), apartado 410, pág. 9.

brada, permitir suficiente control jurídico sin desvelar la información protegida); por último, la decisión de regular ambas disposiciones en dos artículos destinados a separar supuestos netamente diferenciados[146].

De este modo, el art. 8.2 de la Propuesta añade que la transmisión de información declarada confidencial por la dirección central habrá de venir acompañada de los motivos que avalan la comunicación en ese sentido. Por su parte, se postula la incorporación de un art. 8 *bis* en virtud de la cual los Estados, en los casos específicos y con los límites establecidos en la normativa nacional, podrán determinar que la dirección central ubicada en su territorio no está obligada a transmitir aquella información que por su naturaleza, y a partir de criterios objetivos, pudiera perjudicar gravemente el funcionamiento de las personas afectadas; en tal caso, y como ocurría con la declaración de confidencialidad, la dirección central habrá de informar a su interlocutor sobre las razones últimas que justifican en el caso concreto la decisión.

6.- Con una estructura del derecho de información que, en sus elementos de tiempo, forma y contenido poco margen deja a diseños teóricos más incisivos, salvo la remodelación del acceso a la vía administrativa y judicial y la imposición de sanciones ejemplarizantes a fin de asegurar su correcta trasmisión, buena parte de las miras quedaban puestas en el desarrollo que mereciera la fase de consultas. Tres son los cambios sustanciales que incorpora la iniciativa de reforma: dos instrumentales recogidos en los considerandos y otro de fondo que supone un cambio de calado en el articulado de la norma.

---

146 En detalle sobre estos dos supuestos y el diálogo entre información y reserva que necesariamente ha de producirse, COSATTINI, L. A.: "La procedure di consultazione fra diritti di informazione e obblighi di riservatezza", *Lavoro Diritti Europa*, núm. 1, 2024, págs. 8-9.

Por cuanto hace a las medidas operativas, la primera de ellas tienen que ver la determinación de los factores locativos y modales, contemplado que el acuerdo por el que se crea el comité deberá determinar el lugar de celebración y su formato, ya sean reuniones presenciales, en línea o hibridas, aludiendo de manera expresa a que algunas o todas pueden ser celebradas en un entorno virtual, utilizando las herramientas oportunas al efecto, lo cual reduce la huella medioambiental y trae aparejados menos costes en el medio natural o financieros; o, por contra, contemplar reuniones presenciales (tantas veces oportunas cuando se trata de aquellas calificadas como extraordinarias[147]), para conseguir el entorno de confianza y confidencial propio de los intercambios en persona (considerando 8). La segunda, tiene que ver con el factor tiempo, destinada a corregir la única reunión anual de comités pautada (y mayoritaria en la práctica), pues se considera conveniente aumentar a dos el número de reuniones plenarias dentro los requisitos subsidiarios, una de las cuales, al menos, ha de ser de carácter presencial.

El cambio de formato tiene lugar bajo el norte de la eficacia, para lo cual se estima imprescindible que las consultas configuren un "verdadero dialogo entre la dirección central y los comités de empresa europeos"; lejos, por tanto, de la práctica que condena el quehacer de muchos comités (o, en el otro extremo, los convierte en instrumento apropiado para una ges-

---

[147] GOHDE, H.: *Europäische Betriebsrätes Analyse und Handlungsempfehlungen*, Frankfurt (Hans Böchler Stiftung), 2004, págs. 43-45.

tión compartida)[148], cuando únicamente se solicite la opinión como un mero requisito formal[149].

Para conseguir el objetivo se adopta una doble decisión: en primer término, los representantes deben recibir la información en un momento y con un contenido apropiado para poder evitar de manera pormenorizada su impacto, preparar las consultas y emitir las opiniones que consideren oportunas, bajo la forma de un dictamen que permita asegurar el ejercicio efectivo de los derechos conferidos por la norma. Plazo razonable (en función de la vigencia del asunto) que, no obstante, y si fuera desconocido por el banco social, no podrá impedir que la empresa adopte sus decisiones dentro del margen apropiado para garantizar el propósito al cual sirve este requisito de interlocución.

La innovación responde a una práctica frecuente en muchos comités y que ha mostrado un alto porcentaje de buenos resultados[150]; con todo, mantiene la obligación legal en una colaboración en la gestión, sin satisfacer las demandas (ni dar

---

148 En este sentido, se alude a unas consultas más próximas a actos protocolarios que efectivos, con amplios espacios para la autoalabanza de la empresa y limitación de tiempo para la fiscalización y obtención de respuestas por los representantes; al respecto, las duras palabras de GORDO GONZÁLEZ, L.: *La representación de los trabajadores en las empresas transnacionales*, cit., pág. 262.

149 Ejemplos prácticos de uno y otro comportamiento como factores que explican la diferente eficacia en HAUSER-DITZ, A.; MÄLHMEYER, V. y PRIES, L.: *Europäische Betriebsräte Grenzüberschreitende Koordination in der Automobilzulieferindustrie*, Frankfurt (Campus), 2015, págs. 330-346.

150 LECHER, W.; PLATZER, H. W. y WEINER, K. P.: "The quality of the EWC process", en AA.VV. (LECHER, W.; PLATZER, H. W. y WEINER, K. P., Eds.): *European Works Councils: Negotiated Europeanisation*, Londres (Routledge), 2017, págs. 138-140.

carta de legitimidad a experiencias consolidadas) que abogaban por el reconocimiento de un papel también negociador[151].

En consecuencia, y ciñéndose a la norma que se adivina en lontananza, seguirán teniendo razón quienes consideran que la labor de los comités en la Directiva se extiende a "la cooperación en el gobierno ["incluso la codeterminación"], no a la negociación y a la confrontación"[152]. Sopesando, sin duda, la diversidad de modelos en los distintos Estados miembros, así como la reticencia de las posiciones sindicales a reconocer una facultad de negociación autónoma a los comités (al menos mientras no ofrezcan garantías de estar suficientemente sindicalizados[153]), se

---

151 ZAMPIERI, L.: *Accordi-Quadro Internazionali ed Europei stipulati con le imprese transnazionali. Le nuove relazioni collettive di lavoro tra corporate governance e contrattazione collettiva*, Tesis Doctoral, Verona (Universidad de Verona), 2018, en especial págs. 166-205 y LECHER, W.; PLATZER, H. W. y WEINER, K. P.: Negotiation, representation, Europeanisation: The quality of the EWC process", cit., pág. 139.

152 LANDA ZAPIRAIN, J. P.: "Trade Unions' rights, Works Councils' functions and the legal framework for governing European corporations: A Spanish perspective", *Oñati Socio-legal Series*, Vol. 9, núm. 1, 2019, págs. 27 y 28. Sobre el argumento en virtud del cual las Directivas 2002/14/CE y 2001/86/CE aluden a consultas para alcanzar un acuerdo, mientras en la Directiva de los comités se refiere a la capacidad de adaptación o toma de decisiones de la empresa, FLÓREZ ESCOBAR, R.: "El Comité de Empresa Europeo", cit., pág. 1131. Certero el pronóstico de futuro que realizara al respecto, hace más de una década, JAGODZINSKI, R.: "European Works Councils and Transnational Company Agreements. Balancing on the thin line between effective consultation and overstepping competences", en AA.VV. (SCHÖMANN, I. *et alii*): *Transnational collective bargaining at company level: A new component of European individual relation*, cit., págs. 175 y 176.

153 KNUDSEN, H.: "European Works Councils: A difficult question for trade unions", en AA.VV. (FOSTER, D. y SCOTT, P., Eds.): *Trade unions in Europe. Meeting the challenge*, Berna (Peter Lang), 2003, pág. 157 y KNUDSEN, H.; WHITTAL, M. y HUIJGEN, F.: "European

obvia cuanto potenciaría su autonomía colectiva[154] y se deja a la práctica en cada ocasión la ampliación de tan sustancial competencia, sin poder negar —por supuesto— toda la virtualidad operativa que desde hace tiempo viene dando abundantes frutos[155], constituyendo —por ejemplo— el foro "natural" o apropiado para poder pactar la aproximación de derechos y deberes de los trabajadores en los distintos centros de trabajo de la empresa a lo largo de toda Europa o las condiciones y requisitos de la movilidad geográfica internacional[156].

Works Councils and the problem of identity", en AA.VV. (KNUDSEN, H.; WHITTAL, M. y HUIJGEN, F., Eds.): *Towards a European labour identity. The case of a European Works Council*, Londres (Routledge), 2007, pág. 12. Con mayores matices, ALAIMO, A.: "La nuova Direttiva sui Comitati Aziendali Europei: un'occasione per ripensare la partecipazione dei lavoiatori en Italia?", *Working Papers CSDLE "Massimo D'Antona"*, núm. 69, 2009, págs. 13-15.

154 En argumento desarrollado para las regulaciones supletorias por TERRADILLOS ORMAETXEA, E.: *La representación colectiva de los trabajadores en los grupos de empresas. Modernas formas de regulación*, Madrid (Consejo Económico y Social), 2000, págs. 305-316.

155 Al respecto, las importantes aportaciones teóricas y prácticas de BLANKE, T.: "Acuerdos del Comité de Empresa Europeo: tipos, contenidos y funciones, naturaleza jurídica" y OJEDA AVILÉS, A.: "Eficacia de los convenios colectivos europeos", ambos en AA.VV. (OJEDA AVILÉS, A., Dir.): *La negociación colectiva en Europa*, Madrid (Comisión Consultiva Nacional de Convenios Colectivos), 2004, págs. 383-414 y 415-444, respectivamente. Una construcción acabada en TERRADILLOS ORMAETXEA, E.: "La negociación colectiva en la empresa transnacional", en AA.VV. (RODRÍGUEZ FERNÁNDEZ, M. L., Dir.): *La negociación colectiva europea*, Madrid (Consejo General del Poder Judicial), 2006, en particular págs 293-305. Sobre su importante papel durante la crisis (pen)úlitma, MÄHLMEYER, V.; RAMPELTSHAMMER, L. y HERTWIG, M.: "European Works Councils during the financial and economic crisis: Activation, stagnation o disintegration", cit., págs. 234-239

156 GORDO GONZÁLEZ, L.: *La representación de los trabajadores en las empresas transnacionales*, cit., pág. 258 o ALES, E, y DUFRESNE, A.: "Trans-

7.- Con las miras puesta en garantizar el acceso a los procedimientos —previos, que no alternativos— de solución extrajudicial y el acceso a la vía judicial, para así corregir la precaria situación en que se encuentran en algunos Estados[157], la pauta que apunta el considerando 17 de la Propuesta de Directiva encuentra adecuada plasmación en la reforma del art. 11 a través de una cuádruple decisión de interés[158]:

A.- La obligación que ha de pesar sobre los Estados en orden a disponer de procedimientos adecuados para hacer valer los derechos y obligaciones que dinamicen la Directiva de manera eficaz.

---

national collective bargaining: Another (problematic) fragment of the European multi-level industrial relations system", *European Journal of Industrial Relations*, Vol. 18, núm. 2, 2014, pág. 98. Sobre la pérdida de peso de la negociación en nivel europeo frente a la emergencia de la interlocución internacional, REHFELDT, U.: "Stagnation dei Accords d'Entreprise Internationaux et recul des Accords Européens", *Chronique Internationale de l'IRES*, núm. 174, 2021, págs. 47-66.

157 En los estudios más recientes se deja constancia del diferente estatus, pues mientras en España, Eslovenia y Francia gozan de personalidad jurídica, en Estonia, Finlandia y Letonia carecen de cualquier reconocimiento; y aun cuando en algunos de los Estados restantes, a pesar de carecer de personalidad, tienen capacidad para actuar en los Tribunales, en Bélgica, Dinamarca, Irlanda, Italia, Luxemburgo y Polonia solo disfrutan de una capacidad limitada, ceñida a sus miembros a título individual o a los sindicatos. Los datos en JAGODZINSKI, R. y STOOP, S.: *Acceso a la justicia para Comités de Empresa Europeos. Una visión general práctica para profesionales*, Bruselas (CES), 2022, en especial Figura 2, pág. 21; Tabla 2, pág. 23 y Tabla 4, pág. 35.

158 Cuyas líneas maestras ya figuraban en JAGODZINZKI, R. y LORBER, P.: "Enforcement frameworks and employees' rights of access to enforcement procedures", en AA.VV. (JAGODZINSKI, R., Ed.): *Variations on a theme. The implementation of the EWC Recast Directive*, cit., págs. 129-131; de interés las observaciones de LÜCKING, S. y WHITTAL, M.: "Ansatzpunkte und Hindernisse für die Gründing eines Europäischen Betriebrats Unternehmen", cit., págs. 199-201.

B) La fijación del momento inicial desde el cual se ha de poder acceder a la vía administrativa o judicial a los precedentes efectos; ponderando no solo si consta el incumplimiento del deber de información sin mayor motivo, sino cuando no la proporcione en virtud de los motivos específicos establecidos en la norma o la califique como confidencial sin concurrir motivos bastantes[159]. De igual modo se contempla que la duración de estos procedimientos habrá de ser compatible con el ejercicio efectivo de los derechos de información y consulta.

C) Frente a cuando era mera modificación en los supuestos anteriores, se introduce como novedad un apartado dedicado específicamente a prever que los Estados están llamados, o bien a establecer que los costes razonables de representación han de correr de cargo de la dirección central, o bien a adoptar otro tipo de medidas destinadas a evitar restricciones *de facto* en el acceso por carecer de recursos financieros.

D) Por último, y en los supuestos en los cuales los Miembros supediten el acceso a los procedimientos judiciales a la aplicación previa de una resolución alternativa de litigios, se sienta que en ningún caso tal vía preprocesal podrá poner en peligro el derecho de las partes interesadas a emprender acciones legales[160].

8.- En íntima relación con el apartado anterior, idéntica lógica de refuerzo a la norma plantea la necesidad de incorporar cuanto la letra b) de renovado apartado 2 califica como "sanciones efectivas, disuasorias y proporcionadas en caso de infracción de los derechos y obligaciones" por parte del empresario. A tal efecto, y atendiendo la petición que desde hace

---

159 PICARD, S.: *Comités d'Entreprise Européens: guide syndical pour la Directive 2009/38/CE*, Bruselas (ETUI), 2010, pág. 72.

160 En torno al problema de los sistemas extrajudiciales no consideradas como vía previa, sino como alternativa, RAINONE, S.: "Enforcing EU information and consultation rights", cit., págs. 263 y 264.

décadas venía formulando la Confederación Europea de Sindicatos, relativa a estandarizar el marco de las sanciones[161], el considerando 18 estima oportuno que para su determinación se tomen en consideración factores tales como el tamaño y la situación financiera de la entidad (considerando, por ejemplo, el volumen de negocios anual) y cualesquiera otros pertinentes, según pueden ser la gravedad, el carácter intencionado o negligente de la infracción, la duración o las consecuencias[162]. De la mayor utilidad resulta la inclusión de medidas cautelares de suspensión de la ejecución de decisiones empresariales hasta tanto se haya materializado de forma satisfactoria el procedimiento de interlocución.

9.- Aquilatar el cometido y garantizar una adecuada protección de los miembros de las comisiones negociadoras y del comité venían siendo recomendaciones tenazmente sostenidas en algunos de los documentos que avanzaban el camino a la reforma[163]. Siguiendo su estela, se postula una remodelación a fondo del art. 10, en cuyo seno obra la preocupación específica por cuatro aspectos que, en la práctica, se han mostrado decisivos a la hora de proporcionar vigor al desempeño de los comités[164]: a) Disponibilidad de los medios humanos y mate-

---

161 El detalle en GORDO GONZÁLEZ, L.: *La representación de los trabajadores en las empresas transnacionales*, cit., pág. 259 y nota 628. Los datos sobre las concretas medidas sancionadoras, escasamente aflictivas con carácter general, en COMISIÓN EUROPEA: *Study exploring issues and posible solutions in relation to the Recast Directive 2009/38/EC on European Works Councils*, cit., pags. 64-67.

162 Más detalles, en JAGODZINSKI, R. y LORBER, P.: "Enforcement framework and employees' rights of access to enforcement procedures", cit., pag. 120 y 130.

163 LHERNOULD, J. P.: "Les ressorts du Comité d'Entreprise Européen", *La Semaine Juridique*, 2023, págs. 4 y 5 (hal-03965498).

164 Ilustrativa la recopilación de WEBER, T. *et alii*: *Challenges en solutions: Case studies on European Works Councils*, cit., págs. 47-51 o WARNECK,

riales imprescindibles para llevar a cabo una representación eficaz de los trabajadores. b) Comunicación necesaria (disponiendo de las facilidades al efecto) con los representantes de los trabajadores en los establecimientos de la corporación (o, en su defecto, directamente con los trabajadores), en particular antes y después de las reuniones con la dirección, acerca del contenido y resultados del procedimiento; guardando, no obstante, la debida confidencialidad. c) Certeza jurídica de que los miembros del comité y quienes desarrollen sus funciones en el procedimiento gozarán de la protección y garantías previstas para los trabajadores en la normativa del país de empleo; mención específica se efectúa al pago de igual salario, durante el tiempo de ausencia para ejercer sus funciones, que si estuviera trabajando, así como a la protección contra medidas de represalia o despido en términos semejantes a la garantía indemnidad aquilatada en algunos Estados miembros. d) Por último, y en tanto en cuanto resulte necesario, deber de formación respecto a los integrantes de la comisión negociadora y del comité, computando el tiempo en ella empleado como de trabajo efectivo y corriendo sus costes —razonables— a cargo de la dirección central.

La generalidad de los términos utilizados a este último respecto, mantenidos del texto precedente, han tratado de ser colmados por la doctrina incidiendo, en particular, en dos iniciativas muy necesarias[165]: en primer lugar, vencer la barrera idiomática que separa a los representantes de los trabajadores y que provoca relaciones dificultosas en el seno de las repre-

---

F.: "Les Comités d'Entreprise: un outil d'action transnationale", *Movements,* núm. 95, 2018, en particular págs. 84 y 85

165 KÖHLER, H. D. y GONZÁLEZ BEGEGA, S.: "¿Hacia un sistema de relaciones industriales europeo? La experiencia de los Comités de Empresa Europeos (CEUs)", cit., pág. 27 o GORDO GONZÁLEZ, L.: *La representación de los trabajadores en las empresas transnacionales,* cit., págs. 260 y 261.

sentación europea y con las representaciones nacionales; en segundo término —y amén del recurso al asesoramiento de expertos—, una mayor preocupación por preparar a los representantes en los aspectos de mayor interés en la gestión económica y jurídica.

10.- En último extremo, y en la medida en la cual el silencio de la dirección central sea la única respuesta a la solicitud de inicio de negociaciones, se considera que no hace falta un rechazo de la apertura del procedimiento de interlocución para aplicar las disposiciones subsidiarias, sino que bastará con que no convoque la comisión negociadora a la primera reunión en el plazo de medio año[166].

***

En su tránsito desde la insatisfacción a la esperanza, aludía el filósofo a la necesidad de intentar de manera tenaz y animosa vencer los contratiempos derivados del fracaso, manteniendo cuanto ha sido de provecho en la experiencia y rectificando con tiento en cuanto no lo ha sido tanto. Toda una declaración de intenciones cuando está previsto el cambio normativo de un instrumento que, bien diseñado, puede resultar vital para una participación eficaz de los trabajadores en las empresas de dimensión europea.

BIBLIOGRAFÍA

AA.VV. (RODRÍGUEZ-SAÑUDO GUTIÉRREZ, F. y MARTÍN VALVERDE, A., Coords.): *Contrato de trabajo y formación profesional: consecuencias*

---

[166] Revindicando un ajuste en los tiempo los argumentos de GOHDE, H.: *Europäische Betriebsräte Analyse und Handlungsempfhlungen*, cit., pág. 390; más por extenso, NIEDENHOFF, H. V.: *Betriebsräte in Deutschland. Vom Arbeiterausschuss zum Mitgestalter des Arbeitslebens*, Wiesbaden (Springer Gabler), 2024, págs. 207-219.

laborales y sociales de la integración de España en la Unión Europea. V Jornadas Universitarias Andaluzas de Derecho del Trabajo y Relaciones Laborales, Madrid (Ministerio de Trabajo y Seguridad Social), 1987.

AA.VV. (ALBERS, D. *et alii*, Comps.): *La política regional de los sindicatos europeos. Un análisis comparativo*, Madrid (Ministerio de Trabajo y Seguridad Social), 1993.

AA.VV. (RODRÍGUEZ-PIÑERO ROYO, M., Coord.): *El empleador en el Derecho del Trabajo. XVI Jornadas Universitarias Andaluzas de Derecho del Trabajo y Relaciones Laborales*, Madrid (Tecnos), 1999.

AA.VV. (ARAGÓN, J. *et alii*, Ed. Lit.): *Los Comités de Empresa Europeos en España*, Madrid (CC.OO./Fundación 1º de Mayo), 2001.

AA.VV.: *Gobierno de la empresa y participación de los trabajadores: viejas y nuevas formas institucionales. XVII Congreso Nacional de Derecho del Trabajo y de la Seguridad Social*, Madrid (Ministerio de Trabajo y Asuntos Sociales), 2001.

AA.VV. (KELLER, B. y PLATZER, H. W., Eds.): *Industrial relations and European integration. Trans and supranational developments and prospects*, Aldershot (Ashagate), 2003.

AA.VV. (BAYLOS GRAU, A., Coord.): *La dimensión europea y transnacional de la autonomía colectiva*, Albacete (Bomarzo), 2003.

AA.VV. (FOSTER, D. y SCOTT, P., Eds.): *Trade unions in Europe. Meeting the challenge*, Berna (Peter Lang), 2003.

AA.VV. (ESTEBAN VELASCO, G. y FERNÁNDEZ DEL POZO, L., Coords.): *La Sociedad Anónima Europea. Régimen jurídico societario, laboral y fiscal*, Madrid (Marcial Pons), 2004.

AA.VV. (FITZGERALD, I. y STIRLING, J., Eds.): *European Works Councils. Pessimism of the intellect. Optmism of the will?*, Londres (Routledge), 2004.

AA.VV. (OJEDA AVILÉS, A., Dir.): *La negociación colectiva en Europa*, Madrid (Comisión Consultiva Nacional de Convenios Colectivos), 2004.

AA.VV.: *La negociación colectiva europea*, Madrid (CGPJ), 2004.

AA.VV. (SZELL, G.; BÖSLING, C. y HARTKEMEYER, J., Eds.): *Labour, globalisation and the new Economy*, Frankfurt (Peter Lang), 2005.

AA.VV. (GARCÍA MURCIA, J., Coord.): *La transposición del Derecho Social Comunitario al ordenamiento español: un balance en el XX aniversario de la incorporación de España a la Comunidad Europea*, Madrid (Ministerio de Trabajo y Asuntos Sociales), 2005.

AA.VV. (RODRÍGUEZ FERNÁNDEZ, M. L., Dir.): *La negociación colectiva europea*, Madrid (Consejo General del Poder Judicial), 2006.

AA.VV.: *Gobierno de la empresa y participación de los trabajadores: viejas y nuevas formas institucionales. XVII Congreso Nacional de Derecho del Trabajo y de la Seguridad Social*, Madrid (Ministerio de Trabajo y Asuntos Sociales), 2007.

AA.VV. (KNUDSEN, H.; WHITTAL, M. y HUIJGEN, F., Eds.): *Towards a European labour identity. The case of a European Works Council*, Londres (Routledge), 2007.

AA.VV. (HERTWIG, M.; PRIES, L. y RAMPELTSHAMMER, L., Eds.): *European Works Councils in complementary perspectives*, Bruselas (ETUI), 2009.

AA.VV. (PAPADAKIS, K., Ed.): *Diálogo social y acuerdos transfronterizos ¿Un marco global emergente de relaciones laborales?*, Madrid (OIT), 2009

AA.VV. (BARBUCCI, G. y ARRIGO G., Dirs.): *I Comitati Aziendali Europei tra vecchio e nuovo Diritto. Per una comune cultura negoziale europea*, Roma (Futura), 2010.

AA.VV. (DORSSEMONT, F. y BLANKE, T., Eds.): *The recast of the European Works Council Directive*, Amberes (Intersentia), 2010.

AA.VV. (VALDÉS DAL-RÉ, F. y MOLERO MARAÑÓN, M. L., Dirs.): *La representación de los trabajadores en las nuevas organizaciones de empresa*, Madrid (Fundación Largo Caballero), 2010.

AA.VV (SCHÖMANN, I. *et alii*): *Transnational collective bargaining at company level: A new component of European individual relation*, Bruselas (ETUI), 2012.

AA.VV. (SCHÖMANN, I. *et alii*): *Transnational collective bargaining at company level*, Bruselas (ETUI), 2012.

AA.VV. (RÜB, S. y MÜLLER, T., Eds.): *Arbeits beziehungen im Prozess der Globalisierung und Europäischen Integration*, Baden-Baden (Nomos), 2013.

AA.VV. (VILLAR CAÑADAS, I. M. y MOLINA NAVARRETE, C., Dirs.): *Pilar Europeo de Derechos Sociales y progreso jurídico de la Unión y de España: logros y asignaturas pendientes*, Albacete (Bomarzo), 2014.

AA.VV. (JAGODZINSKI, R., Ed.): *Variations on a theme. The implementation of the EWC Recast Directive*, Bruselas (ETUI), 2015.

AA.VV. (LECHER, W.: PLATZER, H. W. y WEINER, K. P. Eds.): *European Works Councils: Negotiated Europeanisation*, Londres (Routledge), 2017.

AA.VV. (QUACK, S. *et alii*, Eds.): *Transnationalisierung der Arbeit*, Weisbaden (Springer), 2018.

AA.VV. (ALES, E. *et alii*, Eds.): *International and European Labor Law. A Commentary*, Baden-Baden (Nomos-Hert), 2018.

AA.VV. (CASAS BAAMONDE, M. E., y GIL ALBURQUERQUE, R., Dirs., y GARCÍA-PERROTE ESCARTÍN, I.; GOMEZ GARCÍA-FERNAL, A. y SEMPERE NAVARRO, A. V., Coords.): *Derecho Social de la Unión Europea. Aplicación por el Tribunal de Justicia*, 2ª ed., Madrid (Francis Lefevre), 2019.

AA. VV.: *Transformation of work: Chellenges for the national systems of Labour Law and Social Security*, Turín (ISLSS), 2020.

AA.VV. (RASNACA, Z. *et alii*, Eds.): *Effective enforcement of EU Labour Law*, Londres (Hart), 2022.

AA.VV. (CAIRÓS BARRETO, D. y FOTINOPOULOU BASURKO, O., Dirs. y MELIÁN CHIMEA, L.; GORROCHATEGUI POLO, M. y RODRÍGUEZ ROMERO, R. M., Coords.): *Hacia la construcción de un Derecho Transnacional del Trabajo y de la Seguridad Social*, Barcelona, (Atelier), 2023.

ALAIMO, A.: "La nuova Direttiva sui Comitati Aziendali Europei: un'occasione per ripensare la partecipazione dei lavoratori en Italia?", *Working Papers CSDLE "Massimo D'Antona"*, núm. 69, 2009.

—: "The new Directive on European Works Councils: Innovations and omissions", *International Journal of Comparative Labour Law Industrial Relations*, Vol. 26, núm. 2, 2010.

ALBIOL MONTESINOS, I.: "El Comité de Empresa Europeo", *Tribuna Social*, núm. 64, 1996.

ALES, E. *et alii*: *Transnational collective bargaining: Past, present and future. Final Report*, Bruselas (Comisión Europea), 2006.

—y DUFRESNE, A.: "Transnational collective bargaining: Another (problematic) fragment of the European multi-level industrial relations system", *European Journal of Industrial Relations*, Vol. 18, núm. 2, 2014.

ÁLVAREZ ALONSO, D.: *Representación y participación de los trabajadores en la empresa. Estudio de jurisprudencia y perspectivas de futuro*, Valencia (Tirant lo Blanch), 2019.

ÁLVAREZ CUESTA, H.: "El Comité de Empresa Europeo como instrumento de participación de los trabajadores a nivel supranacional", *Pecvnia*, núm. 9, 2008.

ALVÁREZ GIMENO, R.: "La implicación de los trabajadores en la SE y la complejidad del Derecho Social Europeo actual", en AA.VV.: *Gobierno de la empresa y participación de los trabajadores: viejas y nuevas formas institucionales. XVII Congreso Nacional de Derecho del Trabajo y de la Seguridad Social*, Madrid (Ministerio de Trabajo y Asuntos Sociales), 2001.

ARRIGO, G.: "Dalla 'revisione' alla 'rifusione' della Direttiva n. 94/45", en AA.VV. (BARBUCCI, G. y ARRIGO G., Dirs.): *I Comitati Aziendali Europei tra vecchio e nuovo Diritto. Per una comune cultura negoziale europea*, Roma (Futura), 2010.

ARROWSMITH, J. y MARGINSON, P.: "The European cross-border dimension to collective bargaining in multinational companies", *European Journal of Comparative Economics*, Vol. 35, núm. 4, 2007.

BALPLAIN, R.: "European Works Councils: The European Directive 2009/38/EC of 6 May 2009", *European Labour Law Journal*, Vol. 1, núm. 1, 2010.

BAZ RODRÍGUEZ, J.: "El sistema europeo de información y consulta de los trabajadores en las empresas y grupos de dimensión comunitaria: reflexiones en torno a la Ley 10/1997, de 29 de abril", *Relaciones Laborales*, T. I, 1998.

BEGONI, M.: *El Comité de Empresa Europeo*, Albacete (Bomarzo), 2010.

BIAGI, M.: "La Direttiva CAE dopo sei anni: il successo di un nuovo modello?", *Diritto delle Relazioni Industriali*, núm. 4, 2000.

BLANKE, T.: "Acuerdos del Comité de Empresa Europeo: tipos, contenidos y funciones, naturaleza jurídica", en AA.VV. (OJEDA AVILÉS, A., Dir.): *La negociación colectiva europea*, Madrid (CGPJ), 2004.

—y ROSE, E.: "Who first? The correct timing of information and consultation of European Works Councils in relation to national rights of worker involvement", en AA.VV. (DORSSEMONT, F. y BLANKE, T., Eds.): *The recast of the European Works Council Directive*, Amberes (Intersentia), 2010.

BLOCKLAND, A.: *Accounting for the missing European Works Councils*, Utrech (Universidad de Utrech), 2002.

BONI, G.: "Introduction", en AA.VV. (SCHÖMANN, I. *et alii*): *Transnational collective bargaining at company level*, Bruselas (ETUI), 2012.

BOIX LLUCH, I.: "Los Comités de Empresa Europeos como ámbitos de acción sindical nacional y supranacional", *Revista de la Fundación 1º de Mayo*, núm. 29, 2011.

BUSCHACK, W.: "La revisión de la Directiva sobre Comités de Empresa Europeos", en AA.VV. (ARAGÓN, J. *et alii*, Ed. Lit.): *Los Comités de Empresa en España*, Madrid (CC.OO./Fundación 1º de Mayo), 2001.

BUSINESSEUROPE: "Comments on the functioning of the EWC Recast Directive", 9 octubre 2017.

CABEZA PEREIRO, J.: "La constitución del Comité de Empresa Europeo en una empresa o un grupo de dirección central en España", *Aranzadi Social*, núm. 16, 1997.

CAGNIN, V.: "I Comitati Azendali Europei: luci e ombre della nuova Direttiva CAE", *Ricerche Giuridiche*, Vol. 1, 2017.

CASAS BAAMONDE, M. E.: "Doble principio de subsidiariedad y competencias comunitarias en el ámbito social", *Relaciones Laborales*, T. I, 1993.

—: "Subsidiaridad y flexibilidad del ordenamiento y participación de los trabajadores en empresas y grupos", *Relaciones Laborales*, T. I, 1993.

—. "Dimensión transnacional de leyes nacionales, Comités de Empresa Europeos y sentencias de conflictos colectivos", *Relaciones Laborales*, núm. 18, 1997.

—: "La implicación de los trabajadores en la Sociedad Anónima Europea", en AA.VV. (ESTEBAN VELASCO, G. y FERNÁNDEZ DEL POZO, L., Coords.): *La Sociedad Anónima Europea. Régimen jurídico societario, laboral y fiscal*, Madrid (Marcial Pons), 2004.

COMISIÓN EUROPEA: "Convenios colectivos transnacionales: la realización del potencial diálogo social", DSC (2012) 264 final.

—: *Evaluation study on the implementation of Directive 2009/31/EC on the establishment of a European Works Council*, Luxemburgo (Oficina de Publicaciones de la Unión Europea), 2016.

— *Report on the implementation by Member States of Directive 2009/38/EC on the establishment of a European Works Council or a procedure in Community-scale undertakings and Community-scale groups of undertakings for the purposes of informing and consulting employees (Recast)*, COM (2018), 292 final.

—: *Study exploring issues and posible solutions in relation to the Recast Directive 2009/38/EC on European Works Council. Final Report*, Luxemburgo (Publicaciones Oficiales de la Unión Europea), 2024.

CONFEDERACIÓN EUROPEA DE SINDICATOS: *La creación de un entorno propicio para entablar negociaciones colectivas opcionales y de carácter autónomo en el ámbito transnacional entre sindicatos y empresas multinacionales. Informe Final*, Bruselas (CES), 2016.

—: "Resolución de la CES sobre 2021. Año para una mayor democracia en el trabajo", de 23 de marzo de 2023.

—: "Proyecto de resolución sobre una hoja de ruta para una iniciativa legislativa vinculante sobre la mejora de la Directiva CEE", de 31 de marzo de 2023.

CONSEJO ECONÓMICO Y SOCIAL EUROPEO: *Sobre la aplicación concreta de la Directiva sobre la constitución de un Comité de Empresa Europeo (94/45/CE) y sobre los aspectos que en su caso deberían ser revisados*, de 24 de septiembre de 2003 (DOUE 14 enero 2004).

—: *Los Comités de Empresa Europeos: un nuevo papel para promover la integración empresarial* (CESE, 13 de septiembre de 2006, 1170/2006).

CORREA CARRASCO, M.: "Concurrencia y articulación de fuentes en la constitución del Comité de Empresa Europeo", *Temas Laborales*, núm. 53, 2000.

COSATTINI, L. A.: "La procedure di consultazione fra diritti di informazione e obblighi di riservatezza", *Lavoro Diritti Europa*, núm. 1, 2024.

CRISTOBAL RONCERO, M. R.: "El Comité de Empresa Europeo en las empresas o grupos de empresas de la dimensión comunitaria", *Revista del Ministerio de Trabajo y Asuntos Sociales*, núm. 43, 2003.

CRUZ VILLALÓN, J.: *La representación de los trabajadores en la empresa y en el grupo. Un marco legal insuficiente*, Madrid (Trotta), 1992.

—: "La información y la consulta a los representantes de los trabajadores en las empresas de dimensión comunitaria", *Relaciones Laborales*, T. II, 1994.

DA COSTA, I. y REHFELDT, U.: "Convenios colectivos transnacionales en el ámbito de la empresa: avances históricos", en AA.VV. (PAPADAKIS, K., Ed.): *Diálogo social y acuerdos transfronterizos. ¿Un marco global emergente de relaciones industriales?*, Madrid (OIT), 2009.

DA COSTA, I. *et alii*: "Transnational negotiations and the Europeanization of industrial relations. Potential and obstacles", *European Journal of Industrial Relations*, Vol. 18, núm. 2, 2012.

—: *La negociación colectiva en Europa. Una perspectiva transversal*, Madrid (Ministerio de Trabajo, Migraciones y Seguridad Social), 2019.

DANIS, J. J. y HOFFMANN, A.: "From the Vredeling Directive to the European Works Council Directive. Some historical remarks", *Transfer*, Vol. 1, núm. 2, 1995.

DAUGAREILH, I.: "La emergencia de un Derecho Transnacional de las relaciones laborales a la sombra del Derecho Internacional", en AA.VV. (CAIRÓS BARRETO, D. y FOTINOPOULOU BASURKO, O., Dirs. y MELIÁN CHIMEA, L.; GORROCHATEGUI POLO, M. y RODRÍGUEZ ROMERO, R. M., Coords.): *Hacia la construcción de un Derecho Transnacional del Trabajo y de la Seguridad Social*, Barcelona, (Atelier), 2023.

DE SPIEGELAERE, S. y WADDINGTON, J.: "Has the recast made a difference? An examination of the content of European Works Council agreements", *European Journal of Industrial Relations*, Vol. 23, núm. 3, 2017.

DE SPIEGELAERE, S.; JAGODZINSKI, R.: *Can anybody hear us? An overview of the 2018 survey of EWC and SEWC representatives*, Bruselas (ETUI), 2019.

—: y WADDINGTON, J.: *European Works Councils: Contested and still in the making*, Bruselas (ETUI), 2022.

DURÁN LÓPEZ, F. y SÁEZ LARA, C.: *El papel de la participación en las nuevas relaciones laborales*, Madrid (Civitas/CARL), 1997.

ESPEJO MEGÍAS, P.: "La participación de los trabajadores en el ámbito supranacional. Aspectos controvertidos de la Directiva 2009/38/CE del Parlamento y del Consejo de 6 de mayo, sobre constitución de un Comité de Empresa Europeo o de un procedimiento de información y consulta a los trabajadores en las empresas y grupos de empresas de dimensión comunitaria", *Lan Harremanak*, núm 28, 2013.

ETUC *European Commissions's consultation on the Transnational Company Agreements (TCAs)*, 18 de octubre de

—: "ETUC position paper for a modern European Works Council (EWC) Directive in the digital era", 16 de marzo de 2017.

—: "Strategy for more democracy at work", 8 de marzo 2018

—: "EWC Briefing on the European Parlament's report on EWC revision", 15 febrero 2023.

FERNÁNDEZ DOCAMPO, B.: *La participación de los trabajadores en el Derecho Social Comunitario*, Valencia (Tirant lo Blanch), 2006.

FITZGERALD, I.: "Introduction: Employment participation in Europe", en AA.VV. (FITZGERALD, I. y STIRLING, J., Eds.): *European Works Councils. Pessimism of the intellect. Optmism of the will?*, Londres (Routledge), 2004.

FLÓREZ ESCOBAR, R.: "El Comité de Empresa Europeo", en AA.VV. (CASAS BAAMONDE, M. E. y GIL ALBURQUERQUE, R., Dirs., y GARCÍA-PERROTE ESCARTÍN, I.; GÓMEZ GARCÍA-FERNAL, A. y SEMPERE NAVARRO, A. V., Coords.): *Derecho Social de la Unión Europea. Aplicación por el Tribunal de Justicia*, 2ª ed., Madrid (Francis Lefevre), 2019.

GARRIDO PÉREZ, E.: "La Sociedad Europea: un nuevo impulso y una nueva posibilidad para la participación de los trabajadores en las empresas", en AA.VV. (BAYLOS GRAU, A., Coord.): *La dimensión europea y transnacional de la autonomía colectiva*, Albacete (Bomarzo), 2003.

—: "La reforma de la Directiva sobre CEU a la luz de la jurisprudencia del TJCE en relación a la información y consulta en estructuras complejas", *Revista de Política Social*, núm. 49, 2010.

GILMAN, H. y MARGINSON, P.: "Negotiating European Works Councils: Contours of constrained choice", *Industrial Relations Review*, Vol. 33, núm. 1, 2003.

GIRAUDEI, C.: "Nécrologie juridique du Comité d'Entreprise: transformation et succession d'une institution juridique", *La Revue de l'IRES*, núm. 94-95, 2018.

GOHDE, H.: *Europäische Betriebsrätes Analyse und Handlungsempfehlungen*, Frankfurt (Hans Böchler Stiftung), 2004.

GOLD, M. y HALL, M.: *Evaluation de la pratique en matière d'information et de consultation au niveau européen dans les entreprises multinationales*, Dublín (Eurofound), 1992.

GOLD, M. y REES, C.: "What makes an effective European Works Council? Considerations based on three case studies", *Transfer*, Vol. 19, núm. 4, 2013.

GÓMEZ GORDILLO, R.: *El Comité de Empresa Europeo. Un estudio jurídico*, Madrid (Consejo Económico y Social), 2003.

—: "La reforma de la Directiva sobre el Comité de Empresa Europeo. Nueva apuesta por la fijación convencional de derechos de información y consulta en empresas y grupos de dimensión comunitaria", *Relaciones Laborales*, num. 13, 2010.

—: "La reforma de la Ley sobre derechos de información y consulta en las empresas y grupos de dimensión comunitaria: ¿Un impulso para los Comités de Empresa Europeos?", *Temas Laborales*, núm. 111, 2011.

—: “Una nueva reforma de la Directiva sobre el Comité de Empresa Europeo. El Derecho Social de la Unión se mira al espejo”, *NET 21*, núm. 18, 2024.

GONZÁLEZ BEGEGA, S.: *Empresa transnacional y nuevas relaciones laborales. La experiencia de los Comités de Empresa Europeos*, Madrid (La Catarata), 2011.

—; KÖHLER, M. D. y ARANEA, M.: “Los Comités de Empresa Europeos dos décadas después. Una evaluación crítica”, *Revista del Ministerio de Empleo y Seguridad Social*, núm. 127, 2017.

GORDO GONZÁLEZ, L.: *La representación de los trabajadores en las empresas transnacionales*, Valencia (Tirant lo Blanch), 2019.

—y NIETO ROJAS, P.: “De los Comités de Empresa Europeos a los Acuerdos Marco Globales”, *Gaceta Sindical*, núm. 33, 2010.

GORELLI HERNÁNDEZ, J. y GÓMEZ GORDILLO, R.: “Grupos de empresa y derechos de información de los representantes de los trabajadores”, en AA.VV. (RODRÍGUEZ-PIÑERO ROYO, M., Coord.): *El empleador en el Derecho del Trabajo. XVI Jornadas Universitarias Andaluzas de Derecho del Trabajo y Relaciones Laborales*, Madrid (Tecnos), 1999.

GUARRIELLO, F.: “Le funzioni negoziali del Comitato Aziendale Europeo tra modello normativo e costituzione materiale: prime riflessioni”, *Lavoro e Diritto*, Vol. 19, núm. 4, 2005.

—: “Transnational Collective Agreements”, en AA.VV.: *Trnsformation of work: Chellenges for the national systems of Labour Law and Social Security*, Turín (ISLSS), 2020.

HAIPETER, T.; HERTWIG, M. y ROSENBOHM, S.: “Arbeitnehmeninteressen in multinationalen Konzernen: Europäische Betriesbräte un das problem der Interessenartikulation”, en AA.VV. (QUACK, S. *et alii*, Eds.): *Transnationalisierung der Arbeit*, Weisbaden (Springer), 2018.

HANHKAMPER-VANDENBULCKE, N.: “Revision of the European Works Councils Directive”, 26 enero 2024.

HANN, D.; HAUPTMEIER, M. y WADDINGTON, J.: “European Works Councils after two decades”, *European Journal of Industrial Relations*, Vol. 23, núm. 3, 2017.

HAUSER-DITZ, A.; MÄLHMEYER, V. y PRIES, L.: *Europäische Betriebsräte Grenzüberschreitende Koordination in der Automobilzulieferindustrie*, Frankfurt (Campus), 2015.

HERDECKE, K.: *Der Europäische Betriebsrat und das comité d'Entreprise Européen*, Baden-Baden (Nomos), 2018.

HERTWIG, M.: "European Works Councils and the crisis. Change and resistance in cross-border employee representations: An organisational at Honda and Toyota", *British Journal of Industrial Relations*, Vol. 53, núm. 2, 2015.

—; PRIES, L. y RAMPELTSHAMMER, L.: "European Works Councils as international non-profit-organisations. An organisational research approach to a crucial element of Europeanisation", en AA.VV. (HERTWIG, M.; PRIES, L. y RAMPELTSHAMMER, L., Eds.): *European Works Councils in complementary perspectives*, Bruselas (ETUI), 2009.

HOFFMAN, R.: "CAE, una reforma tardiva ma utile", en AA.VV. (BARBUCCI, G. y ARRIGO, G., Dirs.): *I Comitati Aziendali Europei tra vecchio e nuovo Diritto. Per una comune cultura negoziale europea*, Roma (Futura), 2010.

JAGODZINSKI, R.: "EWCs after 15 years. Success or failure?", *Transfer*, Vol. 17, núm. 2, 2009.

—: "Review, revision or recast? The quest for an amended EWC Directive", en AA.VV. (DORSSEMONT, F. y BLANKE, T., Eds.): *The recast of the European Works Council Directive*, Amberes (Intersentia), 2010.

—: "European Works Councils and Transnational Company Agreements. Balancing on the thin line between effective consultation and overstepping competences", en AA.VV. (SCHÖMANN, I. *et alii*): *Transnational collective bargaining at company level: A new component of European individual relation*, Bruselas (ETUI), 2012.

—: "The EWC directives and the SE legal framework: Symbiosis and mutual reinforcement brought to halt", en AA.VV. (CREMERS, J.; STOLL, M. y VITOLS, S., Eds.): *A decade of experience with the European company*, Bruselas (ETUI), 2013.

—y LORBER, P.: "Enforcement frameworks and employees' rights of access to enforcement procedures", en AA.VV. (JAGODZINSKI, R., Ed.): *Variations on a theme. The implementation of the EWC Recast Directive*, Bruselas (ETUI), 2015.

—y STOOP, S.: *Acceso a la justicia para Comités de Empresa Europeos. Una visión general práctica para profesionales*, Bruselas (CES), 2022.

JASPERS, T.: "Effective transnational collective bargaining", en AA.VV. (SCHÖMANN, I. *et alii*): *Transnational collective bargaining at company level*, Bruselas (ETUI), 2012.

KENNEDY, A. y MAKAY, M.: "Worker's right to information, consultation and participation", 25 junio 2024.

KERCKHOFS, P.: *European Works Council developments before, during and after the crisis*, Dublín (Eurofound), 2015.

KNUDSEN, H.: "European Works Councils: A difficult question for trade unions", en AA.VV. (FOSTER, D. y SCOTT, P., Eds.): *Trade unions in Europe. Meeting the challenge*, Berna (Peter Lang), 2003.

—; WHITTAL, M. y HUIJGEN, F.: "European Works Councils and the problem of identity", en AA.VV. (KNUDSEN, H.; WHITTAL, M. y HUIJGEN, F., Eds.): *Towards a European labour identity. The case of a European Works Council*, Londres (Routledge), 2007.

KÖHLER, M. D. y GONZÁLEZ BEGEGA, S.: "¿Hacia un sistema de relaciones industriales europeo? La experiencia de los Comités de Empresa Europeos (CEUs)", *Cuadernos de Relaciones Laborales*, Vol. 22, núm. 1, 2004.

KOTTHOFF, H. y WHITALL, M.: *Paths to transnational solidarity. Identity-bulding processes in European Works Councils*, Berna (Peter Lang), 2014.

KUNRATH, B.: *Bargaining for social justice. The role of International Framework Agreements for fair globalization*, Lund (Universidad de Lund), 2009.

LAFUENTE, S.: "The Europeanisation of board-level representation in France. An emerging role for European Works Councils", *ETUI Working Papers*, núm. 14, 2022.

LANDA ZAPIRAIN, J. P.: "Trade Unions' rights, Works Councils' functions and the legal framework for governing European corporations: A Spanish perspective", *Oñati Socio-legal Series*, Vol. 9, núm. 1, 2019.

LAULOM, S.: "The flawed revision of the European Works Council Directive", *Industrial Law Journal*, Vol. 39, núm. 2, 2010.

—y DORSSEMONT, F.: "Fundamental principles of EWC Directive 2009/38/CE", en AA.VV. (JAGODZINSKI, R., Ed.): *Variations on a theme. The implementation of the EWC Recast Directive*, Bruselas (ETUI), 2015.

LECHER, W. *et alii*: *European Works Councils: Developments, types and networking*, Aldershot (Gower), 2001.

—; PLATZER, H. W. y WEINER, K. P.: "The quality of the EWC process", en AA.VV. (LECHER, W.: PLATZER, H. W. y WEINER, K. P., Eds.):

European Works Councils: Negotiated Europeanisation, Londres (Routledge), 2017.

—; PLATZER, H. W.; y WEINER, K. P.: "Negotiation, representation, Europeanisation: The quality of the EWC process", en AA.VV. (LECHER, W.; PLATZER, H. W. y WEINER, K. P., Eds.): *European Works Councils: Negotiated Europeanisation*, Londres (Routledge), 2017

LHERNOULD, J. P.: "Les ressorts du Comité d'Entreprise Européen", *La Semaine Juridique*, 2023 (hal-03965498).

LÜCKING, S. y WHITTAL, M.: "Ansatzpunkte und Hindernisse für die Gründung eines Europäischen Betriebsrats. Das Beispiel deutscher multinationater Unternehmen", en AA.VV. (RÜB, S. y MÜLLER, T., Eds.): *Arbeits beziehungen im Prozess der Globalisierung und Europäischen Integration*, Baden-Baden (Nomos), 2013.

MÄHLMEYER, V., RAMPELTSHAMMER, L. y HERTWIG, M.: "European Works Councils during the crisis: Activation, stagnation or disintegration", *European Journal of Industrial Relations*, Vol. 23, núm. 3, 2017.

MARTÍNEZ BARROSO, M. R.: "Modelos clásicos y modelos nuevos de participación de los trabajadores en la empresa", *Temas Laborales*, núm. 62, 2001.

MENDOZA NAVAS, N.: "La construcción de instrumentos de representación a nivel transnacional: el Comité de Empresa Europeo y la experiencia española", en AA.VV. (BAYLOS GRAU, A., Coord.): *La dimensión europea y transnacional de la autonomía colectiva*, Albacete (Bomarzo), 2003.

MENÉNDEZ SEBASTIÁN, P.: "La participación de los trabajadores en la empresa", en AA.VV. (GARCÍA MURCIA, J., Coord.): *La transposición del Derecho Social Comunitario al ordenamiento español: un balance en el XX aniversario de la incorporación de España a la Comunidad Europea*, Madrid (Ministerio de Trabajo y Asuntos Sociales), 2005.

MERCADER UGUINA, J. R.: "Derechos de información y consulta de los trabajadores en empresas y grupos de empresas de dimensión comunitaria", *Relaciones Laborales*, núm. 14, 1997.

MEYLEMANS, L. y SPIEGELAERE, S.: "CAE confidenziale. La confidenzialità nei Comitati Aziendali Europei e come i rappresentanti la gesticono: caso di studio e intuizioni di indagine", *Instituto per lo Studio dell'Innovazzione, delle Trasformazioni Produttive e del Lavoro Working Papers*, núm. 2, 2020.

MOLINA NAVARRETE, C.: "La regulación del Comité Europeo de Empresa: puntos críticos. Estudio sobre la Ley 10/1997, de 24 de abril, de 'transposición' de la Directiva 45/94/CE)", *Revista de Trabajo y Seguridad Social (Centro de Estudios Financieros)*, núm. 49, 1998.

—: "Participación laboral en la empresa y Pilar Europeo de Derechos Sociales (PEDS): ¿Hacia un nuevo protocolo de progreso social en la Unión e institucionalización del diálogo social en España?", en AA.VV. (VILLAR CAÑADAS, I. M. y MOLINA NAVARRETE, C., Dirs.): *Pilar Europeo de Derechos Sociales y progreso jurídico de la Unión y de España: logros y asignaturas pendientes*, Albacete (Bomarzo), 2014.

MOLL NOGUERA, R.: "La negociación colectiva transnacional a nivel de empresa y los Comités de Empresas Europeos", *Revista de Trabajo y Seguridad Social (Centro de Estudios Financieros)*, núm. 419, 2018.

MONEREO PÉREZ, J. L.: *Los derechos de información de los representantes de los trabajadores*, Madrid (Civitas), 1992.

— y ORTEGA LOZANO, P. G.: "La designación de los representantes de los trabajadores en el Comité de Empresa Europeo en la doctrina jurisprudencial", *Derecho de las Relaciones Laborales*, núm 1, 2020.

MÜLLER, T. y PLATZER, H. W.: "European Works Councils. A new mode of European Union regulation and the emergence of a European multi-level structure of workplace industrial relations", en AA.VV. (KELLER, B. y PLATZER, H. W., Eds.): *Industrial relations and European integration. Trans and supranational developments and prospects*, Aldershot (Ashagate), 2003.

MÜLLER, T, y RÜB, S.: *Towards internationalisation of labour relations? Global union networks and International Framework Agreements: Statu quo and prospects*, Fulda (Universidad de Ciencias Aplicadas/European and Global Industrial Relations Research Group), 2004.

NIEDENHOFF, H. V.: *Betriebsräte in Deutschland. Vom Arbeiterausschuss zum Hitgestalter des Arbeitslebens*, Wiesbaden (Springer Gabler), 2024.

NIETO ROJAS, P.: *Las representaciones de los trabajadores en las empresas*, Tesis Doctoral, Madrid (Universidad Carlos III), 2015.

OJEDA AVILÉS, A.: "Eficacia de los convenios colectivos europeos", en AA.VV. (OJEDA AVILÉS, A., Dir.): *La negociación colectiva en Europa*, Madrid (CGPJ), 2004.

OLIJSLAGERS, C. y DE SPIEGELAERE, S.: "Why aren't there more European Works Councils? A Belgian Perspective", *ETUI Police Brief*, núm. 7, 2016.

ORTIZ LALLANA, M. C.: "La participación de los trabajadores en el ámbito internacional y comunitario", en AA.VV.: *Gobierno de la empresa y participación de los trabajadores: viejas y nuevas formas institucionales. XVII Congreso Nacional de Derecho del Trabajo y de la Seguridad Social*, Madrid (Ministerio de Trabajo y Asuntos Sociales), 2007.

PALACIO MORENA, J. I.: "Prólogo", en AA.VV. (ALBERS, D. *et alii*, Comps.): *La política regional de los sindicatos europeos. Un análisis comparativo*, Madrid (MTSS), 1993.

PAPADAKIS, K.: "Introducción", en AA.VV. (PAPADAKIS, K., Ed.): *Diálogo social y acuerdos transfronterizos ¿Un marco global emergente de relaciones laborales?*, Madrid (OIT), 2009.

PARIETTI, C.: *Kompetenzen von Fach und Führugskräften für effizientere Europäische Betriebsräte*, Bruselas (Eurocadres), 2013.

PÉREZ DEL RÍO, M. T.: "La política social europea en materia de derechos de información y consulta de los trabajadores en empresas de estructura compleja", en AA.VV. (RODRÍGUEZ-SANUDO GUTIÉRREZ, F. y MARTÍN VALVERDE, A., Coords.): *Contrato de trabajo y formación profesional: consecuencias laborales y sociales de la integración de España en la Unión Europea. V Jornadas Universitarias Andaluzas de Derecho del Trabajo y Relaciones Laborales*, Madrid (Ministerio de Trabajo y Seguridad Social), 1987.

PICARD, S.: *Comités d'Entreprise Européens: guide syndieal pour la Directive 2009/38/CE*, Bruselas (ETUI), 2010.

PIQUERAS PIQUERAS, M. C.: "Análisis de algunos supuestos de creación por la negociación colectiva de órganos de representación de los trabajadores en empresas de dimensión comunitaria", en AA.VV. (BAYLOS GRAU, A., Coord.): *La dimensión europea y transnacional de la autonomía colectiva*, Albacete (Bomarzo), 2003.

PLATZER, H. W. y RÜB, S.: "Europäische Betriebsräte: Genese, Formen und Dynamiken ihrer Entwicklung; eine Typologie", *Industrielle Beziehungen*, Vol. 6, núm. 4, 1999.

— y WEINER, K. P.: "European Works Councils. Article 6 agreements. Quantitative developments", *Transfer*, Vol. 7, núm. 1, 2001.

PONS CARMENA, M.: "Participación de los trabajadores en la empresa: revisión de la normativa europea vigente y propuesta de futuro", *Revista del Ministerio de Trabajo y Economía Social*, núm. 156, 2023.

PULIGNANO, V. y TURK, J.: *European Works Council on the move: Management perspectives on the development of transnational institution for social dialogue,* Lovaina (Centre for Sociological Research), 2016.

PULIGNANO y WADDINGTON, J.: "Management European Works Councils and institutional mallealibity", *European Journal of Industrial Relations,* Vol. 26, núm.1, 2020.

RAINONE, S.: "Enforcing EU information and consultation rights", en AA.VV. (RASNACA, Z. *et alii,* Eds.): *Effective enforcement of EU Labour Law,* Londres (Hart), 2022.

REHFELDT, U.: "Stagnation dei Accords d'Entreprise Internationaux et recul des Accords Européens", *Chronique Internationale de l'IRES,* núm. 174, 2021.

RODRÍGUEZ ESCANCIANO, S.: "Nuevos marcos para la acción colectiva: la implantación de un sistema de relaciones laborales más dinámico y participativo", *Revista del Ministerio de Trabajo y Seguridad Social (Centro de Estudios Financieros),* núm. 235, 2002.

RODRÍGUEZ-PIÑERO ROYO, M.: "Información y consulta de los trabajadores a nivel transnacional comunitario: el modelo nacional", *Relaciones laborales,* T. II, 1995.

RODRÍGUEZ-PIÑERO y BRAVO-FERRER, M.: "Los derechos de información y consulta de los trabajadores y la dimensión comunitaria de la empresa", *Relaciones Laborales,* T. I, 1990.

RÜB, S. y MÜLLER, T.: "From European to World Works Councils? The development of World Works Councils and other forms of transnational undertakings", en AA.VV. (SZELL, G.; BÖSLING, C. y HARTKEMEYER, J., Eds.): *Labour, globalisation and the new Economy,* Frankfurt (Peter Lang), 2005.

SACHS-DURAN, D. C.: "Information and consultation in the recast Directive", en AA.VV. (DOSSEMONT, F. y BLANKE, T., Eds.): *The recast of the European Works Council Directive,* Amberes (Intersentia), 2010.

SÁEZ LARA, C.: "La Directiva 94/95, sobre el Comité de Empresa Europeo y su transposición al ordenamiento español", *Revista Española de Derecho del Trabajo,* núm. 78, 1996.

SCHMITT, M.: Négocier la représentation collective en Droit de L'Union Européene", *Le Droit Ouvrier,* núm. 852, 2019.

SENATORI, I.: "Directive 2009/38/EC on the establishment of a European Works Council", en AA.VV. (ALES, E. *et alii,* Eds.): *International and European Labor Law. A Commentary*, Baden-Baden (Nomos-Hert), 2018.

SCHÖMANN, I. *et alii*: *Codes of conduct and International Framework Agreements: New forms of governance at company level*, Dublín (Eurofound), 2008.

SOBCZAK, A.: "Aspectos legales de los Acuerdos Marco Internacionales en el campo de la responsabilidad social de las empresas", en AA.VV. (PAPADAKIS, K., Ed.): *Diálogo social y acuerdos transfronterizos. ¿Un marco legal emergente de relaciones industriales?*, Madrid (OIT), 2009.

STEIERT, R.: *Multinationals and unions. World Company Councils and World Works Councils as strategies of union counter-force*, Ginebra (FITIM), 2009.

STIRLING, J. y TULLY, B.: "Power, process and practice: Communications in European Works Councils", *European Journal of Industrial Relations*, Vol. 10, núm. 1, 2004.

STÖGER, H.: *Abstieg oder Aufbruch? European Betriebsräte zwischen Marginalisierung und transnationalem Einfluss*, Viena (Sigma), 2011.

TELLJOHANN, V. *et alii*: *European Works Councils case studies*, Bolonia (Istituto per il Lavoro), 2005.

TERRADILLOS ORMAETXEA, E.: *La representación colectiva de los trabajadores en los grupos de empresas. Modernas formas de regulación*, Madrid (Consejo Económico y Social), 2000.

—: "La negociación colectiva en la empresa transnacional", en AA.VV. (RODRÍGUEZ FERNÁNDEZ, M. L., Dir.): *La negociación colectiva europea*, Madrid (Consejo General del Poder Judicial), 2006.

TORRENS MARGALEF, J.: "Los Comités de Empresa Europeos (Análisis de los resultados ante el inicio de una nueva fase)", en AA.VV. (VALDÉS DAL-RÉ, F. y MOLERO MARAÑÓN, M. L., Dirs.): *La representación de los trabajadores en las nuevas organizaciones de empresa*, Madrid (Fundación Largo Caballero), 2010.

TRIANGLE, L.: "Focus: European Works Councils after 20 years: Taking stock", *International Union Rights*, Vol. 20, núm. 4, 2012.

VALDÉS DAL-RÉ, F.: "La implicación de los trabajadores en la Sociedad Europea (evolución, marco general y disposiciones de referencia)", en AA.VV. (ESTEBAN VELASCO, G. y FERNÁNDEZ DEL POZO, L., Coords.): *La Sociedad Anónima Europea. Régimen jurídico societario, laboral y fiscal*, Madrid (Marcial Pons), 2004.

—: "Los derechos de información y consulta en el Derecho Social Comunitario", *Relaciones Laborales*, núm. 9, 2008.

VOSS, E.: *European Works Councils: Assessments and requirements*, Bruselas (ETUC), 2016.

— y PULIGNANO, V.: *A EU legal framework on safeguarding and stregthening worker's information, consultation and participation*, 31 agosto 2020.

WADDINGTON, J.: *European Works Councils: A transnational industrial relations in the making*, Londres (Routledge), 2011.

WARNECK, F.: "Les Comités d'Entreprise: un outil d'action transnationale", *Movements*, núm. 95, 2018.

WEBER, T. *et alii*: *Challenges and solutions: Case studies on European Works Councils*, Dublín (Eurofound), 2022.

WICK, I.: *¿Herramientas de l@s trabajador@s o truco publicitario? Una guía para los códigos de prácticas laborales internacionales*, Bonn (Friedrich Ebert Stiftung), 2006.

ZAMPIERI, L.: *Accordi-Quadro Internazionali ed Europei stipulati con le imprese transnazionali. Le nuove relazioni collettive di lavoro tra corporate governance e contrattazione collettiva*, Tesis Doctoral, Verona (Universidad de Verona), 2018.

Capítulo II.
El papel de las federaciones sindicales internacionales

FRANCISCO XABIERE GÓMEZ GARCÍA
Profesor Ayudante Doctor de Derecho del Trabajo y de la Seguridad Social
Universidad de León

SUMARIO: 1.- Introducción, 2.- Las FSI en la actualidad, 3.- El impulso del diálogo social a través de los AMG, 3.1.- El papel agente de las FSI, 3.2.- Los otros firmantes por el banco social, 3.3.- La labor de los testigos de la firma, 4.- La influencia de las FSI en la formación de organismos mundiales de trabajadores, 5.- Algunas estipulaciones para una sociedad más inclusiva, 6.- Bibliografía, 7.- Listado de acuerdos utilizados.

1.- INTRODUCCIÓN

Las Federaciones Sindicales Internacionales (FSI), a diferencia de la Confederación Sindical Internacional (CSI) que representa a centrales sindicales nacionales[167], son confederaciones de sindicatos autónomos que agrupan sectores industriales específicos o grupos profesionales especializados.

Su origen data de la última década del siglo XIX, donde eran conocidos por el nombre de Secretariados Profesionales Internacionales, como, por ejemplo, la Federación Inter-

---

167 En concreto, según sus últimos datos de junio de 2024, a 339 organizaciones en 169 estados. Accesible en https://www.ituc-csi.org/list-of-ituc-affiliates

nacional de Mineros (1890) o el Sindicato Internacional de Trabajadores del Cuero (1891). No es un hecho fortuito que estos primeros secretariados nacieran en torno al centenario de la Revolución Francesa y al primer congreso de la Segunda Internacional, celebrado precisamente en París, en julio de 1889. Como tampoco es casual su nuevo impulso en el último cuarto del siglo XX, en un contexto de globalización capitalista que aumentó la influencia y el poder de las empresas transnacionales y de organizaciones financieras multinacionales como el Banco Mundial, la Organización Mundial de Comercio o el Fondo Monetario Internacional, configurando un escenario económico y laboral donde "el capital tiene un alcance mundial, mientras que la mano de obra sigue siendo en gran medida local"[168], lo cual, en términos de defensa de la clase obrera, plantea problemas para los que no hay soluciones netamente nacionales.

Sin embargo, la reacción activa frente al proceso de globalización no es el único motivo que ha fomentado la concentración de los diversos secretariados y su impulso como FSI, apuntándose también otras causas coadyuvantes[169]. En primer lugar, de carácter interno, por ejemplo los previsibles problemas organizativos, caso de la Federación Internacional de Mineros, la cual se vio inmersa en un dilema estructural debido a la rápida disminución del número de miembros en sus sindicatos de los países de Europa Occidental, quienes tradicionalmente sostenían el secretariado en los aspectos

---

168 ALEXEEVA, A.: "The Analysis of World Works Councils, World Union Councils and Global Trade Union Networks in a Regulatory Space Framework", *The 19th ILERA World Congress,* Lund University, 2021, p. 15.

169 RÜTTERS, P.: "International Trade Secretariats – Origins, Development, Activities", en AA.VV.: *International trade union organisations: inventory of the Archive of Social Democracy and the Library of the Friedrich-Ebert-Stiftung,* Bonn (Friedrich-Ebert-Stiftung), 2001, pp. 17 y 20.

organizativos y financieros, mientras que, al mismo tiempo, había una creciente necesidad de acción en sus organizaciones del Tercer Mundo y Europa del Este. En segundo lugar, de carácter externo, por ejemplo la situación política tras la caída del Muro de Berlín, sin la cual no hubiera sido posible la creación de la Internacional de la Educación, al acercar a las posiciones sindicales de la Federación Internacional de Sindicatos de Profesores Libres (IFFTU) a los miembros de la Confederación Mundial de Organizaciones de la Profesión Docente (WCOTP), quienes sostenían unas actitudes liberales-conservadoras que les llevaban a percibirse más bien como asociaciones profesionales.

Sea como fuere, el hecho de que en un mundo globalizado las FSI sean cada vez más grandes, al mismo tiempo que ya contienen en su núcleo el mandato para actuar a esa escala planetaria, no significa que estas organizaciones transiten un camino de rosas, bien por problemas de legitimidad a la hora de representar a unos trabajadores a veces alejados geográfica y culturalmente, bien porque los recursos sindicales, las estructuras de autoridad y la movilización siguen siendo locales y nacionales. Por ello, no es de extrañar que se haya puesto de relieve la dependencia que tienen, con vistas a alcanzar sus objetivos estratégicos y lograr cambios reales, de la capacidad que detenten, primero, para "identificar socios sindicales eficaces a escala local y nacional" y, segundo, para "desempeñar un papel de facilitación y coordinación en lugar de dictar o dirigir la aplicación de la estrategia desde arriba"[170].

---

[170] FORD, M. y GILLAN, M.: "The Global Union Federations in International Industrial Relations: A Critical Review", *Journal of Industrial Relations*, vol. 57, núm 3, 2015, p. 459.

2.- LAS FSI EN LA ACTUALIDAD

Tras el mencionado proceso de concentración, hoy por hoy cabe aludir a las siguientes Federaciones Sindicales Internacionales[171]:

- Internacional de la Educación (IE). Es la FSI que reúne a organizaciones de docentes y otras personas empleadas de la educación en todo el mundo. Cuenta con 383 organizaciones afiliadas, representamos a más de 32 millones de docentes y personal de apoyo a la educación en 178 países y territorios.

- Internacional de Trabajadores de la Construcción y la Madera (ICM). Es la FSI que agrupa a sindicatos libres y democráticos de los sectores de la construcción, de los materiales de construcción de la madera, de la silvicultura y sectores afines. Cuenta con 351 sindicatos que representan a alrededor de 12 millones de miembros en 117 países.

- Internacional de Servicios Públicos (ISP). Es la FSI dedicada a promover los servicios públicos de calidad en cualquier parte del mundo, englobando los servicios sociales y de asistencia médica, los servicios municipales y comunitarios, el personal de los gobiernos centrales y los servicios públicos de distribución, como el agua y la electricidad. Cuenta con más de 20 millones de trabajadores y trabajadoras, representados por 700 sindicatos en 163 países y territorios.

- Federación Internacional de Trabajadores del Transporte (ITF). Es la FSI que representa a 16,5 millones de trabajadores y trabajadoras dedicados al transporte en entornos tan diferentes como la pesca, la aviación civil o el transporte urbano. Cuenta con más de 700 sindicatos de 153 países.

---

171 Los datos mostrados a continuación provienen de las propias páginas web de las FSI citadas.

- Federación Internacional de Periodistas (FIP). Es la FSI que representa a 600.000 profesionales de medios de comunicación en 187 sindicatos, federaciones y asociaciones de más de 140 países.

- Federación Internacional de Actores (FIA). Es la FSI que aglutina a sindicatos, gremios y asociaciones profesionales de actores (de cine, televisión, radio, medios digitales, teatro y actuaciones en directo), bailarines, cantantes, profesionales de la radiodifusión, artistas de variedades y de circo, etc. Representa a varios cientos de miles de intérpretes con unas 80 organizaciones miembros en más de 60 países de todo el mundo.

- Federación Internacional de Músicos (FIM). Es la organización internacional de sindicatos de músicos y organizaciones representativas equivalentes. Actualmente cuenta con unas 70 agrupaciones miembro en 60 países de todo el mundo.

- UNI *Global Union.* Es la FSI que reúne a 20 millones de trabajadores de la economía de los servicios, incluyendo sectores como las finanzas, los cuidados o la logística. Comprende sindicatos de más de 150 países diferentes.

- Alianza Internacional de las Artes y el Espectáculo (IAEA). Representa al conjunto de trabajadores del sector de las artes y el espectáculo en las reuniones anuales del Consejo *Global Unions* (CGU). Está formada por la Federación Internacional de Actores (FIA), la Federación Internacional de Músicos (FIM) y la filial de Medios de Comunicación, Entretenimiento y Artes de la federación sindical internacional UNI *Global Union.*

- Unión Internacional de Trabajadores de la Alimentación, Agrícolas, Hoteles, Restaurantes, Tabaco y Afines (IUF/UITA). Es la FSI que representa a más de 10 millones de trabajadores, principalmente, de la industria alimentaria. Agrupa a 407 organizaciones, presentes en 124 países.

- IndustriALL *Global Union.* Es la FSI que representa a 50 millones de trabajadores del sector minero, energético e industrial. Cuenta con organizaciones presentes en 127 países.

Como se puede ver, la mayor parte de los primigenios secretariados profesionales se han transformado de una organización de profesión u oficio a otra que incluye varias profesiones. Valga como muestra de esto la Internacional de Trabajadores de la Construcción y la Madera (ICM), FSI conformada en diciembre de 2005 de la alianza entre la Federación Internacional de Trabajadores de la Construcción y la Madera, (FITCM) y la Federación Mundial de Trabajadores de la Construcción y la Madera (FMTCM). Esta última era la continuación de la fusión en 1937 entre la Federación Internacional de Trabajadores Cristianos de la Madera y la Federación Internacional de Trabajadores Cristianos de la Construcción, mientras que la FITCM era el resultado de la evolución de la Internacional de Trabajadores de la Construcción y de la Internacional de Trabajadores de la Madera, a los que, con posterioridad a 1934, se unieron el Secretariado Internacional de Canteros, el Secretariado Internacional de Pintores y Oficios Afines, y el Secretariado Internacional de Albañiles[172].

Las FSI actuales tienen una estructura bien definida en sus estatutos, donde el congreso es su máxima autoridad y es convocado con cierta periodicidad (por ejemplo, cuatro años en IndustriALL y cinco en IUF/UITA). En el periodo intercongresual las riendas de la FSI las lleva un órgano ejecutivo, encabezado por un presidente o secretario general, un vicepresidente o secretario general adjunto, los responsables regionales y los directores de divisiones internas.

---

172 Así aparece en la web de la propia ICM. Accesible en https://www.bwint.org/cms/about-2/history-6

De especial importancia para una FSI es su presencia en todas las áreas del mundo, por ejemplo, UNI cuenta con secretarías regionales en Asia/Pacífico, Europa, las Américas y África; mientras que ICM lo hace en Medio Oriente/África del Norte, Asia/Pacífico, Europa, América Latina/Caribe y Norteamérica. Habitualmente, suelen existir oficinas de la FSI en cada región, por ejemplo, la ITF las tiene situadas en Abiyán, Amán, Bruselas, Ginebra, Hong Kong, Londres, Montreal, Nairobi, Nueva Delhi, Panamá, Río de Janeiro, Sídney, Singapur y Tokio.

Sin embargo, pese a toda esta amplitud geográfica, la ubicación de las sedes principales de las FSI resulta una circunstancia bastante significativa. Así, las sedes centrales de la FIP, la FIA y la IE están en Bruselas; la de la ITF en Londres; la de la FIM en París; y las de la ISP, la ICM, la IUF/UITA, IndustriALL y UNI se encuentran en el entorno de Ginebra.

3.- EL IMPULSO DEL DIÁLOGO SOCIAL A TRAVÉS DE LOS AMG

Es bien conocida la posición de la OIT sobre el diálogo social, en el sentido de que este ayuda a suplir las deficiencias de la protección laboral, en especial la de los grupos vulnerables, "abordando las desigualdades y promoviendo un entorno propicio para las empresas sostenibles y la creación de empleo, mediante lugares de trabajo seguros y productivos"[173]. Pues bien, por impulso "esencialmente del sindicalismo europeo" nacieron los Acuerdos Marco Globales (AMG), al transformar el tratamiento de la responsabilidad social que venían promoviendo las empresas multinacionales, participando ahora en

173 PAPADAKIS, K. y CAUQUI, R.: *Diálogo social y Objetivos de Desarrollo Sostenible: una sinergia esencial para el desarrollo y la recuperación centrados en las personas*, Ginebra (OIT), 2023, p. 6.

su concreción, de forma directa y bilateral, las organizaciones sindicales, convirtiendo así "la empresa multinacional en un espacio de regulación colectiva y de acción sindical"[174]. De este modo, los AMG aparecen como las herramientas más altamente perfeccionadas de diálogo social transfronterizo, si bien el número total de acuerdos concertado todavía constituye "un porcentaje evidentemente bajo en relación con las aproximadamente 80.000 empresas multinacionales existentes"[175]. Es más, atendiendo a las 100 principales entidades según capitalización bursátil, solo dos (INDITEX y SIEMENS) cuentan con un AMG, no estando ninguna de ellas entre las 75 primeras[176].

En cualquier caso, las FSI utilizan estas experiencias negociadoras con el objeto de difundir y garantizar una mejores prácticas laborales en cohortes de empleados muy desiguales por su dispersión geográfica, sean directamente empleados por las empresas transnacionales o por otras estrechamente asociadas con ellas[177], pues aunque los pactos ocurren dentro de las fronteras de la empresa, cada vez con mayor frecuencia incluyen a filiales, subcontratistas e incluso proveedores que forman parte de la cadena de valor[178]. A su vez, este espacio de

---

174 SANGUINETI RAYMOND, W.: "La construcción de la dimensión sindical transnacional de la representación sindical y la autonomía colectiva", en AA.VV.: *Representación y representatividad colectiva en las relaciones laborales*, Albacete (Bomarzo), 2017, p. 255.

175 ORGANIZACIÓN INTERNACIONAL DEL TRABAJO: *Diálogo social y tripartismo*, Ginebra (OIT), 2018, p. 46.

176 Según la clasificación de diciembre de 2024 expuesta en https://companiesmarketcap.com/

177 CASEY, C., FIEDLER, A. y DELANEY, H.: "Global Framework Agreements in practice: Effects and challenges in German companies' Asia-Pacific entities", en AA.VV.: *Soziale Standards in globalen Lieferketten*, Bielefeld (Transcript), 2023, p. 70.

178 ROJAS RIVERO, G.P.: "El papel del sindicato en el diseño y la aplicación de políticas de diligencia debida", en AA.VV.: *La dimensión*

negociación está siendo ampliado considerablemente en relación a sus contenidos, desde los primigenios acuerdos que buscaban garantizar los estándares internacionales sobre derechos humanos y la normativa más básica promulgada por la OIT, hasta los más recientes, orientados a toda la cadena de producción, con contenidos ciertamente diversos (como se presentará después en el punto 5) y definiendo unos mecanismos de cumplimiento más perfeccionados.

Entre las limitaciones de los AMG son señalados sus problemas aplicativos, aportando para ello tres motivos[179]: a) que los sindicatos locales/nacionales, los cuales puede que no estén afiliados a la FSI firmante, tal vez no entiendan bien la oportunidad del AMG; b) la hostilidad, indiferencia y reticencia de la dirección a promover su contenido dentro de sus filiales y cadenas de suministro; y c) su naturaleza no vinculante, pues constituyen una manifestación de la negociación colectiva de "naturaleza atípica" al carecer de regulación específica, por lo que sus acuerdos solo son jurídicamente exigibles en la medida en que ellos mismos expresen su carácter vinculante[180].

---

laboral de la diligencia debida en materia de derechos humanos, Aranzadi (Cizur Menor), 2023, p. 147.

179 MUSTCHIN, S. y MARTÍNEZ LUCIO, M.: "Transnational Collective Agreements and the Development of New Spaces for Union Action: The formal and Informal Uses of International and European Framework Agreements in the UK", *British Journal of Industrial Relations,* vol. 55, núm. 3, 2017, p. 580.

180 FERRANDO GARCÍA, F.M.: "Concepto, tipos y eficacia de los convenios colectivos", en AA.VV.: *Nuevos estudios sobre la negociación colectiva,* Cizur Menor (Aranzadi), 2022, p. 55. Interesantes propuestas para mejorar la eficacia jurídica de estos AMG en ELORDUI GARAI, M.: *El avance de los derechos laborales en las cadenas de producción y suministro de las empresas transnacionales: especial referencia a los Acuerdos Marco Internacionales,* Albacete (Bomarzo), 2022, pp. 219 y ss.

De todas maneras, hay que tomar en consideración que la consecución de un AMG también supone un revulsivo para el diálogo social en aquellas zonas alejadas del país donde la transnacional tiene su matriz, ya que los procesos de negociación internos e interorganizativos (con los diferentes sindicatos locales y/o con los órganos de representación de las personas trabajadoras en toda la empresa) que se dan en la fase de preparación y negociación del acuerdo, suelen conducir a diferentes formas de participación de los órganos de representación de los trabajadores y, en ciertos contextos, a la legitimación de las organizaciones sindicales locales.

Asimismo, debe tenerse en cuenta que las instituciones nacionales de regulación laboral van a marcar tanto las estrategias como las negociaciones globales, pues, aunque los AMG se refieren a normas mundiales de condiciones de trabajo, los procesos de negociación adaptan las formas nacionales de regulación laboral[181], circunstancia harto evidente cuando dichas negociaciones tienen lugar en Europa con la participación del correspondiente Comité de Empresa Europeo; si bien los estudios de caso ponen de relieve otro motivo por el cual los comités de empresa suelen participar en las negociaciones de los AMG, apuntando a ciertas actitudes negativas de la dirección de alguna transnacional hacia las FSI, por considerarlos "organismos sindicales externos"[182].

---

181 DEHNEN, V.: "Transnational Alliances for Negotiating International Framework Agreements: Power Relations and Bargaining Processes between Global Union Federations and European Works Councils", *British Journal of Industrial Relations*, vol. 51, núm. 3, 2013, p. 596.

182 DEHNEN, V.: "Transnational Alliances for Negotiating International Framework Agreements: Power Relations and Bargaining Processes between Global Union Federations and European Works Councils", *British Journal of Industrial Relations*, vol. 51, núm. 3, 2013, p. 597.

3.1.- El papel agente de las FSI

El fraccionamiento y la deslocalización de la gran empresa actual ha debilitado a la representación legal de las personas trabajadoras, pues la tradicional articulación de estos órganos ya "no coincide con la estructura real a través de la cual la empresa transnacional adopta sus decisiones"[183]; de ahí la importancia de la acción proactiva de las FSI, por ejemplo, la promoción por parte de UNI de una alianza sindical global dentro de un grupo empresarial como France Telecom (en la actualidad ORANGE), llevó al reconocimiento de esta fuerza sindical, la apertura de negociaciones transnacionales y a la conclusión de un AMG en 2006[184].

En relación con eso, estas funciones de coordinación y solidaridad sirven para salvar el escollo de que fueran los representantes legales en la empresa matriz los que negociasen en nombre de los de todas las filiales, las subcontratas y los proveedores, a quienes no representan, dado que las FSI sí encarnan a las personas trabajadoras de todas las empresas del sector en los distintos países[185]. Eso sí, si lo que se pretende es defender los intereses generales de los trabajadores de distintos países y no el simple agrupamiento de algunos intereses nacionales concretos, debe evitarse lo que se ha señalado en referencia a uno de los acuerdos de la compañía que firmó el primer AMG, DANONE, cuyo equipo de negociación sindical (de la FSI y

---

183 GORDO GONZÁLEZ, L.: *La representación de los trabajadores en las empresas transnacionales*, Valencia (Tirant lo blanch), 2019, p. 145.

184 DAUGAREILH, I.: "La emergencia de un derecho transnacional de las relaciones laborales colectivas a la sombra del derecho internacional", en AA.VV.: *Hacia la construcción de un Derecho Transnacional del Trabajo y de la Seguridad Social*, Barcelona (Atelier), 2023, p. 98.

185 MAIRA VIDAL M.M: "Los acuerdos marco internacionales: sentando las bases de la negociación colectiva de ámbito supranacional", *Lan harremanak: Revista de relaciones laborales*, núm. 30, 2014, p. 152.

del Comité de Empresa Europeo) estuvo compuesto exclusivamente por sindicalistas europeos, cuando solo el 24% de los empleados del grupo Danone están situados en Europa[186].

Volviendo a la acción sindical de la FSI, dos son los principales métodos utilizados por estas entidades[187]: a) el enfoque de campañas globales que van reuniendo a distintos agentes para la defensa y mejora de los derechos de las personas trabajadoras en esas situaciones determinadas; b) el enfoque organizativo transnacional, creando redes, participando en las luchas locales junto con la afiliación de la FSI y apoyando estas causas con recursos, personal y actividades de campaña. Estas dos estrategias aparecen en especial cuando un actor local ha identificado el cumplimiento parcial o diferido del AMG, pasando a continuación las FSI a movilizar y coordinar los recursos sindicales a escala mundial para denunciar este incumplimiento, pudiendo incluso presionar a los altos directivos, siempre que sean interlocutores reconocidos[188].

Por otra parte, en el presente estudio, tras haberse descartado los AMG donde no constan las partes firmantes y aquellos otros acuerdos que no ha firmado o ratificado una FSI, han sido examinados finalmente 117 acuerdos pertenecientes a 114 empresas, desde los más antiguos, de 2001 (CHIQUITA y OTE), hasta los más recientes, de 2024 (CIRSA y PARTOU-

---

186 BARREAU, J., HAVARD, C. y NGAHA BAH, A.: "Global union federations and international framework agreements: Knowledge exchange and creation", *European Journal of Industrial Relations*, vol. 26, núm. 1, 2020, pp. 53-54.

187 SCHMALZ, S. y otros: "Two forms of transnational organizing: Mapping the strategies of global union federations", *Tempo Social, revista de sociologia da USP*, vol. 33, núm. 2, 2021, p. 148.

188 BARREAU, J., HAVARD, C. y NGAHA BAH, A.: "Global union federations and international framework agreements: Knowledge exchange and creation", *European Journal of Industrial Relations*, vol. 26, núm. 1, 2020, p. 43.

CHE), incluyendo alguno que, pese a ser de ámbito regional, contempla algún aspecto de interés en torno a la inclusión (por ejemplo, PERNOD RICARD). Del global de AMG revisados puede extraerse que IndustriALL[189] ha sido la FSI que más acuerdos ha firmado (42,74%), seguida de UNI (30,64%), ICM (13,71%), IUF/UITA (9,68%), ISP (2,42%) y FIP (0,81%); sin que consten AMG rubricados por otras FSI.

Dicho esto, cabe pensar que hay FSI más activas o tal vez con más capacidad, pero las diferencias también pueden deberse a que hay sectores cuyas empresas son más receptivas o donde los trabajadores tienen un mayor poder sindical. Por el contrario, algunos sindicatos europeos piensan que ciertas FSI lo que pretenden con tanta firma es adquirir, en el ámbito sindical, un mayor capital político y simbólico que a otras organizaciones, alcanzando acuerdos cuyo cumplimiento después no verifican, lo que, una vez materializada la inobservancia, supone un claro riesgo para las FSI firmantes, al ponerse en entredicho su credibilidad[190].

Finalmente, dentro del impulso de las FSI, pero separándose del estilo híbrido de los AMG (los cuales están a caballo entre el acuerdo de empresa y la negociación de sector) y caminando hacia una negociación sectorial en sentido estricto, al afectar a más de una empresa del ámbito de actividad[191], pueden citarse las experiencias del Acuerdo sobre prevención de incendios y seguridad en la construcción en Bangladesh,

---

[189] Computando también los refrendados por las organizaciones que después se integraron en ella (como IMF, ICEM o ITGLWF). Y lo mismo para con ICM (IFBWW o WFBW).

[190] MAIRA VIDAL M.M: "Los acuerdos marco internacionales: sentando las bases de la negociación colectiva de ámbito supranacional", *Lan harremanak: Revista de relaciones laborales*, núm. 30, 2014, p. 156.

[191] GORDO GONZÁLEZ, L.: *La representación de los trabajadores en las empresas transnacionales*, Valencia (Tirant lo blanch), 2019, pp. 509-512.

suscrito por UNI, IndustriALL y más de 200 transnacionales; el Memorando de Acuerdo entre UNI y la actualmente denominada Confederación Mundial del Empleo, la cual agrupa a la industria privada de servicios de empleo a nivel mundial (incluyendo agencias de RRHH, las ETT, servicios de externalización, etc.); y los acuerdos bilaterales para Camboya entre IndustriALL y marcas y minoristas internacionales de la industria de la confección y el calzado, bajo la denominación de ACT (Acción, Colaboración, Transformación)[192], y que allana, pero es distinto del proceso paralelo de negociación colectiva entre los empleadores y los sindicatos de Camboya con vistas a alcanzar el primer convenio colectivo para las fábricas de confección camboyanas.

3.2.- Los otros firmantes por el banco social

Siguiendo con la muestra de 117 AMG tomada para este estudio, cabe indicar que no siempre la firma de la persona en representación de la FSI es la única por parte del banco social, si bien tampoco son infrecuentes esos casos (ABN AMRO, DANONE, ELANDERS, ISS, ROYAL BAM o SODEXO, entre otros), incluso con los más recientes (CARREFOUR, CIRSA o PARTOUCHE). Y, de la misma manera, en alguno de los acuerdos regionales aquí contemplados, como los de UNI-Americas en Brasil (BANCO DO BRASIL e ITAÚ) o europeos como PERNOD RICARD, rubricado por el secretario general de IUF/UITA Europa.

---

192 Con posterioridad, utilizando las marcas participantes en ese ACT y la Federación de Trabajadores Industriales de Myanmar (IWFM), afiliada a IndustriALL, han sido negociadas y acordadas las Directrices sobre Libertad Sindical de Myanmar (Directrices FOA) para ajustarse a las normas laborales internacionales, con independencia de la legislación que exista –o pudiera existir en el futuro– en Myanmar.

En algún caso, la misma firma sirve tanto para vincular a la FSI y a la unión sindical de la empresa (KIMBERLY-CLARK), como a la FSI y a su rama regional (WAZ), tesitura esta última de la Federación Internacional de Periodistas y la Federación Europea de Periodistas. Asimismo, dentro de estas situaciones de única parte firmante en representación de las personas trabajadoras, también existe un acuerdo (MANGO) donde quien rubrica es una federación sectorial española, país donde la empresa tiene su matriz, y a la cual el texto del AMG reconoce su establecimiento tanto en dicha matriz como en "sus filiales, proveedores, contratas y subcontratas españolas integradas en su cadena de producción", además de su afiliación a la FSI, de quien se admite su implantación "en todos los países en los que se extiende la mencionada cadena de suministros". En forma similar, la firma del acuerdo por parte de la representación del Comité de Empresa Mundial es convalidada por la empresa como realizada en nombre de la FSI del sector correspondiente (DAIMLER 2012).

Otra fórmula de único firmante es la utilizada por la Federación Internacional de Trabajadores de la Industria Metalúrgica (posteriormente integrada en IndustriALL) en sus acuerdos de 2003 a 2005 (EADS NV, GEA AG y RÖCHLING), en los cuales quien rubrica como parte es el Comité de Empresa Europeo, pero al que se adhieren al mismo tiempo la FSI y su rama europea. Firmados directamente por la FSI y rubricados o cofirmados por las federaciones sectoriales del país de la matriz aparecen los ejemplos de SAFRAN y UMICORE.

Este método de ser parte del acuerdo una FSI (en este caso mediante la firma del secretario general de la federación y del presidente de la sectorial de esa FSI), pero ser cosignatarias otras organizaciones, aparece también en el AMG de DANSKEBANK, con la relevancia de que aquí no son solo las federaciones sectoriales del país de la matriz, sino que incluyen las de otros cinco estados donde la compañía controla directamente otras empresas, entendiendo como tal aquellas donde "posee la mayoría del capital o la mayoría de los derechos de voto o en las que nombra a más de la mitad de los miembros de los órganos de administración, gestión o supervisión", salvo que las "controle como inversión de capital solo temporalmente".

En efecto, pese a que, como ya se adelantó, no es infrecuente que firme el acuerdo una única parte por el banco social, no deja de ser cierto que la gran mayoría de los AMG vienen firmados por una pluralidad de entidades sindicales, incluso alcanzando a veces a órganos en representación de los trabajadores de la empresa. Entre todo este grupo de acuerdos son muy pocos los que vienen impulsados por varias FSI, siendo el primero el de GDF SUEZ, rubricado por los representantes de ICEM (después en IndustriALL), ISP y FITCM –y en 2017, ya bajo la denominación de ENGIE, su acuerdo europeo sobre la igualdad profesional entre mujeres y hombres, firmado por las ramas europeas de esas mismas FSI–. También cabe señalar en este subgrupo los AMG de LAFARGE, STORA ENSO y UNILEVER.

Un número similar de acuerdos son los firmados por la FSI bien junto a su organización sectorial (AUCHAN RETAIL, BANCO DE LA NACIÓN ARGENTINA, BRUNEL y METRO), bien junto a su organización regional (CLUB MÉDITERRANÉE, PSA y SKF). Como circunstancia excepcional se manifiesta el acuerdo de TELKOM INDONESIA, por cuanto las rúbricas no corresponden a ningún representante mundial, sino que lo son de la organización regional (Asia-Pacífico) y de la sectorial (de telecomunicaciones) de la FSI firmante.

Sin embargo, la fórmula más común en los AMG consiste en la firma de una FSI y uno o varios sindicatos sectoriales presentes en el país de la sede principal de la empresa. Destacan aquí los acuerdos firmados por ICM en el sector de la construcción en España (ACCIONA, DRAGADOS, FCC, FERROVIAL, OHL y SACYR), alcanzados con las organizaciones sectoriales de las dos confederaciones sindicales mayoritarias en dicho Estado, las cuales participan también en los de TELEFÓNICA, con

UNI, y ENDESA, con ICEM (después en IndustriALL). Obviamente, este patrón aparece también en empresas de otros sectores, habitualmente ligados a la firma de una sola federación sectorial (AKER, LUKOIL, SYSTEMBOLAGET o TESCO, entre otros), pero al mismo tiempo puede ser debido a más factores, como el número de confederaciones mayoritarias a nivel estatal, caso de las dos citadas en España y las tres de Italia (ENI y SALINI IMPREGILO); a la histórica conformación interna del panorama sindical nacional, como las tres de la española GAMESA, donde dos pertenecen a la misma confederación, al igual que ocurre con las dos de la noruega VEIDEKKE; a contextos de diversidad como el ámbito francés (por ejemplo, dos en EUROSPORT o tres en GEOPOST); a la amplitud de actividades de la empresa, etc.

Importantes resultan aquellos acuerdos firmados por una FSI y un órgano de representación de las personas trabajadoras en la empresa. Puesto que la gran mayoría de las empresas que disponen de AMG son de origen europeo, no puede sorprender que en muchos de estos acuerdos participe el correspondiente Comité de Empresa Europeo –en modo similar a lo que ocurre con los Acuerdos Marco Europeos (por todos, SCHREIBER)–, ya sea únicamente con sus aportaciones (BNP PARIBAS), ya sea como auténtica parte signataria (BMW, LEONI, MANN+HUMMEL o PRYM). A su vez, en otros AMG el órgano cofirmante es el Comité de Empresa Mundial (DAIMLER y MERCEDES BENZ), mientras que en otros no se especifica si el comité de empresa participante es el estatal del lugar donde reside la empresa matriz o el del grupo transnacional (MAN y THYSSENKRUPP). Incluso existe un AMG firmado tanto por el Comité de Empresa Europeo como por el Comité de Empresa Mundial (VOLSKWAGEN).

Tampoco cabe desdeñar el buen número de AMG rubricados en la parte social por un conjunto de los actores previamente expuestos, existiendo aquí todo tipo de combinaciones. Así, en el acuerdo de AEON constan las firmas de los responsables de la FSI, de la federación sectorial del principal sindicato del país de la empresa matriz y del de la federación de comités de empresa; en ANTARA, además de la FSI, aparece la firma de la regional de la FSI y del sindicato de empleados de esa empresa; en el caso de CODERE, a la FSI se le une su sectorial, más las federaciones sectoriales de los dos principales sindicatos del país de la empresa matriz; en BESIX son la FSI, los secretarios de las federaciones sectoriales de los dos principales sindicatos del país de la matriz y el presidente del Comité de Empresa Europeo (en forma similar en SCA y ESSITY); en MIZUNO, además de la FSI, está la representación de la federación sectorial del principal sindicato del país de la empresa matriz y de la unión sindical de la empresa (los mismos en TAKASHIMAYA y, del mismo modo, en ORANGE, pero aumentando a tres las federaciones sectoriales de sindicatos de la matriz). Esta multiplicidad de agentes también acontece incluso cuando hay más de una FSI firmante, por ejemplo, en ENEL a estas se les añaden tres federaciones sectoriales locales y, en EDF, nada más y nada menos que once de las presentes en las empresas de todo el grupo.

Sin embargo, el ejemplo más paradigmático de esta confluencia de voluntades puede ser el del AMG de RENAULT denominado “Construir juntos el mundo del trabajo en el Grupo Renault”, el cual aparece firmado por la FSI, el secretario del Comité de Empresa Mundial, representantes de cuatro federaciones sectoriales francesas y representantes de otros seis sindicatos o federaciones sectoriales no franceses con presencia en dicho comité de empresa.

3.3.- La labor de los testigos de la firma

En alguno de los AMG, además de las firmas de las partes principales del acuerdo, aparecen otras personas y organizaciones en calidad de testigos, obedeciendo a diferentes propósitos. En este sentido, la presencia del Director General de la

OIT en el acuerdo regional de CHIQUITA en 2001, el chileno Juan Somavía, responde a la petición de la IUF/UITA para que el organismo de Naciones Unidas supervisara el convenio, otorgando así cierta credibilidad "al vincular las cláusulas del acuerdo con las reglas de la OIT"[193]. De ahí que la parte dispositiva del texto comience aludiendo a sus normas laborales internacionales definidas en los Convenios 87 y 98 (libertad de asociación y derecho a la negociación colectiva); 135 (representantes de los trabajadores); 29 y 105 (trabajo forzoso); 138 y 182 (edad mínima, trabajo infantil); y 100 y 111 (igualdad de remuneración y discriminación en el empleo). Misma disposición en el AMG de FONTERRA, debido a la coincidencia temporal y de la FSI promotora, si bien aquí aparece también como testigo la primera ministra de Nueva Zelanda, al tener allí la empresa su matriz (de hecho, el acuerdo se firmó en 2002 en el edificio del Parlamento nacional). Este último no es el único AMG existente que cuenta con la participación de un miembro de un ejecutivo estatal (aunque en este caso no consta su firma), pues el acuerdo de TELKOM INDONESIA, rubricado durante el 7º Congreso asiático de la Asociación Internacional de Relaciones Laborales y de Empleo (ILERA), fue formalizado ante la presencia del ministro de Trabajo y Transmigración de Indonesia.

En el resto de AMG los testigos tienen más que ver con el interés de la FSI firmante de involucrar a sus propias estructuras regionales, por ejemplo, en los de UNI con las indonesias ABU o INDOSAT, donde aparece su secretario regional de Asia-Pacífico (en el primero también su presidente), si bien difieren en el otro testigo, siendo en ABU el representante de

---

193 COOPER, A. y QUESADA, V.: *Relaciones laborales: Casos exitosos de la industria bananera*, (Organización de las Naciones Unidas para la Alimentación y la Agricultura, FAO), 2014, p. 13-14.

la sectorial de UNI global y en INDOSAT el director sectorial de UNI Asia-Pacífico.

Sin embargo, la mayoría de los testigos en los AMG corresponden a las federaciones sindicales sectoriales del país de la empresa matriz: Sudáfrica en los casos de NAMPAK y SHOPRITE; Brasil en el de PETROBRAS; Francia para el reciente de SOCIETE GENERAL; y, como empresa que es resultado de la previa fusión entre una compañía sueca y otra finlandesa, testigos sectoriales de las 2 matrices en STORA ENSO. En este sentido, cabe recordar que uno de los retos que afrontan los AMG se refiere al cumplimiento, circunstancia donde los sindicalistas locales desempeñan un papel importante a la hora de medir la eficacia e identificar el cumplimiento parcial o diferido de lo acordado[194].

Por último, en el acuerdo de CREDIT AGRICOLE destaca como testigo el secretario del Comité de Empresa Europeo, figura que, como ya se ha expuesto, cuando aparece en los AMG suele ser como uno de los firmantes principales dentro de la parte social.

4.- LA INFLUENCIA DE LAS FSI EN LA FORMACIÓN DE ORGANISMOS MUNDIALES DE TRABAJADORES

Debido al, ya mencionado, carácter transnacional del capital, de la producción y de la prestación de servicios, los sindicatos se han visto empujados a ensayar nuevas formas de acción y de representación de las personas trabajadoras. Aquí el reto para las FSI consiste en transformar "las luchas, campañas y

---

194 BARREAU, J., HAVARD, C. y NGAHA BAH, A.: "Global union federations and international framework agreements: Knowledge exchange and creation", *European Journal of Industrial Relations*, vol. 26, núm. 1, 2020, p. 43.

preocupaciones locales específicas en una influencia negociadora continua y sostenida dentro de la red empresarial o en demandas más amplias de cambio estructural"[195], y, para esto, tienen utilidad los AMG, los cuales han sido considerados como "peldaños" hacia la formación de organismos mundiales de trabajadores, pues muchos de ellos han servido para instituir Comités de Empresa Europeos Ampliados, Redes Sindicales Mundiales, Comités Sindicales Mundiales y hasta Comités de Empresa Mundiales[196]. Siguiendo esta clasificación de Alexeeva, el Comité de Empresa Europeo Ampliado, como su nombre indica, es una ampliación del CEE para incluir a trabajadores no europeos como observadores, bien en reuniones internas del banco social o, tras acuerdo con la dirección central, también para las plenarias; la Red Sindical Mundial en el ámbito de la empresa, está impulsada por la FSI y compuesta principalmente por responsables a tiempo completo de sindicatos con intereses en esa empresa; el Comité Sindical Mundial es un foro institucionalizado, basado en un acuerdo voluntario entre los representantes de los trabajadores, la dirección de la empresa y, en ocasiones, la correspondiente FSI, siendo formado por miembros sindicales afiliados a dicha FSI, los cuales tienen la condición de miembros de pleno derecho. Por último, el Comité de Empresa Mundial es un foro institucionalizado, basado en un acuerdo bilateral voluntario entre los representantes de los trabajadores, la dirección y, en ocasiones, la correspondiente FSI, donde todos los representantes de los trabajadores son titulares de pleno derecho.

---

195 FORD, M. y GILLAN, M.: "The Global Union Federations in International Industrial Relations: A Critical Review", *Journal of Industrial Relations*, vol. 57, núm 3, 2015.

196 ALEXEEVA, A.: "The Analysis of World Works Councils, World Union Councils and Global Trade Union Networks in a Regulatory Space Framework", *The 19th ILERA World Congress*, Lund University, 2021, p. 2.

La principal diferencia entre un Comité Sindical Mundial y un Comité de Empresa Mundial es que el primero se compone principalmente de miembros sindicales de los sindicatos locales afiliados a una FSI concreta. A modo de ejemplo, el anexo II del AMG de INDITEX acuerda la composición geográfica de los 9 miembros del Comité Sindical Mundial, correspondiendo 4 a Asia (cada uno de ellos por una demarcación concreta, por ejemplo, la de Bangladesh y Pakistán), 2 a Europa occidental (uno de los cuales será un sindicalista español), 1 a Europa oriental, 1 a América y 1 a África.

Por lo tanto, si bien los AMG pueden ofrecer oportunidades para garantizar los derechos de los trabajadores, son estos órganos mundiales de los trabajadores quienes disponen de los recursos financieros y organizativos necesarios para aprovechar esas oportunidades. A fin de cuentas, los derechos contenidos en el AMG son solo una pequeña parte de un panorama más amplio, pues la importancia crucial reside en cómo estos pasan a formar parte de un conjunto de estrategias y de relaciones en el seno de los sindicatos y con los empresarios, trasladándose de formas sutiles hacia procesos de elaboración de normas variadas y más diversas[197].

---

197 MUSTCHIN, S. y MARTÍNEZ LUCIO, M.: "Transnational Collective Agreements and the Development of New Spaces for Union Action: The formal and Informal Uses of International and European Framework Agreements in the UK", *British Journal of Industrial Relations*, vol. 55, núm. 3, 2017, p. 599.

5.- ALGUNAS ESTIPULACIONES PARA UNA SOCIEDAD MÁS INCLUSIVA

Como ya se avanzó, los AMG nacen con la vocación de extender, a toda la cadena de producción, los derechos humanos y aquellos derechos laborales fundamentales para cualquier trabajo digno que, dados por supuesto en gran parte de Europa, no lo son así en otras latitudes, motivo por el cual "estos efectos primarios y capacidades emergentes no deben subestimarse aunque parezcan modestos a los ojos europeos"[198]. Buen ejemplo de ello es que, en gran parte de los acuerdos, aparezcan referencias a la abolición del trabajo infantil o al impedimento para recurrir a trabajo forzoso o en condiciones de servidumbre (ANTARA, BMW, OTE o SKF, entre otros), así como a la libertad de asociación, el reconocimiento de los sindicatos y la negociación colectiva (ENEL, ISS, MELIÁ, SODEXO, etc.), garantizando que ningún empleado correrá el riesgo de ser intimidado, acosado o víctima de represalias por ejercer estos derechos (LOOMIS). Asimismo, cláusulas peculiares como la del grupo franco-catarí VINCI-QDVC de no retener nunca los pasaportes ni otros documentos de identidad de los trabajadores inmigrantes, proporcionando una taquilla o caja de seguridad para que cada trabajador guarde sus documentos personales y objetos de valor, ante la denunciada existencia de estas prácticas en prestaciones de servicios de ese pequeño país del Golfo Pérsico.

En cuanto a las horas de trabajo, como no podía ser menos, lo habitual es seguir el principio de cumplimiento ante la legislación local y las respectivas normas del sector, garantizando las

---

198 CASEY, C., FIEDLER, A. y DELANEY, H.: "Global Framework Agreements in practice: Effects and challenges in German companies' Asia-Pacific entities", en AA.VV.: *Soziale Standards in globalen Lieferketten*, Bielefeld (Transcript), 2023, p. 70.

pausas de trabajo y unas vacaciones regulares y pagadas (DAIMLER 21), aunque también es posible acordar previsiones más concretas, como disfrutar de un día de descanso semanal (OHL) o que las horas extras sean voluntarias y no excedan de 12 por semana, siendo liquidadas en cuantía superior a la hora normal (INDITEX)[199]. En cualquier caso, lo normal es que la empresa reconozca la necesidad de un equilibrio saludable entre el trabajo y el tiempo libre para todos los empleados (SAAB), de ahí que el respeto del tiempo libre de los trabajadores, de sus permisos especiales y de sus periodos de vacaciones, debería considerarse como un derecho de los trabajadores y convertirse en una estrategia objetiva de la empresa (TELEFONICA 2019). Este cumplimiento del horario laboral y del tiempo de descanso, en el nuevo mundo digitalizado no es concebible sin el espacio para la desconexión digital (CREDIT AGRICOLE), siendo esto especialmente importante para los trabajadores en remoto (SOCIETE GENERALE).

Otro aspecto importante para los trabajadores es la retribución económica. Lo usual es que las compañías resuelvan que los salarios y prestaciones pagadas sean cuanto menos el mínimo establecido legalmente a nivel nacional, sectorial o por acuerdo colectivo, eligiendo entre ellos el que sea superior (CODERE o H&M). A esto se añaden algunos aspectos contemplados en los convenios de la OIT sobre la materia, por ejemplo, que el salario percibido será suficiente para cubrir las necesidades básicas del trabajador y de su familia (CALIENTE, GEA AG o SECURITAS), teniendo en cuenta así mismo el principio de “igual salario para el trabajo equivalente” (LEONI o MERCEDES BENZ) y garantizando que los salarios sean li-

---

199 Este AMG tiene más valor aún, por cuanto sus disposiciones sobre esta materia también alcanzan a los fabricantes y proveedores, a quienes además se conmina a no exigir de sus empleados el trabajar, como regla general, más de 48 horas a la semana.

quidados en tiempo y forma de acuerdo con la legislación aplicable (INDITEX), para lo cual serán comunicadas a los trabajadores el importe de sus retribuciones y de cualquier deducción de las mismas con cada paga (TK ELEVATOR), recibiendo una información clara, oral y escrita, sobre las condiciones salariales y el calendario de pago de su remuneración en un idioma que comprendan (STAEDTLER).

A mayores, hay quien dispone la garantía para que los empleados a tiempo parcial reciban aumentos salariales similares a los de los empleados a tiempo completo, en la debida proporción a su tiempo de trabajo (ORPEA), proponiendo asimismo medidas que garanticen el mantenimiento de los salarios en caso de baja por enfermedad y maternidad. Y es que la igualdad entre mujeres y hombres en el empleo requiere que las bajas por maternidad no puedan afectar negativamente a la remuneración o evolución de las asalariadas, por lo que a tales efectos se dispone, para todas las sociedades del Grupo, que "el aumento salarial individual de una asalariada que esté de baja por un permiso de maternidad debe ser como mínimo equivalente, ese año, al promedio de aumentos salariales individuales que hubiese obtenido durante los tres años anteriores" (TOTAL).

En torno a esta cuestión, no resulta infrecuente extender a todos los trabajadores de la empresa los permisos existentes en Europa, por ejemplo, "14 semanas de permiso de maternidad y un derecho a 1 semana de permiso de paternidad por las cuales la empresa paga el 100% del salario fijo", sin que esto impida disposiciones locales con mejores condiciones (SOCIETE GENERALE) o, con mayor generosidad, "28 días pagados para cualquier empleado del grupo por permiso de paternidad y 16 semanas por maternidad" (CREDIT AGRICOLE).

A su vez, resulta creciente el interés de las empresas en promover prácticas que tratan de asegurar la conciliación entre la vida profesional y la vida personal, en particular en dos ámbitos: la buena utilización de las nuevas formas de trabajo digital –mensajería, telefonía móvil, redes sociales, etc.– y la organización de reuniones, garantizando el derecho a la desconexión (PSA). No en vano, este respeto de la vida privada y familiar de los trabajadores redundará en su mejor calidad de vida y salud (TELEFONICA 2019). A modo de ejemplo, el AMG de RENAULT alberga varias disposiciones en este sentido, bien sea para facultar a sus empleados, con la aprobación de su superior jerárquico y de conformidad con el marco colectivo definido localmente, a empezar o salir del trabajo en un horario diferente y, en las zonas de fabricación, ser asignados a un único equipo, en especial en el supuesto de empleados con hijos pequeños o que tienen personas dependientes a su cargo; bien sea para amortiguar los efectos de la movilidad profesional en el ámbito familiar, cuando en situaciones de estancias importantes fuera del domicilio familiar procura destinar al cónyuge, que también sea asalariado del Grupo, al mismo centro de trabajo. Incluso fomentando la "solidaridad interna", al posibilitar a nivel local que un empleado pueda donar sus días libres a compañeros cuyos hijos o cónyuges se enfrentan a una enfermedad o discapacidad, o son víctimas de un accidente especialmente grave, siempre "en consulta con los sindicatos representativos y/o los representantes de los empleados y de conformidad con la legislación local".

Otro de los tradicionales grandes temas en los AMG es la preocupación por la salud y seguridad de las personas trabajadoras implicadas en toda la cadena de producción de la empresa transnacional –e incluso de la población vecina (PERNOD RICARD)–. Como manifestaba en 2007 la empresa BRUNEL, "el único objetivo aceptable es un lugar de trabajo sin accidentes", pero yendo un poco más allá de este tipo de proclamas cuyo impacto real es muy limitado, en aras a lograr esa cultura de "cero daños", el mandato para que el Grupo y sus compañías operen "en el ámbito de su certificación ISO 45001 de salud y seguridad en el trabajo" como parte de su sistema de gestión integrado (SIEMENS GAMESA).

Ejemplo de esta preservación y promoción "del capital de la salud de cada empleado" también lo es el acuerdo de SOCIETE GENERALE, apuntando para ello a "la promoción de la salud, la prevención de la enfermedad, relacionada o no con el trabajo, y el mantenimiento del empleo". Esta seguridad en el empleo, aunque sin unirla directamente a la salud y seguridad laboral, aparece en otros AMG que muestran compromisos "para evitar el empleo precario, favoreciendo sistemáticamente el empleo a tiempo completo y promoviendo las oportunidades de empleo a largo plazo" (ORPEA) o, con redacción inversa, indicando que "solamente habrá trabajadores o trabajadoras temporales en fábricas cuando exista una necesidad a corto plazo y/o no recurrente de apoyar actividades fuera de las necesidades comerciales normales, y sin la intención de utilizar contratos temporales para evitar el empleo regular" (UNILEVER); también, pero de forma más tenue, el intento "siempre que sea razonablemente posible de crear empleo estable" (TELEFÓNICA 2014).

Volviendo a la prevención de riesgos laborales, existen otro tipo de cláusulas con mayor profundidad, por ejemplo, cuando la empresa se compromete a permitir la creación de comités de salud y seguridad a petición de la unión sindical local afiliada a la FSI firmante. Así, el acuerdo de TELEPERFORMANCE establece que "habrá al menos un comité por lugar de trabajo, región o país dependiendo del tamaño de la base de empleados o según lo exija la legislación o el acuerdo local", estando formados estos comités únicamente por trabajadores de la empresa, los cuales dispondrán de un plan de formación a fin de poder desempeñar sus funciones con eficacia, corriendo a cargo de la transnacional los costes de este adiestramiento.

Igualmente práctica, aunque para un problema más específico, la disposición de una constructora con gran actividad en Catar para que todos los años se adopten medidas especiales para la temporada de verano catarí, "como un programa de prevención del estrés térmico, formación adicional, charlas específicas sobre herramientas, horarios de trabajo adaptados y procedimientos específicos para interrumpir el trabajo cuando el índice de calor, que controla tanto la temperatura como los niveles de humedad, supera un nivel determinado", al margen de tener que cumplir con el requisito legal en aquel país de hacer una pausa al mediodía durante los meses de verano (VINCI-QDVC).

Caben aquí otras prevenciones, quizá no tan extendidas como debieran, como el mandato para que los trabajadores reciban "equipo y ropa de protección a título gratuito según las instrucciones de seguridad vinculantes aplicables a su lugar de trabajo" (THYSSENKRUPP); la concienciación sobre el problema del VIH/SIDA y la existencia del programa de prevención, cumpliendo así el código de prácticas relacionadas con VIH/SIDA de la OIT (NORSK HYDRO o SALINI IMPREGILO); la prohibición de fumar en todas las empresas del Grupo, no sin acompañarlo dela existencia de programas para dejar de fumar a los cuales todos los empleados tienen acceso (DANSKE BANK); o, en definitiva, la preocupación por los potenciales impactos negativos de las nuevas tecnologías en la salud, seguridad y privacidad de las personas empleadas (CREDIT AGRICOLE).

En línea con esta última previsión, cabe mencionar el compromiso de "aplicar medidas que contribuyan a la protección contra la violencia y el acoso en línea, incluido el ciber acoso interno o externo" (BANCO DE LA NACIÓN ARGENTINA). Sin embargo, no debe opacarse que gran parte de las personas que reciben este acoso son las mujeres[200], de hecho, en el AMG de CARREFOUR muestran su preocupación por las vejaciones y la violencia que estas pueden sufrir "tanto en el

200 Motivo por el cual existen anexos y acuerdos específicos sobre esta materia (CHIQUITA, UNILEVER, SODEXO, etc.).

ámbito privado como en el profesional", de ahí que pretendan "aplicar medidas para frenar este fenómeno e intervenir cuando se produzca". Por ello, una buena disposición acordada es aquella que propone "ayudar a los proveedores a desarrollar políticas en el lugar de trabajo que eliminen el acoso y la discriminación y a poner en marcha programas de formación y apoyo que incluyan tanto a hombres como a mujeres" (TESCO). En referencia al acoso sexual, también hay quien manifiesta su afán por "combatir el acoso sexual basado en la orientación sexual" (PARTOUCHE). Si el compromiso es sólido, no debe faltar el aviso de que no se tolerará ninguna represalia contra los empleados que observen y denuncien este tipo de comportamientos, que presenten una queja y/o tomen parte en el procedimiento en relación con un supuesto caso, "siempre que se haga de buena fe y se base en hechos reales" (SOCIETE GENERALE).

Finalizando con este apartado dedicado a las previsiones sobre seguridad y salud, es importante resaltar que esta causa es una de las pocas que aparece en la gran mayoría de los AMG, siendo igualmente la materia central de otros, como el de ORANGE y el de DANONE de 2011.

Otra cuestión que aparece en bastantes acuerdos es la del derecho a la igualdad de oportunidades y a la no discriminación "por razón de origen étnico, color de la piel, sexo, religión, nacionalidad, orientación sexual, procedencia social u opinión política" (PRYM), si bien en muchas ocasiones como mera cláusula declarativa sin más desarrollo posterior (OHL, UMICORE, OTE, GDF SUEZ 2010...). Por ello, son bienvenidos los acuerdos que, entre sus actividades específicas, señalan la promoción de la igualdad de género, por ejemplo, acompañándola del "desarrollo y puesta en común de planes específicos para aumentar la participación de las mujeres en los foros representativos, incluidos los equipos directivos de los sindicatos" (TESCO).

Por último, los AMG son, cuanto menos formalmente[201], sensibles al asunto de la sostenibilidad medioambiental. Así, hay quien manifiesta el reconocimiento de su "responsabilidad de proteger el medio ambiente", siendo "conscientes del impacto potencial de nuestros productos y procesos de producción sobre el medio ambiente y las personas", por lo que cabe definir "normas y objetivos claros y globales de protección medioambiental", además de hacer "transparente nuestro impacto medioambiental tanto interna como externamente" (DAIMLER 2021), o bien apoyar "un enfoque orientado a prevenir y afrontar problemas medioambientales como la disminución de los recursos naturales, la contaminación, el cambio climático y el futuro impacto en los ecosistemas" (AEON y TAKASHIMAYA).

En estas situaciones es importante tener procesos de mejora continua de los comportamientos medioambientales utilizando periódicamente indicadores clave adecuados, "esperando que los empleados y socios comerciales actúen de acuerdo con los criterios (...) contribuyendo positivamente a la consecución de los objetivos establecidos y comunicados" (SIEMENS GAMESA). Aunque es posible hacer algo más que confiar en terceras partes, por ejemplo, responsabilizando a sus fabricantes y proveedores a cumplir con los estándares medioambientales establecidos por la empresa, "incluyendo, en su caso, las medidas de reducción y compensación del impacto que sean necesarias para aplicar dichos estándares" (INDITEX). El AMG de UMICORE incluso compromete a la compañía a "participar activamente en la gestión y corrección de los riesgos derivados de las operaciones históricas". Por último, nunca

---

201 Sobre política medioambiental y sostenibilidad tecnológica en los AMG, ver FERNÁNDEZ DOMÍNGUEZ, J.J. y GÓMEZ GARCÍA, F.X.: *Nuevas tecnologías en los acuerdos marco globales*, Cizur Menor (Thomson Reuters Aranzadi), 2021, pp. 121-133.

está de más disponerse a cooperar "con las instituciones locales responsables para alcanzar y mantener las respectivas normas medioambientales internacionales, europeas y nacionales" (RÖCHLING).

6.- BIBLIOGRAFÍA

- ALEXEEVA, A.: "The Analysis of World Works Councils, World Union Councils and Global Trade Union Networks in a Regulatory Space Framework", *The 19th ILERA World Congress*, Lund University, 2021
- BARREAU, J., HAVARD, C. y NGAHA BAH, A.: "Global union federations and international framework agreements: Knowledge exchange and creation", *European Journal of Industrial Relations*, vol. 26, núm. 1, 2020
- CASEY, C., FIEDLER, A. y DELANEY, H.: "Global Framework Agreements in practice: Effects and challenges in German companies' Asia-Pacific entities", en AA.VV.: *Soziale Standards in globalen Lieferketten*, Bielefeld (Transcript), 2023
- COOPER, A. y QUESADA, V.: *Relaciones laborales: Casos exitosos de la industria bananera*, (Organización de las Naciones Unidas para la Alimentación y la Agricultura, FAO), 2014
- DAUGAREILH, I.: "La emergencia de un derecho transnacional de las relaciones laborales colectivas a la sombra del derecho internacional", en AA.VV.: *Hacia la construcción de un Derecho Transnacional del Trabajo y de la Seguridad Social*, Barcelona (Atelier), 2023
- DEHNEN, V.: "Transnational Alliances for Negotiating International Framework Agreements: Power Relations and Bargaining Processes between Global Union Federations and European Works Councils", *British Journal of Industrial Relations*, vol. 51, núm. 3, 2013
- ELORDUI GARAI, M.: *El avance de los derechos laborales en las cadenas de producción y suministro de las empresas transnacionales: especial referencia a los Acuerdos Marco Internacionales*, Albacete (Bomarzo), 2022
- FERNÁNDEZ DOMÍNGUEZ, J.J. y GÓMEZ GARCÍA, F.X.: *Nuevas tecnologías en los acuerdos marco globales*, Cizur Menor (Thomson Reuters Aranzadi), 2021

- FERRANDO GARCÍA, F.M.: "Concepto, tipos y eficacia de los convenios colectivos", en AA.VV.: *Nuevos estudios sobre la negociación colectiva*, Cizur Menor (Aranzadi), 2022

- FORD, M. y GILLAN, M.: "The Global Union Federations in International Industrial Relations: A Critical Review", *Journal of Industrial Relations*, vol. 57, núm 3, 2015

- GORDO GONZÁLEZ, L.: *La representación de los trabajadores en las empresas transnacionales*, Valencia (Tirant lo blanch), 2019

- MAIRA VIDAL M.M: "Los acuerdos marco internacionales: sentando las bases de la negociación colectiva de ámbito supranacional", *Lan harremanak: Revista de relaciones laborales*, núm. 30, 2014

- MUSTCHIN, S. y MARTÍNEZ LUCIO, M.: "Transnational Collective Agreements and the Development of New Spaces for Union Action: The formal and Informal Uses of International and European Framework Agreements in the UK", *British Journal of Industrial Relations*, vol. 55, núm. 3, 2017

- ORGANIZACIÓN INTERNACIONAL DEL TRABAJO: *Diálogo social y tripartismo*, Ginebra (OIT), 2018

- PAPADAKIS, K. y CAUQUI, R.: *Diálogo social y Objetivos de Desarrollo Sostenible: una sinergia esencial para el desarrollo y la recuperación centrados en las personas*, Ginebra (OIT), 2023

- ROJAS RIVERO, G.P.: "El papel del sindicato en el diseño y la aplicación de políticas de diligencia debida", en AA.VV.: *La dimensión laboral de la diligencia debida en materia de derechos humanos*, Aranzadi (Cizur Menor), 2023

- RÜTTERS, P.: "International Trade Secretariats – Origins, Development, Activities", en AA.VV.: *International trade union organisations: inventory of the Archive of Social Democracy and the Library of the Friedrich-Ebert-Stiftung*, Bonn (Friedrich-Ebert-Stiftung), 2001

- SANGUINETI RAYMOND, W.: "La construcción de la dimensión sindical transnacional de la representación sindical y la autonomía colectiva", en AA.VV.: *Representación y representatividad colectiva en las relaciones laborales*, Albacete (Bomarzo), 2017

- SCHMALZ, S. y otros: "Two forms of transnational organizing: Mapping the strategies of global union federations", *Tempo Social, revista de sociologia da USP*, vol. 33, núm. 2, 2021

7.- ANEXO

Listado de acuerdos utilizados

ENTIDAD	AÑO	NOMBRE DEL ACUERDO
ABN AMRO	2015	International framework agreement
ABU	2012	Memorandum of agreement
ACCIONA	2014	Acuerdo marco
AEON	2014	Global framework agreement
AKER	2012	Global framework agreement for the development of good working relations in companies that are part of Aker
ANTARA	2010	Global framework agreement. Labour – Management agreement on Code of conduct
ASOS	2017	Global framework agreement
AUCHAN RETAIL	2017	Accord sur la responsabilite sociale et environnementale
BANCO DO BRASIL	2013	Global framework agreement for the Americas
BANCO DE LA NACIÓN ARGENTINA	2023	Acuerdo mundial
BESIX	2017	International framework agreement with BESIX Group
BMW	2005	Declaración común sobre derechos humanos y condiciones laborales del Grupo BMW
BNP PARIBAS	2018	BNP Paribas agreement on fundamental rights and global social framework
BRUNEL	2007	Global framework agreement on social responsibility "A commitment to social responsibility without borders"
CALIENTE	2015	Acuerdo marco regional

CARREFOUR	2021	International agreement for the promotion of social dialogue and diversity and respect for basic employee rights
CHIQUITA	2001	Agreement on freedom of association, minimum labour standards and employment in latin american banana operations
CIRSA	2024	Acuerdo global de intenciones
CLUB MÉDITERRANÉE	2009	Acuerdo relativo al respecto de los derechos fundamentales en el trabajo y a la movilidad transnacional de los trabajadores/as GE del Club Méditerranée en la zona Europa África
CODERE	2013	Acuerdo mundial "para el respeto y la promoción del trabajo digno y los derechos laborales
CORTE INGLÉS	2021	Acuerdo marco para la participación sindical en la cadena de valor de El Corte Inglés
CREDIT AGRICOLE	2023	Global agreement
DAIMLER	2012	Principios de responsabilidad social en Daimler
DAIMLER	2021	Principles of social responsibility and human rights
DANONE	2011	Agreement on health, safety, working conditions and stress
DANONE	2017	Agreement on sustainable employment and access to rights
DANSKE BANK	2008	Global framework agreement on fundamental labour rights within Danske Bank Group
DRAGADOS	2014	Acuerdo marco
EADS NV	2005	Acuerdo marco internacional
EDF	2018	Acuerdo marco mundial sobre la responsabilidad social del Grupo EDF

ELANDERS	2009	Global agreement on the respect and promotion of international labour standards and trade union rights
ELECTROLUX	2011	International framework agreement
ENDESA	2002	Protocolo por el que se institucionaliza la interlocución a nivel internacional entre la alta dirección de Endesa y la representación sindical
ENEL	2013	ENEL global framework agreement
ENI	2016	Global framework agreement on international industrial relations and corporate social responsibility
ESPRIT	2018	Global framework agreement
ESSITY	2018	Agreement
EUROSPORT	2012	Accord mondial sur les droits sociaux fondamentaux
FCC	2012	Acuerdo marco
FERROVIAL	2012	Acuerdo marco
FONTERRA	2002	Acuerdo
FORD	2012	International framework agreement "agreed upon social rights and social responsibility principles
G4S	2008	Global agreement "Ethical employment partnership"
GAMESA	2015	Acuerdo laboral global sobre responsabilidad social
GDF SUEZ (ahora ENGIE)	2010	Acuerdo mundial sobre derechos fundamentales, dialogo social y desarrollo sostenible. En 2017 Acuerdo europeo de ENGIE "on professional equality between women and men"
GEA AG	2003	Acuerdo sobre los principios de responsabilidad social y códigos de conducta
GEOPOST	2017	Agreement

H&M	2015	Global framework agreement "on compliance and implementation of international labour standards at the suppliers of H&M"
INDITEX	2019	Acuerdo marco global
INDOSAT	2014	Memorandum of understanding on global framework protocol
ISS	2008	Global agreement
ITAÚ	2014	Framework agreement
KIMBERLY-CLARK	2014	Joint statement
LAFARGE	2013	Agreement on corporate social responsibility and international industrial relations
LEONI	2003	Declaración sobre los derechos sociales y las relaciones laborales
LOOMIS	2013	Global agreement
LUKOIL	2018	Agreement
MAN	2012	International framework agreement
MANGO	2018	Acuerdo global para contribuir a la aplicación de las normas internacionales del trabajo en la cadena de suministros
MANN+HUMMEL	2011	Joint declaration on fundamentals of social responsibility
MELIÁ	2013	Acuerdo mundial
MERCEDES BENZ	2022	Principios de responsabilidad social y derechos humanos
METRO	2013	Joint statement
MIZUNO	2011	Global framework agreement
NAMPAK	2006	Global agreement on the respect and promotion of international labour standards
NORSK HYDRO	2016	Acuerdo global "para el desarrollo de buenas relaciones laborales en las operaciones que Norsk Hydro desarrolla en todo el mundo"

NORSKE SKOG	2013	Agreement "on the development of good working relations in Norske Skogindustrier's worldwide operations
OHL	2012	Acuerdo marco
ORANGE	2014	Global health and safety agreement
ORPEA	2022	Global agreement for a partnership "on ethical employment, social dialogue, collective bargaining and trade unions rights"
OTE	2001	Acuerdo mundial
PARTOUCHE	2024	Accord mondial sur les droits fondamentaux
PERNOD RICARD	2014	European agreement on corporate social responsibility
PETROBRAS	2012	Terms of understanding of good labour relations
PRYM	2004	Declaración de los derechos sociales y de las relaciones industriales en el consorcio Prym
PSA	2017	Acuerdo marco mundial sobre responsabilidad social del Grupo PSA
RENAULT	2019	Global framework agreement on developing life at work
RÖCHLING	2004	Principles of social responsibility (Codes of conduct)
ROYAL BAM	2006	Framework agreement "to promote and protect worker's rights"
SAAB	2012	International framework agreement
SACYR	2014	Acuerdo marco
SAFRAN	2017	Global framework agreement "on working conditions, social responsibility and sustainable development"
SALINI IMPREGILO	2014	International frame agreement
SCA	2013	Agreement

SCHREIBER	2018	Declaración de inclusión, diversidad e igualdad entre hombres y mujeres
SECURITAS	2012	Global agreement
SHOPRITE	2010	Global framework agreement
SIEMENS	2012	International framework agreement
SIEMENS GAMESA	2019	Global framework agreement "on social responsibility". Renueva el de Gamesa de 2015
SKF	2006	SKF Código de conducta
SOCIETE GENERALE	2023	Global agreement on the rights of Société Générale Group employees
SODEXO	2011	International framework agreement
SOLVAY	2017	Global framework agreement "on social responsibility and sustainable development"
STAEDTLER	2006	International frame agreement
STATOIL (ahora EQUINOR)	2012	Agreement "The exchange of information and the development of good working practice within Statoil worldwide operations"
STORA ENSO	2018	Global framework agreement
SYSTEMBOLAGET	2017	Memorandum of understanding
TAKASHIMAYA	2008	Global framework agreement "Labour-management agreement on code of conduct"
TCHIBO	2016	Global framework agreement "on the implementation of international labour standards throughout the Tchibo non food supply chain"
TELEFÓNICA	2014	Acuerdo global. Y anexo de 2019 "Draft Principles on the Right to Disconnect"
TELENOR	2013	Global agreement
TELEPERFOMANCE	2022	Global agreement on social responsibility

TELKOM INDONESIA	2010	Global framework protocol
TESCO	2022	Protocole d'accord
THYSSENKRUPP	2015	Acuerdo marco internacional
TK ELEVATOR	2020	Global framework agreement
TOTAL	2015	Corporate social responsibility. Acuerdo mundial de TOTAL
UMICORE	2019	Global framework agreement on sustainable development
UNILEVER	2019	Compromiso conjunto sobre empleo sustentable en fabricación en Unilever
VALLOUREC	2008	Agreement on the principles of responsibility applicable within the Vallourec Group
VEIDEKKE	2016	Agreement "in developing decent working conditions in Veidekke global operations
VINCI-QDVC	2017	Framework agreement
VOLKERWESSELS	2007	Agreement signed to promote and protect worker's rights
VOLKSWAGEN	2012	Carta del trabajo temporal en el Grupo Volkswagen
WAZ	2007	Framework agreement
WILKHAHN	2009	Internationale Rahmenvereinbarung über soziale Verantwortung und Förderung von Arbeitnehmerrechten
ZF	2010	Principios de responsabilidad social

Capítulo III.

La contratación y subcontratación de actividades en la negociación colectiva

JAVIER FERNÁNDEZ-COSTALES MUÑIZ
Catedrático de Derecho del Trabajo y de la Seguridad Social
Universidad de León

1.- INTRODUCCIÓN

El ordenamiento jurídico español no ha determinado un concepto en el ámbito laboral de contrata o subcontrata, circunstancia que dificulta su calificación[202]. El régimen jurídico establecido por el artículo 42 ET busca fundamentalmente la protección de los trabajadores y establecer unos mínimos de control y responsabilidades en estos supuestos, no resultando de aplicación a todas las contratas y subcontratas, pues únicamente se refiere a los supuestos en los cuales la empresa principal contrata la realización de obras o servicios correspon-

---

202 STS 17 diciembre 2001 (RJ 3026/2002).

dientes a la propia actividad, delimitando, en consecuencia, el campo de actuación, por lo que el régimen de responsabilidad se hace depender de que la contrata tenga tal naturaleza, excluyendo cualquier otra del mencionado precepto.

El concepto de propia actividad[203] viene a limitar el carácter de derecho necesario absoluto que contienen las previsiones estatutarias. Así, la negociación colectiva "no puede prever qué es lo que ha de entenderse por propia actividad, salvo que incurra en ilegalidad"[204].

La externalización de actividades que tradicionalmente se consideraban una parte más de la actividad de la propia empresa ha ido adquiriendo con el paso del tiempo una gran dimensión y transformación, incidiendo sobre el conjunto de factores que afectan a la actividad empresarial y a su relación con el mercado[205]. Esta tendencia se agudiza más aún en tiempos de crisis y ajustes económicos, en los cuales se produce una mayor externalización, así como una superior proliferación de contratas y subcontratas, jugando esta descentralización un papel relevante en la siniestralidad laboral.

---

203 Sobre la cuestión, LÓPEZ TERRADA, E. y NORES TORRES, L. E.: "La función delimitadora del concepto de 'propia actividad' en el artículo 42 del Estatuto de los Trabajadores", en AA.VV. (BLASCO PELLICER, Á., Coord.): *El empresario laboral. Estudios jurídicos en homenaje al Profesor Camps Ruiz con motivo de su jubilación*, Valencia (Tirant lo Blanch), 2010, pág. 431 y ss.

204 Por lo que "cabría preguntarse si los negociadores pueden identificar supuesto de propia actividad, dentro -claro está- del entendimiento que sobre el particular realizan tanto la doctrina legal como la jurisprudencial", AA.VV. (PÉREZ DE LOS COBOS ORIHUEL, F, Dir; GARCÍA PIÑERO, N. P., Coord.): *100 preguntas laborales sobre descentralización productiva*, Madrid (La Ley), 2011, págs. 11-12.

205 PALACIOS VALENCIA, P. y MORILLO LÓPEZ, J. L.: "La coordinación de actividades (entre empresas) en el ámbito de la prevención de riesgos laborales", *La Mutua*, núm. 21, 2009, pág. 97.

Se trata de la activación de técnicas de gestión empresarial complejas cuya utilización ha alcanzado altas cotas en los sistemas productivos modernos mediante las cuales se deja una parte de la actividad económica a otras empresas de carácter auxiliar[206], que la desarrollan con sus propios trabajadores. Se ha asentado por sus indudables ventajas, siendo la complejidad de las operaciones empresariales, la regulación y desregulación de los mercados, el estadio de la tecnología y su rápido avance, y la necesidad de mantener un constante crecimiento empresarial los factores que actúan como aliciente a la externalización[207].

Como cabe apreciar, las razones de este fenómeno pueden ser múltiples y variadas como la búsqueda por parte de las empresas de una mayor capacidad de adaptación frente a una realidad económica, política, social, jurídica y tecnológica en continua transformación, aun cuando no cabe olvidar ni obviar en ningún momento que su causa última suele aparecer marcada por el componente económico, en virtud del ahorro de costes que puede llegar a significar para la entidad productiva.

La señalada tendencia ha venido a provocar profundas transformaciones en la caracterización del trabajo, los trabajadores, las empresas y los centros de trabajo, cuya configuración actual "ha ido en cierto modo alejándose progresivamente de los patrones originarios aún preponderantes sin embargo tanto en el imaginario colectivo como también, en

---

206 Sobre la materia, MELÉNDEZ MORILLO-VELARDE, L. y PÉREZ CAMPOS, A. I.: "Análisis jurídico-laboral sobre 'outsourcing' y la descentralización productiva", *Revista Española de Derecho del Trabajo*, núm. 77, 1996, pág. 568 y ss.

207 DEL REY GUANTER, S. y LUQUE PARRA, M.: "Algunos aspectos problemáticos sobre el fenómeno de la descentralización productiva y la relación laboral", *Relaciones Laborales*, núm. 20, 1999, pág. 14.

consecuencia, en los esquemas de regulación y 'gobernanza' de las relaciones laborales"[208]

De tal manera, el paradigma organizativo de la empresa tradicional fundamentado en el control del ciclo productivo completo, la autonomía de cada empresa en sus relaciones con otras y una gestión funcional jerarquizada, va siendo sustituido por otro con rasgos estructuralmente opuestos, como son la fragmentación del ciclo productivo, la dependencia, coordinación y articulación en las relaciones interempresariales y una gestión que privilegia la autonomía funcional[209].

Amparado en la libertad de empresa del artículo 38 CE, la normalización de la subcontratación como forma de adaptación de las empresas a un entorno cambiante y competitivo ha provocado cambios en la valoración judicial de las medidas de externalización. En nuestro ordenamiento, la jurisprudencia ha reconocido que la descentralización productiva es una opción empresarial legítima, pues lo contrario respondería a un "concepto rígido y autosuficiente de empresa, en virtud del cual el empresario debe ser titular directo de todos los elementos patrimoniales que intervienen en el proceso de producción y esa noción no corresponde a la realidad económica, ni a la jurídica, [no existiendo] ninguna prohibición general que impida al empresario recurrir a la contratación externa para integrar su actividad productiva y así lo reconoce el artículo 42.1 del ET", no pudiendo negarse la externalización, siendo lícita "con independencia de las cautelas

---

208 ÁLVAREZ ALONSO, D: "El futuro del trabajo y su regulación jurídica ante los retos de la "atomización" y la fragmentación empresarial", en AA.VV.: *El futuro del trabajo que queremos,* Vol. 3, Madrid (MTSS/OIT), 2017, págs. 11-12.

209 VALDÉS DAL-RE, F.: "La descentralización productiva y la formación de un nuevo paradigma de empresa", *Actualidad Laboral,* núm. 18, 2001, pág. 5.

legales e interpretativas necesarias para evitar que por esta vía puedan vulnerarse derechos de los trabajadores"[210]. Sin embargo, cabe destacar cómo no se suele recordar esta parte haciendo referencia "a las prevenciones legales e interpretativas para evitar que la externalización sea una vía para sortear los derechos de los trabajadores"[211].

Al fin y al cabo la subcontratación no deja de consistir en una estrategia empresarial que ofrece indudables ventajas, en tanto que desde un plano económico resulta claramente positiva para la empresa al permitirle mejorar su competitividad. Ahora bien, no resulta posible olvidar que, al margen de la dimensión económica, repercute ampliamente en el terreno de las relaciones laborales, ámbito en el cual sus efectos ya no se pueden considerar tan beneficiosos, habida cuenta de que la fragmentación en las estructuras empresariales que implica la subcontratación genera un dualismo poco deseable en las relaciones laborales[212], en el cual resulta frecuente que los trabajadores de las empresas auxiliares desarrollen su actividad en condiciones laborales por debajo de las disfrutadas por los empleados de la entidad principal. Además, la concurrencia de empresas plantea problemas que inciden directamente en el desarrollo del trabajo. De tal manera, "la reducción de seguridad, la estabilidad y la igualdad, y la debilidad sindical, son algunas de las consecuencias de la fragmentación que se produce a través de estas fórmulas de organización productiva"[213].

---

210 STS 27 octubre 1994 (RJ 8531).

211 ESTEVE-SEGARRA, A.: *Puntos críticos en el tratamiento jurisprudencial e inspector de la descentralización empresarial, la contratación laboral y las empresas multiservicios*, Albacete (Bomarzo), 2019, pág. 17

212 MONEREO PÉREZ, J. L.: *La responsabilidad empresarial en los procesos de subcontratación: puntos críticos*, Madrid (Ibídem), 1994, pág. 24.

213 "Estos factores tienen repercusión en distintos aspectos de la relación de trabajo, pero afectan de manera particular en el nivel de seguridad y salud en el trabajo de los trabajadores de las empresas

Frente al anquilosamiento de la legislación y escaso tratamiento en los convenios colectivos, la realidad es que "se ha producido un incremento exponencial de los fenómenos de externalización en las últimas décadas y, más recientemente, de las contratas de gestión integral y de las redes horizontales de empresas contratistas, y ello en todos los sectores de actividad y con un fuerte acrecentamiento en Administraciones públicas"[214].

2.- EN TORNO AL CONTENIDO REGULADOR DE CONTRATAS Y SUBCONTRATAS EN LA NEGOCIACIÓN COLECTIVA

Muchos convenios fían el contenido en esta materia exclusivamente a lo establecido por la regulación legal al no abordar la cuestión en sus previsiones, aun cuando cabe señalar que muchos de estos sectores no recurren habitualmente a la subcontratación de actividades[215].

---

auxiliares, cuyo nivel de protección es generalmente más bajo", MIÑARRO YANINI, M.: *La Prevención de Riesgos Laborales en la contratación temporal, empresas de trabajo temporal y contratas y subcontratas*, Madrid (Ministerio de Trabajo y Asuntos Sociales/Instituto Nacional de Seguridad e Higiene en el Trabajo), 2002, págs. 508-509.

214 ESTEVE-SEGARRA, A.: *Puntos críticos en el tratamiento jurisprudencial e inspector de la descentralización empresarial, la contratación laboral y las empresas multiservicios*, Albacete (Bomarzo), 2019, pág. 15.

215 Por señalar algunos ejemplos, CC Cajas y entidades financieras de ahorro (BOE 6 junio 2024); CC Cadenas de tiendas de conveniencia (BOE 1 junio 2024); VII Convenio colectivo estatal para la acuicultura (BOE 3 mayo 2024); V Convenio colectivo estatal de instalaciones deportivas y gimnasios. (BOE 26 enero 2024); Convenio colectivo sectorial para las industrias de aguas de bebida envasadas (BOE 21 diciembre 2023); Convenio colectivo básico, de ámbito estatal, para la fabricación de conservas vegetales (BOE 01 noviembre 2023);

En cuanto a la articulación de la negociación colectiva cabe señalar como algún convenio ha recogido en su articulado cómo "en desarrollo de los artículos 83 y 84 del ET, así como en cumplimiento de lo previsto en la Ley 32/2006, de 18 de octubre, reguladora de la subcontratación en el Sector de la Construcción, se establecen los criterios en base a los que queda fijada la articulación de la negociación colectiva en el sector", estableciendo que, en aquellas materias en las cuales así se es-

---

Convenio colectivo estatal de artes gráficas, manipulados de papel, manipulados de cartón, editoriales e industrias auxiliares (BOE 13 octubre 2023); II Convenio colectivo de la Sociedad Anónima de Electrónica Submarina (BOE 29 junio 2023); Convenio Colectivo Sector de Gestión del servicio del taxi (BO Andalucía 28 noviembre 2019); II Convenio colectivo del Grupo Vodafone España (BOE 9 febrero 2021); Convenio colectivo para los establecimientos financieros de crédito (BOE 17 julio 2024); VI Acuerdo Laboral para el sector de la Hostelería –ALEH VI– (BOE 10 marzo 2023); III Convenio colectivo de Volkswagen Group España Distribución (BOE 28 septiembre 2023); XXV Convenio colectivo estatal de oficinas de farmacia (BOE 28 diciembre 2022); Convenio colectivo de Mapfre Grupo Asegurador (BOE 12 septiembre 2022); XVII Convenio colectivo de la Organización Nacional de Ciegos y su personal (BOE 8 diciembre 2022); III Convenio Colectivo Estacionamiento regulado en superficie y retirada y depósito de vehículos de la vía pública (BO Andalucía 27 junio 2023); Convenio colectivo del Grupo Allianz (BOE 29 junio 2023); XII Convenio colectivo de Red Eléctrica de España, SAU (BOE 23 septiembre 2023); Convenio colectivo de Air Nostrum Engineering and Maintenance Operations, SLU (BOE 6 mayo 2024); Convenio colectivo de Ilunion Accesibilidad, SAU (BOE 26 diciembre 2023); IV Convenio colectivo de la Fundación Bancaria Caixa d'Estalvis i Pensions de Barcelona «La Caixa» (BOE 7 junio 2024); XVIII Convenio colectivo de Petróleos del Norte, SA (Petronor) (BOE 6 abril 2024); Convenio colectivo de Teleinformática y Comunicaciones SA (BOE 19 junio 2024); IV Convenio colectivo del Grupo Enagás (BOE 25 abril 2024); Convenio colectivo de Ilunion Accesibilidad, SAU (BOE 17 enero 2024); III Convenio colectivo de BT Global ICT Business Spain, SLU (BOE 19 junio 2024).

tablezca expresamente, el Convenio general tendrá carácter de norma exclusiva, en atención a su singular naturaleza, por lo que a tales efectos se enumeran las materias que no podrán ser negociadas en ámbitos inferiores, quedando como aspectos reservados de forma exclusiva a la negociación de ámbito estatal la totalidad de artículos comprendidos en el correspondiente, señalando, entre otras la "subcontratación: Libro Primero, Título I, Capítulo II, artículo 28"[216].

Respecto al ámbito personal se pueden encontrar alusiones únicamente a que "el Personal subcontratado se regirá conforme al artículo 42.6 del Estatuto de los Trabajadores"[217].

Además, las empresas que subcontraten "con otras del sector la ejecución de obras o servicios responderán en los términos establecidos en el artículo 42 del E.T. y en la Ley 32/2006, de 18 de octubre, Reguladora de la subcontratación en el sector de la construcción, teniendo en cuenta que esta Ley es específica para el sector en estos temas. Asimismo, se extenderá la responsabilidad a la indemnización de naturaleza no salarial por muerte, gran invalidez, incapacidad permanente absoluta o total derivadas de accidente de trabajo o enfermedad profesional pactada en el artículo 69 del presente Convenio, quedando limitado el ámbito de esta responsabilidad exclusivamente respecto de las personas trabajadoras de las empresas subcontratadas obligadas por el presente Convenio"[218].

En otros convenios las partes firmantes se comprometen a tratar antes de una fecha determinada, en el marco del Observatorio sectorial "las situaciones de subcontratación de servi-

---

[216] Artículo 12 VII Convenio colectivo general del sector de la construcción. (BOE 23 septiembre 2023).

[217] Artículo 3 III Convenio colectivo de la Asociación para la Gestión de la Integración Social (BOE 12 julio 2023).

[218] Artículo 28 VII Convenio colectivo general del sector de la construcción. (BOE 23 septiembre 2023).

cios propios que se determinen como correspondientes a las actividades principales de las empresas del sector, teniendo en consideración el marco legal vigente en cada momento"[219].

Pueden encontrarse también en algún sector convenios específicos para el personal proveniente de contratas haciendo expresa referencia a esta situación desde su ámbito funcional[220], estableciendo la definición de contrata.

Otros destacan cómo, "en caso que las contratas o subcontratas desarrollen su actividad de forma continuada en el centro de trabajo de Endesa, se dispondrá de un libro de registro en el que se reflejará la información mencionada en el Art. 42.4 del ET. Este libro estará a disposición de los representantes legales de los trabajadores de Endesa.

Los trabajadores de las empresas contratistas y subcontratistas tendrán derecho a formular a los representantes de los trabajadores de la empresa principal "cuestiones relativas a las condiciones de ejecución de la actividad laboral mientras compartan centro de trabajo y carezcan de representación social"[221].

---

219 Disposición adicional novena Convenio colectivo general de ámbito estatal para el sector de entidades de seguros, reaseguros y mutuas colaboradoras con la Seguridad Social (BOE 27 diciembre 2021).

220 Artículo 2 XXIII Convenio colectivo de contratas ferroviarias (BOE 28 junio 2022), en el cual "se entiende por contrata de servicios ferroviarios o servicios ferroviarios adicionales, auxiliares y complementarios el vínculo que surge de la concesión de servicios entre las entidades públicas empresariales Administrador de Infraestructuras Ferroviarias y RENFE-operadora, así como cualquier otra entidad o empresa ferroviaria, como concedente, y una o varias empresas como concesionarios, para, mediante contrato firme y por un tiempo determinado, ejecutar el concesionario unos servicios o actividades, que las entidades ferroviarias no quieran realizar directamente por sí mismas".

221 Artículo 114.5 V Convenio colectivo marco del Grupo Endesa (BOE 17 junio 2020).

En otros convenios, especialmente de empresa[222], se hace referencia a las actividades excluidas de su ámbito personal de aplicación, entre las cuales se señala al Personal subcontratado, que "se regirá conforme al artículo 42.6 del Estatuto de los Trabajadores"[223].

Destacan las previsiones de algún convenio que señalan como las empresas del grupo, con carácter general, "mantendrán su política de realización de sus actividades esenciales con personal propio de plantilla siempre que se mantenga la competitividad y, ante cualquier proceso de externalización, se actuará de acuerdo con lo establecido legalmente"[224]. En tal sentido, se llega a establecer cómo, durante la vigencia del convenio, "la Empresa utilizará restrictivamente la contratación temporal y la subcontratación"[225].

2.1.- Los contratos de los trabajadores fijos discontinuos

No faltan aquellos convenios que –únicamente— regulan cuestiones relativas a la subcontratación para hacer referencia a los contratos de trabajadores fijos discontinuos al señalar cómo en los supuestos en los cuales "la contratación fija-discontinua se justifique por la celebración de contratas, subcontratas

---

222 Resulta más habitual encontrar en los convenios de empresa cláusulas sobre las actividades susceptibles de externalización, AA.VV. (PÉREZ DE LOS COBOS ORIHUEL, F., Dir.; GARCÍA PIÑERO, N. P., Coord.): *100 preguntas laborales sobre descentralización productiva*, Madrid (La Ley) 2011, pág. 11.

223 Artículo 3 III Convenio colectivo de la Asociación para la Gestión de la Integración Social (BOE 12 julio 2023).

224 Artículo 23.6 VIII Convenio colectivo de Iberdrola Grupo (BOE 2 marzo 2021).

225 Artículo 25.4 VIII Convenio colectivo de Iberdrola Grupo (BOE 2 marzo 2021).

o para la ejecución de proyectos o contratos de investigación científica técnica o con motivo de ejecución de contratos administrativos, concesiones o conciertos con las administraciones públicas, en los términos de este artículo, los periodos de inactividad obedecerán a los plazos de espera de recolocación entre la suscripción de los nuevos proyectos, contratos, subcontratas o adjudicaciones públicas, que como máximo serán de seis meses entre una y otra". Además, "una vez cumplido dicho plazo sin que se hubiese producido una nueva necesidad de llamada, el Centro adoptará las medidas coyunturales o definitivas que procedan, en los términos previstos en el Estatuto de los Trabajadores o en el presente convenio"[226].

En casi idénticos términos se pronuncian otros convenios, aunque el plazo máximo destacado puede variar según la norma, señalando alguna nueve meses como período tope a tomar como referencia[227]. En esta línea y dadas las peculiaridades de las actividades enmarcadas en el ámbito funcional de algún convenio, este señala la necesidad de regular la modalidad contractual de fijo- discontinuo en su sector, determinado que "en contratas, subcontratas y concesiones administrativas el plazo máximo de inactividad se corresponderá con el período de tiempo en el que no sea precisa la prestación de servicios de la persona trabajadora porque la actividad de la empresa no lo requiera o por no existir necesidad de incrementar la plantilla, en la provincia en la cual aquélla suscribió el contrato de trabajo"[228].

---

226 Artículo 17 XIV Convenio colectivo de ámbito estatal para los centros de educación universitaria e investigación (BOE 27 mayo 2024);

227 Artículo 28 VII Convenio colectivo general de ámbito nacional del sector de aparcamientos y garajes (BOE 17 mayo 2024).

228 Artículo 10.c VII Convenio colectivo de industrias de ferralla 2023-2024 (BOE 16 febrero 2024).

De la misma forma, y partiendo de las peculiaridades de las actividades enmarcadas en el ámbito funcional de convenios concretos, se ha considerado preciso regular la modalidad contractual de fijo- discontinuo en el sector, determinando que "en contratas, subcontratas y concesiones administrativas el plazo máximo de inactividad se corresponderá con el período de tiempo en el que no sea precisa la prestación de servicios de la persona trabajadora porque la actividad de la empresa no lo requiera o por no existir necesidad de incrementar la plantilla, en la provincia en la cual aquélla suscribió el contrato de trabajo… [Así, y] de acuerdo con lo establecido en el párrafo segundo del apartado 4 del artículo 16 del ET, cuando esta contratación fija-discontinua a tiempo parcial se justifique por la celebración de contratas, subcontratas o con motivo de concesiones administrativas el período máximo de inactividad será de doce meses. Una vez cumplido dicho plazo, la empresa adoptará las medidas coyunturales o definitivas que procedan"[229].

Otros establecen que, en los supuestos en los cuales "la contratación fija-discontinua se justifique por la concreta realización de actividades de prestación estacionales o intermitentes realizados por contratas, subcontratas o con motivo de concesiones administrativas, los periodos de inactividad se corresponderán con los de la interrupción de la actividad del concreto centro de trabajo o servicio"[230].

---

229 Artículo 26 VII Convenio colectivo general del sector de la construcción. (BOE 23 septiembre 2023).

230 Artículo 11 XXIII Convenio colectivo de contratas ferroviarias (BOE 28 junio 2022).

2.2.- Prevención de Riesgos Laborales y coordinación de actividades empresariales

En este tipo de relaciones entre empresas, sin importar su tamaño, las posibles variantes de contratación o subcontratación, ya sea actuando como empresas titulares (contratando distinta actividad), empresas principales (contratando propia actividad), contratas, subcontratas, autónomos o empresas de trabajo temporal aúnan un elemento común que debe ser garantizado, y que no es otro que una adecuada Prevención de Riesgos Laborales.

En este camino se han creado complejas redes de empresas que pueden llegar a generar efectos claramente perjudiciales para los trabajadores afectados, en tanto en cuanto pueden ocultar una finalidad última perversa, como es vulnerar o esquivar derechos al tiempo que se generan nuevos riesgos específicos desde un punto de vista preventivo. En todo caso, y en general, el éxito de este tipo de entidades dedicadas a la gestión de obras o servicios ha sido de tal magnitud que se ha producido "un curioso fenómeno de mimetismo y reconversión. Se han creado empresas, o más frecuentemente, grupos de empresas multiservicios que se ofrecerían como gestores integrales de servicios de todo tipo"[231].

En este contexto general de búsqueda de flexibilidad[232], la contratación y la subcontratación de actividad destacan especialmente entre las diferentes formas de descentralización o

---

[231] "Desde la limpieza viaria o la recogida de basuras, gestión de residuos, mantenimiento de parques e instalaciones públicas, alumbrado, etc.", ESTEVE-SEGARRA, A.: *Puntos críticos en el tratamiento jurisprudencial e inspector de la descentralización empresarial, la contratación laboral y las empresas multiservicios*, cit., págs. 15-16.

[232] GÓMEZ ALBO, P.: "Descentralización productiva, externalización y subcontratación", *Actualidad Laboral*, núm. 10, 2000, pág. 158.

externalización. Ello sumado a la particular posición de mayor debilidad de los trabajadores en este tipo de forma de prestación de servicios tiene especial reflejo en su mayor vulnerabilidad frente a los riesgos en el puesto de trabajo, tal y como las estadísticas han venido a demostrar, habida cuenta de que sufren un número más elevado de accidentes que quienes no se encuentran sujetos a este tipo de vínculo. Ello se debe a diversas razones como el hecho de que la mayoría de la contratación se realiza bajo fórmulas de temporalidad[233], la concurrencia física con trabajadores de otras empresas en el mismo centro, el desarrollo de su actividad en un entorno desconocido[234] y la exposición a los riesgos propios y los de las demás entidades, produciéndose un efecto multiplicador cuantitativo y cualitativo[235], de forma tal que cabe señalar cómo, a mayor número de empresarios concurrentes, mayor nivel de riesgo, que se puede ver acrecentado ante la falta de una relación contractual directa con la empresa para la que al final prestan

233 Sobre la cuestión, entre otros, MARTÍNEZ MORENO, C.: "Tendencias jurisprudenciales recientes en supuestos de transmisión de empresas y subcontratación", *Relaciones Laborales*, núm. 11, 1999, pág. 46 y ss. o FERNÁNDEZ-COSTALES MUÑIZ, J.: *Prevención de Riesgos Laborales y empresa: obligaciones y responsabilidades*, Aranzadi (Pamplona), 2019, págs. 241 y ss.

234 Por lo que la formación resulta básica en estos casos, MOLTÓ GARCÍA, J. I.: *Prevención de Riesgos Laborales en la empresa*, Madrid (AENOR), 1998, pág. 15.

235 GARCÍA NINET, J. I.: "Obligaciones y responsabilidades en materia de Seguridad y Salud en los supuestos de contratas y subcontratas. Consideraciones en torno al art. 24 (coordinación de actividades empresariales) de la LPRL", en AA.VV.: *Descentralización productiva y protección del trabajo en contratas: estudios en recuerdo de Francisco Blat Gimeno*, Valencia (Tirant lo Blanch), 2000, págs. 278.

servicios, lo que provoca que esta se desentienda de ellos o los utilice para actividades más peligrosas[236].

La coordinación de actividades empresariales pretende ser una vía de solución a los problemas que surgen en este escenario, en tanto la coincidencia en un mismo centro de trabajo de distintas empresas con sus respectivos empleados eleva el factor riesgo ya que se incrementan el número de actividades productivas y el número de asalariados que desarrollan su prestación de servicios en un mismo espacio, pero bajo órbitas directivas diferentes[237].

Cada una de estas empresas posee su propia dinámica y organización, de forma tal que realizan sus trabajos con sus correspondientes riesgos individualmente considerados, los cuales pueden afectar a los trabajadores de las otras empresas existentes en el centro y en su conjunto, analizados desde una perspectiva superior, se agraven como consecuencia de las actividades realizadas.

Esta circunstancia, en la lógica preventiva, significará que hay que contemplar los riesgos inherentes a los trabajos efectuados por cada una de las empresas concurrentes más los generados por la concurrencia de todas las empresas[238] que

---

236 MIÑARRO YANINI, M.: "La Prevención de Riesgos Laborales en los supuestos de coordinación de actividades empresariales", en AA.VV. (GARRIGUES GIMÉNEZ, A., Dir.): *Derecho de la Prevención de Riesgos Laborales*, Albacete (Bomarzo), 2009, pág. 341.

237 FERNÁNDEZ-COSTALES MUÑIZ, J.: *Aplicación práctica de la coordinación de actividades empresariales en materia preventiva*, Madrid (CEOE/Fundación para la Prevención de Riesgos Laborales), 2016, pág. 7.

238 IRANZO GARCÍA, Y. y PIQUÉ ARDANUY, T.: "Coordinación de actividades empresariales (I)", *Nota Técnica de Prevención 918*, Instituto Nacional de Seguridad e Higiene en el Trabajo, 2011, pág. 1.

intervienen o están presentes en la actividad, efectuando alteraciones respecto al obligado en materia preventiva.

En este campo, y a pesar de la escasez de regulación convencional al respecto, alguna norma paccionada incluye la cuestión de la coordinación ya en su ámbito de aplicación teniendo en cuenta "la concurrencia de empresas en un mismo centro de trabajo, la complicación de la gestión de la prevención en éstos y lo dispuesto en la Ley reguladora de la subcontratación en el sector de la construcción, también estarán sometidas a lo dispuesto en el Libro II en relación con las disposiciones mínimas de seguridad y salud aplicables en las obras de construcción y en canteras areneras, graveras y la explotación de tierras industriales, todas aquellas empresas que ejecuten trabajos en los centros de trabajo considerados como obras"[239].

En ocasiones simplemente se destaca que "la empresa cumplirá con todas sus obligaciones en materia de prevención que la legislación vigente establezca respecto a empresas contratistas"[240].

En materia preventiva algún convenio hace específica referencia a la necesidad de tener en cuenta la legislación vigente de aplicación de tal forma que se ponga de manifiesto "que se han previsto las medidas necesarias para garantizar la coordinación de actividades empresariales en el centro de trabajo"[241]. De la misma manera, otros señalan respecto a la planificación de la actividad de seguridad y salud "deberá recoger los requisitos pertinentes contemplados en la legislación vigente de

---

239 Artículo 3 VII Convenio colectivo general del sector de la construcción. (BOE 23 septiembre 2023).

240 Artículo 14 Convenio colectivo de Air Nostrum Engineering and Maintenance Operations, SLU (BOE 14 mayo 2024).

241 Artículo 65.3.j) VII Convenio colectivo de industrias de ferralla 2023-2024 (BOE 16 febrero 2024).

aplicación de tal forma que se ponga de manifiesto", entre otras cuestiones, "que se han previsto las medidas necesarias para garantizar la coordinación de actividades empresariales en el centro de trabajo"[242].

En ocasiones la empresa y sus trabajadores "se comprometen a cumplir con lo previsto en la normativa vigente en materia de seguridad y salud, fundamentalmente en el marco de la Ley 31/1995, de 18 de noviembre, de prevención de riesgos laborales (LPRL) y demás disposiciones concordantes que la modifican o la desarrollan; así como todas aquellas normas que de manera directa o indirecta afectan a la seguridad o a la salud de trabajadores, usuarios y demás personas concurrentes en los centros de trabajo gestionados por la asociación, como por ejemplo visitas, vecinos, contratas y subcontratas"[243].

En tal sentido, se destaca el hecho de que "todo trabajador tiene la obligación de velar por el cumplimento de las normas de seguridad y salud en su centro de trabajo en el ámbito de su puesto, así como extender la cultura preventiva entre los usuarios, visitantes o trabajadores de contratas con los que interaccione durante su jornada. Para ello, comunicarán los hechos que puedan constituir un peligro a las personas a su supervisor directo, incluyendo obligatoriamente las situaciones de paralización de la actividad por riesgo grave e inminente establecido por la LPRL"[244].

La alusión directa a la aplicación de lo previsto en el artículo 24 LPRL y reglamentos de desarrollo RD 1627/1997 y RD 171/2004 en materia de coordinación de actividades,

---

[242] Artículo 75 IX Convenio colectivo estatal del corcho (BOE 07 septiembre 2023).

[243] Artículo 39 III Convenio colectivo de la Asociación para la Gestión de la Integración Social (BOE 12 julio 2023).

[244] Artículo 43 III Convenio colectivo de la Asociación para la Gestión de la Integración Social (BOE 12 julio 2023).

aparece en alguna norma al señalar que "la dirección de la empresa en cuyos centros de trabajo desarrollan su actividad personas trabajadoras de otras empresas, es decir, empresas auxiliares de servicios, contratas y subcontratas o trabajadores autónomos, realizará un seguimiento regular de la aplicación a estos colectivos de las normas de seguridad y salud correspondientes a la actividad que realizan, presentando el balance de este seguimiento en los Comités de Seguridad y Salud de la empresa con la misma periodicidad que el de la plantilla propia de la empresa"[245].

En ocasiones, patronal y trabajadores "se comprometen a cumplir con lo previsto en la normativa vigente en materia de seguridad y salud, fundamentalmente en el marco de la Ley 31/1995, de 18 de noviembre, de prevención de riesgos laborales (LPRL) y demás disposiciones concordantes que la modifican o la desarrollan; así como todas aquellas normas que de manera directa o indirecta afectan a la seguridad o a la salud de trabajadores, usuarios y demás personas concurrentes en los centros de trabajo gestionados por la asociación, como por ejemplo visitas, vecinos, contratas y subcontratas"[246].

Otros convenios señalan que "la empresa principal establecerá las medidas necesarias para la coordinación de las actividades relativas a la prevención de riesgos laborales, con las empresas contratistas o de servicios, a fin de garantizar al personal de éstas las mismas condiciones de seguridad que las de sus trabajadores/as". En este sentido, "los órganos responsables de la prevención de la empresa principal tendrán, en esta materia,

245 Artículo 68 III Convenio colectivo del Grupo Acciona Energía (BOE 21 mayo 2024).

246 Artículo 39 III Convenio colectivo de la Asociación para la Gestión de la Integración Social (BOE 12 julio 2023), sobre el compromiso global de la organización en este campo.

las competencias que se establezcan en las medidas previstas para la coordinación de las actividades de prevención"[247].

Más detallado resulta la fijación de reuniones conjuntas "para el supuesto de desarrollo simultáneo de actividades en un mismo centro o lugar de trabajo, con carácter previo al inicio de los trabajos, deberán celebrarse reuniones conjuntas de coordinación así como cualesquiera otras medidas o actuaciones que se consideren necesarias para una adecuada protección de la seguridad y salud laboral de los trabajadores implicados.

2. A las referidas reuniones, dirigidas por personal responsable de la Empresa principal y de las contratistas, asistirá personal del SPM a efectos de facilitar el asesoramiento y apoyo que se estime necesario.

3. De la citada reunión se levantará acta en la que deberá figurar como mínimo la siguiente información:

a) Empresas que van a trabajar en el Centro de Trabajo.

b) Actividad o trabajos que se van a desarrollar, localización y duración estimada.

c) Número de trabajadores dedicados a dichas actividades.

d) Riesgos específicos asociados a cada actividad y empresa y medidas de protección y prevención necesarias en cada caso.

e) Planes, medidas y procedimientos de coordinación que se consideren necesarios.

f) Responsable de la coordinación en materia de prevención de riesgos a nivel general de la obra o instalación.

---

[247] Anexo III 27º IV Convenio colectivo de Bellota Herramientas, SLU, y Bellota Agrisolutions, SLU (BOE 26 enero 2023).

4. La Empresa dará traslado del Acta y de su contenido a los Delegados de Prevención o Comités de Seguridad y Salud Laboral de la Empresa o Centro de Trabajo afectado que así lo solicitasen. Asimismo, se entregará copia de la referida acta a los Delegados de Prevención o Comités de Seguridad y Salud existentes en la empresa o empresas contratistas, si fuese solicitada por éstas"[248].

En alguna empresa se regulan específicas medidas para garantizar la coordinación de actividades de la empresa principal con las empresas contratistas "y dar cumplimiento a lo establecido por la Ley de Prevención de Riesgos Laborales, se utilizarán con carácter general las medidas siguientes:

– El intercambio de información y de comunicaciones entre las empresas concurrentes, incluyendo reuniones previas a las paradas y grandes trabajos para la coordinación y seguimiento de éstos.

– La celebración de reuniones periódicas entre las empresas concurrentes.

– La impartición de instrucciones.

– El establecimiento conjunto de medidas específicas de prevención de los riesgos existentes en el centro de trabajo que puedan afectar a las personas trabajadoras de las empresas concurrentes o de procedimientos o protocolos de actuación.

– La presencia en el centro de trabajo de los recursos preventivos de las empresas concurrentes.

– La designación de una o más personas encargadas de la coordinación de las actividades preventivas.

---

[248] Artículo 114 V Convenio colectivo marco del Grupo Endesa (BOE 17 junio 2020).

– Además de lo anterior, se declara como uno de los medios de coordinación para el cumplimiento del artículo 24 de la Ley de Prevención de Riesgos Laborales y su desarrollo reglamentario por el Real Decreto 171/2004, el Comité de Seguridad y Salud Intercontratas en el Centro Tecnológico de Móstoles".

En algún convenio se puede encontrar un artículo específico en materia de Prevención de Riesgos Laborales en empresas colaboradoras, señalando cómo "se continuará la vigilancia y garantía del cumplimiento de la Reglamentación de Prevención de Riesgos Laborales por parte de las Empresas colaboradoras. Para ello, se potenciarán los instrumentos técnicos (aplicaciones informáticas, etc.) y humanos (reuniones de coordinación de las Empresas colaboradoras con la participación de las unidades gestoras, realización de inspecciones de seguridad, etc.), que garanticen la implantación efectiva de los procedimientos de actuación creados a tal efecto.

En esta línea, se verificará que las Empresas colaboradoras actúan conforme a las medidas preventivas establecidas en la Evaluación General de Riesgos, tienen la formación, información, equipos de protección individual, etc., requeridos para los trabajos a desarrollar y disponen de la documentación establecida.

– Información de riesgos, medidas preventivas, medidas de emergencia, normas de seguridad interna y medioambientales, y normas de actuación en caso de accidente.

– Formación en prevención de riesgos laborales.

– Equipos de protección individual, equipos de trabajo y productos.

– Aptitud Médica para los trabajos contratados.

– Capacitación para trabajos con riesgo eléctrico.

– Organización de prevención de riesgos laborales.

– Información de inicio de actividad.

– Evaluación de riesgos y planificación de actividad preventiva.

– Estadística sobre índices de accidentalidad.

– Información de riesgos adicionales a terceros.

– Informe de auditoría de prevención de riesgos laborales

– Control para la notificación de accidentes, incidentes y enfermedad profesional.

Tal y como se refleja en la Planificación Preventiva Anual, se informará de las actuaciones que se lleven a cabo en este ámbito, con carácter periódico en los Comités de Seguridad y Salud"[249].

Igualmente, se fijan medios de vigilancia y control de los contratistas, quienes deberán comunicar "sus datos de accidentabilidad y los informes de investigación de los accidentes con bajas. De otra parte, se establecerán inspecciones para evaluar el grado de cumplimiento de la normativa de prevención de riesgos, la normativa de seguridad de Repsol, los requerimientos de los permisos de trabajo y los planes de seguridad de las empresas contratistas"[250].

En este punto, no falta algún convenio que establece que "todo centro de trabajo se dotará de una planificación de la actividad preventiva, asimismo de personal de la propia empresa con formación suficiente, para ejecutar las prescripciones del plan, así como hacer efectiva la integración de la empresa con los servicios prevención de que se dote. La representación legal de las personas trabajadoras participará en su elaboración, seguimiento y evaluación de los resultados conseguidos. En el

---

249 Artículo 170 III Convenio colectivo de Telefónica de España, SAU; Telefónica Móviles España, SAU y Telefónica Soluciones de Informática y Comunicaciones, SAU (BOE 28 febrero 2024).

250 Artículo 41 VIII Convenio colectivo de Repsol, SA (BOE 31 marzo 2023).

ámbito de la prevención de riesgos la empresa tendrá en cuenta la legislación vigente de aplicación de tal forma que se ponga de manifiesto... [igualmente entre otras cuestiones] que se han previsto las medidas necesarias para garantizar la coordinación de actividades empresariales en el centro de trabajo"[251].

Matizando más, algunos señalan que en aplicación del artículo 24 LPRL "la Dirección de la Empresa en cuyos centros de trabajo desarrollan su actividad personal de otras empresas, realizará un seguimiento regular de la aplicación de las normas de seguridad y salud correspondientes a la actividad que realizan, presentado el balance de este seguimiento en el Comité de Seguridad y Salud de la empresa principal con la misma periodicidad que el de la plantilla propia"[252].

Asimismo, otras empresas realizarán la coordinación de actividades empresariales "de las empresas contratistas, subcontratistas o personas trabajadoras autónomas contratadas para la prestación de obras o servicios conforme a lo establecido en el Real Decreto 171/2004, de 30 de enero, reformado por el Real Decreto 604/2006, del 19 de mayo, por el que se desarrolla el artículo 24 de la Ley de Prevención de Riesgos Laborales. En este marco, se potenciarán las medidas de seguimiento y vigilancia de los trabajos de las empresas contratistas y subcontratistas, así como de la formación de sus personas trabajadoras en prevención de riesgos laborales.

A este respecto, en el Comité Central y en los Comités de Seguridad y Salud se realizará el seguimiento de la prevención de riesgos laborales de las empresas contratadas en el ámbito de Iberdrola Grupo, instrumentándose en ellos la necesaria in-

---

251 Artículo 70.3 VIII Convenio colectivo general del sector de derivados del cemento (BOE 14 julio 2023).

252 Artículo 76 III Convenio colectivo nacional de los servicios de prevención ajenos (BOE 15 agosto 2023).

formación y participación de los Delegados de Prevención y representantes legales de los trabajadores conforme a las disposiciones legales a este respecto y a los procedimientos internos por los que se regula el funcionamiento de dichos Comités.

Todo ello sin perjuicio de las responsabilidades, obligaciones y competencias que por sus actividades específicas correspondan al ámbito de cada empresa"[253].

Cabe destacar como en algún convenio pueden también encontrarse medidas muy amplias y concretas en la materia, pues "a fin de alcanzar el nivel más alto posible de seguridad en nuestra actividad industrial y conseguir que nuestros empleados, contratistas y personas del entorno estén protegidos de riesgos para su seguridad y salud, la Dirección de la Empresa se compromete a proseguir con el plan de actuación respecto de las empresas contratistas incluidas dentro del ámbito de aplicación del X Acuerdo Marco.

a) Formación del personal de empresas contratistas.

La empresa definirá los mínimos de formación en materia de seguridad del personal de las empresas contratistas.

Las empresas contratistas formarán a sus trabajadores en la prevención de los riesgos propios de su oficio y les informarán de los riesgos existentes en las instalaciones de Repsol.

b) Información de riesgos a los contratistas.

Previamente a la realización de trabajos por parte de contratistas, se les informará acerca de la Normativa de Seguridad y de los riesgos existentes en nuestros centros, utilizando para ello diversos documentos: normas de seguridad internas, des-

---

[253] Artículo 100 VIII Convenio colectivo de Iberdrola Grupo (BOE 2 marzo 2021).

cripciones de riesgos, medidas preventivas, fichas de riesgo de productos, planes de emergencia, etc.

En la fase de ejecución de los trabajos se utilizarán los permisos de trabajo existentes en cada empresa, como documentos autorizantes de la actividad y garantes de que ésta se realiza en condiciones seguras.

c) Planificación de seguridad por los contratistas.

El contratista, estará obligado a realizar un plan de seguridad de los riesgos que deberá incluir la designación de un responsable de seguridad, la descripción de riesgos, las medidas de prevención, la acreditación de que las personas trabajadoras del contratista y de posibles subcontratistas están debidamente formados en prevención e informados de los riesgos existentes en el trabajo, el plan de inspecciones y cualquier otro requisito legalmente exigible desde el punto de vista de seguridad"[254].

Así, en el fenómeno de la descentralización productiva con presencia de una diversidad de empresarios el legislador amplía la posición jurídica del deudor de seguridad[255], quien se configura en tales supuestos como una realidad empresarial compleja en la cual "aparecen ligados una pluralidad de empresarios cuya coordinación en el cumplimiento de su deber de seguridad se constituye en una condición para la efectividad de la Prevención"[256].

---

254 Artículo 41 VIII Convenio colectivo de Repsol, SA (BOE 31 marzo 2023).

255 FERNÁNDEZ LÓPEZ, Mª. F.: "El empresario como parte del contrato de trabajo: una aproximación preliminar", en AA.VV. (FERNÁNDEZ LÓPEZ, Mª. F., Coord.): *Empresario, contrato de trabajo y cooperación entre empresas*, Madrid (Trotta), 2004, pág. 92.

256 NAVARRO NIETO, F.: *Coordinación de actividades empresariales y Prevención de Riesgos Laborales*, Albacete (Bomarzo), 2005, pág. 25.

Además, las empresas que intervienen pueden tener diferente tamaño y distinto sistema de organización, así como distintos enfoques y cultura y gestión de la prevención, hecho que va a suponer una mayor complejidad y dificultad a la hora de velar por la seguridad y salud de todos los trabajadores presentes en dichos centros.

En esta línea, se puede comprobar cómo, estadísticamente, en numerosas ocasiones los índices de siniestralidad sufridos o provocados por las empresas contratadas o subcontratadas están muy por encima de los de aquellas empresas para las que trabajan. Esta situación puede ser causada por diferentes razones, entre la que destacan las siguientes: una deficiente comunicación en materia de coordinación; la inadecuada formación e información sobre los riesgos generales y específicos; los imprevistos asociados a la temporalidad en los trabajos; el desconocimiento de normas de seguridad internas; o la falta de control efectivo de las condiciones de trabajo.

Por ello adquiere una gran importancia que las empresas concurrentes en un mismo centro de trabajo se coordinen del modo más perfecto y eficaz posible. La realización de activiadades de varias empresas en un mismo centro significa la aparición de riesgos para los trabajadores de cada una de ellas y para los demás que concurren en tal centro, en virtud de lo cual "se impone la coordinación entre todas a fin de prevenir y, en la medida de lo posible, evitar tales riesgos"[257], de forma tal que colaborar resulte equivalente a prestar ayuda a las terceras empresas para que puedan adoptar las medidas de seguridad necesarias. Eso sí, tal cooperación "en modo alguno entraña el traspaso de responsabilidades respecto al cumplimiento de las que a cada uno corresponden"[258].

257 STSJ Extremadura 2 diciembre 2004 (AS 3170).

258 STSJ Castilla y León/Valladolid 28 octubre 2003 (AS 534/2004).

En este sentido, no faltan empresas con previsiones específicas y detalladas ante las contratas y subcontratas, habida cuenta de que, entre otras cuestiones, y "de conformidad con lo previsto en el procedimiento Endesa-SGSST-PG.11 del Sistema de Gestión de Seguridad y Salud en el Trabajo de Endesa, la Empresa exigirá el cumplimiento por parte de las empresas contratistas y subcontratistas de la Ley de Prevención de Riesgos Laborales y demás normativa vigente en esta materia, a cuyo efecto incluirá en todos los contratos la obligatoriedad del cumplimiento de las citadas disposiciones, así como la obligatoriedad de aportar, con carácter previo al inicio de los trabajos, la siguiente documentación:

a) Certificado de formación teórico-práctica suficiente para el tipo de actividad a desarrollar.

b) Certificado de entrega de equipos de protección individual a los trabajadores, cuando las tareas a desarrollar así lo requieran.

c) Certificado de aptitud médica para el trabajo a desarrollar.

d) Certificado de haber recibido información suficiente sobre los riesgos generales y específicos existentes en el centro de trabajo donde vayan a desarrollar su actividad"[259].

Por su parte, algún convenio prevé la subrogación empresarial en el caso de contratas, señalando en este sentido cómo "la nueva Empresa que sustituya a la anterior titular de una concesión de contrata, adscribirá a su plantilla al personal que perteneciese a la del centro o centros de trabajo afectados por la sucesión de contratas, subrogándose en los derechos y obligaciones derivados de la relación laboral existente siempre que las mencionadas personas hayan realizado su actividad en

---

259 Artículo 114.5 V Convenio colectivo marco del Grupo Endesa (BOE 17 junio 2020).

dicho centro al menos durante los cuatro meses anteriores a la finalización de la contrata. Las personas trabajadoras que en el momento del cambio de la titularidad tuvieran suspendido su contrato de trabajo por excedencia, vacaciones o cualquier otra causa, pasarán a estar adscritos a la empresa contratista entrante siempre que las mencionadas personas trabajadoras hayan realizado su actividad en dicho centro al menos durante los cuatro meses anteriores a la finalización de la contrata, computándose a éstos efectos el periodo que haya permanecido en IT, excedencia, vacaciones o cualquiera de las situaciones que produzca la suspensión del contrato de trabajo, de igual forma pasarán a estar adscritos a la nueva empresa contratista las personas trabajadoras que estén ocupando una nueva vacante en el centro objeto de subrogación con motivo de lo dispuesto en los artículos 14, 15 y 16 de este convenio y aún cuando no hayan superado el periodo de cuatro meses en dicho centro en el momento de cambio de titularidad... De la misma manera quedarán adscritas a la plantilla de la empresa contratista entrante las personas trabajadoras contratadas para sustituir al personal que se encuentre en alguna de las situaciones previstas en el párrafo anterior y en tanto que su relación laboral se mantenga vigente y con independencia de la antigüedad en el centro"[260].

---

[260] Artículo 9 XXIII Convenio colectivo de contratas ferroviarias (BOE 28 junio 2022), en el cual, no obstante, se establecen también excepciones: "a) Aquellas personas trabajadoras que, por la específica función que realizan, superen en su actividad el límite del centro o centros de trabajo, que extienden a la totalidad de la empresa, y siempre que ésta, al momento de la sucesión de la contrata, mantenga su actividad dentro del sector en otro u otros centros de trabajo. b) Personas trabajadoras de la empresa saliente que hayan sido trasladados o desplazados al centro de trabajo afectado dentro de los cuatro meses anteriores a la fecha prevista para la terminación de la concesión de la contrata, salvo cuando la empresa sucedida no tuviera ningún otro centro de trabajo ni, en consecuen-

Cuando de formación en materia de prevención de riesgos laborales se habla, no faltan convenios que en esa enseñanza por puesto de trabajo o por oficio y, en concreto para los mandos intermedios, destacan la importancia de la comunicación entre los técnicos de ejecución y las personas trabajadoras, que "pasa, por regla general, por los mandos intermedios", de forma tal que se considera "muy importante que estos tengan los conocimientos preventivos suficientes que permitan que esta transmisión de órdenes se realice sin olvidar los aspectos de seguridad y salud a tener en cuenta en cada unidad de obra a ejecutar, y que a su vez posean las nociones pedagógicas y didácticas suficientes que permitan la claridad de las comunicaciones" Así, el contenido formativo para mandos intermedios, "cuyo módulo tendrá una duración mínima de veinte horas lectivas", se esquematizará entre distintas cuestiones fijando una formación específica en coordinación de las subcontratas, especificando las interferencias entre actividades y la planificación[261].

Otros señalan que en los casos de contratas "corresponde a la dirección de las empresas la facultad de la organización

---

cia, fuera a continuar su actividad, en aquel momento, dentro del sector. En el caso de traslado por aplicación de lo establecido en el artículo 68 del presente convenio la mujer trasladada no será subrogada volviendo a su puesto de origen (cuando el mismo corresponda a otra contrata), debiendo ser subrogado la persona titular del puesto siempre que cumpla el resto de requisitos previstos en este artículo.

c) El personal de nuevo ingreso con una antigüedad menor a cuatro meses, salvo que se acredite su contratación por necesidades del servicio en caso de jubilación y coincidan las fechas de incorporación al centro o centros de trabajo y a la empresa.

En los casos anteriores, las personas comprendidas en tales situaciones, continuarán adscritos a la plantilla de la empresa sucedida".

261 Anexo XII VII Convenio colectivo general del sector de la construcción. (BOE 23 septiembre 2023).

del trabajo, basado en la utilización óptima de los recursos humanos y materiales, para lo cual se mejorará la formación profesional de las personas trabajadoras"[262].

2.3.- Tiempo de trabajo

Alguna norma pactada hace referencia al registro de jornada de los trabajadores ligados a las subcontratas al señalar cómo el control horario de dichos empleados "será obligación de la empresa subcontratista sin que el Centro tenga ninguna responsabilidad al respecto"[263], o señalando como cada empresa implementará su propio registro diario de jornada respecto de sus personas trabajadoras. Ahora bien, "en los supuestos de subcontratación previo acuerdo entre la empresa contratista o principal y la empresa subcontratista, ésta última podrá utilizar los medios de registro diario de jornada de la contratista o principal, siempre que se identifique a cada persona trabajadora y a su respectiva empresa a los efectos de poder deducir posibles responsabilidades en caso de incumplimiento de la obligación de registro diario de jornada"[264].

En algún caso se hace referencia a permisos no retribuidos para las "las personas trabajadoras que cuenten con una antigüedad mínima de un año en la Empresa tendrán derecho a disfrutar de un permiso no retribuido (Permiso Óptima). De una duración máxima de 1 mes en un periodo de 3 años, pudiendo solicitarse en periodos mínimos de 1 semana cada

262 Artículo 10 XXIII Convenio colectivo de contratas ferroviarias (BOE 28 junio 2022).

263 Disposición adicional XIV Convenio colectivo de ámbito estatal para los centros de educación universitaria e investigación (BOE 27 mayo 2024).

264 Artículo 71 VII Convenio colectivo general del sector de la construcción. (BOE 23 septiembre 2023).

uno No pudiendo volver a solicitarse, una vez disfrutada la duración máxima del permiso, hasta haber transcurrido 3 años desde la solicitud inicial del mismo. Para poder disfrutar de dicho permiso, que no requiere de justificar su causa, no obstante, serán condiciones indispensables i) tener la aprobación del supervisor directo, que dependerá de las necesidades del servicio y siempre que no sea necesario cubrir la plaza ya sea con la plantilla o subcontratación"[265].

2.4.- Participación e información de los trabajadores

La información a los representantes de los trabajadores en este ámbito puede alcanzar distintos aspectos como los instrumentos de política activa de empleo sectorial, estableciendo cómo en el contexto de diálogo social "la empresa informará, con la periodicidad prevista legalmente, a la representación legal de las personas trabajadoras, sobre la plantilla del personal que preste servicio, con expresión de los datos e informaciones necesarios para conocer la situación de la plantilla y del empleo en la empresa, así como su evolución probable. De igual modo informará sobre las previsiones de celebración de nuevos contratos, con indicación del número de éstos y de las modalidades contractuales que serán utilizadas, así como de los supuestos de subcontratación"[266].

Alguna norma pactada señala que cuando la compañía considere necesario contratar los servicios de otras empresas, para

---

[265] Artículo 31 III Convenio colectivo de BT Global ICT Business Spain, SLU (BOE 4 junio 2024).

[266] Artículo 17 Convenio colectivo de empresas de mediación de seguros privados (BOE 15 noviembre 2023); artículo 91 Convenio colectivo general de ámbito estatal para el sector de entidades de seguros, reaseguros y mutuas colaboradoras con la Seguridad Social (BOE 27 diciembre 2021).

tareas comprendidas dentro del objeto social de ésta, se informará previamente al Comité de Empresa[267]

Otras señalan cómo "los representantes de las personas trabajadoras serán informados de los procesos de subcontratación de las actividades que viniera realizando personal de la Empresa y que conlleven el desarrollo de dichas actividades de forma permanente, por parte de la empresa contratista o subcontratista, en los centros de trabajo"[268].

Algún convenio, a través de la creación de la Mesa de Seguimiento del Empleo establece entre sus funciones la de "realizar los estudios de necesidad de personal que indica el artículo 64 del ET. Adicionalmente, se hará seguimiento a la Política de Empleo relativa a uso de ETT y subcontratas y puestos de formación (becarios/as)" que, además, con carácter previo a la realización de despidos por causas objetivas (económicas, técnicas, organizativas y/o de producción), estudiará "las subcontratas o ETT's que estén prestando servicio conexo con el fin de recolocar al personal propio reduciendo los puestos ocupados por externos, siempre que la capacitación sea compatible"[269].

En ocasiones, la participación sindical en el ámbito del convenio colectivo se estructura en dos niveles. En concreto:

"1. La coordinación interna.

Con el objeto de potenciar y vigilar el cumplimiento de las medidas de coordinación definidas para cada sociedad y en cualquier caso las establecidas en la Ley de Prevención de Riesgos Laborales, se celebrarán reuniones periódicas entre

---

267 Artículo 14 Convenio colectivo de Air Nostrum Engineering and Maintenance Operations, SLU (BOE 14 mayo 2024).

268 Artículo 22 VIII Convenio colectivo de Santa Bárbara Sistemas, SA (BOE 22 febrero 2024).

269 Artículo 41 Convenio colectivo de Siemens Energy, SA (BOE 27 mayo 2024).

los representantes de la Dirección y los representantes delos trabajadores, preferentemente Delegados de Prevención, que se designen en el seno de los Comités de Seguridad y Salud de las empresas (uno por cada sindicato más representativo en su ámbito correspondiente).

En todo caso se garantizará la presencia de representantes de los sindicatos firmantes del Acuerdo Marco.

Este nivel de coordinación se extenderá a las situaciones de parada durante el desarrollo de estas.

2. La coordinación externa

Se crea un Comité de Seguridad y Salud Intercontratas, formado por un máximo de ocho miembros de los cuales cuatro serán designados por las empresas concurrentes y los otros cuatro por las Federaciones Sindicales más representativas de los trabajadores de dichas empresas, éstos últimos entre los delegados de prevención que presten sus servicios en el centro de trabajo.

El número de miembros de este comité podrá ser inferior en los centros o empresas donde así se justifique. Se reunirá semestralmente con el Comité de Seguridad y Salud de la empresa principal a efectos de evaluar el cumplimiento de la normativa de seguridad y salud, para analizar las medidas de coordinación de actividades a adoptar en el ámbito de la empresa principal y proponer las medidas correctoras que se estimen oportunas.

Asimismo, en los casos de paradas generales o grandes reparaciones el Comité de Seguridad y Salud Intercontratas se reunirá con el Comité de Seguridad y Salud de la empresa principal, con una antelación mínima de quince días al inicio de la parada para analizar toda la programación de la misma y medidas de seguridad e higiene contempladas durante su desarrollo, así como para proponer aquellas medidas que considere necesarias para la mejora de los aspectos preventivos de esta actividad laboral.

Las reuniones conjuntas de ambos comités serán presididas por el Presidente del Comité de Seguridad y Salud de la empresa principal"[270].

En algún supuesto, y también en dicho contexto de diálogo social y los instrumentos de política activa de empleo sectorial, se matiza más al establecer cómo la representación legal de los trabajadores tendrá derecho a ser informada "con periodicidad trimestral sobre la plantilla del personal que preste servicio, así como su evolución probable. De igual modo informará sobre las previsiones de celebración de nuevos contratos, con indicación del número de éstos y de las modalidades contractuales que sean utilizadas, así como de los supuestos de subcontratación"[271].

Con algún matiz más, no faltan convenios señalando que "sin perjuicio de la información sobre las previsiones de contratación o subcontratación que vayan a realizarse, la empresa, en los supuestos en que formalicen un contrato de prestación de obra o servicios con una empresa contratista o subcontratista, deberá informar a la representación legal del personal, sobre los siguientes extremos:

a) Nombre o razón social, domicilio y número de identificación fiscal de la empresa contratista o subcontratista.

b) Objeto y duración de la contrata.

c) Lugar de ejecución de la contrata.

---

270 Artículo 47 VIII Convenio colectivo de Repsol, SA (BOE 31 marzo 2023).

271 Artículo 14 III Convenio colectivo nacional de los servicios de prevención ajenos (BOE 15 agosto 2023).

d) En su caso, número de personas que serán ocupadas, por la contrata o subcontrata en el centro de trabajo de la empresa principal, así como la normativa de aplicación con relación a sus condiciones laborales y de Seguridad Social.

e) Medidas previstas para la coordinación de actividades desde el punto de vista de la prevención de riesgos laborales"[272].

Con un amplio margen, otros convenios señalan como la Información a la Representación Social en materia de subcontratación tendrá varios aspectos: "1. Objeto de la información: La obligación de información se concreta en aquellos contratos que se celebren con contratistas para prestar servicios, con personal de la contratista o subcontratista, en centros de trabajo de Endesa. Se excluyen pues los contratos de suministro y aquellos otros en los que la contrata no ejerza su actividad en los centros de trabajo de la empresa principal.

2. Contenido de la información: La Empresa contratante informará trimestralmente a la Representación Social de las siguientes cuestiones:

1.º) Del objeto del contrato, esto es, de los trabajos a realizar por la contratista incluyendo la duración estimada de los mismos.

2.º) Del número estimado y de las características profesionales de trabajadores que van a prestar servicios en el centro de trabajo de la empresa principal.

3.º) Del certificado de la Seguridad Social de acredite que la empresa contratista se encuentra al corriente de los pagos de Seguridad Social

---

[272] Anexo II 25º Convenio colectivo de Bellota Herramientas, SLU, y Bellota Agrisolutions, SLU (BOE 26 enero 2023).

4.º) De la formación recibida por los trabajadores en materia de Prevención de Riesgos Laborales.

5.º) Del acta de coordinación de actividades entre las empresas que vayan a prestar servicios en el mismo centro de trabajo.

3. Tiempo y lugar de presentación de la información: La información a que hace referencia el número anterior se entregará, por la Dirección de la Empresa a la Representación Social (Comité de Empresa o Delegados de Personal) existente o con competencia directa, en el ámbito en que se van a realizar los trabajos contratados.

4. Acreditación de solvencia de la Empresa Contratista y de la calidad de los trabajos realizados:

a) A los efectos aquí previstos, la acreditación de solvencia de las empresas contratistas se realizará a través de la correspondiente certificación empresarial de estar al corriente de los pagos a la Seguridad Social y a los trabajadores contratados.

b) La acreditación relativa a la calidad de los trabajos realizados se realizará mediante certificado de la empresa principal en el que conste la adecuación o inadecuación entre el trabajo realizado y el contratado.

5. Información adicional sobre accidentes de trabajo: Con carácter adicional a la información prevista en el punto 2 del presente artículo se informará, al Comité de Seguridad y Salud Laboral del Centro de Trabajo, de cualquier accidente o incidente grave que pudieran sufrir los trabajadores de la contrata durante la prestación de servicios contratada"[273].

---

[273] Artículo 94 V Convenio colectivo marco del Grupo Endesa (BOE 17 junio 2020).

Algunas empresas, en sintonía con las políticas establecidas o alentadas desde las instancias comunitarias y nacionales, manifiestan su voluntad de "promover una política informativa de transparencia que afecte, en general, a cuantas cuestiones incidan o afecten a la estabilidad y seguridad en el empleo de las personas trabajadoras". En este sentido, la Dirección informará, a través de los diferentes medios y canales de comunicación de la Compañía a los Delegados Sindicales de las Secciones Sindicales más representativas acerca de una serie de cuestiones, entre las cuales cabe señalar, "con periodicidad trimestral, sobre la marcha del empleo en Iberdrola Grupo, así como de los supuestos de subcontratación realizados"[274].

Igualmente, en determinados convenios se dará cuenta del posible acuerdo de utilización de los medios de registro de jornada de la empresa principal por el subcontratista, a la representación legal de las personas trabajadoras de ambas empresas[275].

2.5.- Teletrabajo

Algún convenio establece previsiones al respecto, en tanto "si una empresa contratista que trabaje en un departamento tiene teletrabajo, no podrá negársele al personal de la empresa en esos departamentos el trabajo en remoto, en las condiciones aplicables en la principal"[276].

---

274 Artículo 95.2 VIII Convenio colectivo de Iberdrola Grupo (BOE 2 marzo 2021).

275 Artículo 71 VII Convenio colectivo general del sector de la construcción. (BOE 23 septiembre 2023).

276 Artículo 14 Convenio colectivo de Air Nostrum Engineering and Maintenance Operations, SLU (BOE 14 mayo 2024).

2.6.- Funciones de los trabajadores

En ocasiones, al establecer las competencias y las funciones de los diferentes grupos profesionales pueden encontrase referencias a la materia como señalar que en el Área de producción y actividades asimiladas deberán "realizar la planificación, coordinación y seguimiento de la ejecución de las obras, sus producciones, certificaciones y subcontrataciones"[277].

2.7.- Planes y protocolos frente al acoso sexual o por razón de sexo

En algún convenio, a pesar de no regular nada específicamente respecto a contratas y subcontratas, pueden encontrarse previsiones en este campo referentes a los trabajadores de empresas subcontratadas, comprometiéndose "a integrar en la formación inicial el presente protocolo, a difundirlo y a realizar campañas periódicas de sensibilización para toda la plantilla con objeto de prevenir el acoso laboral en la empresa. Igualmente se compromete a incluir en futuras negociaciones el conocimiento y cumplimiento en las condiciones de subcontratación con otras empresas cuyo personal deba prestar servicio en nuestras instalaciones"[278]

[277] Anexo X VII Convenio colectivo general del sector de la construcción. (BOE 23 septiembre 2023).

[278] Artículo 97 Convenio colectivo de Ferrovial Servicios, SA, y los trabajadores adscritos al servicio de restauración y atención a bordo de los trenes (BOE 26 enero 2018).

3.- BIBLIOGRAFÍA

AA.VV. (PÉREZ DE LOS COBOS ORIHUEL, F, Dir; GARCÍA PIÑERO, N. P., Coord.): *100 preguntas laborales sobre descentralización productiva,* Madrid (La Ley), 2011.

ÁLVAREZ ALONSO, D: "El futuro del trabajo y su regulación jurídica ante los retos de la "atomización" y la fragmentación empresarial", en AA.VV.: *El futuro del trabajo que queremos,* Vol. 3, Madrid (MTSS/ OIT), 2017.

DEL REY GUANTER, S. y LUQUE PARRA, M.: "Algunos aspectos problemáticos sobre el fenómeno de la descentralización productiva y la relación laboral", *Relaciones Laborales,* núm. 20, 1999.

ESTEVE-SEGARRA, A.: *Puntos críticos en el tratamiento jurisprudencial e inspector de la descentralización empresarial, la contratación laboral y las empresas multiservicios,* Albacete (Bomarzo), 2019.

FERNÁNDEZ LÓPEZ, Mª. F.: "El empresario como parte del contrato de trabajo: una aproximación preliminar", en AA.VV. (FERNÁNDEZ LÓPEZ, Mª. F., Coord.): *Empresario, contrato de trabajo y cooperación entre empresas,* Madrid (Trotta), 2004.

FERNÁNDEZ-COSTALES MUÑIZ, J.: *Aplicación práctica de la coordinación de actividades empresariales en materia preventiva,* Madrid (CEOE/Fundación para la Prevención de Riesgos Laborales), 2016.

- *Prevención de Riesgos Laborales y empresa: obligaciones y responsabilidades,* Aranzadi (Pamplona), 2019.

GARCÍA NINET, J. I.: "Obligaciones y responsabilidades en materia de Seguridad y Salud en los supuestos de contratas y subcontratas. Consideraciones en torno al art. 24 (coordinación de actividades empresariales) de la LPRL", en AA.VV.: *Descentralización productiva y protección del trabajo en contratas: estudios en recuerdo de Francisco Blat Gimeno,* Valencia (Tirant lo Blanch), 2000.

GÓMEZ ALBO, P.: "Descentralización productiva, externalización y subcontratación", *Actualidad Laboral,* núm. 10, 2000.

IRANZO GARCÍA, Y. y PIQUÉ ARDANUY, T.: "Coordinación de actividades empresariales (I)", *Nota Técnica de Prevención 918,* Instituto Nacional de Seguridad e Higiene en el Trabajo, 2011.

LÓPEZ TERRADA, E. y NORES TORRES, L. E.: "La función delimitadora del concepto de 'propia actividad' en el artículo 42 del Estatuto de los Trabajadores", en AA.VV. (BLASCO PELLICER, Á., Coord.):

El empresario laboral. Estudios jurídicos en homenaje al Profesor Camps Ruiz con motivo de su jubilación, Valencia (Tirant lo Blanch), 2010

MARTÍNEZ MORENO, C.: "Tendencias jurisprudenciales recientes en supuestos de transmisión de empresas y subcontratación", *Relaciones Laborales,* núm. 11, 1999.

MELÉNDEZ MORILLO-VELARDE, L. y PÉREZ CAMPOS, A. I.: "Análisis jurídico-laboral sobre 'outsourcing' y la descentralización productiva", *Revista Española de Derecho del Trabajo,* núm. 77, 1996.

MIÑARRO YANINI, M.: *La Prevención de Riesgos Laborales en la contratación temporal, empresas de trabajo temporal y contratas y subcontratas,* Madrid (Ministerio de Trabajo y Asuntos Sociales/Instituto Nacional de Seguridad e Higiene en el Trabajo), 2002.

- "La Prevención de Riesgos Laborales en los supuestos de coordinación de actividades empresariales", en AA.VV. (GARRIGUES GIMÉNEZ, A., Dir.): *Derecho de la Prevención de Riesgos Laborales,* Albacete (Bomarzo), 2009.

MOLTÓ GARCÍA, J. I.: *Prevención de Riesgos Laborales en la empresa,* Madrid (AENOR), 1998.

MONEREO PÉREZ, J. L.: *La responsabilidad empresarial en los procesos de subcontratación: puntos críticos,* Madrid (Ibídem), 1994.

NAVARRO NIETO, F.: *Coordinación de actividades empresariales y Prevención de Riesgos Laborales,* Albacete (Bomarzo), 2005.

PALACIOS VALENCIA, P. y MORILLO LÓPEZ, J. L.: "La coordinación de actividades (entre empresas) en el ámbito de la prevención de riesgos laborales", *La Mutua,* núm. 21, 2009.

VALDÉS DAL-RE, F.: "La descentralización productiva y la formación de un nuevo paradigma de empresa", *Actualidad Laboral,* núm. 18, 2001.

Capítulo IV.

Nuevos modelos de representación en la empresa y su impacto en la negociación colectiva

HENAR ÁLVAREZ CUESTA
Catedrática de Derecho del Trabajo y de la Seguridad Social
Universidad de León

SUMARIO: 1.- Nuevas coordenadas empresariales y sociales que afectan a la representación y a la negociación: digitalización y externalización y los efectos. 2.- Problemas y efectos de la norma jurídica aplicada a estos nuevos contextos. 2.1.- Los obstáculos legales de la representación unitaria. 2.2.- La flexibilidad de la representación sindical. 3.- Propuesta de reformas. 4.- Bibliografía

1.- NUEVAS COORDENADAS EMPRESARIALES Y SOCIALES QUE AFECTAN A LA REPRESENTACIÓN Y A LA NEGOCIACIÓN: DIGITALIZACIÓN Y EXTERNALIZACIÓN Y LOS EFECTOS

Desde hace ya varias décadas se observa un progresivo fenómeno de transformación empresarial, acelerado en los últimos tiempos, causado por la disrupción tecnológica, pero que ya había dado sus primeros pasos merced a la externalización de actividades y a la deslocalización en terceros países.

De poner el foco en la ya manida digitalización, ésta presenta múltiples implicaciones y efectos en las formas de trabajar y de organizar el trabajo, repercutiendo, al cabo, en las relaciones laborales, en las condiciones en que la actividad se presta y en las relaciones colectivas con ellas vinculadas.

En este ámbito en concreto, la digitalización y automatización de la producción de bienes y servicios puede contribuir, entre otros aspectos relevantes, a desdibujar cada vez más el lugar y al tiempo de la prestación de trabajo, hasta el punto de jibarizar la empresa, invisibilizar el centro de trabajo y metamorfosear el clásico lugar de prestación de servicios[279]:

— Centros de trabajo que se unifican y, al tiempo, se contraen: ya no es necesaria la disgregación de centros de trabajo, sino un solo centro que agrupe a menos personas trabajadoras merced a la externalización de los servicios. La tecnología puede facilitar, y así ha sido comprobado (el penúltimo ejemplo viene dado por la economía de plataformas[280]), una vía de huida (falsa) hacia el trabajo autónomo, creando un trampantojo de actividades por cuenta propia, las cuales, por su propia definición, están situadas fuera de la negociación colectiva estatutaria y extraestatutaria.

Desde luego, en el Derecho español existe la posibilidad (creada por el Estatuto del Trabajo Autónomo) de negociar acuerdos de interés profesional para los autónomos económicamente dependientes "auténticos", mas esta figura no ampara

---

279 Sobre estas transformaciones, LAHERA FORTEZA, J., "Las transformaciones del lugar de trabajo", *Documentación Laboral*, núm. 118, 2019.

280 Sobre las notas de laboralidad de la economía de plataformas, por todos, ÁLVAREZ CUESTA, H., "La lucha contra los "falsos autónomos" en la prestación de servicios vía app. El caso "Deliveroo", *Iuslabor*, núm. 2, 2018; GINÈS I FABRELLAS, A., "*Crowdsourcing sites* y nuevas formas de trabajo el caso de Amazon Mechanical Turk", *Revista Derecho Social y Empresa*, núm. 6, 2016 o TODOLÍ SIGNES, A., *El trabajo en la era de la economía colaborativa*, Valencia (Tirant lo Blanch), 2017.

a todos los autónomos ni ha alcanzado el desarrollo esperado[281]. Difícilmente se pueden igualar ambos instrumentos, ni en contenido regulado ni en cobertura alcanzada, pues estos acuerdos han acabado sirviendo para intentar delimitar la frontera de laboralidad más que para afianzar derechos.

Sin olvidar la posibilidad de ver extinguido el mandato de la representación unitaria cuando el centro de trabajo desaparece y las personas trabajadoras son reubicadas a otros centros[282], posibilidad relativamente sencilla en determinadas actividades vinculadas con la tecnología. Y así lo ha contemplado algún acuerdo colectivo, especificando el marco de aplicación de la reducción de personal: "en el caso de disminución significativa de la plantilla, se producirá la automática reducción de representantes de los trabajadores, para ajustar sus miembros al volumen de personal, salvo que dicha reducción implique la total desaparición de representantes legales de los trabajadores. Se entenderá por disminución significativa de plantilla, cuando ésta se produzca en un 10 % respecto de la media del personal de plantilla en activo en un período de tres meses anteriores"[283]; o requiriendo el acuerdo entre representantes unitarios, sindicales y dirección de la empresa[284].

— En otras ocasiones, el centro de trabajo se multiplica y expande cuando se trata de grupos de empresas, entidades

---

281 BARRIOS BAUDOR, G.L. y SEMPERE NAVARRO, A.V.: "Régimen profesional del trabajador autónomo económicamente dependiente", en AA.VV.: *Tratado del trabajo autónomo*, Cizur Menor (Aranzadi/ Thompson Reuters), 2010, p. 235.

282 STC 64/2016, de 11 de abril y STS 28 abril 2017 (rec. 124/2016).

283 Art. 49 CC Establecimientos financieros de crédito (BOE 17 julio 2024)

284 Art. 70 Convenio colectivo de las empresas Zurich Insurance, P.L.C., Sucursal en España; Zurich Vida, Compañía de Seguros y Reaseguros, S.A.; y Zurich Services A.I.E. (BOE núm. 93, de 19 de abril de 2023).

productivas vinculadas, multiservicios o trabajadores itinerantes que colaboran entre sí en forma de red, con vínculos más débiles e intangibles.

— No lugar[285]: en fin, en las últimas simplemente desaparece el entorno físico y se ubica en el mundo virtual en todo o en parte, como sucede con el *smart working*[286], el teletrabajo o las plataformas digitales. A la hora de abordar la coordenada espacial en la relación laboral, el ET entremezcla a lo largo de su articulado los conceptos de centro de trabajo[287], lugar de trabajo y empresa como entidad física[288], si bien cabe diferenciar el primero como instancia administrativa de adscripción, sobre la que hace descansar buena parte de su articulado y el segundo como el sitio real (cada vez más "marginal"[289] como entidad física) donde se desarrolla la actividad.

En este supuesto, la tecnología coadyuva a la invisibilidad del centro de trabajo, pues no solo permite la desaparición del

---

285 Utilizando el concepto acuñado por AUGÉ, M., *Los no lugares. Espacios del anonimato. Antropología de la Sobremodernidad*, Barcelona (Gedisa), 2009.

286 RODRÍGUEZ-PIÑERO ROYO, M.: "Trabajo en plataformas: innovaciones jurídicas para unos desafíos crecientes", *Revista de Internet, Derecho y Política*, 2019.

287 ÁLVAREZ DEL CUVILLO, A.: "El centro de trabajo como unidad electoral: un concepto jurídico indeterminado en un contexto de cambio organizativo", *NREDT*, núm. 188, 2016.

288 Sin entrar a profundizar en la amplia jurisprudencia comunitaria sobre empresa y centro de trabajo, al respecto, GUTIÉRREZ COLOMINAS, D.: "El centro de trabajo como unidad de referencia física subsidiaria para el cálculo de las extinciones en los despidos colectivos", *Iuslabor*, núm. 2, 2015 y RODRÍGUEZ-PIÑERO Y BRAVO-FERRER, M.: "El concepto de centro de trabajo, la Directiva 98/59, sobre despidos colectivos y el art. 51.1 ET", *Derecho de las Relaciones Laborales*, núm. 2, 2015, p. 109.

289 Un excelente análisis sobre el concepto de centro de trabajo en LAHERA FORTEZA, J., "Las transformaciones del lugar de trabajo", cit.

centro de trabajo físico (pese a la necesaria adscripción de los trabajadores a uno), sino también su reducción a la mínima expresión, la cual favorece cifras de trabajadores inferiores a las necesarias para tener representantes[290].

Tradicionalmente, el lugar de trabajo coincidía con el centro y en muchas ocasiones, con la totalidad de la entidad productiva. Sin embargo, la definición de organización específica y unidad productiva desde la concepción clásica estatutaria no encaja con la realidad empresarial en un contexto de digitalización en la que los servicios se realizan desde una modalidad de teletrabajo, trabajo a distancia o contratas múltiples, donde el centro de trabajo físico en determinadas empresas no existe, por ser totalmente digitales[291].

Esta desaparición de la clásica fábrica o gran empresa responde, como se ha mencionado, a múltiples factores, razones y causas, pero el resultado acaba siendo la reducción del tamaño (ya de por sí disminuido) del tejido empresarial español. Y la estadística refleja la afirmación anterior: de acudir a los datos sobre el número de empresas inscritas en la Seguridad Social según el tamaño de la plantilla a junio de 2024, del total de 1.344.094 empresas: 695.528 cuentan con entre uno a dos trabajadores; 298.204 cuentan entre tres y cinco trabajadores; 141.306 cuentan entre 6 a 9 trabajadores; 174.692 cuentan entre 10 a 49; 28.559 cuentan entre 50 a 249 personas trabajadoras; 3.185 suman entre 250 a 499; y solo 2.620 empresas tienen

---

290 PASTOR MARTÍNEZ, A.: "Representación de los trabajadores en la empresa digital", *Anuario IET de Trabajo y Relaciones Laborales*, núm. 5, 2018, p. 114.

291 GALLEGO MONTALBÁN, J.: "El concepto de centro de trabajo y adscripción de las personas trabajadoras como presupuestos de los derechos de representación en el trabajo a distancia y las empresas digitalizadas", *Iuslabor*, núm. 1, 2022, pp. 250 y ss.

más de 499 personas trabajadoras[292]. Además, conviene advertir que los datos ofrecidos son del conjunto de la organización productiva, pudiendo fraccionarse más las cifras atendiendo al número de personas empleadas por centro de trabajo.

Estos procesos de adelgazamiento y dispersión de los empleadores fragmentan la plantilla de las empresas, con las lógicas consecuencias en orden a constituir los mecanismos de representación estatutarios o sindicales[293] previstos en nuestro ordenamiento, no en vano la restructuración de las empresas a través de la descomposición en centros de trabajo más pequeños puede redundar en la reducción o desaparición de los órganos de representación con que antes se contaba[294]. Diversas encuestas coinciden en que no llega al 50 % la población asalariada que dispone de representación en sus empresas: así, en 2010 solamente el 47,4 % contaba con presencia de representación en 2015 el 48,9% y en 2019 al 49,4 %[295].

Por tanto, la dispersión de centros dificulta alcanzar el umbral mínimo de trabajadores para contar con representantes unitarios y, de forma mediata, poder negociar convenios esta-

---

292 MINISTERIO DE TRABAJO Y ECONOMÍA SOCIAL: https://www.mites.gob.es/estadisticas/Emp/Emp24-Jun/Resumen%20de%20resultados%20Junio%202024.pdf

293 ÁLVAREZ CUESTA, H.: "Estrategias sindicales ante la descentralización productiva" en AA.VV.: Descentralización productiva, nuevas formas de trabajo y organización empresarial, Madrid (MTSS y AEDTSS), 2018.

294 ÁLVAREZ ALONSO, D.: *Representación y participación de los trabajadores en la empresa*, Valencia (Tirant lo blanch), 2019, p. 117.

295 FERNÁNDEZ VILLAR, C.: "Herramientas jurídicas y estrategias sindicales para articular la representación del personal: algunos contextos problemáticos", en AA.VV.: *Acción sindical y relaciones colectivas en los nuevos escenarios laborales*, Cizur Menor (Thomson Reuters/Aranzadi), 2022, p.174, citando a las encuesta de condiciones de trabajo del Instituto Nacional de Seguridad e Higine en el Trabajo.

tutarios a nivel de centro o empresa. La ausencia de negociación puede significar la falta de regulación específica de materias sensibles a la hora de lograr la inclusión social pretendida y que son analizadas en otros Capítulos de la obra. Es más, en ocasiones supondrá la concreta desprotección convencional de existir un vacío debido a la ausencia de convenio sectorial aplicable o de la falta de cláusula en el mismo al respecto.

En fin, y profundizando en las empresas con varios centros de trabajo (cada vez más pequeños, se insiste) puede suponer una situación de alejamiento o disociación entre el ámbito de constitución de la representación y el ámbito del poder decisorio empresarial que habitualmente residirá en la dirección centralizada sin perjuicio de que el efecto de sus decisiones se proyecta sobre una multiplicidad o la totalidad de los centros de trabajo[296].

2.- PROBLEMAS Y EFECTOS DE LA NORMA JURÍDICA APLICADA A ESTOS NUEVOS CONTEXTOS

Expuestas las líneas de tendencia que invisibilizan y reducen las empresas y avanzada la conclusión que acarrea a efectos representativos, conviene descender a la normativa reguladora para observar cómo, en cada caso, se dificulta o potencia la participación de las personas trabajadoras en la organización productiva.

Como es bien sabido, el sistema representativo en España se configura como dual, construido sobre los órganos básicos de representación unitaria de los trabajadores en los centros de

---

296 RODRÍGUEZ-PIÑERO Y BRAVO-FERRER, M.: "La participación de los trabajadores en empresas de estructura compleja", *Relaciones Laborales*, T. I, 1990, pp. 67 y ss.

trabajo, regulados en el Título II ET y los sindicales por la Ley Orgánica de Libertad Sindical (LOLS).

Entre los dos cauces diferenciados de acción colectiva en la empresa se entreteje un panorama complejo de relaciones de carácter no unívoco que difícilmente podrían describirse en términos de plena armonía total simetría o equilibrio perfecto. La estrecha interconexión que se produce entre ambas representaciones es debida, de un lado, a la extracción sindical de los propios representantes unitarios por las características del proceso electoral; y, de otro, al hecho de tener ambas instituciones encomendadas funciones materialmente sindicales en el ámbito de la empresa, germen de numerosos conflictos[297].

Aunque hay desde luego posibilidades para una articulación coordinada o hasta simbiótica, ambas formas de representación también rivalizan en cierto modo en la disputa de los espacios para la acción colectiva en defensa de los intereses de los trabajadores[298]. Así, se ha llegado a afirmar cómo "el comité acaba por desempeñar una función auxiliar de bricolaje sindical; de las grandes obras se encarga el sindicato fuera de la empresa"[299].

De hecho, algunos convenios pretenden regular tales sinergias atribuyendo en exclusiva la función negociadora a la re-

297 GALIANA MORENO, J.M. y GARCÍA ROMERO, B.: "La participación y representación de los trabajadores en la empresa en el modelo normativo español", *Revista del Ministerio de Trabajo y Asuntos Sociales*, núm. 43, 2003, p. 20.

298 ÁLVAREZ ALONSO, D.: *Representación y participación de los trabajadores en la empresa*, cit., p. 19.

299 BAYLOS GRAU, A. y LÓPEZ BULLA, J.L.: "Sobre el actual modelo de representación", *Revista de Derecho Social*, núm. 22, 2003, p. 231.

presentación sindical (si bien es cierto que se trata de un grupo de empresas, donde la norma ya les otorga ese derecho)[300]

Este sistema dual encuentra su razón de ser "en un modelo empresarial del pasado, basado abrumadoramente en los trabajadores propios y fijos, con una mínima presencia de la descentralización productiva y con un menor peso del capital tecnológico que en la actualidad, las pocas empresas con estructura compleja solían tener amplias plantillas en sus diferentes centros de trabajo, sin que por tanto peligrase la organización colectiva de los trabajadores a resultas de la descentralización representativa"[301].

Cabe observar cómo, en los últimos tiempos, se ha pasado de este modelo dual, relativamente sencillo y construido sobre, a uno mucho más complejo, que o bien incorpora nuevos órganos en otros ámbitos funcionales o bien crea prolongaciones o derivaciones de los anteriores que se extienden al plano transnacional como ocurre con los comités de empresa europeos. Y, al mismo tiempo, conviven los órganos con competencias generales y particulares. La tradicional representación de los trabajadores en la empresa debe declinarse ya en plural[302].

---

300 "Corresponde a las Secciones Sindicales de Grupo Prisa Radio, debidamente constituidas, toda la negociación colectiva en el seno del Grupo Prisa Radio, así como otras funciones que la ley les otorga. Se constituirá una comisión de negociación proporcional al resultado de las elecciones sindicales", art. 75 IX Convenio colectivo del Grupo Prisa Radio (BOE núm. 73, de 23 de marzo de 2024).

301 VIVERO SERRANO, J.B.: "La obsolescencia y los inconvenientes del modelo de representación unitaria de los trabajadores por centros de trabajo. Por un nuevo modelo basado en la empresa, la negociación colectiva y no encorsetado a nivel provincial", *Nueva Revista Española de Derecho del Trabajo*, núm. 194, 2017.

302 NIETO ROJAS, *Las representaciones de los trabajadores en la empresa*, Valladolid (Lex Nova), 2015.

2.1.- Los obstáculos legales de la representación unitaria

Desde el principio, conviene constatar cómo la regulación prevista en el "Título II ET estructuralmente dificulta la convocatoria y celebración de elecciones sindicales, que no encajan en las dimensiones organizativas diseñadas en la norma"[303], no en vano se ha considerado que este Título ha concebido la representación unitaria como débil[304]. Así, la aplicación de la normativa electoral presenta las siguientes dificultades: el mantenimiento del mandato electoral de los representantes unitarios tras la transmisión de la empresa, centro de trabajo o unidad productiva autónoma; la articulación de la representación en empresas digitalizadas que desarrollan su actividad a través de plataformas digitales, dado que no existe un centro de trabajo físico[305]; o la elección de representantes en empresas con centros de menos de seis personas trabajadoras.

Así, en primer lugar, y habida cuenta la representación unitaria se articula sobre la base del centro de trabajo entendido como unidad productiva con organización específica que sea dada de alta como tal ante la autoridad laboral (art. 1.5 ET), el problema radica en su concepción tradicional (vinculado a un elemento territorial o geográfico, en todo caso físico) y las nuevas facultades empresariales que permiten su virtualización y, por ende, la desaparición de la circunscripción electoral. Como regla general, corresponde al empresario configurar a su arbitrio las circunstancias que determinan la calificación

303 GARRIDO PÉREZ, E.: "La representación de los trabajadores al servicio de las plataformas colaborativas", *RDS*, núm. 80, 2017, p. 224.

304 CASAS BAAMONDE, M.E.: "La necesaria reforma del Título II del Estatuto de los Trabajadores", en AA.VV.: *Representación y representatividad colectiva en las relaciones laborales*, Albacete (Bomarzo), 2017, p. 92.

305 FERNÁNDEZ VILLAR, C.: "Herramientas jurídicas y estrategias sindicales para articular la representación del personal: algunos contextos problemáticos", cit., p.175.

de una unidad productiva como centro de trabajo. "En este sentido, la libertad del empresario es muy amplia, salvo que se detecte una finalidad fraudulenta; esto es, que se acredite las decisiones empresariales no se orienten a finalidades o estrategias económicas o productivas, sino que pretendan crear una mera apariencia a los solos efectos de influir en la configuración de los órganos representativos, al margen de la realidad organizativa de la empresa, lo que solo podrá apreciarse en supuestos verdaderamente patológicos"[306].

El supuesto menos problemático vendría dado por aquel en el que la persona trabajadora preste servicios para un único centro de trabajo o realiza parte de su actividad en un único centro, hipótesis en la que deberá ser adscrito a aquel. Si la prestación se realizara de forma indiferenciada para más de un centro, la doctrina ha propuesto una valoración casuística en base a un criterio de razonable adscripción, una valoración en la que debería ser fundamental la opinión de la persona trabajadora y el parámetro de la proximidad geográfica con el domicilio de la misma[307].

Si no existiera centro de trabajo, y por tanto los trabajadores no desempeñan sus servicios en uno, han de estar adscritos a un centro, y entonces surge la posibilidad de agruparlos todos en uno o diseminarlos en varios. En este sentido, sería factible la delimitación de los trabajadores adscritos a un centro por su acceso a la aplicación y su operatividad en un espacio físico de-

306 ÁLVAREZ DEL CUVILLO, A.: "El centro de trabajo como unidad electoral: un concepto jurídico indeterminado en un contexto de cambio organizativo", cit., pp. 141 y ss.

307 PASTOR MARTÍNEZ, A.: "Una aproximación a la problemática de la representación colectiva de los trabajadores de las plataformas "colaborativas" y en entornos virtuales", *IUS Labor*, nº 2, 2018, p. 227.

terminado[308], para evitar que por esta vía se cercene el derecho de representación y de negociación.

Por las razones expuestas, la circunscripción electoral debería ser flexible en su delimitación, más allá del concepto mismo de centro de trabajo, con el fin de adaptarse a la organización empresarial y, a la par, garantizar que los derechos colectivos de participación y representación no queden vacíos de contenido por el hecho de no existir centro de trabajo o que no todos los trabajadores estuvieran escritos a él[309].

Mientras tanto, la negociación colectiva es la herramienta más eficaz para acotar y diseñar el concepto de centro de trabajo, pues permite la adaptación a los sectores productivos concretos y puede abarcar las diferentes incidencias y situaciones que pueden darse en las distintas actividades[310].

El ejemplo más claro es la existencia de teletrabajadores, cuya norma facilita su adscripción a un centro de trabajo o a otro, es decir, permite el juego entre varias localizaciones[311]. Por convenio colectivo se podrían regular los criterios para efectuar dicha adscripción con el fin de evitar este tipo de ma-

---

308 GARRIDO PÉREZ, E.: "La representación de los trabajadores al servicio de las plataformas colaborativas", cit., p. 221.

309 GALLEGO MONTALBÁN, J.: "El concepto de centro de trabajo y adscripción de las personas trabajadoras como presupuestos de los derechos de representación en el trabajo a distancia y las empresas digitalizadas", cit., pp. 250 y ss.

310 GALLEGO MONTALBÁN, J.: "El concepto de centro de trabajo y adscripción de las personas trabajadoras como presupuestos de los derechos de representación en el trabajo a distancia y las empresas digitalizadas", cit., pp. 250 y ss.

311 DOMÍNGUEZ MORALES, A.: "Derechos colectivos de los trabajadores a distancia en el Real Decreto-Ley 28/2020 de 22 de septiembre: problemas de aplicación práctica", *Trabajo, Persona, Derecho, Mercado: Revista de Estudios sobre Ciencias del Trabajo y Protección Social*, núm. 3, 2021.

niobras que desvirtúan la finalidad de la norma y su espíritu[312]. Por ejemplo, podrían crear una ficticia circunscripción electoral al asignar a la misma a los teletrabajadores, o dejar su asignación a aquel centro más cercano al lugar del teletrabajo parecen consagrar posibilidades por parte de la negociación colectiva para modificar el marco legal.

Además, la inexistencia de un centro de trabajo físico puede dificultar la publicación del censo, candidatos o la celebración de elecciones en un espacio determinado[313] de estar distante el formal del lugar de prestación efectivo, fácilmente subsanable el inconveniente acudiendo a la tecnología.

El segundo obstáculo, intrínsecamente unido con la configuración del centro de trabajo como unidad electoral, está causado por el alto número exigido: a partir de 6 (o 10) trabajadores para elegir representantes unitarios. A ello se suma que la ausencia de representación unitaria supone la falta de delegados sindicales o sindicatos con implantación capaces de ejercer su labor representativa en estas unidades productivas.

Cuando el número de empleados es aún menor, esto es, los centros (o corporaciones incluso) con menos de 6 trabajadores, no tendrán posibilidad alguna de celebrar elecciones y, correlativamente, de tener representantes unitarios, ni tampoco de hacer oír su voz para elegir los sindicatos más representativos.

Esta minusvalorización, pues no de otro modo puede llamarse, quizá encuentra algún fundamento en que la representación es un mecanismo destinado a conseguir una comunicación permanente y fluida entre los trabajadores y

---

312 RIBES MORENO, M.I.: "Representación unitaria y centro de trabajo: un modelo en crisis", *Temas Laborales*, núm. 141, 2018, p. 170.

313 GARRIDO PÉREZ, E., "La representación de los trabajadores al servicio de las plataformas colaborativas", cit., p. 224 menciona un intento embrionario al respecto.

el empresario, mecanismo que se revela necesario cuando la empresa o el centro alcanza una cierta dimensión debido al número de trabajadores que prestan en él sus servicios, y tendría poco sentido el fenómeno representativo si la empresa carece de un volumen más o menos significativo de trabajadores[314]; es decir, la norma se basó en la idea de que aquellos que fuesen muy reducidos el grado de conflictividad que se pueda llegar a generar no requiere la intervención de figuras representativas ya que existe una interlocución directa con el empleador[315]. Sin embargo, la afirmación precedente deja de lado la tradicional y actual desigualdad entre las partes en el contrato de trabajo, necesitada siempre de un contrapoder colectivo capaz de igualar a la empresa con las personas que prestan servicios para ellas.

Advertidas las dificultades, en la práctica se ha intentado burlar la literalidad de la ley a través de varias vías:

A. Por un lado, se ha apuntado la posibilidad de pactar en convenio colectivo la posibilidad de elegir delegados de personal en centros de trabajo o empresas con menos de 6 operarios. Sin embargo, las remisiones que el ET efectúa a la regulación convencional en el proceso electoral son muy contadas y siempre sobre materias muy concretas; además, la propia redacción del artículo 62.1 ET, con fórmulas gramaticales imperativas y cerradas fuerza a considerar la materia como de orden público imposible de mejorar convencionalmente[316].

---

314 GARCÍA MUÑOZ, M.: *Proceso de elecciones sindicales y laudos arbitrales (Sevilla, 1994-2000)*, Madrid (Tecnos), 2002, p.28.

315 GARRIDO PÉREZ, E.: "Representación y participación de los trabajadores en la empresa", en AA.VV.: *Estatuto de los Trabajadores 40 años después*, Madrid (MTyES/AEDTSS), 2020, p. 31.

316 Laudos Palma de Mallorca, 18 abril 1995 y Valencia 6 junio 1995. En la doctrina, GARCÍA MUÑOZ, M.: *Proceso de elecciones sindicales y laudos arbitrales (Sevilla, 1994-2000)*, cit., p.31.

B. La "negociación colectiva podría desarrollar [, se insiste,] una importante tarea de delimitación del centro de trabajo a efectos de determinación de la unidad electoral"[317] no solo en la asignación de los trabajadores adscritos al mismo sino en la configuración remodelada del significado de centro de trabajo.

C. En tercer lugar, cabría intentar unir varios centros de trabajo con escaso número de trabajadores con el fin de sumar 6 ó 10 personas trabajadoras y elegir un delegado de personal para todas; o bien constituir un solo comité de empresa con-

---

Por el contrario, numerosos laudos arbitrales han considerado posible mejorar convencionalmente esta norma estatutaria: "se trata de una norma de mejora de los mínimos establecidos en la normativa legal, y cuya finalidad es en todo caso beneficiar a los trabajadores que trabajan en las pequeñas empresas", Laudos Cáceres, 30 diciembre 1994 y Oviedo, 11 julio 1995. En la doctrina, RODRÍGUEZ RAMOS, Mª.J. y PÉREZ BORREGO, G.: *Procedimiento de elecciones a representantes de trabajadores y funcionarios*, Pamplona (Aranzadi), 1995, pp. 87-88, si bien siempre a través de convenio colectivo estatutario, dado que los efectos jurídicos de dicha operación afectarán a todos los trabajadores de la empresa o centro, no sólo a los afiliados a los sindicatos firmantes y cuando el número de trabajadores no sea inferior a cuatro, y contando con la presencia de un solo candidato, para poder constituir la mesa electoral.

Una postura intermedia mantiene el Laudo Zaragoza, 15 marzo 1995: en tanto permite la elección de delegados en empresas con menos de 6 trabajadores aun cuando sus atribuciones sólo tengan el ámbito interno del convenio que establece esta posibilidad. En la doctrina, FALGUERA BARÓ, M.: "El marco legal y reglamentario regulador de los comicios sindicales. Su desarrollo práctico", cit., pp. 51-52: siempre sin afectar al marco de cómputo de la representatividad.

317 PASTOR MARTÍNEZ, A.: "Una aproximación a la problemática de la representación colectiva de los trabajadores de las plataformas "colaborativas" y en entornos virtuales", cit., p. 223.

junto para todos los centros de la provincia, superen o no el mínimo para llegar a constituirlo por sí solos[318].

Sin embargo, y a falta de reforma legal, a día de hoy la jurisprudencia se muestra inflexible y considera que circunstancias tales como la dispersión de trabajadores que prestan servicios o la variación constante de la plantilla en función de la suscripción y extinción de encargos con la empresa cliente no son razones suficientes ni para pretender una adaptación de las reglas de legitimación, ni tampoco parecen serlo los escollos normativos del centro como unidad electoral que puedan dificultar la elección de los representantes"[319].

Este rechazo por la jurisprudencia[320] de la posibilidad de agrupar centros de trabajo de entre seis y 10 trabajadores para promover elecciones a comités de empresa conjunto previsto en el artículo 63.2 si el censo total de una misma provincia o de municipios limítrofes aisladamente no alcanza los 50 trabajadores, aunque en conjunto sí lo hagan, choca contra la realidad de las organizaciones productivas y de la finalidad de la norma.

Cierto es que el precepto 63.2 ET que permite la unión de centros en una provincia que no alcancen los 50 trabajadores no explicita si los centros agrupables han de tener más de diez[321]. Este silencio legal ha sido utilizado por los sindicatos

---

318 CRUZ VILLALÓN, J.: "El desarrollo del proceso electoral 'sindical' a través de las resoluciones judiciales", *Temas Laborales*, núms. 10-11, 1987, p. 30.

319 CASTRO ARGÜELLES, M.A.: "Límites a la negociación colectiva en el ámbito de la empresa: la aplicación jurisprudencial del principio de correspondencia representativa", *Derecho de las relaciones laborales*, núm. 4, 2019, p. 380.

320 STS 14 julio 2011 (rec. 140/2010).

321 NIETO ROJAS, *Las representaciones de los trabajadores en la empresa*, cit., p. 195.

para tratar de agrupar los centros de una empresa, y de nuevo la jurisprudencia ha negado tal opción[322].

En virtud de tal restricción, los empleados carecen de importantes vías de defensa de sus intereses, y no recibirán, por ejemplo, el asesoramiento inmediato que prevé el art. 49.2 ET para el momento de firmar un finiquito. Pero también la empresa que no cuenta con representantes de los trabajadores puede verse privada de los importantes instrumentos de gestión previstos en los artículos 34.2 y 3, 40.2, 41.2, 47 y 51.2 ET, puesto que todos ellos exigen consultas con los representantes de los trabajadores o precisamente aquellos vinculados con la desconexión digital o con la formulación de un protocolo para el uso de los medios tecnológicos puestos a disposición por la persona empleadora. "Todo lo cual demuestra lo aconsejable que sería dotar a [éstos] de representantes unitarios; pero ello habrá de lograrse en su caso por el cauce de una negociación, no por la vía de una imposición unilateral que la ley no permite"[323]. A todo ello debe sumarse la pérdida de la voz, como colectivo, para elegir los sindicatos representativos.

Realmente la interpretación de este precepto en un momento en el que importantes y significativas empresas como bancos o grandes firmas comerciales diversifican su estructura organizativa mediante una red de pequeñísimos establecimientos repartidos por toda la geografía nacional muestra que el formato clásico de órganos de participación es evidente que resulta inoperante y por completo impracticable[324]. Al final, y como se ha advertido *supra*, una buena parte de la población asalariada española queda fuera del cómputo previsto por

---

322 STS 11 febrero 2015 (rec. 2872/2013).

323 STS 19 marzo 2001 (rec. 2012/2000).

324 MARTÍNEZ MORENO, C.: "Digitalización, nuevas formas de empleo y libertad sindical", *Temas Laborales*, núm. 155, 2020, p.86.

la Ley para alcanzar representación al prestar sus servicios en centros con plantilla muy reducida.

Para evitar esa desprotección no faltan argumentos científicos que pretenden negar la prohibición: la finalidad de favorecer la constitución de órganos de representación debería permitir la agregación de microcentros; cabría pactar la elección de un representante convencional o la no acotación por tamaño mínimo para la unión del art. 63.2 ET[325].

Con todo, esta opción ha sido seguida por algunos convenios colectivos, que contempla cómo "se considerarán incluidos en la misma circunscripción todos los centros de trabajo de la Empresa ubicados en una misma provincia en el referido momento"[326]; prevén que "en las empresas con varios centros de trabajo en una misma provincia, se podrán agrupar el total de trabajadores y trabajadoras siempre que supere el número de 15 trabajadores, a los efectos de elegir delegados y delegadas de personal o comité de empresa, que representen al conjunto de los centros, para la unificación de centros en la elección de representantes, se tendrá en cuenta el cómputo total de trabajadores los centros de los últimos 6 meses, en el momento de la apertura del procedimiento electoral"[327]; o señalan que "en aquellas provincias que tengan dos o más centros de trabajo u oficinas y en las que, sumados las personas trabajadoras alcancen o superen el número de 6, con

325 GÓMEZ ABELLEIRA, F.: "La representación de los trabajadores en pequeñas empresas", en AA.VV.: *Las relaciones laborales en las pequeñas y medianas empresas,* Valencia (Tirant lo blanch), 2015, pp. 190-191

326 Art. 189 III Convenio Colectivo del grupo de empresas vinculadas Telefónica de España, S.A.U.; Telefónica Móviles España, S.A.U. y Telefónica Soluciones de Informática y Comunicaciones, S.A.U. (BOE núm. 52, de 28 de febrero de 2024).

327 Art. 47 XII Convenio colectivo del Grupo de Empresas Salas de Juego Orenes Grupo (BOE núm., 187, de 7 de agosto de 2023).

independencia de que en alguno de ellos no se llegue a este número, la elección de los Delegados de Personal, o en su caso de los miembros del Comité de Empresa, se realizará siempre en el ámbito provincial, determinándose su número de acuerdo con lo establecido en los artículos 62.1 y 63.2. del Estatuto de los Trabajadores"[328].

La solución contraria limitaría "sensiblemente el 'derecho básico' a la participación del trabajador en la empresa, y repugna a la lógica que dicha limitación, además de considerarse se establezca, no sobre la base de una prohibición expresa, sino sobre la base de un vacío normativo, pues es evidente que el art. 62 ET no regula este supuesto"[329].

La solución propugnada es ciertamente atractiva en línea de principios y *de lege ferenda* parecería necesario debatirla en la sede adecuada, por ser evidentemente más favorable al derecho de representación de los trabajadores en la empresa; además, la Constitución, como propia de un Estado social y democrático de derecho, propugna la participación de los trabajadores en el funcionamiento de la empresa, mas no debe

---

328 Art. 53 Convenio colectivo de Seguros Catalana Occidente, Sociedad Anónima Unipersonal de Seguros y Reaseguros; Bilbao Compañía Anónima de Seguros y Reaseguros, Sociedad Anónima Unipersonal; Grupo Catalana Occidente Tecnología y Servicios, Agrupación de Interés Económico; Plus Ultra Seguros Generales y Vida, Sociedad Anónima Unipersonal de Seguros y Reaseguros, Sociedad Unipersonal; Grupo Catalana Occidente, Sociedad Anónima; Grupo Catalana Occidente Gestión de Activos, Sociedad Anónima Unipersonal SGIIC; Grupo Catalana Occidente Activos Inmobiliarios, Sociedad Limitada; Grupo Catalana Occidente Gestora de Pensiones EGFP, Sociedad Anónima Unipersonal; y Grupo Catalana Occidente Reaseguros, Sociedad Anónima Unipersonal (BOE núm. 177, de 25 de julio de 2022).

329 SJS Pamplona, núm. 216, 6 junio 2001 (Ar. 2545).

olvidarse que el precepto constitucional contiene solo una declaración programática[330].

En un segundo paso, solventado el obstáculo del número de trabajadores necesario, la rigidez del art. 71 ET referido a la necesaria configuración de dos colegios electorales para realizar un procedimiento electoral también ha sido confirmada por la jurisprudencia, que impide que el convenio colectivo pueda establecer colegios electorales distintos[331]. A la sazón, la negociación colectiva analiza, en las escasas ocasiones en las que entra a regular este tema, únicamente trata de aclarar la composición de los mencionados en relación con su clasificación profesional[332].

El panorama dibujado repercute también en las posibilidades de llevar a cabo una verdadera negociación colectiva: la dispersión de centros y la existencia de trabajadores cada vez más móviles dibujan también una empresa con varios centros de trabajo dispersos, algunos con representación unitaria y otros sin ella que puede dificultar la negociación de un convenio de empresa, al menos con la representación unitaria, y cumplir el principio de correspondencia entre los sujetos negociadores y el ámbito de aplicación (respecto a los centros y al territorio).

---

330 STS 19 marzo 2001 (rec. 2012/2000).

331 GALLEGO MONTALBÁN, J.: "La necesaria adaptación de las elecciones sindicales a un contexto digital y telemático", *Revista de Derecho Social*, núm. 99, 2022, pp. 63 y ss., citando la STS 17 julio 2018 (rec. 133/2017).

332 De acuerdo con la estructura profesional acordada la distribución del personal, a efectos electorales, se llevará a cabo del siguiente modo: Colegio electoral técnicos y administrativos.–Está integrado por las personas trabajadoras adscritas a los grupos profesionales III y IV. Colegio electoral de especialistas y no cualificados.–Está integrado por las personas trabajadoras adscritas a los grupos profesionales I y II, Art. 52 CC Cadenas de tiendas de conveniencia (BOE 1 junio 2024)

Así, el Tribunal Supremo ha declarado la nulidad íntegra del convenio de empresa suscrito por el comité de un único centro o por un delegado cuando el propio convenio se declaraba de aplicación a la totalidad de la empresa[333]. En este sentido, también ha declarado nulo el convenio empresarial cuando la negociación se había llevado a cabo por la representación legal de específicos centros de trabajo[334], al entender cómo el hecho de que los restantes centros de trabajo no tengan representación unitaria, no puede producir el efecto de otorgar legitimación a la representación legal de otro centro[335].

Los Tribunales demandan asimismo correspondencia geográfica si se pretende aplicar a futuros centros por crear en otros territorios. A juicio del Tribunal Supremo, no cabe a las partes negociadoras incluir una regla de imposición de un convenio a futuros trabajadores en cuya negociación ni pudieron haber intervenido[336]. En cambio, cabría plantearse si la respuesta hubiera sido la misma si negociado un convenio de ámbito estatal, con la representación de los centros en ese momento existentes, repartidos por varias Comunidades, se hubieran creado por la empresa nuevos centros[337].

En el fondo, es un círculo vicioso: no existe legitimación para negociar un convenio y por tanto no hay pacto que dise-

---

333 SSTS 7 marzo 2012 (Rec. 37/2011) y 18 febrero 2016 (Rec. 282/2014).

334 CASTRO ARGÜELLES, M.A.: "Límites a la negociación colectiva en el ámbito de la empresa: la aplicación jurisprudencial del principio de correspondencia representativa", cit., p. 379 y STS 20 junio 2017 (Rec. 177/2016).

335 SSTS 11 enero y 28 junio 2017 (Rec. 24/2016 y 203/2016) y 13 febrero 2018 (Rec. 236/2016).

336 STS 7 marzo 2012 (Rec. 37/2011).

337 CASTRO ARGÜELLEAS, M.A.: "Límites a la negociación colectiva en el ámbito de la empresa: la aplicación jurisprudencial del principio de correspondencia representativa", cit., p. 384.

ñe y amplíe la circunscripción electoral, que rebaje el número mínimo de trabajadores o que agrupe centros y, por ende, tampoco, aquellas cláusulas con contenido destinado a garantizar una verdadera inclusión social en cada corporación.

2.2.- La flexibilidad de la representación sindical

La representación sindical en la empresa, para que tenga idénticas competencias y garantías que las previstas para la unitaria, requiere un número aún mayor de trabajadores (250 o más) y tener presencia en los órganos de representación unitaria. En este caso, sin embargo, el TS ha sido más flexible a la hora de fijar el ámbito de cálculo para alcanzar dicha cifra: forma parte de la autoorganización sindical fijar el umbral a nivel de centro o de empresa[338], pero la necesaria vinculación con la representación unitaria impide de nuevo la existencia de este canal representativo en empresas que alcanzan en conjunto la cifra requerida pero los trabajadores se encuentran adscritos de forma dispersa en centros de menos de 6 personas trabajadoras.

En virtud de la libertad de elección conferida, algunos convenios prevén los dos (empresa y centro) y señalan requisitos distintos en cada caso. Así, en aquellas empresas que cuenten con una plantilla superior a 100 personas trabajadoras, la representación del sindicato la ostentará un delegado sindical en los términos previstos en el art. 10 LOLS, el cual deberá ser miembros de la representación unitaria. En aquellos centros de trabajo con plantilla superior a 250 personas trabajadoras, la representación del sindicato la ostentará un delegado, siguiendo también lo dispuesto en la LOLS[339].

---

338 STS de 22 de mayo de 2019 (rec. 109/2018).

339 Art. 83 CC Derivados del Cemento (BOE 14 julio 2023).

De nuevo, y salvando el obstáculo anterior referido a la representación unitaria, la negociación colectiva puede representar un papel importante en la potenciación de las figuras representativas sindicales (de hecho, lo están haciendo aquellos convenios acordados en grandes empresas o grupos y de manera muy anecdótica por convenios sectoriales estatales, autonómicos o provinciales), entre cuyas fórmulas paccionadas cabe apuntar las siguientes:

A.- Nombrar un delegado sindical de centro sin importar el número de personas empleadas: Los sindicatos podrán designar un coordinador sindical de sus respectivas organizaciones en los centros de trabajo en que tengan reconocida representación directa de los trabajadores, comunicándolo así a la dirección del centro y de la empresa a la que éste pertenezca y tendrán los mismos derechos y garantías que los restantes miembros de Comités de Empresa, Delegados de Personal o Delegado Sindical[340]; o "la empresa reconoce a las Secciones Sindicales con representación en la empresa, las mismas facultades y atribuciones para negociar que las otorgadas al Comité de empresa"[341].

B.- Rebajar el número de trabajadores necesario para obtener delegados sindicales. En este caso, en tanto los convenios faciliten la elección de delegados en ámbitos productivos de menos de 250 trabajadores, los Tribunales entienden que estos delegados convencionales disfrutarán de las atribuciones previstas en el art. 10 LOLS[342]. Así, en aquellos centros de trabajo con 100 o más trabajadores se elegirá un Delegado Sindical. Se podrán sumar los trabajadores de los centros de cada provincia

---

340 Art. 33 VI Convenio colectivo para el grupo de empresas Maxam (BOE núm. 77, de 31 de marzo de 2023).

341 Convenio colectivo de las empresas Bellota Herramientas, S.L.U., y Bellota Agrisolutions, S.L.U. (BOE núm. 22, de 26 de enero de 2023).

342 STSJ Castilla y León/Valladolid 15 abril 2015 (rec. 341/2015).

o región, con el fin de alcanzar el citado número para tener derecho a un Delegado Sindical, Provincial o Regional[343]. Otros acuerdos exigen más de 100[344], 125[345], 175 personas[346]; o que cuenten con 200[347] o más[348] personas trabajadoras.

Otros establecen una escala a semejanza de la LOLS, pero con menores umbrales: siempre que la empresa tenga menos de 250 personas trabajadoras, las secciones sindicales constituidas podrán elegir delegados/as sindicales hasta un máximo de tres delegados por sección sindical de conformidad con la siguiente escala: Hasta 100 personas trabajadoras un delegado/a sindical; de 101 a 175 dos delegados/as; de 176 a 249 tres delegados/as sindicales. Estos delegados/as sindicales tendrán los mismos derechos que los previstos para delegados/as de empresas de 250 personas trabajadoras o más, excepto el disfrute del crédito horario[349].

---

343 Art. 66 IV Convenio colectivo del Grupo Enagás (BOE núm. 101, de 25 de abril de 2024). De forma sorprendente en un convenio sectorial autonómico: Art. 90 CC Televisiones Locales y Autonómicas (BO. Castilla y León 17 julio 2023); o provincial: art. 46 CC Aceite y derivados (BO. Jaén 14 julio 2021); art. 38 CC Comercio ganadería (BO. Palencia 26 mayo 2023); art. 37 CC Transporte de mercancías (BO. Teruel 07 junio 2022).

344 Art. 55 Convenio colectivo del Grupo empresarial Marítima Dávila (BOE núm. 108, de 6 de mayo de 2022).

345 Art. 83 CC Entidades de seguros, reaseguros y mutuas colaboradoras con la Seguridad Social (BOE 27 diciembre 2021).

346 En un convenio sectorial estatal, art. 80 CC Mediación de seguros privados (BOE 15 noviembre 2023)

347 Art. 25 V Convenio colectivo del Grupo de Empresas Groundforce (BOE núm. 8, de s 9 de enero de 2024)

348 Art. 88 CC Servicios de prevención ajenos (BOE 15 agosto 2023).

349 Art. 50 Convenio colectivo de Air Nostrum Engineering and Maintenance Operations, SLU. (BOE núm. 117, de 14 de mayo de 2024); Art. 50 Convenio colectivo de Ilunion Accesibilidad, SAU. (BOE núm. 15, de 17 de enero de 2024).

No falta algún pacto atiende a las características propias del territorio en cuestión: en el caso particular de la provincia de Baleares, los Sindicatos que hayan obtenido más del 25 % de los votos en este ámbito, dispondrán de un Delegado Sindical en Menorca y otro en Ibiza, además de los que les pudiera corresponder[350].

O atienden al alto número de personas trabajadoras en ciertas provincias: con el fin de equilibrar el número de representantes de los trabajadores en las provincias de Madrid y Barcelona, que cuentan con una plantilla muy superior a la del resto de las provincias del Estado, dispondrán, además de los Delegados Sindicales que les corresponda por la aplicación del art. 10 LOLS de: Madrid: 34 Delegados Sindicales relevados del servicio, en cuya designación se guardará la adecuada proporcionalidad con el número de miembros del Comité de Empresa obtenidos por cada Sindicato en las elecciones sindicales. Barcelona: 16 Delegados Sindicales relevados del servicio, en cuya designación se guardará la adecuada proporcionalidad con el número de miembros del Comité de Empresa obtenidos por cada Sindicato en las elecciones Sindicales. Las anteriores estipulaciones quedan condicionadas a que se constituya válidamente un único Comité de Empresa en cada provincia del Estado[351].

C.- Mejorar el número de delegados por encima de las cifras que señala la LOLS, atendiendo a diversos criterios como

---

350 Art. 208 III Convenio Colectivo del grupo de empresas vinculadas Telefónica de España, S.A.U.; Telefónica Móviles España, S.A.U. y Telefónica Soluciones de Informática y Comunicaciones, S.A.U. (BOE núm. 52, de 28 de febrero de 2024).

351 Art. 210.bis III Convenio Colectivo del grupo de empresas vinculadas Telefónica de España, S.A.U.; Telefónica Móviles España, S.A.U. y Telefónica Soluciones de Informática y Comunicaciones, S.A.U. (BOE núm. 52, de 28 de febrero de 2024).

la representatividad de la organización obrera, la presencia de trabajadores afiliados en la empresa, o combinando alguno de estos[352].

En este sentido, los Tribunales han avalado la posibilidad de los sindicatos más representativos mayoritarios en el ámbito del convenio puedan disfrutar de una proporción bonificada o sobrerrepresentaba de delegados[353].

Tal sucede cuando el pacto reconoce a los sindicatos más representativos que cuenten con al menos el 15 % del total de miembros de los comités de empresa y delegados del personal en el ámbito estatal[354]; "los Sindicatos más representativos con presencia en la mesa negociadora del convenio podrán elegir un delegado sindical cuando la empresa emplee a más de 170 trabajadores"[355].

Alguna cláusula establece una escala en virtud de la representatividad obtenida: "los Sindicatos que hayan obtenido el 10% o más, del número total de representantes electos en el conjunto de las empresas incluidas en el ámbito del presente Convenio, o bien, cuando sean Sindicatos de implantación autonómica, el 15% o más en el ámbito autonómico con un mínimo del 5% en el total de representantes electos en el conjunto de empresas incluidas en el artículo 1 del presente Convenio, podrán complementar –de ser inferior- el número de Delegados Sindicales que puedan ostentar, en el conjunto

352 Por extenso en ESTEBAN LEGARRETA, R.: *El ámbito de las representaciones sindicales*, Albacete (Bomarzo), 2020.

353 SAN 10 septiembre 2014 (núm. 150/2014).

354 Art. 209 III Convenio Colectivo del grupo de empresas vinculadas Telefónica de España, S.A.U.; Telefónica Móviles España, S.A.U. y Telefónica Soluciones de Informática y Comunicaciones, S.A.U. (BOE núm. 52, de 28 de febrero de 2024).

355 Art. 47 XII Convenio colectivo del Grupo de Empresas Salas de Juego Orenes Grupo (BOE núm., 187, de 7 de agosto de 2023).

de las empresas incluidas en el artículo 1 del presente Convenio, de conformidad con la Ley Orgánica de Libertad Sindical, en base a la siguiente escala: – Los Sindicatos que hayan obtenido el 10% o más de representación del número total de representantes electos en el conjunto de las empresas incluidas en el ámbito del presente Convenio: Hasta un máximo, de 10 Delegados Sindicales. – Los Sindicatos que hayan obtenido el 15% o más de representación en el ámbito autonómico con un mínimo del 5% en el total de representantes electos en el conjunto de empresas incluidas en el ámbito del presente Convenio: Hasta un máximo de 5 Delegados Sindicales"[356].

Rebajan umbral y exigen afiliación: "la representación del Sindicato será ostentada por un Delegado/a Sindical en aquellos centros de trabajo con plantilla que excedan de 150 personas trabajadoras y cuando los Sindicatos posean en los mismos una afiliación superior a 25 personas trabajadoras. El Delegado/a Sindical deberá ser persona trabajadora en activo de las respectivas empresas y designando de acuerdo con los Estatutos de la Central o Sindicato a quien represente"[357].

O rebajan el umbral y requieren representatividad: Cuando a nivel provincial no exista ninguna empresa que supere las 20 personas trabajadoras en plantilla las centrales sindicales podrán elegir un delegado o una delegada sindical de entre las empresas que tengan centros de trabajo a nivel provincial con más de diez personas trabajadoras y hasta 20 que se nombrarán cuando se cumplan con los dos requisitos siguientes:

---

356 Art. 74 III Convenio colectivo del grupo Naturgy (BOE núm. 47, de 24 de febrero de 2023).

357 Art. 71 CC Fabricación de conservas vegetales (BOE 01 noviembre 2023).

a) Que la central sindical, cuente con más del 15 por ciento de la representación unitaria en el ámbito geográfico y funcional al que se refiere este Convenio.

b) Que cuente a su vez en el centro de trabajo con más del 20 por ciento de afiliación[358].

En caso de centros de trabajo con más de 20 personas trabajadoras a nivel provincial, se reconocen delegadas y delegados sindicales que se nombrarán cuando se cumplan con los dos requisitos siguientes:

a) Que la central sindical, cuente con más del 20 por ciento de la representación unitaria en el ámbito geográfico y funcional al que se refiere este convenio.

b) Que la central sindical cuente con más del 30 por ciento de la representación unitaria a nivel provincial en la provincia que se nombre la/el delegada/o sindical[359].

D.- En fin, no faltan cuantos fijan la afiliación como mecanismo alternativo a la audiencia electoral para identificar la implantación del sindicato en la empresa[360] (los sindicatos mayoritarios tendrán un delegado sindical estatal[361]); o atienden a la firma del convenio (Cada sindicato firmante del presente convenio, tendrá derecho a la designación de dos Delegados Sindicales adicionales a los correspondientes por la LOLS que tendrán los derechos y las garantías sindicales que corresponden a los representantes legales de los trabajadores[362]).

---

358 Art. 80 CC Contratas ferroviarias (BOE 28 junio 2022).

359 Art. 81 CC Contratas ferroviarias (BOE 28 junio 2022).

360 ESTEBAN LEGARRETA, R.: *El ámbito de las representaciones sindicales*, cit., p. 75.

361 Art. 32 VI Convenio colectivo para el grupo de empresas Maxam (BOE núm. 77, de 31 de marzo de 2023).

362 Art. 57 X Acuerdo Marco del Grupo Repsol (BOE núm. 45, de 22 de febrero de 2023).

Otros pactos tratan de justificar dicha mejora: "en las empresas de menos de 250 trabajadores/as y donde no haya representación sindical, al objeto de hacer el seguimiento de la aplicación de este convenio y de las normas legales que sean de aplicación, los sindicatos firmantes de este convenio, podrán elegir de entre los/as trabajadores/as, un/a representante de su organización sindical, con las mismas garantías y derechos que los/as delegados/as de personal o miembros del comité de empresa"[363]; o fijan un umbral de afiliación ("Las Secciones Sindicales constituidas con un número de hasta 200 afiliados designarán un Delegado Sindical y, por cada 200 afiliados más o fracción superior a 100, tendrán derecho a designar un Delegado más, con el tope, por Sección Sindical y centro de trabajo, de 7 Delegados"[364]).

E.- En cuanto a la posibilidad de extender dicha representación y articularla a nivel de grupo de empresas o red, "la LOLS se mantiene en el clásico binomio empresa-centro de trabajo, de modo que no atiende a la posibilidad de constituir secciones sindicales o designar delegados sindicales a nivel de grupo de empresa"[365]. Sea como fuere, en tanto la creación de estos órganos entra dentro de la facultad de organización interna del propio sindicato, ninguna duda cabe respecto a la admisibilidad de secciones y/o delegados de grupo, con las competencias que cada organización les quiera atribuir a nivel interno; cuestión distinta es su "reconocimiento externo",

---

363 Art. 43 CC Manipulado y envasado de frutas, hortalizas y patata (BO. Granada 13 julio 2022).

364 Art. 49 VI Convenio colectivo de las empresas Airbus Defence and Space, S.A.U., Airbus Operations, S.L., y Airbus Helicopters España, S.A. (BOE núm. 108, de 6 de mayo de 2022).

365 CRUZ VILLALÓN, J.: *La representación de los trabajadores en la empresa y en el grupo: un marco legal insuficiente*, Madrid (Consejo Andaluz de Relaciones Laborales), 1992, p. 244, quien afirma, no obstante, y de nuevo, que la salvedad viene dada por los grupos ficticios.

que quedaría a expensas, una vez más, de la oportuna intervención convencional[366].

La realidad práctica indica que las organizaciones obreras han creado estructuras y nombrado representantes a nivel de grupo o red de empresa e incluso de sector o subsector de actividad[367]. Así, múltiples convenios colectivos han incorporado previsiones de interés, que incluyen, por ejemplo, el establecimiento de comisiones sindicales interempresariales, secciones y/o delegados sindicales de grupo, mesas sindicales conjuntas o coordinadores sindicales estatales[368].

Algún grupo de empresas exige como requisitos, para articular la representación sindical a ese nivel, que los "sindicatos que cuenten, al menos, con una representación del 10 % de la totalidad de los miembros de los Comités de Empresa y/o Delegados/as de Personal en el ámbito del Grupo de empresas.... Dichas secciones sindicales estarán representados a través de la figura de Delegado/a /Coordinador/a sindical en el Grupo de empresas... que actuará como portavoz y coordinador/a del sindicato correspondiente e interlocutor/a principal con el Grupo". Estos/estas Delegados/as/coordinadores/as sindicales del Grupo de empresas "disfrutarán de las mismas garantías y derechos reconocidos por la legislación y el presente convenio a los miembros del Comité de empresa y observarán

---

366 FERNÁNDEZ DOMÍNGUEZ, J.J. y AGRA VIFORCOS, B.: "Capítulo IV: Grupos de empresas y empresas vinculadas como unidad de negociación supraempresarial e infrasectorial", en AA.VV.: *Nuevos escenarios y nuevos contenidos de la negociación colectiva*, CCNCC, 2019.

367 Un acabado análisis en ESTEBAN LEGARRETA, R.: "El papel de la negociación colectiva como herramienta de reforzamiento de las representaciones sindicales más allá de la empresa", *Lan Harremanak*, núm. 41, 2019.

368 FERNÁNDEZ DOMÍNGUEZ, J.J. y AGRA VIFORCOS, B., "Capítulo IV: Grupos de empresas y empresas vinculadas como unidad de negociación supraempresarial e infrasectorial", cit.

el adecuado sigilo profesional respecto de la información y documentación que conocieran y que tuvieran acceso por razón de su cargo[369].

En las empresas con más de 250 personas trabajadoras en el ámbito de aplicación del convenio los sindicatos firmantes y que a su vez gocen de la condición de más representativos podrá nombrar cada uno de ellos, de entre sus personas afiliadas, un delegado o delegada sindical intercentros[370].

Por el contrario, algún pacto señala que los sindicatos que no cumplan las condiciones establecidas para la debida representatividad e implantación se regularán, exclusivamente, por lo previsto en el título IV de la Ley Orgánica de Libertad Sindical (L.O.L.S.), el Estatuto de los Trabajadores y demás normativa vigente[371].

Algún pacto advierte cómo la figura del delegado sindical estatal supone la máxima representación de la central o sindicato designante en el grupo, no pudiéndose designar delegados sindicales estatales en cada una de las empresas del grupo, ni en cada uno de los centros de trabajo del grupo[372].

Alguna corporación articula esta representación por niveles: Estatal, Comunidad Autónoma o Territorio, Línea de Negocio

---

369 Art. 94 III Convenio colectivo del Grupo Acciona Energía (BOE núm. 123, de 21 de mayo de 2024); art. 65 IV Convenio colectivo del Grupo Enagás (BOE núm. 101, de 25 de abril de 2024); arts. 74 y 75 II Convenio colectivo del Grupo Parcial Cepsa (BOE núm. 52, de 28 de febrero de 2024).

370 Art. 82 CC Contratas ferroviarias (BOE 28 junio 2022).

371 Art. 93 III Convenio colectivo del Grupo Acciona Energía (BOE núm. 123, de 21 de mayo de 2024).

372 Art. 65 IV Convenio colectivo del Grupo Enagás (BOE núm. 101, de 25 de abril de 2024)

o Empresa y Centro de Trabajo[373]. En el primer caso, tendrán derecho a nombrar Delegados Estatales, aquellas Secciones Sindicales que acrediten un índice de audiencia electoral igual o superior al 10 por 100 en el conjunto de las empresas incluidas en el ámbito funcional del presente Convenio. El número máximo de Delegados Estatales será de doce, repartidos en proporción a la representatividad ostentada por las Secciones Sindicales que acrediten la audiencia electoral mencionada en el apartado anterior. Los Delegados Estatales deberán ostentar, además, la condición de Delegados Sindicales de Comunidad Autónoma o Territorio o de representantes unitarios de los trabajadores[374]. Por cuanto hace a los Delegados Sindicales de Comunidad Autónoma o de Territorio, las Secciones Sindicales que acrediten un índice de audiencia electoral igual o superior al 10 por 100 de los Delegados de Personal y miembros de los Comités de Empresa en el conjunto de las Empresas incluidas en el ámbito funcional del presente Convenio y en el ámbito geográfico correspondiente, podrán designar Delegados Sindicales territoriales o de Comunidad Autónoma. Su nombramiento se realizará en las Comunidades Autónomas o Territorios que se indican seguidamente, en número similar al de la escala prevista en el art. 10.2 de la LOLS. A los efectos del cómputo del número de trabajadores, se tendrán en cuenta todos los que presten servicios en cada uno de los ámbitos territoriales considerados y en el conjunto de las Empresas incluidas en el ámbito funcional del Convenio. La plantilla a considerar a efectos de aplicación de la escala prevista en el artículo 10.2 de la LOLS será la existente al inicio de cada mandato. La adecuación del número de representantes a la plantilla real se producirá una vez celebradas las elecciones

---

373 IV Convenio colectivo del Grupo Enagás (BOE núm. 101, de 25 de abril de 2024)

374 Art. 89 IV Convenio colectivo del Grupo Enagás (BOE núm. 101, de 25 de abril de 2024)

sindicales, permaneciendo inalterada durante la duración del mandato que deriva de las mismas. Las Secciones Sindicales que acrediten, en el conjunto de las empresas incluidas en el ámbito funcional del presente Convenio, un índice de audiencia electoral igual o superior al 10 por 100 podrán nombrar 64 Delegados Sindicales más. El nombramiento de estos 64 Delegados Sindicales adicionales se realizará en proporción a su representatividad[375]. Dentro del número máximo de Delegados que corresponda a cada Sección Sindical, las Secciones Sindicales que acrediten un índice de audiencia electoral igual o superior al 10 por 100 en el ámbito de una concreta Línea de Negocio o Empresa tendrán derecho a nombrar Delegados Sindicales con competencia en dicho ámbito. El número máximo de Delegados Sindicales de Línea de Negocio será de ocho para aquellas que cuenten con una plantilla igual o superior a 3.000 trabajadores y de seis para las que no alcancen ese número. Los Delegados Sindicales de Línea de Negocio deberán ostentar la condición de Delegados Sindicales de Comunidad Autónoma o de representantes unitarios de los trabajadores[376].

Como siguiente paso en empresas pertenecientes a un grupo de empresas, los acuerdos colectivos crean comisiones semejantes a los comités de empresa: estos delegados a nivel de grupo formarían parte de la comisión de secciones sindicales, compuesta por los delegados/as / coordinadores/as sindicales de los sindicatos presentes en las empresas y cuenten con una representación de, al menos, el 10 % de la totalidad de los miembros de los Comités de Empresa y/o Delegados/as de Personal en el ámbito del Grupo de empresas, sin perjuicio de la ponderación de su voto en función de su representatividad,

375 Art. 91 IV Convenio colectivo del Grupo Enagás (BOE núm. 101, de 25 de abril de 2024)

376 Art. 90 IV Convenio colectivo del Grupo Enagás (BOE núm. 101, de 25 de abril de 2024)

y por el mismo número de representantes designados por la dirección de la Empresa[377].

En algún pacto se denomina comité sindical interempresas (mesa sindical de grupo[378] o comisión sindical[379]), que estará formado por 8 miembros de entre los Sindicatos que hayan constituido Sección Sindical Interempresas en función de su representatividad en los órganos unitarios del conjunto de empresas y centros bajo el ámbito de este convenio. Para ser miembro del Comité se habrá de ostentar la condición de Delegado Sindical. En el supuesto de que en el ámbito de este convenio no se alcanzase el número de 8 Delegados Sindicales, y a los únicos efectos de participación en este Comité, los Sindicatos en proporción a su representatividad podrán nombrar Delegados Sindicales adicionales hasta alcanzar dicha cifra, de entre los representantes unitarios[380].

El "Comité de Secciones Sindicales Estatales (CSSE) estará formada por 12 miembros, elegidos por los Sindicatos de entre los Delegados Sindicales, Delegados de Personal o miembros del Comité de Empresa, en proporción a su representatividad"[381].

---

377 Art. 82 III Convenio colectivo del Grupo Acciona Energía (BOE núm. 123, de 21 de mayo de 2024).

378 Art. 75 III Convenio colectivo del grupo Naturgy (BOE núm. 47, de 24 de febrero de 2023).

379 Art. 56 Convenio colectivo del Grupo empresarial Marítima Dávila (BOE núm. 108, de 6 de mayo de 2022).

380 Arts. 74 y 75 II Convenio colectivo del Grupo Parcial Cepsa (BOE núm. 52, de 28 de febrero de 2024).

381 Art. 52 Convenio colectivo de Seguros Catalana Occidente, Sociedad Anónima Unipersonal de Seguros y Reaseguros; Bilbao Compañía Anónima de Seguros y Reaseguros, Sociedad Anónima Unipersonal; Grupo Catalana Occidente Tecnología y Servicios, Agrupación de Interés Económico; Plus Ultra Seguros Generales y Vida, Sociedad Anónima Unipersonal de Seguros y Reaseguros, Sociedad Unipersonal; Grupo Catalana Occidente, Sociedad Anónima; Grupo Cata-

3.- PROPUESTA DE REFORMAS

Los cambios que provocan los nuevos sistemas productivos empresariales y su repercusión en la representación y en la negociación colectiva[382] han de ser gobernados y han de servir para impulsar una transición justa. De otro modo si no se gestionan y regulan bien los cambios y las innovaciones, tendrán una repercusión negativa tanto sobre el empleo como sobre el conjunto de las relaciones laborales[383].

En consecuencia y en primer lugar, para afrontar las transformaciones es necesario contar con organizaciones articuladas y, por tanto, potenciar estos órganos de representación, capaces de coordinarse con otros centros de trabajo, incluso más allá de la propia demarcación empresarial[384]; es decir, es preciso realizar una política sindical dirigida a todos los traba-

---

lana Occidente Gestión de Activos, Sociedad Anónima Unipersonal SGIIC; Grupo Catalana Occidente Activos Inmobiliarios, Sociedad Limitada; Grupo Catalana Occidente Gestora de Pensiones EGFP, Sociedad Anónima Unipersonal; y Grupo Catalana Occidente Reaseguros, Sociedad Anónima Unipersonal (BOE núm. 177, de 25 de julio de 2022).

382 SERRANO PERNAS, F.: "Acción sindical y descentralización productiva", *Revista de Derecho Social,* núm. 40, 2007.

383 EVANS, J. y BYHOVSKAYA, A.: "La gestión de la economía digital, hacia un cambio tecnológico abierto, equitativo e inclusivo: una perspectiva sindical", *Gaceta Sindical,* núm. 27, 2016, p.109.

384 MARTÍNEZ MORENO, C.: "La autonomía colectiva y sus medios de expresión", en AA.VV.: *El futuro del trabajo: Cien años de la OIT,* MTRAMYSS, Madrid, 2019, p. 289 y MARTÍNEZ BARROSO, M.R.: "Deberes de información, derechos de representación y negociación colectiva", en AA.VV.: *Descentralización productiva: nuevas formas de trabajo y organización empresarial,* Cinca, Madrid, 2018, pp. 203 y ss.

jadores, aunque presten servicios en distintas empresas, compartan o no el centro de trabajo[385].

En segundo, urge una modificación en profundidad del Título II ET que permita a los sujetos legitimados seleccionar la empresa o centro como circunscripción electoral[386] a semejanza de la representación sindical, o que se articule una doble instancia representativa unitaria en cada uno de los ámbitos (incluso fijando un número mínimo de trabajadores existentes en el centro, no en la empresa) y, finalmente, deslindar competencias entre unitarios y sindicales.

El avance en el sistema de representación es solicitado también desde instancias europeas: los Estados miembros de la UE deben garantizar que no existan barreras legales para la representación colectiva formal de los trabajadores en nuevas formas de trabajo, como el trabajo basado en plataformas[387] (y tampoco en las formas de trabajo tradicionales, claro está).

Así, en una rápida enumeración, cabría rebajar el umbral numérico, cuestionarse la adscripción al centro de trabajo como unidad electoral (largamente demandado por autorizadas voces, que apuestan por ubicar el cómputo y ámbito de la representación unitaria en la empresa o de forma electiva entre ambas circunscripciones[388]), o extender a los trabajadores "externos"

---

385 SERRANO PERNAS, F.: "Acción sindical y descentralización productiva", cit.

386 NIETO ROJAS, *Las representaciones de los trabajadores en la empresa*, cit., p. 199.

387 AA.VV.: *Report of the HLEG on the Impact of the Digital Transformation on EU Labour Markets*, Comisión Europea, Luxemburgo, 2019, p. 43.

388 CASAS BAAMONDE, M.E.: "La necesaria reforma del Título II del Estatuto de los Trabajadores", cit., pp. 113 y ss. y SALA FRANCO, T., y LAHERA FORTEZA, J.: "La representación de los trabajadores en la empresa", en AA.VV.: *Propuestas para un debate sobre la reforma laboral*, Madrid (Francis Lefebvre), 2018, pp. 37 y ss.

o deslocalizados el sistema aplicable a los puestos a disposición por una ETT[389]. Es posible también pactar en convenio la elección de un delegado de personal en aquellos centros de menos de seis personas trabajadoras, dotándole de idénticas competencias y garantías que las reconocidas en el ET[390].

Sin embargo, duele reconocer cómo en el conjunto de la negociación colectiva analizada, como sucedía hace casi dos décadas[391], no hay una línea de transformación de las instituciones representativas en el sentido de su perfeccionamiento (quizá por las limitaciones legales y/o jurisprudenciales), tampoco existe una adaptación a las circunstancias actuales o un enriquecimiento de contenidos de carácter transversal, dejando a salvo, como es lógico, ejemplos paradigmáticos en tal sentido.

Los sindicatos han de afrontar las transformaciones en las estructuras productivas y laborales a partir del análisis de sus tipologías; incorporar la acción sindical en red, entre las empresas principales y las empresas contratista[392]. Precisamente han sido las organizaciones obreras las que más han avanzado en esta senda, articulando estructuras representativas a nivel de empresa o grupo de empresas, coordinadas con aquellas de centro, si bien solo en el marco de convenios estatales negociados en grandes empresas.

---

389 MARTÍNEZ MORENO, C., "La autonomía colectiva y sus medios de expresión", cit., p. 286.

390 GÓMEZ ABELLEIRA, F.: "La representación de los trabajadores en pequeñas empresas", cit.5, p. 184.

391 RODRÍGUEZ-SAÑUDO, F.: "Negociación colectiva sobre representación de los trabajadores en la empresa", *Revista del Ministerio de Trabajo y Asuntos Sociales*, núm. 68, 2007, pp. 164-165.

392 LÓPEZ ALONSO, F.: "Los cambios en el modelo económico y productivo y su influencia en la negociación colectiva", *RDS*, núm. 40, 2007, p. 237.

En caso contrario, se seguirá caminando hacia una mayor fragmentación de la representación colectiva, lo que implica una creciente competencia entre proto-sindicatos, cooperativas y sindicatos tradicionales[393]

Es, pues, el desarrollo de la actividad sindical donde se concentra en estos momentos gran parte de los nuevos rumbos y de los debates actuales y, en particular, los espacios de actuación dentro de los medios informáticos de la empresa o a través de las poderosas redes sociales creando un nuevo *digital activism*[394]. Como muestra, en Suecia la *Handelsanställdas Förbund,* el sindicato de trabajadores del comercio, ha adoptado un programa de acción destinado a reforzar su actividad en este campo. Entre las medidas que contempla se encuentran facilitar la presencia digital en reuniones y asambleas, crear herramientas digitales que favorezcan la afiliación en los centros de trabajo, y fomentar la promoción digital de la labor sindical. En el mismo país, el sindicato *Vision* realizó en 2022 una encuesta específica entre sus integrantes que llevan a cabo tareas de representación a propósito del apoyo digital necesario y las herramientas convenientes para incrementar la fuerza del resultado[395].

---

393 MARTÍN ARTILES, A. y PASTOR MARTÍNEZ, A.: "Nuevas formas de representación colectiva. Reacción a la digitalización", *Cuaderno de Relaciones Laborales,* núm. 40, 2022, p.352.

394 MERCADER UGUINA, J.R.: "Nuevos escenarios para el Estatuto de los Trabajadores del siglo XXI: digitalización y cambio tecnológico", *Trabajo y Derecho. Nueva Revista de Actualidad y Relaciones Laborales,* núm. 63, 2020 y NIETO ROJAS, P.: "La disrupción digital y su impacto en los medios de acción sindical", en AA.VV.: *Cambio tecnológico y transformación de las fuentes laborales. Ley y convenio colectivo ante la disrupción digital,* Valencia (Tirant lo blanch), 2022.

395 MIRANDA BOTO, J.M. y BRAMESHUBER, E.: "El impacto de la digitalización en la representación de las personas trabajadoras: posibilidades y desafíos para los derechos de información y consulta y

No faltan propuestas que abogan separar el ámbito competencial del doble canal de representación, y "reforzar los vínculos entre el sindicato y la empresa"[396], y que "sean las secciones sindicales las que asuman de forma exclusiva las atribuciones vinculadas a la negociación colectiva y las relativas a las medidas de conflicto mientras que el espacio natural de las representaciones unitarias quedaría circunscrito a las competencias informativo-consultivas y exclusivamente en el centro de trabajo"[397]. Esta atribución ha sido asumida legalmente cuando no existe representación unitaria en la empresa y es preceptiva la negociación de planes de igualdad o de medidas contra la discriminación a los colectivos LGTBIQ.

4.- BIBLIOGRAFÍA

AA.VV.: *Frankfurt Paper on Platform-Based Work: Proposals for platform operators, clients, policy makers, workers, and worker organizations*, 2016.

AA.VV.: *Report of the HLEG on the Impact of the Digital Transformation on EU Labour Markets*, Comisión Europea, Luxemburgo, 2019.

AA.VV.: *Report of the HLEG on the Impact of the Digital Transformation on EU Labour Markets*, Comisión Europea, Luxemburgo, 2019, p. 43.

ALOISI, A.: "Commoditized workers: case study research on labor law issues arising from a set of 'on-demand/gig economy' platforms", *Comparative Labor Law&Policy Journal*, Vol. 37, núm. 3, 2016.

ÁLVAREZ ALONSO, D.: *Representación y participación de los trabajadores en la empresa*, Valencia (Tirant lo blanch), 2019.

---

la negociación colectiva", *Revista de Trabajo y Seguridad Social (CEF)*, núm. 478, 2024, pp. 23 y ss.

396 MERINO SEGOVIA, A.: "La reforma de la negociación colectiva en el RDL 3/2012", *RDS*, núm. 57, 2012, p. 257.

397 NIETO ROJAS, P.: "Representación legal de los trabajadores en la empresa y disfunciones derivadas de un modelo pluralista en este ámbito", *Lan Harremanak*, nº 4, 2019, p. 19.

ÁLVAREZ CUESTA, H.: *Puntos críticos y alternativas a las "elecciones" sindicales y a la mayor representatividad*, Granada (Comares), 2004.

ÁLVAREZ CUESTA, H., "La lucha contra los "falsos autónomos" en la prestación de servicios vía app. El caso "Deliveroo", *Iuslabor*, núm. 2, 2018.

ÁLVAREZ CUESTA, H.: "Estrategias sindicales ante la descentralización productiva" en AA.VV.: Descentralización productiva, nuevas formas de trabajo y organización empresarial, Madrid (MTSS y AEDTSS), 2018.

ÁLVAREZ DEL CUVILLO, A., "El centro de trabajo como unidad electoral: un concepto jurídico indeterminado en un contexto de cambio organizativo", *NREDT*, nº 188, 2016.

ASHER-SCHAPIRO, A.: "Against Sharing", *Jacobin*, 19/9/12014.

AUGÉ, M., *Los no lugares. Espacios del anonimato. Antropología de la Sobremodernidad*, Barcelona (Gedisa), 2009.

BARRIOS BAUDOR, G.L. y SEMPERE NAVARRO, A.V.: "Régimen profesional del trabajador autónomo económicamente dependiente", en AA.VV.: *Tratado del trabajo autónomo*, Cizur Menor (Aranzadi/Thompson Reuters), 2010.

BAYLOS GRAU, A. y LÓPEZ BULLA, J.L.: "Sobre el actual modelo de representación", *Revista de Derecho Social*, núm. 22, 2003.

CASAS BAAMONDE, M.E.: "La necesaria reforma del Título II del Estatuto de los Trabajadores", en AA.VV.: *Representación y representatividad colectiva en las relaciones laborales*, Albacete (Bomarzo), 2017.

CASTRO ARGÜELLES, M.A.: "Límites a la negociación colectiva en el ámbito de la empresa: la aplicación jurisprudencial del principio de correspondencia representativa", *Derecho de las relaciones laborales*, núm. 4, 2019.

CC.OO.: "Industria 4.0: una apuesta colectiva", http://www.industria.ccoo.es/cms/g/public/o/6/o163594.pdf

CC.OO.: *Encuentros sobre digitalización e Industria 4.0: Principales conclusiones*, Madrid (CC.OO.), 2017.

COMITÉ ECONÓMICO Y SOCIAL EUROPEO: "El diálogo social para la innovación en la economía digital", 2018.

CRUZ VILLALÓN, J.: "El desarrollo del proceso electoral 'sindical' a través de las resoluciones judiciales", *Temas Laborales*, núms. 10-11, 1987.

CRUZ VILLALÓN, J.: *La representación de los trabajadores en la empresa y en el grupo: un marco legal insuficiente*, Madrid (Consejo Andaluz de Relaciones Laborales), 1992.

CRUZ VILLALÓN, J., "El derecho de la competencia como límite de la negociación colectiva", *Temas Laborales*, núm. 147, 2019.

DAGNINO, E.: "Uber law: perspectiva jurídico-laboral de la sharing/on-demand economy", *Revista Internacional y Comparada de Relaciones Laborales y Derecho del Empleo*, núm. 3, 2015.

DAGNINO, E.: "Labour and labour law in the time of the on-demand economy", *Revista Derecho social y empresa*, núm. 6, 2016.

DE STEFANO, V.: "Non-standard workers and freedom of association: a critical analysis of restrictions to collective rights from a human rights perspective", *Working Paper Centro para el Estudio del Derecho Social Europeo "Massimo D'Antona"*, núm. 123, 2015.

DE STEFANO, V.: "La *gig economy* y los cambios en el empleo y la protección social", *Gaceta sindical*, núm. 27, 2016.

DEGRYSE, C.: "La economía digital y sus implicaciones socioeconómicas y laborales", *Gaceta Sindical*, núm. 27, 2016.

DOMÍNGUEZ MORALES, A.: "Derechos colectivos de los trabajadores a distancia en el Real Decreto-Ley 28/2020 de 22 de septiembre: problemas de aplicación práctica", *Trabajo, Persona, Derecho, Mercado: Revista de Estudios sobre Ciencias del Trabajo y Protección Social*, núm. 3, 2021.

DOZ, J.: "La economía digital desde la perspectiva del Comité Económico y Social Europeo", *Gaceta sindical*, núm. 27, 2016.

GARCÍA-PERROTE ESCARTÍN, I.; LANTARÓN BARQUÍN, D. y AGUT GARCÍA, C.: *Los laudos arbitrales de las elecciones sindicales*, Valladolid (Lex Nova), 1997.

ESCUDERO RODRÍGUEZ, R.: *La representatividad de los sindicatos en el modelo laboral español*, Madrid (Tecnos), 1990.

ESTEBAN LEGARRETA, R.: "El papel de la negociación colectiva como herramienta de reforzamiento de las representaciones sindicales más allá de la empresa", *Lan Harremanak*, núm. 41, 2019.

ESTEBAN LEGARRETA, R.: *El ámbito de las representaciones sindicales*, Albacete (Bomarzo), 2020.

EVANS, J. y BYHOVSKAYA, A.: "La gestión de la economía digital, hacia un cambio tecnológico abierto, equitativo e inclusivo: una perspectiva sindical", *Gaceta Sindical*, núm. 27, 2016.

FALGUERA BARÓ, M.: "El marco legal y reglamentario regulador de los comicios sindicales. Su desarrollo práctico", en AA.VV.: *Derecho sindical: elecciones sindicales: (nuevo marco normativo): sentencias de los juzgados de lo social y laudos arbitrales*, Barcelona (Bosch), 1996.

FERNÁNDEZ DOMÍNGUEZ, J.J. y AGRA VIFORCOS, B.: "Capítulo IV: Grupos de empresas y empresas vinculadas como unidad de negociación supraempresarial e infrasectorial", en AA.VV.: *Nuevos escenarios y nuevos contenidos de la negociación colectiva,* CCNCC, 2019.

FERNÁNDEZ VILLAR, C.: "Herramientas jurídicas y estrategias sindicales para articular la representación del personal: algunos contextos problemáticos", en AA.VV.: *Acción sindical y relaciones colectivas en los nuevos escenarios laborales,* Cizur Menor (Thomson Reuters/Aranzadi), 2022, pág. 174, citando a Encuesta de condiciones de trabajo del Instituto Nacional de Seguridad e Higine en el Trabajo.

FUENTES RODRÍGUEZ, F.: "La representación de los trabajadores en la pequeña empresa", en AA.VV.: *Las relaciones laborales en la pequeña empresa,* Cádiz (Universidad), 2003.

GALIANA MORENO, J.M. y GARCÍA ROMERO, B.: "La participación y representación de los trabajadores en la empresa en el modelo normativo español", *Revista del Ministerio de Trabajo y Asuntos Sociales,* núm. 43, 2003.

GALLEGO MONTALBÁN, J.: "El concepto de centro de trabajo y adscripción de las personas trabajadoras como presupuestos de los derechos de representación en el trabajo a distancia y las empresas digitalizadas", *Iuslabor,* núm. 1, 2022, pp. 250 y ss.

GALLEGO MONTALBÁN, J.: "La necesaria adaptación de las elecciones sindicales a un contexto digital y telemático", *Revista de Derecho Social,* núm. 99, 2022.

GARCÍA MUÑOZ, M.: *Proceso de elecciones sindicales y laudos arbitrales (Sevilla, 1994-2000),* Madrid (Tecnos), 2002, pág. 28.

GARCÍA-PERROTE ESCARTÍN, I.; LANTARÓN BARQUÍN, D. y AGUT GARCÍA, C.: *Los laudos arbitrales de las elecciones sindicales,* Valladolid (Lex Nova), 1997.

GARRIDO PÉREZ, E.: "La representación de los trabajadores al servicio de las plataformas colaborativas", *RDS,* núm. 80, 2017.

GARRIDO PÉREZ, E.: "Representación y participación de los trabajadores en la empresa", en AA.VV.: *Estatuto de los Trabajadores 40 años después,* Madrid (MTyES/AEDTSS), 2020.

GINÈS I FABRELLAS, A., "*Crowdsourcing sites* y nuevas formas de trabajo el caso de Amazon Mechanical Turk", *Revista Derecho Social y Empresa,* núm. 6, 2016.

GÓMEZ ABELLEIRA, F.: "La representación de los trabajadores en pequeñas empresas", en AA.VV.: *Las relaciones laborales en las pequeñas y medianas empresas,* Valencia (Tirant lo blanch), 2015.

GONZÁLEZ ORTEGA, S.: "Balance de las elecciones sindicales", *TL,* núms. 10-11, 1987.

GUAMÁN HERNÁNDEZ, A., *Derecho del trabajo y defensa de la competencia,* Cizur Menor (Aranzadi), 2008.

GUTIÉRREZ COLOMINAS, D., "El centro de trabajo como unidad de referencia física subsidiaria para el cálculo de las extinciones en los despidos colectivos", *Iuslabor,* núm. 2, 2015.

INSTITUTO DE ESTUDIOS ECONÓMICOS Y SOCIALES SOBRE LA INDUSTRIA (IESEI): *Encuentros sobre digitalización e industria 4.0. Principales conclusiones,* CC.OO., 2018.

JOHNSTON, H. y LAND-KAZLAUSKAS, C., "Organizing on-demand: Representation, voice, and collective bargaining in the gig economy", *ILO, Conditions of Work and Employment Series* núm. 94, 2018.

LAHERA FORTEZA, J.: "Crisis de la representatividad sindical: propuestas de reforma", *Derecho de las Relaciones Laborales,* núm. 1, 2016.

LAHERA FORTEZA, J., "Las transformaciones del lugar de trabajo", *Documentación Laboral,* núm. 118, 2019.

LÓPEZ ALONSO, F.: "Los cambios en el modelo económico y productivo y su influencia en la negociación colectiva", *RDS,* núm. 40, 2007.

MARTÍN ARTILES, A. y PASTOR MARTÍNEZ, A.: "Nuevas formas de representación colectiva. Reacción a la digitalización", *Cuaderno de Relaciones Laborales,* núm. 40, 2022.

MARTÍNEZ BARROSO, M.R.: "Deberes de información, derechos de representación y negociación colectiva", en AA.VV.: *Descentralización productiva: nuevas formas de trabajo y organización empresarial,* Madrid (Cinca), 2018.

MARTÍNEZ MORENO, C.: "Digitalización, nuevas formas de empleo y libertad sindical", *Temas Laborales,* núm. 155, 2020.

MARTÍNEZ MORENO, C.: "La autonomía colectiva y sus medios de expresión", en AA.VV.: *El futuro del trabajo: Cien años de la OIT,* Madrid (MTRAMYSS), 2019.

MENÉNDEZ CALVO, R.: *Negociación colectiva y descentralización productiva,* Madrid (CES), 2009.

MERCADER UGUINA, J.R.: *El futuro del trabajo en la era de la digitalización y la robótica*, Valencia (Tirant lo Blanch), 2017.

MERCADER UGUINA, J.R.: "Nuevos escenarios para el Estatuto de los Trabajadores del siglo XXI: digitalización y cambio tecnológico", *Trabajo y Derecho. Nueva Revista de Actualidad y Relaciones Laborales*, núm. 63, 2020.

MERINO SEGOVIA, A.: "La reforma de la negociación colectiva en el RDL 3/2012", *RDS*, núm. 57, 2012.

MINISTERIO DE TRABAJO Y ECONOMÍA SOCIAL: https://www.mites.gob.es/estadisticas/Emp/Emp24Jun/Resumen%20de%20resultados%20Junio%202024.pdf

MIRANDA BOTO, J.M. y BRAMESHUBER, E.: "El impacto de la digitalización en la representación de las personas trabajadoras: posibilidades y desafíos para los derechos de información y consulta y la negociación colectiva", *Revista de Trabajo y Seguridad Social (CEF)*, núm. 478, 2024, pp. 21-59.

NIETO ROJAS, *Las representaciones de los trabajadores en la empresa*, Valladolid (Lex Nova), 2015.

NIETO ROJAS, P.: "Representación legal de los trabajadores en la empresa y disfunciones derivadas de un modelo pluralista en este ámbito", *Lan Harremanak*, núm. 4, 2019.

NIETO ROJAS, P.: "La disrupción digital y su impacto en los medios de acción sindical", en AA.VV.: *Cambio tecnológico y transformación de las fuentes laborales. Ley y convenio colectivo ante la disrupción digital*, Valencia (Tirant lo blanch), 2022.

PASTOR MARTÍNEZ, A.: "Representación de los trabajadores en la empresa digital", *Anuario IET de Trabajo y Relaciones Laborales*, nº 5, 2018.

PASTOR MARTÍNEZ, A.: "Una aproximación a la problemática de la representación colectiva de los trabajadores de las plataformas "colaborativas" y en entornos virtuales", *IUS Labor*, nº 2, 2018, p. 227.

QUINTERO LIMA, G.: "La nueva RSE como instrumento de gobernanza del trabajo decente en el marco del desarrollo sostenible", en AA.VV.: *Trabajo decente para todos. La organización del trabajo y la producción*, Madrid (OIT), 2017.

RIBES MORENO, M.I.: "Representación unitaria y centro de trabajo: un modelo en crisis", *Temas Laborales*, núm. 141, 2018.

RODRÍGUEZ-PIÑERO Y BRAVO-FERRER, M.: "La participación de los trabajadores en empresas con estructura compleja", *Relaciones Laborales*, Tomo I, 1990.

RODRÍGUEZ-PIÑERO Y BRAVO-FERRER, M.: "El concepto de centro de trabajo, la Directiva 98/59, sobre despidos colectivos y el art. 51.1 ET", *Derecho de las Relaciones Laborales*, núm. 2, 2015.

RODRÍGUEZ-PIÑERO ROYO, M.: "Trabajo en plataformas: innovaciones jurídicas para unos desafíos crecientes", *Revista de Internet, Derecho y Política*, 2019.

RODRÍGUEZ RAMOS, Mª.J. y PÉREZ BORREGO, G.: *Procedimiento de elecciones a representantes de trabajadores y funcionarios*, Pamplona (Aranzadi), 1995.

RODRÍGUEZ-SAÑUDO GUTIÉRREZ, F.: "La representatividad sindical", en AA.VV.: *Comentarios a la Ley de Libertad Sindical*, Madrid (Tecnos), 1986.

RODRÍGUEZ-SAÑUDO, F.: "Negociación colectiva sobre representación de los trabajadores en la empresa", *Revista del Ministerio de Trabajo y Asuntos Sociales*, núm. 68, 2007.

SALA FRANCO, T., y LAHERA FORTEZA, J.: "La representación de los trabajadores en la empresa", en AA.VV.: *Propuestas para un debate sobre la reforma laboral*, Madrid (Francis Lefebvre), 2018.

SALEHI, N. *et alii*: "We Are Dynamo: Overcoming Stalling and Friction in Collective Action for Crowd Workers", http://escholarship.org/uc/item/7gx0z2bv, 2015.

SERRANO PERNAS, F.: "Acción sindical y descentralización productiva", *Revista de Derecho Social*, núm. 40, 2007.

TODOLÍ SIGNES, A.: *El trabajo en la era de la economía colaborativa*, Valencia (Tirant lo Blanch), 2016.

TUAC: *TRADE UNION Key Messages to the OECD Ministerial on the Digital Economy*, 2016.

UGT/CC.OO.: *El futuro del trabajo que queremos*, 2017.

VICENTE PALACIO, A.: *Empresas multiservicios y precarización del empleo. El trabajador subcedido*, Barcelona (Atelier), 2016.

VIVERO SERRANO, J.B.: "La obsolescencia y los inconvenientes del modelo de representación unitaria de los trabajadores por centros de trabajo. Por un nuevo modelo basado en la empresa, la negociación colectiva y no encorsetado a nivel provincial", *Nueva Revista Española de Derecho del Trabajo*, núm. 194, 2017.

WOOD, A.: "The gig economy requires unions to embrace the Internet", *speri.comment: the political economy blog*, 11 abril 2017.

Capítulo V.

El deber empresarial de formación como generador de cultura preventiva y como elemento para la seguridad y salud de colectivos necesitados de una respuesta singular. Regulación legal y convencional

BEATRIZ AGRA VIFORCOS
TU Derecho del Trabajo y de la Seguridad Social (Universidad de León)

1. FORMACIÓN Y PREVENCIÓN DE RIESGOS LABORALES

Dada su trascendencia para el cumplimiento de los objetivos a cuya satisfacción aspira, la LPRL 31/1995, de 8 de noviembre, de prevención de riesgos laborales (LPRL), incorpora múltiples alusiones a la formación (engrosadas por vía reglamentaria), ya sea para recordar su importancia en el marco de actuación de las administraciones públicas, ya para identificarla como elemento fundamental en la gestión preventiva de las empresas.

Corresponde a aquellas, entre otras funciones vinculadas a la materia[398], la de promover "la adecuación de la formación de los recursos humanos necesarios para la prevención de los riesgos laborales" (art. 5.2 LPRL). Aspecto objeto de desarrollo en un RD 39/1997, de 17 de enero, por el que se aprueba el Reglamento de los Servicios de Prevención (RSP), cuyo articulado y anexos desgranan la cualificación precisa para asumir labores de nivel básico, intermedio o superior en relación con la seguridad y salud en el trabajo (arts. 35-37 y anexos IV, V y VI RSP), sin olvidar tampoco la peculiaridad de los aspectos médico-sanitarios, reservados a personal específico (arts. 22.6 LPRL y 37.3 RSP). Los mentados preceptos se alzan en referentes esenciales para determinar la formación exigida a los integrantes de los servicios de prevención y a los trabajadores designados (arts. 30-31 LPRL y 13-18 RSP), al empresario que pretenda asumir personalmente la actividad preventiva (art. 11 RSP), a los coordinadores (art. 14.4 RD 171/2004, de 30 de enero, por el que se desarrolla art. 24 LPRL) o a cuantos asumen la condición de recursos preventivos presentes (art. 32 *bis* LPRL y 22 *bis* RSP)[399].

---

398 Como las atribuidas a la administración [art. 7.1.a) LPRL], al Instituto Nacional de Seguridad y Salud en el Trabajo [art. 8.1.a) LPRL], a la ITSS [art. 9.2 LPRL], a la administración sanitaria [art. 10.c) LPRL] o, en fin, a la Fundación Estatal para la Prevención de Riesgos Laborales [DA 5ª LPRL].

399 Según se observa, las competencias y cualificaciones preventivas "forman un universo de conocimientos especializados bastante complejo, con diferentes tipos de programas formativos con objetivos muy dis-

En el seno de la empresa, por su parte, y bajo los principios generales contemplados por la propia LPRL (art. 2.1 LPRL), ha de materializarse el derecho de los trabajadores a recibir formación preventiva (art. 14.1 LPRL) y el correlativo deber empresarial de proporcionarla. Previsto este en los arts. 14.2 y 19 LPRL, su tenor es complementado con cuanto disponen respecto a trabajadores específicos los arts. 20, 28 y 37 LPRL (relativos, respectivamente, a encargados de poner en práctica las medidas de emergencia, empleados temporales o contratados a través de ETTs y delegados de prevención) o con lo establecido sobre el asesoramiento y apoyo que en la materia debe proporcionar el servicio de prevención (art. 31.3 LPRL), sobre la participación de la plantilla en relación con el proyecto y organización de los planes formativos (arts. 33, 36 y 39 LPRL) o sobre la configuración del adiestramiento recibido por cada trabajador como elemento capaz de condicionar el grado de responsabilidad al que habrá de hacer frente (art. 29 LPRL).

Elevadas la formación y la información (junto a evaluación y planificación) al estatus de "elementos básicos del nuevo enfoque" que la LPRL plantea, el cumplimiento de ambas obligaciones permite "un mejor conocimiento tanto del alcance real de los riesgos derivados del trabajo como de la forma de prevenirlos y evitarlos, de manera adaptada a las peculiaridades de cada centro de trabajo, a las características de las personas que en él desarrollan su prestación laboral y a la actividad concreta que realizan" (Exposición de Motivos de la LPRL). Con todo, y pese a la íntima conexión entre una y otra, no son nociones equiparables, en tanto, siendo la información paso previo e im-

---

pares", HERNÁNDEZ SALGUERO, D.: "¿Pará qué sirve la formación en prevención de riesgos laborales? Reflexiones teóricas e implicaciones prácticas a partir del caso de los empleos descualificados en subcontratistas intensivos que actúan como eslabón final de la cadena de subcontratación en el sector de la construcción en España", *Cuadernos de Relaciones Laborales*, Vol. 33, núm. 2, 2015, pág. 333.

prescindible para la formación, esta significa un estadio más; no solo porque reclama un enfoque activo desde la perspectiva del destinatario, sino también porque pretende la modificación de las actitudes, las conductas y los comportamientos, desarrollando las capacidades y aptitudes del sujeto para la ejecución correcta (y segura) de las funciones encomendadas[400].

Desde este enfoque, formar no solo supone "propiciar la adquisición de una serie de conocimientos que contribuyan a eliminar o reducir la siniestralidad", sino también promover "el interés por la prevención"[401]; en consecuencia, será menester "formar tanto en las competencias detectadas en la fase de evaluación de necesidades (conocimientos, habilidades, etc.), como en la sensibilización de todos los implicados acerca de la importancia de esa formación (aspecto motivacional)"[402].

Se alinea así la acción de la empresa con la voluntad expresada por aquella introducción a la LPRL al establecer que "el propósito de fomentar una auténtica cultura preventiva [...] involucra a la sociedad en su conjunto y constituye uno de los

---

400 POQUET CATALÁ, R.: "A vueltas con la formación en materia de prevención de riesgos laborales de las personas trabajadoras", *Lan Harremanak*, núm. 49, 2023, pág. 7. Y logrando un efecto de permanencia en la conducta de la persona, quien debe "hacer suyas" determinadas formas de obrar, COBOS SANCHIZ, D.; INÉS CLAZÓN, A. y PÉREZ SOLANO, M.J.: *Evidencias científicas bibliográficas sobre formación de trabajadores en prevención de riesgos laborales*, 2010, págs. 9-13.

401 JIMÉNEZ GARCÍA, J. y ESTÉVEZ GONZÁLEZ, C.: "La labor formativa en el marco del derecho a la seguridad e higiene", en AA.VV. (MONEREO PÉREZ, J.L., Ed.): *La reforma del mercado de trabajo y de la seguridad y salud laboral*, Granada (Universidad de Granada), 1996, pág. 640.

402 RUIZ RODRÍGUEZ, I. y TOROLLO GONZÁLEZ, F.J.: *Curso de prevención de riesgos laborales: España en el marco de la Unión Europea*, Madrid (Dykinson), 1999, pág. 265.

objetivos básicos y de efectos quizás más trascendentes para el futuro de los perseguidos". A tal fin, el punto de partida habrá de ser la "promoción de la mejora de la educación en dicha materia en todos los niveles educativos", no en vano tan solo la interiorización de la prevención, como parte nuclear del proceso de socialización desde la infancia, permitirá alcanzar las más altas cotas de efectividad en la meta de garantizar entornos de trabajo seguros[403].

Asumen el compromiso de esa promoción los poderes públicos, obligados por un art. 5.2.pfo.1º LPRL cuyo espíritu y pretensiones serán adoptados luego por las estrategias españolas de seguridad y salud en el trabajo, pues tanto la suscrita para el período 2007-2012, como la correspondiente a los años 2015-2020, insistieron en situar el foco sobre el sistema educativo y la Administración responsable de darle forma y, por ende, responsable de incluir el tema como contenido transversal en los currículos de la educación primaria, secundaria y universitaria. Meta todavía pendiente de cumplir -al menos así es en el sentir de muchos-, aquella educación será la pieza inicial, y nuclear, para la integración de la prevención en la conciencia de quienes están llamados a ostentar en un futuro el rol de empleador o empleado; obligado, el primero, además, y conforme consta, a satisfacer el derecho del segundo a recibir formación específica en relación con la seguridad y salud en su puesto.

De este modo, al esfuerzo público por fomentar esta cultura en la sociedad se suma el desplegado por las empresas -movidas en última instancia por idéntico afán-, donde la formación desplegará sus virtudes como parte básica del sistema de prevención de la organización[404], fortaleciendo el com-

---

403 RUIZ FRUTOS, C.: "Formación en prevención de riesgos laborales", *Cuadernos de Relaciones Laborales,* núm. 14, 1999, pág. 172.

404 La formación constituye, sin ninguna duda, "un pilar fundamental de la prevención de riesgos laborales", en su calidad de "elemento

promiso de todos a partir del conocimiento y de la interiorización de principios y valores. Algo especialmente importante en un momento como el actual en el que las nuevas formas de prestación de servicios y de ordenación del trabajo hacen proliferar riesgos multicausales, como los de naturaleza psicosocial, que surgen como resultado de la concatenación o interacción de diversos factores que no operan de forma independiente unos de otros, por lo que plantean nuevos y difíciles retos para el prevencionista[405]. En lógica consecuencia, su afrontamiento exige con particular intensidad una preparación y un adiestramiento orientado tanto a identificar condiciones de trabajo peligrosas, como a estar en disposición de hacerles frente mediante acciones de prevención primaria, secundaria y terciaria[406].

Piénsese, por ejemplo, en la importancia que puede alcanzar la formación del personal para la sensibilización frente a la diferencia y para erradicar conductas de acoso y discriminación, constitutivas de una grave amenaza psicosocial que se cierne sobre buena parte de la población trabajadora (por razón de su género, por su identidad u orientación sexual, por

---

esencial para fomentar una auténtica cultura preventiva", FERNÁNDEZ MARTÍNEZ, S.: "Reflexiones sobre la formación en materia preventiva: especial referencia a los nuevos riesgos laborales", *Trabajo y Derecho,* núm. 96, 2022, pág. 1.

405 IGARTÚA MIRÓ, M.T.: "La obligación de seguridad 4.0", *Temas Laborales,* núm. 151, 2020, pág. 322. Así las cosas, "urge la potenciación de la prevención psicológica en el entorno de trabajo", TRUJILLO PONS, F.: *La fatiga informática en el trabajo. Un riesgo nuevo y emergente: su tratamiento jurídico y preventivo,* Albacete (Bomarzo), 2022, pág. 485.

406 MEGINO FERNÁNDEZ, D.: "La formación como principio y fin de la acción preventiva frente a los riesgos psicosociales derivados de la digitalización y la automatización", *Lan Harremanak,* núm. 49, 2023, págs. 5 y 6.

su raza o por cualquier otra circunstancias personal o social) y que puede impregnar múltiples aspectos de la relación laboral y/o de la convivencia en la empresa.

2. EL DEBER EMPRESARIAL DE FORMACIÓN. REGULACIÓN LEGAL

Sin formación resulta imposible la prevención de riesgos laborales[407] y, por consiguiente, la seguridad en el trabajo, toda vez que la eficacia de las acciones planificadas e implementadas reclama un adecuado conocimiento y comprensión por parte de aquellos a quienes más directamente afectan, en tanto solo mediando tal saber podrán seguir correctamente las instrucciones y cumplir cuantas obligaciones les corresponden[408].

Queda claro, en cualquier caso, que el rol de los trabajadores, con ser importante[409], tendrá siempre un carácter

---

407 O, cuanto menos, la formación es "una condición previa para el buen desempeño en materia de seguridad y salud en el trabajo", MARTÍN DAZA, F.: "Una perspectiva internacional sobre la formación en materia de seguridad y salud en el trabajo", *Medicina y Seguridad del Trabajo*, núm. 59, 2013, pág. 172.

408 La falta de formación adecuada constituye *per se* factor de riesgo; por ello la legislación establece que los trabajadores "deben poseer el nivel de competencia y de conocimientos necesarios" para realizar sus funciones productivas en condiciones seguras, HERNÁNDEZ SALGUERO, D.: "¿Pará qué sirve la formación en prevención de riesgos laborales?...", cit., págs. 333 y 334.

409 De poco sirve que el empresario sea diligente en el diseño e implantación de un sistema preventivo eficaz, si cuanto se planifique es obviado en la ejecución de la actividad productiva, AGRA VIFORCOS, B.: "Obligaciones y responsabilidades de los trabajadores", AA.VV. (TRUJILLO PONS, F., Dir.): *Tratado práctico de prevención de riesgos laborales*, Barcelona (Atelier), 2023, pág. 637.

secundario[410], pues sus actuaciones vendrán condicionadas por su estatus subordinado y su responsabilidad estará supeditada al previo cumplimiento de cuantas obligaciones competen a la empresa (entre las cuales el deber del art. 19 LPRL resulta significativo en grado sumo) y a la impartición de órdenes suficientes[411], tal y como deja claro, de forma palmaria, el art. 29 LPRL.

2.1. Marco jurídico general

En un modelo que aspira a la integración de la prevención en el sistema general de gestión de la empresa (arts. 16.1 LPRL y 1 RSP), no cabe duda alguna de que la formación está llamada a representar un papel crucial (así lo reconoce en su objetivo sexto la vigente *Estrategia Española de Seguridad y Salud en el Trabajo 2023-2027*), en tanto conducirá a un superior compromiso de todos y permitirá la asimilación de los modos y maneras de actuar más adecuados de cara a evitar, en primer lugar, el riesgo, y en segundo término, el daño. Las acciones en este ámbito (a afrontar asumiendo el necesario enfoque de género para no dejar a nadie atrás y porque el citado documento programático así lo exige) resultan especialmente importantes en un contexto de continuo cambio, acelerado por la rápida evolución de

---

410 COLLADO LUIS, S.: "Las obligaciones y responsabilidades del trabajador en materia de prevención de riesgos laborales", *Revista de Dirección y Administración de Empresas*, núm. 7, 1998, pág. 120 o POQUET CATALÁ, R.: "Obligaciones de los trabajadores en materia de prevención de riesgos laborales (I)", *Aranzadi Social*, Vol. 4, núm. 8, 2011, pág. 151.

411 GARCÍA SALAS, A.I.: "Los trabajadores ante el riesgo laboral: más allá del derecho de resistencia", *Labos*, Vol. 2, núm. 1, 2021, pág. 105 o POQUET CATALÁ, R.: "A vueltas con la formación en materia de prevención de riesgos laborales de las personas trabajadoras", cit., pág. 8.

la tecnología, uno de cuyos efectos señeros viene dado por la necesidad de "revigorizar" los aspectos formativos[412].

De conformidad con el art. 19 LPRL el empresario debe suministrar a cada trabajador una formación suficiente y adecuada, teórica y práctica[413], en materia preventiva, pudiendo hacerlo con medios propios o concertándola con servicios ajenos. Esta instrucción habrá de centrarse en el puesto o función del trabajador[414] y, en el caso de los temporales, deberá de tener en cuenta su experiencia y cualificación y las amenazas a las que estarán expuestos (art. 28.2.pfo. 2° LPRL).

No solo ha de proporcionarse en el momento de la contratación, sino que debe adaptarse a la evolución de los riesgos y a la aparición de otros nuevos. Por ello, la norma reclama su repetición periódica, de ser preciso, así como cuando se produzcan cambios en las funciones del trabajador o en los equipos de trabajo o se introduzcan nuevas tecnologías.

Los costes de la formación repercuten en la empresa, no en el trabajador (art. 19.2 LPRL, donde se reitera para esta específica obligación cuanto dispone, para el conjunto de la deuda de seguridad, el art. 14.5 LPRL); gratuidad para el asalariados

---

412 MEGINO FERNÁNDEZ, D.: "La formación como principio y fin de la acción preventiva frente a los riesgos psicosociales derivados de la digitalización y la automatización", cit., pág. 23.

413 La formación teórica, pese a ser a menudo denostada, resulta esencial, pues sin ella rara vez se logra un ejercicio adecuado del componente práctico, LLUIS Y NAVAS, J.: *Derecho de la seguridad e higiene en el trabajo. Teoría general, organización, responsabilidades, jurisprudencia*, cit., pág. 187.

414 La especificidad es una de las características importantes de esta formación, la cual tiene que ver con el lugar de trabajo y con los riesgos concretos a los que está expuesto el trabajador", HERNÁNDEZ SALGUERO, D.: "¿Para qué sirve la formación en prevención de riesgos laborales?...", cit., pág. 338.

que alcanza al elemento económico, pero también al temporal, motivo por el cual aquella "deberá impartirse, siempre que sea posible, dentro de la jornada de trabajo o, en su defecto, en otras horas pero con el descuento en aquella del tiempo invertido en la misma".

Generalidad y falta de concreción que se reproduce cuando el art. 37.2 LPRL regula la obligación de proporcionar a los delegados de prevención la formación *ad hoc* necesaria para ejercer sus funciones. A suministrar, como respecto al resto de trabajadores, con medios internos o externos, también esta acción específica queda sujeta a los mentados parámetros de adaptación a los cambios, periodicidad, gratuidad y -de desarrollarse fuera de la jornada- consideración del tiempo dedicado como trabajo efectivo.

Por otra parte, y para concluir con esta breve semblanza, es preciso señalar que el deber del personal de recibir la formación (siempre y cuando se ajuste a los parámetros de la obligación empresarial de suministro) es contemplado en el art. 19.4 del RD Legislativo 2/2015, de 23 de octubre, por el que se aprueba el texto refundido de la Ley del Estatuto de los Trabajadores (ET), donde se explicita algo que también cabría extraer de la imposición a los empleados efectuada por el art. 29.3 LPRL, a partir del cual se ven forzados a "cooperar con el empresario para que este pueda garantizar unas condiciones de trabajo que sean seguras y no entrañen riesgos para la seguridad y la salud"[415].

Así las cosas, un eventual incumplimiento podrá activar la responsabilidad disciplinaria en los términos previstos en los arts. 29.3 LPRL y 58.1 ET, "de acuerdo con la graduación

[415] Entre otros argumentos detallados por CANO GALÁN, Y.: "La formación en prevención de riesgos laborales: su configuración como deber de los trabajadores", cit., pág. 207-210.

de faltas y sanciones que se establezcan en las disposiciones legales o en el convenio colectivo que sea aplicable"[416]. La ausencia de infracción específica no impide, empero, la respuesta empresarial, en tanto "la obligación de formación se halla implícita dentro de la genérica de obediencia de la persona trabajadora en materia de seguridad y salud, siendo una expresión de las facultades de organización de la prestación laboral de la empresa, o incluso entenderse dentro del deber genérico de buena fe"[417].

2.2. Acciones formativas en relación con colectivos singulares

Sentado lo anterior, es preciso detener la atención en la posible presencia de personas que, por diferentes motivos (biológicos, sociales, culturales, etc.), resultan especialmente vulnerables frente a los riesgos laborales o necesitadas de una respuesta singular para atender a su particular situación. Trabajadores, en definitiva, cuya protección pasa, entre otras medidas, por acciones formativas especiales o más intensas; algo acorde tanto con la exigencia de una evaluación de riesgos (y consiguiente planificación preventiva) que tenga en cuenta

---

416 La LPRL otorga a los trabajadores derechos para proteger su salud e integridad, por lo que puede resultar paradójico que también les imponga, en su beneficio, una serie de obligaciones cuyo incumplimiento habilita la sanción empresarial, GARCÍA NINET, J.I. y VICENTE PALACIO, A.: "Derechos y obligaciones del empresario", en AA.VV. (GARCÍA NINET, J.I., Dir.): *Manual de Prevención de Riesgos Laborales (Seguridad, Higiene y Salud en el Trabajo)*, 4ª ed., Barcelona (Atelier), 2017, pág. 152. Sobre la cuestión, también, y por extenso, GUTIÉRREZ-SOLAR CALVO, B.: *El deber de seguridad y salud en el trabajo. Un estudio sobre su naturaleza jurídica*, Madrid (CES), 1999, págs. 77 y ss.

417 POQUET CATALÁ, R.: "A vueltas con la formación en materia de prevención de riesgos laborales de las personas trabajadoras", cit., pág. 7.

las características de los trabajadores (art. 16 LPRL y arts. 1-9 RSP)[418], como con la "adecuación" reclamada por el art. 19 LPRL[419]. Como bien indica el *Marco Estratégico de la UE en materia de seguridad y salud en el trabajo 2021-2027*, "el reconocimiento de la diversidad" es fundamental y ello exige "la adaptación de la formación a la situación personal de cada empleado".

Los trabajadores menores constituyen el colectivo que primero viene a la mente al reflexionar sobre la cuestión, pues la necesidad de su "sobreprotección" ha sido puesta de manifiesto en múltiples ocasiones. Así, del ET y normas conexas proceden disposiciones sobre edad mínima de acceso al empleo, capacidad para contratar, trabajos prohibidos y régimen de jornada y descansos; el art. 27 LPRL, por su parte, contempla deberes concretos enmarcados dentro de la evaluación y la información.

Aunque estos sean los dos únicos aspectos contemplados en el art. 27 LPRL, es evidente que la minoría de edad del trabajador habrá de afectar a la deuda preventiva de la empresa en su integridad, toda vez que en virtud de la regla de máxima seguridad del art. 14 LPRL, el empresario, para alcanzar el nivel de diligencia exigido, debe tener en cuenta cualesquiera circunstancias capaces de influir en el bienestar de su plantilla. Lo afirmado encuentra especial reflejo en la vigilancia de la salud (instrumento idóneo para valorar las aptitudes psicofísicas del joven y adecuar a ellas el trabajo) y en la formación, pues no cabe duda de que la impericia y la inmadurez del trabajador

---

418 Recuérdese que, bajo la legislación vigente, la formación debe adecuarse al trabajador (nivel cultural, peculiaridades fisiológicas o psicológicas, conocimiento del oficio...), CANO GALÁN, Y.: "La formación en prevención de riesgos laborales: su configuración como deber de los trabajadores", cit., pág. 212.

419 HERNÁNDEZ SALGUERO, D.: "¿Para qué sirve la formación en prevención de riesgos laborales?...", cit., pág. 344.

constituyen causa bastante para reclamar una mayor atención en el cumplimiento de esta obligación[420].

Atención particular a los más jóvenes que debe extenderse también a los trabajadores de mayor edad, pese a que la LPRL nada establezca al respecto. El envejecimiento provoca cambios, sean o no patológicos, susceptibles de afectar a la seguridad y salud laboral, haciendo necesaria -entre otras medidas- una instrucción adecuada para identificar y afrontar las nuevas amenazas. Además, ha de atenderse a factores como la transformación tecnológica (causa de modificaciones en los procesos productivos y, por ende, en los riesgos derivados del trabajo), pues la brecha digital por razón de edad puede incrementar la peligrosidad de las mutaciones para cuantos tienen más dificultades de adaptación, multiplicando la importancia del adiestramiento para su empleo seguro. Al tiempo, la mentada brecha habrá de ser tenida en cuenta cuando las propias tecnologías sean aprovechadas como instrumento para transmitir y realizar la formación[421].

De nuevo, el amplio alcance de la deuda de seguridad que el art. 14 LPRL impone al empresario forzará a este a atender en la forma debida la singular situación de estos trabajadores, sin perjuicio, claro está, de su posible tutela como especialmente sensibles y, por ende, de la aplicación del art. 25.1 LPRL, que reclama la adopción de las medidas de protección necesarias en respuesta a una más elevada vulnerabilidad.

---

420 AGRA VIFORCOS, B.; FERNÁNDEZ FERNÁNDEZ, R. y TASCÓN LÓPEZ, R.: "Particularidades de la relación de trabajo de los menores", en AA.VV. (SEMPERE NAVARRO, A.V., Dir.): *Relaciones laborales especiales y contratos con particularidades*, Thomson-Aranzadi (Cizur Menor), 2011, pág. 919.

421 ESTARDID COLOM, F.: "La formación en prevención de riesgos laborales ante el impacto tecnológico", *Lan Harremanak*, núm. 49, 2023, pág. 20.

Este art. 25.1 LPRL es también la norma que habilita una respuesta singular para la discapacidad, situación mencionada por el precepto y capaz de justificar (en combinación con los parámetros proporcionados, se insiste, por el art. 14 LPRL) acciones particulares dirigidas a la plena accesibilidad de la formación, como garantía para su adecuada recepción (piénsese en personas con problemas de visión o audición) y comprensión (sobre todo por cuanto hace a quienes sufren algún tipo de déficit cognitivo o intelectual).

Más allá de lo biológico, y entrando en rasgos de naturaleza sociocultural, obligado será tomar en consideración también la peculiaridad que en relación con la formación preventiva presentan los trabajadores migrantes. Sobre todo, los que no son hispanoparlantes (pues la barrera idiomática constituye un problema para el entendimiento de las directrices de seguridad[422]) o procedentes de otros entornos (geográficos, religiosos o de otra índole) donde la cultura preventiva o la visión de la actividad médico-sanitaria es muy diferente[423].

Como los mayores, los inmigrantes son omitidos en la LPRL, pero no, en cambio, en una *Estrategia Española de Seguridad y Salud en el Trabajo* que pone de manifiesto la voluntad de incidir en su formación e información. Procede reclamar una vez más

422 HERNÁNDEZ SALGUERO, D.: "¿Pará qué sirve la formación en prevención de riesgos laborales?...", cit., pág. 344 o COBOS SANCHIZ, D.; INÉS CLAZÓN, A. y PÉREZ SOLANO, M.J.: *Evidencias científicas bibliográficas sobre formación de trabajadores en prevención de riesgos laborales*, cit., pág. 5.

423 Sirva de ejemplo el caso de los inmigrantes subsaharianos, procedentes de un contexto donde los procesos de salud/enfermedad se viven de manera muy diferente a la que preside la actuación de los profesionales europeos de la salud, IBÁÑEZ ALLERA, P.L.: *La enfermedad mental en inmigrantes subsaharianos. Una mirada antropológica desde el sur de España*, Almería (Universidad de Almería), 2015, pág. 44.

el máximo nivel de diligencia empresarial (art. 14 LPRL), lo que conducirá a proporcionar enseñanzas ajustadas a la lengua o al nivel de español del trabajador, así como a facilitar la integración a través del conocimiento de los usos y costumbres más alejados de aquellos en los que la persona socializó.

En fin, tampoco es menor la trascendencia que las características de la relación laboral pueden tener en la seguridad y salud, tal y como ejemplifican las hipótesis siguientes:

Primero, los trabajadores temporales (cuya más débil vinculación a la empresa puede llevar a esta a relajar el cumplimiento de su deuda[424]) o cedidos por una ETTs (donde a lo anterior se añade la presencia de dos empresarios, lo cual podría perjudicar la posición del trabajador si faltara un correcto reparto de obligaciones y responsabilidades[425]), quienes hallarán respuesta en un art. 28 LPRL que reitera por tres veces el derecho a un nivel de protección igual que el disfrutado por el resto de empleados e insiste en los deberes de información, formación y vigilancia de la salud. Los contratados para ser puestos a disposición también se verán afectados por el RD 216/1999, donde se pormenorizan las obligaciones de cedente y cesionaria para afirmar, por cuanto aquí importa, que aquella habrá de comprobar que el trabajador cuenta con formación (y proporcionarla de observar que no es así), correspondiendo a la cliente fiscalizar el cumplimiento de dicho deber; aunque,

---

424 PITA YÁÑEZ, C. y DOMÍNGUEZ MANZANO, B.: "Los accidentes laborales en España: la importancia de la temporalidad", *Documentación Laboral*, núm. 55, 1998, págs. 37 y ss.

425 Entre muchos, QUINTANILLA NAVARRO, R.Y.: "La seguridad y salud de los trabajadores cedidos por las Empresas de Trabajo Temporal a las empresas usuarias", *Revista del Ministerio de Trabajo y Asuntos Sociales*, núm. 53, 2004, págs. 293 y ss.

previo acuerdo, esta también podrá acabar asumiendo las labores educativas[426].

Segundo, las personas que prestan servicios a distancia, necesitadas de un adiestramiento determinado que, además, debe ser especialmente intenso, para compensar el limitado control empresarial sobre el espacio de trabajo[427]. Mención expresa merece lo establecido en la Ley 10/2021, de 9 de julio –rectora en la materia–, en relación con la seguridad y salud de los teletrabajadores y su derecho a la desconexión digital; en concreto, el art. 18.2 y su exigencia de que la empresa, previa audiencia con los representantes legales, elabore "una política interna dirigida a personas trabajadoras, incluidas las que ocupen puestos directivos, en la que se definirán las modalidades de ejercicio del derecho [...] y las acciones de formación y sensibilización del personal sobre el uso razonable de las herramientas tecnológicas que evite el riesgo de fatiga informática".

Tercero, y para finalizar esta enumeración que constituye mera muestra, los empleados domésticos, cuya reciente incorporación al ordenamiento preventivo (a través del RD 893/2024, de 10 de septiembre, por el que se regula la protección de la seguridad y la salud en el ámbito del servicio del hogar familiar) ha planteado un enorme reto dada la peculiaridad del empleador. En virtud de la citada norma reglamentaria, la formación será única, aunque la persona preste servicios

---

426 Sea como fuere, la inmediatez que caracteriza los servicios de las ETTs dificulta una formación adecuada de los trabajadores respecto a los riesgos específicos de la usuaria, CHACARTEGUI JÁVEGA, C.: *Empresas de trabajo temporal y contrato de trabajo*, Valencia (Tirant lo Blanch), 2000, pág. 462.

427 A menudo la principal fuente de información para evaluar los riesgos es la declaración del propio trabajador, MERCADER UGUINA, J.R. y DOMÍNGUEZ ROYO, M.: "La prevención de riesgos ante la evolución científica y técnica: últimas tendencias normativas", *Trabajo y Derecho*, núm. 93, 2022, pág. 6.

para varios empleadores (sin perjuicio de la complementaria a impartir por aquel en cuya residencia concurran riesgos excepcionales), y habrá de desarrollarse a través de una plataforma formativa cuya gestión corresponderá a la Fundación Estatal para la formación en el Empleo (art. 5.3 y DA 5ª LPRL).

3. LA FORMACIÓN PREVENTIVA EN LA NEGOCIACIÓN COLECTIVA ESTATAL

La negociación colectiva constituye, sin duda, instrumento óptimo para promocionar la seguridad y salud en el trabajo y para aportar soluciones adecuadas frente a los específicos riesgos de cada sector o empresa, pudiendo mejorar el régimen jurídico legal y adaptarlo al espacio concreto donde ha de ser aplicado[428]. En sus previsiones atinentes a la cuestión preventiva, el Capítulo VIII del V Acuerdo para el Empleo y la Negociación Colectiva 2023-2025 (AENC) insiste sobre esta idea y afirma –respecto a lo que constituye objeto de este estudio– que la autonomía de los interlocutores sociales es la "vía idónea" para aquella adaptación y a ella corresponde –entre otras acciones–, por una parte, "desarrollar la formación en prevención de riesgos laborales, incluyendo la de las personas trabajadoras designadas y la representación de los trabajadores con funciones específicas en materia de prevención de riesgos laborales, adaptando sus contenidos y duración a la realidad de las personas trabajadoras y empresas, y, en el caso de los trabajadores y trabajadoras, fijando medios para su acreditación"; y, por otra, " incluir programas de formación e in-

---

428 POQUET CATALÁ, R.: "Contenido preventivo en la negociación colectiva", *Lan Harremanak*, núm. 45, 2021, pág. 21. No es posible, en cambio, la *reformatio in peius*, POQUET CATALÁ, R.: "A vueltas con la formación en materia de prevención de riesgos laborales de las personas trabajadoras", cit., pág. 14.

formación sobre los riesgos del uso de las nuevas tecnologías del trabajo y las medidas preventivas a adoptar frente a los mismos, además de criterios de buenas prácticas respecto a la digitalización". De forma complementaria, reitera el tenor legal en cuanto hace a la posibilidad de llevar a cabo acciones de formación y sensibilización en relación con el uso razonable de la tecnología para la prevención de la fatiga informática (Capítulo XI) o para la protección contra las violencias sexuales (Capítulo XV).

A la luz de la regulación legal, no cabe duda de que el deber empresarial de formar es un espacio particularmente abierto a la intervención convencional, a través de la cual es posible (y conveniente) concretar el alcance de conceptos jurídicos indeterminados como los de suficiencia y adecuación contemplados en la ley y pormenorizados de forma mínima en las normas que regulan riesgos específicos (o cuantas se refieren a sectores o colectivos particulares para incorporar las singularidades oportunas), cuyas previsiones respecto al contenido a transmitir, y al modo de hacerlo, son, por regla, muy genéricas[429].

Los negociadores podrán ofrecer pautas para el diseño e implantación de los planes formativos y/o entrar, con el nivel de detalle que consideren, a determinar el número mínimo de horas, los contenidos, la proporción de teoría y práctica, la periodicidad, los cauces y procedimientos para la impartición y acreditación, el sistema de evaluación de la comprensión o la

---

429 Con todo, el hecho de que en todos estos reglamentos de desarrollo se incluya algún artículo referente al deber empresarial de formación e información revela la importancia que para el legislador tiene esta cuestión, COBOS SANCHIZ, D.; INÉS CLAZÓN, A. y PÉREZ SOLANO, M.J.: *Evidencias científicas bibliográficas sobre formación de trabajadores en prevención de riesgos laborales*, cit., pág. 14.

adquisición de conocimientos[430], las sanciones a aplicar ante la inasistencia a los cursos obligatorios, etc. La regulación consensuada podrá proceder, asimismo, al debido acomodo a los cometidos de los trabajadores y su rol más o menos protagonista dentro del sistema preventivo de la entidad[431], sea por su posición en la escala jerárquica, sea por su área funcional de actuación[432]. Será, al tiempo, espacio ideal para incluir cuanto resulte preciso de cara a la atención de colectivos vulnerables o bajo circunstancias singulares.

Además, para el concreto ámbito de la construcción, el art. 10 de la Ley 32/2006 (reguladora de la subcontratación en el mismo), tras exigir a las empresas garantizar que los trabajadores que prestan servicios en las obras tengan la formación necesaria y adecuada a su puesto o función, de forma que conozcan los riesgos y las medidas para prevenirlos, efectúa una llamada a la negociación colectiva estatal del sector, habilitando a los

---

430 Efectúa una llamada a los convenios para el desarrollo de "mecanismos de evaluación del conocimiento práctico-preventivo" mínimo para trabajar en el sector correspondiente, HERNÁNDEZ SALGUERO, D.: "¿Para qué sirve la formación en prevención de riesgos laborales?...", cit., pág. 353.

431 No tanto en lo que respecta a los técnicos de prevención (sobre cuya formación orienta el RSP), como en cuanto hace al conjunto de la plantilla, distinguiendo entre formación general (dirigida a todos para el conocimiento de los riesgos de cada puesto) y específica (dirigida a quienes asumen un papel más relevante en el sistema preventivo de la empresa), DÍAZ MOLINER, R.: *Derecho de la prevención de riesgos laborales. Volumen I: La normativa de prevención de riesgos laborales. Derechos y deberes. La actividad empresarial de prevención*, Madrid (Dijusa), 1998, pág. 351.

432 Al menos los contenidos (y la intensidad de la intervención) deberán ajustarse al nivel de responsabilidad y competencia, MEGINO FERNÁNDEZ, D.: "La formación como principio y fin de la acción preventiva frente a los riesgos psicosociales derivados de la digitalización y la automatización", cit., pág. 26.

interlocutores para establecer programas formativos y contenidos específicos de esta rama de actividad y para los trabajos de cada especialidad. El precepto requiere, igualmente, que (por vía reglamentaria o por acuerdo de los interlocutores sociales en el nivel indicado) se regule la forma de acreditar la instrucción recibida, mediante un carnet o tarjeta único y válido en el conjunto del sector.

El potencial es enorme. Pero, pese a que la seguridad y salud es un tema omnipresente en los convenios[433], y la formación preventiva contenido habitual, lo cierto es que solo en supuestos muy puntuales estos satisfacen las aspiraciones vertidas en el AENC (alzándose la construcción, precisamente, como uno de los referentes más acabados), tal y como habrá ocasión de comprobar en las páginas siguientes, a lo largo de las cuales se desgranará cuanto dispone al respecto una amplia selección de los suscritos a nivel estatal, tanto para el sector como para la empresa; espacios cuya articulación es especialmente clara allí donde el texto nacional sectorial predetermina lo reservado a este ámbito[434].

En el elenco analizado son numerosas las cláusulas que se limitan a remitir a la ley o a reiterar total o parcialmente su letra sin aportar mayor originalidad al régimen jurídico heterónomo. Obviando tales regulaciones, los aspectos más relevantes pueden reconducirse a lo descrito a continuación,

---

433 Algo afirmado por la doctrina desde hace ya bastantes años, como cabe constatar en la obra de MERINO SEGOVIA, A.: "Negociación colectiva y prevención de riesgos laborales", en AA.VV.: *Derecho de la Prevención de Riesgos Laborales*, Albacete (Bomarzo), 2009, pág. 73.

434 El máximo referente de lo afirmado viene dado por el art. 12.1.b) CC general del sector de la construcción (BOE núm. 228, de 23 de septiembre de 2023), que en su enumeración de las materias que no pueden ser negociadas en ámbitos inferiores, quedando reservadas en exclusiva a la negociación estatal, incluye expresamente la información y formación en seguridad y salud.

que servirá para confirmar las conclusiones alcanzadas por estudios previos; a saber, la generalizada insuficiencia de la regulación convencional en la materia[435]. Inexistentes son, asimismo, y salvo muy contadas excepciones (en su mayor parte relacionadas con el trabajo a distancia), las cláusulas orientadas a ofrecer respuesta singular para cuantos colectivos precisan de una mayor formación o, al menos, de una adaptada a sus peculiaridades.

3.1. Formación, cultura preventiva y operatividad del sistema preventivo

Buena parte de cuantos convenios se ocupan de la formación preventiva incluyen en su declaración primera relativa al compromiso con la seguridad y salud la mención a aquella como componente esencial y requisito para la satisfacción de los objetivos pretendidos. Esta conexión es expresada de formas diversas, sea conectando el fomento de la formación del personal y sus representantes con la operatividad de las políticas preventivas que se adopten[436], con la eficacia de las

---

435 El hecho de destinar un espacio amplio a regular la prevención de riesgos laborales no significa que exista un enriquecimiento cualitativo o un empleo suficiente de las posibilidades que este campo le brinda a la negociación colectiva, siendo pocos los convenios que contienen preceptos innovadores o mejoras a la norma estatal. En relación con cuanto concita el interés de este estudio, cabe concluir que la formación preventiva de los trabajadores no encuentra en la autonomía colectiva una regulación acabada, POQUET CATALÁ, R.: "Contenido preventivo en la negociación colectiva", cit., págs. 5 y 8.

436 Art. 65 VII CC de industrias de ferralla (BOE núm. 41, de 16 de febrero de 2024) o art. 70.1 VIII CC general del sector de derivados del cemento (BOE núm. 167, de 14 de julio de 2023).

acciones[437] y con la incidencia positiva en la reducción de la siniestralidad[438]; sea identificando a aquella como paso previo insoslayable (junto a información y participación) para "la implantación de una cultura de la seguridad y salud" en el trabajo[439] o como factor imprescindible para la integración total de la prevención en la actividad laboral[440].

---

437 Tal y como señala el art. 110.4 V CC marco del Grupo Endesa (BOE núm. 169, de 17 de junio de 2020), para hacer posible los principios generales de la prevención y alcanzar un mayor grado de eficacia en todas las acciones relacionadas con la seguridad y salud laboral, las empresas proporcionarán a los trabajadores la formación preventiva necesaria para que el desempeño de su trabajo se realice con las máximas garantías.

438 Dada la incidencia que la formación tiene en la prevención de accidentes y enfermedades, "se estará a lo recogido en la nueva normativa de seguridad y salud laboral", art. 55 CC de Airbus Defence and Space, SAU, Airbus Operations, SL, y Airbus Helicopters España, SA (BOE núm. 108, de 6 de mayo de 2022).

439 La comisión de salud laboral, paralela en número de miembros y proporción a la paritaria (con reuniones en las mismas fechas y condiciones), tiene la misión de integrar la prevención "en los procesos técnicos y en la organización del trabajo en todos sus niveles, conforme al principio de Seguridad Integrada", así como adoptar la acción preventiva y promocionarla en el ámbito de la acuicultura e implantar "una cultura de la seguridad y la salud laboral a través de la formación, la información y la participación", DA 4ª VII CC estatal para la acuicultura (BOE núm. 108, de 3 de mayo de 2024).

440 DA 4ª VII CC estatal para la acuicultura (BOE núm. 108, de 3 de mayo de 2024), art. 62 IV CC del Grupo Hermanos Martín (BOE núm. 85, de 10 de abril de 2023) o art. 53.2 VII CC de Supermercados Grupo Eroski (BOE núm. 101, de 28 de abril de 2022), al señalar que la dirección establecerá los programas adecuados de formación para que la prevención sea un elemento más de las actividades en la empresa.

La negociación de empresa es especialmente proclive a este tipo de declaraciones a través de las cuales las partes identifican la instrucción como elemento esencial de las acciones preventivas[441], pilar fundamental de la prevención de riesgos laborales[442], forma de colaboración de los trabajadores esencial para la seguridad y salud[443], factor de primer orden para posibilitar la consecución de los objetivos de la estrategia de empresa[444]... Dirigida, en todo caso, y como expresan algunos textos, a incrementar[445] o promover la cultura

---

441 Art. 41 III CC de BT Global ICT Business Spain, SLU (BOE núm. 148, de 19 de junio de 2024) o art. 34 XII CC de Red Eléctrica de España, SAU (BOE núm. 228, de 23 de septiembre de 2023).

442 Art. 67 III CC del Grupo Acciona Energía (BOE núm. 123, de 21 de mayo de 2024) o art. 66 III CC del grupo Naturgy (BOE núm. 47, de 24 de febrero de 2023), el cual también establece, de forma harto gráfica, que la formación "contará con la especial sensibilización de las personas trabajadoras y sus responsables, a los efectos de alcanzar todo el conocimiento necesario en materia de seguridad y salud".

443 Art. 169 III CC de Telefónica de España, SAU; Telefónica Móviles España, SAU y Telefónica Soluciones de Informática y Comunicaciones, SAU (BOE núm. 52, de 28 de febrero de 2024) o art. 62.3 V CC del Grupo de Empresas Groundforce (BOE núm. 8, de 9 de enero de 2024).

444 Y para el desarrollo de las cualidades profesionales de la plantilla, conforme expresa el art. 15.1 CC de Zurich Insurance, PLC, Sucursal en España; Zurich Vida, Compañía de Seguros y Reaseguros, SA; y Zurich Services AIE (BOE núm. 93, de 19 de abril de 2023).

445 Art. 34 VI CC para el grupo Maxam (BOE núm. 77, de 31 de marzo de 2023) o art. 55 CC del grupo Redexis Gas (BOE núm. 215, de 7 de septiembre de 2022); en ambos casos el afán de incrementar la cultura y la actividad preventiva se asume mediante la promoción de acciones de formación a nivel de grupo.

preventiva[446] y los cambios de actitud[447]; algo que requiere la voluntad recíproca de la empresa que la proporciona y de los trabajadores que la reciben[448].

Esta última mención, con dejar claro que la conducta del personal resulta relevante, en modo alguno significa ubicar en plano de igualdad a empleador y empleados, en tanto las obligaciones impuestas a estos "no tendrán ni la más mínima similitud con las exigibles al empresario, sujeto activo de la prevención y garante de la inocuidad, seguridad y salubridad de las condiciones de trabajo"[449]. Así pues, y como ya se avanzó, el trabajador habrá de afrontar sus deberes "con arreglo a su formación y siguiendo las instrucciones", además de según sus posibilidades y mediante el cumplimiento de las medidas adoptadas por el responsable. Extremo recogido en el art. 29 LPRL y reiterado en incontables convenios, bien, estableciendo que "estará obligado a seguir y cumplir las directrices que se deriven de la formación e información que reciba de la empresa"[450] (aunque lo más habitual es la repetición más

446 Art. 52 IV CC del Grupo Enagás (BOE núm. 101, de 25 de abril de 2024) o art. 53.7.1 VII CC de Supermercados Grupo Eroski (BOE núm. 101, de 28 de abril de 2022).

447 Art. 52 IV CC del Grupo Enagás (BOE núm. 101, de 25 de abril de 2024).

448 Art. 52 IV CC del Grupo Enagás (BOE núm. 101, de 25 de abril de 2024).

449 LOZANO LARES, F.: "Las obligaciones de los trabajadores en materia de prevención de riesgos laborales y su coercibilidad a través del poder disciplinario del empresario", *Temas Laborales*, núm. 50, 1999, pág. 154.

450 Art. 65.4 VII CC de industrias de ferralla o, en términos análogos (BOE núm. 41, de 16 de febrero de 2024) o art. 77.4 VIII CC general del sector de derivados del cemento (BOE núm. 167, de 14 de julio de 2023).

o menos exacta del literal legal[451]), bien tipificando como conducta sancionable el hecho de no cumplir, según aquella formación/información, las órdenes regulares dictadas en relación a la prevención de riesgos[452]. En este contexto no puede extrañar que la empresa, para evitar cualquier alegato de ignorancia por parte del trabajador, opte por proporcionar la formación con independencia del previo bagaje de conocimientos que este posea[453].

3.2. Planificación de la formación y mecanismos para garantizar su eficacia

Un rasgo característico en muchos convenios es el de aludir a la formación preventiva en el articulado destinado a la formación general o proceder a incluirla en la programación

451 Art. 29 VIII CC sectorial estatal de cadenas de tiendas de conveniencia (BOE núm. 133, de 1 de junio de 2024), art. 29.4 VII CC estatal para la acuicultura (BOE núm. 108, de 3 de mayo de 2024), art. 75 III CC nacional de los servicios de prevención ajenos (BOE núm. 194, de 15 de agosto de 2023), art. 27.I CC de Bellota Herramientas, SLU, y Bellota Agrisolutions, SLU (BOE núm. 22, de 26 de enero de 2023), art. 55 IV CC de Cash Converters, SL, y sociedades vinculadas (BOE núm. 309, de 26 de diciembre de 2022), art. 28.2 IX CC del grupo Unide (BOE núm. 145, de 18 de junio de 2022) o art. 53.3.2 VII CC de Supermercados Grupo Eroski (BOE núm. 101, de 28 de abril de 2022).

452 Art. 39.5 VI Acuerdo Laboral para el sector de la Hostelería (BOE núm. 59, de 10 de marzo de 2023).

453 Las empresas garantizarán la formación específica de sus plantillas independientemente de la formación de nivel básico, medio o superior en prevención que tuvieran acreditada, art. 75 CC 6 III CC nacional de los servicios de prevención ajenos (BOE núm. 194, de 15 de agosto de 2023).

formativa global de la empresa[454]; a menudo provocando la segmentación del régimen jurídico aplicable (no siempre de forma armónica y libre de contradicción), que acaba dividido entre el apartado dedicado a tal cuestión y el específicamente referido a la seguridad y salud laboral.

Desde un punto de vista sistemático, y de cara a salvaguardar la claridad y la coherencia interna, la opción más correcta sería tratar el tema en el seno de la regulación específica, no en vano de la LPRL se deduce el carácter singular de la formación que reclama, sin perjuicio de servirse de la técnica de la remisión en aquellos aspectos de la cualificación profesional cuya operatividad quisiera hacerse extensiva a la preventiva.

454 Los arts. 60 CC de empresas de mediación de seguros privados (BOE núm. 273, de 15 de noviembre de 2023) y 80 CC general de ámbito estatal para el sector de entidades de seguros, reaseguros y mutuas colaboradoras con la Seguridad Social (BOE núm. 310, de 27 de diciembre de 2021), señalan que es criterio de los firmantes que la formación del art. 19 LPRL "constituya parte de los programas y proyectos formativos que se desarrollen en las empresas como complemento de la cualificación profesional y para favorecer la sensibilización en esta materia por parte de todos los niveles de la empresa". También a nivel de empresa la formación preventiva es incluida en los planes de formación [art. 27.2 CC de Mapfre Grupo Asegurador (BOE núm. 219, de 12 de septiembre de 2022)], el plan anual de formación [art. 31 CC del Grupo Allianz (BOE núm. 154, de 29 de junio de 2023)], el plan general de formación [art. 11 XII CC de Red Eléctrica de España, SAU (BOE núm. 228, de 23 de septiembre de 2023), art. 50 CC del Grupo Redexis Gas (BOE núm. 215, de 7 de septiembre de 2022) o art. 53.7.1 VII CC de Supermercados Grupo Eroski (BOE núm. 101, de 28 de abril de 2022)] o los programas a integrar en los planes generales o de centro [art. 43.6 VI CC para el grupo Maxam (BOE núm. 77, de 31 de marzo de 2023)].

La especificidad de la formación regulada en la legislación de seguridad y salud se hace patente en cuantos textos dejan clara su conexión indeleble con el plan de prevención[455] o con los resultados de la evaluación de riesgos[456] o explicitan su condición de parte dentro del conjunto de intervenciones diseñadas a resultas de aquella actuación inicial de identificación y análisis de las amenazas a la integridad de los trabajadores[457].

---

455 Como indica el art. 53.7.1 VII CC de Supermercados Grupo Eroski (BOE núm. 101, de 28 de abril de 2022), la planificación de la formación se realizará en coordinación con el plan de prevención de riesgos laborales. Para un ámbito supraempresarial, se acuerda el establecimiento, por el comité estatal de salud, de un plan de salud laboral (llamado Plan integral de salud laboral), que habrá de contener "directrices y actuaciones en materias de seguridad, higiene, formación y medicina en el trabajo", art. 59.3 XXIII CC de contratas ferroviarias (BOE núm. 154, de 28 de junio de 2022).

456 Art. 64 XXIII CC de contratas ferroviarias (BOE núm. 154, de 28 de junio de 2022), art. 169 III CC de Telefónica de España, SAU; Telefónica Móviles España, SAU y Telefónica Soluciones de Informática y Comunicaciones, SAU (BOE núm. 52, de 28 de febrero de 2024), art. 11, completado por anexo 6.A).2 VIII CC de Iberdrola Grupo (BOE, núm. 52, de 2 de marzo de 2021), anexo séptimo III CC del grupo Naturgy (BOE núm. 47, de 24 de febrero de 2023), art. 38 CC de Radio Popular, SA (BOE núm. 177, de 25 de julio de 2022) o, aunque hablan de necesidades detectadas en vez de evaluación de riesgos, art. 34 VI CC para el grupo Maxam (BOE núm. 77, de 31 de marzo de 2023) o art. 55 CC del grupo Redexis Gas (BOE núm. 215, de 7 de septiembre de 2022).

457 Art. 169 III CC de Telefónica de España, SAU; Telefónica Móviles España, SAU y Telefónica Soluciones de Informática y Comunicaciones, SAU (BOE núm. 52, de 28 de febrero de 2024), art. 42.2 VIII CC de Repsol, SA (BOE núm. 77, de 31 de marzo de 2023), art. 63 CC de Repsol Petróleo, SA (Refino) (BOE núm. 50, de 28 de febrero de 2023), art. 35.2 X Acuerdo Marco del Grupo Repsol (BOE núm. 45, de 22 de febrero de 2023) o art. 11, completado en

En cualquier caso, debe tratarse de una actividad programada y planificada[458], arbitrando los mecanismos necesarios para garantizar la máxima eficacia[459], incluida, en su caso, la publicación previa del cronograma y contenidos de cada

anexo 6.A.2, VIII CC de Iberdrola Grupo (BOE núm. 52, de 2 de marzo de 2021).

458 Art. 75 IX CC estatal del corcho (BOE núm. 214, de 7 de septiembre de 2023) o art. 70.3 VIII CC general del sector de derivados del cemento (BOE núm. 167, de 14 de julio de 2023). Con particular intensidad, en art. 66 III CC del grupo Naturgy (BOE núm. 47, de 24 de febrero de 2023), en cuya virtud "la formación será consultada con los comités técnicos correspondientes", exigiendo que en la última reunión se efectúe balance de la formación realizada en el año, "así como adelanto de la planificación de acciones formativas previstas para el siguiente ejercicio"; también en art. 34 VI CC para el grupo Maxam (BOE núm. 77, de 31 de marzo de 2023) o en art. 55 CC del grupo Redexis Gas (BOE núm. 215, de 7 de septiembre de 2022), en tanto, "para incrementar la cultura preventiva e impulsar la actividad preventiva se promoverán acciones de formación a nivel global (incluida formación continua a través de las reuniones de grupo) mediante programas anuales elaborados en función de las necesidades detectadas". Igualmente, el art. 29 II CC del Grupo Vodafone España (BOE núm. 34, de 9 de febrero de 2021), pues exige que los programas formativos específicos (según tareas) y su contenido sean resumidos en el Plan de formación en seguridad y salud.

459 Aunque la cuestión apenas ha calado entre los negociadores, quienes, a lo sumo, recogen el compromiso de realizar la formación de modo eficaz [art. 41 III CC de BT Global ICT Business Spain, SLU (BOE núm. 148, de 19 de junio de 2024) o art. 34 XII CC de Red Eléctrica de España, SAU (BOE núm. 228, de 23 de septiembre de 2023)] o reclaman, sin mayor especificación, el establecimiento de métodos de control y seguimiento necesarios para garantizar aquella eficacia, art. 39.3 IV CC de las empresas integradas en la unidad de negocio de Abertis Autopistas España (UNaAE (BOE núm. 310, de 28 de diciembre de 2023).

acción[460] (con intranet como alternativa óptima para una mayor accesibilidad[461]) o la exigencia de que los destinatarios superen una prueba de aptitud que acredite la adquisición de las debidas competencias[462].

Asimismo, constituye condición ineludible para la fortaleza de lo planificado la participación de los representantes de los trabajadores, no solo a fin de beneficiarse de las ventajas que proporciona el refrendo de la plantilla[463], sino, especialmente, porque la ley reclama su implicación en el proyecto y organización de la formación preventiva. Exigencia a satisfacer (además de por medio de los cauces genéricos del ET y la LO 11/1985, de 2 de agosto, de libertad sindical) a través de los cauces previstos en la LPRL [arts. 33.1.e) en relación con art. 36 -delegados de prevención- y art. 39.1.a) LPRL -comité de seguridad y salud-] o por medio de otras instancias de origen convencional nacidas a partir de la habilitación para atribuir las competencias de los delegados a órganos surgidos de la negociación colectiva (art. 35.4 LPRL).

---

460 Art. 44 IV CC de las empresas integradas en la unidad de negocio de Abertis Autopistas España (UNaAE) (BOE núm. 310, de 28 de diciembre de 2023) o art. 60 CC III CC del Grupo Acciona Energía (BOE núm. 123, de 21 de mayo de 2024), aunque este solo alude a información sobre planes de formación.

461 Art. 60 III CC del Grupo Acciona Energía (BOE núm. 123, de 21 de mayo de 2024).

462 Paradigmático el VII CC general del sector de la construcción (BOE núm. 228, de 23 de septiembre de 2023), que supedita la conclusión de la acción formativa a la superación de una evaluación de aptitud, tanto en la formación de primer y segundo ciclo (arts. 142 y 143, respectivamente), como en la formación de primeros auxilios (art. 144) o en cuanto hace al nivel básico de prevención en la construcción (art. 145).

463 COBOS SANCHIZ, D.; INÉS CLAZÓN, A. y PÉREZ SOLANO, M.J.: *Evidencias científicas bibliográficas sobre formación de trabajadores en prevención de riesgos laborales*, cit., págs. 60-62.

Constituye esta una cuestión reiterada en los convenios analizados. A veces insistiendo en cuanto disponen los mentados arts. 33 y 39 LPRL[464], o recogiendo el derecho de los representantes legales a ser informados[465], pero otras atribuyendo facultades de intervención -en el fomento de acciones, en su diseño o en la vigilancia de su realización- a comisiones paritarias creadas para asumir funciones en materia de seguridad

---

464 El derecho de consulta de los delegados de prevención es reiterado, por ejemplo, y entre más, en art. 64 XXIII CC de contratas ferroviarias (BOE núm. 154, de 28 de junio de 2022), art. 43.4 VIII CC de Repsol, SA (BOE núm. 77, de 31 de marzo de 2023), art. 67.d) CC de Repsol Petróleo, SA (Refino) (BOE núm. 50, de 28 de febrero de 2023) o art. 36.4 X Acuerdo Marco del Grupo Repsol (BOE núm. 45, de 22 de febrero de 2023). El rol del comité de seguridad y salud, por su parte, y también entre muchos, en los citados convenios de Repsol (art. 45.1), Repsol Petróleo (art. 65.1) y Acuerdo Marco del Grupo Repsol (art. 38.1 y DA II.4) o el art. 44 IV CC de las empresas integradas en la unidad de negocio de Abertis Autopistas España (UNaAE) (BOE núm. 310, de 28 de diciembre de 2023). Con matices que vendrían a añadirse a cuanto pauta el legislador, art. 40.2 del mentado Acuerdo Marco de Repsol [corresponde al comité "proponer a la dirección del grupo programas anuales, incluyendo la formación e información que se debe impartir a los trabajadores"] o anexo 6.D9 VIII CC de Iberdrola Grupo (BOE núm. 52, de 2 de marzo de 2021) [a él compete "promover la formación adecuada de todos los trabajadores en materia de prevención de riesgos laborales, siendo informado de los planes y cursos de enseñanza, formación y divulgación que sobre la materia se elaboren por el servicio de prevención mancomunado de Iberdrola"].

465 Art. 44 IV CC de las empresas integradas en la unidad de negocio de Abertis Autopistas España (UNaAE) (BOE núm. 310, de 28 de diciembre de 2023), art. 71 V CC del Grupo Hermanos Martín (BOE núm. 85, de 10 de abril de 2023) o art. 27.II CC de Bellota Herramientas, SLU, y Bellota Agrisolutions, SLU (BOE núm. 22, de 26 de enero de 2023).

y salud laboral (más habitual en el ámbito sectorial[466] o en los grupos de empresas[467]).

---

466 Art. 122.d) VII CC general del sector de la construcción (BOE núm. 228, de 23 de septiembre de 2023) [al Órgano paritario para la prevención le corresponde la "organización y desarrollo" de la formación preventiva; las acciones se realizarán como acuerde el Patronato de la FLC (art. 136)], art. 53 VI Acuerdo Laboral para el sector de la Hostelería (BOE núm. 59, de 10 de marzo de 2023) [la Comisión estatal sectorial de seguridad y salud participa "en los procedimientos, contenido y organización de las actividades de información y formación" en materia de seguridad y salud], art. 45.3 XXV CC estatal de oficinas de farmacia (BOE núm. 311, de 28 de diciembre de 2022) [la Comisión paritaria sectorial de seguridad y salud debe vigilar el cumplimiento de las obligaciones preventivas de la empresa, especialmente en cuanto hace a la "adopción de medidas y asistencia para la correcta información y formación"], art. 59.3 XXIII CC de contratas ferroviarias (BOE núm. 154, de 28 de junio de 2022) [su Comisión mixta estatal de seguridad y salud ha de centrarse, "con carácter prioritario", en promover la colaboración de los trabajadores "en el área de prevención mediante el impulso en la realización de cursos de formación para los delegados y responsables de prevención, facilitando información y documentación periódica"] o, por no seguir, art. 80.2 CC general de ámbito estatal para el sector de entidades de seguros, reaseguros y mutuas colaboradoras con la Seguridad Social (BOE núm. 310, de 27 de diciembre de 2021) [en la comisión mixta de vigilancia e interpretación se analizarán y valorarán iniciativas sectoriales que fomenten la formación preventiva].

467 Arts. 82 y 94 III CC del Grupo Acciona Energía (BOE núm. 123, de 21 de mayo de 2024) [consulta a la Comisión de secciones sindicales en relación con los planes de formación preventiva, así como información al delegado coordinador sindical del grupo de la planificación anual en prevención de riesgos laborales y planes de formación *ad hoc*], art. 85 IV CC del Grupo Hermanos Martín (BOE núm. 85, de 10 de abril de 2023) [el Comité Interempresa, elabora y propone, junto a los delegados de prevención, planes de formación], art. 37 VI CC para el grupo Maxam (BOE núm. 77, de 31 de marzo de 2023) [en cada comité paritario de prevención se incrementarán

3.3. Momento en que debe proporcionarse la formación

Señala el art. 19 LPRL, conforme consta, que la formación habrá de proporcionarse en el momento de la contratación, pero también cuando se alteren las funciones del trabajador, se introduzcan nuevas tecnologías o tengan lugar cambios en los equipos de trabajo. Establece, igualmente, que habrá de facilitarse siempre que sea posible dentro de la jornada, ofreciendo como segunda opción, de no resultar viable lo anterior, su realización en otras horas, pero descontando de aquella el tiempo invertido.

Este es el planteamiento recibido, en general y sin apenas variación, en los convenios, cuya máxima originalidad reside en adicionar a cuanto marca el art. 19 LPRL, campañas formativas divulgativas en momentos puntuales en los que resulte preciso[468]. También en reclamar el adiestramiento antes de que la persona comience a desempeñar cualquier puesto[469] o de ser asignado al mismo[470], su programación como activi-

los mecanismos de participación en la elaboración del plan anual de formación en la materia] o art. 110.4 V CC marco del Grupo Endesa (BOE núm. 169, de 17 de junio de 2020) [la formación se proporcionará siguiendo los criterios adoptados en la comisión de participación en la planificación y control de la gestión de la actividad preventiva].

468 Art. 55.7 III CC de Bureau Veritas Inspección y Testing, SLU y Bureau Veritas Solutions Iberia, SLU (BOE núm. 74, de 25 de marzo de 2024).

469 Art. 64.2 XXIII CC de contratas ferroviarias (BOE núm. 154, de 28 de junio de 2022). Sobre movilidad funcional, arts. 13.4 y 24.2 V CC marco del Grupo Endesa (BOE núm. 169, de 17 de junio de 2020).

470 Art. 46.1 VIII CC de Repsol, SA (BOE núm. 77, de 31 de marzo de 2023) o art. 66.1 CC de Repsol Petróleo, SA (Refino) (BOE núm. 50, de 28 de febrero de 2023).

dad continuada a lo largo de toda la vida laboral[471] o su ejecución siempre dentro de la jornada[472]. Asimismo, en fin, en establecer algunas especificaciones sobre la compensación de los períodos de formación con descansos, entre las que destacan las siguientes: de una parte, la mejora merced a la cual se otorga un beneficio no salarial y simbólico por la asistencia a cursos de prevención desarrollados fuera de la jornada de trabajo[473]; de otra, sendas limitaciones, consistentes, una, en exigir aquella compensación de las horas dentro de los treinta días siguientes[474], y, la otra, en imputar las destinadas a la formación preventiva al crédito otorgado a los trabajadores para su cualificación profesional[475], lo que, en última instancia, significa reducir el alcance de este, el cual, por cierto, no podrá nunca obrar como límite máximo de tiempo a los efectos de dar cumplimiento a lo pautado por el art. 19 LPRL.

Existen, de hecho, algunas previsiones abiertamente ilegales, en la medida en que portan restricciones contrarias a la naturaleza de derecho necesario mínimo indisponible que acompañada a los derechos recogidos en la LPRL, según indica su art. 2[476]. Así, la reclamación de gravedad en los daños que pudiera ocasionar la introducción de una nueva técnica como

---

471 Art. 53.7.1 CC 6 VII CC de Supermercados Grupo Eroski (BOE núm. 101, de 28 de abril de 2022).

472 Art. 71 IV CC del Grupo Hermanos Martín (BOE núm. 85, de 10 de abril de 2023).

473 Una compensación de salida diurna, más gastos de desplazamiento, art. 14 II CC de Nortegas (BOE núm. 28, de 1 de febrero de 2024).

474 Art. 72 V CC del Grupo de Empresas Groundforce (BOE núm. 8, de 9 de enero de 2024).

475 Art. 48 CC de Ilunion Accesibilidad, SAU (BOE núm. 15, de 17 de enero de 2024).

476 La formación preventiva debe considerarse como tiempo de trabajo efectivo; algo que el convenio no puede neutralizar, por lo que serán nulas las cláusulas que lo hagan, POQUET CATALÁ, R.: "A vuel-

condición para hacer imperativa la formación preventiva[477] o la ubicación de esta (no retribuida) en los períodos de inactividad de los trabajadores fijos discontinuos[478].

3.4. Contenido y duración de la formación

Con carácter general, y como ya indicara no mucho tiempo atrás la doctrina, son pocos los convenios que detallan el contenido formativo (y, en paralelo, su duración); excepción hecha de algunos muy destacados como los suscritos en el sector metal o para la construcción[479]. Aún hoy, el último de los citados obra como referente por su detallada regulación de esta cuestión (acorde con lo exigido por la Ley 32/2006), cuyos mimbres fundamentales se podrían sintetizar en los siguientes términos[480]:

Tras establecer una regla de articulación que reserva la regulación de la formación preventiva a la negociación estatal (art. 12), explicita los motivos al señalar, en relación con las acciones y actuaciones a realizar en relación con sus contenidos, que "tienen que ser análogas, homogéneas y coordinadas en todo el territorio nacional", correspondiendo a la Fundación

---

tas con la formación en materia de prevención de riesgos laborales de las personas trabajadoras", cit., pág. 13.

477 Art. 10.2 CC para las cajas y entidades financieras de ahorro (BOE núm. 137, de 6 de junio de 2024) o art. 58 CC básico, de ámbito estatal, para la fabricación de conservas vegetales (BOE núm. 261, de 1 de noviembre de 2023).

478 Art. 18.4 CC del Grupo ISRG (BOE núm. 187, de 7 de agosto de 2023).

479 POQUET CATALÁ, R.: "Contenido preventivo en la negociación colectiva", cit., págs. 8-9.

480 CC general del sector de la construcción (BOE núm. 228, de 23 de septiembre de 2023).

Laboral de la Construcción (FLC) "ser el hilo conductor de los principios y directrices a desarrollar en los programas formativos y contenidos específicos de carácter sectorial y para los trabajos de cada especialidad, a fin de que de forma equivalente se establezcan los mismos niveles de aplicación y cumplimiento en cada uno de los Consejos Territoriales" (art. 139.2)[481]. Con todo, como también establece abiertamente, las acciones a elaborar estarán dirigidas prioritariamente a la empresa, por ser la figura fundamental para la implantación del sistema de gestión de la prevención y en la formación e información de las personas trabajadoras (art. 139.4).

Acto seguido, contempla dos ciclos de formación, en los que se otorga especial relevancia a su componente práctico (art. 141.5). El primero, que comprenderá la formación inicial sobre los riesgos del sector (principios básicos y conceptos generales, así como fomento del interés en la seguridad y salud) y será suficiente para cuantos realicen trabajos que no tienen asociados riesgos especiales (vigilantes, personal de limpieza o suministradores), se regula en el art. 142 y el anexo XII, al que remite.

El segundo incluye la formación inicial (además de la exigida como mínimo al alumnado de formación en alternancia y para la obtención de la práctica profesional) y, a mayores, debe transmitir conocimientos y normas específicas en relación con el puesto de trabajo o el oficio, integrándose por una parte común y otra específica a impartir a cuantos realizan actividades multifunción y polivalentes (arts. 141.1 y 143.4). El art. 143.2 regula este segundo ciclo por puesto (personal directivo, responsables de obra y técnicos de ejecución, mandos intermedios, delegados de prevención, administrativos) o por ofi-

481 Análoga intención en el art. 82 VII CC de industrias de ferralla (BOE núm. 41, de 16 de febrero de 2024), según el cual los planes y contenidos se homogeneizarán a nivel nacional por el Organismo paritario.

cio (de la extensa lista incorporada al art. 143.3) y establece la duración de los bloques común y específico, remitiendo el contenido al aludido anexo XII.

Sentado lo anterior, la norma establece que quienes presten servicios en empresas incluidas en su ámbito y desarrollen su actividad en obras de la construcción deben disponer al menos de formación inicial, mientras que cuantos realicen actividades en alguno de los puestos u oficios enumerados en el art. 143.2 y 143.3, respectivamente, deben cursar la formación que resulte pertinente (art. 141.3 y 4).

Además, el convenio contempla la posibilidad de impartir la acción formativa preventiva de nivel básico correspondiente al sector (arts. 141.2 y 145) y otras específicas por oficios (art. 141.6). También establece los parámetros elementales de la instrucción en primeros auxilios dirigida a quienes asuman estas tareas dentro de los equipos de emergencia (arts. 144 y 234.1), con el contenido y duración del anexo XII, al que se remite también la mentada formación básica. Regula, asimismo, la formación propia de montadores de andamios (art. 178) o para su inspección (art. 179), de las personas que utilicen técnicas de acceso y posicionamiento mediante cuerdas (art. 195), de quienes manejan aparatos elevadores y accesorios de izado (art. 217), de conductores y personal encargado de la maquinaria de movimientos de tierras (arts. 223 y 224) y de las personas que utilicen equipos de trabajo, incluidas herramientas manuales o sin motor (art. 226).

La influencia de este convenio sectorial es patente en otros; así ocurre, por ejemplo, en el caso de la norma de industrias de ferralla, al menos en cuanto hace a la exigencia de formación "en relación con el puesto de trabajo y familia profesional", la regulación del programa para el nivel básico de prevención en la construcción y el detalle de los contenidos y la duración para cada puesto, cuando se trate de directivos, responsables de obra y técnicos de ejecución, mandos intermedios, delegados de prevención o actividades de ferrallado[482]. Inspiración también evidente en el convenio de derivados del cemento, que contempla formación por cada oficio o puesto de conformidad con el diseño desarrollado por la comisión paritaria de seguridad y salud de acuerdo con lo plasmado en la norma paccionada, la cual habla de formación inicial y específica (cada una de tres horas de extensión y con el contenido marcado)[483]; extremos a los que el suscrito para el sector del corcho añade la mención a la dirigida a trabajadores designados, personal encargado de la prevención, mandos intermedios y empresarios que asuman la prevención o recursos preventivos presentes (nivel básico)[484].

Al margen de estas muestras señeras, y de alguna otra que efectúa un leve intento de concreción[485], el resto de los convenios suelen limitarse a alusiones parciales a algunas cuestiones que, bajo su parecer, deben es objeto de atención preferente o necesaria en el desarrollo de la formación: maquinaria y tecnología empleada[486]; presencia de agentes

---

[482] Arts. 82 y ss. VII CC de industrias de ferralla (BOE núm. 41, de 16 de febrero de 2024).

[483] VIII CC general del sector de derivados del cemento (BOE núm. 167, de 14 de julio de 2023).

[484] Art. 84 IX CC estatal del corcho (BOE núm. 214, de 7 de septiembre de 2023).

[485] Exigiendo formación acerca de los procesos y/o medidas preventivas a tener en cuenta en el desarrollo de sus funciones (diseño de centros o lugares de trabajo, mejora, mantenimiento...) de acuerdo a las tareas concretas desarrolladas (oficina, trabajos en altura, uso de equipos e instalaciones...), así como que los programas específicos y su contenido sean resumidos en el Plan de formación en seguridad y salud, art. 29 II CC del Grupo Vodafone España (BOE núm. 34, de 9 de febrero de 2021).

[486] Art. 75 VII CC general de ámbito nacional del sector de aparcamientos y garajes (BOE núm. 120, de 17 de mayo de 2024).

químicos[487]; técnicas, equipos o materiales que puedan ocasionar riesgos[488]; seguridad industrial[489]; control de los factores psicosociales[490]; cambios organizativos generados por las nuevas tecnologías[491]; uso y mantenimiento de material de seguridad[492]; medios y prendas de protección personal[493]; productos, procedimientos, protección y EPIs[494]; primeros auxilios y emergencias[495]; etc. En ocasiones mostrando especial concreción en relación con la formación de los delegados de prevención, tal y como habrá ocasión de hacer constar en un momento posterior del presente análisis.

Para concluir, es preciso dejar constancia de cómo, en paralelo a la regulación de la materia preventiva, otras tres cuestiones anexas ocupan un lugar destacado en el binomio formación-prevención tal y como es configurado en la negociación colectiva, aunque sea sin aportar especial novedad respecto a cuanto ya dispone el legislador:

---

487 Art. 57 V CC estatal de instalaciones deportivas y gimnasios (BOE núm. 23, de 26 de enero de 2024).

488 Art. 59 CC de empresas vinculadas Bolsas y Mercados Españoles (BOE núm. 207, de 27 de agosto de 2024).

489 Art. 51 II CC del Grupo Parcial Cepsa (BOE núm. 52, de 28 de febrero de 2024).

490 Art. 66 III CC del grupo Naturgy (BOE núm. 47, de 24 de febrero de 2023).

491 Art. 169 IV CC de las empresas integradas en la unidad de negocio de Abertis Autopistas España (UNaAE) (BOE núm. 310, de 28 de diciembre de 2023).

492 Art. 71 IV CC del Grupo Hermanos Martín (BOE núm. 85, de 10 de abril de 2023).

493 Art. 27.I CC de Bellota Herramientas, SLU, y Bellota Agrisolutions, SLU (BOE núm. 22, de 26 de enero de 2023).

494 Art. 72 V CC del Grupo de Empresas Groundforce (BOE núm. 8, de 9 de enero de 2024).

495 Art. 71 IV CC del Grupo Hermanos Martín (BOE núm. 85, de 10 de abril de 2023).

En primer lugar, la exigencia de formación adecuada y singular sobre los riesgos profesionales del teletrabajo[496], concretada en un curso específico[497]. Los negociadores pormenorizan algo más cuando determinan que, siendo necesario que el teletrabajador "complete la formación en prevención de riesgos laborales establecida por el servicio de prevención", en particular la relativa a pantallas de visualización de datos (lo cual habrá de tener lugar con carácter previo al comienzo de la prestación a distancia), ello no obsta para acometer cuantas otras acciones educativas reclamen los resultados de la evaluación de riesgos[498]. O cuando reclaman que el servicio de seguridad y salud de la empresa forme a los teletrabajadores en relación con las adecuaciones ergonómicas y de seguridad y salud a llevar a cabo para adaptar el espacio de trabajo en su domicilio[499].

En segundo término, la alusión a acciones de formación y sensibilización sobre la protección y respeto del derecho a la desconexión digital y laboral y sobre el uso razonable y adecuado de las TICs, recogida bajo distintos literales, pero con

---

[496] Anexo 8 CC de Siemens Energy, SA (BOE núm. 128, de 27 de mayo de 2024), art. 17.7 y 12 CC del Grupo Asegurador Reale (BOE núm. 259, de 30 de octubre de 2023), anexo V, art. 8, CC del grupo Redexis Gas (BOE núm. 215, de 7 de septiembre de 2022), art. 30 II CC del Grupo Vodafone España (BOE núm. 34, de 9 de febrero de 2021) o anexo VII.2 y 8 CC de empresas vinculadas Bolsas y Mercados Españoles (BOE núm. 207, de 27 de agosto de 2024).

[497] Anexo V.1) III CC de Telefónica de España, SAU; Telefónica Móviles España, SAU y Telefónica Soluciones de Informática y Comunicaciones, SAU (BOE núm. 52, de 28 de febrero de 2024) o art. 13 CC del Grupo AXA (BOE núm. 304, de 21 de diciembre de 2023).

[498] Anexo séptimo III CC del grupo Naturgy (BOE núm. 47, de 24 de febrero de 2023).

[499] Art. 19.11 CC del Grupo Asegurador Reale (BOE núm. 259, de 30 de octubre de 2023).

idéntica intención[500]. Aunque no se concretan cuales serán esas actuaciones, en algún caso se afirma que irán dirigidas a todos los niveles de la organización[501] (incluidos los puestos directivos[502]), que la elaboración de la política interna al respecto habrá de pasar por el trámite de audiencia previa a los representantes de los trabajadores[503] o que la finalidad es evitar la fatiga informativa[504] o la sobrecarga informática[505].

---

500 Art. 13.5 CC para las cajas y entidades financieras de ahorro (BOE núm. 137, de 6 de junio de 2024), art. 28 *bis* CC 18 VIII CC sectorial estatal de cadenas de tiendas de conveniencia (BOE núm. 133, de 1 de junio de 2024), arts. 113 y 115 IX CC estatal del corcho (BOE núm. 214, de 7 de septiembre de 2023), art. 68 II CC del Grupo Parcial Cepsa (BOE núm. 52, de 28 de febrero de 2024), art. 21 CC del Grupo Supermercados Carrefour (BOE núm. 141, de 14 de junio de 2023), anexo VI.7 CC de empresas vinculadas Bolsas y Mercados Españoles (BOE núm. 207, de 27 de agosto de 2024), art. 21 CC del Grupo Cetelem (BOE núm. 77, de 31 de marzo de 2023), art. 41 y Anexo VI CC 13 CC del grupo Redexis Gas (BOE núm. 215, de 7 de septiembre de 2022) o art. 31 II CC del Grupo Vodafone España (BOE núm. 34, de 9 de febrero de 2021).

501 Art. 13.5 CC para las cajas y entidades financieras de ahorro (BOE núm. 137, de 6 de junio de 2024), art. 21 CC del Grupo Supermercados Carrefour (BOE núm. 141, de 14 de junio de 2023) o art. 31 II CC del Grupo Vodafone España (BOE núm. 34, de 9 de febrero de 2021).

502 Art. 28 *bis* CC 18 VIII CC sectorial estatal de cadenas de tiendas de conveniencia (BOE núm. 133, de 1 de junio de 2024).

503 Art. 28 *bis* CC 18 VIII CC sectorial estatal de cadenas de tiendas de conveniencia (BOE núm. 133, de 1 de junio de 2024).

504 Art. 68 II CC del Grupo Parcial Cepsa (BOE núm. 52, de 28 de febrero de 2024) o art. 28 *bis* CC 18 VIII CC sectorial estatal de cadenas de tiendas de conveniencia (BOE núm. 133, de 1 de junio de 2024).

505 Art. 41 y Anexo VI CC del grupo Redexis Gas (BOE núm. 215, de 7 de septiembre de 2022).

Por último, la inclusión –en el marco de las acciones para prevenir situaciones de acoso– de medidas de formación y concienciación sobre los principios y valores que deben respetarse en la empresa y sobre las conductas que no se admiten[506]. En algunos ejemplos se reclama la negociación con los representantes del personal[507] o, al menos, su participa-

---

506 DA 5ª VII CC estatal para la acuicultura (BOE núm. 108, de 3 de mayo de 2024), art. 123 VII CC de industrias de ferralla (BOE núm. 41, de 16 de febrero de 2024), anexo XI.4 CC básico, de ámbito estatal, para la fabricación de conservas vegetales (BOE núm. 261, de 1 de noviembre de 2023) o art. 105 IX CC estatal del corcho (BOE núm. 214, de 7 de septiembre de 2023). Con análogo sentido, art. 58 CC estatal de instalaciones deportivas y gimnasios (BOE núm. 23, de 26 de enero de 2024), art. 89 CC de empresas de mediación de seguros privados (BOE núm. 273, de 15 de noviembre de 2023), art. 69 III CC nacional de los servicios de prevención ajenos (BOE núm. 194, de 15 de agosto de 2023), art. 51 VI Acuerdo Laboral para el sector de la Hostelería (BOE núm. 59, de 10 de marzo de 2023), art. 13 CC para las cajas y entidades financieras de ahorro (BOE 137, de 6 de junio de 2024), art. 116.4 VII CC de industrias de ferralla (BOE núm. 41, de 16 de febrero de 2024), anexo 7, 5.2.4 CC de Siemens Energy, SA (BOE núm. 128, de 27 de mayo de 2024), art. 45 y Anexo 7, 3.2 y 3.6 IV CC de las empresas integradas en la unidad de negocio de Abertis Autopistas España (UNaAE) (BOE núm. 310, de 28 de diciembre de 2023), art. 43.6º CC del Grupo AXA (BOE núm. 304, de 21 de diciembre de 2023), disposición final 2ª VII CC de Supermercados Grupo Eroski (BOE núm. 101, de 28 de abril de 2022) o anexo 18.2 V CC marco del Grupo Endesa (BOE núm. 169, de 17 de junio de 2020).

507 Disposición final 2ª VII CC de Supermercados Grupo Eroski (BOE núm. 101, de 28 de abril de 2022), art. 51 VI Acuerdo Laboral para el sector de la Hostelería (BOE núm. 59, de 10 de marzo de 2023) [negociación con las representaciones unitaria y sindical] o art. 89 CC de empresas de mediación de seguros privados (BOE núm. 273, de 15 de noviembre de 2023) [en el seno de la comisión de igualdad].

ción[508]; también se hace mención particular a los directivos como destinatarios[509] o al necesario adiestramiento, bien de cuantos integran el órgano instructor[510], bien de sus asesores[511], bien de todos los implicados en los procedimientos de prevención, control y sanción de aquellas conductas[512]. De hecho, la existencia de tales acciones de formación, sensibilización y prevención es tomada en consideración en el diagnóstico de la situación de la igualdad por razón de género a efectos de diseñar el oportuno plan[513].

3.5. Formación de los mandos y de los representantes de los trabajadores

Aun cuando todos los trabajadores han de estar en condiciones de colaborar con la empresa en la consecución de entornos de trabajo seguros, salta a la vista que algunos de ellos están llamados a asumir una función particularmente destacada. Así ha quedado patente en aquellos convenios, ya analizados, que vinculan el contenido y duración de la formación con el puesto desempeñado; constando alusión expresa, entre otros, a directivos o delegados de prevención. Tal es el caso

---

508 Art. 69 III CC nacional de los servicios de prevención ajenos (BOE núm. 194, de 15 de agosto de 2023).

509 Art. 58 V CC estatal de instalaciones deportivas y gimnasios (BOE núm. 23, de 26 de enero de 2024).

510 Art. 105.3.3 IX CC estatal del corcho (BOE núm. 214, de 7 de septiembre de 2023).

511 Disposición final 2ª VII CC de Supermercados Grupo Eroski (BOE núm. 101, de 28 de abril de 2022).

512 Art. 58 CC estatal de instalaciones deportivas y gimnasios (BOE núm. 23, de 26 de enero de 2024).

513 Anexo 2 VI Acuerdo Laboral para el sector de la Hostelería (BOE núm. 59, de 10 de marzo de 2023).

de las normas pactadas para los sectores de la construcción, la ferralla o el corcho.

No son muchos más los que contemplan de forma expresa la formación de las personas que ocupan posiciones de mando y cuantos lo hacen a veces se limitan a menciones sin mayor relevancia[514]. Sí son numerosos, en cambio, y como ya destacara doctrina previa[515], los convenios que detienen su atención en los delegados de prevención (o, dando un paso más, en la integridad de los miembros del comité de seguridad y salud); incluso en los representantes unitarios y sindicales.

La formación preventiva de cuantos ostentan la representación regulada en el ET es prevista en ocasiones a través de cláusulas genéricas, limitadas a imponer la impartición de un programa adecuado al ejercicio de sus labores en la materia[516]; en otras, pormenorizando solo un poco más, se especifican

514 El art. 72 VCC del Grupo de Empresas Groundforce (BOE núm. 8, de 9 de enero de 2024) tan solo alude a la obligación de formación a trabajadores y mandos. Por su parte, el art. 59.3 XXIII CC de contratas ferroviarias (BOE núm. 154, de 28 de junio de 2022) se limita a prever la colaboración de los trabajadores mediante el impulso en la realización de cursos de formación para responsables de prevención.

515 El interés de los negociadores por la formación de los representantes de los trabajadores, en particular la de los delegados de prevención, ya fue destacada dos décadas atrás en la obra de referencia publicada por MELÉNDEZ MORILLO-VELARDE, L.: *La prevención de riesgos laborales en la negociación colectiva*, Pamplona (Aranzadi), 2004, págs. 78 y ss.

516 La empresa proporcionará a los representantes legales de los trabajadores la formación preventiva necesaria para el adecuado ejercicio de sus funciones, asegurándose de que el programa formativo sea adecuado, art. 29 II CC del Grupo Vodafone España (BOE núm. 34, de 9 de febrero de 2021).

algunas cuestiones temporales[517] o de contenido[518]. La de quienes asumen la implementada en los términos de la LOLS se contempla circunscrita en ocasiones a los riesgos derivados de la presencia de químicos[519], pero también es reclamada formación de nivel intermedio[520], cuya garantía se impone igualmente para los responsables de salud laboral de los sindicatos integrantes de la comisión negociadora del propio acuerdo marco[521].

En todo caso, el interés mostrado hacia los delegados de prevención resulta muy superior, destacando los siguientes aspectos del régimen jurídico aplicable a su formación:

Primero, la aludida extensión de la regulación al respecto no solo a estos delegados, sino también a la totalidad de miembros del comité de seguridad y salud[522].

---

517 La formación preventiva de los representantes legales (no especifica delegados de prevención) se establecerá a través de un programa de formación anual, art. 71 IV CC del Grupo Hermanos Martín (BOE núm. 85, de 10 de abril de 2023).

518 Se facilitará un curso de prevención y otro de M. & T. a todos los miembros de los comités de empresa que lo deseen, siendo a su cargo el 50% de las horas destinadas a ello, salvo para los que pertenezcan a las comisiones correspondientes, art. 76 VI CC de Baxi Calefacción, SLU, de Dietrich Thermique Iberia, SL, y Baxi Sistemas y Servicios de Climatización, SLU (BOE núm. 61, de 12 de marzo de 2022).

519 Art. 57 V CC estatal de instalaciones deportivas y gimnasios (BOE núm. 23, de 26 de enero de 2024).

520 Art. 41.2 VIII CC de Repsol, SA (BOE núm. 77, de 31 de marzo de 2023), art. 63.3 CC de Repsol Petróleo, SA (Refino) (BOE núm. 50, de 28 de febrero de 2023) o art. 33 X Acuerdo Marco del Grupo Repsol (BOE núm. 45, de 22 de febrero de 2023).

521 Art. 39.2 X Acuerdo Marco del Grupo Repsol (BOE núm. 45, de 22 de febrero de 2023).

522 Art. 29.4 VII CC estatal para la acuicultura (BOE núm. 108, de 3 de mayo de 2024), art. 66 CC de industrias de ferralla (BOE núm. 41,

Segundo, el requisito de adecuación a las funciones asignadas (incluyendo, en su caso, riesgos generales o específicos)[523] o, en un ejercicio de superior concreción, la exigencia de un curso equiparable al nivel básico[524], en algún caso determinando que será con la duración de cincuenta horas prevista en el RSP[525] o con una prolongación elevada hasta sesenta[526]. A mayores, y con la generalidad como pauta, existen remisiones a programas especiales de instrucción dentro de los planes

---

de 16 de febrero de 2024) o art. 71 CC general del sector de derivados del cemento (BOE núm. 167, de 14 de julio de 2023).

523 Art. 64 III CC del grupo Naturgy (BOE núm. 47, de 24 de febrero de 2023). El contenido de la formación "estará siempre en consonancia con la especificidad propia de los centros de trabajo de la ONCE y de las tareas realizadas por sus trabajadores", art. 84.4 VII CC de la Organización Nacional de Ciegos y su personal (BOE núm. 294, de 8 de diciembre de 2022).

524 Art. 66 CC de industrias de ferralla (BOE núm. 41, de 16 de febrero de 2024), art. 71 CC general del sector de derivados del cemento (BOE núm. 167, de 14 de julio de 2023), art. 44 IV CC de las empresas integradas en la unidad de negocio de Abertis Autopistas España (UNaAE) (BOE núm. 310, de 28 de diciembre de 2023), art. 41.1 VIII CC de Repsol, SA (BOE núm. 77, de 31 de marzo de 2023), art. 63.2 CC de Repsol Petróleo, SA (Refino) (BOE núm. 50, de 28 de febrero de 2023), art. 33 X Acuerdo Marco del Grupo Repsol (BOE núm. 45, de 22 de febrero de 2023) o art. 64 III CC del grupo Naturgy (BOE núm. 47, de 24 de febrero de 2023).

525 Art. 71 CC general del sector de derivados del cemento (BOE núm. 167, de 14 de julio de 2023), art. 44 IV CC de las empresas integradas en la unidad de negocio de Abertis Autopistas España (UNaAE) (BOE núm. 310, de 28 de diciembre de 2023) o art. 64 III CC del grupo Naturgy (BOE núm. 47, de 24 de febrero de 2023).

526 Art. 66 CC de industrias de ferralla (BOE núm. 41, de 16 de febrero de 2024).

generales de formación del grupo[527] o empresa[528], pudiendo incluir acciones promovidas directamente por los sindicatos para sus delegados[529]. También, el compromiso de la empresa de valorar la posibilidad de facilitar los recursos necesarios para los delegados que soliciten formación complementaria referida a seguridad, salud y prevención de riesgos[530].

Tercero, el reconocimiento del mismo crédito horario que disfrutan los representantes unitarios, lo que nada nuevo aporta a lo ya dispuesto en la ley, salvo que también se proceda a su mejora incrementando el número de horas[531], las cuales podrían acabar quedando neutralizadas en todo o en parte si las acciones formativas son imputadas a las mismas[532], pues del

527 Art. 53 IV CC del Grupo Enagás (BOE núm. 101, de 25 de abril de 2024).

528 Consultados en el seno del comité de seguridad y salud, art. 46.2 VIII CC de Repsol, SA (BOE núm. 77, de 31 de marzo de 2023), art. 66.2 CC de Repsol Petróleo, SA (Refino) (BOE núm. 50, de 28 de febrero de 2023) o art. 39.2 X Acuerdo Marco del Grupo Repsol (BOE núm. 45, de 22 de febrero de 2023).

529 Art. 46.2 VIII CC de Repsol, SA (BOE núm. 77, de 31 de marzo de 2023), art. 66.2 CC de Repsol Petróleo, SA (Refino) (BOE núm. 50, de 28 de febrero de 2023) o art. 39.2 X Acuerdo Marco del Grupo Repsol (BOE núm. 45, de 22 de febrero de 2023).

530 Art. 29 II CC del Grupo Vodafone España (BOE núm. 34, de 9 de febrero de 2021).

531 De hecho, deben reputarse ilegales cuantas cláusulas convencionales pretendan imputar el tiempo de formación al crédito de los representantes, pues ello significaría su reducción. Esta tacha merecerá, si así es interpretado, el art. 84 IX CC estatal del corcho (BOE núm. 214, de 7 de septiembre de 2023), en tanto establece que los delegados dispondrán del mismo crédito que los representantes legales para realizar sus actividades y que dicho tiempo se podrá acumular para realizar cursos de formación preventiva.

532 Según el art. 66 CC de industrias de ferralla (BOE núm. 41, de 16 de febrero de 2024) el crédito (una hora) añadido sobre el legal se puede acumular para realizar cursos de formación preventiva.

art. 37.2 LPRL se deduce que el tiempo de instrucción se adiciona al otorgado para el ejercicio de funciones representativas[533]. Anecdóticamente, se otorga a los delegados el derecho a los permisos retribuidos necesarios para la asistencia a cursos convocados por los organismos o instituciones oficiales competentes en seguridad y salud o por los servicios de las organizaciones sindicales firmantes del convenio[534].

Y cuarto, previsiones varias relacionadas con la dicotomía formación inicial y sucesiva[535], con la determinación de los pa-

---

Análogo, el art. 71 CC general del sector de derivados del cemento (BOE núm. 167, de 14 de julio de 2023).

533 Así lo establecen algunos convenios, indicando que el tiempo de formación preventiva no computa dentro del crédito. Sirvan de ejemplo, el art. 47 CC de Ilunion Accesibilidad, SAU (BOE núm. 15, de 17 de enero de 2024) [aparentemente otorga otro crédito específico], el art. 67 CC de Teleinformática y Comunicaciones SA (BOE núm. 148, de 19 de junio de 2024) [aunque solo para los delegados del comité intercentros de seguridad y salud] o el art. 53.5.2 VII CC del Supermercados Grupo Eroski (BOE núm. 101, de 28 de abril de 2022) [según el cual el tiempo de formación es considerado tiempo de trabajo y no puede ser imputado al crédito].

534 En los términos del art. 27.I CC de Bellota Herramientas, SLU, y Bellota Agrisolutions, SLU (BOE núm. 22, de 26 de enero de 2023).

535 El art. 64 III CC del Grupo Acciona Energía (BOE núm. 123, de 21 de mayo de 2024) tan solo habla de formación inicial y posible actualización. Aluden a repetición periódica si fuese necesario el art. 41.1 VIII CC de Repsol, SA (BOE núm. 77, de 31 de marzo de 2023), el art. 63.2 CC de Repsol Petróleo, SA (Refino) (BOE núm. 50, de 28 de febrero de 2023), el art. 33 X Acuerdo Marco del Grupo Repsol (BOE núm. 45, de 22 de febrero de 2023),el art. 84.4 IV CC de Cash Converters, SL, y sociedades vinculadas (BOE núm. 309, de 26 de diciembre de 2022) o el art. 77 III CC nacional de los servicios de prevención ajenos (BOE núm. 194, de 15 de agosto de 2023). Con mayor detalle (pero planteando dudas por las aparentes restricciones introducidas), el art. 64 III CC del grupo Naturgy (BOE núm. 47, de 24 de febrero de 2023) establece que la formación preventiva

rámetros espaciotemporales y modales[536], con la acreditación de la asistencia a las acciones por parte del beneficiario[537], con la posibilidad de optar por recibir las enseñanzas a través de los sindicatos[538] o con la plena operatividad de las reglas generales del convenio sobre formación[539]. Como simple anhelo, el deseo de que las funciones del delegado se prolonguen lo máximo posible a fin de obtener un mayor provecho de la formación que le sea proporcionada[540].

3.6. *Cauces para proporcionar la formación y para acreditarla*

La alternativa legal entre el recurso a medios propios o ajenos es acogida por los negociadores con flexibilidad, optando por dejar un amplio margen para la elección, sin perjuicio de

---

preferentemente tendrá lugar durante el primer año de desempeño del puesto y "se realizará por los delegados de prevención que ejerzan por primera vez esta función [aparentemente obligatorio] o como reciclaje voluntario transcurridos cinco años desde la realización de la misma".

536 "La ONCE determinará, de acuerdo con sus posibilidades, el momento, forma y lugar de la formación" de los delegados de prevención, art. 84.4 XVII CC de la Organización Nacional de Ciegos y su personal (BOE núm. 294, de 8 de diciembre de 2022). El art. 64 III CC del grupo Naturgy (BOE núm. 47, de 24 de febrero de 2023) exige que la formación, de nivel básico, se imparta en su modalidad presencial.

537 Art. 77 III CC nacional de los servicios de prevención ajenos (BOE núm. 194, de 15 de agosto de 2023).

538 Art. 44 IV CC de las empresas integradas en la unidad de negocio de Abertis Autopistas España (UNaAE) (BOE núm. 310, de 28 de diciembre de 2023).

539 Art. 67 CC de Teleinformática y Comunicaciones SA (BOE núm. 148, de 19 de junio de 2024).

540 Art. 53 IV CC del Grupo Enagás (BOE núm. 101, de 25 de abril de 2024).

apuntar algunas exigencias que, por lo común, no representan mayor innovación. Así, por ejemplo, cuando se limitan a recordar que los servicios de prevención deben estar en condiciones de proporcionar a la empresa el asesoramiento y apoyo que precise en lo referente a formación (art. 31.3 LPRL)[541].

Las escasas alusiones con cierto interés versan sobre la inclusión en el sistema de clasificación profesional de técnicos en prevención con competencia para afrontar esta tarea educativa[542]; la designación de un responsable (perteneciente al servicio mancomunado) en cada centro, encargado de elaborar periódicamente el plan anual de actividades, incluidas las formativas[543]; la exigencia de consulta con los comités técnicos correspondientes y de gestión conforme a los procedimientos internos de formación[544]; la imputación de gastos a la empresa (el dato relevante viene dado por la obligación de sufragar también el sistema de acreditación)[545] o a la unidad a la que esté

541 Art. 66 CC V CC del Grupo de Empresas Groundforce (BOE núm. 8, de 9 de enero de 2024).

542 Anexo primero III CC de Bureau Veritas Inspección y Testing, SLU y Bureau Veritas Solutions Iberia, SLU (BOE núm. 74, de 25 de marzo de 2024 [reservando a personal médico la específicamente referida a Medicina del trabajo] o anexo 3 VIII CC de Iberdrola Grupo (BOE núm. 52, de 2 de marzo de 2021) [cuya lista de ocupaciones incluye la de técnico formación seguridad e higiene y la de técnico formación, prevención de riesgos laborales y calidad].

543 Art. 36 VI CC para el grupo Maxam (BOE núm. 77, de 31 de marzo de 2023).

544 "En la última reunión se realizará balance de la formación realizada en el año, así como adelanto de la planificación de acciones formativas previstas para el siguiente ejercicio", art. 66 III CC del grupo Naturgy (BOE núm. 47, de 24 de febrero de 2023).

545 Responsable de afrontar tanto los gastos derivados de la formación, como de la acreditación, según indican las Disposiciones finales VII CC de industrias de ferralla (BOE núm. 41, de 16 de febrero de 2024).

asignado el participante[546]; la garantía de instrucción en lenguaje y forma comprensible cuando de trabajadores inmigrantes se trate[547] o, en fin, la identificación de la modalidad (presencial o no) a través de la cual habrá de cumplirse el deber.

Por cuanto hace a esta última cuestión, si bien algunos textos aceptan ambos formatos (eso sí, supeditando la validez de la formación *online* a su adecuación y al empleo de tecnologías que garanticen la eficacia[548]; algo que –preciso es indicarlo– pocas veces podrá lograrse en relación con los aspectos prácticos[549]), otros reclaman la presencialidad, bien en ciertos casos (adiestramiento en materia de primeros auxilios y emergencias[550] o el dirigido a los delegados de prevención[551]), bien con carácter general, aunque sea permitiendo la combinación con teleformación si dirigida a los mandos intermedios (sin que

546 Art. 46.2 VIII CC de Repsol, SA (BOE núm. 77, de 31 de marzo de 2023), art. 66.2 CC de Repsol Petróleo, SA (Refino) (BOE núm. 50, de 28 de febrero de 2023) o art. 33.2 X Acuerdo Marco del Grupo Repsol (BOE núm. 45, de 22 de febrero de 2023).

547 Y se verificará que los receptores han asimilado la formación, art. 84 CC de Airbus Defence and Space, SAU, Airbus Operations, SL, y Airbus Helicopters España, SA (BOE núm. 108, de 6 de mayo de 2022).

548 Art. 66 III CC del grupo Naturgy (BOE núm. 47, de 24 de febrero de 2023).

549 El art. 19 LPRL exige formación teórica y práctica, por lo que a menudo la impartida *online* no cumplirá los estándares de suficiencia y adecuación, por falta la aplicación de los conocimientos o habilidades adquiridos, COBOS SANCHIZ, D.; INÉS CLAZÓN, A. y PÉREZ SOLANO, M.J.: *Evidencias científicas bibliográficas sobre formación de trabajadores en prevención de riesgos laborales*, cit., pág. 15.

550 Art. 71 IV CC del Grupo Hermanos Martín (BOE núm. 85, de 10 de abril de 2023).

551 Aunque establezca esta modalidad presencial tan solo “con carácter general”, art. 64 III CC del grupo Naturgy (BOE núm. 47, de 24 de febrero de 2023).

la proporción de formación en persona pueda ser inferior al 25% del total) o la impartición a los directivos íntegramente a distancia[552].

Profundiza en la cuestión el convenio aplicable a la construcción[553], al imponer la opción presencial para el primer ciclo de formación (art. 142) y para la instrucción específica en materia de primeros auxilios (art. 144); también, en principio, para el segundo ciclo, aunque en este contempla y regula algunas excepciones (art. 143), habilitando un sistema híbrido para directivos, administrativos y delegados de prevención (que también es factible en relación con el nivel básico de prevención, *ex* art. 145) o, incluso, uno exclusivamente a distancia en cuanto hace a directivos.

Resulta sencillo intuir que esta no es, ni mucho menos, la única previsión de tan importante convenio en relación con la cuestión ahora analizada. Una vez más, en él cabe encontrar la regulación más prolija; ahora para establecer, en consonancia con el art. 10 de la Ley 32/2006, que la FLC impartirá la formación de primer y segundo ciclo y la básica; directamente o a través de entidades o empresas que hayan recibido homologación de conformidad con los requisitos y procedimiento del anexo XIV (art. 141.6).

Además, este convenio determina cómo pueden las empresas acreditar la formación de sus recursos humanos (art. 153, en relación con art. 4.1.a Ley 32/2006 –requisitos para intervenir en el proceso de subcontratación– y, en su desarrollo, art. 12 RD 1109/2007), regula con todo detalle la tarjeta profesional de la construcción (art. 154 y ss.) y contempla con deteni-

---

552 Art. 82 VII CC de industrias de ferralla (BOE núm. 41, de 16 de febrero de 2024).

553 VII CC general del sector de la construcción (BOE núm. 228, de 23 de septiembre de 2023).

miento el régimen de convalidación de las enseñanzas recibidas al margen del modelo convencional: la de técnico superior en prevención de riesgos profesionales o de coordinador en materia de seguridad y salud (arts. 147 y 147, con remisión al anexo XIII); la recogida en ciclos formativos de formación profesional y certificados profesionales (estableciendo cuál y en qué términos se entiende como equivalente a la del convenio –art. 148–); la establecida en el RD 863/1985, de 2 de abril, por el que se aprueba el Reglamento general de normas básicas de seguridad minera (art. 149, que remite a la tabla de convalidación del anexo XIII), en el convenio del sector metal (art. 150) o en el de la madera (art. 151) o la impartida en títulos universitarios (decisión, según proceda en cada caso, por acuerdo del patronato de la FLC–art. 152–).

También aquí esta norma sirve de modelo para otras, como la aplicable a las industrias de la ferralla[554], en cuya virtud la formación preventiva del convenio podrá ser impartida tanto por la FLC, como por las entidades que esta homologue en los términos convenidos entre la comisión paritaria de seguridad y salud del convenio y la propia FLC (arts. 82 *in fine* y 98 y primera de las disposiciones finales). Contempla, asimismo, la tarjeta profesional de la construcción para el sector de ferralla, expedida por la FLC para acreditar, entre otros datos, la formación específica recibida por el trabajador en materia de prevención de riesgos laborales en las actividades de aquella rama, pero propias del trabajo en la de la construcción (arts. 89 y ss. y disposiciones finales).

Otros cercanos, como los convenios del corcho y de derivados del cemento también hacen hincapié en la acreditación de la instrucción proporcionada (competencia que residencian en la comisión paritaria de seguridad y salud) de forma que

---

554 VII CC de industrias de ferralla (BOE núm. 41, de 16 de febrero de 2024).

sea posible identificar a los trabajadores que la han recibido, a fin de que no se produzcan duplicidades cuando cambien de empresa a otra igualmente acogida al convenio[555].

3.7. Obligatoriedad de la formación para los trabajadores

La obligatoriedad de la formación para el trabajador, afirmada por el art. 19.4 ET y fácil de derivar de cuanto marca el art. 29 LPRL, es acogida de forma expresa en un puñado de normas pactadas[556] (algunas solo respecto a los teletrabajadores[557]), matizando adecuadamente en algún caso que tal carácter forzoso (que abarca la realización de las prácticas proyecta-

---

555 Art. 84 IX CC estatal del corcho (BOE núm. 214, de 7 de septiembre de 2023) y art. 70.7 VIII CC general del sector de derivados del cemento (BOE núm. 167, de 14 de julio de 2023).

556 Por ejemplo, art. 71 IV CC del Grupo Hermanos Martín (BOE núm. 85, de 10 de abril de 2023) o, tras afirmar que la formación preventiva es tanto un derecho como un deber, art. 15.1 CC de Zurich Insurance, PLC, Sucursal en España; Zurich Vida, Compañía de Seguros y Reaseguros, SA; y Zurich Services AIE (BOE núm. 93, de 19 de abril de 2023 (BOE núm. 93, de 19 de abril de 2023). Por su parte, aunque el art. 65 V CC del Grupo de Empresas Groundforce (BOE núm. 8, de 9 de enero de 2024) tan solo expresa el carácter forzoso de la formación respecto a los delegados de prevención (se intuye para todos en su art. 62.3, como parte de la colaboración de los trabajadores), ello no obsta para que, merced a la exigencia legal, aquel carácter sea predicable de la proporcionada a toda la plantilla.

557 Los trabajadores están obligados a realizar toda la formación específica sobre los riesgos laborales y, en particular, los riesgos derivados del trabajo a distancia. Como condición inherente a la aceptación de la prestación de servicios en régimen de teletrabajo, están obligados a realizar y cumplir con la formación en materia preventiva que las compañías establezcan al efecto en cada momento, anexo VII.2 y 8 CC de empresas vinculadas Bolsas y Mercados Españoles (BOE núm. 207, de 27 de agosto de 2024).

das) tan solo es predicable de aquellas enseñanzas ajustadas a los parámetros legales: las previstas para su realización dentro de la jornada de trabajo o en otras horas, pero descontando de aquella el tiempo invertido[558]. Análoga interpretación procede efectuar de las disposiciones que exigen el máximo aprovechamiento[559], demandan asistencia y atención[560] o reclaman el compromiso de quienes la reciben[561].

Con todo, las cláusulas en tal sentido no son muy numerosas, como tampoco lo son las que incluyen el incumplimiento de este deber como infracción susceptible de habilitar el ejercicio del poder disciplinario de la empresa o como causa bastante para revertir en presencial el teletrabajo[562]. De este modo, si no está demasiado extendida la tipificación de la inasistencia

---

558 Art. 10.2 CC para las cajas y entidades financieras de ahorro (BOE núm. 137, de 6 de junio de 2024). Aunque la norma hable de obligatoriedad "en todo caso", art. 50 CC del grupo Redexis Gas (BOE núm. 215, de 7 de septiembre de 2022).

559 Art. 18 CC de Teleinformática y Comunicaciones SA (BOE núm. 148, de 19 de junio de 2024), art. 42 III CC de Telefónica de España, SAU; Telefónica Móviles España, SAU y Telefónica Soluciones de Informática y Comunicaciones, SAU (BOE núm. 52, de 28 de febrero de 2024) o art. 43.6 VI CC para el grupo Maxam (BOE núm. 77, 31 de marzo de 2023).

560 Art. 67 III CC del Grupo Acciona Energía (BOE núm. 123, de 21 de mayo de 2024). El VII CC general del sector de la construcción (BOE núm. 228, de 23 de septiembre de 2023) exige la asistencia a la totalidad de la formación, tanto en la de primer (art. 142) y segundo ciclo (art. 143), como en la de primeros auxilios (144) y la de nivel básico (art. 145).

561 Art. 52 IV CC del Grupo Enagás (BOE núm. 101, de 25 de abril de 2024).

562 Anexo VII.8 CC de empresas vinculadas Bolsas y Mercados Españoles (BOE núm. 207, de 27 de agosto de 2024).

a cursos obligatorios dentro de la jornada[563], todavía lo está menos la mención expresa a los relativos a seguridad y salud laboral[564], en general, o, en concreto, a cursos de seguridad o prácticas contra incendios[565].

Aunque esta omisión no obsta, según se avanzó, para sancionar la conducta incumplidora (por entender que vulnera la buena fe o la obediencia debida), procede invitar a los negociadores a incluir en los convenios sanciones específicas[566]. Se trata, en última instancia, de hacer visible y reforzar el compromiso activo del trabajador que la legislación pretende.

3.8. Obligación formativa de empresas colaboradoras, contratas y ETTs

Como parte del deber de vigilancia que el ordenamiento impone a la principal en el contexto de los fenómenos de subcontratación[567], algunas normas pactadas exigen que aquella verifique la actuación de las empresas colaboradoras en

---

563 Falta leve en art. 67 III CC del Grupo Acciona Energía (BOE núm. 123, de 21 de mayo de 2024) o en art. 26 II CC de la Sociedad Anónima de Electrónica Submarina (BOE núm. 154, de 29 de junio de 2023); en este caso, inasistencia a cursos de formación teórica o práctica dentro de la jornada.

564 Infracción leve (una inasistencia) o grave (dos inasistencias), art. 71 II CC del Grupo Parcial Cepsa (BOE núm. 52, de 28 de febrero de 2024).

565 Art. 56.3 VIII CC de Repsol, SA (BOE núm. 77, de 31 de marzo de 2023) o art. 76.2 CC de Repsol Petróleo, SA (Refino) (BOE núm. 50, de 28 de febrero de 2023).

566 CANO GALÁN, Y.: "La formación en prevención de riesgos laborales: su configuración como deber de los trabajadores", cit., pág. 216.

567 El art. 57 CC del grupo Redexis Gas (BOE núm. 215, de 7 de septiembre de 2022) establece que esta principal elaborará, entre otra documentación, la acreditación de la formación preventiva.

distintos aspectos, incluido lo relativo a la formación en seguridad y salud[568], correspondiendo a las contratistas adiestrar a su personal en la prevención de los riesgos de su oficio[569]. Otras le encomiendan fijar los niveles mínimos de formación preventiva en las empresas cuyos servicios contrete[570], elaborar la documentación acreditativa de la misma[571] o informar trimestralmente a la representación social de la recibida por los trabajadores[572].

---

568 Art. 170 III CC de Telefónica de España, SAU; Telefónica Móviles España, SAU y Telefónica Soluciones de Informática y Comunicaciones, SAU (BOE núm. 52, de 28 de febrero de 2024), art. 100 VIII CC de Iberdrola Grupo (BOE núm. 52, de 2 de marzo de 2021) [se potenciarán las medidas de seguimiento y vigilancia de los trabajos de las contratistas y subcontratistas, así como de la formación de sus trabajadores en prevención de riesgos laborales] o art. 59 CC de Airbus Defence and Space, SAU, Airbus Operations, SL, y Airbus Helicopters España, SA (BOE núm. 108, de 6 de mayo de 2022) [establece el deber de solicitar a las empresas contratistas información y documentación sobre la formación recibida por el personal].

569 Art. 41.a) VIII CC de Repsol, SA (BOE núm. 77, de 31 de marzo de 2023), art. 63.a) CC de Repsol Petróleo, SA (Refino) (BOE núm. 50, de 28 de febrero de 2023), art. 33 X Acuerdo Marco del Grupo Repsol (BOE núm. 45, de 22 de febrero de 2023) o art. 59 CC de Airbus Defence and Space, SAU, Airbus Operations, SL, y Airbus Helicopters España, SA (BOE núm. 108, de 6 de mayo de 2022), el cual establece el deber de las empresas contratadas o subcontratadas de proporcionar formación preventiva y acreditarla.

570 Art. 55 IV CC del Grupo Enagás (BOE núm. 101, de 25 de abril de 2024), art. 41.a) VIII CC de Repsol, SA (BOE núm. 77, de 31 de marzo de 2023), art. 63.a) CC de Repsol Petróleo, SA (Refino) (BOE núm. 50, de 28 de febrero de 2023) o art. 33 X Acuerdo Marco del Grupo Repsol (BOE núm. 45, de 22 de febrero de 2023).

571 Art. 57 CC estatal de instalaciones deportivas y gimnasios (BOE núm. 23, de 26 de enero de 2024).

572 Art. 94 V CC marco del Grupo Endesa (BOE núm. 169, de 17 de junio de 2020).

Todavía más parcos se muestran los interlocutores sociales en relación con los cedidos por ETTs. La excepción no podía ser otra que la construcción (y en paralelo, las industrias de ferralla), donde se reitera el derecho de aquellos a la formación y la necesidad de tener en cuenta su cualificación, su experiencia profesional y los riesgos a los que vayan a estar expuestos; sin perjuicio del esfuerzo por adaptar el régimen jurídico aplicable a la singularidad del sector, apreciable en la remisión en todos sus extremos a la formación prevista por extenso en el propio convenio y a la imposición al trabajador del deber de estar en posesión de la tarjeta profesional de la construcción cuando ello sea procedente[573].

---

573 Art. 10 VII CC de industrias de ferralla (BOE núm. 41, de 16 de febrero de 2024) o art. 24 VII CC general del sector de la construcción (BOE núm. 228, de 23 de septiembre de 2023).

Capítulo VI.

La reestructuración de empresas en la negociación colectiva: una revisión en clave de ciertos mecanismos de flexibilidad interna

DIEGO MEGINO FERNÁNDEZ
Universidad de Burgos

1. INTRODUCCIÓN

Con un protagonismo que ha ido *in crescendo* desde la década de los 80 del pasado siglo, las reestructuraciones empresariales, sobre todo aquellas «a gran escala»[574], se han convertido en una seña de identidad para buena parte de los países de-

[574] LAMBERT, A.; REMILLON, D. y SEGÚ, M.: «Renunciar al puesto o reducir jornada. Disparidad de género en los procesos de reestructuración empresarial», *Revista Internacional del Trabajo,* Vol. 142, núm. 4, 2023, p. 583.

sarrollados. No es de extrañar a la vista de los mercados cada vez más dinámicos, competitivos y globalizados dentro de los cuales han de operar las organizaciones productivas.

Y aunque en una primera aproximación la silueta de la figura pueda antojarse nítida, una exploración pausada y meticulosa llevará a descubrir «la intrínseca elasticidad y vaguedad del propio concepto»[575]. Este escollo obliga a poner un particular cuidado a la hora de perfilar los márgenes dentro de los cuales encuadrar cualquier estudio en la materia. No en vano, sin perjuicio de su habitual y casi natural incidencia sobre el sistema de relaciones laborales[576], la noción no ha de asociarse de forma automática con unas notables alteraciones en el volumen o la estructura del empleo, sino, más ampliamente, con una «una transformación intensa y excepcional»[577] en el seno de la entidad que la experimenta, con independencia de sus áreas de afectación y consecuencias.

Sea como fuere, el eje sobre el que pivota esta contribución viene representado por el impacto que un proceso de tal índole puede tener sobre los contratos de trabajo y cómo aquel

---

575 ESCUDERO RODRÍGUEZ, R.: «Reflexiones preliminares y críticas sobre las reestructuraciones empresariales y su proyección en el ámbito laboral», en VV. AA. (ESCUDERO RODRÍGUEZ, E., Coord.), *Las reestructuraciones empresariales: un análisis transversal y aplicado*, Madrid (Cinca), 2015, p. 21.

576 MELIÁN CHINEA, L. M.ª: «La inaplicación del convenio colectivo en procesos de reestructuración empresarial: Selección jurisprudencial y propuesta normativa», en VV. AA., *Reestructuraciones empresariales: comunicaciones del XXXI Congreso Anual de la Asociación Española de Derecho del Trabajo y de la Seguridad Social. A Coruña, 27 y 28/5/2021*, Madrid (Ministerio de Trabajo y Economía Social), 2021, p. 183.

577 LÓPEZ AHUMADA, J. E.: «Prejubilaciones y remodelación de empresa: efectos de un ajuste penalizado», en VV. AA. (ESCUDERO RODRÍGUEZ, E., Coord.), *Las reestructuraciones empresariales: un análisis transversal y aplicado*, Madrid (Cinca), 2015, p. 373.

requiere ser abordado desde la consustancial perspectiva tuitiva del Derecho laboral. En este sentido, a la hora de intentar superar, sortear o, inclusive, prevenir una coyuntura de tintes normalmente adversos o anómalos (procede apuntar, no siempre de pelaje económico, técnico, organizativo o productivo), las empresas cuentan en su haber con distintas alternativas, compatibles y no excluyentes, cuya preferencia o idoneidad dependerá, en última instancia, de las circunstancias en presencia (señaladamente, el cariz transitorio o definitivo de la razón determinante). Cualesquiera de ellas, abstracción hecha de sus heterogéneas resultas, acarreará ajustes cuantitativos y cualitativos de cierto calibre, cuyo «denominador común»[578] suele venir representado por encuadrarse dentro de un escenario de «decisiones complejas [...] de muy variado alcance»[579].

A pesar de que esa característica «polivalencia»[580] merece una positiva valoración, pues acaba traduciéndose en un nutrido cóctel de opciones y combinaciones con las que adecuarse mejor a las diversas coyunturas susceptibles de entrar en escena, el problema fundamental que surge en la práctica radica en que el conjunto de alternativas disponibles aparece confi-

---

578 MOLERO MARAÑÓN, M.ª L.: «Los acuerdos colectivos de empresa de reestructuración empresarial», en VV. AA. (CRUZ VILLALÓN, J.; GONZÁLEZ POSADA MARTÍNEZ, E. y MOLERO MARAÑÓN, M.ª L., Dir.), *La negociación colectiva como institución central del sistema de relaciones laborales: estudios en homenaje al profesor Fernando Valdés Dal-Ré*, Albacete (Bomarzo), 2021, p. 179.

579 GARCÍA DIÉGUEZ, G. y ALCAÑIZ SOBRINO, I.: «La modificación sustancial de las condiciones de trabajo y el descuelgue del convenio en época de crisis», en VV. AA. (ORTEGA LOZANO, P. G. y GUINDO MORALES, S., Dir.), *Medidas de reestructuración interna empresarial desde la perspectiva jurídico-laboral. Las relaciones de trabajo post-COVID-19 y recientes reformas*, Murcia (Laborum), 2022, p. 140.

580 ESCUDERO RODRÍGUEZ, R.: «Reflexiones preliminares y críticas sobre las reestructuraciones empresariales y su proyección en el ámbito laboral», cit., p. 22.

gurado en el plano regulatorio de forma «separada e independiente [...] sin conexión e interferencia»[581] entre las distintas posibilidades. Para confirmarlo, basta con reparar en cómo las clásicas fórmulas de la flexibilidad interna (movilidades funcional y geográfica, modificaciones sustanciales de las condiciones de trabajo, suspensiones de contratos y reducciones de jornadas, sobre las que, por cierto, se asienta el presente análisis) han sido dispuestas desde la ley (y, por mimetismo, en los textos convencionales), que las encaja entre sus previsiones de manera aislada, esto es, «sin considerar a las demás [...] [y sin] interrelación»[582], aun cuando todas ellas se encuentren orientadas hacia ese loable propósito de evitar, reducir o mitigar las secuelas de unas eventuales rescisiones contractuales.

A la postre, ese tratamiento parcelado y desligado provoca, al menos en el específico contexto de un procedimiento de reorganización empresarial, que este se aleje del ideal de proyecto global, canalizable, a pesar de su «escalonamiento»[583]

---

581 Con la única excepción del poliédrico plan de acompañamiento social vinculado a los despidos colectivos, conforme agrega MOLERO MARAÑÓN, M.ª L.: «La aplicación judicial de los derechos de información y consulta en los procesos de reestructuración empresarial», en VV. AA. (ESCUDERO RODRÍGUEZ, E., Coord.), *Las reestructuraciones empresariales: un análisis transversal y aplicado*, Madrid (Cinca), 2015, pp. 322 y 323.

582 FERNÁNDEZ ORRICO, F. J.: «Interrelación de medidas que tienen por objeto atenuar los efectos de procesos de reestructuración de empresas», en VV. AA., *Reestructuraciones empresariales: comunicaciones del XXXI Congreso Anual de la Asociación Española de Derecho del Trabajo y de la Seguridad Social. A Coruña, 27 y 28/5/2021*, Madrid (Ministerio de Trabajo y Economía Social), 2021, p. 845.

583 FERNÁNDEZ DOMÍNGUEZ, J. J.: «La flexibilidad interna en el contexto del despido colectivo», en VV. AA. (MONEREO PÉREZ, J. L.; GORELLI HERNÁNDEZ, J. y ALMENDROS GONZÁLEZ, M. Á., Dir.), *Medidas de flexibilidad interna como alternativa y solución en un nuevo Derecho del trabajo garantista*, Comares (Granada), 2022, p. 760.

en los documentos normativos de referencia, a través de múltiples y potenciales vías trabadas de intervención. De hecho, entre otras consecuencias negativas, tal circunstancia comporta que la empleadora se sienta (y esté) legitimada para elegir con cierto grado de libertad entre «consultas-negociaciones separadas por cada medida, de forma sucesiva o simultánea, [...] [y la deseable] apertura de un proceso único [...] en donde se plantea de forma integral el proceso de reestructuración más adecuado»[584].

En este orden de ideas, al menos en condiciones ordinarias, la flexibilidad interna, no la externa, debe suponer la «medida estrella»[585] en la práctica. Nunca, de todos modos, primando la unilateralidad patronal en las actuaciones, ya que la naturaleza de los elementos jurídicos en liza exige una, no siempre bien ponderada, «gestión consensuada»[586], «bidireccional [y] equilibrada»[587], entretejida a través de una negociación colectiva polisémica, es decir, no ceñida en

---

584 MOLERO MARAÑÓN, M.ª L.: «La aplicación judicial de los derechos de información y consulta en los procesos de reestructuración empresarial», cit., pp. 323 y 324.

585 MONEREO PÉREZ, J. L. y ORTEGA LOZANO, P. G.: «Los modelos de flexibilidad empresarial y jurídico-laboral», en VV. AA. (MONEREO PÉREZ, J. L.; GORELLI HERNÁNDEZ, J. y ALMENDROS GONZÁLEZ, M. Á., Dir.), *Medidas de flexibilidad interna como alternativa y solución en un nuevo Derecho del trabajo garantista*, Comares (Granada), 2022, p. 6.

586 NAVARRO NIETO, F.: «Las modificaciones sustanciales de condiciones de trabajo como instrumento de flexibilidad interna: luces y sombras en la doctrina judicial más reciente», *Revista Española de Derecho del Trabajo*, núm. 190, 2016, p. 30 (formato electrónico).

587 FABREGAT MONFORT, G.: «El descuelgue del convenio como medida de flexibilidad interna», en VV. AA. (MONEREO PÉREZ, J. L.; GORELLI HERNÁNDEZ, J. y ALMENDROS GONZÁLEZ, M. Á., Dir.), *Medidas de flexibilidad interna como alternativa y solución en un nuevo Derecho del trabajo garantista*, Comares (Granada), 2022, p. 320.

exclusiva a los acotados conductos de los períodos de consultas exigidos en algunos casos. Aquella, a través de sus diversos canales de actuación, constituye no solo el «instrumento de referencia»[588], sino también el «más adecuado [...] para introducir [ese tipo de] medidas»[589].

Lógicamente, gracias a unas acciones «menos agresivas, que no perjudiquen la estabilidad laboral de los trabajadores»[590], se facilita la articulación de una verdadera «gestión preventiva, anticipatoria y proactiva (no reactiva o defensiva) del empleo»[591], donde tanto las empresas como las plantillas acaben adquiriendo la cualidad de resilientes, factor indispensable en la procura de la demandada «adaptabilidad permanente del contenido de las relaciones de trabajo a los imperativos cambiantes del mercado, a la incertidumbre de sus exigencias

588 VILA TIERNO, F. y CASTRO MEDINA, R.: «La negociación colectiva en la flexibilidad interna en la empresa», en VV. AA. (ORTEGA LOZANO, P. G. y GUINDO MORALES, S., Dir.), *Medidas de reestructuración interna empresarial desde la perspectiva jurídico-laboral. Las relaciones de trabajo post-COVID-19 y recientes reformas*, Murcia (Laborum), 2022, p. 472.

589 ALMENDROS GONZÁLEZ, M. Á.: «La movilidad funcional como medida de flexibilidad interna: clasificación profesional, polivalencia y cambios funcionales», en VV. AA. (MONEREO PÉREZ, J. L.; GORELLI HERNÁNDEZ, J. y ALMENDROS GONZÁLEZ, M. Á., Dir.), *Medidas de flexibilidad interna como alternativa y solución en un nuevo Derecho del trabajo garantista*, Comares (Granada), 2022, p. 35.

590 BERNAL SANTAMARÍA, F.ª: «La controversia de las cláusulas de empleo ante la flexibilidad externa de las empresas: Sentencia del Tribunal Supremo (Social) 23/10/2018», *Temas Laborales*, núm. 147, 2019, p. 224.

591 MOLINA NAVARRETE, C.: «La gestión pública de los "ERTE" (regulación temporal de empleo) y de los "ERE" (regulación extintiva) en el autogobierno andaluz: balance y perspectivas pospandemia», *Temas Laborales*, núm. 160, 2021, p. 187.

en cada tiempo»[592]. Eso sí, siempre desde enfoques que conjuguen con tino los contrapuestos intereses patronales (mayores dosis de maleabilidad y superiores cuotas de rentabilidad/productividad) y de las personas asalariadas (seguridad y calidad en el empleo)[593].

A la vista de tan elocuentes argumentos, no ha de extrañar la reiterada interpelación hecha al diálogo social para que, desde sus múltiples instancias operativas, se contribuya a dotar al mundo del trabajo de un marco rector moderno, amoldable y garantista[594], donde residenciar un genuino «modelo de gestión socialmente responsable de las reestructuraciones empresariales»[595].

---

592 ÁLVAREZ MONTERO, A.: «Garantías colectivas de empleo, flexibilidad interna y despido objetivo: ¿deberes de renegociación *versus* libertad de empresa? Comentario a la Sentencia del Tribunal Supremo 925/2018, de 23 de octubre», *Revista de Trabajo y Seguridad Social. CEF*, núm. 430, 2019, p. 164.

593 MONEREO PÉREZ, J. L. y ORTEGA LOZANO, P. G.: «Alternativas de política del derecho en los modelos de flexibilidad y reestructuración de la empresa», en VV. AA. (ORTEGA LOZANO, P. G. y GUINDO MORALES, S., Dir.), *Viabilidad de las empresas, mantenimiento del empleo y medidas de flexibilidad externa en la reestructuración empresarial*, Granada (Comares), 2022, p. 132.

594 ALFONSO MELLADO, C. L.; FABREGAT MONFORT, G. y BOHIGUES ESPARZA, M.ª D.: «Desarrollo de los distintos mecanismos de flexibilidad interna. Los nuevos retos de la era post-covid 19 y de la digitalización de la economía», en VV. AA. (MONEREO PÉREZ, J. L. y VILA TIERNO, F., Dir.), *Mecanismos e instrumentos de flexibilidad interna en la negociación colectiva*, Madrid (Ministerio de Trabajo y Economía Social), 2024, pp. 78 y 79.

595 Ya que en un proyecto de reestructuración empresarial «no solo hay que gestionar de forma socialmente adecuada (preventiva, proactiva) el "daño individual de cese" (pérdida de empleo, descapitalización profesional), sino el "daño social y territorial", pues en juego está [...] la supervivencia de un tejido productivo local (pérdida de empleo, descapitalización social, riesgo de despoblación, etc.)», se-

En especial, el convenio colectivo está llamado a convertirse en un engranaje esencial o de primer orden[596]. Sin embargo, al menos por el momento, se encuentra bastante lejos de ese desiderátum. Ello por dos motivos principales[597]: en primer lugar, debido a que en él no se suele concebir la flexibilidad, en su rico abanico de potenciales materializaciones, «como un todo [...] como una realidad conceptual única»[598], acreedora de un

---

gún la certera reflexión de MOLINA NAVARRETE, C.: «La gestión pública de los "ERTE" (regulación temporal de empleo) y de los "ERE" (regulación extintiva) en el autogobierno andaluz: balance y perspectivas pospandemia», cit., pp. 179 y 187.

596 Ese rol principal se traduce en una terna de dimensiones, las «fórmulas convencionales de flexibilidad laboral [...] la fijación de los criterios que definan el equilibrio de intereses [...] [y] los trámites que [lo] garanticen y faciliten». Centrándose en ello, ESCUDERO PRIETO, A. y ALONSO BRAVO, M.: «Negociación colectiva y flexibilidad empresarial», en VV. AA. (CRUZ VILLALÓN, J.; GONZÁLEZ POSADA MARTÍNEZ, E. y MOLERO MARAÑÓN, M.ª L., Dir.), *La negociación colectiva como institución central del sistema de relaciones laborales: estudios en homenaje al profesor Fernando Valdés Dal-Ré*, Albacete (Bomarzo), 2021, pp. 472 y 473.

597 Quizás cabría añadir una tercera razón, consistente en «la incorrecta distinción entre convenios colectivos y mecanismos de flexibilidad interna». Con superior detalle, GUINDO MORALES, S.: «Flexibilidad interna *vs.* flexibilidad externa», en VV. AA. (ORTEGA LOZANO, P. G. y GUINDO MORALES, S., Dir.), *Medidas de reestructuración interna empresarial desde la perspectiva jurídico-laboral. Las relaciones de trabajo post-COVID-19 y recientes reformas*, Murcia (Laborum), 2022, p. 152.

598 En cambio, en las mesas negociadoras se aprecia una clara tendencia a considerar que existe un haz de «mecanismos e instrumentos diversos y variados, que cumplen, cada uno de ellos, con una función propia e independiente respecto de las demás». Sin embargo, esta anomalía no deriva en exclusiva de la voluntad de las partes, sino del «diseño legal de la flexibilidad a través de figuras inconexas, separadas, independientes y que no guardan una sistemática en nuestra ordenación legal». Revelándolo, MONEREO

enfoque integral. En segundo término, la aparente desidia o desinterés de los interlocutores en orden a lograr esas sinergias, pues sus elaboraciones «poco establecen como novedoso frente a la ley»[599].

De hecho, y sirva esta conclusión para cerrar el presente apartado preliminar, ni siquiera las partes negociadoras suelen mostrar una preferencia evidente hacia la flexibilidad interna[600], llegando incluso a soslayar que la externa, por naturaleza, ha de suponer el «último recurso de la empresa en procesos de crisis que exigen su reestructuración»[601].

PÉREZ, J. L.; VILA TIERNO, F.; LÓPEZ INSUA, B. del M. y MORENO VIDA, M.ª N.: «Balance, conclusiones y propuestas de futuro», en VV. AA. (MONEREO PÉREZ, J. L. y VILA TIERNO, F., Dir.), *Mecanismos e instrumentos de flexibilidad interna en la negociación colectiva,* Madrid (Ministerio de Trabajo y Economía Social), 2024, pp. 543 y 544.

599 Precisando que «ello no quiere decir [...] que no exista una ordenación convencional de los elementos de flexibilidad interna, sino que [...] [su] contenido [...] carece, en su mayor parte, de elementos significativos», VILA TIERNO, F. y CASTRO MEDINA, R.: «La puesta en escena de los instrumentos de flexibilidad interna», en VV. AA. (MONEREO PÉREZ, J. L. y VILA TIERNO, F., Dir.), *Mecanismos e instrumentos de flexibilidad interna en la negociación colectiva,* Madrid (Ministerio de Trabajo y Economía Social), 2024, p. 50.

600 MELIÁN CHINEA, L. M.ª: «La inaplicación del convenio colectivo en procesos de reestructuración empresarial: Selección jurisprudencial y propuesta normativa», cit., p. 184.

601 FERNÁNDEZ ORRICO, F. J.: «Interrelación de medidas que tienen por objeto atenuar los efectos de procesos de reestructuración de empresas», cit., p. 845.

2. EL TÍMIDO Y PARCIAL IMPULSO DADO DESDE EL V ACUERDO POR EL EMPLEO Y LA NEGOCIACIÓN COLECTIVA

Como seguro es compartido, un buen acicate para estimular el avance real y significativo de los planteamientos y contenidos convencionales viene representado por orientar en esa dirección desde la cúspide, es decir, desde los pactos interprofesionales[602]. De ahí el interés y hasta la pertinencia que, en este punto y como paso previo hacia un análisis más apegado a la configuración sectorial y empresarial contemporánea, atesora el, relativamente reciente, V Acuerdo por el Empleo y la Negociación Colectiva (V AENC)[603].

Conforme subraya el propio texto, en relación con la temática a examen, se apuesta por continuar en la senda ya abierta y transitada por documentos análogos que le precedieron, presentando todos ellos, el actual y los anteriores, «un hilo conductor común, que es buscar desde la negociación colectiva la mejora de la situación de las empresas y el mantenimiento del empleo y de las condiciones laborales, y también enriquecer los contenidos de la negociación colectiva y adaptarlos a los cambios y realidades que se van produciendo en la sociedad, en la economía y en el mercado de trabajo» (preámbulo).

En particular, se insta a apostar decididamente por «los mecanismos de flexibilidad interna», herramientas capaces de armonizar las reivindicaciones patronales de competitividad y ductilidad con las elementales garantías de seguridad, estabilidad y calidad del empleo (preámbulo). A partir de esta

602 BERNAL SANTAMARÍA, F.ª: «La controversia de las cláusulas de empleo ante la flexibilidad externa de las empresas: Sentencia del Tribunal Supremo (Social) 23/10/2018», cit., p. 225.

603 V Acuerdo para el Empleo y la Negociación Colectiva (BOE 129, de 31/5/2023).

premisa, las medidas concretas a plasmar en los convenios deben emanar de una interlocución proactiva, participada y bidireccional, mediante la cual lograr un no siempre sencillo equilibrio entre los respectivos, a veces casi antitéticos, intereses en juego[604].

En esencia, es dentro de su capítulo IX, bajo la rúbrica «Instrumentos de flexibilidad interna», donde aparecen una serie de apreciaciones sobre la temática, pese a todo, un tanto parciales, inconexas y programáticas. Así:

- Como no podía ser de otro modo, se expresa que dichos mecanismos resultan «preferibles» a los ajustes de personal por medio de rescisiones contractuales.
- Para auspiciarlos, desde las mesas negociadoras hay que reparar en su capacidad a la hora de «facilitar la adaptación competitiva de las empresas [...] [sin renunciar a] mantener el empleo, su estabilidad y calidad y la actividad productiva».

En todo caso, conseguirlo requerirá la fijación de «criterios, causas y procedimientos en la aplicación de medidas de flexibilidad, así como procedimientos ágiles de adaptación y modificación de lo pactado». Línea directriz que ha de implicar un profundo lavado de cara en las actuales perspectivas a nivel convencional.

Con todo, tan solo se alude de un modo expreso a las siguientes esferas de intervención:

- La clasificación profesional y la movilidad funcional (apdo. 1), donde se pone en valor la importancia de la po-

---

604 ALFONSO MELLADO, C. L.; FABREGAT MONFORT, G. y BOHIGUES ESPARZA, M.ª D.: «Desarrollo de los distintos mecanismos de flexibilidad interna. los nuevos retos de la era post-covid 19 y de la digitalización de la economía», cit., pp. 77 y 78.

livalencia del personal y la introducción de sistemas de estructuración en grupos menos rígidos y más permeables.

- La ordenación del tiempo de trabajo (apdo. 2), clave no solo para la corresponsabilidad y la conciliación de las vidas personal, familiar y laboral, sino también para la competitividad y la propia organización interna de las empresas.

En este ámbito, se anima a señalar la jornada en cómputo, preferentemente, anual, así como a implementar su distribución irregular, la racionalización de los horarios de trabajo y la elasticidad en los momentos de inicio y conclusión de la correspondiente prestación de servicios.

- El descuelgue convencional (apdo. 3)[605], técnica de primer orden para proteger las ocupaciones y esquivar el recurso a los expedientes, temporales o definitivos, de regulación de empleo.

Aquí, se subraya la relevancia de reparar en la documentación justificativa a facilitar por la empleadora; la vigencia de la medida, modulable en función de las circunstancias (aunque siempre respetando los límites legales); y el propio contenido del acuerdo de inaplicación, que debe brindar una regulación sustitutoria gracias a la cual impedir la aparición de vacíos perjudiciales.

- En fin, los expedientes de regulación temporal de empleo y el Mecanismo RED (apdo. 4), medidas exitosas durante la situación de pandemia provocada por la COVID-19 y respecto de las que se busca incidir sobre sus objetivos y criterios de puesta en marcha; la prioridad de las reducciones de jornada sobre las suspensiones contrac-

[605] Incomprensiblemente, tan solo a este respecto se apunta hacia la necesidad de vincular los procesos de reestructuración con las características de las PYME y con sus potenciales impactos sobre los territorios, la sociedad, la economía y el empleo.

tuales (conforme ya consta en la normativa legal de aplicación); la transmisión a la representación del personal de una información oportuna, suficiente y apropiada; o la ejecución de acciones formativas y de recualificación en favor del personal afectado.

Según cabe afirmar, se trata de unas pautas simples y focalizadas, entre las cuales no se aprecian progresos o innovaciones de calado. No solo eso. Al tiempo, se echan en falta referencias a otras vías clásicas y provechosas de flexibilidad interna, como la modificación sustancial de condiciones de trabajo o la movilidad geográfica[606].

Pero, indudablemente, la principal crítica a efectuar deriva del hecho de que las organizaciones patronales y sindicales firmantes de nuevo hayan dejado pasar la oportunidad de llamar a recoger dentro de los convenios secciones completas donde disfruten de un tratamiento conjunto y coordinado las diferentes figuras, incluidas las extintivas, susceptibles de interaccionar en los procesos de reestructuración empresarial. En paralelo, no caería en saco roto ilustrar acerca de que no se trata de herramientas aisladas, secuenciales o alternativas, que quepa articular de modo independiente o según un cierto orden de progresividad o jerarquía. En cambio, deviene preciso imbricarlas en el núcleo de un enfoque global y evolutivo, que considere oportunamente el contexto concurrente y el objeto, el alcance y la utilidad de cada una de ellas de una forma agregada, sinérgica y transversal.

606 VILA TIERNO, F. y CASTRO MEDINA, R.: «La puesta en escena de los instrumentos de flexibilidad interna», cit., pp. 52 y 53.

3. EL TRATAMIENTO CONVENCIONAL DISPENSADO A LAS REESTRUCTURACIONES EMPRESARIALES DESDE ALGUNAS DE LAS VÍAS DE FLEXIBILIDAD INTERNA

Tras los apartados de contextualización precedentes, llega el momento de adoptar un enfoque más ilustrativo. A este respecto, con el epígrafe recién iniciado se intentará ofrecer una detallada exposición acerca de cómo la temática objeto de estudio, las medidas de flexibilidad interna con cierto predicamento en el marco de una reestructuración empresarial (movilidades funcional y geográfica, modificación sustancial de las condiciones de trabajo, suspensión del contrato y reducción de la jornada), se refleja en la práctica.

Para ello, se ha partido de una muestra heterogénea, a la par que representativa, de convenios colectivos de diferentes ámbitos funcionales (sectoriales y de empresas) y territoriales (estatal, autonómicos y provinciales), seleccionados desde la dirección del proyecto del que deriva esta aportación para procurar un cierto grado de homogeneidad entre las distintas facetas del análisis, más global, en el que se encuadra la presente monografía.

Evidentemente, los ambiciosos términos en los que se plantea este pasaje impiden, por su extensión, efectuar un examen minucioso de las múltiples aristas en las que detenerse. No obstante, al menos se espera poder ofrecer un conjunto de ideas generales que sirvan para describir con tino el estado actual de la cuestión.

De hecho, también destinatarias de atención podrían haber sido otras dimensiones descartadas desde un principio. Así ocurre con, por ejemplo:

- Los despidos individuales, plurales o colectivos por motivos económicos, técnicos, organizativos, productivos o, incluso, de fuerza mayor[607].

---

[607] Aun cuando igualmente cabría reparar en otras posibilidades, a saber, la conclusión de contratos temporales, las bajas incentivadas por mutuo acuerdo o las extinciones disciplinarias, según la apreciación de ESCUDERO RODRÍGUEZ, R.: «Reflexiones preliminares y críticas sobre las reestructuraciones empresariales y su proyección en el ámbito laboral», cit., p. 28.
La justificación detrás de la decisión de no efectuar un análisis en torno a dichas medidas de flexibilidad externa radica, fundamentalmente, en que dentro del marco convencional tales tipos de rescisiones apenas disfrutan de una mínima recepción. En este sentido, entre las limitadas previsiones localizadas dentro de la muestra (con, además, una especial inclinación hacia el ingrediente resarcitorio) se hallan:
A) El C. C. de Bellota Herramientas, SLU, y Bellota Agrisolutions, SLU (BOE 22, de 26/1/2023) [anexo III], a tenor del cual: *1*) salvo en los supuestos de quiebra o suspensión de pagos, la indemnización a satisfacer en los expedientes de regulación de empleo se sitúa en un importe equivalente a, como mínimo, 1,5 meses por cada año completo de servicios (en todo caso, con un máximo de 12 años de antigüedad computables). *2*) En los despidos objetivos, en cambio, la cuantía a sufragar se calculará en función de un número creciente de días (20, 25 o 30) según la antigüedad en la empresa (5 años, de 5 a 10, más de 10).
B) El C. C. de Siemens Energy, SA (BOE 128, de 27/5/2024) [art. 41], donde se dispone que, para las extinciones previstas en los preceptos 51 y 52.c) del Estatuto de los Trabajadores (ET), salvo que la persona despedida cuente con la edad y los requisitos de acceso a la pensión contributiva de jubilación, la empleadora tendrá que valorar antes otras alternativas menos traumáticas (incluido el análisis de la situación de las contratas y de los vínculos de puesta a disposición suscritos con empresas de trabajo temporal). En su defecto, la indemnizará con un importe calculado a razón de 45 días de salario por cada año de prestación de servicios sin, además, ninguna limitación en cuanto al número de días a satisfacer.

C) El C. C. de las empresas integradas en la unidad de negocio de Abertis Autopistas España (UNaAE) (BOE 310, de 28/12/2023) [disp. trans. 3.ª], que, también para los despidos objetivos por los motivos de las letras b) (falta de adaptación a las modificaciones operadas en el puesto) y c) (razones económicas, técnicas, organizativas o productivas) del artículo 52 del ET, se contempla: *1*) Aplicar en favor de las personas trabajadoras afectadas el *quantum* legal máximo propio de un despido improcedente. 2) Salvo de concurrir una razón justificada para ello, no permitir la externalización de ciertas actividades a través de contratas/subcontratas. *3*) Utilizar las movilidades funcional y geográfica como instrumentos preeminentes de adaptación interna. *4*) Desplegar acciones formativas (para el reciclaje y el perfeccionamiento profesional) y establecer itinerarios al respecto con vistas a facilitar la adecuación a los nuevos requerimientos de los puestos, la implantación o desarrollo de innovadores sistemas de trabajo, o la materialización de cambios organizacionales.
D) El C. C. de Grupo Vips (BOE 57, de 8/3/2022) [disp. adic. 5.ª], cuyas entidades vinculadas no pondrán en marcha medidas capaces de afectar el nivel de empleo sin antes haber intentado agotar otras, como la recolocación interna dentro o fuera de la propia empresa, las movilidades funcional o geográfica, las modificaciones sustanciales de condiciones de trabajo, la formación o reciclaje profesional, o cualquier otra actuación de índole organizativa, técnica o productiva susceptible de rebajar el número de extinciones.
E) El C. C. de Telefónica de España, SAU, Telefónica Móviles España, SAU, y Telefónica Soluciones de Informática y Comunicaciones, SAU (BOE 52, de 28/2/2024) [anexo XV], donde, a lo largo de casi 25 páginas (repartidas entre las tres compañías), se desgranan una serie de instrucciones y orientaciones en relación con el plan social de acompañamiento inherente a un despido colectivo. Entre tales pautas, sobresalen las siguientes: *1*) En cuanto a los criterios de selección de las personas afectadas, que estas se encuentren en activo en la entidad a 1/1/2024; hayan nacido, como máximo, en el año 1968; a 31/1/2024 cuenten con al menos 15 años de antigüedad en la empresa; o presten servicios en áreas o departamentos identificados como

- Los pactos en materia de estabilidad en el empleo, traducibles en compromisos tan elocuentes como los de:
  - «Antes de iniciar la implementación de ajustes de carácter colectivo, [...] contemplar medidas alternativas y [...] valorar previamente otras medidas colectivas o individuales [...] tendentes a procurar el mantenimiento del empleo»[608].

  Con el añadido ocasional de concebir «la negociación colectiva [...] [como] el foro más idóneo» a tales efectos[609], de suerte que «las situaciones de reestructuración interna que por razones económicas, organizativas, productivas o técnicas se plantearan y que pudieran afectar al empleo se afrontarán de forma

excedentarios. *2*) Respecto de las condiciones aplicables para incentivar una adhesión voluntaria, se contemplan un complemento económico por prejubilación; una prima por solicitar la extinción del contrato; la suscripción obligatoria y con cargo a la empleadora de un convenio especial con la Seguridad Social; el mantenimiento del plan de asistencia sanitaria complementaria y del alta en un seguro colectivo de riesgo; una aportación extraordinaria al plan de pensiones de empleo; etcétera. *3*) Medidas sociales de acompañamiento, como las de intentar reducir el número de amortizaciones de puestos de trabajo previstas para el período comprendido entre los años 2023 y 2026; o, por no seguir, el ofrecimiento de un programa de recolocación externa (durante un tiempo ordinario de 6 meses y con iniciativas de orientación profesional, intermediación, formación y atención personalizada).

608 Entre ellas, «la modificación de condiciones y movilidad geográfica y funcional [...] [y] reubicaciones de personal en las distintas empresas del grupo», a tenor del C. C. de Nortegas (BOE 28, de 1/2/2024) [disp. adic. 2.ª].

609 C. C. de Telefónica de España, SAU, Telefónica Móviles España, SAU, y Telefónica Soluciones de Informática y Comunicaciones, SAU (BOE 52, de 28/2/2024) [art. 12].

dialogada»[610], siquiera sea en el seno de una eventual mesa de seguimiento[611].

- Con otras palabras, para evitar «salidas [...] no voluntarias del personal»[612], se defiende anteponer la «utilización de mecanismos no traumáticos en la consecución del objetivo de adaptación de plantillas»[613], como intentar reubicar a la plantilla sobrante en otras plazas acordes con sus correspondientes aptitudes[614]; recurrir a «políticas activas de empleo, sectorial y de empresa»[615], o «reorganizativas o de recolocación»[616];

---

610 CC. CC. de Grupo Parcial Cepsa (BOE 52, de 28/2/2024) [art. 21] o Petróleos del Norte, SA (Petronor) (BOE 85, de 6/4/2024) [art. 66].

611 Adjudicándole, entre otras, la función de, «en caso de estar prevista una reducción colectiva [...] [ser] informada antes del inicio de los correspondientes trámites [de cara a] estudiar alternativas para evitar medidas traumáticas», el C. C. de Siemens Energy, SA (BOE 128, de 27/5/2024) [art. 41].

612 C. C. de Grupo Parcial Cepsa (BOE 52, de 28/2/2024) [art. 21]. Haciendo alusión a que «en los posibles acuerdos que se puedan alcanzar en caso de reajustes se utilizarán las vías vegetativas y propuestas de carácter voluntario para tratar de no recurrir a expedientes de despido colectivo o despidos objetivos por causas organizativas», el C. C. estatal para el sector de los establecimientos financieros de crédito (BOE 172, de 17/7/2024) [art. 12].

613 CC. CC. de Repsol, SA (BOE 77, de 31/3/2023) [art. 14], o Petróleos del Norte, SA (Petronor) (BOE 85, de 6/4/2024) [disp. adic. 9.ª].

614 C. C. de Iberdrola Grupo (BOE 52, de 2/3/2021) [art. 20 y disp. final 1.ª].

615 C. C. estatal para el sector de las empresas de mediación de seguros privados (BOE 273, de 15/11/2023) [art. 16].

616 Consistentes, además, en «una serie de medidas de políticas de empleo que, sin obstaculizar el logro de las estrategias empresariales de búsqueda de la mayor competitividad y eficiencia, refuercen y consoliden jurídicamente las garantías de las personas trabajadoras de mantener empleos de calidad, estables y con contenidos ocupacionales específicos que garanticen una mejora continua de la

implantar modelos de «bajas incentivadas, planes de incapacidad, reconversiones, traslados, jubilaciones con planes de renta o similares»[617]; o, dada su condición de «aspecto fundamental de la flexibilidad interna de las empresas»[618], desplegar iniciativas de «formación y capacitación»[619], en especial, a favor de quienes pertenezcan a «colectivos preferentemente afectables»[620].

- Llegado el caso, promover «la recolocación del personal disponible vía reducción de contratación de servicios»[621] o procurar «no externalizar servicios que afecten o supongan extinciones de contratos»[622].

---

empleabilidad», según declara el C. C. de Iberdrola Grupo (BOE 52, de 2/3/2021) [art. 22 y disp. final 1.ª].

617 C. C. de Grupo Maxam (BOE 77, de 31/3/2023) [art. 12].

618 C. C. estatal para el sector de los servicios de prevención ajenos (BOE 194, de 15/8/2023) [art. 81].

619 Añadiendo que las «medidas de aplicación preferente serán: desvinculaciones atendiendo a la curva de edad por su parte más alta [...] movilidades funcionales o geográficas, incluyendo el fomento de la cobertura de vacantes [...] adecuación o modificación de condiciones de trabajo, así como [...] la renegociación y adaptación de las condiciones de trabajo», el C. C. de Grupo Parcial Cepsa (BOE 52, de 28/2/2024) [art. 21].

620 C. C. estatal para el sector de las industrias de la ferralla (BOE 41, de 16/2/2024) [art. 113].

621 C. C. de Repsol, SA (BOE 77, de 31/3/2023) [art. 18].

622 C. C. autonómico para el sector de la elaboración de chocolates y torrefactores de café y sucedáneos de la Comunidad Valenciana (DOGV 9660, de 11/8/2023) [art. 7].

- Las heterogéneas vías de sucesión empresarial[623] *ex* artículo 44 del Estatuto de los Trabajadores (ET)[624], sin duda, a pesar de los imperfectos términos con los que tienden a expresarse los convenios colectivos[625], una de las herramientas más evidentes que el ordenamiento jurídico ofrece para preservar la viabilidad de las entidades implicadas[626].

---

623 Refiriéndose a diferentes alternativas factibles, como «traspasos de centros de actividad o de partes de empresas o de centros de actividad, [...] fusiones o [...] cesiones contractuales, [...] contratas y subcontratas, o [...] concesiones administrativas», PÉREZ DEL PRADO, D.: «Marco normativo e interpretación judicial de la subrogación legal de contratos de trabajo: Especial referencia a la jurisprudencia del TJUE y del TS», en VV. AA. (DE LA PUEBLA PINILLA, A., Dir.), *Subrogación contractual a través de la negociación colectiva*, Madrid (Ministerio de Trabajo y Economía Social), 2024, p. 29.

624 Real Decreto Legislativo 2/2015, de 23 de octubre, por el que se aprueba el texto refundido de la Ley del Estatuto de los Trabajadores (BOE 55, de 24/11).

625 Apostando por «mejorar el régimen de efectos previsto para la subrogación legal [...] [así como] ampliar el supuesto de hecho normativo, extendiendo los efectos propios de la transmisión a situaciones, en principio, no previstas en la norma», NORES TORRES, L. E.: «La subrogación convencional», en VV. AA. (DE LA PUEBLA PINILLA, A., Dir.), *Subrogación contractual a través de la negociación colectiva*, Madrid (Ministerio de Trabajo y Economía Social), 2024, p. 54.

626 GARCÍA-GIRALDA CASAS, C.: «La sucesión de empresas y de unidades productivas desde la perspectiva de los derechos laboral y concursal como vía de reestructuración empresarial», en VV. AA., *La reestructuración como solución de las empresas viables*, Cizur Menor (Thomson Reuters Aranzadi), 2022, p. 525.

A este respecto, notable interés despiertan las fusiones y escisiones[627], así como la descentralización productiva a través de contratas de obras o servicios[628], ámbito, este último, donde un asunto recurrente en la praxis convencional es el de la subrogación del personal procedente de las entidades auxiliares[629].

---

627 ROLDÁN MARTÍNEZ, A.: «Concentraciones societarias, fusiones y escisiones: situación fisiológica y patológica», en VV. AA. (LÓPEZ AHUMADA, J. E. y MENÉNDEZ CALVO, R., Dir.), *Poder de dirección y estructuras empresariales complejas*, Madrid (Cinca), 2018, pp. 139 y ss.

628 Desde distintos enfoques y dentro de la doctrina científica, esta cuestión se ha hecho merecedora de una amplia recepción, según evidencian, como mera muestra de un conjunto mucho más amplio, las aportaciones de MONEREO PÉREZ, J. L. y MORENO VIDA, M.ª N.: «La subrogación contractual a través de la negociación colectiva», en VV. AA. (CRUZ VILLALÓN, J.; GONZÁLEZ POSADA MARTÍNEZ, E. y MOLERO MARAÑÓN, M.ª L., Dir.), *La negociación colectiva como institución central del sistema de relaciones laborales: estudios en homenaje al profesor Fernando Valdés Dal-Ré*, Albacete (Bomarzo), 2021, pp. 491-506; NORES TORRES, L. E.: «La subrogación convencional», cit., pp. 51-79; o VV. AA. (DE LA PUEBLA PINILLA, A., Dir.), *Subrogación contractual a través de la negociación colectiva*, Madrid (Ministerio de Trabajo y Economía Social), 2024.

629 Confirmándolo, los CC. CC. estatales para los sectores de las instalaciones deportivas y los gimnasios (BOE 23, de 26/1/2024) [art. 25], o los aparcamientos y garajes (BOE 120, de 17/5/2024) [arts. 29 a 31]; autonómicos para los sectores de los monitores de comedores escolares públicos de Aragón (BOA 224, de 2/11/2021) [art. 18], la ayuda a domicilio de Canarias (BOIC 2, de 3/1/2023) [art. 53] o las empresas organizadoras del juego del bingo de Catalunya (DOGC 9158, de 8/5/2024) [arts. 18 a 24]; y provinciales para los sectores del transporte de viajeros por carretera de Cáceres (DOE 100, de 26/5/2022) [art. 27] o el ciclo integral del agua de Zamora (BOP 131, de 11/11/2022) [art. 45].

- Las jubilaciones (ordinarias o anticipadas[630], forzosas[631] o incentivadas[632], totales o parciales[633]), las cuales tam-

---

630 Entre más, el C. C. de Ilunion Accesibilidad, SAU (BOE 15, de 17/1/2024) [art. 44].

631 Por ejemplo, incluyen cláusulas de este tipo los CC. CC. de Iberdrola Grupo (BOE 52, de 2/3/2021) [art. 23], Airbus Defence and Space, SAU, Airbus Operations, SL, y Airbus Helicopters España, SA (BOE 108, de 6/5/2022) [art. 34 bis], Grupo Cetelem (BOE 77, de 31/3/2023) [art. 49], Grupo ISRG (BOE 187, de 7/8/2023) [art. 32] o Bolsas y mercados españoles (BOE 207, de 27/8/2024) [art. 60]. También, los CC. CC. estatales para los derivados del cemento (BOE 167, de 14/7/2023) [art. 106], el corcho (BOE 214, de 7/9/2023) [art. 21], la acuicultura (BOE 108, de 3/5/2024) [art. 35] o las cajas y entidades financieras de ahorro (BOE 137, de 6/6/2024) [disp. adic. 6.ª]; autonómicos para los sectores de los preparados alimenticios y los productos dietéticos de Cataluña (DOGC 8930, de 6/6/2023) [disp. adic. 9.ª], o la explotación de campos de golf y los servicios anexos de la Región de Murcia (BORM 209, de 9/9/2023) [art. 23]; y provinciales para los mármoles y las piedras de Pontevedra (BOP 148, de 2/8/2023) [art. 12] o la industria siderometalúrgica de Girona (BOP 243, de 21/12/2023) [art. 65].

632 Como mera muestra, los CC. CC. estatal para el sector de las entidades de seguros, reaseguros y mutuas colaboradoras con la Seguridad Social (BOE 310, de 27/12/2021) [art. 67]; y autonómico para el sector de los vehículos de alquiler sin conductor de Baleares (BOIB 113, de 27/8/2022) [art. 29].

633 Al respecto, *verbi gratia*, los CC. CC. de Grupo Endesa (BOE 169, de 17/6/2020) [art. 30], Supermercados Grupo Eroski (BOE 101, de 28/4/2022) [art. 22], Radio Popular, SA (BOE 177, de 25/7/2022) [art. 41], Santa Bárbara Sistemas, SA (BOE 47, de 22/2/2024) [disp. trans. 1.ª], o Grupo Acciona Energía (BOE 123, de 21/5/2024) [art. 48 *bis*]. Asimismo, los CC. CC. estatales para los sectores de la acuicultura (BOE 108, de 3/5/2024) [art. 35] o los centros de educación universitaria e investigación (BOE 128, de 27/5/2024) [art. 21]; autonómicos para los sectores de las residencias privadas de personas mayores de Galicia (DOG 108, de 7/6/2022) [art. 32], el comercio de las ópticas de Navarra (BON 52, de 12/3/2024) [art. 37] o el alquiler de grúas móviles autopropulsadas de Aragón

bién puede constituir una alternativa prioritaria[634] en el contexto de una remodelación empresarial.

Tal es así que en el V AENC (Capítulo IV) se manifiesta con claridad el deseo de consolidar la jubilación parcial y el contrato de relevo como mecanismos aptos para la conservación del empleo, el rejuvenecimiento de las plantillas, la difusión del conocimiento y la mejora de la productividad de las organizaciones. De ahí que los convenios colectivos deban impulsar «su puesta en marcha en cada uno de los sectores y empresas, en función de sus circunstancias y características propias».

Incluso con una mayor propiedad, presumiendo su superior virtualidad en el día a día, algo parecido cabría señalar de las, a veces discutibles[635], prejubilaciones, máxime

(BOA 90, de 10/5/2024) [art. 30]; y provinciales para los sectores del comercio de la piel y el comercio textil de León (BOP 91, de 15/5/2023) [art. 8] o las clínicas privadas de Córdoba (BOP 110, de 13/6/2023) [art. 16].

634 Señalando que «prácticamente todos los tipos de jubilación son "útiles" a fines reestructuradores por su capacidad de instrumentar decisiones de gestión organizacional con repercusiones directas sobre la situación de la empresa [...] pues [tendrán] por efecto reducir la plantilla, rejuvenecerla, aminorar las horas de trabajo o abaratar costes», MOLINA MARTÍN, A. M.ª: «De la configuración jurídica a la ejecución práctica de jubilaciones de trabajadores por efecto de reestructuraciones empresariales», en VV. AA. (ESCUDERO RODRÍGUEZ, E., Coord.), *Las reestructuraciones empresariales: un análisis transversal y aplicado*, Madrid (Cinca), 2015, p. 402.

635 Procede no perder de vista que los pactos de prejubilación tan típicos en el supuesto de proyectos de despidos colectivos pueden presentar un importante componente discriminatorio, toda vez que «la edad se acaba convirtiendo [...] en el criterio definitivo de implicación de los trabajadores en el proceso extintivo», de ahí la importancia de recurrir a este tipo de extinciones solo cuando las demás alternativas, como movilidades funcionales o geográficas, re-

cuando aparecen asociadas a cierto tipo de operaciones mercantiles como fusiones o absorciones[636]. De hecho, en no pocas ocasiones acaban siendo reclamadas por las propias representaciones del personal, en atención a su condición de «fórmula económicamente beneficiosa y no traumática de abandonar el mercado de trabajo»[637].

- O, sin agotar el listado, la inaplicación del convenio colectivo prevista en el artículo 82.3 del ET, donde subyace el deseo de brindar un potente mecanismo de adaptación a través del cual facilitar que, de manera coyuntural, ciertos contenidos «puedan ser flexibilizados cuando las necesidades empresariales lo exijan»[638].

A este respecto, en la práctica convencional suelen abundar las disposiciones dirigidas, básica o exclusivamente, hacia el descuelgue salarial[639], en principio, una de las

---

colocaciones, suspensiones de contratos o reducciones de jornadas, se antojen por sí mismas insuficientes. Defendiéndolo, MARTÍNEZ BARROSO, M.ª de los R.: «Despidos colectivos de trabajadores de edad avanzada y protección social: entre la discriminación y la eficiencia», *Revista de Trabajo y Seguridad Social. CEF*, núm. 430, 2019, pp. 18 y 23.

636 LÓPEZ AHUMADA, J. E.: «Prejubilaciones y remodelación de empresa: efectos de un ajuste penalizado», cit., pp. 371 a 373.

637 MARTÍNEZ BARROSO, M.ª de los R.: «Despidos colectivos de trabajadores de edad avanzada y protección social: entre la discriminación y la eficiencia», cit., p. 26.

638 FABREGAT MONFORT, G.: «El descuelgue del convenio como medida de flexibilidad interna», cit., p. 323.

639 CC. CC. autonómicos para los sectores del auto-taxi de Andalucía (BOJA 27, de 8/2/2019) [art. 41], los centros de enseñanza de iniciativa social del País Vasco (BOPV 72, de 14/4/2021) [disp. adic. 1.ª], los cines (exhibición) de la Comunidad de Madrid (BOCM 137, de 10/6/2023) [art. 50] o las pompas fúnebres del Principado de Asturias (BOPA 102, de 27/5/2024) [art. 27]. Asimismo, los CC. CC. provinciales para los sectores del comercio de la alimen-

formas más inmediatas al alcance de las empresas para ajustar los costes a corto plazo. No en vano, una de las principales presiones en casi cualquier proceso de reestructuración viene dada por la necesidad de equilibrar, de manera presta o directa, los costes y los ingresos de la entidad, en definitiva, su cuenta de resultados[640].

Y aunque la ulterior inaplicación de ciertas disposiciones del texto de referencia, con independencia de la materia afectada, debe ir acompañada de una regulación *ad hoc*, dado que esta última resultará, por definición, «de carácter inferior, [...] [al acarrear] un empeoramiento de las condiciones de trabajo»[641], la función tuitiva de la negociación colectiva y, por consiguiente, del convenio se antoja todavía más necesaria.

3.1. La movilidad funcional extraordinaria

Desde luego, la movilidad funcional, en un sentido amplio de la noción, constituye «una de las medidas paradigmáticas de

---

tación de Ourense (BOP 164, de 20/7/2021) [art. 39] o la ayuda a domicilio de Huesca (BOP 105, de 6/6/2023) [art. 36] y las industrias siderometalúrgicas de Girona (BOP 243, de 21/12/2023) [art. 75].

640 Sin embargo, esto también abre la veda a usos desviados de la prerrogativa, la cual en no pocas ocasiones ha sido utilizada como una fórmula impropia destinada a «incrementar [...] [las] ganancias en perjuicio de los derechos de las personas trabajadoras». Advirtiéndolo, MELIÁN CHINEA, L. M.ª: «La inaplicación del convenio colectivo en procesos de reestructuración empresarial: Selección jurisprudencial y propuesta normativa», cit., p. 192.

641 GORELLI HERNÁNDEZ, J.: «El descuelgue empresarial», en VV. AA. (MONEREO PÉREZ, J. L. y VILA TIERNO, F., Dir.), *Mecanismos e instrumentos de flexibilidad interna en la negociación colectiva*, Madrid (Ministerio de Trabajo y Economía Social), 2024, pp. 343 y 344.

la flexibilidad interna»[642]. Para refrendarlo, basta con reparar en cómo el devenir de la mayoría de las empresas se ve condicionado por los continuos avances o modificaciones de distinto signo que van sucediéndose y a los cuales precisan adaptarse con la mayor celeridad y eficacia posibles[643].

Pues bien, dejando a un lado una eventual polivalencia en el desempeño, la configuración dilatada a nivel convencional de los cometidos inherentes a cada singular grupo profesional[644] o las manifestaciones propias del *ius variandi*

---

642 Aunque se quedan fuera de este apartado, otras eventuales líneas de intervención *ex ante*, como las relativas a la clasificación profesional y la polivalencia funcional, también podrían operar. Manifestándolo, ALMENDROS GONZÁLEZ, M. Á.: «La movilidad funcional como medida de flexibilidad interna: clasificación profesional, polivalencia y cambios funcionales», cit., pp. 35 y 36.

643 FOLGOSO OLMO, A.: «Movilidad funcional como medida de supervivencia empresarial», en VV. AA. (ORTEGA LOZANO, P. G. y GUINDO MORALES, S., Dir.), *Medidas de reestructuración interna empresarial desde la perspectiva jurídico-laboral. Las relaciones de trabajo post-COVID-19 y recientes reformas*, Murcia (Laborum), 2022, p. 127.

644 *Verbi gratia*, estipulando que «el sistema de gestión de RRHH aplicable [...] se fundamenta en la definición de unas ocupaciones o puestos de trabajo que comprenden las funciones básicas que debe desempeñar el personal adscrito a [...] [ellas] así como una relación de polifunciones o funciones asociadas que también deberán desempeñarse por algunas de las personas trabajadoras adscritas a estas ocupaciones, por razones organizativas u operativas, permanentes o coyunturales, que, sin hacer variar la esencia de la ocupación, la maticen y la amplíen [...] [lo cual] supone dotar de flexibilidad a las organizaciones en la asignación de funciones, mejorando su adaptabilidad a necesidades futuras, a la vez que se posibilita el desarrollo continuo y la motivación del personal mediante la formación y el progreso profesional», el C. C. de Iberdrola Grupo (BOE 52, de 2/3/2021) [art. 8].

patronal[645], en este apartado la mirada se va a centrar en la movilidad funcional extraordinaria (ascendente o descendente) prevista en el artículo 39.2 del ET, la cual, a tenor del mencionado precepto, «solo será posible si existen [...] razones técnicas u organizativas que la justifiquen y por el tiempo imprescindible para su atención».

Apuntado lo anterior, corresponde comenzar enfatizando que, en términos análogos a las demás figuras sometidas a escrutinio en estas páginas, por más que se piense en el convenio colectivo como un pilar fundamental desde el punto de vista regulatorio, en la práctica negociadora abundan las redacciones básicas, escasamente inspiradas y demasiado apegadas a la literalidad de la norma legal.

En consecuencia, en este y en otros ámbitos, se juzga inaplazable un cambio radical en los posicionamientos de los interlocutores, los cuales han de incidir de manera más decisiva sobre vertientes cardinales como los «criterios, [las] causas, [los] procedimientos, [los] períodos temporales [...] de referencia [...] [y los] procedimientos [...] [para la] adaptación y modificación de lo pactado [...] [y] para la solución [...] de [cualquier] bloqueo en los períodos de consulta [...] exigidos»[646].

---

645 Realzando el «modelo de movilidad funcional [de la empresa], como instrumento de adaptación interna y de eficiencia que genera una adecuada dotación de los recursos necesarios, con la capacitación idónea para la realización de las diferentes actividades, con criterios de eficiencia y rentabilidad», el C. C. de Telefónica de España, SAU, Telefónica Móviles España, SAU, y Telefónica Soluciones de Informática y Comunicaciones, SAU (BOE 52, de 28/2/2024) [art. 118].

646 Tildándolo de contenido «mínimo» a tales efectos, ALMENDROS GONZÁLEZ, M. Á.: «La movilidad funcional como medida de flexibilidad interna: clasificación profesional, polivalencia y cambios funcionales», cit., p. 45.

Sin embargo, la tónica habitual en la experiencia convencional dista en mucho de esa situación ideal, pues precisamente no escasean las meras remisiones[647] o las simples reproducciones de lo enunciado en el artículo 39.2 del ET[648]. A lo sumo, se incorporan ligeros retoques o tenues mejoras en relación con los límites o las garantías en favor del personal[649]; sin embargo, «poco originales»[650] e incapaces de «desarrollar un marco flexible para la movilidad funcional, que potencie la competitividad empresarial [...] [y la capacidad de] afrontar con más opciones las eventuales crisis que puedan producirse»[651].

Los resultados obtenidos tras el análisis efectuado para este estudio no se desmarcan de tales patrones, aunque cabe traer a colación esporádicos elementos de interés; pese a todo, tremendamente alejados de esa ambicionada configuración transversal del conjunto de medidas de flexibilidad interna, que coadyuve en los procesos de reestructuración empresarial. Así:

---

647 A modo de ejemplo, el C. C. de Grupo Acciona Energía (BOE 123, de 21/5/2024) [art. 18].

648 MONEREO PÉREZ, J. L.; VILA TIERNO, F.; LÓPEZ INSUA, B. del M. y MORENO VIDA, M.ª N.: «Balance, conclusiones y propuestas de futuro», cit., pp. 550 y 551.

649 Esencialmente, se acaban estableciendo condicionantes a las facultades patronales, pero prescindiendo de cualquier previsión paralela sobre ciertos aspectos significativos, como las consecuencias del cambio de funciones sobre las propias personas trabajadoras. Confirmándolo, MARÍN ALONSO, I.: «Movilidad funcional», en VV. AA. (MONEREO PÉREZ, J. L. y VILA TIERNO, F., Dir.), *Mecanismos e instrumentos de flexibilidad interna en la negociación colectiva*, Madrid (Ministerio de Trabajo y Economía Social), 2024, pp. 113 a 115.

650 ALMENDROS GONZÁLEZ, M. Á.: «La movilidad funcional como medida de flexibilidad interna: clasificación profesional, polivalencia y cambios funcionales», cit., pp. 45 y 46.

651 FOLGOSO OLMO, A.: «Movilidad funcional como medida de supervivencia empresarial», cit., p. 129.

A) Desde una perspectiva general, junto con las referencias más elementales, como la de anunciar que «el ejercicio por las empresas de la movilidad funcional, en cualquiera de sus modalidades, requerirá la concurrencia de probadas razones técnicas, organizativas o productivas de carácter temporal»[652], es dable referir:

- La prohibición de invocarla «como causa de despido objetivo [...] [o] como fundamento para la extinción de contratos de trabajo de carácter colectivo»[653].
- La confirmación de que este tipo de novaciones «serán excepcionales [...] por el mínimo tiempo posible y en función de las necesidades de la empresa»[654], entre las cuales no se encuentran las «derivadas de la actividad estacional o de temporada»[655].
- La imposibilidad de recurrir a ella de existir «trabajadores/as contratados de esa categoría profesional» en disposición de realizar los oportunos cometidos[656].
- La intención de llegar primero a un acuerdo con la persona afectada[657], en defecto del cual resultará exigible

---

652 C. C. de Grupo Endesa (BOE 169, de 17/6/2020) [art. 20].

653 C. C. de Grupo Endesa (BOE 169, de 17/6/2020) [art. 24].

654 C. C. autonómico para los sectores de la carpintería y la ebanistería del Principado de Asturias (BOPA 72, de 17/4/2023) [art. 32].

655 VI acuerdo laboral para el sector de la hostelería –ALEH VI– (BOE 59, de 10/3/2023) [art. 19].

656 C. C. provincial para el sector del manipulado y envasado de frutas, hortalizas y patata de Granada (BOP 132, de 13/7/2022) [art. 14].

657 Aclarando que dicho acuerdo únicamente resultará exigible «cuando se trate una movilidad funcional para realizar funciones de un grupo profesional superior o inferior, pero: *a*) O bien el cambio no está justificado por razones técnicas u organizativas. *b*) O bien el cambio de funciones va a ser definitivo», el C. C. de Nortegas (BOE 28, de 1/2/2024) [art. 56].

informar con antelación[658] también a ciertos órganos o instancias (como la representación de la plantilla, la comisión paritaria[659] o «las secciones sindicales estatales presentes en la Comisión de Relaciones Laborales»[660]), con los que incluso puede devenir preceptiva la celebración de un auténtico período de consultas[661] en torno a «la fecha de efectividad del cambio [...] las causas que [lo] motivan [...] [el] nivel de competencia y grupo profesional de destino [...] y la duración estimada»[662].

- El requerimiento consistente en que concurra una situación excepcional (cese de actividad o cierre del centro de trabajo) para reubicar al personal implicado en puestos de un nivel diferente al original[663].

---

658 De «15 días naturales», para el C. C. de Grupo Endesa (BOE 169, de 17/6/2020) [art. 23].

659 C. C. de Santa Bárbara Sistemas, SA (BOE 47, de 22/2/2024) [art. 31].

660 A las que asimismo corresponde notificar mensualmente acerca de, entre más, «los cambios de ocupación con o sin modificación del nivel competencial y las consolidaciones previstas de las movilidades funcionales realizadas», según el C. C. de Grupo Endesa (BOE 169, de 17/6/2020) [arts. 20 y 23].

661 CC. CC. de Grupo Endesa (BOE 169, de 17/6/2020) [art. 23] y Santa Bárbara Sistemas, SA (BOE 47, de 22/2/2024) [art. 31].

662 CC. CC. de Grupo Endesa (BOE 169, de 17/6/2020) [art. 23] y Santa Bárbara Sistemas, SA (BOE 47, de 22/2/2024) [art. 31]. Asimismo, el C. C. autonómico para los sectores de la carpintería y la ebanistería del Principado de Asturias (BOPA 72, de 17/4/2023) [art. 32].

663 Debiendo contar también con la intervención de la representación del personal e informar a la «Comisión Interempresas de Clasificación Profesional», a tenor del C. C. de Telefónica de España, SAU, Telefónica Móviles España, SAU, y Telefónica Soluciones de Informática y Comunicaciones, SAU (BOE 52, de 28/2/2024) [art. 120].

- En fin, la selección de quienes sea preciso movilizar a partir de criterios objetivos, como «la capacidad para el desempeño correcto de las tareas correspondientes a cada puesto de trabajo»[664] o la no pertenencia a algún estrato específico como, señaladamente, el directivo[665].

B) Pasando a la movilidad funcional descendente, varias dimensiones suelen mostrar una notable dimensión para los interlocutores. Es el caso de los motivos determinantes[666], la nueva labor a ejecutar[667] o, por encima de todo, la duración máxima[668], a veces matizada mediante la exclusión del cómpu-

---

664 Sabiendo además que, a «igualdad de capacidad, se tendrá en cuenta el orden inverso a la antigüedad en la sección, categoría y empresa, respectivamente». Concretándolo, el C. C. de Baxi Calefacción, SLU, Dietrich Thermique Iberia, SL, y Baxi Sistemas y Servicios de Climatización, SLU (BOE 61, de 12/3/2022) [art. 38].

665 C. C. de Grupo Prisa Radio (BOE 73, de 23/3/2024) [art. 15].

666 De «razones organizativas o productivas no permanentes, en especial aquellas que se produzcan como consecuencia de las variaciones experimentadas en el servicio público de transporte por ferrocarril», habla el C. C. de Ferrovial Servicios, SA, y los trabajadores adscritos al servicio de restauración y atención a bordo de los trenes (BOE 23, de 26/1/2018) [art. 35].

667 Por ejemplo, aquel donde «las retribuciones salariales asignadas sean de menor cuantía que las [del nivel] de procedencia», en la precisión hecha por el C. C. de Telefónica de España, SAU, Telefónica Móviles España, SAU, y Telefónica Soluciones de Informática y Comunicaciones, SAU (BOE 52, de 28/2/2024) [art. 120].

668 Entre más, los CC. CC. de Grupo Maxam (BOE 77, de 31/3/2023) [art. 52] –«cuatro meses ininterrumpidos»–, Al Air Liquide España, SA, y Air Liquide Ibérica de Gases, SLU (BOE 290, de 5/12/2023) [art. 15] –«por un tiempo no superior a dos meses y no más de dos veces al año, salvo en caso de sustituciones por incapacidad temporal»–, o Petróleos del Norte, SA (Petronor) (BOE 85, de 6/4/2024) [art. 6] –«más de sesenta días consecutivos o alternos en el transcurso de un año»–. Igualmente, los CC. CC. estatal para el sector de las industrias de ferralla (BOE 41, de 16/2/2024) [art. 21] –hasta

to de algunos períodos, como los atinentes a una avería, un supuesto de fuerza mayor[669] o cualquier otra razón excepcional desencadenante[670].

A ello es dable agregar otras precauciones, como las de:

- Establecer un sistema de alternancias, de manera que un mismo sujeto no sea destinado a la realización de tareas inferiores por lapsos de cierta extensión[671], de un modo reiterativo[672] o consecutivo[673], o sin haber rotado antes el resto del personal «del mismo grupo profesional»[674] o

---

noventa días–; autonómico para el sector de las empresas de televisiones locales y autonómicas de Castilla y León (BOCYL 136, de 17/7/2023) [art. 29] –no «más de un mes en un período de un año»–; o provincial para los sectores de las artes gráficas y sus industrias auxiliares, los manipulados de papel y cartón, y las editoriales de Gipuzkoa (BOP 23, de 3/2/2023) [art. 43] –«salvo casos muy excepcionales [...] esta situación no podrá prolongarse por período superior a dos meses»–.

669 C. C. estatal para el sector de los derivados del cemento (BOE 167, de 14/7/2023) [art. 26].

670 Sin perjuicio de tener que acompañar la movilidad funcional de otras «medidas para resolver el problema planteado», conforme puntualiza el C. C. de Grupo Maxam (BOE 77, de 31/3/2023) [art. 52].

671 C. C. autonómico para el sector de las empresas de televisiones locales y autonómicas de Castilla y León (BOCYL 136, de 17/7/2023) [art. 29] –«en períodos de un mes, durante el tiempo que duren las causas organizativas o técnicas que motivaron la movilización»–.

672 C. C. de Grupo Maxam (BOE 77, de 31/3/2023) [art. 52]. Igualmente, el C. C. provincial para los sectores de las artes gráficas y sus industrias auxiliares, los manipulados de papel y cartón, y las editoriales de Gipuzkoa (BOP 23, de 3/2/2023) [art. 43].

673 C. C. estatal para el sector de los derivados del cemento (BOE 167, de 14/7/2023) [art. 26].

674 CC. CC. estatales para los sectores del corcho (BOE 214, de 7/9/2023) [art. 36] y la construcción (BOE 228, de 23/9/2023) [art. 80].

«con categoría superior adscrito al mismo servicio donde se produjera la necesidad»[675].

- Garantizar que la medida únicamente procederá en ausencia de candidatos de un nivel interior que puedan efectuar el indicado encargo[676].
- Disponer que, mientras subsista la cobertura de tareas por debajo de las acostumbradas, no cabrá sustituir a la persona reubicada en su puesto de partida ni externalizar sus funciones[677].
- Contemplar que, si la adscripción a un escalafón subordinado ha sido forzosa por circunstancias como el exceso de plantilla, quien se haya visto afectado deberá ser reintegrado en su graduación precedente en cuanto exista una vacante acorde a sus condiciones y aptitudes[678].
- Fijar la responsabilidad empresarial de notificar el cambio a la comisión paritaria del convenio[679] o, más habitual, a la representación de la plantilla, incluida la de ámbito provincial[680], «inmediatamente después de que se produzca la causa perentoria e imprevisible que la

---

675 C. C. de Ferrovial Servicios, SA, y los trabajadores adscritos al servicio de restauración y atención a bordo de los trenes (BOE 23, de 26/1/2018) [art. 35].

676 C. C. de Petróleos del Norte, SA (Petronor) (BOE 85, de 6/4/2024) [art. 6].

677 C. C. autonómico para el sector agropecuario de Cantabria (BOC 161, de 21/8/2024) [art. 8].

678 C. C. de Grupo Maxam (BOE 77, de 31/3/2023) [art. 52].

679 C. C. de Ferrovial Servicios, SA, y los trabajadores adscritos al servicio de restauración y atención a bordo de los trenes (BOE 23, de 26/1/2018) [art. 35].

680 C. C. de Telefónica de España, SAU, Telefónica Móviles España, SAU, y Telefónica Soluciones de Informática y Comunicaciones, SAU (BOE 52, de 28/2/2024) [art. 120].

motiva»[681], así como cuando la movilización vaya a superar una determinada extensión[682].

- En fin, exigir siempre, como requisito imprescindible para la adopción de la medida, un acuerdo previo entre la empleadora y la representación legal del personal[683].

C) Para terminar, resta explorar la movilidad funcional de carácter ascendente, esto es, aquella referida a un puesto donde, por lo común, «las retribuciones salariales asignadas [...] sean de mayor cuantía que las [del escalón] de procedencia»[684].

Si bien ocasionalmente se establece como pauta de arranque el alentar o priorizar la «voluntariedad para la asignación de estos cometidos»[685], al final son otros los aspectos merecedores de una eminente atención en la práctica. En especial, el marco temporal para la vigencia de la medida y, sin solución de continuidad, los efectos dimanados de su superación.

Respecto del primero, suele hacerse uso de la facultad contenida en el artículo 39.2 del ET[686] para establecer

681 C. C. de Grupo Endesa (BOE 169, de 17/6/2020) [art. 21].

682 Por ejemplo, quince días, según el C. C. de Grupo Maxam (BOE 77, de 31/3/2023) [art. 52].

683 C. C. estatal para el sector de las industrias de ferralla (BOE 41, de 16/2/2024) [art. 21].

684 C. C. de Telefónica de España, SAU, Telefónica Móviles España, SAU, y Telefónica Soluciones de Informática y Comunicaciones, SAU (BOE 52, de 28/2/2024) [art. 120].

685 C. C. de Ferrovial Servicios, SA, y los trabajadores adscritos al servicio de restauración y atención a bordo de los trenes (BOE 23, de 26/1/2018) [art. 34].

686 «Mediante la negociación colectiva se podrán establecer periodos distintos de los expresados en este artículo a efectos de reclamar la cobertura de vacantes» (art. 39.2 del ET).

períodos de referencia distintos a los expresados en el mencionado precepto[687].

En parecidos términos, también presentan un marcado grado de disparidad las resultas anudadas a un desbordamiento del margen de referencia[688], en el sentido de que la persona trabajadora: *1*) quede facultada para instar la apertura del proceso destinado a la cobertura de la vacante, el cual, lógicamente, habrá de desplegarse cumpliendo «las reglas de promoción y ascensos previstas en el [...] convenio»[689], sin perjuicio de reco-

---

687 Por ejemplo, los CC. CC. de Grupo Maxam (BOE 77, de 31/3/2023) [art. 52] –«nueve meses durante un año o doce meses durante dos años»– o Petróleos del Norte, SA (Petronor) (BOE 85, de 6/4/2024) [art. 7] –«trabajos de grupo profesional superior durante más de 3.360 horas consecutivas o alternas de trabajo efectivo durante los cuatro últimos años»–. O los CC. CC. estatal para el sector de los aparcamientos y garajes (BOE 120, de 17/5/2024) [art. 39] –«un período ininterrumpido de realización [...] de doce meses»–; autonómico para el sector del estacionamiento regulado en superficie y la retirada y el depósito de vehículos de la vía pública de Andalucía (BOJA 121, de 27/6/2023) [art. 38] –«seis meses durante un año u ocho meses durante dos para todo el personal, y [...] ocho meses durante un año u once meses durante dos para el personal cuyo periodo de prueba es de seis meses»–; y provincial para los sectores de las artes gráficas y sus industrias auxiliares, los manipulados de papel y cartón, y las editoriales de Gipuzkoa (BOP 23, de 3/2/2023) [art. 43] –sin superar un total de tres meses ininterrumpidos–.

688 Recuérdese que, en palabras del artículo 39.2 del ET, «en el caso de encomienda de funciones superiores a las del grupo profesional por un periodo superior a seis meses durante un año u ocho durante dos años, el trabajador podrá reclamar el ascenso, si a ello no obsta lo dispuesto en convenio colectivo o, en todo caso, la cobertura de la vacante correspondiente a las funciones por él realizadas conforme a las reglas en materia de ascensos aplicables en la empresa, sin perjuicio de reclamar la diferencia salarial correspondiente».

689 C. C. de Grupo Supermercados Carrefour (BOE 141, de 14/6/2023) [art. 13].

nocer a la sazón un mérito o un derecho preferente[690]; *2*) pueda elegir entre continuar con la ejecución del nuevo puesto, ascendiendo de manera automática, o retornar al precedente[691]; *3*) sea reclasificada de mediar una petición expresa por su parte[692]; *4*) cuente con la expectativa de promocionar, siquiera sea previa la superación de los pertinentes trámites de evaluación[693], selección o ascenso[694]; *5*) o consolide de inmediato el nivel competencial vinculado a la ocupación de destino[695].

---

690 C. C. de Grupo Maxam (BOE 77, de 31/3/2023) [art. 52].

691 CC. CC. estatales para los sectores de los derivados del cemento (BOE 167, de 14/7/2023) [art. 26] y las industrias de ferralla (BOE 41, de 16/2/2024) [art. 21].

692 C. C. de Asociación para la Gestión de la Integración Social (BOE 165, de 12/7/2023) [art. 13].

693 C. C. de Salas de Juego Orenes Grupo (BOE 187, de 7/8/2023) [art. 17].

694 C. C. de Telefónica de España, SAU, Telefónica Móviles España, SAU, y Telefónica Soluciones de Informática y Comunicaciones, SAU (BOE 52, de 28/2/2024) [arts. 120 y 125].

695 CC. CC. de Grupo Endesa (BOE 169, de 17/6/2020) [art. 20] y Bureau Veritas Inspección y Testing, SLU, y Bureau Veritas Solutions Iberia, SLU (BOE 74, de 25/3/2024) [art. 17]. Disponiendo que «cuando un/a trabajador/a realice trabajos de categoría superior durante más de tres meses, sin concurrir los supuestos especiales a que se refiere el apartado anterior, consolidará la categoría superior, siempre que exista turno de ascenso a esta de libre designación de la empresa y salvo que para el desempeño [...] se requiriese la posesión de títulos o conocimientos especiales debidamente acreditados por pruebas de suficiencia», el C. C. provincial para los sectores de las artes gráficas y sus industrias auxiliares, los manipulados de papel y cartón, y las editoriales de Gipuzkoa (BOP 23, de 3/2/2023) [art. 43]. Por su parte, condicionándolo a que se realicen las tareas superiores «durante más del 30 por 100 de la jornada habitual de trabajo diaria», el C. C. autonómico para el sector de la ayuda a domicilio de Canarias (BOIC 2, de 3/1/2023) [art. 17].

Ello no obstante, procede apuntar que la conversión (instantánea o supeditada) antes aludida suele aparecer condicionada en la práctica. Por ejemplo, llega a señalarse que no se activará cuando la movilidad funcional derive de ciertas contingencias, como la respuesta a ausencias coyunturales nacidas de la suspensión del contrato con reserva del puesto (por, *verbi gratia*, incapacidad temporal, embarazo, nacimiento, lactancia o excedencia)[696], la realización por la persona sustituida de «proyectos especiales de duración determinada»[697] o el hecho de que esa última deba «atender una necesidad coyuntural y limitada en el tiempo»[698].

Al margen de cuanto precede, los restantes contenidos aparecen más diseminados a lo largo de los textos seleccionados. Es lo que acontece, por ejemplo, con el componente causal, quizás por estar ya definido en la norma legal, aun cuando nada empece su perfilación en el plano convencional[699]; la

---

696 CC. CC. de Supermercados Grupo Eroski (BOE 101, de 28/4/2022) [art. 16] –«suplencias o coberturas de reorganización interna por causa de excedencias por guarda legal, bajas por maternidad o lactancia»–, Grupo ISRG (BOE 187, de 7/8/2023) [art. 16] –«nacimiento, vacaciones e incapacidad temporal»–, o empresas integradas en la unidad de negocio de Abertis Autopistas España (UNaAE) (BOE 310, de 28/12/2023) [art. 17] –«desempeño de funciones sindicales o públicas con reserva de puesto de trabajo», las cuales «no se contabilizarán a los efectos previstos en el artículo 39.2 del TRLET, por lo que el/la trabajador/a temporalmente ascendido y aquellos que en cadena puedan haber ido sustituyendo estos movimientos se reincorporarán a su puesto de origen de forma automática, sin derecho a reclamación alguna por este motivo».

697 C. C. de Grupo Maxam (BOE 77, de 31/3/2023) [art. 52].

698 C. C. de Al Air Liquide España, SA, y Air Liquide Ibérica de Gases, SLU (BOE 290, de 5/12/2023) [art. 15].

699 De «razones organizativas o productivas no permanentes, en especial aquellas que se produzcan como consecuencia de las variaciones experimentadas en el servicio público de transporte por fe-

previa notificación a la representación de la plantilla acerca de la movilidad, la razón motivadora, la identidad de la persona que experimentará dicha alteración, la duración estimada de la medida, las características y requerimientos de las nuevas tareas, o la formación y la experiencia demandadas[700]; el reconocimiento a la comisión paritaria del convenio tanto del derecho a ser informada como de la facultad de velar por el cumplimiento de lo acordado[701]; o, sin afán de exhaustividad, la obligación impuesta a la empresa de expedir un certificado sobre el subsiguiente desempeño, con mención expresa al tiempo transcurrido y las actividades ejecutadas[702], lo cual, en paralelo, quizás sirva de criterio positivo en un ulterior e independiente proceso de promoción profesional[703].

3.2. La movilidad geográfica extraordinaria

En sintonía con la funcional, también la movilidad geográfica, sea esta ordinaria o extraordinaria, supone una medida de flexibilidad interna con capacidad para contribuir a una, más o menos profunda, «reorganización de los recursos humanos

---

rrocarril», vuelve a hablar el C. C. de Ferrovial Servicios, SA, y los trabajadores adscritos al servicio de restauración y atención a bordo de los trenes (BOE 23, de 26/1/2018) [art. 34].

700 C. C. estatal para el sector de las industrias de ferralla (BOE 41, de 16/2/2024) [art. 21].

701 C. C. de Ferrovial Servicios, SA, y los trabajadores adscritos al servicio de restauración y atención a bordo de los trenes (BOE 23, de 26/1/2018) [art. 34].

702 C. C. autonómico para el sector de las empresas de televisiones locales y autonómicas de Castilla y León (BOCYL 136, de 17/7/2023) [art. 29].

703 C. C. estatal para el sector de las industrias de ferralla (BOE 41, de 16/2/2024) [art. 21].

dentro de la empresa»[704]. Por fuerza tiene que ser así, ya que constituye una «variante de la modificación de las condiciones de trabajo»[705], la cual, en relación con el elemento locativo del contrato, permite a la empleadora «adaptar la mano de obra a [...] [sus] necesidades productivas»[706].

En línea con lo efectuado en el apartado precedente, de entre las distintas variantes recogidas en el artículo 40 del ET, tan solo se va a realizar una aproximación a la realidad de la movilidad geográfica extraordinaria a instancias de la empresa, sea aquella temporal (desplazamiento) o permanente (traslado), a efectos de la cual, como seguro es conocido, deviene indispensable la injerencia de una causa económica, técnica, organizativa o productiva justificativa, así como que se respete la tramitación legal o, inclusive, autónomamente establecida[707].

---

704 ROALES PANIAGUA, E.: «La movilidad geográfica colectiva como medida de flexibilidad espacial: procedimiento y preferencias», en VV. AA. (MONEREO PÉREZ, J. L.; GORELLI HERNÁNDEZ, J. y ALMENDROS GONZÁLEZ, M. Á., Dir.), *Medidas de flexibilidad interna como alternativa y solución en un nuevo Derecho del trabajo garantista,* Comares (Granada), 2022, p. 79.

705 CECA DE LAS HERAS, E. y MORALES CUENCA, M.ª: «La movilidad geográfica individual y colectiva para la supervivencia de la empresa», en VV. AA. (ORTEGA LOZANO, P. G. y GUINDO MORALES, S., Dir.), *Medidas de reestructuración interna empresarial desde la perspectiva jurídico-laboral. Las relaciones de trabajo post-COVID-19 y recientes reformas,* Murcia (Laborum), 2022, p. 61.

706 GORELLI HERNÁNDEZ, J.: «La movilidad geográfica. Traslado individual y otros mecanismos de flexibilidad», en VV. AA. (MONEREO PÉREZ, J. L. y VILA TIERNO, F., Dir.), *Mecanismos e instrumentos de flexibilidad interna en la negociación colectiva,* Madrid (Ministerio de Trabajo y Economía Social), 2024, pp. 134 y 135.

707 Recuperando las palabras de Cabeza Pereiro y subrayando que la reforma laboral del año 2012 «supuso una ampliación considerable del poder de dirección del empresario [...] porque se cercenó la intervención de la autoridad laboral en los traslados [...] reforzando

Empero, sin salirse del guion previsto dado el tratamiento dispensado a otras figuras afines, lo normal es que a través de la negociación colectiva tan solo se introduzcan meros «matices»[708] en el modelo general de referencia. En definitiva, tampoco en esta ocasión es posible hablar de «un fuerte componente innovador respecto de los contenidos y procedimientos establecidos en el artículo 40 del ET»[709], aun cuando este suponga una norma de mínimos, además, «confusa, escasamente ordenada y [...] [causante de frecuentes] problemas interpretativos»[710].

Paradójicamente, esas últimas circunstancias abren las puertas a un extenso campo de intervención en favor del convenio[711], de cara a que este proporcione unos cánones recto-

---

[a cambio] la capacidad de decisión del empresario y privilegiando su posición durante el período de consultas», ROALES PANIAGUA, E.: «La movilidad geográfica colectiva como medida de flexibilidad espacial: procedimiento y preferencias», cit., p. 80.

708 En gran parte a raíz de «la ambigüedad de los términos en los que se redacta esta medida en el Estatuto de los Trabajadores», a tenor del reproche efectuado por SERRANO GARCÍA, J. M.ª: «De la movilidad geográfica a los desplazamientos de trabajadores de carácter transnacional», en VV. AA. (ESCUDERO RODRÍGUEZ, E., Coord.), *Las reestructuraciones empresariales: un análisis transversal y aplicado*, Madrid (Cinca), 2015, pp. 174 y 184.

709 ROALES PANIAGUA, E.: «La movilidad geográfica colectiva como medida de flexibilidad espacial: procedimiento y preferencias», cit., p. 80. En este mismo estudio, la autora también comenta que pocos textos incorporan auténticos contenidos adicionales y, cuando lo hacen, muchas veces se limitan a «la fase previa al período de consultas» (p. 100).

710 GORELLI HERNÁNDEZ, J.: «La movilidad geográfica. Traslado individual y otros mecanismos de flexibilidad», cit., p. 151.

711 CECA DE LAS HERAS, E. y MORALES CUENCA, M.ª: «La movilidad geográfica individual y colectiva para la supervivencia de la empresa», cit., p. 62.

res «más garantistas y protectores para los trabajadores»[712]. Sin embargo, las previsiones acordadas por los interlocutores, allí donde se adentran en la materia, tienden a embrollar todavía más el asunto, como consecuencia del enfoque impreciso que suelen adoptar, donde la movilidad geográfica se concibe como cualquier «alteración del lugar donde se desarrolla el trabajo»[713], conlleve o no al mismo tiempo la necesidad de un cambio de residencia para el personal afectado.

Con todo, sacando también de la ecuación la confusión provocada por una utilización bastante ambigua de los conceptos[714], el principal inconveniente radica en que obvian o, a lo sumo, pasan de puntillas sobre cuestiones cruciales, como, en un rápido inventario, las reglas de prioridad para permanecer en el emplazamiento de origen, los criterios aplicables en la elección de quienes acabarán siendo movilizados[715] o, por

---

712 ROALES PANIAGUA, E.: «La movilidad geográfica colectiva como medida de flexibilidad espacial: procedimiento y preferencias», cit., p. 81.

713 GORELLI HERNÁNDEZ, J.: «La movilidad geográfica. Traslado individual y otros mecanismos de flexibilidad», cit., p. 146. Es más, «bajo la rúbrica de movilidad geográfica, existen convenios colectivos que incluyen supuestos que podrían incluirse dentro de las facultades ordinarias de dirección del empleador», según confirman MONEREO PÉREZ, J. L.; VILA TIERNO, F.; LÓPEZ INSUA, B. del M. y MORENO VIDA, M.ª N.: «Balance, conclusiones y propuestas de futuro», cit., p. 551.

714 En muchas ocasiones, los términos movilidad geográfica, traslado y desplazamiento son utilizados como sinónimos, a pesar de las nítidas diferencias existentes entre cada una de las nociones.

715 A tenor del artículo 40.7 del ET, «los representantes legales de los trabajadores tendrán prioridad de permanencia en los puestos de trabajo a que se refiere este artículo. Mediante convenio colectivo o acuerdo alcanzado durante el periodo de consultas se podrán establecer prioridades de permanencia a favor de trabajadores de otros

cuanto aquí interesa, su potencial imbricación con otras vías de flexibilidad interna.

De todos modos, de nuevo algunas previsiones representativas merecen ser compartidas, aun cuando estén lejos de lo ambicionado en estas páginas.

A) Comenzando por los contenidos aplicables a cualquier tipo de permuta locativa de carácter extraordinario, procede reflejar:

- Los deseos declarados de procurar que la movilidad se efectúe de manera voluntaria, así como de priorizar la funcional (dentro de la misma localidad) sobre la geográfica (primando además la provincial sobre la interprovincial o insular)[716].
- Ante un supuesto de cese o de modificación sustancial de la actividad productiva, el compromiso suscrito de, a pesar de lo complejo que pueda resultar, recolocar a las personas afectadas «en centros cercanos al domicilio [...] [particular] o [...] [teniendo] en cuenta las peticiones y el interés de [...] [aquellas] por determinados destinos, siempre que [huelga decir] los criterios organizativos y de necesaria eficiencia lo permitan»[717].

---

colectivos, tales como trabajadores con cargas familiares, mayores de determinada edad o personas con discapacidad».

716 C. C. de Telefónica de España, SAU, Telefónica Móviles España, SAU, y Telefónica Soluciones de Informática y Comunicaciones, SAU (BOE 52, de 28/2/2024) [art. 13].

717 C. C. de Iberdrola Grupo (BOE 52, de 2/3/2021) [art. 20]. Mencionando el diseño de un mapa de actividades por provincias y, vinculado a él, un plan de eficiencia provincial para la distribución del personal hacia las zonas donde radiquen las actividades de creación de valor para la empresa, el C. C. de Telefónica de España, SAU, Telefónica Móviles España, SAU, y Telefónica Soluciones de Informática y Comunicaciones, SAU (BOE 52, de 28/2/2024) [art. 136].

- Para velar por la corrección del proceso, merece la pena se estima de interés contar con una instancia específica creada al efecto, como una «comisión de movilidad»[718] o una «comisión de ordenación de los recursos»[719], competente, entre más, para «conocer las acciones de optimización de plantillas que implican movilidad»[720] o resolver las eventuales discrepancias en torno a si resulta o no preciso el cambio de residencia de la persona trabajadora[721].

Alternativamente, cabe otorgar un mayor protagonismo a la representación legal de la plantilla. Por ejemplo, para comunicarle con antelación los movimientos dirigidos a un país extranjero, a fin de que, al menos, puedan expresar su parecer en torno a las ulteriores condiciones laborales aplicables, incluidas las retributivas[722]. O, mucho más relevante y sugestivo, para mantener con ella un período de consultas ante cualquier supuesto de movilidad geográfica (temporal o definitiva; individual, plural o colectiva)[723].

---

718 C. C. de Grupo Naturgy (BOE 47, de 24/2/2023) [art. 16].

719 C. C. de Telefónica de España, SAU, Telefónica Móviles España, SAU, y Telefónica Soluciones de Informática y Comunicaciones, SAU (BOE 52, de 28/2/2024) [preámbulo de la Sección II.ª].

720 C. C. de Grupo Naturgy (BOE 47, de 24/2/2023) [art. 16].

721 Atribuyendo esta función a su comisión paritaria, el C. C. de BT Global ICT Business Spain, SLU (BOE 148, de 19/6/2024) [art. 28].

722 C. C. autonómico para los sectores de la carpintería y la ebanistería del Principado de Asturias (BOPA 72, de 17/4/2023) [art. 33].

723 C. C. autonómico para el sector de los preparados alimenticios y los productos dietéticos de Cataluña (DOGC 8930, de 6/6/2023) [art. 20].

B) Pasando ahora al desplazamiento, existen varias temáticas principales (otras, en cambio, resultan más anecdóticas[724]). Señaladamente:

- Al tratarse de un cambio, por definición, temporal, la duración máxima representa una faceta de especial atractivo. En este punto, existe una amplia variedad de módulos de referencia, entre ellos, dos[725], tres (para las movilizaciones ocasionadas por necesidades del servicio)[726], seis (intermitentes y dentro de un año)[727] o doce[728] meses. Lo anterior sin perjuicio de alguna cláusula de textura más abierta, como aquella que contempla su admisibilidad «durante cualquier plazo de tiempo»[729].

---

724 Como única referencia estableciendo que la realización de estos desplazamientos supondrá un merecimiento especial para la promoción de la persona empleada, el C. C. estatal para el sector de las empresas de mediación de seguros privados (BOE 273, de 15/11/2023) [art. 53].

725 C. C. estatal para el sector de las contratas ferroviarias (BOE 154, de 28/6/2022) [art. 17].

726 C. C. de Grupo Enagás (BOE 101, de 25/4/2024) [art. 49].

727 C. C. de Teleinformática y Comunicaciones, SA (BOE 148, de 19/6/2024) [art. 46].

728 CC. CC. de Grupo Naturgy (BOE 47, de 24/2/2023) [art. 16]o Grupo Enagás (BOE 101, de 25/4/2024) [art. 49]. También, los CC. CC. estatales para los sectores de los derivados del cemento (BOE 167, de 14/7/2023) [art. 28] y las industrias de ferralla (BOE 41, de 16/2/2024) [art. 25]; autonómicos para los sectores de los talleres de reparación de vehículos de Navarra (BON 106, de 22/5/2023) [art. 19] y el alquiler de grúas móviles autopropulsadas de Aragón (BOA 90, de 10/5/2024) [art. 19]; y provincial para el sector de los derivados del cemento de Toledo (BOP 205, de 26/10/2023) [art. 22].

729 C. C. estatal para el sector de la construcción (BOE 228, de 23/9/2023) [art. 83]. No obstante, recuérdese que, en atención al artículo 40.6 del ET, «los desplazamientos cuya duración en un pe-

A su vez, esto suele combinarse con determinados requisitos suplementarios, como el de limitar su número por persona trabajadora, respecto de la cual asimismo habrá que sopesar sus circunstancias individuales[730].

- Menor parece el esfuerzo aplicado al perfeccionamiento de las causas, aspecto prácticamente inédito a nivel convencional[731].
- Un eco algo mayor presentan los deberes empresariales de información, como los de reportar a la representación legal de la mano de obra (cuando se produzcan)[732] y a la comisión mixta (trimestralmente)[733] todos los desplazamientos a ejecutar o, al menos, aquellos que se vayan a extender por encima del año de duración[734].

---

riodo de tres años exceda de doce meses tendrán, a todos los efectos, el tratamiento previsto en esta ley para los traslados».

730 Disponiendo un máximo de dos desplazamientos por persona y siempre y cuando su edad se sitúe por debajo de los 45 años, el C. C. de Grupo Enagás (BOE 101, de 25/4/2024) [art. 49].

731 A excepción de los CC. CC. de Ferrovial Servicios, SA, y los trabajadores adscritos al servicio de restauración y atención a bordo de los trenes (BOE 23, de 26/1/2018) [art. 37] –donde se contemplan de un modo explícito las «variaciones que puedan producirse en el servicio de transporte por ferrocarril»–, y Grupo Naturgy (BOE 47, de 24/2/2023) [art. 16] –que alude a la atención de proyectos, actividades coyunturales o servicios comunes del conjunto de empresas del grupo, así como a la cobertura provisional de puestos de trabajo–.

732 C. C. estatal para el sector de las empresas de mediación de seguros privados (BOE 273, de 15/11/2023) [art. 53].

733 C. C. de Zurich Insurance, PLC, Sucursal en España, Zurich Vida, Compañía de Seguros y Reaseguros, SA, y Zurich Services AIE (BOE 93, de 19/4/2023) [art. 19].

734 C. C. estatal para el sector de la construcción (BOE 228, de 23/9/2023) [art. 84].

- Para concluir, donde sí acaba apreciándose una significativa sensibilidad es en el plano de las garantías adicionales a favor del personal.

  En este sentido, brilla con luz propia la previsión de priorizar un eventual sistema de *flexwork* o de trabajo a distancia total como alternativa a los desplazamientos[735].

  En su defecto, una vez la movilidad geográfica ha tenido lugar, son varias las cuestiones sobre las que se acaba insistiendo.

  De entrada, el período de preaviso a observar por la empresa, ese tiempo con el que debe remitir su decisión a la persona trabajadora antes de que aquella se materialice[736]. A tales efectos, se puede optar bien por establecer una horquilla con márgenes mayores o menores en función del destino[737] o de la duración esperada para

---

735 C. C. de Zurich Insurance, PLC, Sucursal en España, Zurich Vida, Compañía de Seguros y Reaseguros, SA, y Zurich Services AIE (BOE 93, de 19/4/2023) [art. 19].

736 En este sentido, el artículo 40.6 del ET proclama que «el trabajador deberá ser informado del desplazamiento con una antelación suficiente a la fecha de su efectividad, que no podrá ser inferior a cinco días laborables en el caso de desplazamientos de duración superior a tres meses». Siguiéndolo, el C. C. estatal para el sector de las empresas de mediación de seguros privados (BOE 273, de 15/11/2023) [art. 53]. Mejorándolo, al establecer cinco días laborables en todo caso, el C. C. autonómico para el sector del alquiler de grúas móviles autopropulsadas de Aragón (BOA 90, de 10/5/2024) [art. 19].

737 Con otros plazos distintos, según si la movilidad se va a efectuar dentro o fuera de la misma provincia o, inclusive, rebasando la demarcación de la correspondiente comunidad autónoma, los CC. CC. estatales para los sectores de los derivados del cemento (BOE 167, de 14/7/2023) [art. 28] y el corcho (BOE 214, de 7/9/2023) [art. 37].

el desplazamiento[738], bien por fijar unas referencias concretas a observar, como, no sin especialidades, cuatro[739], siete[740], quince[741], veinte[742] o treinta[743] días de anticipación. Lo cual no impide el establecimiento de fórmulas más imprecisas, como la de hacerlo con la mayor antelación posible según las circunstancias[744].

En otro orden de ideas, la de los permisos periódicos en el lugar de morada habitual se presenta como otro contenido recurrente. A este respecto, tiende a mejorarse el parámetro legal[745] desde diversas perspectivas. Por ejemplo, reconociendo a tales efectos, con diferentes

---

738 Mínimo de dos días laborables si el desplazamiento va a extenderse entre uno y siete días; cinco, si alcanzará entre ocho y catorce; ocho, para el supuesto de que opere entre quince y treinta; diez, a partir de treinta y un días de desplazamiento. Escala incluida en el C. C. de Bureau Veritas Inspección y Testing, SLU, y Bureau Veritas Solutions Iberia, SLU (BOE 74, de 25/3/2024) [art. 18].

739 C. C. autonómico para el sector de los talleres de reparación de vehículos de Navarra (BON 106, de 22/5/2023) [art. 19].

740 CC. CC. estatal para el sector de las industrias de ferralla (BOE 41, de 16/2/2024) [art. 25]; y autonómico para el sector del alquiler de grúas móviles autopropulsadas de Aragón (BOA 90, de 10/5/2024) [art. 19].

741 C. C. estatal para el sector de las empresas de mediación de seguros privados (BOE 273, de 15/11/2023) [art. 53].

742 C. C. de Teleinformática y Comunicaciones, SA (BOE 148, de 19/6/2024) [art. 46].

743 C. C. estatal para el sector de la construcción (BOE 228, de 23/9/2023) [art. 84].

744 C. C. autonómico para el sector del alquiler de grúas móviles autopropulsadas de Aragón (BOA 90, de 10/5/2024) [art. 19].

745 «En el caso de desplazamientos de duración superior a tres meses [...] el trabajador tendrá derecho a un permiso de cuatro días laborables en su domicilio de origen por cada tres meses de desplazamiento» (art. 40.6 del ET).

condiciones, uno (sin haber empezado todavía la movilidad y si la duración de esta va a encontrarse comprendida entre quince días y un mes)[746], dos (por cada cuatro semanas)[747], tres (antes del comienzo del desplazamiento superior a un mes)[748] o cinco días laborables (por cada trimestre)[749].

Además, paralelamente a esa eventual adaptación del ingrediente temporal, acaban incluyéndose otro tipo de mejoras accesorias, como las de: cuando sea viable, posibilitar, con cargo a la empresa, los viajes de ida y de vuelta para disfrutar en el domicilio habitual del fin de semana o de los días no laborables[750]; previa comunicación a la empleadora, permitir que se destinen hasta cuatro horas semanales[751], de trabajo efectivo[752], para los trayectos de partida y de retorno; conceder que los per-

---

[746] C. C. de Grupo Naturgy (BOE 47, de 24/2/2023) [art. 16].

[747] CC. CC. de Grupo Naturgy (BOE 47, de 24/2/2023) [art. 16] o Al Air Liquide España, SA, y Air Liquide Ibérica de Gases, SLU (BOE 290, de 5/12/2023) [art. 17].

[748] C. C. de Grupo Naturgy (BOE 47, de 24/2/2023) [art. 16].

[749] CC. CC. de Ferrovial Servicios, SA, y los trabajadores adscritos al servicio de restauración y atención a bordo de los trenes (BOE 23, de 26/1/2018) [art. 37], o Zurich Insurance, PLC, Sucursal en España, Zurich Vida, Compañía de Seguros y Reaseguros, SA, y Zurich Services AIE (BOE 93, de 19/4/2023) [art. 19]. Otorgando una semana (siete días naturales) por cada tres meses consecutivos de desplazamiento, el C. C. de Teleinformática y Comunicaciones, SA (BOE 148, de 19/6/2024) [art. 46].

[750] C. C. de Bureau Veritas Inspección y Testing, SLU, y Bureau Veritas Solutions Iberia, SLU (BOE 74, de 25/3/2024) [art. 18].

[751] C. C. de Zurich Insurance, PLC, Sucursal en España, Zurich Vida, Compañía de Seguros y Reaseguros, SA, y Zurich Services AIE (BOE 93, de 19/4/2023) [art. 19].

[752] C. C. para el sector de los talleres de reparación de vehículos de Navarra (BON 106, de 22/5/2023) [art. 19].

tinentes periodos de descanso se disfruten dentro de los quince días naturales inmediatamente posteriores a su generación[753], acumulados a la Semana Santa, la Navidad[754] o las vacaciones[755], o según el criterio libremente fijado por las partes[756].

Fuera del anterior contexto, también resulta habitual encontrar referencias a prioridades de permanencia, es decir, de no afectación inmediata por los desplazamientos, sea en favor de quienes integren la representación legal del personal (único colectivo al que, de una manera expresa, se reconoce esta garantía desde el artículo 40.7 del ET)[757], sea en beneficio de otros grupos (mencionados o

---

753 C. C. estatal para el sector de la construcción (BOE 228, de 23/9/2023) [art. 85].

754 C. C. para el sector de los talleres de reparación de vehículos de Navarra (BON 106, de 22/5/2023) [art. 19].

755 CC. CC. estatales para los sectores de los derivados del cemento (BOE 167, de 14/7/2023) [art. 28], el corcho (BOE 214, de 7/9/2023) [art. 37], la construcción (BOE 228, de 23/9/2023) [art. 85] o las industrias de ferralla (BOE 41, de 16/2/2024) [art. 25].

756 Entre las diferentes opciones barajadas, se encuentran las de que la empresa subvencione los viajes de ida y de regreso para todos o parte de los fines de semana; se adapte la jornada laboral a fin de facilitar esos retornos semanales; se concedan permisos complementarios; o corran a cargo de la empleadora los desplazamientos de los familiares al lugar donde se encuentra movilizada la persona trabajadora. En este sentido, los CC. CC. estatales para los sectores de los derivados del cemento (BOE 167, de 14/7/2023) [art. 28], el corcho (BOE 214, de 7/9/2023) [art. 37] y las industrias de ferralla (BOE 41, de 16/2/2024) [arts. 25 y 26].

757 C. C. de Ferrovial Servicios, SA, y los trabajadores adscritos al servicio de restauración y atención a bordo de los trenes (BOE 23, de 26/1/2018) [art. 37]. Asimismo, los CC. CC. estatal para el sector de la construcción (BOE 228, de 23/9/2023) [art. 88]; y autonómico para el sector del alquiler de grúas móviles autopropulsadas de Aragón (BOA 90, de 10/5/2024) [art. 19].

no como facultativos en el referido precepto), entre los que se encuentran las personas trabajadoras con cargas familiares (mujeres embarazadas[758], padres y madres con hijos de hasta 3 años[759], o responsables de menores en edad escolar[760]), mayores de determinada edad (a partir de 56 años[761]) o con discapacidad[762].

Ahora bien, en orden a solventar potenciales conflictos, no estaría de más establecer un orden claro de prioridad entre los distintos colectivos privilegiados[763].

De una manera indirecta, esto mismo se puede lograr a través de reglas para la selección del personal a movilizar, como, entre otras alternativas, anteponer el deseo voluntario de novar el lugar de prestación de servicios[764];

758 C. C. estatal para el sector de las contratas ferroviarias (BOE 154, de 28/6/2022) [art. 17].

759 C. C. estatal para el sector de las contratas ferroviarias (BOE 154, de 28/6/2022) [art. 17].

760 C. C. de Grupo Acciona Energía (BOE 123, de 21/5/2024) [art. 20].

761 C. C. de Grupo Acciona Energía (BOE 123, de 21/5/2024) [art. 20].

762 C. C. de Grupo Acciona Energía (BOE 123, de 21/5/2024) [art. 20].

763 Por ejemplo, en orden decreciente de prioridad para permanecer en sus puestos de origen podrían estar las personas conformantes de las representaciones legales de la plantilla, las aquejadas de una discapacidad física o psíquica –C. C. estatal para el sector del corcho (BOE 214, de 7/9/2023) [art. 37]–, las que se encuentren disfrutando de una reducción de jornada por guarda legal o cualquier otro supuesto previsto por la normativa –CC. CC. estatal (BOE 167, de 14/7/2023) [art. 28] y de la provincia de Toledo (BOP 205, de 26/10/2023) [art. 22] para el sector de los derivados del cemento– y las trabajadoras en situación de embarazo o lactancia –C. C. estatal para el sector de las industrias de ferralla (BOE 41, de 16/2/2024) [art. 25]–.

764 CC. CC. de Bureau Veritas Inspección y Testing, SLU, y Bureau Veritas Solutions Iberia, SLU (BOE 74, de 25/3/2024) [art. 18], o

fijar un sistema de turnos rotatorios[765]; valorar, «en la medida de lo posible, las circunstancias personales y el propio desplazamiento»[766]; intentar trastocar lo menos posible la vida de los individuos involucrados[767]; comenzar con una propuesta empresarial dirigida a quienes se estime más idóneos para desarrollar las funciones en la nueva demarcación[768]; o concretar unas pautas para la circulación cuando una pluralidad de sujetos cumplan las condiciones exigidas y no todos ellos precisen alterar su entorno de trabajo[769].

En último extremo, resta referirse a los, también descollantes, derechos de índole económica. A tales efectos, los acuerdos no se limitan a atender los consabidos «gastos de viaje y las dietas» del artículo 40.6 del ET, aunque, evidentemente, son los más acostumbrados[770]. Esto sin

---

Teleinformática y Comunicaciones, SA (BOE 148, de 19/6/2024) [art. 46].

765 C. C. de Bureau Veritas Inspección y Testing, SLU, y Bureau Veritas Solutions Iberia, SLU (BOE 74, de 25/3/2024) [art. 18].

766 C. C. de BT Global ICT Business Spain, SLU (BOE 148, de 19/6/2024) [art. 27].

767 C. C. de Teleinformática y Comunicaciones, SA (BOE 148, de 19/6/2024) [art. 46].

768 C. C. autonómico para el sector del alquiler de grúas móviles autopropulsadas de Aragón (BOA 90, de 10/5/2024) [art. 19].

769 *Verbi gratia*, previendo que, «a igualdad de nivel salarial, será cambiada la persona trabadora más moderna; a igualdad de antigüedad, la que no tenga responsabilidades familiares; y a igualdad de responsabilidades familiares, la que tenga el domicilio más próximo al nuevo centro de prestación de servicios», el C. C. estatal para el sector de las contratas ferroviarias (BOE 154, de 28/6/2022) [art. 17].

770 CC. CC. de Grupo Naturgy (BOE 47, de 24/2/2023) [art. 16] –percepción de una compensación global de 3.400 euros brutos– o BT Global ICT Business Spain, SLU (BOE 148, de 19/6/2024) [art. 27] –valor a determinar «caso por caso, acordándolo con la persona

perjuicio de que la empresa pueda quedar exonerada de ellos, en todo o en parte, si proporciona a la persona desplazada un alojamiento adecuado y la manutención corre asimismo de su cuenta[771].

La práctica habitual a este respecto es la de engrosar las partidas a favor del personal movilizado, con aditamentos como un complemento por desplazamiento a «zonas de alto riesgo» (o países considerados por la empresa como peligrosos)[772]; un anticipo para hacer frente a los pagos iniciales de alquiler de vivienda (fianzas, depósitos, etc.)[773]; un «plus fiscal» cuando el lugar de recepción se encuentre en el extranjero[774]; o, por no seguir, la cobertura de los gastos ocasionados por la mudanza propia y de los miembros de la familia o unidad de convivencia que acompañen a la persona trabajadora[775].

---

trabajadora afectada»–. Con elaboraciones también interesantes en este punto, los CC. CC. estatales para los sectores de los derivados del cemento (BOE 167, de 14/7/2023) [art. 28], el corcho (BOE 214, de 7/9/2023) [art. 37] –si el desplazamiento es fuera del territorio nacional, la empresa abonará todos los gastos (viajes, alojamiento y manutención)– o la construcción (BOE 228, de 23/9/2023) [art. 83] –dietas por pernocta o indemnización anual compensatoria, de valor decreciente según la duración del desplazamiento–.

771 CC. CC. estatal para el sector de la construcción (BOE 228, de 23/9/2023) [art. 86]; y autonómico para el sector del alquiler de grúas móviles autopropulsadas de Aragón (BOA 90, de 10/5/2024) [art. 19].

772 Equivalente a 50,00 euros brutos diarios, según el C. C. de Bureau Veritas Inspección y Testing, SLU, y Bureau Veritas Solutions Iberia, SLU (BOE 74, de 25/3/2024) [art. 18].

773 C. C. de Grupo Acciona Energía (BOE 123, de 21/5/2024) [art. 20].

774 C. C. de Grupo Acciona Energía (BOE 123, de 21/5/2024) [art. 20].

775 C. C. estatal para el sector de la construcción (BOE 228, de 23/9/2023) [art. 83].

C) Centrando ahora la atención en los traslados, sin perjuicio de determinadas peculiaridades lógicas y naturales, lo cierto es que la estructura de contenidos que va a desplegarse acto seguido presenta múltiples similitudes con lo que acaba de quedar expuesto en relación con los desplazamientos. De este modo:

- El componente causal[776] recibe algún somero pulido a nivel convencional. Por ejemplo, al precisar que se entenderá concurrente un motivo de tipo organizativo de existir una «vacante» en el centro de destino y tener la persona movilizada la consideración de «excedente de estructura» en el de origen[777]; mediar «necesidades del servicio»[778]; o devenir precisas «variaciones [...] como consecuencia de las que se produzcan en el servicio público de transportes por ferrocarril»[779].
- Mayor notoriedad exhibe el parámetro de la distancia al nuevo emplazamiento, clave, aunque no exclusivamente,

---

776 «El traslado de trabajadores que no hayan sido contratados específicamente para prestar sus servicios en empresas con centros de trabajo móviles o itinerantes a un centro de trabajo distinto de la misma empresa que exija cambios de residencia requerirá la existencia de razones económicas, técnicas, organizativas o de producción que lo justifiquen».

777 Exigiendo igualmente que la persona implicada se halle encuadrada dentro del grupo profesional al que pertenezca el puesto a cubrir, tenga menos de 55 años y haya rechazado una primera propuesta o asignación, el C. C. de Repsol, SA (BOE 77, de 31/3/2023) [art. 21].

778 CC. CC. de Telefónica de España, SAU, Telefónica Móviles España, SAU, y Telefónica Soluciones de Informática y Comunicaciones, SAU (BOE 52, de 28/2/2024) [art. 137], o Grupo Enagás (BOE 101, de 25/4/2024) [art. 49].

779 C. C. de Ferrovial Servicios, SA, y los trabajadores adscritos al servicio de restauración y atención a bordo de los trenes (BOE 23, de 26/1/2018) [art. 36].

para concluir si resulta o no necesario variar el lugar de residencia. A tales efectos, los parámetros mínimos de referencia se sitúan en treinta[780], treinta y cinco[781], cuarenta[782], cincuenta[783] y ochenta[784] kilómetros.

- Singular interés despiertan las formalidades de corte instrumental, como las de ordenar que, antes de la ejecutividad de la medida, se informe a la comisión paritaria del convenio[785]; requerir, incluso para los traslados de

---

780 C. C. autonómico para el sector de las empresas de televisiones locales y autonómicas de Castilla y León (BOCYL 136, de 17/7/2023) [art. 30]. Con la demanda adicional de que la persona empleada deba invertir para el trayecto desde su domicilio habitual más del 20 por 100 de la correspondiente jornada ordinaria de trabajo, el C. C. de Teleinformática y Comunicaciones, SA (BOE 148, de 19/6/2024) [art. 46].

781 C. C. estatal para el sector del corcho (BOE 214, de 7/9/2023) [art. 37].

782 C. C. de Grupo Maxam (BOE 77, de 31/3/2023) [art. 19]. Idéntico parámetro aparece recogido en el C. C. provincial para el sector del comercio de la alimentación de Ourense (BOP 164, de 20/7/2021) [art. 34].

783 CC. CC. de la Organización Nacional de Ciegos y su personal (BOE 294, de 8/12/2022) [art. 19], Nortegas (BOE 28, de 1/2/2024) [art. 58] o Telefónica de España, SAU, Telefónica Móviles España, SAU, y Telefónica Soluciones de Informática y Comunicaciones, SAU (BOE 52, de 28/2/2024) [art. 144]. Aquilatando que podrán ser menos si el traslado se produce entre localidades ubicadas en provincias limítrofes, los CC. CC. estatal (BOE 167, de 14/7/2023) [art. 30] y de la provincia de Toledo (BOP 205, de 26/10/2023) [art. 24] para el sector de los derivados del cemento.

784 C. C. de BT Global ICT Business Spain, SLU (BOE 148, de 19/6/2024) [art. 28].

785 C. C. de Ferrovial Servicios, SA, y los trabajadores adscritos al servicio de restauración y atención a bordo de los trenes (BOE 23, de 26/1/2018) [art. 36].

naturaleza individual o plural[786], la apertura de un período de consultas[787] o negociación[788] con la representación legal del personal; y cuando la anterior fase culmine sin acuerdo entre las partes, exigir que se recurra a los procedimientos extrajudiciales de solución de conflictos de trabajo[789], incluido un posible arbitraje vinculante[790].

- Otro posible aspecto susceptible de mejora viene representado por el preaviso con el que se ha de comunicar

---

786 C. C. de Grupo Endesa (BOE 169, de 17/6/2020) [art. 60]. Requiriéndolo únicamente si la medida involucra a más de dos personas trabajadoras, el C. C. provincial para el sector de los consignatarios de buques y transitarios de Alicante (BOP 97, de 22/5/2023) [art. 40].

787 En virtud del artículo 40.2 del ET, dicho período de consultas solo resulta preceptivo para el caso de un «traslado [...] [que] afecte a la totalidad del centro de trabajo, siempre que este ocupe a más de cinco trabajadores, o cuando, sin afectar a la totalidad del centro de trabajo, en un periodo de noventa días comprenda a un número de trabajadores de, al menos: *a*) Diez trabajadores, en las empresas que ocupen menos de cien trabajadores. *b*) El diez por ciento del número de trabajadores de la empresa en aquellas que ocupen entre cien y trescientos trabajadores. *c*) Treinta trabajadores en las empresas que ocupen más de trescientos trabajadores». Para el resto de hipótesis (traslados individuales o plurales), los requisitos formales a observar se agotan, en el tenor de la norma legal, con el deber empresarial de notificar su decisión «al trabajador, así como a sus representantes legales, con una antelación mínima de treinta días a la fecha de su efectividad» (art. 40.1 del ET).

788 C. C. estatal para el sector del corcho (BOE 214, de 7/9/2023) [art. 37].

789 C. C. provincial para el sector del comercio de la alimentación de Ourense (BOP 164, de 20/7/2021) [art. 34].

790 C. C. autonómico para el sector de las empresas organizadoras del juego del bingo de Catalunya (DOGC 9158, de 8/5/2024) [art. 67].

la decisión a la persona trabajadora afectada[791], donde el mínimo legal de treinta días (art. 40.1 del ET) acaba siendo superado con cierta holgura, hasta colocarse en cuarenta[792] o cuarenta y cinco[793].

- En última instancia, proliferan a nivel convencional las mejoras, en cantidad o calidad, de las prerrogativas en el haber del personal movilizado. Múltiples y heterogéneas resultan las vías para ello, más allá de la mera advertencia a tenor de la cual el traslado no podrá significar un menoscabo en los derechos profesionales hasta entonces disfrutados[794].
    - De inicio, la inclinación hacia otras opciones diferentes al traslado, como el acceso voluntario al sistema de *flexwork* o de trabajo a distancia total[795], o a un plan de jubilación anticipada (u otro tipo de alternativa similar que posibilite «soluciones especiales»)[796].
    - En segundo término, las garantías económicas se hacen acreedoras de un amplio espacio dentro de los

791 Reclamando que además se haga al comité intercentros, el C. C. de la Organización Nacional de Ciegos y su personal (BOE 294, de 8/12/2022) [art. 19].

792 C. C. de Teleinformática y Comunicaciones, SA (BOE 148, de 19/6/2024) [art. 46].

793 C. C. provincial para el sector del comercio de la alimentación de Ourense (BOP 164, de 20/7/2021) [art. 34].

794 CC. CC. estatales para los sectores de las entidades de seguros, reaseguros y mutuas colaboradoras con la Seguridad Social (BOE 310, de 27/12/2021) [art. 31], los servicios de prevención ajenos (BOE 194, de 15/8/2023) [art. 32] y las empresas de mediación de seguros privados (BOE 273, de 15/11/2023) [art. 52].

795 C. C. de Zurich Insurance, PLC, Sucursal en España, Zurich Vida, Compañía de Seguros y Reaseguros, SA, y Zurich Services AIE (BOE 93, de 19/4/2023) [art. 18].

796 C. C. de Iberdrola Grupo (BOE 52, de 2/3/2021) [art. 20].

textos de la muestra, a través de heterogéneos conceptos (e importes), como: *a*) Los clásicos desembolsos en materia de locomoción y mudanza a favor de la persona trabajadora y de toda su familia[797] o demás individuos «que vivan a sus expensas y bajo el mismo techo»[798]; con frecuencia condicionados por factores como el destino[799] o la necesidad de previa aprobación del oportuno presupuesto por la empleadora[800]. *b*) Los gastos de viaje y estancia destinados a disponer de un cierto margen para buscar vivien-

797 C. C. de Grupo Enagás (BOE 101, de 25/4/2024) [art. 49]. Comprendidos «los gastos de embalaje y transporte de su ajuar hasta dos toneladas y media» –C. C. de Telefónica de España, SAU, Telefónica Móviles España, SAU, y Telefónica Soluciones de Informática y Comunicaciones, SAU (BOE 52, de 28/2/2024) [art. 140]–, o el seguro, siempre y cuando sea a través de un proveedor homologado –C. C. de Siemens Energy, SA (BOE 128, de 27/5/2024) [art. 38]–.

798 C. C. de Grupo Marítima Dávila (BOE 108, de 6/5/2022) [art. 19]. En palabras del C. C. de Telefónica de España, SAU, Telefónica Móviles España, SAU, y Telefónica Soluciones de Informática y Comunicaciones, SAU (BOE 52, de 28/2/2024), incluso con la posibilidad adicional de un importe extra a los propios gastos generados en función del número de familiares a cargo [art. 139], entre quienes se incluyen «el cónyuge, pareja de hecho legalmente constituida, los hijos menores de edad y mayores con discapacidad, los menores de edad durante el período de acogimiento familiar y los hijos del cónyuge o pareja de hecho, que sean beneficiarios de la persona trabajadora a efectos de Seguridad Social y no perciban prestación económica alguna [...] [y] los padres de la persona trabajadora, siempre que dependan económicamente de esta» [art. 143].

799 Si se trata de las islas Canarias o Baleares, Ceuta o Melilla, 4.000 euros más IVA; por el contrario, si el lugar de recepción se ubica dentro del territorio peninsular, 3.000 euros más IVA. La acotación, en el C. C. de Grupo Endesa (BOE 169, de 17/6/2020) [art. 60].

800 C. C. de Grupo Maxam (BOE 77, de 31/3/2023) [art. 19].

da en el nuevo lugar de residencia (por un máximo variable de hasta dos[801], tres[802], siete[803], diez[804] o veinte[805] días naturales). *c*) Los costes de «primera instalación»[806] o «adaptación»[807], que se redirigen a un anticipo[808], una indemnización a tanto alzado[809] o la cobertura de los importes preliminares en con-

---

801 Al menos uno de ellos laborable y extendiéndose al cónyuge o la pareja de hecho de la persona trabajadora –C. C. de Grupo Maxam (BOE 77, de 31/3/2023) [art. 19]–.

802 En un hotel y tanto para la persona movilizada como para su cónyuge –CC. CC. de Al Air Liquide España, SA, y Air Liquide Ibérica de Gases, SLU (BOE 290, de 5/12/2023) [art. 17], o Grupo Enagás (BOE 101, de 25/4/2024) [art. 49]–.

803 C. C. de Siemens Energy, SA (BOE 128, de 27/5/2024) [art. 38]. En un hotel de categoría no inferior a tres estrellas –C. C. de Grupo Redexis Gas (BOE 215, de 7/9/2022) [art. 19]–.

804 Consecutivos y dando cabida tanto a la pareja como a los descendientes que convivan con la persona trasladada –C. C. de Grupo AXA (BOE 304, de 21/12/2023) [art. 18]–.

805 En hotel y en favor de la persona trabajadora y su familia –C. C. de Grupo Naturgy (BOE 47, de 24/2/2023) [art. 16]–.

806 Mencionando a tales efectos los gastos de viaje, hotel y manutención durante un período de hasta, como máximo, dos meses, el C. C. de Grupo Endesa (BOE 169, de 17/6/2020) [art. 60].

807 Comprensivos de la activación y desactivación de suministros, pequeños importes ligados al traslado, altas y bajas de membresías, o compra de pequeños enseres, en los términos del C. C. de Siemens Energy, SA (BOE 128, de 27/5/2024) [art. 38].

808 Por un importe equivalente a una mensualidad de sus haberes, a descontar en partes iguales durante los doce meses siguientes –C. C. de Telefónica de España, SAU, Telefónica Móviles España, SAU, y Telefónica Soluciones de Informática y Comunicaciones, SAU (BOE 52, de 28/2/2024) [art. 141]–.

809 Que alcanzará un valor de dos meses del salario real percibido, mejorado con la aplicación de un coeficiente del 1,50 –C. C. de Al Air Liquide España, SA, y Air Liquide Ibérica de Gases, SLU (BOE 290, de 5/12/2023) [art. 17]–.

cepto de alojamiento[810] o de contratación de suministros básicos, como agua, luz, teléfono o gas[811]. *d*) Una cuantía adicional de índole resarcitoria, con la que tratar de compensar en cierta medida los inconvenientes o perturbaciones provocados por el cambio, más usual y generosa a nivel empresarial[812]

---

810 Durante el tiempo necesario, con un máximo de un trimestre, y hasta la efectiva instalación en el nuevo domicilio –C. C. de la Organización Nacional de Ciegos y su personal (BOE 294, de 8/12/2022) [art. 19]–.

811 C. C. de Zurich Insurance, PLC, Sucursal en España, Zurich Vida, Compañía de Seguros y Reaseguros, SA, y Zurich Services AIE (BOE 93, de 19/4/2023) [art. 18]. Igualmente, el C. C. provincial para el sector de los consignatarios de buques y transitarios de Alicante (BOP 97, de 22/5/2023) [art. 40]. Formalizando el derecho a disfrutar, de manera simultánea y por un tiempo determinado, de hasta dos tarifas de consumo de suministros (en las residencias de origen y de destino), el C. C. de Iberdrola Grupo (BOE 52, de 2/3/2021) [art. 20].

812 CC. CC. de Ferrovial Servicios, SA, y los trabajadores adscritos al servicio de restauración y atención a bordo de los trenes (BOE 23, de 26/1/2018) [art. 36] –una cuantía diferente según el tiempo en la compañía; por ejemplo, con cinco o más años, un importe equivalente al 75 por 100 del salario neto anual a percibir en un único pago o prorrateado a lo largo de veinticuatro mensualidades–, Iberdrola Grupo (BOE 52, de 2/3/2021) [art. 20] –a determinar en atención a la distancia desde el centro de trabajo precedente al de recepción, según sea de menos de 10, entre 10 y 60 o más de 60 kilómetros–, Mapfre Grupo Asegurador (BOE 219, de 12/9/2022) [art. 16] –con arreglo a la provincia de destino, de manera que, durante el primer año de traslado, se recibirán 1.100 euros brutos mensuales, si aquella es Madrid, Barcelona, Valencia o Bizkaia, y 850 de lo contrario–, Grupo Naturgy (BOE 47, de 24/2/2023) [art. 16] –un pago único que asciende a dos mensualidades y media del nivel salarial, el plus de desarrollo profesional, los complementos personales y el prorrateo de las pagas extraordinarias, acompañado de 2.300 euros adicionales si la persona trabajadora se traslada

que sectorial[813]. *e*) Una contribución específica en concepto de ayuda al alquiler[814] o para la ad-

---

con su cónyuge o pareja de hecho, y de otros 1.250 euros por el resto de integrantes de la unidad familiar a cargo–, Grupo Maxam (BOE 77, de 31/3/2023) [art. 19] –5.000 euros brutos, un abono singular por el 20 por 100 del salario bruto anual y una suma fija de 700 euros mensuales durante los dos primeros años–, BT Global ICT Business Spain, SLU (BOE 148, de 19/6/2024) [art. 28] –el importe pactado, caso por caso, entre las partes, sabiendo además que, cuando surja alguna discrepancia entre ellas en relación con el *quantum* compensatorio y la persona trabajadora lo solicite, la representación de la plantilla quedará facultada para efectuar labores de mediación tendentes a facilitar la consecución de un acuerdo–, o Teleinformática y Comunicaciones, SA (BOE 148, de 19/6/2024) [art. 46] –el 150 por 100 del salario bruto mensual–.

813 Así, los CC. CC. estatales para los sectores de los derivados del cemento (BOE 167, de 14/7/2023) [art. 30] –el 35 por 100 de las percepciones anuales brutas en el momento de efectuar el cambio de centro, pasando a ser del 20 por 100 al comienzo del segundo y el tercer año de movilidad geográfica– o el corcho (BOE 214, de 7/9/2023) [art. 37] –el 45 por 100 de sus percepciones anuales brutas al realizarse el cambio de centro, el 25 por 100 de aquellas al inicio del segundo año, y el 20 por 100 al arrancar el tercero–; autonómico para el sector de las empresas de televisiones locales y autonómicas de Castilla y León (BOCYL 136, de 17/7/2023) [art. 30] –sin perjuicio de que la empresa y la persona empleada puedan consensuar un valor diferente, al menos un mes de salario bruto–; y provincial para el sector del comercio de la alimentación de Ourense (BOP 164, de 20/7/2021) [art. 34] –dos mensualidades del sueldo o salario base correspondiente–.

814 CC. CC. de Grupo Redexis Gas (BOE 215, de 7/9/2022) [art. 19] –350 euros brutos mensuales durante sesenta días–, Grupo Naturgy (BOE 47, de 24/2/2023) [art. 16] –por un máximo de treinta y seis mensualidades y a determinar según las reglas de cálculo establecidas a nivel convencional–, Zurich Insurance, PLC, Sucursal en España, Zurich Vida, Compañía de Seguros y Reaseguros, SA, y Zurich Services AIE (BOE 93, de 19/4/2023) [art. 18] –400 euros brutos mensuales, durante un año y medio, incrementados, además,

quisición de vivienda (en este último caso, con[815]

---

en otros 90 euros mensuales adicionales por cada hijo dependiente o menor de 19 años que se traslade, o en 150 si el destino de la movilidad es una población donde el precio de la vivienda se sitúa por encima del valor medio según la última estadística oficial disponible–, Grupo Enagás (BOE 101, de 25/4/2024) [art. 49] –«hasta doce mensualidades [...] con un tope de 360,61 euros mensuales»– o Siemens Energy, SA (BOE 128, de 27/5/2024) [art. 38] –durante no más de dos años, hasta 1.100 euros mensuales, a los que añadir otros 100 por cada descendiente o familiar dependiente que acompañe a la persona trabajadora, con un límite en todo caso de hasta 500 euros adicionales–.

También, el C. C. autonómico para el sector de los talleres de reparación de vehículos de Navarra (BON 106, de 22/5/2023) [art. 19] –compensación de la diferencia entre los importes de los arrendamientos de la anterior y la nueva vivienda–.

En cambio, cuando a pesar de que la distancia a su domicilio habitual rebase los 75 kilómetros, la persona trabajadora decida no variar su residencia tras experimentar una movilidad geográfica, aquella tendrá derecho a una indemnización de 2.200 euros anuales, prorrateada de manera mensual, durante el primer trienio posterior al cambio de centro. Si tiempo después se produjera la variación en la morada de referencia, de haber superado la situación precedente los dieciocho meses de duración, la mitad de los importes ya satisfechos se descontarán de una eventual ayuda por alquiler de vivienda. La precisión, en el C. C. de Grupo Naturgy (BOE 47, de 24/2/2023) [art. 16].

815 CC. CC. de Grupo Endesa (BOE 169, de 17/6/2020) [art. 60] –crédito de 30.000 euros, a devolver en ochenta y cuatro mensualidades–, Grupo Naturgy (BOE 47, de 24/2/2023) [art. 16] –previa solicitud por la persona movilizada, préstamo especial por un máximo de hasta una anualidad y media del salario bruto, a amortizar, junto con los pertinentes intereses, a lo largo de no más de quince años–, Zurich Insurance, PLC, Sucursal en España, Zurich Vida, Compañía de Seguros y Reaseguros, SA, y Zurich Services AIE (BOE 93, de 19/4/2023) [art. 18] –crédito de hasta 60.101 euros, con un plazo de liquidación no superior a diez años–, Grupo AXA (BOE 304, de 21/12/2023) [art. 18] –préstamo de hasta 90.000 euros, reinte-

o sin[816] obligación de reintegro), si bien aquella también puede ser facilitada directamente por la empresa[817]. *f)* O, en el ámbito de la extinción indemnizada

grables (junto con el incremento equivalente al interés anual del dinero) mensualmente a lo largo de los siguientes quince años, el cual se otorgará siempre que la persona beneficiara cuente con al menos dos años de antigüedad en la compañía, el inmueble se sitúe dentro de un radio no superior a 90 kilómetros del nuevo centro de trabajo y la solicitud se presente a lo largo de los treinta y seis meses posteriores a la fecha de efectos del traslado– o Telefónica de España, SAU, Telefónica Móviles España, SAU, y Telefónica Soluciones de Informática y Comunicaciones, SAU (BOE 52, de 28/2/2024) [art. 138] –aval de obligada concesión por la empresa, incluso de haber otorgado otro en el pasado a la misma persona trabajadora, a condición de que esta hubiera reembolsado ya íntegramente el precedente–.

816 CC. CC. de Grupo Naturgy (BOE 47, de 24/2/2023) [art. 16] –a elección de la persona empleada, ayuda a fondo perdido en un solo desembolso o distribuida anualmente a lo largo de un lustro– o Grupo Enagás (BOE 101, de 25/4/2024) [art. 49] –el abono, en una sola vez, del importe máximo inicialmente previsto en caso de ayuda por alquiler–.

817 Por «renta igual a la que [la persona trasladada] hubiera venido satisfaciendo hasta el momento del traslado», sabiendo además que, si la nueva resultase superior a la antigua, la diferencia quedará integrada en un concepto retributivo relativo al cambio de condiciones de trabajo. Previéndolo, el C. C. de Al Air Liquide España, SA, y Air Liquide Ibérica de Gases, SLU (BOE 290, de 5/12/2023) [art. 17]. Muy próximos, los CC. CC. estatal (BOE 245, de 13/10/2023) [art. 6] y de la provincia de Gipuzkoa (BOP 23, de 3/2/2023) [art. 43] para los sectores de las artes gráficas, los manipulados de papel y cartón, las editoriales y las industrias auxiliares. Por su parte, señalando que la persona movilizada podrá optar entre que se le facilite en la nueva localidad una vivienda de categoría similar a la hasta entonces ocupada y recibir una compensación mensual equivalente al 25 por 100 de la doceava parte de su retribución anual bruta, el C. C. de Petróleos del Norte, SA (Petronor) (BOE 85, de 6/4/2024) [art. 138].

del contrato, la ampliación del modelo legal[818] de dispares maneras[819].

- A continuación, los permisos retribuidos para facilitar el cambio de morada y, en su caso, la búsqueda de centros escolares[820]. A veces, pocas, con la posibilidad

---

818 «Notificada la decisión de traslado, el trabajador tendrá derecho a optar entre el traslado, percibiendo una compensación por gastos, o la extinción de su contrato, percibiendo una indemnización de veinte días de salario por año de servicio, prorrateándose por meses los periodos de tiempo inferiores a un año y con un máximo de doce mensualidades» (art. 40.1 del ET).

819 CC. CC. de Grupo Marítima Dávila (BOE 108, de 6/5/2022) [art. 19] –al menos, veinticinco días de salario por año de servicio, con un máximo de dieciocho mensualidades, salvo que la movilidad derive de una causa económica, en cuyo caso se estará a los referentes legales–, Seguros Catalana Occidente [...] (BOE 177, de 25/7/2022) [art. 22] –veinticinco días de salario por año de servicio, prorrateados por meses los periodos de tiempo inferiores a un año, y hasta un máximo de cuarenta y dos mensualidades–, Mapfre Grupo Asegurador (BOE 219, de 12/9/2022) [art. 16] –veinticinco días de salario por año de servicio, con un máximo de veintiuna mensualidades–, Al Air Liquide España, SA, y Air Liquide Ibérica de Gases, SLU (BOE 290, de 5/12/2023) [art. 17] –treinta días de salario por año de servicio, con un mínimo de seis y un máximo de veinticuatro mensualidades–, o Teleinformática y Comunicaciones, SA (BOE 148, de 19/6/2024) [art. 46] –una mensualidad de salario por año de servicio–. Asimismo, el C. C. provincial para el sector del comercio de la alimentación de Ourense (BOP 164, de 20/7/2021) [art. 34] –veinticinco días de salario por año de servicio, con el límite de doce mensualidades–.

820 CC. CC. de Seguros Catalana Occidente [...] (BOE 177, de 25/7/2022) [art. 22] –15 días como máximo–, Grupo Naturgy (BOE 47, de 24/2/2023) [art. 16] –7 días laborables, susceptible de ampliación por el tiempo adicional imprescindible en función de las circunstancias en presencia–, Zurich Insurance, PLC, Sucursal en España, Zurich Vida, Compañía de Seguros y Reaseguros, SA, y Zurich Services AIE (BOE 93, de 19/4/2023) [art. 18]

de aplicar el régimen propio de los desplazamientos para propiciar el retorno periódico al lugar de residencia anterior mientras existan hijos cursando estudios obligatorios[821].

◦ Por último, las acostumbradas prioridades de permanencia en favor de diferentes colectivos, como los de las personas pertenecientes a la representación legal de la plantilla[822], con cargas familiares

---

–10 días laborables, no necesariamente consecutivos–, Al Air Liquide España, SA, y Air Liquide Ibérica de Gases, SLU (BOE 290, de 5/12/2023) [art. 17] –4 días laborables–, Grupo AXA (BOE 304, de 21/12/2023) [art. 18] –10 días naturales ininterrumpidos–, Telefónica de España, SAU, Telefónica Móviles España, SAU, y Telefónica Soluciones de Informática y Comunicaciones, SAU (BOE 52, de 28/2/2024) [art. 139] –12 días naturales si el traslado se produce entre localidades de la Península, 15 si se hace desde el territorio peninsular hacia las islas Baleares, Ceuta o Melilla (y viceversa), y 30 cuando se trate de las islas Canarias–, o Grupo Enagás (BOE 101, de 25/4/2024) [art. 49] –durante los días necesarios, pero hasta un máximo de 7–. Con un tope de 10 días, los CC. CC. estatales para los sectores de las entidades de seguros, reaseguros y mutuas colaboradoras con la Seguridad Social (BOE 310, de 27/12/2021) [art. 31], los servicios de prevención ajenos (BOE 194, de 15/8/2023) [art. 32] y las empresas de mediación de seguros privados (BOE 273, de 15/11/2023) [art. 52].

821 C. C. de Zurich Insurance, PLC, Sucursal en España, Zurich Vida, Compañía de Seguros y Reaseguros, SA, y Zurich Services AIE (BOE 93, de 19/4/2023) [art. 18].

822 Disponiendo también que «no podrán ser trasladadas de los centros de trabajo que representan hasta 2 años después de concluidas sus funciones», el C. C. de Al Air Liquide España, SA, y Air Liquide Ibérica de Gases, SLU (BOE 290, de 5/12/2023) [art. 17].

(con hijos de hasta 1 año[823]; en situación de embarazo, suspensión del contrato por alumbramiento o lactancia, reducción de jornada por cuidado de menores o parientes, o excedencia voluntaria por nacimiento, adopción, acogimiento o atención de un familiar[824]; titulares de una familia numerosa[825]; etcétera), mayores de 50 años[826], con capacidad laboral disminuida[827], de mayor antigüedad[828] o, por no seguir, con «alguna circunstancia especial [...] [a estudiar] por la empresa de forma independiente»[829], como haber sido ya objeto de un traslado forzoso

---

823 C. C. autonómico para el sector del alquiler de grúas móviles autopropulsadas de Aragón (BOA 90, de 10/5/2024) [art. 20].

824 Obviamente, salvo que el traslado derive del cierre del centro de trabajo. Al respecto, el C. C. de Zurich Insurance, PLC, Sucursal en España, Zurich Vida, Compañía de Seguros y Reaseguros, SA, y Zurich Services AIE (BOE 93, de 19/4/2023) [art. 18]. Coincidente de manera parcial, el C. C. estatal para el sector de los servicios de prevención ajenos (BOE 194, de 15/8/2023) [art. 32].

825 C. C. autonómico para el sector de la industria de azulejos, pavimentos y baldosas cerámicos de la Comunitat Valenciana (DOGV 9915, de 14/8/2024) [art. 15].

826 C. C. de Grupo Endesa (BOE 169, de 17/6/2020) [art. 60].

827 C. C. autonómico para el sector de la industria de azulejos, pavimentos y baldosas cerámicos de la Comunitat Valenciana (DOGV 9915, de 14/8/2024) [art. 15].

828 C. C. autonómico para el sector de los casinos y los establecimientos de juego de Castilla-La Mancha (DOCM 123, de 29/6/2022) [art. 28].

829 C. C. de Siemens Energy, SA (BOE 128, de 27/5/2024) [art. 38].

con cambio de residencia en los últimos seis[830], doce[831] o veinticuatro[832] meses.

Algo semejante sucede con la designación del personal a movilizar (la existencia de una solicitud de traslado voluntario[833], con, inclusive, preferencia en la elección de aquellos puestos análogos o coincidentes con el propio disponibles en la provincia

830 C. C. estatal para el sector de los servicios de prevención ajenos (BOE 194, de 15/8/2023) [art. 32]. Detallando asimismo que, de nuevo salvo acuerdo entre las partes, «el puesto que como consecuencia de un traslado no voluntario quede vacante no podrá cubrirse mediante el traslado de otra persona trabajadora en un período de 90 días», los CC. CC. estatales para los sectores de las entidades de seguros, reaseguros y mutuas colaboradoras con la Seguridad Social (BOE 310, de 27/12/2021) [art. 31] y las empresas de mediación de seguros privados (BOE 273, de 15/11/2023) [art. 52].

831 C. C. de Teleinformática y Comunicaciones, SA (BOE 148, de 19/6/2024) [art. 46].

832 C. C. de Seguros Catalana Occidente [...] (BOE 177, de 25/7/2022) [art. 23].

833 CC. CC. de Ferrovial Servicios, SA, y los trabajadores adscritos al servicio de restauración y atención a bordo de los trenes (BOE 23, de 26/1/2018) [art. 36], o Telefónica de España, SAU, Telefónica Móviles España, SAU, y Telefónica Soluciones de Informática y Comunicaciones, SAU (BOE 52, de 28/2/2024) [art. 144]. Asimismo, los CC. CC. estatales para los sectores de las entidades de seguros, reaseguros y mutuas colaboradoras con la Seguridad Social (BOE 310, de 27/12/2021) [art. 31], y las empresas de mediación de seguros privados (BOE 273, de 15/11/2023) [art. 52]; y autonómicos para los sectores de los casinos y los establecimientos de juego de Castilla-La Mancha (DOCM 123, de 29/6/2022) [art. 28] y el alquiler de grúas móviles autopropulsadas de Aragón (BOA 90, de 10/5/2024) [art. 20].

o isla de residencia[834]; la inferior trayectoria en el centro[835]; los menores perjuicios susceptibles de ser provocados en atención a las respectivas circunstancias personales, familiares y sociales[836]; solo una vez por individuo y según un orden inverso de antigüedad[837]; o, entre más posibilidades, los requerimientos del puesto y la carrera profesional en la organización productiva[838]), así como con un eventual retorno al centro de trabajo inicial (ante la existencia de vacantes adecuadas dentro del mismo grupo profesional[839]; por tratarse de personas trasladadas a raíz

834 C. C. de Telefónica de España, SAU, Telefónica Móviles España, SAU, y Telefónica Soluciones de Informática y Comunicaciones, SAU (BOE 52, de 28/2/2024) [art. 138].

835 A no ser que, con anterioridad, ya se hubiera sido objeto de un traslado, a tenor del C. C. de Ferrovial Servicios, SA, y los trabajadores adscritos al servicio de restauración y atención a bordo de los trenes (BOE 23, de 26/1/2018) [art. 36].

836 CC. CC. de Telefónica de España, SAU, Telefónica Móviles España, SAU, y Telefónica Soluciones de Informática y Comunicaciones, SAU (BOE 52, de 28/2/2024) [art. 138], y Teleinformática y Comunicaciones, SA (BOE 148, de 19/6/2024) [art. 46]. Parejo, el C. C. de BT Global ICT Business Spain, SLU (BOE 148, de 19/6/2024) [art. 28].

837 De todos modos, precisando que tales condicionantes no resultarán aplicables al personal técnico titulado, los CC. CC. estatal (BOE 245, de 13/10/2023) [art. 6] y de la provincia de Gipuzkoa (BOP 23, de 3/2/2023) [art. 43] para los sectores de las artes gráficas, los manipulados de papel y cartón, las editoriales y las industrias auxiliares.

838 CC. CC. estatales para los sectores de las entidades de seguros, reaseguros y mutuas colaboradoras con la Seguridad Social (BOE 310, de 27/12/2021) [art. 31], y las empresas de mediación de seguros privados (BOE 273, de 15/11/2023) [art. 52].

839 C. C. de Petróleos del Norte, SA (Petronor) (BOE 85, de 6/4/2024) [art. 138].

de necesidades del servicio[840]; al haber transcurrido al menos dos años desde el comienzo de la movilidad[841]; o al caber la incorporación en cualquier otro emplazamiento más cercano al lugar de origen[842]).

D) Dada su factible conexión con el fenómeno de la reestructuración empresarial, antes de poner punto y final a este apartado, a pesar de las incertidumbres jurídicas que sobrevuelan por encima de una de ellas, la segunda, se estima apropiado abordar dos realidades pujantes, la de la reubicación de las instalaciones y la de la circulación dentro de las empresas pertenecientes un mismo grupo de sociedades.

Ciertamente, quizás no lleven aparejada una simultánea movilidad geográfica de carácter extraordinario. No obstante, toda vez que esta última puede llegar a suceder, se juzga pertinente explorar su recepción a nivel convencional, máxime dada la ausencia de referentes específicos en el plano legal (más allá de las prescripciones, de obligado respeto en caso de operar, recogidas en los artículos 39, 40, 41 o, incluso, 43, relativo a la cesión ilegal de mano de obra, del ET).

- Comenzando por la relocalización del centro de trabajo, de las dos, la figura que recibe una menor atención a nivel convencional, a tales efectos parece razonable exigir que la empleadora notifique el cambio con una an-

840 C. C. de Grupo Enagás (BOE 101, de 25/4/2024) [art. 49].

841 C. C. de Seguros Catalana Occidente [...] (BOE 177, de 25/7/2022) [art. 23].

842 C. C. de Zurich Insurance, PLC, Sucursal en España, Zurich Vida, Compañía de Seguros y Reaseguros, SA, y Zurich Services AIE (BOE 93, de 19/4/2023) [art. 18].

telación suficiente. Por ejemplo, de tres[843], seis[844] o doce meses[845], en función de las circunstancias en presencia.

A partir de ahí, las demás referencias localizadas en los textos de la muestra resultan más accidentales y se limitan a establecer cierto tipo de garantías en favor del personal afectado, como las de contar con la posibilidad de aceptar sin mayores rodeos el cambio o formular algún tipo de objeción (dentro de un plazo determinado como, *verbi gratia*, de treinta[846] o sesenta[847] días); tener asegurado que la medida se intentará aplicar «fuera del período lectivo escolar, a fin de evitar la interrupción de los estudios de los hijos de los empleados»[848]; o atesorar la expectativa de una futura reubicación en otro centro de actividad radicado, preferentemente, dentro de la misma provincia (y, solo cuando esto no

---

843 C. C. de Grupo Enagás (BOE 101, de 25/4/2024) [art. 51].

844 C. C. de Al Air Liquide España, SA, y Air Liquide Ibérica de Gases, SLU (BOE 290, de 5/12/2023) [art. 17].

845 Indicando que en el correspondiente aviso se informará también acerca de extremos como el lugar donde se proyecta trasladar el centro de trabajo y la posibilidad o no de vivienda en la nueva localidad, así como de las eventuales condiciones de alquiler o adquisición, los CC. CC. estatal (BOE 245, de 13/10/2023) [art. 6] y de la provincia de Gipuzkoa (BOP 23, de 3/2/2023) [art. 43] para los sectores de las artes gráficas, los manipulados de papel y cartón, las editoriales y las industrias auxiliares.

846 C. C. de Grupo Enagás (BOE 101, de 25/4/2024) [art. 51].

847 CC. CC. estatal (BOE 245, de 13/10/2023) [art. 6] y de la provincia de Gipuzkoa (BOP 23, de 3/2/2023) [art. 43] para los sectores de las artes gráficas, los manipulados de papel y cartón, las editoriales y las industrias auxiliares.

848 C. C. de Grupo Enagás (BOE 101, de 25/4/2024) [art. 51]. Con un tenor similar, el C. C. provincial para el sector de los consignatarios de buques y transitarios de Alicante (BOP 97, de 22/5/2023) [art. 40].

resulte factible, corresponderá priorizar la realización de funciones de otro grupo profesional para evitar una movilidad geográfica extraordinaria, convertida a tales efectos en *ultima ratio*)[849].

- Por su parte, la circulación interna dentro de un grupo de sociedades, aun cuando, evidentemente, deba conjugarse con las necesidades organizativas de las entidades implicadas (receptora y emisora)[850], viene a concebirse en la práctica como una vía válida para «ampliar las posibilidades de desarrollo profesional de las personas trabajadoras y [...] favorecer la empleabilidad y ocupación efectiva»[851]; propiciar «una racional política de desarrollo y aprovechamiento de los recursos humanos»[852]; o destapar una «vía de recolocación de personal disponible y [de] optimización de las plantillas del grupo»[853].

---

849 Además, si bien solo a efectos del segundo caso, cuando dentro de los doce meses posteriores al cierre del centro surgiera una vacante en otro dentro de la misma provincia y correspondiente a su ocupación anterior, la persona afectada por la movilidad tendrá derecho preferente a ocuparla, de acuerdo con el C. C. de Teleinformática y Comunicaciones, SA (BOE 148, de 19/6/2024) [art. 46].

850 Aclarando que por empresas del grupo se entenderán aquellas respecto de las cuales la matriz participe «directa o indirecta[mente] [...] en al menos un 50 por 100 de su capital social [...] [cuente con] presencia mayoritaria, directa o indirecta [...] en el consejo de administración de la sociedad [...] [o asuma] directa o indirecta[mente] [...] la responsabilidad de su gestión», el C. C. de Telefónica de España, SAU, Telefónica Móviles España, SAU, y Telefónica Soluciones de Informática y Comunicaciones, SAU (BOE 52, de 28/2/2024) [art. 146].

851 C. C. de Grupo Naturgy (BOE 47, de 24/2/2023) [art. 15].

852 C. C. de Grupo Parcial Cepsa (BOE 52, de 28/2/2024) [art. 17].

853 C. C. de Repsol, SA (BOE 77, de 31/3/2023) [art. 20].

En este sentido, sin perjuicio de que, cuando sea menester, procederá aplicar también la regulación legal o convencional en torno a la modificación sustancial de las condiciones laborales[854] o las movilidades funcional o geográfica[855], si la medida (temporal o definitiva[856], en el mismo o distinto centro de trabajo[857], con paralelo o no traslado o desplazamiento) trae origen de la voluntad empresarial, se estima necesario condicionar la subsiguiente facultad patronal a la existencia de motivos justificativos, en principio, de índole organizativa, productiva[858] o técnica[859], traducibles, por ejemplo, en «razones de eficiencia, productividad [...] [o] posicionamiento en el

854 C. C. de Grupo Acciona Energía (BOE 123, de 21/5/2024) [art. 17].

855 CC. CC. de Grupo Endesa (BOE 169, de 17/6/2020) [art. 68], Repsol, SA (BOE 77, de 31/3/2023) [art. 20], Grupo Supermercados Carrefour (BOE 141, de 14/6/2023) [art. 16], Grupo Parcial Cepsa (BOE 52, de 28/2/2024) [art. 17] y Telefónica de España, SAU, Telefónica Móviles España, SAU, y Telefónica Soluciones de Informática y Comunicaciones, SAU (BOE 52, de 28/2/2024) [art. 146].

856 CC. CC. de Iberdrola Grupo (BOE 52, de 2/3/2021) [art. 17] y Grupo Acciona Energía (BOE 123, de 21/5/2024) [art. 17]. Acotando que, con carácter general, la situación de movilidad temporal no superará los seis meses de vigencia, los cuales, no obstante, podrán alcanzar un máximo de dieciocho «cuando las características y duración del proyecto al que esté asignada la persona empleada así lo justifiquen», el C. C. de Grupo Parcial Cepsa (BOE 52, de 28/2/2024) [art. 17].

857 CC. CC. de Grupo Endesa (BOE 169, de 17/6/2020) [art. 67] y Telefónica de España, SAU, Telefónica Móviles España, SAU, y Telefónica Soluciones de Informática y Comunicaciones, SAU (BOE 52, de 28/2/2024) [art. 146].

858 CC. CC. de Iberdrola Grupo (BOE 52, de 2/3/2021) [art. 17] y Grupo Naturgy (BOE 47, de 24/2/2023) [art. 15].

859 C. C. de Grupo Acciona Energía (BOE 123, de 21/5/2024) [art. 17].

mercado»[860], o en «proyectos [...] actividades coyunturales, cobertura provisional de puestos de trabajo y servicios comunes para el conjunto de empresas del grupo»[861].

Sin duda, lo mejor será que medie un «consentimiento expreso»[862] por parte de la persona trabajadora afectada, quien, de un modo voluntario, podría estar llamada a exhibir su conformidad con la alteración[863], para lo cual nada empece el establecimiento de ciertos incentivos, ordinariamente de tintes económicos[864]. De todos modos, en ocasiones tal exigencia o solo se prevé respecto de algunas situaciones (como aquella que «lleve aparejada la necesidad de cambio de residencia del domicilio habitual»[865]) o, directamente, no resulta

860 C. C. de Telefónica de España, SAU, Telefónica Móviles España, SAU, y Telefónica Soluciones de Informática y Comunicaciones, SAU (BOE 52, de 28/2/2024) [art. 146].

861 C. C. de Repsol, SA (BOE 77, de 31/3/2023) [art. 20].

862 C. C. de Grupo Supermercados Carrefour (BOE 141, de 14/6/2023) [art. 16].

863 CC. CC. de Repsol, SA (BOE 77, de 31/3/2023) [art. 20], y Telefónica de España, SAU, Telefónica Móviles España, SAU, y Telefónica Soluciones de Informática y Comunicaciones, SAU (BOE 52, de 28/2/2024) [art. 146].

864 Señalando que «la empresa ofrece como ayuda para los supuestos derivados de la libre circulación de las personas trabajadoras entre las empresas del Grupo [...] que impliquen movilidad geográfica los siguientes importes: 1.er y 2.º año, 30 por 100 del salario bruto anual del momento en que se produce el traslado [...] 3.er y 4.º año, 15 por 100 del salario bruto anual del momento en que se produjo el traslado [...] 5.º año, se deja de percibir la ayuda por traslado y se consolida en el salario bruto anual del último año el 7,5 por 100 del salario bruto anual del momento en que se produjo el traslado», el C. C. de Grupo Acciona Energía (BOE 123, de 21/5/2024) [art. 21].

865 C. C. de Grupo Endesa (BOE 169, de 17/6/2020) [art. 68].

aplicable (conforme sucede «cuando se den circunstancias muy justificadas»[866] o se trate de una comisión de servicios eventual[867]).

Precisamente, si la situación presenta una naturaleza temporal, «la sociedad titular del contrato de trabajo mantendrá esta condición a todos los efectos»[868]. A renglón seguido, procederá garantizar «el absoluto respeto de todos los derechos y condiciones laborales de las personas trabajadoras que cambien de sociedad», en particular, la designación como integrante de la representación legal de la plantilla[869], la antigüedad, la jornada, el horario, la adscripción a un grupo profesional[870], el escalafón de origen (en los supuestos de recolocación en una ocupación de nivel inferior)[871], la retribución[872], el grupo de cotización a la Seguridad Social[873] o, sin agotar

---

866 Pese a todo, a valorar por «la Comisión de Garantía del [...] Acuerdo Marco [...] [la cual] podrá decidir su carácter forzoso», en la precisión hecha por el C. C. de Repsol, SA (BOE 77, de 31/3/2023) [art. 20].

867 C. C. de Repsol, SA (BOE 77, de 31/3/2023) [art. 20].

868 De manera que, asimismo, «mantendrá su responsabilidad frente al trabajador comisionado en orden a las obligaciones laborales, de Seguridad Social y estabilidad en el empleo, sin perjuicio de que la empresa cesionaria y [...] [el grupo] mantengan su responsabilidad solidaria». Aclarándolo, los CC. CC. de Grupo Endesa (BOE 169, de 17/6/2020) [art. 68], Grupo Parcial Cepsa (BOE 52, de 28/2/2024) [art. 17] y Telefónica de España, SAU, Telefónica Móviles España, SAU, y Telefónica Soluciones de Informática y Comunicaciones, SAU (BOE 52, de 28/2/2024) [art. 146].

869 C. C. de Grupo Vodafone España (BOE 34, de 9/2/2021) [art. 49].

870 C. C. de Grupo Supermercados Carrefour (BOE 141, de 14/6/2023) [art. 16].

871 C. C. de Iberdrola Grupo (BOE 52, de 2/3/2021) [art. 17].

872 C. C. de Grupo Parcial Cepsa (BOE 52, de 28/2/2024) [art. 17].

873 C. C. de Repsol, SA (BOE 77, de 31/3/2023) [art. 20].

todas las posibilidades, las mejoras voluntarias hasta entonces disfrutadas[874].

En cambio, si la asignación a otra sociedad del grupo es permanente, la persona trabajadora ha de causar baja en la de origen y alta en la de destino[875]. Lo cual, de todos modos, no obsta que pueda establecerse algún derecho adicional relevante, como el de tener asegurado que, durante los dos años posteriores, se suspenderá la relación jurídico-laboral con la empresa de procedencia, donde será posible retornar si la segunda se disuelve o efectúa un despido colectivo u objetivo por razones económicas, técnicas, organizativas o productivas[876].

Asimismo, aun cuando lo coherente será estar a las condiciones laborales aplicables en la empresa receptora, esto no quita que lo anterior pueda matizarse respecto de algunas de ellas, como las «económicas y de previsión social complementaria»[877]. O que, en su defecto, se contemplen fórmulas compensatorias de hipotéticas diferencias retributivas globales, por ejemplo, permitiendo optar en la compañía receptora entre el abono de un complemento salarial periódico o el pago único de una cantidad a tanto alzado[878].

---

874 C. C. de Grupo Endesa (BOE 169, de 17/6/2020) [art. 68].

875 CC. CC. de Grupo Naturgy (BOE 47, de 24/2/2023) [art. 15] y Telefónica de España, SAU, Telefónica Móviles España, SAU, y Telefónica Soluciones de Informática y Comunicaciones, SAU (BOE 52, de 28/2/2024) [art. 146].

876 C. C. de Repsol, SA (BOE 77, de 31/3/2023) [art. 20].

877 C. C. de Grupo Naturgy (BOE 47, de 24/2/2023) [art. 15]. En parecidos términos, pero refiriéndose a la jornada de trabajo, el C. C. de Telefónica de España, SAU, Telefónica Móviles España, SAU, y Telefónica Soluciones de Informática y Comunicaciones, SAU (BOE 52, de 28/2/2024) [art. 146].

878 C. C. de Repsol, SA (BOE 77, de 31/3/2023) [art. 20].

Rematando ya, baste con mencionar las clásicas responsabilidades empresariales de remitir a la persona trabajadora, con una cierta antelación (no inferior a seis meses, salvo para el caso de cometidos de nueva creación), información acerca del «contenido de la colaboración, [...] [el] tiempo inicialmente asignado [...] [y] la descripción de puesto de trabajo [...] de destino»[879]. Notificación que asimismo corresponderá remitir a la representación legal del personal[880] o a una potencial «comisión de garantía», que podrá efectuar un «seguimiento de las acciones de optimización de plantillas que implican movilidad entre las empresas del Grupo»[881].

---

879 C. C. de Grupo Parcial Cepsa (BOE 52, de 28/2/2024) [art. 17].

880 CC. CC. de Grupo Vodafone España (BOE 34, de 9/2/2021) [art. 49], Iberdrola Grupo (BOE 52, de 2/3/2021) [art. 17], Telefónica de España, SAU, Telefónica Móviles España, SAU, y Telefónica Soluciones de Informática y Comunicaciones, SAU (BOE 52, de 28/2/2024) [art. 146], y Grupo Acciona Energía (BOE 123, de 21/5/2024) [art. 17].

881 Correspondiéndole las siguientes funciones: «*1.* Obtener la estimación de plantilla necesaria por unidades organizativas y volumen de sobreempleo. *2.* Detallar las vacantes cuyo proceso de cobertura va a iniciarse, así como una estimación de las posibles fuentes y empresas donde se prevé realizar el reclutamiento. *3.* Recibir información sobre movilidades que requieran traslado, así como aportar sugerencias con carácter previo sobre los procesos de cobertura idóneos para el objetivo de optimización de plantillas. *4.* Valorar y, en su caso, realizar sugerencias sobre los procesos de cobertura y movilidad llevados a cabo. *5.* [...] [Ser] informada mensualmente de las vacantes en curso y de los candidatos seleccionados. *6.* Evaluar la correcta aplicación de las condiciones de transferencia entre empresas y de movilidad geográfica, analizando en caso de traslado forzoso las posibles desviaciones en materia de jornada anual entre empresas y su tratamiento. *7.* Sugerir a las empresas procesos de cobertura de vacantes que puedan alterar las prioridades pactadas, siempre que se derive una clara ventaja a nivel de grupo y se respe-

3.3. La modificación sustancial de las condiciones de trabajo

De un tiempo a esta parte, la modificación sustancial de las condiciones de trabajo ha ido ganando cada vez mayor protagonismo, hasta el punto de constituir, hoy por hoy, «una pieza más del engranaje de los variados y numerosos procesos de reestructuración empresarial»[882].

No podía ser de otro modo a la vista de su morfología, que le permite ocupar una posición de indudable «centralidad»[883] en la ordenación de las relaciones laborales. Así, en términos semejantes a la inaplicación (o descuelgue) convencional del artículo 82.3 del ET, la ahora analizada emerge como una de las principales vías de solución para que una empresa, sin incidir por ello de manera negativa o desmesurada sobre el empleo, pueda «salir airosa»[884] de alguna coyuntura dificultosa.

---

ten condiciones equivalentes de los trabajadores. *8.* Conocer [el] personal contratado con carácter temporal y [la] fecha de extinción de los contratos». El literal, en el C. C. de Repsol, SA (BOE 77, de 31/3/2023) [art. 21].

882 ESTÉVEZ GONZÁLEZ, C.: «Las modificaciones sustanciales del contrato de trabajo: comentarios y reflexiones sobre su aplicación en el contexto de las empresas de servicios», en VV. AA. (ESCUDERO RODRÍGUEZ, E., Coord.), *Las reestructuraciones empresariales: un análisis transversal y aplicado,* Madrid (Cinca), 2015, p. 150.

883 MONEREO PÉREZ, J. L.: «Modificaciones sustanciales de las condiciones de trabajo individuales y colectivas. La centralidad de esta institución como medida de flexibilidad interna empresarial», en VV. AA. (MONEREO PÉREZ, J. L.; GORELLI HERNÁNDEZ, J. y ALMENDROS GONZÁLEZ, M. Á., Dir.), *Medidas de flexibilidad interna como alternativa y solución en un nuevo Derecho del trabajo garantista,* Comares (Granada), 2022, p. 103.

884 GARCÍA DIÉGUEZ, G. y ALCAÑIZ SOBRINO, I.: «La modificación sustancial de las condiciones de trabajo y el descuelgue del convenio en época de crisis», cit., p. 141.

Esto por más que, con relativa frecuencia, resulte complejo dilucidar si la decisión patronal encaja o no en el marco perimetral de tan especial mecanismo, el cual, por definición, implica un cambio de cierto nivel de intensidad, por encima del *ius variandi* ordinario a disposición de la empleadora[885].

Sea como fuere, en relación con este instrumento, el artículo 41 del ET contiene una única alusión, inferida, al convenio. Se puede decir que lo contempla al abordar el procedimiento a seguir para la correcta adopción y aplicación de una medida transformadora de carácter colectivo. Así, según el cuarto apartado del referido precepto, el necesario período de consultas a celebrar por las partes será «sin perjuicio de los procedimientos específicos que puedan establecerse en la negociación colectiva».

Con todo, lo cierto es que tan concreta y exclusiva alusión no agota el conjunto de posibilidades disponibles, pues los interlocutores ostentan la facultad de aventurarse o avanzar en otros espacios, como la definición de lo que procede entender por modificación sustancial de las condiciones laborales, la delimitación del factor causal desencadenante, la configuración de las diligencias a observar (en especial, cuando la actuación revista una incidencia individual o plural), la vigencia de la subsiguiente medida, las vías de solución a posibles atascos o discrepancias en la fase de concertación (forzosa, recuérdese, cuando la afectación presente un carácter colectivo) o, para cerrar esta relación puramente ilustrativa, los derechos y las garantías reconocidos al personal a la postre alcanzado.

---

[885] MOLINA NAVARRETE, C.: «"Novaciones previsiblemente extintivas" y despido colectivo: el buen empresario, ¿previsor o "pitoniso"? Comentario a la Sentencia del Tribunal de Justicia de la Unión Europea de 21/9/2017, asunto C-429/16», *Revista de Trabajo y Seguridad Social. CEF*, núm. 416, 2017, p. 199.

Sin embargo, la sensación generalizada entre los especialistas es la de que, de nuevo aquí y al menos por el momento, el convenio colectivo sigue conformándose con un rol secundario, con «un papel insuficiente en el fomento de una utilización más ágil de este instrumento de flexibilidad interna»[886], siempre, no se olvide, en una deseable consonancia con los demás canales de flexibilidad interna proporcionados desde el ordenamiento. Tal es así que lo más habitual es el mutismo, la omisión de cualquier tipo de referencia al respecto, «por mínima que esta fuera»[887].

Consiguientemente, entre las escasas (en número) y parcas (en extensión) referencias halladas dentro de los convenios colectivos de la muestra, tan solo es posible compartir las siguientes:

- Comenzando por el elemento material, en caso de que alguna duda existiera, llega a aclararse que quedan fuera de este ámbito «las variaciones técnicas del puesto de trabajo que supongan no un cambio en las funciones contratadas, sino tan solo un cambio en la forma de realizarlas»[888].

---

886 NAVARRO NIETO, F.: «Las modificaciones sustanciales de condiciones de trabajo como instrumento de flexibilidad interna: luces y sombras en la doctrina judicial más reciente», cit., p. 25 (formato electrónico).

887 MONEREO PÉREZ, J. L.; MORENO VIDA, M.ª N.; ALMENDROS GONZÁLEZ, M. Á.; LÓPEZ INSUA, B. del M. y ORTEGA LOZANO, P. G.: «La modificación sustancial de condiciones de trabajo (individual y colectiva)», en VV. AA. (MONEREO PÉREZ, J. L. y VILA TIERNO, F., Dir.), *Mecanismos e instrumentos de flexibilidad interna en la negociación colectiva*, Madrid (Ministerio de Trabajo y Economía Social), 2024, p. 210.

888 C. C. de Al Air Liquide España, SA, y Air Liquide Ibérica de Gases, SLU (BOE 290, de 5/12/2023) [art. 6].

- En relación con las eventuales obligaciones impuestas a las empresas, la de informar con carácter previo a la representación del personal acerca de cualquier medida de tales características ocupa un lugar destacado[889].

  A este respecto, la norma legal ya preceptúa que «la decisión de modificación sustancial de condiciones de trabajo de carácter individual deberá ser notificada por el empresario al trabajador afectado y a sus representantes legales con una antelación mínima de quince días a la fecha de su efectividad» (art. 41.3 del ET).

  En este sentido, por modesta que resulte, supone una mejora relativa el hecho de elevar ese plazo a veinte días[890]. Más aún si, al tiempo, se acrecienta su contenido señalando, por ejemplo, que la representación de la plantilla dispone de un plazo tasado (en el supuesto concreto, veintiún días laborables) para aceptar la propuesta patronal o presentar un informe contradictorio motivado[891].

  Incluso todavía mejor resulta atribuir a una eventual «comisión de relaciones laborales» la competencia (aunque

---

889 C. C. de Grupo Supermercados Carrefour (BOE 141, de 14/6/2023) [art. 7].

890 C. C. de Teleinformática y Comunicaciones, SA (BOE 148, de 19/6/2024) [art. 7].

891 C. C. de Al Air Liquide España, SA, y Air Liquide Ibérica de Gases, SLU (BOE 290, de 5/12/2023) [art. 6]. A este respecto, aun cuando el referido precepto indica inicialmente que solo «con el acuerdo de los representantes del personal la empresa podrá llevar a cabo las modificaciones propuestas», a continuación desbarata el contenido de tal previsión al añadir que, «si en el plazo antes mencionado no se hubiera alcanzado acuerdo, la empresa podrá realizar las modificaciones propuestas [...] [aunque entonces] los representantes del personal se reservan el derecho de efectuar la reclamación legal que consideren oportuna».

merecería la pena aclarar en qué extremos, si de conocimiento, negociación, emisión de un dictamen previo...) en relación con los «procesos de modificación sustancial de condiciones de trabajo que afecten a más de un ámbito territorial»[892].

- En cuanto al procedimiento formal propiamente dicho, despunta la extensión del deber de poner en marcha un período de consultas más allá del ámbito de las medidas de naturaleza colectiva. Así, acaba exigiéndose su apertura siempre que, «para poder cumplir con lo previsto en el [...] convenio en materia de jornada, distribución, horarios y descansos semanales, sea necesaria una redistribución de la jornada anual [...] [y dicha] modificación resultara sustancial»[893]; se pretenda «la introducción y revisión de los sistemas de organización del trabajo que comporten modificaciones sustanciales de las condiciones [laborales]»[894]; o, más ampliamente y en términos absolutos, cuando la medida a aplicar se vaya a dejar sentir sobre «uno, varios o todos los/as trabajadores/as del centro de trabajo»[895].

---

892 C. C. de Grupo Endesa (BOE 169, de 17/6/2020) [art. 103].

893 Haciendo recaer en el comité intercentros las competencias complementarias de «conocimiento, tratamiento, negociación y aprobación, en su caso, de los criterios generales para el establecimiento de las modificaciones necesarias», correspondiendo en cambio a la comisión paritaria la resolución de las discrepancias susceptibles de surgir durante la tramitación, el C. C. de Grupo Supermercados Carrefour (BOE 141, de 14/6/2023) [disp. trans. 1.ª].

894 Contemplando, asimismo, que «por iniciativa razonada de cualquiera de las partes y de común acuerdo, se podrán acortar los plazos legalmente establecidos en estos procedimientos», el C. C. de Grupo Endesa (BOE 169, de 17/6/2020) [art. 10].

895 Imponiendo para todos esos supuestos «un período de consultas con la representación legal del personal de una duración de quince días», el C. C. de Bellota Herramientas, SLU, y Bellota Agrisolu-

Ello con la eventual incorporación de otros aditamentos, como el de elevar a un «mínimo» de veinte días[896] la duración del período de consultas en los procedimientos de índole colectiva[897]; o el de situar en al menos un mes de antelación (sensiblemente por encima de la semana del artículo 41.5 del ET[898]) el momento para que la empleadora comunique su decisión tanto a las personas trabajadoras como a la representación de estas[899].

- Replicando el modelo propio de la inaplicación o descuelgue convencional, de indudable valor resulta privar a la empleadora de esa capacidad legal resolutoria y unilateral que se activa cuando el período de consultas concluye sin acuerdo. Esto es lo que sucede al imponer como obligatorio que, entonces, las actuaciones habrán de remitirse a la comisión paritaria del convenio,

---

tions, SLU (BOE 22, de 26/1/2023) [anexo III]. A su vez, exigiendo dicha apertura para los procedimientos de naturaleza individual o plural, los CC. CC. autonómicos para los sectores de los preparados alimenticios y los productos dietéticos de Cataluña (DOGC 8930, de 6/6/2023) [art. 20] y las empresas concesionarias del servicio de limpieza de Osakidetza (BOPV 113, de 11/6/2024) [art. 76].

896 C. C. de Teleinformática y Comunicaciones, SA (BOE 148, de 19/6/2024) [art. 7].

897 «Sin perjuicio de los procedimientos específicos que puedan establecerse en la negociación colectiva, la decisión de modificación sustancial de condiciones de trabajo de carácter colectivo deberá ir precedida de un periodo de consultas con los representantes legales de los trabajadores, de duración no superior a quince días» (art. 41.4 del ET).

898 «La decisión sobre la modificación colectiva de las condiciones de trabajo será notificada por el empresario a los trabajadores una vez finalizado el periodo de consultas sin acuerdo y surtirá efectos en el plazo de los siete días siguientes a su notificación» (art. 41.5 del ET).

899 C. C. de Teleinformática y Comunicaciones, SA (BOE 148, de 19/6/2024) [art. 7].

a la cual competerá resolver las discrepancias existentes. Ahora bien, si tampoco en esta instancia se logra una solución, aquella tendrá que derivar el asunto al servicio de arbitraje previsto dentro de su ámbito geográfico, a fin de que aquí se dicte un laudo de forzoso acatamiento[900].

- Para rematar, resta sacar a la luz las posibles garantías específicas en favor del personal afectado. Aunque brillan por su ausencia, al menos se ha llegado a localizar una referencia relativa al derecho que aquel tiene reconocido cuando, con ocasión de una alteración en el régimen de trabajo o en las funciones, pierda pluses, primas o cualquier otro complemento o percepción vinculado a su anterior cometido o forma de ejecutar la prestación de servicios. Bajo tales premisas, se lucrará «una indemnización equivalente a la diferencia existente entre las cantidades que haya percibido efectivamente en la situación anterior y las que hubiera percibido en la nueva durante el período de los doce meses inmediatamente anteriores»[901].

3.4. La suspensión del contrato y la reducción de jornada del artículo 47 del ET

Indudablemente, ante un escenario de reestructuración empresarial las medidas de suspensión de contratos y de reducción de jornadas (por causas económicas, técnicas, organizativas, productivas o de fuerza mayor)[902] aparecen como fór-

---

900 C. C. estatal para el sector del corcho (BOE 214, de 7/9/2023) [art. 15].

901 C. C. de Nortegas (BOE 28, de 1/2/2024) [art. 40].

902 Todo ello sin perjuicio del, más específico, Mecanismo RED de flexibilidad y estabilización del empleo (con sus dos modalidades, cíclica y sectorial) introducido en el artículo 47 *bis* del ET y desarro-

mulas destacadas de flexibilidad interna. Gracias a ellas, cabrá la posibilidad de adaptar la entidad a unas siempre factibles «fluctuaciones cuantitativas del mercado»[903], evitando a renglón seguido «las nefastas consecuencias de los despidos»[904].

Ahora bien, ante un casi seguro conflicto entre los respectivos intereses (de la empleadora y del personal a su servicio), en la adopción de este tipo de soluciones de corte paliativo también será menester «valorar los efectos que recaen sobre los trabajadores y, en su caso, tratar de minimizar los perjuicios que originen»[905].

Y aunque el pautado procedimiento legal y reglamentario[906] se antoja lo suficientemente exhaustivo, lo cierto es que ello no cierra la puerta a una intensa implicación desde el foro con-

---

llado a través del Real Decreto 608/2023, de 11 de julio (BOE 165, de 12/7).

903 FERRANDO GARCÍA, F. M.ª: «La flexibilidad interna desde la perspectiva de la eficiencia de las normas laborales y desde el análisis económico del Derecho del trabajo», en VV. AA. (MONEREO PÉREZ, J. L.; GORELLI HERNÁNDEZ, J. y ALMENDROS GONZÁLEZ, M. Á., Dir.), *Medidas de flexibilidad interna como alternativa y solución en un nuevo Derecho del trabajo garantista*, Comares (Granada), 2022, p. 579.

904 MENÉNDEZ CALVO, R. y HERNANZ MARTÍN, V.: «Las medidas de suspensión y reducción de jornada al servicio de la flexibilidad interna. La evitación de la extinción del contrato de trabajo en situación (coyuntural) de reestructuración de la empresa», en VV. AA. (ESCUDERO RODRÍGUEZ, E., Coord.), *Las reestructuraciones empresariales: un análisis transversal y aplicado*, Madrid (Cinca), 2015, p. 209.

905 FERRADANS CARAMÉS, C.: «La reducción de la jornada de trabajo como mecanismo de reestructuración empresarial frente a las crisis de empleo», *Temas Laborales*, núm. 107, 2010, p. 233.

906 Real Decreto 1483/2012, de 29 de octubre, por el que se aprueba el Reglamento de los procedimientos de despido colectivo y de suspensión de contratos y reducción de jornada (BOE 261, de 30/10).

vencional. Sin embargo, resultan infrecuentes las ocasiones en las que desde las mesas negociadoras, siquiera con un enfoque específico y circunscrito en exclusiva a este contexto, se entra a facilitar cualquier tipo de contenido.

En este sentido, entre las limitadísimas referencias localizadas cabe mencionar:

- La perfilación de parte de las razones habilitantes, sean aquellas organizativas o productivas[907], o rayanas en ocasiones a un episodio de fuerza mayor[908].

---

907 A «la imposibilidad de [...] [dar] ocupación efectiva como consecuencia de las reordenaciones y variaciones que pudieran llevarse a término en el servicio público de transporte por ferrocarril, como lo son, por ejemplo, la modificación de recorridos o suspensión de líneas o de unidades de composición de los trenes», alude el C. C. de Ferrovial Servicios, SA, y los trabajadores adscritos al servicio de restauración y atención a bordo de los trenes (BOE 23, de 26/1/2018) [art. 38].

908 Haciendo referencia a «interrupciones temporales del trabajo [...] ajenas a la voluntad de las empresas y de sus trabajadores/as, que impidan el normal desarrollo de la actividad de los centros de trabajo, dependencias o establecimientos de las empresas, tales como situaciones catastróficas, cortes prolongados de suministros básicos, obras de viabilidad y otras análogas», el C. C. estatal para el sector de los aparcamientos y garajes (BOE 120, de 17/5/2024) [art. 42]. O, contemplando la «imposibilidad de recepción de acopios, materiales o suministro de estos [...] [el] corte del suministro de energía, por causas ajenas a la empresa [...] [o los] fenómenos climatológicos que impidan la normal realización de los trabajos [...] [la] paralización de la obra o parte de esta por orden gubernativa, resolución administrativa u otras causas similares ajenas a la voluntad de la empresa [...] [o la] paralización de la actividad de las personas trabajadoras [...] acordada por decisión mayoritaria de [...] [sus] representantes legales [...] o, en su caso, de los delegados de prevención, cuando dicha paralización se mantenga con posterioridad y en contra del preceptivo pronunciamiento en el plazo de veinti-

- La previsión, como medidas prioritarias frente a la suspensión temporal de contratos, de alternativas menos contundentes, como la utilización de una eventual «bolsa flexible negativa» de horas de trabajo o la movilidad funcional dentro, primero, o fuera, en su defecto, del mismo centro y división[909]; o mantener al personal afectado en sus emplazamientos ordinarios o en otros diferentes ubicados en el mismo municipio o en otro limítrofe, a fin de que desarrollen en él sus tareas habituales (u otras similares, aun cuando pertenezcan a un grupo profesional superior o inferior) y puedan tener ocupación efectiva[910].
- La sensata precaución consistente en confirmar que, «si durante el período en el que un trabajador tenga su contrato de trabajo suspendido se hiciera necesaria la cobertura de empleo por razones organizativas o de prestación de servicios que modificaran las circunstancias que dieron lugar a la suspensión, la empresa procederá a reincorporar a este de manera inmediata a la prestación efectiva del trabajo»[911].

---

cuatro horas de la autoridad laboral», el C. C. estatal para el sector de la construcción (BOE 228, de 23/9/2023) [art. 94].

909 C. C. de Airbus Defence and Space, SAU, Airbus Operations, SL, y Airbus Helicopters España, SA (BOE 108, de 6/5/2022) [art. 60].

910 Estimando también la posibilidad de neutralizar durante un máximo de siete días la obligación de acudir o de permanecer en el centro de trabajo, manteniéndose pese a todo el derecho a percibir el salario correspondiente de caber la posterior recuperación de las horas o los días de ausencia, el C. C. estatal para el sector de los aparcamientos y garajes (BOE 120, de 17/5/2024) [art. 42].

911 C. C. de Ferrovial Servicios, SA, y los trabajadores adscritos al servicio de restauración y atención a bordo de los trenes (BOE 23, de 26/1/2018) [art. 38].

- En fin y sin alejarse demasiado de lo dispuesto en la normativa legal, el advertir que, «mientras la empresa tenga suspendidos contratos de trabajo como medida de redistribución de plantilla y tratamiento de sobredimensionamiento de los efectivos humanos, no podrá ofertar en promoción o progresión esas plazas ni incorporar personal de nuevo ingreso para la realización de trabajos propios de cualesquiera de los trabajadores en situación de suspensión temporal»[912].

4. SÍNTESIS CONCLUSIVA

En la actualidad, los procesos de reestructuración empresarial se han convertido en una realidad de primer orden. No es de extrañar, a la vista de los mercados cada vez más dinámicos, competitivos y globalizados dentro de los cuales han de operar las organizaciones productivas.

Sin descubrir con ello nada nuevo, está claro que cualquier fenómeno de esas características va a tener un profundo impacto sobre el marco de las relaciones laborales, de ahí el interés por proporcionar una respuesta adecuada desde la consustancial perspectiva tuitiva del Derecho del trabajo.

En este sentido, a la hora de intentar afrontar situaciones de tintes normalmente adversos o anómalos, que justifican la necesidad de reorganizar sus recursos humanos, las empresas cuentan en su haber con distintas alternativas, compatibles y no excluyentes, cuya preferencia o idoneidad dependerá, en última instancia, de las circunstancias concurrentes. Entre esas herramientas destacan, de forma señalada, las clásicas

---

[912] C. C. de Ferrovial Servicios, SA, y los trabajadores adscritos al servicio de restauración y atención a bordo de los trenes (BOE 23, de 26/1/2018) [art. 38].

fórmulas de flexibilidad interna siguientes: las movilidades funcional y geográfica, las modificaciones sustanciales de las condiciones de trabajo, las suspensiones de contratos y las reducciones de jornadas.

Su apropiada configuración y puesta práctica requiere, ya de entrada, una gestión consensuada, entretejida a través de una negociación colectiva polisémica, es decir, no ceñida en exclusiva a los acotados márgenes de los períodos de consultas exigidos en algunos casos. De lograrlo, tanto las empresas como las personas trabajadoras podrán adquirir con mayor facilidad la cualidad de resilientes, factor indispensable en la búsqueda de una adaptabilidad permanente y equilibrada a las cambiantes condiciones del entorno.

Sin embargo, hoy por hoy, su plasmación a nivel legal y convencional peca de resultar excesivamente inconexa. A la postre, en uno y otro ámbito normativo, esas diferentes opciones acaban siendo encuadradas en compartimentos estancos y desconectados, aun cuando todas ellas pretenden evitar, reducir o mitigar las secuelas más traumáticas de unas potenciales rescisiones contractuales.

De hecho, el convenio colectivo está llamado a convertirse en un pilar esencial en ese proceso. No obstante, corresponde insistir en que, al menos por el momento, se encuentra bastante lejos de esa meta, pues los interlocutores, por lo común, ni consideran la flexibilidad como un todo, ni demuestran un interés real por lograr las pertinentes sinergias.

El análisis efectuado a lo largo de estas páginas confirma dicho extremo. La práctica convencional contemporánea se define por unas redacciones básicas, escasamente inspiradas y demasiado apegadas a la literalidad de una norma legal, de por sí, imperfecta.

En consecuencia, urge un cambio sustancial en los planteamientos de las partes negociadoras, las cuales no solo han de incidir de manera más intensa sobre elementos cardinales como las causas, las garantías en favor del personal o la tramitación formal a respetar. Asimismo, han de orientar los esfuerzos hacia ese ambicionado tratamiento transversal, global y coordinado del conjunto de medidas de flexibilidad interna, de indudable utilidad en el entorno de los procesos de reestructuración empresarial.

Al fin y al cabo, no se trata de instrumentos aislados, secuenciales o disyuntivos, que quepa articular de modo independiente o según un cierto orden de progresividad o jerarquía. En cambio, deviene preciso imbricarlos en el núcleo de un enfoque integral y evolutivo, que valore oportunamente el contexto en presencia y el objeto, el alcance y la utilidad de cada uno de ellos de un modo agregado, sinérgico y transversal.

5. BIBLIOGRAFÍA

ALFONSO MELLADO, C. L.; FABREGAT MONFORT, G. y BOHIGUES ESPARZA, M.ª D.: «Desarrollo de los distintos mecanismos de flexibilidad interna. Los nuevos retos de la era post-covid 19 y de la digitalización de la economía», en VV. AA. (MONEREO PÉREZ, J. L. y VILA TIERNO, F., Dir.), *Mecanismos e instrumentos de flexibilidad interna en la negociación colectiva*, Madrid (Ministerio de Trabajo y Economía Social), 2024, pp. 63-80.

ALMENDROS GONZÁLEZ, M. Á.: «La movilidad funcional como medida de flexibilidad interna: clasificación profesional, polivalencia y cambios funcionales», en VV. AA. (MONEREO PÉREZ, J. L.; GORELLI HERNÁNDEZ, J. y ALMENDROS GONZÁLEZ, M. Á., Dir.), *Medidas de flexibilidad interna como alternativa y solución en un nuevo Derecho del trabajo garantista*, Comares (Granada), 2022, pp. 33-53.

ÁLVAREZ MONTERO, A.: «Garantías colectivas de empleo, flexibilidad interna y despido objetivo: ¿deberes de renegociación *versus* libertad de empresa? Comentario a la Sentencia del Tribunal Supremo 925/2018, de 23 de octubre», *Revista de Trabajo y Seguridad Social. CEF*, núm. 430, 2019, pp. 157-166.

BERNAL SANTAMARÍA, F.ª: «La controversia de las cláusulas de empleo ante la flexibilidad externa de las empresas: Sentencia del Tribunal Supremo (Social) 23 de octubre de 2018», *Temas Laborales*, núm. 147, 2019, pp. 219-244.

CECA DE LAS HERAS, E. y MORALES CUENCA, M.ª: «La movilidad geográfica individual y colectiva para la supervivencia de la empresa», en VV. AA. (ORTEGA LOZANO, P. G. y GUINDO MORALES, S., Dir.), *Medidas de reestructuración interna empresarial desde la perspectiva jurídico-laboral. Las relaciones de trabajo post-COVID-19 y recientes reformas*, Murcia (Laborum), 2022, pp. 61-86.

ESCUDERO PRIETO, A. y ALONSO BRAVO, M.: «Negociación colectiva y flexibilidad empresarial», en VV. AA. (CRUZ VILLALÓN, J.; GONZÁLEZ POSADA MARTÍNEZ, E. y MOLERO MARAÑÓN, M.ª L., Dir.), *La negociación colectiva como institución central del sistema de relaciones laborales: estudios en homenaje al profesor Fernando Valdés Dal-Ré*, Albacete (Bomarzo), 2021, pp. 459-473.

ESCUDERO RODRÍGUEZ, R.: «Reflexiones preliminares y críticas sobre las reestructuraciones empresariales y su proyección en el ámbito laboral», en VV. AA. (ESCUDERO RODRÍGUEZ, E., Coord.), *Las reestructuraciones empresariales: un análisis transversal y aplicado*, Madrid (Cinca), 2015, pp. 21-47.

ESTÉVEZ GONZÁLEZ, C.: «Las modificaciones sustanciales del contrato de trabajo: comentarios y reflexiones sobre su aplicación en el contexto de las empresas de servicios», en VV. AA. (ESCUDERO RODRÍGUEZ, E., Coord.), *Las reestructuraciones empresariales: un análisis transversal y aplicado*, Madrid (Cinca), 2015, pp. 149-162.

FABREGAT MONFORT, G.: «El descuelgue del convenio como medida de flexibilidad interna», en VV. AA. (MONEREO PÉREZ, J. L.; GORELLI HERNÁNDEZ, J. y ALMENDROS GONZÁLEZ, M. Á., Dir.), *Medidas de flexibilidad interna como alternativa y solución en un nuevo Derecho del trabajo garantista*, Comares (Granada), 2022, pp. 319-345.

FERNÁNDEZ DOMÍNGUEZ, J. J.: «La flexibilidad interna en el contexto del despido colectivo», en VV. AA. (MONEREO PÉREZ, J. L.; GORELLI HERNÁNDEZ, J. y ALMENDROS GONZÁLEZ, M. Á., Dir.), *Medidas de flexibilidad interna como alternativa y solución en un nuevo Derecho del trabajo garantista*, Comares (Granada), 2022, pp. 757-780.

FERNÁNDEZ ORRICO, F. J.: «Interrelación de medidas que tienen por objeto atenuar los efectos de procesos de reestructuración de empresas», en VV. AA., *Reestructuraciones empresariales: comunicaciones del*

XXXI Congreso Anual de la Asociación Española de Derecho del Trabajo y de la Seguridad Social. A Coruña, 27 y 28 de mayo de 2021, Madrid (Ministerio de Trabajo y Economía Social), 2021, pp. 827-846.

FERRADANS CARAMÉS, C.: «La reducción de la jornada de trabajo como mecanismo de reestructuración empresarial frente a las crisis de empleo», *Temas Laborales*, núm. 107, 2010, pp. 227-264.

FERRANDO GARCÍA, F. M.ª: «La flexibilidad interna desde la perspectiva de la eficiencia de las normas laborales y desde el análisis económico del Derecho del trabajo», en VV. AA. (MONEREO PÉREZ, J. L.; GORELLI HERNÁNDEZ, J. y ALMENDROS GONZÁLEZ, M. Á., Dir.), *Medidas de flexibilidad interna como alternativa y solución en un nuevo Derecho del trabajo garantista*, Comares (Granada), 2022, pp. 575-596.

FOLGOSO OLMO, A.: «Movilidad funcional como medida de supervivencia empresarial», en VV. AA. (ORTEGA LOZANO, P. G. y GUINDO MORALES, S., Dir.), *Medidas de reestructuración interna empresarial desde la perspectiva jurídico-laboral. Las relaciones de trabajo post-COVID-19 y recientes reformas*, Murcia (Laborum), 2022, pp. 113-132.

GARCÍA DIÉGUEZ, G. y ALCAÑIZ SOBRINO, I.: «La modificación sustancial de las condiciones de trabajo y el descuelgue del convenio en época de crisis», en VV. AA. (ORTEGA LOZANO, P. G. y GUINDO MORALES, S., Dir.), *Medidas de reestructuración interna empresarial desde la perspectiva jurídico-laboral. Las relaciones de trabajo post-COVID-19 y recientes reformas*, Murcia (Laborum), 2022, pp. 133-150.

GARCÍA-GIRALDA CASAS, C.: «La sucesión de empresas y de unidades productivas desde la perspectiva de los derechos laboral y concursal como vía de reestructuración empresarial», en VV. AA., *La reestructuración como solución de las empresas viables*, Cizur Menor (Thomson Reuters Aranzadi), 2022, pp. 505-528.

GORELLI HERNÁNDEZ, J.: «La movilidad geográfica. Traslado individual y otros mecanismos de flexibilidad», en VV. AA. (MONEREO PÉREZ, J. L. y VILA TIERNO, F., Dir.), *Mecanismos e instrumentos de flexibilidad interna en la negociación colectiva*, Madrid (Ministerio de Trabajo y Economía Social), 2024, pp. 133-182.

GORELLI HERNÁNDEZ, J.: «El descuelgue empresarial», en VV. AA. (MONEREO PÉREZ, J. L. y VILA TIERNO, F., Dir.), *Mecanismos e instrumentos de flexibilidad interna en la negociación colectiva*, Madrid (Ministerio de Trabajo y Economía Social), 2024, pp. 343-404.

GUINDO MORALES, S.: «Flexibilidad interna *vs.* flexibilidad externa», en VV. AA. (ORTEGA LOZANO, P. G. y GUINDO MORALES, S., Dir.), *Medidas de reestructuración interna empresarial desde la perspectiva jurídico-laboral. Las relaciones de trabajo post-COVID-19 y recientes reformas*, Murcia (Laborum), 2022, pp. 151-178.

LAMBERT, A.; REMILLON, D. y SEGÚ, M.: «Renunciar al puesto o reducir jornada. Disparidad de género en los procesos de reestructuración empresarial», *Revista Internacional del Trabajo*, Vol. 142, núm. 4, 2023, pp. 583-610.

LÓPEZ AHUMADA, J. E.: «Prejubilaciones y remodelación de empresa: efectos de un ajuste penalizado», en VV. AA. (ESCUDERO RODRÍGUEZ, E., Coord.), *Las reestructuraciones empresariales: un análisis transversal y aplicado*, Madrid (Cinca), 2015, pp. 371-400.

MARÍN ALONSO, I.: «Movilidad funcional», en VV. AA. (MONEREO PÉREZ, J. L. y VILA TIERNO, F., Dir.), *Mecanismos e instrumentos de flexibilidad interna en la negociación colectiva*, Madrid (Ministerio de Trabajo y Economía Social), 2024, pp. 81-132.

MARTÍNEZ BARROSO, M.ª de los R.: «Despidos colectivos de trabajadores de edad avanzada y protección social: entre la discriminación y la eficiencia», *Revista de Trabajo y Seguridad Social. CEF*, núm. 430, 2019, pp. 15-51.

MELIÁN CHINEA, L. M.ª: «La inaplicación del convenio colectivo en procesos de reestructuración empresarial: Selección jurisprudencial y propuesta normativa», en VV. AA., *Reestructuraciones empresariales: comunicaciones del XXXI Congreso Anual de la Asociación Española de Derecho del Trabajo y de la Seguridad Social. A Coruña, 27 y 28 de mayo de 2021*, Madrid (Ministerio de Trabajo y Economía Social), 2021, pp. 181-196.

MENÉNDEZ CALVO, R. y HERNANZ MARTÍN, V.: «Las medidas de suspensión y reducción de jornada al servicio de la flexibilidad interna. La evitación de la extinción del contrato de trabajo en situación (coyuntural) de reestructuración de la empresa», en VV. AA. (ESCUDERO RODRÍGUEZ, E., Coord.), *Las reestructuraciones empresariales: un análisis transversal y aplicado*, Madrid (Cinca), 2015, pp. 209-230.

MOLERO MARAÑÓN, M.ª L.: «La aplicación judicial de los derechos de información y consulta en los procesos de reestructuración empresarial», en VV. AA. (ESCUDERO RODRÍGUEZ, E., Coord.), *Las reestructuraciones empresariales: un análisis transversal y aplicado*, Madrid (Cinca), 2015, pp. 319-346.

MOLERO MARAÑÓN, M.ª L.: «Los acuerdos colectivos de empresa de reestructuración empresarial», en VV. AA. (CRUZ VILLALÓN, J.; GONZÁLEZ POSADA MARTÍNEZ, E. y MOLERO MARAÑÓN, M.ª L., Dir.), *La negociación colectiva como institución central del sistema de relaciones laborales: estudios en homenaje al profesor Fernando Valdés Dal-Ré*, Albacete (Bomarzo), 2021, pp. 173-187.

MOLINA MARTÍN, A. M.ª: «De la configuración jurídica a la ejecución práctica de jubilaciones de trabajadores por efecto de reestructuraciones empresariales», en VV. AA. (ESCUDERO RODRÍGUEZ, E., Coord.), *Las reestructuraciones empresariales: un análisis transversal y aplicado*, Madrid (Cinca), 2015, pp. 401-421.

MOLINA NAVARRETE, C.: «"Novaciones previsiblemente extintivas" y despido colectivo: el buen empresario, ¿previsor o "pitoniso"? Comentario a la Sentencia del Tribunal de Justicia de la Unión Europea de 21 de septiembre de 2017, asunto C-429/16», *Revista de Trabajo y Seguridad Social. CEF*, núm. 416, 2017, pp. 198-207.

MOLINA NAVARRETE, C.: «La gestión pública de los "ERTE" (regulación temporal de empleo) y de los "ERE" (regulación extintiva) en el autogobierno andaluz: balance y perspectivas pospandemia», *Temas Laborales*, núm. 160, 2021, pp. 151-188.

MONEREO PÉREZ, J. L.: «Modificaciones sustanciales de las condiciones de trabajo individuales y colectivas. La centralidad de esta institución como medida de flexibilidad interna empresarial», en VV. AA. (MONEREO PÉREZ, J. L.; GORELLI HERNÁNDEZ, J. y ALMENDROS GONZÁLEZ, M. Á., Dir.), *Medidas de flexibilidad interna como alternativa y solución en un nuevo Derecho del trabajo garantista*, Comares (Granada), 2022, pp. 103-211.

MONEREO PÉREZ, J. L. y MORENO VIDA, M.ª N.: «La subrogación contractual a través de la negociación colectiva», en VV. AA. (CRUZ VILLALÓN, J.; GONZÁLEZ POSADA MARTÍNEZ, E. y MOLERO MARAÑÓN, M.ª L., Dir.), *La negociación colectiva como institución central del sistema de relaciones laborales: estudios en homenaje al profesor Fernando Valdés Dal-Ré*, Albacete (Bomarzo), 2021, pp. 491-506.

MONEREO PÉREZ, J. L.; MORENO VIDA, M.ª N.; ALMENDROS GONZÁLEZ, M. Á.; LÓPEZ INSUA, B. del M. y ORTEGA LOZANO, P. G.: «La modificación sustancial de condiciones de trabajo (individual y colectiva)», en VV. AA. (MONEREO PÉREZ, J. L. y VILA TIERNO, F., Dir.), *Mecanismos e instrumentos de flexibilidad interna en la negociación colectiva,* Madrid (Ministerio de Trabajo y Economía Social), 2024, pp. 208-249.

MONEREO PÉREZ, J. L. y ORTEGA LOZANO, P. G.: «Los modelos de flexibilidad empresarial y jurídico-laboral», en VV. AA. (MONEREO PÉREZ, J. L.; GORELLI HERNÁNDEZ, J. y ALMENDROS GONZÁLEZ, M. Á., Dir.), *Medidas de flexibilidad interna como alternativa y solución en un nuevo Derecho del trabajo garantista,* Comares (Granada), 2022, pp. 1-31.

MONEREO PÉREZ, J. L. y ORTEGA LOZANO, P. G.: «Alternativas de política del derecho en los modelos de flexibilidad y reestructuración de la empresa», en VV. AA. (ORTEGA LOZANO, P. G. y GUINDO MORALES, S., Dir.), *Viabilidad de las empresas, mantenimiento del empleo y medidas de flexibilidad externa en la reestructuración empresarial,* Granada (Comares), 2022, pp. 129-164.

MONEREO PÉREZ, J. L.; VILA TIERNO, F.; LÓPEZ INSUA, B. del M. y MORENO VIDA, M.ª N.: «Balance, conclusiones y propuestas de futuro», en VV. AA. (MONEREO PÉREZ, J. L. y VILA TIERNO, F., Dir.), *Mecanismos e instrumentos de flexibilidad interna en la negociación colectiva,* Madrid (Ministerio de Trabajo y Economía Social), 2024, pp. 543-560.

NAVARRO NIETO, F.: «Las modificaciones sustanciales de condiciones de trabajo como instrumento de flexibilidad interna: luces y sombras en la doctrina judicial más reciente», *Revista Española de Derecho del Trabajo,* núm. 190, 2016, pp. 1-33 (formato electrónico).

NORES TORRES, L. E.: «La subrogación convencional», en VV. AA. (DE LA PUEBLA PINILLA, A., Dir.), *Subrogación contractual a través de la negociación colectiva,* Madrid (Ministerio de Trabajo y Economía Social), 2024, pp. 51-79.

PÉREZ DEL PRADO, D.: «Marco normativo e interpretación judicial de la subrogación legal de contratos de trabajo: Especial referencia a la jurisprudencia del TJUE y del TS», en VV. AA. (DE LA PUEBLA PINILLA, A., Dir.), *Subrogación contractual a través de la negociación colectiva,* Madrid (Ministerio de Trabajo y Economía Social), 2024, pp. 29-50.

ROALES PANIAGUA, E.: «La movilidad geográfica colectiva como medida de flexibilidad espacial: procedimiento y preferencias», en VV. AA. (MONEREO PÉREZ, J. L.; GORELLI HERNÁNDEZ, J. y ALMENDROS GONZÁLEZ, M. Á., Dir.), *Medidas de flexibilidad interna como alternativa y solución en un nuevo Derecho del trabajo garantista,* Comares (Granada), 2022, pp. 79-101.

ROLDÁN MARTÍNEZ, A.: «Concentraciones societarias, fusiones y escisiones: situación fisiológica y patológica», en VV. AA. (LÓPEZ AHUMADA, J. E. y MENÉNDEZ CALVO, R., Dir.), *Poder de dirección y estructuras empresariales complejas,* Madrid (Cinca), 2018, pp. 131-157.

SERRANO GARCÍA, J. M.ª: «De la movilidad geográfica a los desplazamientos de trabajadores de carácter transnacional», en VV. AA. (ESCUDERO RODRÍGUEZ, E., Coord.), *Las reestructuraciones empresariales: un análisis transversal y aplicado,* Madrid (Cinca), 2015, pp. 163-184.

VILA TIERNO, F. y CASTRO MEDINA, R.: «La negociación colectiva en la flexibilidad interna en la empresa», en VV. AA. (ORTEGA LOZANO, P. G. y GUINDO MORALES, S., Dir.), *Medidas de reestructuración interna empresarial desde la perspectiva jurídico-laboral. Las relaciones de trabajo post-COVID-19 y recientes reformas,* Murcia (Laborum), 2022, pp. 471-496.

VILA TIERNO, F. y CASTRO MEDINA, R.: «La puesta en escena de los instrumentos de flexibilidad interna», en VV. AA. (MONEREO PÉREZ, J. L. y VILA TIERNO, F., Dir.), *Mecanismos e instrumentos de flexibilidad interna en la negociación colectiva,* Madrid (Ministerio de Trabajo y Economía Social), 2024, pp. 39-62.

Capítulo VII.

La negociación colectiva como cauce propicio para la promoción de la salud integral y el bienestar de las personas trabajadoras

RODRIGO TASCÓN LÓPEZ
Catedrático de Derecho del Trabajo y de la Seguridad Social
Universidad de León

1.- EL VIEJO ANHELO DE TUTELA DE LA SALUD DE LAS PERSONAS TRABAJADORAS Y SU ESTADO ACTUAL BAJO EL TAMIZ CRÍTICO DEL NUEVO CONTEXTO PRODUCTIVO

El interés por la tutela de la salud de las personas trabajadoras debiera haber experimentado un giro copernicano en los últimos tiempos, sobre todo al albur de los avances tecnológicos y médico-científicos y teniendo en cuenta que la prevención se revela mucho más satisfactoria que la reparación; *item* más, el esfuerzo preventivo podría haberse ampliado sin relativa dificultad, superando el estrecho corsé conceptual de los riesgos profesionales, a las patologías que, aun siendo comunes, afectan de forma relevante a un porcentaje significativo de la población y, de forma refleja, inciden en la prestación profesional y, a la postre, provocan graves quebrantos en la salud pública general.

Sin embargo, desenfocado el objetivo, la salud laboral raramente se centra en la mejora de la salud personal, más allá de unas indicaciones generales encarnadas en el célebre "reconocimiento médico anual" (*ex* art. 22 LPRL), y continúa anclada en la idea de que el objetivo ha de ser la lucha contra la contingencia profesional[913]. Sin resultar ni mucho menos ociosa, tal perspectiva es parca e incompleta, habida cuenta de que la inmensa mayoría de los padecimientos que sufrirán las personas trabajadoras son comunes, pero (y esta es la hipótesis de partida del presente ensayo) presentan innegables implicaciones de todo orden en el ámbito laboral[914].

El presente ensayo pretende ser un llamado de atención hacia una realidad que, a fuer de evidente, quizá haya quedado relegada en el orden de prioridades de actuación de

---

913 Por todos, y entre una ingente bibliografía, SALCEDO BELTRÁN, Mª.C.: *El deber de protección empresarial de la seguridad y salud de los trabajadores*, Valencia (Tirant lo Blanch), 2000, pág. 26; FERNÁNDEZ-COSTALES MUÑIZ, J.: "La vigilancia de la salud y el respecto a los derechos del trabajador", en AA.VV.: *Doctrina jurisprudencial en materia preventiva*, León (Eolas), 2009, págs. 339 y ss.; MARTÍNEZ FONS, D.: *La vigilancia de la salud de los trabajadores en la Ley de Prevención de Riesgos Laborales*, Valencia (Tirant lo Blanch), 2002, pág. 93 o BLASCO PELLICER, A.: "El deber empresarial de vigilancia de la salud y el derecho a la intimidad del trabajador", en AA.VV. (BORRAJO DACRUZ, E., Dir.): *Trabajo y libertades públicas*, Madrid (La Ley-Actualidad), 1999, pág. 274.

914 TASCÓN LÓPEZ, R.: "Hacia la mejora integral de la salud de la persona trabajadora", *Trabajo y Derecho*, núm. 90, 2022, págs. 5 y ss.

los actores de las relaciones laborales, privando así a las personas trabajadoras (y a la Sociedad en su conjunto) de los beneficios cuantiosos que tal perspectiva permitiría alcanzar. A saber, que es necesario efectuar un replanteamiento de la prevención de riesgos laborales para tratar de incluir algunas situaciones hasta ahora secularmente olvidadas pero que, en buena lógica, deben quedar bajo el manto de la acción preventiva para minorar, en lo posible, los daños a la salud sufridos por las personas trabajadoras.

Tal perspectiva se hace especialmente evidente en dos líneas de actuación, que serán objeto de atención separada en las páginas que siguen como "aspectos críticos" (en el tenor del título del presente ensayo y en necesario *numerus apertus* al que el lector podrá unir aquellos otros que su mayor conocimiento le revele) respecto al actual estado de la cuestión sobre la salud de las personas trabajadoras.

De un lado, el adecuado abordamiento desde la perspectiva de la prevención laboral de aquellas patologías comunes pero muy frecuentes y de hondo calado y repercusión en la "vida laboral" de la persona trabajadora (cáncer y enfermedades cardiovasculares, principalmente) en el intento por construir una "prevención integral de la salud de la persona trabajadora".

De otro, realizar un reenfoque de la hasta ahora en gran medida preterida prevención de la enfermedad mental, como epidemia silenciosa que esquilma las potencialidades vitales y que tiene también notables implicaciones desde el punto de vista profesional. Téngase en cuenta, en este sentido, que, en el actual contexto tecnológico-productivo, la herramienta informática ha invadido el centro de trabajo (y, más allá de sus muros, la actividad toda de la persona) y provocado nuevos escenarios de tensión mental que generan el caldo de cultivo ideal para ciertas patologías de naturaleza psíquica.

2.- HACIA UNA PREVENCIÓN INTEGRAL DE LA SALUD DE LA PERSONA TRABAJADORA: UNA MIRADA ESPECIAL A LAS APORTACIONES DE LOS CONVENIOS COLECTIVOS

Dejando a un lado el exceso de mortalidad que en los años puntuales de la pandemia ha supuesto la COVID'2019, en España (y algo similar ocurre en los países de nuestro entorno) casi dos de cada tres personas fallecen como consecuencia de enfermedades cardiovasculares (infarto de miocardio, ictus e insuficiencia cardíaca) o de cáncer (en las múltiples especies del género de las enfermedades oncológicas). Dichos grupos de patologías, a su vez, son la principal causa de discapacidad adquirida en adultos, con las implicaciones de toda índole que esta situación supone[915].

Aun cuando los avances médicos han sido espectaculares en las últimas décadas y, de igual modo, se espera que los mismos continúen en los tiempos venideros, un mecanismo de defensa de capital importancia contra dichas patologías (y el que podría tener unos resultados más espectaculares a corto plazo) pasa por su prevención[916]. Según opiniones médicas cualificadas, la prevención de las enfermedades cardiovasculares y oncológicas podría reducir la mortalidad por estas causas en edades tempranas entre un 30 y 50%. Además, dichas medidas resultarían sorprendentemente económicas, pues consisten,

---

915 Que las enfermedades cardio y cerebro vasculares y oncológicas son la principal causa de muerte constituye casi un lugar común. Si el lector desea un desglose detallado de las causas de mortalidad en España durante los últimos años, imprescindible acudir a las fuentes oficiales recogidas en www.ine.es/dyngs/INEbase/es/operacion.htm.

916 Como explica uno de los médicos españoles más reputados internacionalmente, FUSTER, V.: *La ciencia de la salud*, Barcelona (Planeta), 2011, págs. 23 y ss.

básicamente, en cuidar la alimentación y practicar ejercicio físico. Por ejemplo, la reducción significativa de las cantidades de azúcar y sal consumidas, la eliminación de las grasas saturadas y (sobre todo) las catalogadas como "trans" y los carbohidratos refinados de rápida asimilación, la reducción del consumo de alcohol, la eliminación del tabaco, el aumento de la ingesta de frutas y verduras y la realización de 150 minutos de ejercicio moderado/medio a la semana[917].

Así las cosas, aun cuando en algunos casos dichas enfermedades vienen condicionadas por la predisposición genética de la persona a sufrirlas (respecto de lo cual solo cabe confiar en el impresionante desarrollo que las terapias génicas experimentarán en los próximos años), lo cierto es que en la mayoría de las ocasiones los hábitos de vida suponen un catalizador decisivo en la materialización de la enfermedad.

En este sentido, es común señalar como factores que favorecen la aparición de estas enfermedades los dos grandes grupos siguientes: de un lado, la falta de actividad física y la vida sedentaria; de otro, una dieta inadecuada. Ambos factores contribuyen a la aparición de un sinfín de problemas de salud, todavía no muy graves (obesidad, diabetes, hipertensión, hipercolesterolemia...) pero que merman calidad de vida y, a largo plazo, acaban provocando trastornos de salud graves e, incluso, la muerte.

---

917 Entre el ingente volumen de materiales que podrían ser citados aquí, por reciente, se puede remitir a la guía elaborada por el Ministerio de Sanidad, dentro de la estrategia NAOS, AA.VV.: *Come sano y muévete. 12 decisiones saludables*, Madrid (Ministerio de Sanidad y Consumo), 2019. Sobre la estrategia NAOS, bajo el lema "come sano y muévete", no procede sino remitir a la extensa información incorporada en la página web del Ministerio de Consumo, https://www.aesan.gob.es/AECOSAN/web/nutricion/seccion/estrategia_naos.htm.

La buena noticia que desde instituciones médico-sanitarias se empeñan en repetir es que estos factores son reversibles con cambios de hábitos de vida, que podrían aumentar, no sólo la esperanza total de vida, sino también la expectativa de años de vida saludable y de calidad. La mala noticia es que los adultos son extraordinariamente refractarios a cambiar hábitos de comportamiento que acaso lleven años arraigados en su forma de actuar y que se consideran, en no pocos caso, parte de una herencia cultural común[918].

Casi resultaría superfluo siquiera glosar las ventajas que el éxito de la perspectiva preventiva supondría tanto para el individuo (más años de vida y de mejor calidad) como, de forma refleja (pero significativa) para la Sociedad en su conjunto (menor gasto sanitario, ahorro en pensiones de incapacidad originadas "antes de tiempo"), como (y comienza aquí a atisbarse una perspectiva interesante) para la eventual empleadora de la persona concreta (reducción del absentismo laboral, mayor productividad...)[919].

En este contexto, al iuslaboralista le puede surgir la duda de, hasta qué punto, algunos de estos malos hábitos de vida que se han generalizado entre la población occidental pueden verse favorecidos por la actividad humana (tan común y habitual) como es el trabajo por cuenta ajena y hasta qué punto el sector del ordenamiento jurídico llamado a ordenarlo puede actuar para tratar de corregir esos comportamientos poco adecuados para conservar un buen estado general de salud[920].

---

918 FUSTER, V.: *La ciencia de la salud*, cit., pág. 45.

919 DEIGARD, J.: "Can worksite nutritional interventions improve productivity and firm profitability? A literature review", *Public Health*, núm. 131, Vol. 4, 2011, págs. 184-192.

920 Lúcido, al respecto, BRAY, I.: *Healthy Employees, Healthy Business: Easy, Affordable Ways to Promote Workplace Wellness*, Berkeley (NOLO) 2009, págs. 32 y ss.

Algunos datos, desde luego, pueden ayudar a aportar luz a tal cuestión. Así, en torno a un 60% de las personas trabajadores realizan al menos una de las tres comidas principales fuera de casa en los días laborales; y alrededor de un 30% de ellas realizan hasta dos de esas comidas principales en lugar distinto de su domicilio. Todo esto sin contar los innúmeros "pinchos", cafés y tentempiés que, a lo largo de la jornada laboral se suelen consumir por las personas trabajadoras. Entre quienes han de alimentarse fuera de casas son mayoría los que optan por comer en un restaurante de menú del día (64%) que quienes llevan sus propios alimentos desde casa para consumirlos en el lugar de trabajo (36%)[921].

A la vista de tan apabullante realidad, nadie puede dudar de que el trabajo humano condiciona la manera de alimentarse de las personas trabajadoras; así, el gran número de horas trabajadas y la distancia que en buena parte de los casos separa el domicilio del centro de trabajo (sobre todo en las grandes ciudades) son dos factores claves que contribuyen a que los profesionales hayan de alimentarse en algún lugar cercano a su puesto y con alimentos no siempre todo lo adecuados que se deberían.

Por otro lado, 2 de cada 3 personas admiten que no llevan una vida activa y que no hacen el ejercicio recomendado, pero la mitad de ellas culpan al trabajo y al ritmo de vida como causa que les impide realizar toda la actividad física que les gustaría. Sin entrar a valorar la sinceridad de quienes así contestan, lo cierto es que resulta plausible aceptar una idea intuitiva conforme a la cual, en no pocas ocasiones, resulta complicado co-

---

921 Estudio realizado por la Federación Independiente de Consumidores y Usuarios (FUCI), 2010; puede consultarse en www.fuci.org.

honestar intereses tan variopintos como el rendimiento profesional y el cuidado personal[922].

Añádase a todo lo anterior el estrés (factor, este sí, estudiado en un sinfín de escritos que lo vinculan al trabajo y a la dificultad para conciliar la vida personal, familiar y laboral[923]) al que en no pocos casos se hallan sometidas las personas trabajadoras y se encontrará el *cocktail* perfecto en el cual las enfermedades cardiovasculares y oncológicas encuentran su caldo de cultivo larvado pero, ciertamente, ideal.

Por tanto, y aun cuando España cuente con una esperanza de vida de las más altas entre todos los países del mundo, lo cierto es que la salud de los españoles es manifiestamente mejorable y que algunos de los factores que contribuyen al deterioro de la salud están más o menos directamente relacionados con el trabajo que la inmensa mayoría de la población desempeña para allegar los recursos necesarios para subvertir sus necesidades vitales y familiares.

Sea como fuere, lo cierto es que, aun asumiendo que los hábitos de vida son responsabilidad personal de cada uno y que no llegan a ser aspectos típica o propiamente jurídico-laborales, son circunstancias que, como se ha dicho, vienen muchas veces determinadas o condicionadas, en gran medida, por el

---

922 Estudio realizado por INFOJOBS: *Sobre trabajo y hábitos de ejercicio*, 2019; puede consultarse en https://orientacion-laboral.infojobs.net/gimnasio-antes-despues-trabajo.

923 Entre muchos, y por todos, MARTÍNEZ BARROSO, M.R.: "Reflexiones en torno al Acuerdo Marco Europeo sobre Estrés en el Trabajo", *Aranzadi Social*, núm. 22, 2005, pág. 78; VELÁZQUEZ FERNÁNDEZ, M.: *Impacto laboral del estrés*, Bilbao (Lettera), 2006, págs. 19 y ss. o MORÁN ASTORGA, C.: *Estrés, burn out y mobbing*, Salamanca (Amarú), 2005, pág. 39.

trabajo por cuenta ajena[924] y, en tal sentido, podrían ser denominadas *paralaborales*[925].

Tal situación, permite concluir que la salud y seguridad en el trabajo supone, a día de hoy, una materia que permite todavía un amplio campo de maniobra a aquella organización productiva que desee mostrar su responsabilidad social a través del compromiso con quienes prestan servicios, debiendo fijar una política de empresa firme y bien definida que muestre una decisión inquebrantable de llegar al fin pretendido. En particular, y como ejemplos de dicha voluntad responsable, parece oportuno apuntar dos grandes líneas de actuación:

En primer término, un cumplimiento esmerado (y no meramente formal, como por desgracia tantas veces ocurre) de la legislación preventiva constituye un elemento crucial en el intento de lograr la responsabilidad social en este punto. No en vano, la mejor opinión pasa por considerar cómo el ordenamiento preventivo conforma una "obligación de resultado"[926],

---

924 WANDJEK, C.: *La alimentación en el Trabajo: Soluciones Laborales para la Desnutrición, la Obesidad y las Enfermedades Crónicas*, Ginebra (Organización Internacional del Trabajo), 2005, págs. 23 y ss.

925 TASCÓN LÓPEZ, R.: "Hacia la mejora integral de la salud de la persona trabajadora", *Trabajo y Derecho*, núm. 90, 2022, págs. 5 y ss.

926 GONZÁLEZ ORTEGA, S. y APARICIO TOVAR, J.: *Comentarios a la Ley 31/1996, de Prevención de Riesgos Laborales*, Madrid (Trotta), 1995, págs. 7 y ss. o CALVO GALLEGO, F.J.: *La obligación general de prevención y la responsabilidad contractual del empleador*, cit., págs. 55 y ss.; *contra*, considerándola de medios, ALFONSO MELLADO, C.L.: *Responsabilidad empresarial en materia de seguridad y salud laboral*, Valencia (Tirant lo Blanch), 1998, págs. 17 y ss.; LOUSADA AROCHENA, J.F.: "Artículo 14. Derecho a la protección frente a los riesgos laborales", en AA.VV. (CABEZA PEREIRO, J. y LOUSADA AROCHENA, J.F., Coords.): *Comentarios a la Ley de Prevención de Riesgos Laborales*, cit., pág. 61 o SALCEDO BELTRÁN, Mª.C.: *El deber de protección empresarial de la seguridad y salud de los trabajadores*, Valencia (Tirant lo Blanch), 2000, pág. 26.

habida cuenta, de un lado, difícilmente cabrá satisfacer el interés típico y primario del acreedor de salud y seguridad de un modo distinto al de mantener efectivamente su integridad física; de otro, la voluntad legal se muestra taxativa en este sentido, al exigir del empresario "cuantas medidas sean necesarias" (art. 14.2 LPRL) para lograr el fin pretendido —la efectiva evitación de todo daño—.

De esta manera, aun cuando la norma defina un buen puñado de obligaciones concretas (arts. 15 y ss. LPRL), en cierto modo deja también un campo de actuación importante a la iniciativa de la empresa (y a los servicios de prevención) a la hora de descubrir e implementar (con una generosidad acorde al objetivo pretendido[927]) cuantas medidas resulten necesarias para asegurar, en cada caso concreto, la integridad física y psíquica del trabajador[928].

Sea como fuere, como segunda gran línea de actuación y superando la exigencia del tenor legal cuando las circunstancias lo requieran, la política preventiva de la empresa puede ser mejorada o completada con otras iniciativas que, en sentido genérico, han de tender también a la consecución del objetivo anunciado (la evitación del menoscabo en la salud de la persona trabajadora).

---

927 De hecho, la evidencia estadística demuestra que cuando una empresa desarrolla una política de Responsabilidad Social, su grado de cumplimiento de la legislación preventiva es satisfactorio y, en general, el riesgo de siniestralidad desciende significativamente, HOFFMEIESTER ARCE, L.; JODAR, PÁG. y BENAVIDES, F.G.: "Responsabilidad Social Coporativa en Salud y Seguridad en el Trabajo: dimensiones, realidad y perspectivas", *Cuadernos de Relaciones Laborales*, Vol. 24, núm. 1, 2006, págs. 183-198.

928 Por todos, GÁRATE CASTRO, J.: "Manifestaciones sustantivas de la tutela a la salud laboral", *AL*, núm. 15, 1988, pág. 342.

Así, la empresa socialmente responsable ha de mostrar su esfuerzo por tratar de articular medidas concretas (más allá de las legales cuando sea necesario, aun cuando la descrita amplitud de los objetivos normativos no permita identificar con total claridad donde está lo complementario y donde la especificación de lo normado) destinadas a conseguir un sistema de prevención efectivo[929].

Entre tales medidas, y a modo de mero ejemplo, muy bien podrían incorporarse algunas de las que se propugnan en el presente ensayo, como las referidas al fomento de hábitos saludables, desde el punto de vista alimenticio y de actividad física, así como la evitación de otros hábitos nocivos para la salud general de las personas trabajadoras[930].

Item más, en el establecimiento de estas mejoras podrá desempeñar un papel importante el convenio colectivo, de nuevo como manifestación concreta del ánimo tendencial del empresario de desarrollar una política preventiva socialmente responsable. En efecto, la norma jurídico-laboral por antonomasia puede incorporar, sin duda, compromisos que, sin ser únicamente laborales, redunden en una mejora de las condiciones de vida de las personas trabajadoras, habida cuenta de que su inclusión dentro del contenido del convenio queda plenamente justificado, en tanto constituyen parte de esas "condiciones de trabajo y productividad" a que se refiere el art. 82.2 ET.

A partir de tal declaración legal, los contenidos de los convenios colectivos se han ampliado y diversificado mucho en los

929 ZWSTSLOOT, G. y BOS, J.: *Desing for sustainable development: enviromental management and safety and health*, Luxemburgo (Office for Offical Publications of the European Communities), 1998, págs. 67 y ss.

930 ÁLVAREZ CIVANTOS, O.J.: *Mercado sostenible y responsabilidad social (Hacia la responsabilidad social de los actores sociales)*, Granada (Comares), 2006, pág. 142.

últimos tiempos, sobre todo porque los sujetos colectivos han asumido como propios ciertos intereses cuya tutela, en no pocas ocasiones, queda salvaguardada de mejor forma si son incorporados al convenio colectivo y asumidos por tanto, como compromiso indeclinable de la empresa[931].

Con esta perspectiva, se pasa del terreno de los buenos deseos al de las obligaciones jurídicamente exigibles, en tanto el contenido normativo del convenio colectivo estatutario, bien es sabido, constituye ley de necesaria observancia entre las partes, con eficacia general *erga omnes* frente a todos los trabajadores y empresarios que se encuentren dentro de su ámbito de aplicación (*ex* arts. 3.3 y 82.3 ET)[932].

La incorporación de estos "compromisos saludables" (que el presente ensayo viene preconizando) al contenido del convenio colectivo consigue así una vinculación más intensa de los actores laborales con algunos valores que de otra manera pueden resultar demasiado abstractos, algo que, en una materia tan escurridiza como la abordada ahora resulta, sin duda, conveniente para la adecuada consecución de los fines pretendidos[933].

---

931 BORRAJO DACRUZ, E.: "Convenios colectivos de trabajo: de los contenidos tradicionales a las nuevas materias", *AL*, T. I, 2001, págs. 85 y ss.; MONEREO PÉREZ, J.L. y MORENO VIDA, Mª.N.: *Contenido de la negociación colectiva de empresa en la era de la constitución flexible del trabajo*, Valencia (Tirant lo Blanch), 2005, págs. 34 y ss. o MARTÍNEZ BARROSO, Mª.R.: "Nuevas materias y temas pendientes en el contenido de los convenios colectivos", *RL*, T. II, 2001, págs. 959 y ss.

932 Sobre su alcance, entre muchas, STCo 18/1991, de 31 de enero; en la doctrina científica, CORREA CARRASCO, M.: *La negociación colectiva como fuente del Derecho del Trabajo*, Madrid (Universidad Carlos III/BOE), 1997, págs. 43 y ss.

933 MERINO SEGOVIA, A.: "Responsabilidad Social Corporativa: su dimensión laboral", *Documentación Laboral*, núm. 75, 2005, pág. 59.

A grades rasgos, las medidas que podrían ser adoptadas por el convenio colectivo en este ánimo confesado de tratar de mejorar la salud general de su plantilla podrían pasar por las siguientes líneas de actuación que procede exponer con la brevedad requerida a un ensayo de las dimensiones ahora propuestas[934], con la vista fija en las cláusulas de los convenios colectivos vigentes en España en los últimos tiempos que, quizá como precursores, han comenzado alguna de estas tareas:

I.- Medidas dirigidas a facilitar una alimentación saludable de las personas trabajadoras: como de seguro intuye el lector, la respuesta que la estructura jurídico-laboral vigente en España ofrece a la cuestión de la alimentación de las personas trabajadoras no puede ser más desolador[935]. A pesar de que, como ya se razonó páginas atrás, el trabajo es un factor determinante en el modo y manera que tienen las personas trabajadoras de planificar sus comidas diarias (con una o varias comidas fuera del domicilio los días laborales) la norma realiza una preterición casi absoluta de esta realidad. Una visión panorámica del ordenamiento laboral permite verificar la ausencia casi total de disposiciones que se refieren a la alimentación o a los hábitos de vida del trabajador.

Como única excepción habría de aludir a aquella de conformidad con la cual "siempre que la duración de la jornada diaria continuada exceda de seis horas, deberá establecerse un periodo de descanso durante la misma (tiempo de trabajo efectivo cuando así esté establecido o se establezca por convenio colectivo o contrato de trabajo) de duración no inferior a quince

---

934 Con mayor amplitud, TASCÓN LÓPEZ, R.: "Hacia la mejora integral de la salud de la persona trabajadora", *Trabajo y Derecho*, núm. 90, 2022, págs. 5 y ss.

935 GOIRÍA ORMAZABAL, J.I.: "Alimentación y trabajo", *La Mutua*, núm. 20, 2008, págs. 151 y ss.

minutos, que será de treinta si el trabajador es menor de edad y su jornada excede de cuatro horas y media" (art. 34.4 ET).

Este período de descanso, conocido tradicionalmente como "rato para el bocadillo", no será computado como tiempo de trabajo efectivo salvo pacto expreso individual o colectivo (que, por tanto, es perfectamente lícito y, una vez concertado, exigible[936]) y ha de ser necesariamente disfrutado en algún momento intermedio de la jornada, sin que pueda ser relegado al final de aquella, lo que le relegaría a mera reducción de jornada y le privaría de su naturaleza de verdadero descanso[937].

Los convenios colectivos han ido paulatinamente abandonando la tendencia de aportar algún tipo de regulación a este período, aunque aún se aprecian cláusulas interesantes; así, lo más frecuente es que los convenios presten atención a determinar si tal período de 15 minutos es o no computable como tiempo de trabajo efectivo, pudiendo detectarse algunas previsiones más pacatas[938] y otras más generosas, que como tal lo

---

936 Al respecto, STS 24 enero 2000 (Recurso de Casación 2600/1999).

937 STS 06 marzo 2000 (Recurso de Casación 1217/1999).

938 Entre las normas que no lo consideran tiempo de trabajo efectivo, art. 15 CC Sector del Corcho (BOE de 7 de septiembre de 2023); art. 53 CC Entidades de Seguro, Reaseguro y Mutuas colaboradoras de la Seguridad Social (BOE de 27 de diciembre de 2021); art. 17 CC Siemens Energy (BOE de 27 de mayo de 2024); art. 35 CC Santa Bárbara Sistemas SA (BOE de 22 de febrero de 2024); o, por no seguir, art. 27 CC Catalunya Empresas de Bingo (BO Catalunya de 17 de julio de 2023).
Al margen quedan, por supuesto, aquellos convenios que prevén "jornada partida" y, en consecuencia, reservan un tiempo, aquí mucho más amplio, de una hora y media, incluso dos horas, para la "pausa para la comida" que, por supuesto, nunca es tiempo de trabajo efectivo; no puede dejar de indicarse la frustración que provoca a quien esto escribe que la generalidad de las normas omitan cualquier referencia a lo saludable que tal comida pueda o deba ser: art. 73 CC Telefónica de España (BOE 28 de febrero de 2024); art. 22

reconocen[939]. A mayores, y a lo sumo, algún convenio eleva el tiempo fijado en la norma a "veinte minutos"[940] o "media hora"[941], tiempo que, con superar el mínimo legal y favore-

---

CC Mafre Grupo Asegurador (BOE de 12 de septiembre de 2022); art. 60 Grupo Iberdrola (BOE de 2 de marzo de 2021); art. 39 Grupo Enagás (BOE de 25 de abril de 2024); art. 24 CC Grupo Repsol (BOE 31 de marzo de 2023); art. 26 CC Grupo Acciona (BOE 21 de mayo de 2024); art. 19 CC La Caixa (BOE de 7 de junio de 2024); art. 9 CC Grupo Vodafone (BOE de 9 de febrero de 2021); art. 7 CC Galicia Centros Especiales de Empleo (BO Galicia de 4 de octubre de 2023); art. 17 Castilla y León TV locales y autonómicas (BOYCL de 17 de julio de 2023) o art. 12 CC Sevilla Empleados de Fincas Urbanas (BOP Sevilla de 12 de abril de 2022).

939 Así, reconociendo los 15 minutos legales de descanso como tiempo de trabajo efectivo, art. 15 CC Aparcamientos y Garajes (BOE 17 de mayo de 2024); art. 14 CC Comunidad Valenciana Elaboración del chocolate (BO Comunidad Valenciana de 11 de agosto de 2023); art. 5 Murcia Explotación de campos de golf (BO Región de Murcia 9 de septiembre de 2023); art. 3 CC Asturias Carpintería y Ebanistería (BO Principado de Asturias de 17 de abril de 2023); art. 6 Segovia Clínicas de Odontología (BOP Segovia de 15 de mayo de 2023); art. 17 CC Huesca Ayuda a domicilio (BOP Huesca de 6 de junio de 2023); art. 15 CC Barcelona Chocolates (BOP Barcelona de 26 de junio de 2023) o Art. 10 CC Badajoz ópticas (BOP Badajoz de 5 de octubre de 2022).

940 Previendo tal ampliación, y siendo además trabajo efectivo, art. 26 CC Instalaciones Deportivas y Gimnasios (BOE de 26 de enero de 2024); art. 21 CC Oficinas de Farmacia (BOE de 28 de diciembre de 2022); art. 14 CC La Rioja Edificación y obra pública (BO La Rioja de 22 de diciembre de 2022); art. 21 CC Córdoba Clínicas Privadas (BOP Córdoba de 13 de junio de 2023).

941 Prevén esta ampliación a 30 minutos, considerados de trabajo efectivo, entre otros, art. 14 CC Acuicultura (BOE de 3 de mayo de 2024); art. 75 CC Telefónica de España SAU (BOE 28 de febrero de 2024); art. 20 CC Contratas Ferrovial (BOE 28 de junio de 2022); art. 13 CC Cantabria Sector Agropecuario (BO Cantabria de 21 de agosto de 2024); art. 21 CC Aragón alquiler de Grúas móviles autopropulsadas (BO Aragón de 10 de mayo de 2024); art. 19 CC Castilla y

cer una comida más reposada, se sigue antojando escaso para afrontar un almuerzo saludable y adecuado.

Por otro lado, y descartada (no sin dudas y vaivenes[942]) la vigencia de aquella arcana norma que obligaba a la empresa a proveer de comedores laborales a las empresas de más de 50 trabajadores (tan lejana como aquel Decreto de 8 de junio de 1938)[943], lo cierto es que el ordenamiento jurídico

---

León TV Locales y autonómicas (BO Castilla y León 17 de julio de 2023); art. 21 CC Andalucía Gestión de servicios de Taxi (BO Andalucía de 28 de noviembre de 2019) o art. 13 CC Jaén Aceite y sus derivados (BOP Jaén 14 de julio de 2021).

942 Pues, inicialmente, la Sala IV del Tribunal Supremo la consideró vigente. Tal conclusión queda justificada por "la no vulneración de los principios constitucionales de las cuestionadas normas en los concretos extremos que ahora nos afectan (disposición derogatoria punto 3 Constitución, su falta de derogación expresa o tácita por otras normas infraconstitucionales posteriores (art. 2.2 Código Civil) y su no sustitución por la posible normativa de desarrollo de la LPRL, como posibilita su art. 6, ni por la negociación colectiva (art. 3 Estatuto de los Trabajadores), lo que no ha acontecido en el presente caso, obliga a entender que se mantiene su vigencia, y a declarar que la doctrina jurídicamente correcta sobre este extremo es la que se contiene en la sentencia referencial", STS 26 diciembre 2011 (Recurso de Casación UD 1490/2011) y 19 abril 2012 (Recurso de Casación UD 2165/2011).

943 El punto de partida de nuestro análisis no puede ser otro que la constatación de que esas normas del año 1938 se incorporaron al Reglamento General de Seguridad e Higiene en el Trabajo de 1940, aprobado por la Orden del Ministerio de Trabajo de 3 de mayo de 1940, que contiene una referencia específica a esa cuestión en su Capítulo X, artículo 98, en el que establece: "Los locales destinados a comedores en los centros de trabajo, se ajustarán en un todo a lo dispuesto por el Decreto de 8 de junio de mil novecientos treinta y ocho y Orden de 30 de igual mes y año, sobre los mismos".

Ahora bien, esa disposición legal quedó posteriormente sin efecto por la Orden de 9 de marzo de 1971, que aprobó la Ordenanza General de Seguridad e Higiene en el Trabajo (BOE 16 marzo 1971),

patrio permanece ayuno de una regulación sobre una cuestión tan relevante para alcanzar los fines ensalzados por el presente discurso.

En consecuencia, no es descabellado propugnar que quien se ocupe de realizar las tareas preventivas habrá de incorporar los particulares riesgos que dicha actividad comporta en la correspondiente evaluación (hasta la fecha "asignatura pendiente" en el desarrollo de la actividad preventiva), implementando cuantas medidas resulten necesarias y convenientes para tratar de eliminarlos o, al menos, reducirlos (arts. 3, 14 y 15 y ss. LPRL)[944].

---

y que derogó, expresamente, el Reglamento General de Seguridad e Higiene en el Trabajo, aprobado por Orden de 31 de enero de 1940, excepto su Capítulo VII (arts. 66 a 74), dedicado a los "Andamios". Es clara y diáfana su disposición derogatoria al establecer en el Anexo titulado "Tabla de Vigencias" una disposición derogatoria en la que textualmente se señala: "Quedan derogadas las siguientes disposiciones: 1. El Reglamento General de Seguridad e Higiene en el Trabajo, aprobado por Orden de 31 de enero de 1940, excepto su Capítulo VII". En consecuencia, "ya la Orden de 9 de marzo de 1971 contenía disposición expresa por la que se derogaba el Reglamento General de Seguridad e Higiene en el Trabajo de 1940 y, en su seno, el Decreto de 8 de junio de mil novecientos treinta y ocho y Orden de 30 de igual mes y año, cuyo contenido -por otra parte- resultaría en la actualidad inaplicable en sus propios términos", STS 13 diciembre 2018 (Recurso de Casación 2262/2017). Esta sentencia, por cierto, cuenta con voto particular formulado por el Ilmo. Magistrado Fernando Salinas Molina, en el que defiende el mantenimiento de la vigencia de la normativa de 1938 en los términos de las sentencias previas.

944 SOBRINO GONZÁLEZ, G.M.: "El infarto de miocardio como accidente laboral *in intinere* y como accidente de trabajo en misión", *RL*, núm. 2, 2004, pág. 47 o FERNÁNDEZ COLLADOS, Mª.B.: "La presunción de laboralidad del apartado 3 del art. 115 LGSS y el accidente en misión", *AS*, T. IV, 2004, pág. 422.

En este contexto amplio, volcado hacia una prevención integral, desde luego, cabe pensar que resulta menester ponderar toda repercusión que la actividad de la empresa provoca en la salud de los trabajadores; y, desde luego, entre tales aspectos, puede estar el de asegurar que el horario, métodos o lugar de trabajo no sea causa de una deficiente alimentación que pueda repercutir en la salud del trabajador, tratando de adoptar las medidas que sean necesarias para erradicar estos factores de riesgo, que, se insiste, aun cuando son genéricos, se ven potenciados por el entorno laboral, mejorando así la salud de las personas trabajadoras, con todos los beneficios que ello comporta desde muy diversos puntos de vista[945].

En este sentido, las opciones, desde luego, son variadas para la empresa; desde tratar de articular un lugar físico en el centro de trabajo que actúe de lugar de comedor donde las personas trabajadoras puedan ingerir alimentos adecuados (bien que hayan llevado de casa, bien que se sirvan a precios módicos, siempre y cuando el tamaño de la empresa permita asumir la gestión de tal tarea); hasta concertar con restaurantes cercanos al lugar de la prestación los famosos "vales comida" (cuya cuantía merecerá, empero, la consideración de partida extrasalarial, salvo que su abono se realice de forma regular e incondicionada, en cuyo caso se convierte en salario en especie[946]) que deban incluir en todo caso menús saludables (que contemplen entre sus opciones, al menos, un primero "de cuchara" o ensalada, un segundo de carne o pescado magros y un postre en forma de fruta); pasando por la necesidad de sustituir las opciones poco adecuadas (bebidas carbonatadas, snacks salados, bollería…) de las máquinas de vending que se

945 LEIGHTON, F. *et alii*: "Impacto en la Salud de Dieta Mediterránea implementada en el Trabajo", *Public Health Nutrition*, núm. 12, Vol. 9, 2009, págs. 1635 y ss.

946 STS 3 octubre 2013 (Recurso de Casación 1678/2012).

puedan instalar en la empresa, por otras más saludables (agua, frutos secos no salados, frutas...)[947].

En este sentido, procede parar mientes en la necesidad de que los poderes públicos y las autoridades sanitarias fomenten también estos menús (y, desde luego, iniciativas hay en este sentido[948]), ofreciendo sellos y distinciones de "establecimiento saludable" a aquellos restaurantes que se avengan a ofertar opciones adecuadas en sus menús para una correcta

---

947 HENRIQUE, D.; MOURA, K., LOBO, D: "The influence of the availability of fruits and vegetables in the workplace on the consumption of workers", *Nutrition & Food Science*, núm. 40, Vol. 4, 2010, págs. 20-25 o HOUGHTON, J.; NECK, C. y COOPER, K.: "Nutritious food intake: a new competitive advantage for organizations", *International Journal of Workplace Health Management*, núm. 2, Vol. 2, 2009, págs. 161-179.

948 Quizá, en este sentido, la principal iniciativa que merece ser destacada venga dada por la *Red Española de Empresas saludables*, constituida en el seno del Ministerio de Trabajo y Economía Social, y en funcionamiento desde el año 2013, que permite a aquellas empresas que quieran desarrollar una política de promoción integral de la salud de las personas trabajadoras adherirse a la conocida como *Declaración de Luxemburgo* y, si lo desea y cumple con los criterios de calidad elaborados, pedir su reconocimiento como buena práctica en promoción de la salud en el trabajo. Aunque la perspectiva dominante está centrada en la prevención de riesgos laborales en un sentido clásico, desde luego, caben otras acciones más amplias de fomento y promoción de la salud, como las propuestas en el presente ensayo. Al respecto, se puede consultar toda la información en *https://www.insst.es/red-espanola-de-empresas-saludables*.
Vid., respecto a otras iniciativas de los poderes públicos específicamente dirigidas a mejorar los hábitos alimenticios de la población trabajadora, entre múltiples instrumentos elaborados en los últimos años por los poderes públicos y autoridades sanitarias, *Madrid Alimenta/Alimenta Madrid. Estrategia de alimentación saludable y sostenible 2018-2020*, Ayuntamiento de Madrid, 2018 o *Guía Iniciativas para una alimentación saludable en Euskadi*, Gobierno Vasco, 2018.

alimentación de quienes hacen uso de estos establecimientos a diario, que, como a buen seguro intuye el lector, normalmente son personas trabajadoras, por las circunstancias ya descritas en el inicio del presente discurso y que resulta ahora ocioso repetir[949].

Por su parte, la negociación colectiva no se ha caracterizado en los últimos tiempos por aportar soluciones completas a tan sutil problemática, pudiendo decirse que representa una asignatura pendiente, si bien, y como no puede ser de otra manera, siempre hay excepciones que contribuyen a confirmar la regla general. Así, aun cuando sean pocos, conviene destacar que algunos convenios siguen recogiendo la otrora tradicional obligación de establecer un "comedor de empresa"[950]. Mucho más frecuente es que se establezcan "vales comida"[951] y, también relacionado con la alimentación de las personas tra-

---

949 Procede destacar, en este sentido y entre otras, la iniciativa AMED, que identifica y distingue a los establecimientos promotores de la dieta mediterránea. *Vid.* http://www.amed.cat/es/amed.phpág.

950 Así, quizá debido a la inercita histórica, aún alguna norma (muy pocas) prevén referencia expresa a que la empresa facilite que los trabajadores con jornada partida tengan "la posibilidad de almuerzo mediante comedor de empresa", art. 57 CC Grupo Acciona (BOE de 21 de mayo de 2024); o que "se mantendrá la calidad del servicio de comedor, asumiendo la empresa su coste íntegro", art. 56 CC Petronor SA (BOE 6 de abril de 2024).

951 En este sentido, prevén tales "vales comida" o similares, aun cuando, por desgracia, sin mención alguna a que se traduzcan en alimentación saludable, entre otros, art. 33 CC Mediación de seguros privados (BOE de 15 de noviembre de 2023); art. 42 CC Telefónica España SAU (BOE de 28 de febrero de 2024); art. 28 CC Alicante Empresas consignatarias de buques y transitorios (BOP Alicante de 22 de mayo de 2023); art. 21 CC Mafre Grupo Asegurador (BOE de 12 de septiembre de 2022); art. 16 CC Grupo Enagás (BOE de 25 de abril de 2024) o art. 31 CC Grupo Repsol (BOE de 31 de marzo de 2023).

bajadoras, que la norma paccionada establezca "dietas" para aquellos casos en los que las personas trabajadoras, como consecuencia de un desplazamiento laboral no puedan comer o cenar en su domicilio (aunque las alusiones a que dichas dietas se traduzcan de alguna manera en una alimentación saludable brillan por su ausencia)[952] o "descuentos" sustanciales para las personas trabajadoras cuando la empresa precisamente tenga por objeto servir comida[953].

---

[952] Así entre muchos, art. 84 CC Grupo Endesa (BOE 17 de junio de 2020); art. 16 CC Grupo Enagás (BOE de 25 de abril de 2024); art. 59 CC Grupo Acciona (BOE de 21 de mayo de 2024); art. 20 CC Organización Nacional de Ciegos (BOE de 8 de diciembre de 2022); art. 63 CC Asociación por la gestión de la integración social (BOE de 12 de julio de 2023); art. 13 CC Siemens Energy SA (BOE de 27 de mayo de 2024); art. 55 CC Red Eléctrica (BOE de 23 de septiembre de 2023); art. 23 CC Petronor SA (BOE de 6 de abril de 2024); art. 39 CC Extremadura Industrias Vinícolas, alcoholeras y sus derivados (BO Extremadura de 25 de julio de 2024); art. 30 CC Madrid Logística, paquetería y actividades anexas al transporte de mercancías (BO Comunidad de Madrid de 31 de julio de 2023); art. 30 Galicia Centros especiales de empleo (DO Galicia de 4 de octubre de 2023); art. 33 CC Comunidad Valenciana elaboración del chocolate (BO Comunidad Valenciana de 11 de agosto de 2023); art. 42 CC Aragón Grúas móviles autopropulsadas (BO Aragón de 10 de mayo de 2024); art. 24 CC Alicante Empresas consignatarias de buques y transitorios (BOP Alicante de 22 de mayo de 2023); art. 49 CC Álava Intervención Social (BO Territorio Histórico de Álava de 20 de mayo de 2023); art. 27 CC Valladolid Industrias y Comercio (BOP Valladolid de 19 de octubre de 2022); art. 26 CC Toledo Derivados del cemento (BOP Toledo de 8 de octubre de 2020); art. 12 CC Teruel Transporte de mercancías (BOP Teruel de 7 de junio de 2022).

[953] Por ejemplo, del 50% en los servicios de la empresa para las comidas y cenas que realicen en sus establecimientos las personas trabajadoras, cuando coincidan con sus turnos de trabajo, art. 79 CC Ferrovial Servicios SA (BOE de 26 de enero de 2018); en similares términos, art. 36 CC Cataluña empresas de Bingo (BO Catalunya de 17 de

II.- Fomentar la realización de actividad física por parte de las personas trabajadoras: como ya se ha dicho páginas atrás, además de la alimentación, uno de los talones de Aquiles de la salud de las personas occidentales viene dado por el estilo de vida sedentario. También ha sido puesto de manifestó cómo las jornadas de trabajo largas y extenuantes suelen ser una de las principales causas que coadyuvan a la inactividad física de las personas trabajadoras. En este contexto, y en un intento por encontrar más teselas que contribuyan a construir el mosaico de la buena salud de las personas trabajadoras, no es descabellado pensar en que la organización productiva pueda pensar en tratar de fomentar que esa actividad física tan necesaria para la buena salud de su plantilla se pueda realizar de una forma más o menos integrada con (o anudada a) la actividad laboral.

Téngase en cuenta que el ejercicio recomendado por la OMS no es excesivamente dificultoso de realizar: 150 minutos semanales de ejercicio aeróbico moderado a medio (caminar, montar en bici, bailar...), lo que arroja un saldo no demasiado exigente de 30 minutos diarios durante los 5 días normalmente laborable, y que, a ser posible se combinen con otros ejercicios de fuerza y flexibilidad (pesas, yoga, pilates...).

Existen abrumadoras evidencias científicas de que la práctica regular de estos moderados y razonables niveles de ejercicio (pues tampoco se trata de que cada persona haya de estar en condiciones de abordar con éxito una maratón) retardan los efectos del envejecimiento y contribuye a conservar durante más tiempo un adecuado estado de salud[954].

---

julio de 2023); incluso gratuidad de los mismos, en art. 34 CC País Vasco Enseñanza Centros de iniciativa social (BO País Vasco 14 de abril de 2021).

954 Entre muchos, CORDERO, A.; MAISÁ, Mª.D. y GALVE, R.: "Ejercicio físico y salud", *Revista Española de Cardiología*, Vol. 67, núm. 9, 2014, págs. 1016 y ss..

Nuevamente en este punto el tamaño y circunstancias de la empresa juegan como elemento decisivo en el modo y manera en que el empleador puede implicarse en el fomento de la actividad física entre su pernal. Así, aquellas empresas con un tamaño suficiente, pueden plantearse la instalación de Gimnasios en el propio centro de trabajo, los cuales, junto a otros elementos como guarderías que permitan la conciliación o economatos, acaban por convertirse en santo y seña de la empresa responsable y fomentando la satisfacción de la plantilla.

En efecto, la instalación de un gimnasio en la empresa, allí donde sea razonablemente posible, permitirá que las personas trabajadoras puedan hacer uso de ellos de forma fácil e integrada en su horario de trabajo; incluso puede la empresa valorar la concesión de pausas o permisos intra-jornada para quienes deseen utilizarlos. Al contar con esta facilitación, a buen seguro una parte importante de la plantilla se verá motivada a comenzar un programa de ejercicios que redundarán en beneficio de su salud y, de forma refleja, del bienestar social y la productividad empresarial[955]. Sin embargo, un análisis a los convenios colectivos vigentes en España muestra que no es ésta una perspectiva especialmente sentida por los interlocutores sociales.

Con todo, es menester reconocer que esta opción solo está al alcance de empresas de un tamaño considerable; aun así, las organizaciones productivas más pequeñas también tienen a su alcance otras vías para contribuir a fomentar la actividad física entre su personal. Así, por ejemplo, la concesión de bonos o vales para gimnasios que se encuentren en los aledaños del centro de trabajo pueden ser incorporados en los programas de obra social de la empresa o en los convenios o pactos colec-

---

955 DEIGARD, J.: "Can worksite nutritional interventions improve productivity and firm profitability? A literature review", cit., págs. 184-192.

tivos, pudiendo ser, de nuevo, una interesante forma de salario en especie que una parte significativa de las personas trabajadoras agradecerían sobremanera.

Incluso si la empresa no pudiera o no quisiera asumir los gastos derivados de las medidas anteriores, aún le quedan opciones más económicas de fomentar la actividad física entre su plantilla, cuales son las de preconizar la asistencia al centro de trabajo caminando. Desde luego, no puede la empresa decidir e imponer cómo ha desplazarse el trabajador (aun cuando ya empiezan a verse exigencias contractuales en este sentido en los países nórdicos[956]), pero sí puede fomentarlo y facilitarlo. Así, entre otras, quizá quepa pensar en la concesión de permisos para ir y volver caminando o en bicicleta al lugar de trabajo, que, acaso, y cuando la distancia sea muy grande, puedan asumir de forma compartida la empresa y el trabajador (por ejemplo, si el desplazamiento estimado de ida y vuelta suma 40 minutos, descontándose 20 del tiempo de trabajo).

De igual modo, puede resultar muy útil que la empresa fomente los "descansos activos y saludables", esto es, que en las breves pausas intra-jornada, la persona trabajadora aproveche para dar un paseo al aire libre, o para realizar una pequeña tabla de estiramientos que mejoren el desenvolvimiento corporal y ergonómico, acompañados, acaso y como ya se razonó, de un tentempié saludable.

Esto supondría unas ventajas evidentes para los trabajadores[957] quienes, de un lado, ven facilitada de modo importante su vida cotidiana y obtienen un importante abaratamiento en sus gastos corrientes de desplazamiento; de otro, reducen

---

[956] MAES, L., *et alii*: "Effectiveness of workplace interventions in Europe promoting healthy eating: a systematic review", *European Journal of Public Health*, núm. 21, 2011, págs. 23 y ss.

[957] HEUSSNER, S.: *Fit To Succeed: Make Health and Wellness Your Competitive Advantag*, Forest Row (NH Publishing), 2008, págs. 22 y ss.

notablemente los riesgos de sufrir un accidente *in itinere* [con una minoración de los gastos que, a modo de prestaciones de Seguridad Social, soporta toda la colectividad], evitando asumir como propios los riesgos de retrasos derivados de atascos y problemas de tráfico, cada vez, por desgracia, más frecuente en las grandes ciudades; en fin y a la postre, ven mejorado notablemente su estado de salud y condición física, objetivo central de análisis del presente ensayo[958].

Sin embargo, y de nuevo, la negociación colectiva apenas si presta atención a las diferentes medidas que se han ido reflejando a lo largo de las páginas precedentes del presente discurso respecto a la actividad física de las personas trabajadoras y, cuando lo hace, apenas si se trata de meras declaraciones genéricas de intenciones[959].

III.- Fomento del abandono de hábitos nocivos por las personas trabajadoras: la actitud de la empresa proactiva dirigida a mejorar la salud de los trabajadores puede encontrar señera manifestación en el intento por mejorar otros hábitos de vida que contribuyen a un deterioro rápido y demostrado de la salud de las personas trabajadoras. En efecto, el abuso del alcohol, el tabaquismo y el consumo de sustancias estupefacientes son hábitos, por desgracia relativamente extendidos en la sociedad española, que, sin duda, merecen una cierta reflexión

---

958 VOZMEDIANO, J.: *Hacia unas urbes ecológicas y sostenibles,* Madrid (Instituto de Ecología y Mercado), 2002, págs. 272 y ss.

959 Por ejemplo, aludiendo a una "política saludable", mediante la cual se impulsen "acciones de bienestar físico (actividad física y alimentación saludable" que contribuyan a la "promoción de la salud" y al "bienestar emocional", art. 31 CC Grupo Allianz (BOE de 29 de junio de 2023). O fomentar "la promoción integral de la salud", analizando el Comité de Seguridad y Salud "las actuaciones que en esta materia se puedan llevar a cabo", art. 52 CC Grupo Repsol (BOE 31 de marzo de 2023).

desde el punto de vista de la empresa responsable preocupada por la salud de su plantilla.

No se trata, desde luego, de que la entidad trate de intentar controlar la conducta extralaboral del trabajador —algo claramente lesivo del derecho a la intimidad, de la cual inespecíficamente es titular el empleado[960]—, sino, precisamente, que la organización productiva trate de ayudar a quien puede verse afectado por un problema personal más o menos grave[961].

En este sentido, un primer paso obvio consiste en que la empresa favorezca entre su personal la asistencia a cursos de deshabituación tabáquica o de consumo responsable de alcohol. Quizá un mayor grado de implicación llegue a suponer que sea la propia empresa la que financie y organice dichos instrumentos e, incluso, premie con algún tipo de beneficio laboral la consecución demostrada del objetivo del abandono del hábito tóxico. De tales perspectivas sí que se hace eco la negociación colectiva española desde hace varios lustros, al albur de la legislación (nacional y autonómica) en materia de lucha contra las adicciones y drogodependencias, aunque quizá ahora quepa detectar menos ejemplos que en el pasado[962].

---

960 Como reconocen GOÑIS SEIN, J.L.: *El respeto de la esfera privada del trabajador,* Madrid (Civitas), 1989, pág. 109; DE VICENTE PACHES, F.: *El derecho del trabajador al respeto de su intimidad,* Madrid (CES), 1998, págs. 299 y ss.

961 JENKINS, R.; PEARSON, R. y SEYFANG, G.: *Corporate responsibility and labour rights: codes of donduct in the global economy*, Londres (Earthscan publications), 2002, págs. 23 y ss. o NEAL, C.: "A conscious change in the workplace", *Journal of Quality & Participation,* Vol. 22, Issue 2, 1999, págs. 27-32.

962 Por ejemplo, alguna norma paccionada alude al deber empresarial de fomentar "la promoción integral de la salud", prestando especial atención a "los hábitos de consumo de alcohol, drogas y tabaquismo", analizando el Comité de Seguridad y Salud "las actuaciones que en esta materia se puedan llevar a cabo", art. 52 CC Grupo

Ahora bien, en algunos casos el consumo de estas sustancias no será una mera inconveniencia capaz de provocar problemas de salud a medio o largo plazo, sino un adicción acreditada de devastadoras consecuencias no sólo ya para la salud, sino para la vida social y familiar de la persona afectada[963], en cuyo caso quizá la empresa responsable pueda implementar alguna actuación más intensa[964].

Como bien es sabido, el ordenamiento laboral proporciona una vía fácil para permitir a la empresa librarse del problema, en tanto contempla como justa causa de despido disciplinario los supuestos de embriaguez habitual o toxicomanía, siempre y cuando quede acreditado que repercuten negativamente en el trabajo y se pruebe la gravedad de la conducta, de modo tal que ésta no sea esporádica u ocasional (art. 54.2.f ET)[965].

Sin embargo, tal solución, perfectamente legal y quizá incluso razonable desde un punto de vista estrictamente productivo, resulta poco satisfactoria desde una perspectiva de valoración integral de la persona, ínsita a cualquier política de Responsabilidad Social Corporativa. En realidad, tales supuestos constituyen una oportunidad magnífica para que la empre-

---

Repsol (BOE 31 de marzo de 2023). O, en otro ejemplo interesante, algún convenio colectivo obliga a crear una comisión de seguimiento que "realice estudios sobre la incidencia del alcoholismo y la drogradicción en el sector", art. 53 CC Hostelería (BOE 10 de marzo de 2023).

963 GOFF, J.L.: "Corporate responsibilities to the addicted employee: a look at practical, legal and ethical issues", *Labor Law Journal*, abril, 1990, págs. 214-221.

964 ÁLVAREZ CIVANTOS, O.J.: *Mercado sostenible y responsabilidad social (Hacia la responsabilidad social de los actores sociales)*, cit., pág. 142.

965 Por extenso, dando cuenta de una abundante jurisprudencia, CISCART BEÀ, N.: *El despido por embriaguez y toxicomanía*, Barcelona (Bosch), 1998, pág. 104.

sa muestre su compromiso social y trate de facilitar soluciones al problema sufrido por su empleado[966].

En este sentido, un enfoque adecuado del problema quizá permitiera distinguir con nitidez entre la embriaguez y el alcoholismo[967], reputando éste como enfermedad[968] que, más que justificar el despido, haya de habilitar un intento serio en aras de la curación. Ciertamente, la actitud habitual de la empresa no ha sido especialmente satisfactoria ante este problema, pues, de un lado, y con carácter general, son muchas las organizaciones en las cuales de manera implícita o explícita se incita al consumo del alcohol [con un evidente matiz social, relacionado, en ocasiones, con la propia actividad institucional de la entidad: reuniones y congresos, comidas y cenas…], pero, al tiempo, se considera al operario afectado por un problema de adicción como alguien poco recomendable, "poco menos que un delincuente"[969].

Por buscar algunas consecuencias concretas que destila lo afirmado, la actitud de una empresa responsable pasa por, en primer lugar, tratar de evitar en el seno de la organización cualquier comportamiento o hábito que pueda conducir a sus empleados hacia alguna situación de dependencia de sustancias tóxicas[970]. Entre ellas, sin duda, cabría aludir tanto a las

---

966 FERNÁNDEZ DOMÍNGUEZ, J.J.: "La embriaguez habitual como causa de despido y/o la asistencia al trabajador con problemas de alcohol o drogas", *Revista de Trabajo y Seguridad Social (CEF)*, núms. 365/366, 2013, págs. 135 y ss.

967 ALONSO OLEA, M. y CASAS BAAMONDE, Mª.E.: *Derecho del Trabajo*, cit., pág. 447.

968 TAYLOR, N.: "Alcoholism: disease or willful misconduct", *Journal of Psychiatry*, Issue 791, Vol. 2, 1990, págs. 273 y ss.

969 GOFF, J.L.: "Corporate responsibilities to the addicted employee: a look at practical, legal and ethical issues", cti., pág. 215.

970 A día de hoy no está muy clara cual es la verdadera etiología de las adicciones. En cualquier caso, se puede considerar que exis-

relaciones sociales (cenas o comidas de empresa o con clientes, *afterworks*...) sistemáticamente acompañadas de alcohol, como a la imposición de unos ritmos de trabajo tan estresantes e insoportables que requirieran de algún tipo de estimulante para ser sobrellevados (piénsese en aquel tópico conforme al cual, en sus orígenes, se relacionaba el consumo de ciertas drogas con las categorías profesionales propias de los altos directivos y/o ejecutivos de las grandes compañías).

En no pocas ocasiones (sobre todo en determinados sectores), el planteamiento correcto de la cuestión exigirá presentar el alcoholismo o la drogadicción como un riesgo laboral (o, al menos, relacionado con el trabajo), perfectamente encuadrable en la pertinente evaluación llevada a cabo por el servicio de prevención de la empresa. En consecuencia, deberá ir acompañada de aquellas medidas destinadas a evitarla, entre las cuales probablemente quepa aludir de forma principal a las campañas educativas, mediante las cuales informar y formar a los trabajadores de los gravísimos riesgos para la salud aparejados a hábitos tan poco saludables[971].

Un problema evidente para la organización productiva que quiera colaborar con sus trabajadores para tratar de superar una determinada adicción puede venir dado por la detección del problema. Evidentemente, algunas conductas derivadas de

---

te cuando una persona no es capaz de abstenerse de tomar una cierta cantidad de una determinada sustancia durante un período regular de tiempo, padeciendo síntomas de ansiedad y malestar cuando es privado de dicha sustancia. Frente a tal problema, la mejor solución pasa por seguir un tratamiento de desintoxicación y, posteriormente, mostrar una abstinencia total hacia aquella sustancia. Por todos, PEELE, T.: *The meanig of Adiction: compulsive experience and its interpretation*, Lexintong (Heath & Co), 1995, págs. 111 y ss.

971 GOFF, J.L.: "Corporate responsibilities to the addicted employee: a look at practical, legal and ethical issues", cti., pág. 216.

la adicción pueden ser manifiestas, permitiendo una identificación rápida; sin embargo, en algunos casos es posible que permanezcan ocultas (e, incluso, sean sistemáticamente negadas como problema por el afectado), y sólo puedan ser descubiertas a través de exámenes médicos que, potencialmente, suponen una amenaza para la intimidad y dignidad del operario y, además, requieren su consentimiento, *ex* art. 26 LPRL.

Tan sólo bajo una interpretación propia de equilibristas del Derecho se podría considerar que, cuando el empresario tenga sospechas razonables de las conductas adictivas de los trabajadores, concurre una de aquellas situaciones que (real o potencialmente) pueden poner en peligro la integridad del trabajador o de sus compañeros (art. 22 LPRL), justificando así una prueba forzosa que determinara la presencia de sustancias adictivas[972].

Cuando, por desgracia, se verifique que el riesgo se ha materializado y algún trabajador padece una determinada adicción, la empresa responsable no ha de lavarse las manos, sino que ha de participar de forma activa en la solución del problema; desde luego, pocas personas se hallan en mejor situación que el empresario para influir positivamente sobre el trabajador, por cuanto lo último que desea una persona que se sabe en dificultades es perder su empleo.

En cualquier caso, una mera prohibición o admonición empresarial rara vez se revela como un medio efectivo para evitar la recaída del trabajador. Más bien parece necesario que el empresario responsable se decida por invertir en la instrumentación de tratamientos completos de desintoxicación, concediendo entre tanto al empleado una suspensión del contrato de trabajo,

---

972 BIBLE, S.: "Employee urine testing and the Federal Appeals Court", *American Business Law Journal*, Issue 6, Vol. 2, 1998, págs. 701 y ss.

con derecho de reserva del puesto de trabajo para permitir su reincorporación una vez superado el procedimiento[973].

En este sentido, procede recordar cómo profusa normativa dirigida a combatir la drogadicción, de acuerdo con la perspectiva hasta ahora descrita, ha venido tratando de fomentar "acuerdos entre organizaciones empresariales y sindicatos que vayan encaminados a la reserva de puesto de trabajo de los trabajadores y trabajadoras drogodependientes durante su proceso de recuperación, y al desistimiento del ejercicio de las potestades disciplinarias que reconoce la legislación laboral en los casos de problemas derivados del abuso de drogas"[974].

Aquí sí, por tanto, la negociación colectiva cuenta con una saludable tradición, que, desde luego, ha de encontrar continuidad en el futuro, para ir mejorando el abordaje de estas situaciones tan delicadas, aun cuando, por cierto cabe indicar que un vistazo a la negociación colectiva vigente en España permite constatar que no son tantas como antaño las normas paccionadas que se ocupan de abordar esta cuestión[975].

---

973 GOFF, J.L.: "Corporate responsibilities to the addicted employee: a look at practical, legal and ethical issues", cti., pág. 221.

974 Dando cuenta profusa de todo este sistema de normativas autonómicas, FERNÁNDEZ DOMÍNGUEZ, J.J.: "La embriaguez habitual como causa de despido y/o la asistencia al trabajador con problemas de alcohol o drogas", cit., págs. 135 y ss.

975 Los mejores ejemplos, aquellos que exoneran a la persona trabajadora de su despido cuando acepte someterse a un tratamiento de rehabilitación, art. 60 CC Servicios de Prevención Ajenos (BOE de 15 de agosto de 2023); art. 142 Grupo Endesa (BOE de 17 de junio de 2020); art. 69 CC Comunidad Valenciana Industria de azulejos, pavimentos y baldosas cerámicas, (BO Comunidad Valenciana de 14 de agosto de 2024).
Más difusas otras normas paccionadas reconocen la causa de despido disciplinario, a salvo lo que pueda indicar el Plan de Prevención, CC Mediación de Seguros Privados (BOE de 15 de noviembre de

Haya norma paccionada que recoja tales obligaciones o se trate de una iniciativa del empresario individual responsable, lo cierto es que la organización productiva puede (y debe) desarrollar una actividad sumamente útil en auxilio y socorro de quien se encuentra en una difícil situación vital. Sólo con una actitud de esta índole podrá la empresa contribuir de forma precisa a combatir un problema de hondo calado social, que, aun cuando su incidencia trasciende la frontera de las relaciones laborales, presenta importantes implicaciones para el mundo del trabajo y respecto de la cual, hasta ahora, se puede observar una actitud poco apropiada por parte de los empleadores[976].

2023); CC Entidades de Seguros, Reaseguros y Mutuas Colaboradoras de la Seguridad Social (BOE de 27 de diciembre de 2021) o art. 111 CC Ferrovial Servicios SA (BOE de 26 de enero de 2018).
En fin, y con poco tino, la mayor parte de los convenios consultados se limitan a reconocer "la embriaguez habitual y la toxicomanía" como causa de despido disciplinario, sin mayores miramientos; art. 68 CC Aparcamientos y garajes (BOE de 17 de mayo de 2024); art. 48 CC Instalaciones Deportivas y Gimnasios (BOE de 26 de enero de 2024); art. 29 CC Industrias de aguas y bebidas envasadas (BOE de 21 de diciembre de 2023); art. 10.2 CC Artes gráficas, manipulados de papel y cartón, editoriales e industrias auxiliares (BOE de 13 de octubre de 2023); art. 71 CC Corcho (BOE de 7 de septiembre de 2023); art. 65 CC Derivados del Cemento (BOE de 14 de julio de 2023); art. 84 Grupo Iberdrola (BOE de 2 de marzo de 2024); art. 56 CC Grupo Repsol (BOE de 31 de marzo de 2023); art. 36 CC Grupo Vodafone (BOE de 9 de febrero de 2021); art. 52 CC Volkswagen Group (BOE de 28 de septiembre de 2023); art. 39 Comunidad Valenciana elaboración del chocolate (DO Comunidad Valenciana de 11 de agosto de 2023); art. 67 Andalucía Estacionamiento regulado (DO Andalucía 27 de junio de 2023); art. 63 Castilla y Leon TV locales y autonómicas (BO Castilla y León de 17 de julio de 2023); o, en fin, Anexo III CC Cádiz industrias almadraberas (BOP Cádiz de 6 de junio de 2022).

976 GOFF, J.L.: "Corporate responsibilities to the addicted employee: a look at practical, legal and ethical issues", cti., pág. 221.

3.- LA SALUD MENTAL COMO ÚLTIMA FRONTERA EN EL CONTEXTO PRODUCTIVO TECNOLÓGICO: UNA MIRADA ESPECIAL A LAS APORTACIONES DE LOS CONVENIOS COLECTIVOS

Un segundo aspecto (cuestión "crítica") que el presente trabajo se propone abordar respecto al estado de la cuestión relativo a la salud de las personas trabajadoras viene dado por la falta de adecuada prevención de los aspectos relacionados con la salud mental. Constituye una afirmación rayana con el tópico indicar que los estilos de vida modernos (caracterizados por el estrés y la prisa) así como la incorporación masiva de las nuevas tecnologías al contexto productivo ha causado una profunda trasformación de los modos y maneras de trabajar y, previsiblemente y a ritmo acelerado, lo continuará haciendo en los tiempos que están por venir[977].

De forma refleja, resulta no menos evidente que este mentado proceso de digitalización de los entornos laborales —que se ha generalizado virtualmente a todos los ámbitos y sectores productivos— ha trocado significativamente los riesgos a los que las personas trabajadoras se encuentran expuestos, afectando de forma muy evidente (ante la superación de muchos de los riesgos físicos por mor de la mejora tecnológica) a los aspectos psico-sociales[978].

---

977 Planteamiento ya presente en los trabajos iniciales que en Derecho del Trabajo español abordaron la cuestión, PÉREZ DE LOS COBOS ORIHUEL, F.: *Nuevas tecnologías y relación de trabajo*, Valencia, (Tirant lo Blanch), 1990, pág. 72 o SEMPERE NAVARRO, A.V. Y SAN MARTÍN MAZZUCCONI, C.: *Nuevas tecnologías y Relaciones Laborales*, Pamplona (Aranzadi), 2002, págs. 42 y ss.

978 Entre otros muchos, RIVAS VALLEJO, P.: *La prevención de los riesgos de carácter psicosocial*, Granada (Comares), 2009, pág. 16.

No constituye ningún secreto, empero, que los riesgos profesionales vinculados a la salud mental de las personas trabajadoras (por cuanto ahora importa, aunque no solo, como consecuencia del uso intensivo de las tecnologías) han venido siendo claramente postergados dentro del complejo entramado de actividades vinculado a la prevención de riesgos laborales.

Este olvido secular —reflejo de una actitud social que de igual modo sólo en tiempos recientes ha comenzado a cambiar— ha encontrado una primera y oportuna reacción desde la doctrina científica, que ya ha analizado la situación y comenzado a proponer los necesarios cambios de perspectiva en el abordaje de la prevención y tutela de los riesgos profesionales en general, y de la salud mental en particular, de las personas trabajadoras en el contexto laboral digital[979].

En efecto, es preciso recordar cómo, si bien los riesgos psicosociales en general, y los vinculados al uso (y abuso) de la tecnología en el entorno laboral en particular, han existido virtualmente "desde siempre", el actual panorama ha intensificado "su incidencia y magnitud"[980], evidenciándose un incremento exponencial de los casos de enfermedades vinculadas a la salud mental de las personas trabajadoras, lo que lleva a abogar por la búsqueda de un equilibrio no siempre fácil entre

---

979 Recientemente han visto la luz, al menos, dos magníficos trabajos monográficos que describen a la perfección, de forma extensa y detallada, toda la problemática ahora brevemente descrita como pórtico del presente artículo. A su lectura atenta procede remitir en este momento inicial del discurso. RODRÍGUEZ ESCANCIANO, S.: *La salud mental de las personas trabajadoras*, Valencia (Tirant lo Blanch), 2022, págs. 15 y ss. y TRUJILLO PONS, F.: *La fatiga informática en el trabajo*, Albacete (Bomarzo), 2022, págs. 23 y ss.

980 RODRÍGUEZ ESCANCIANO, S.: "Vigilancia y control de la salud mental de los trabajadores: aspectos preventivos y reparadores", *Revista de Estudios Jurídicos Laborales y de Seguridad Social*, núm. 2, 2021, pág. 21.

salud y productividad (gráficamente, equilibrar los intereses entre "cabezas y corazones" y "cartera")[981].

En este sentido, sin caer en absurdas demonizaciones de la tecnología (ecos y reminiscencias de aquel ludismo surgido en los albores de la primera revolución industrial que aparecen ahora contra su versión digitalizada 4.0), procederá buscar los instrumentos y cauces de actuación que permitan cohonestar los notables incrementos de las capacidades que proporciona la nueva herramienta digital con los necesarios cuidados del bienestar (físico y mental) de las personas trabajadoras[982].

Aun cuando los estudios existentes en la materia revelan que la materialización del riesgo psicosocial depende de numerosos factores (ámbito productivo —siendo mayor en sectores como la banca o la Administración—, condiciones de trabajo, instrumentos utilizados en el proceso productivo, e, incluso, circunstancias y características personales de la persona trabajadora...)[983], lo cierto es que el uso intensivo de las tecnologías ha elevado tanto su incidencia en los últimos tiempos que, más allá del descubrimiento observacional, permite constatar una auténtica causalidad entre ambos factores[984].

---

981 MOLINA NAVARRETE, C.: "Redescubriendo el lado humano de los riesgos globales y su proyección en la actualidad jurídico-laboral: cuidar cabezas y corazones sin descuidar carteras", *Revista Trabajo y Seguridad Social (Centro de Estudios Financieros)*, núms. 437-438, 2019, págs. 13 y ss.

982 MIÑARRO YANINI, M.: "La incidencia de las tecnologías de la información y de la comunicación en la seguridad y salud en el trabajo", *Documentación Laboral*, núm. 119, 2020, pág. 19.

983 En este sentido, por todos, VALLEJO DACOSTA, R.: *Riesgos Psicosociales: prevención, reparación y tutela sanadora*, Pamplona (Aranzadi), 2005, págs. 13 y ss.

984 CONDE COLMENERO, P.: "Facultades empresariales y de las Mutuas", en AA.VV.: *Cuestiones en torno a la incapacidad temporal*, Madrid (Cinca), 2011, pág. 123.

Bien es cierto que la tecnología, en sí misma, es neutral o inocua y, al fin y al cabo, sus efectos (buenos o malos) dependen primordialmente del uso que a la misma se dé por quienes la utilizan; no lo es menos que un altísimo porcentaje de las personas que sufren trastornos de salud mental vinculan su patología, de forma directa o indirecta, con los aspectos relacionados con el trabajo y, en particular, con el uso desordenado de la herramienta tecnológica[985].

Esta realidad llevará a plantear como necesario un cambio de planteamiento en la manera de afrontar la prevención de riesgos, que se integre de lleno en el propio proceso productivo y, desde planteamientos proactivos, trate de encauzar (y, cuando sea necesario, limitar) el uso tecnológico a aquello que resulte adecuado al proceso productivo, pero buscando, al tiempo, el bienestar emocional de las personas trabajadoras[986].

Semejante tarea exige verificar que las innovaciones tecnológicas traen aparejadas, amén de cuantiosos incrementos de la productividad, no menos numerosos "estresores mentales que provocan un crecimiento de la tensión psicológica vivida y experimentada por la persona trabajadora"[987].

---

985 ARRUGA SEGURA, M.C.: *La transformación digital en las relaciones laborales y en la organización del trabajo*, Madrid (La Ley), 2020, pág. 95.

986 MACÍAS GARCÍA, M.C.: "El modelo decente de seguridad y salud laboral. Estrés y tecnoestrés derivados de los riesgos psicosociales como nueva forma de siniestralidad laboral", *Revista Internacional y Comparada de Relaciones de Laborales y Derecho del Empleo*, Volumen 9, núm. 4, 2019, pág. 67,

987 AGRA VIFORCOS, B.: "Robotización y digitalización. Implicaciones en el ámbito de la seguridad y salud en el trabajo", en AA.VV. (QUINTANA LÓPEZ, T., Dir.): *Proyección transversal de la Sostenibilidad en Castilla y León. Varias perspectivas*, Valencia (Tirant lo Blanch), 2019, págs. 450 y ss.

Sin ánimo exhaustivo, sino más bien ejemplificativo, tales pueden ser, dependiendo de las circunstancias, sumamente variados: desde la sensación de carga mental (motivada por la capacidad de la tecnología para facilitar la realización de múltiples tareas a la vez —*multitasking madness*—, incrementada por la falta de desconexión y la necesidad de permanente recualificación), hasta un incremento de la inestabilidad y precariedad laboral, pasando por una intensificación del control y la telesubordinación o la necesidad de adaptación permanente de la actividad productiva a la tecnología, que deriva, en algunas ocasiones, en fragmentación (incluso aislamiento, en los casos de prestación remota), y, en otras, en incertidumbres en el desempeño profesional futuro (desde la posible desaparición del puesto de trabajo, hasta el mero pero recurrente fallo del instrumento tecnológico que deje a merced de la impotencia y frustración —*computer hassles*—)[988].

Por tanto, la optimización del rendimiento empresarial no puede convertirse en exclusivo Santo Grial de los procesos productivos, debiendo tenerse en cuenta, obviamente, los referidos factores en el proceso de prevención de riesgos pues, de lo contrario, el resultado predecible vendrá dado por la aparición de trastornos tales como la ansiedad, el estrés (tecnoestrés, en sus diversas modalidades; tecno-adicción, tecnoansiedad, tecno-fobia y tecno-fatiga), la fatiga crónica (*burn out*), la depresión, los trastornos adaptativos y un largo etcétera de problemas vinculados a la salud mental de las personas trabajadoras[989].

---

988 Al respecto, Nota Técnica de Prevención 1122: *Las tecnologías de la información y la comunicación. Nuevas formas de organización del trabajo*, 2018 y Nota Técnica de Prevención 1123: *Las tecnologías de la información y la comunicación (II). Factores de riesgo psicosocial asociados a las nuevas formas de organización del trabajo*, 2018.

989 Entre otros, MOLINA NAVARRETE, C.: "La salud psicosocial, una condición de trabajo decente. El neotaylorismo digital en clave de

En este sentido, es menester dar cuenta de cómo el panorama está cambiando, y son numerosos los llamados de atención sobre el particular; por citar alguno reciente y significativo, la resolución del Parlamento Europeo, de 5 de julio de 2022, sobre salud mental en el mundo laboral digital[990]. Asimismo, es necesario recordar que tal perspectiva ha de ser asumida sin ambages por la negociación colectiva, tal y como se desprende el Capítulo VII del *V Acuerdo para el Empleo y la Negociación Colectiva*, conforme al cual presenta particular importancia en el momento actual "incluir programas de formación e información sobre los riesgos del uso de las nuevas tecnologías del trabajo y las medidas preventivas a adoptar frente a los mismos, además de criterios de buenas prácticas respecto a la digitalización".

Tal llamado empieza a tener su traslación a los contenidos concretos de los convenios colectivos vigentes en España en este momento, donde ya se aprecia un creciente interés por la necesidad y conveniencia de aportar una formación e información sobre nuevas tecnologías, así como medidas preventivas concretas para tratar de evitar la materialización de la patología psíquica de la persona trabajadora[991].

---

pérdida del bienestar", en AA.VV. (CORREA CARRASCO, M. y QUINTERO LIMA, M.G., Coords): *Los nuevos retos del trabajo decente*, Madrid (Universidad Carlos III), 2020, págs. 11 y ss. o IGUARTÚA MIRÓ, M.T.: "Digitalización, monitorización y protección de la salud: más allá de la fatiga informática", en AA.VV. (RODRÍGUEZ-PIÑERO ROYO, M. y TODOLÍ SIGNES, A., Dirs.): Vigilancia y control en el Derecho del Trabajo digital, Pamplona (Aranzadi), 2020, pág. 620.

990 Al respecto, permítase la remisión a TASCÓN LÓPEZ, R.: "Reflexiones a partir de la resolución del parlamento europeo, de 5 de julio de 2022, sobre la salud mental en el mundo laboral digital", *Revista Crítica de Derecho del Trabajo*, núm. 5, 2022, págs. 39 y ss.

991 Así, entre otros, art. 16 CC Cadenas de tiendas de conveniencia (BOE de 1 de junio de 2024); art. 75 CC Aparcamientos y garajes

Al margen de tales referentes, de clarísima utilidad por su carácter pionero, quien estas líneas firma propone algunas ideas adicionales para tratar de elaborar un plan de choque que intente cercenar esta epidemia emergente que suponen las enfermedades mentales:

1.- Sin duda, una primera medida pasaría por incorporar expresamente pruebas relativas a los riesgos psicosociales vinculados a la tecnología en el reconocimiento médico anual que la empresa ha de realizar a su plantilla como consecuencia del deber de velar por la vigilancia periódico de su estado de salud, aunque no es una perspectiva en la que haya profundizado especialmente la negociación colectiva vigente en España[992].

(BOE de 17 de mayo de 2024); art. 28 CC Mediación de Seguros privados (BOE de 15 de noviembre de 2023); art. 28 CC Corcho (BOE de 7 de septiembre de 2023); art. 79 CC Entidades de Seguros, Reaseguros y Mutuas Colaboradoras de la Seguridad Social (BOE de 27 de diciembre de 2021); o art. 15 CC Volkswagen Group (BOE de 28 de septiembre de 2023).

En otros casos, de forma un poco más difusa, se alude a una necesidad de "educación digital", art. 37.4 CC Establecimientos financieros de crédito (BOE de 17 de julio de 2020); en parecidos términos, art. 61 CC Mediación de Seguros Privados (BOE 15 de noviembre de 2023) o art. 31 CC Grupo Endesa (BOE de 17 de junio de 2020). Correlativamente, también hay convenios que aluden al "deber" de formarse en nuevas tecnologías, art. 42 CC Telefónica de España SAU (BOE de 28 de febrero de 2024); art. 32 CC Ferrovial Servicios SA (BOE de 26 de enero de 2018); art. 23 CC Grupo Vodafone (BOE de 9 de febrero de 2021); o art. 11 CC Málaga Sector de la automoción (BOP Málaga de 4 de mayo de 2023).

992 En efecto, la mayoría de los convenios colectivos se limitan a referirse al reconocimiento médico anual, previsto en el art. 22 LPRL; entre otros, art. 59 CC Mediación de Seguros Privados (BOE de 15 de noviembre de 2023); art. 75 CC Aparcamientos y garajes (BOE de 17 de mayo de 2024); art. 36 CC Aguas y bebidas envasadas (BOE de 21 de diciembre de 2023); art. 20 CC General de la Construcción (BOE de 23 de septiembre de 2023); art. 45 CC Oficinas de

En este sentido, superando el mero reconocimiento médico formal (tantas veces, por desgracia, presente), se puede utilizar

---

Farmacia (BOE de 28 de diciembre de 2022); art. 67 CC Contratas ferroviarias (BOE de 28 de junio de 2022); art. 77 CC entidades de Seguros, Reaseguros y entidades colaboradoras de la Seguridad Social (BOE de 27 de diciembre de 2021); art. 100 Grupo Iberdrola (BOE de 2 de marzo de 2021); art. 72 CC Ferrovial Servicios SA (BOE de 26 de enero de 2018); art. 113 CC Grupo Endesa (BOE de 17 de junio de 2021); art. 42 Grupo Repsol (BOE de 31 de marzo de 2023); o, por no seguir, art. 82 CC Organización Nacional de Ciegos (BOE de 8 de diciembre de 2022).

Es cierto que algunos convenios prevén pruebas concretas, específicas o complementarias, como la PSA para los mayores de 45 años, mamografías para las mayores de 40 años, etc; art. 30 CC Acuicultura (BOE de 30 de mayo de 2024); art. 52 CC Guipúzcoa artes gráficas (BO de Guipúzkua de 3 de febrero de 2023); art. 33 Coruña Agencias marítimas y aduaneras (BOP A Coruña de 24 de abril de 2023).

Otros, igualmente, remiten a las "campañas de salud pública" y los "protocolos" para buscar aspectos susceptibles de ser incorporados en el reconocimiento médico anual; así, art. 65 CC Industrias de Ferralla (BOE de 16 de febrero de 2024); art. 27 CC Vizcaya Oficinas de Farmacia (BO Vizkaia de 30 de noviembre de 2022); art. 171 CC Telefónica de España SAU (BOE de 28 de febrero de 2024).

Son muy pocos los que aluden directamente a la "promoción de la salud mental", art. 31 CC Grupo Allianz (BOE de 29 de junio de 2023).

De esta lamentable omisión escapan "los riesgos psicosociales", que sí son objeto de frecuente mención y preocupación (en cuanto su evaluación y prevención) por diversos convenios colectivos: art. 73 CC País Vasco Centros de Enseñanza de iniciativa social (BO País Vasco de 14 de abril de 2021); art. 22 CC Navarra Sector de talleres de reparación de vehículos (BO Navarra de 22 de mayo de 2023); art. 11 CC Pontevedra Mármoles y piedras (BO Pontevedra de 1 de diciembre de 2021); art. 25 CC Álava Intervención Social (BO Territorios Históricos de Álava de 10 de mayo de 2023); art. 33 CC Zaragoza mayoristas, asentadores y detallistas de pescado (BO Zaragoza de 31 de mayo de 2023); art. 31 CC Toledo derivados del cemento (BOP Toledo de 8 de octubre de 2020).

esta herramienta (bien diseñada y oportunamente incorporada) para lograr un verdadero efecto preventivo, habida cuenta la detección precoz resulta esencial en el abordaje de la enfermedad mental, facilitando así la identificación de los aspectos que pueden estar afectando a una persona concreta en el devenir de su prestación laboral[993].

Bien es cierto que el uso del reconocimiento médico como cauce preventivo de la enfermedad mental no está exento de problemas; de un lado, médicos, en tanto en cuanto aún no están muy claros los instrumentos de detección precoz de tale patologías (las pruebas diagnósticas concluyentes dejan paso aquí a meras exploraciones psicopatológicas[994]); de otro, jurídicos, pues el art. 22 LPRL operará como un límite concreto que circunscriba el ámbito de intromisión a aquello que sea razonable en una situación concreta dada[995].

En este sentido, el consentimiento de la persona afectada será el mejor aval para la lícita realización de pruebas dirigidas a indagar en su estado de salud mental, aun cuando no cabe

---

993 CAVAS MARTÍNEZ, F.: "Breves consideraciones sobre la prevención de los riesgos psicosociales", en AA.VV. (SÁNCHEZ TRIGUEROS, C., Dir.): *Los riesgos psicosociales. Teoría y práctica,* Pamplona (Aranzadi), 2006, pág. 104.

994 Por lo que, en gran medida, la entrevista clínica en la que, cuestionario mediante, el sujeto expresa su propio parecer es la herramienta clave en la detección y diagnóstico de este tipo de patologías; lo que, de un lado, deja margen de incertidumbre e infradiagnóstico y, de otro, abona el terreno al fraude para quien puede consultar una determinada sintomatología a golpe de click en Internet. RODRÍGUEZ ESCANCIANO, S.: "Vigilancia y control de la salud mental de los trabajadores: aspectos preventivos y reparadores", *Revista de Estudios Jurídicos Laborales y de Seguridad Social,* núm. 2, 2021, págs. 37 y ss.

995 POQUET CATALÁ, R.: "Vigilancia de la salud, poder de dirección empresarial y derecho a la intimidad del trabajador. Un triángulo conflictivo", *Lex Social,* Vol. 10, núm. 1, 2020, pág. 384.

desconocer que, en ciertos casos, pueden llegar a concurrir algunas de las excepciones en los que el mismo deviene obligatorio (que su realización sea imprescindible para evaluar los efectos de las condiciones de trabajo sobre la salud o que su estado de salud pueda constituir un peligro para él mismo o para los demás), siempre y cuando las pruebas clínicas estén justificadas en función de las circunstancia[996]; principalmente, en este caso, a lograr que la falta de recalibrado de las circunstancias profesionales pueda terminar por producir un daño severo en la salud mental del trabajador, incluso, en los casos más graves, el suicidio[997].

Además, y por si duda hubiere, las informaciones obtenidas han de servir, tan solo, y habida cuenta el empresario tiene derecho únicamente a conocer las "conclusiones" extraídas de la realización de las pruebas, para reordenar la actividad productiva cuando sea necesario para garantizar el estado de salud de la persona trabajadora[998]; en modo alguno pueden ser siquiera conocidas por la empresa aquellos datos de salud que, en último término, pudieran servir para tomar otras decisiones

---

996 Como se desprende de la STCo 196/2004, de 15 de noviembre.

997 Que podrá llegar a ser contingencia profesional, aun cuando queda sometido a las ya referidas limitaciones de apreciación de la misma en el Derecho español. Al respecto, SÁNCHEZ PÉREZ, J.: "La delimitación conceptual del suicidio como contingencia profesional y su tutela jurisprudencial", *Actualidad Laboral*, núm, 9, 2013, págs. 1150 y ss. o JURADO SEGOVIA, A.: "Suicidio y accidente de trabajo", *Nueva Revista Española de Derecho del Trabajo,* núm. 183, 2016, pág. 313.

998 SAN MARTÍN MAZZUCONI, C.: "La vigilancia del estado de salud de los trabajadores: voluntariedad y periodicidad de los reconocimientos médicos", *Revista del Ministerio de Trabajo y Asuntos Sociales,* núm. 53, 2004, pág. 153.

perjudiciales que, a la postre, acabarían por merecer la calificación de discriminatorias[999].

Item más, lo peculiar de estas patologías hacen que resulte muy difícil cualquier control empresarial sobre el estado de las mismas, incluso durante el curso de una situación de incapacidad temporal, ex art. 20.4 ET (en tanto en cuanto, lo que puede parecer contraproducente en una incapacidad temporal al uso, puede ser recomendable como medida de superación de una patología mental), y terminan también por dificultar en grado sumo el despido del trabajador por trasgresión de la buena fe contractual por tales motivos[1000] y, de igual modo, el despido objetivo por ineptitud, máxime de comprobar el amplio tenor dado a la discriminación por enfermedad (aún por calibrar en sus términos exactos por la doctrina científica y la jurisprudencia ordinaria y constitucional) del art. 2.1 de la reciente Ley 15/2022, de 12 de julio, integral para la igualdad de trato y la no discriminación.

2.- Una segunda línea de actuación que se puede desarrollar en la empresa es la de facilitar la materialización del derecho a la desconexión de las personas trabajadoras, tal y como expresamente indica la Resolución del Parlamento Europeo antes mencionada. Es bien sabido que un adecuado descanso, verdaderamente libre de injerencias y preocupaciones profesiona-

---

999 FERNÁNDEZ-COSTALES MUÑIZ, J.: "Tratamiento y protección de datos de salud de los trabajadores en el ámbito de la prestación de servicios", en AA.VV. (QUINTANA LÓPEZ, T., Dir.): *Proyección transversal de la Sostenibilidad en Castilla y León. Varias perspectivas*, Valencia (Tirant lo Blanch), 2019, págs. 482y ss.

1000 Por ejemplo, paseos, asistencia a fiestas o actos sociales; aun cuando sí, por ejemplo, el consumo de alcohol incompatible con determinadas medicaciones; sobre toda esta problemática, RODRÍGUEZ ESCANCIANO, S.: "Vigilancia y control de la salud mental de los trabajadores: aspectos preventivos y reparadores", *Revista de Estudios Jurídicos Laborales y de Seguridad Social*, núm. 2, 2021, págs. 47 y ss.

les, es una de las mejores garantías para lograr evitar todas las patologías mentales vinculadas al estrés y la ansiedad[1001].

En efecto, una faz significativa del riesgo tecnológico para la salud mental viene dada por el exceso de tareas (*multitasking madness*), que, unido a la permanente conectividad que permite la herramienta informática, acaban por socavar el equilibrio emocional de la persona trabajadora.

Ambas dificultades encuentran remedio significativo en el descanso, remedio secular objeto ya de las primeras normas del Derecho Social decimonónico, que redescubren ahora su sentido en la era digital. Mas, para que el mismo actúe como verdadero remedio eficaz frente al estrés, es necesario que venga acompañado de la salvaguarda del derecho de desconexión, que se convierte así, no sólo en un derecho subjetivo del trabajador (plasmado en tanto el art. 20.3 ET como en el art. 88 LOPD y GDD), sino también en un mecanismo preventivo a utilizar por la organización productiva[1002].

Por tanto, y aun cuando los preceptos legales citados dejen inconclusa la ordenación de tal derecho de desconexión, la remisión al acuerdo como mecanismo de definición sus perfiles concretos en un ámbito determinado, deja abierta la puerta a que la empresa verdaderamente concienciada con la salud

---

1001 Una reflexión temprana sobre esta idea en TASCÓN LÓPEZ, R.: "El derecho de desconexión del trabajador una vez acabada su jornada", *Trabajo y Derecho*, 2018, págs. 17 y ss.

1002 Este planteamiento, entre otros, aparece en MIÑARRO YANINI, M.: "El sistema de prevención de riesgos laborales como garantía de la efectividad del derecho a la desconexión digital", en AA.VV. (RODRÍGUEZ-PIÑERO ROYO, M. Y TODOLÍ SIGNES, A., Dirs.): Vigilancia y control en el Derecho del Trabajo digital, Pamplona (Aranzadi), 2020, pág. 579. Anteriormente, ALEMÁN PÁEZ, F.: "El derecho a la desconexión digital", *Trabajo y Derecho*, núm. 30, 2017, pág. 13.

mental de su plantilla utilice la potencialidad dada a nivel legal para diseñar y pactar una adecuada política de desconexión que, a la larga, acabará redundando en un significativo beneficio para la salud mental de las personas trabajadoras[1003].

3.- Una tercera línea que la empresa puede adoptar para mejorar el desenvolvimiento emocional en su organización reside, a juicio de quien firma estas páginas, en racionalizar el control tecnológico efectuado sobre la plantilla. En efecto, pocas dudas caben que el contexto digital ha elevado las posibilidades de control hasta niveles rayanos con la ciencia ficción; igualmente indubitado es que un control laboral permanente y exhaustivo como el que la tecnología permite (y en no pocos casos las empresas desarrollan) acaba por someter a la persona trabajadora a una tensión difícilmente soportable, capaz de menoscabar su estabilidad emocional y general una carga estrés y ansiedad inaceptables[1004].

Por tal motivo, aun siendo lícitamente aceptable que la empresa verifique el recto cumplimiento de la prestación laboral, dentro del tenor del art. 20.3 ET (y en los términos, cambiantes y complejos, en los que lo ha interpretado la jurisprudencia es-

---

[1003] Al respecto, RODRÍGUEZ HERNÁNDEZ, J.: "El derecho a la desconexión digital", *La Ley*, núm. 9631, 2020, pág. 3.

[1004] Entre los múltiples trabajos sobre este asunto, DESDENTADO BONETE, A. y DESDENTADO DAROCA, E.: "La segunda sentencia del TEDH en el caso *Barbulescu* y sus consecuencias sobre el control del uso laboral del ordenador", *Revista de Información Laboral*, núm. 1, 2018, págs. 19 y ss.; TASCÓN LÓPEZ, R.: "Tecnovigilancia empresarial y derechos de los trabajadores", *Revista de Trabajo y Seguridad Social (Centro de Estudios Financieros)*, núm. 415, 2017, págs. 53 y ss. o PRECIADO DOMENECH, C. H.: "Comentario de urgencia a la STEDH de 9 de enero de 2018: caso López Ribalta y otros contra España", *Revista de Información Laboral*, núm. 1, 2018, págs. 41 y ss.

pañola e internacional[1005]), no es lo más recomendable, desde el punto de vista de la salud mental de las personas trabajadoras, que incorpore técnicas exhaustivas capaces de condicionar el bienestar emocional de la plantilla.

En lógica consecuencia, una política de prevención adecuada en este punto reclamará que la empresa implemente una política transparente de verificación de las obligaciones laborales, seguramente más basada en la confianza en la persona trabajadora que en su monitorización permanente, algo capaz de minorar de forma significativa la presión sentida por quien así se sabe reforzado y, en consecuencia, reducir el riesgo psicológico en la organización.

4.- Una medida preventiva adicional puede ser la formación digital (Punto 12 de la Resolución), siempre y cuando la misma haya sido planificada de forma calmada y adaptada debidamente al contexto productivo y a la persona afectada.

Dicha formación permitirá al trabajador o trabajadora familiarizarse de forma amable con la tecnología y destierra riesgos de despido por falta de adaptación, que son hoy una terrible fuente de estrés.

5.- En fin, como colofón al presente ensayo, cabe propugnar que, en su perspectiva preventiva, la empresa trate de desarrollar cuanto se ha venido a denominar una preocupación "integral" por la salud de la persona trabajadora, algo que alcanza a distintos aspectos del desenvolvimiento profesional

---

1005 En España, y por citar tan sólo la jurisprudencia constitucional, de la más estricta STCo 241/2012, de 17 de diciembre, a las más permisivas para la empresa SSTCo 170/2013, de 7 de octubre, y 39/2016, de 3 de marzo. En la jurisprudencia comunitaria, imprescindible referencia a las SSTEDH 12 enero 2016 y 5 septiembre 2017, asuntos *Barbulesu (I y II)*, y, además de específica relevancia para España, 15 enero 2018 y 17 de octubre de 2019, asunto *López Ribalda y otros contra España (I y II)*.

(y aún vital) de quien presta servicios por cuenta ajena (tales como el fomento de hábitos de vida saludables) y, por cuanto ahora ocupa, presenta una línea de actuación muy interesante en lo relativo a la salud mental de la plantilla de la organización productiva[1006].

Caben aquí todas las acciones que la empresa, de modo generoso y acaso dentro de una política consciente de responsabilidad social, desarrolle para tratar de mejorar el bienestar emocional de sus empleados (desde el fomento de actividades deportivas –cuyos efectos antidepresivos han sido puestos de manifiesto una y otra vez—, hasta la organización de actos sociales y culturales, pasando por cuantas otras medidas laborales puedan resultar adecuadas a tal fin y que la imaginación de los gestores de la entidad alcancen a imaginar —guarderías, gimnasios, actividades corporativas, cauces de comunicación con la plantilla…—).

Una empresa de este cariz será, sin duda, una empresa saludable que, entre otras cosas, creará un clima de confianza para con sus empleados que desterrará esa "estigmatización" de la que habla la Resolución ahora comentada, que en muchos casos impide que las personas que se ven afectadas por una enfermedad mental siquiera hablen de ello; antes bien, lo oculten a la organización (y aún a sus compañeros) como si fuera motivo de vergüenza o debilidad, cuando seguramente sea uno de los primeros pasos para la adecuada resolución de tal eventualidad.

Téngase en cuenta que mejorar el clima de una organización no sólo redundará en una mejor salud mental de las personas trabajadoras; también, de modo y manera natural, en un incremento de la productividad y, de forma refleja, en una

---

1006 TASCÓN LÓPEZ, R.: "Hacia la protección integral de la salud de la persona trabajadora", núm. 90, *Trabajo y Derecho,* 2022, págs. 3 y ss.

mejora de la expectativa de la supervivencia de la empresa en el medio y largo plazo.

Sirvan las anteriores reflexiones para acercar al lector a la realidad de la salud mental en el mundo laboral digital, con un vistazo especial para los contenidos de la negociación colectiva que ya se han interesado sobre el particular. Mas esta esta breve glosa no puede sino suponer una adecuada introducción para quien quiera profundizar en un tema que está llamado a jugar un papel estelar en el futuro inmediato; al tiempo, sirve para llamar a la toma de conciencia sobre una situación peligrosa que, con el esfuerzo de todos (y aquí se demanda especialmente el de los interlocutores sociales llamados a negociar el convenio colectivo), se conseguirá revertir para alcanzar el objetivo deseado: una relaciones laborales saludables, modernas y productivas, libres de la lacra de la enfermedad mental.

4.- BIBLIOGRAFÍA

AGRA VIFORCOS, B.: "Robotización y digitalización. Implicaciones en el ámbito de la seguridad y salud en el trabajo", en AA.VV. (QUINTANA LÓPEZ, T., Dir.): *Proyección transversal de la Sostenibilidad en Castilla y León. Varias perspectivas,* Valencia (Tirant lo Blanch), 2019.

ALEMÁN PÁEZ, F.: "El derecho a la desconexión digital", *Trabajo y Derecho,* núm. 30, 2017.

ARRUGA SEGURA, M.C.: *La transformación digital en las relaciones laborales y en la organización del trabajo,* Madrid (La Ley), 2020.

BLASCO PELLICER, A.: "El deber empresarial de vigilancia de la salud y el derecho a la intimidad del trabajador", en AA.VV. (BORRAJO DACRUZ, E., Dir.): *Trabajo y libertades públicas,* Madrid (La Ley-Actualidad), 1999.

BRAY, I.: *Healthy Employees, Healthy Business: Easy, Affordable Ways to Promote Workplace Wellness,* Berkeley (NOLO) 2009.

CAVAS MARTÍNEZ, F.: "Breves consideraciones sobre la prevención de los riesgos psicosociales", en AA.VV. (SÁNCHEZ TRIGUEROS, C.,

Dir.): *Los riesgos psicosociales. Teoría y práctica*, Pamplona (Aranzadi), 2006.

CONDE COLMENERO, P.: "Facultades empresariales y de las Mutuas", en AA.VV.: *Cuestiones en torno a la incapacidad temporal*, Madrid (Cinca), 2011.

CORDERO, A.; MAISÁ, Mª.D. y GALVE, R.: "Ejercicio físico y salud", *Revista Española de Cardiología*, Vol. 67, núm. 9, 2014.

DEIGARD, J.: "Can worksite nutritional interventions improve productivity and firm profitability? A literature review", *Public Health*, núm. 131, Vol. 4, 2011.

DESDENTADO BONETE, A. y DESDENTADO DAROCA, E.: "La segunda sentencia del TEDH en el caso *Barbulescu* y sus consecuencias sobre el control del uso laboral del ordenador", *Revista de Información Laboral*, núm. 1, 2018.

DÍAZ DESCALZO, M.C.: "Los riesgos psicosociales en el trabajo", *Revista de Derecho Social*, núm. 17, 2002.

FERNÁNDEZ DOMÍNGUEZ, J.J.: "La embriaguez habitual como causa de despido y/o la asistencia al trabajador con problemas de alcohol o drogas", *Revista de Trabajo y Seguridad Social (CEF)*, núms. 365/366, 2013.

FERNÁNDEZ-COSTALES MUÑIZ, J.: "La vigilancia de la salud y el respecto a los derechos del trabajador", en AA.VV.: *Doctrina jurisprudencial en materia preventiva*, León (Eolas), 2009.

FERNÁNDEZ-COSTALES MUÑIZ, J.: "Tratamiento y protección de datos de salud de los trabajadores en el ámbito de la prestación de servicios", en AA.VV. (QUINTANA LÓPEZ, T., Dir.): *Proyección transversal de la Sostenibilidad en Castilla y León. Varias perspectivas*, Valencia (Tirant lo Blanch), 2019.

FERNÁNDEZ-COSTALES MUÑIZ, J.: *Prevención de riesgos laborales y empresa: obligaciones y responsabilidades*, Pamplona (Aranzadi), 2019.

FUSTER, V.: *La ciencia de la salud*, Barcelona (Planeta), 2011.

GÁRATE CASTRO, J.: "Manifestaciones sustantivas de la tutela a la salud laboral", *AL*, núm. 15, 1988.

GOIRÍA ORMAZABAL, J.I.: "Alimentación y trabajo", *La Mutua*, núm. 20, 2008.

HENRIQUE, D.; MOURA, K., LOBO, D: "The influence of the availability of fruits and vegetables in the workplace on the consumption of workers", *Nutrition & Food Science*, núm. 40, Vol. 4, 2010.

HEUSSNER, S.: *Fit To Succeed: Make Health and Wellness Your Competitive Advantag*, Forest Row (NH Publishing), 2008.

HOUGHTON, J.; NECK, C. y COOPER, K.: "Nutritious food intake: a new competitive advantage for organizations", *International Journal of Workplace Health Management*, núm. 2, Vol. 2, 2009.

IGUARTÚA MIRÓ, M.T.: "Digitalización, monitorización y protección de la salud: más allá de la fatiga informática", en AA.VV. (RODRÍGUEZ-PIÑERO ROYO, M. y TODOLÍ SIGNES, A., Dirs.): Vigilancia y control en el Derecho del Trabajo digital, Pamplona (Aranzadi), 2020.

JURADO SEGOVIA, A.: "Suicidio y accidente de trabajo", *Nueva Revista Española de Derecho del Trabajo*, núm. 183, 2016.

MACÍAS GARCÍA, M.C.: "El modelo decente de seguridad y salud laboral. Estrés y tecnoestrés derivados de los riesgos psicosociales como nueva forma de siniestralidad laboral", *Revista Internacional y Comparada de Relaciones de Laborales y Derecho del Empleo*, Volumen 9, núm. 4, 2019.

MAES, L., *et alii*: "Effectiveness of workplace interventions in Europe promoting healthy eating: a systematic review", *European Journal of Public Health*, núm. 21, 2011.

MARTÍNEZ BARROSO, M.R.: "La reparación de los daños psicofísicos a través de las prestaciones de Seguridad Social", en AA.VV. (ÁLVAREZ CUESTA, H., Coord.): *Aspectos jurídicos de la salud mental de los trabajadores en Castilla y León*, Madrid (Reus), 2016.

MARTÍNEZ BARROSO, M.R.: "La tutela jurídica de los riesgos psicosociales por la Seguridad Social. Cuestiones pendientes", *Revista de Derecho del Trabajo y la Seguridad Social (Centro de Estudios Financieros)*, núm. 303, 2008.

MARTÍNEZ BARROSO, M.R.: "Reflexiones en torno al Acuerdo Marco Europeo sobre Estrés en el Trabajo", *Aranzadi Social*, núm. 22, 2005.

MARTÍNEZ BARROSO, Mª.R.: "Nuevas materias y temas pendientes en el contenido de los convenios colectivos", *RL*, T. II, 2001.

MARTÍNEZ FONS, D.: *La vigilancia de la salud de los trabajadores en la Ley de Prevención de Riesgos Laborales*, Valencia (Tirant lo Blanch), 2002.

MERINO SEGOVIA, A.: "Responsabilidad Social Corporativa: su dimensión laboral", *Documentación Laboral*, núm. 75, 2005.

MIÑARRO YANINI, M.: "El sistema de prevención de riesgos laborales como garantía de la efectividad del derecho a la desconexión digital", en AA.VV. (RODRÍGUEZ-PIÑERO ROYO, M. Y TODOLÍ SIGNES,

A., Dirs.): Vigilancia y control en el Derecho del Trabajo digital, Pamplona (Aranzadi), 2020.

MIÑARRO YANINI, M.: "La incidencia de las tecnologías de la información y de la comunicación en la seguridad y salud en el trabajo", *Documentación Laboral*, núm. 119, 2020.

MOLINA NAVARRETE, C.: "La salud psicosocial, una condición de trabajo decente. El neotaylorismo digital en clave de pérdida del bienestar", en AA.VV. (CORREA CARRASCO, M. y QUINTERO LIMA, M.G., Coords): *Los nuevos retos del trabajo decente*, Madrid (Universidad Carlos III), 2020.

MOLINA NAVARRETE, C.: "Redescubriendo el lado humano de los riesgos globales y su proyección en la actualidad jurídico-laboral: cuidar cabezas y corazones sin descuidar carteras", *Revista Trabajo y Seguridad Social (Centro de Estudios Financieros)*, núms. 437-438, 2019.

MONEREO PÉREZ, J.L. y MORENO VIDA, Mª.N.: *Contenido de la negociación colectiva de empresa en la era de la constitución flexible del trabajo*, Valencia (Tirant lo Blanch), 2005.

MORÁN ASTORGA, C.: *Estrés, burn out y mobbing*, Salamanca (Amarú), 2005.

PAYÁ CASTIBLANQUE, R. y CALVO PALOMARES, R.: "Sistemas de prevención y protección social sobre los riesgos emergentes de origen psicosocial en la economía digital", en AA.VV.: *Vigilancia y control en el Derecho del Trabajo digital*, Pamplona (Aranzadi), 2020.

PÉREZ DE LOS COBOS ORIHUEL, F.: *Nuevas tecnologías y relación de trabajo*, Valencia, (Tirant lo Blanch), 1990.

POQUET CATALÁ, R.: "Vigilancia de la salud, poder de dirección empresarial y derecho a la intimidad del trabajador. Un triángulo conflictivo", *Lex Social*, Vol. 10, núm. 1, 2020.

PRECIADO DOMENECH, C. H.: "Comentario de urgencia a la STEDH de 9 de enero de 2018: caso López Ribalta y otros contra España", *Revista de Información Laboral*, núm. 1, 2018.

QUIRÓS HIDALGO, J.G.: "La regulación convencional del uso de los medios tecnológicos", en AA.VV. (FERNÁNDEZ DOMÍNGUEZ, J.J., Dir.): *Nuevos escenarios y nuevos contenidos de la negociación colectiva*, Madrid (CCNCC-Ministerio de Trabajo y Economía Social), 2020.

RIVAS VALLEJO, P.: "Seguridad Social y riesgos psicosociales: su calificación como contingencia profesional", *Cuadernos de Derecho Judicial*, núm. 12, 2004.

RIVAS VALLEJO, P.: *La prevención de los riesgos de carácter psicosocial*, Granada (Comares), 2009.

RODRÍGUEZ ESCANCIANO, S.: "Vigilancia y control de la salud mental de los trabajadores: aspectos preventivos y reparadores", *Revista de Estudios Jurídicos Laborales y de Seguridad Social*, núm. 2, 2021.

RODRÍGUEZ ESCANCIANO, S.: *La salud mental de las personas trabajadoras*, Valencia (Tirant lo Blanch), 2022.

RODRÍGUEZ HERNÁNDEZ, J.: "El derecho a la desconexión digital", *La Ley*, núm. 9631, 2020.

RODRÍGUEZ-PIÑERO Y BRAVO-FERRER, M.: "Derechos fundamentales y Derecho del Trabajo y en el contexto de la economía digital", *Revista de Derecho de las Relaciones Laborales*, núm. 10, 2020.

SALCEDO BELTRÁN, Mª.C.: *El deber de protección empresarial de la seguridad y salud de los trabajadores*, Valencia (Tirant lo Blanch), 2000.

SAN MARTÍN MAZZUCONI, C.: "La vigilancia del estado de salud de los trabajadores: voluntariedad y periodicidad de los reconocimientos médicos", *Revista del Ministerio de Trabajo y Asuntos Sociales*, núm. 53, 2004.

SÁNCHEZ PÉREZ, J.: "La delimitación conceptual del suicidio como contingencia profesional y su tutela jurisprudencial", *Actualidad Laboral*, núm, 9, 2013.

SEMPERE NAVARRO, A.V. Y SAN MARTÍN MAZZUCCONI, C.: *Nuevas tecnologías y Relaciones Laborales*, Pamplona (Aranzadi), 2002.

TASCÓN LÓPEZ, R.: "El derecho de desconexión del trabajador una vez acabada su jornada", *Trabajo y Derecho*, 2018.

TASCÓN LÓPEZ, R.: "Hacia la mejora integral de la salud de la persona trabajadora", *Trabajo y Derecho*, núm. 90, 2022.

TASCÓN LÓPEZ, R.: "Reflexiones a partir de la resolución del parlamento europeo, de 5 de julio de 2022, sobre la salud mental en el mundo laboral digital", *Revista Crítica de Derecho del Trabajo*, núm. 5, 2022.

TOLOSA TRIBIÑO, C.: "Los nuevos riesgos laborales y su tratamiento en el ámbito sancionador y de la Seguridad Social", *Relaciones Laborales*, núm. 10, 2004.

TRUJILLO PONS, F.: "La imperiosa aplicación del Criterio Técnico nº 104/2021, de la Inspección de Trabajo y Seguridad Social en Riesgos Psicosociales en el actual entorno laboral", *Revista de Derecho Laboral vLex*, núm. 6, 2022.

TRUJILLO PONS, F.: *La fatiga informática en el trabajo,* Albacete (Bomarzo), 2022.

VALLEJO DACOSTA, R.: *Riesgos Psicosociales: prevención, reparación y tutela sanadora,* Pamplona (Aranzadi), 2005.

VELÁZQUEZ FERNÁNDEZ, M.: *Impacto laboral del estrés,* Bilbao (Lettera), 2006.

WANDJEK, C.: *La alimentación en el Trabajo: Soluciones Laborales para la Desnutrición, la Obesidad y las Enfermedades Crónicas,* Ginebra (Organización Internacional del Trabajo), 2005.

Capítulo VIII.

Flexibilidad horaria y locativa por razones de conciliación familiar: el papel de la negociación colectiva

SUSANA RODRÍGUEZ ESCANCIANO
Catedrática de Derecho del Trabajo y de la Seguridad Social. Universidad de León
TAMARA PRIETO PÉREZ
Investigadora Contratada predoctoral. Universidad de León

1.- LAS VARIABLES DE TIEMPO Y LUGAR DE TRABAJO EN EL ACTUAL CONTEXTO PRODUCTIVO: EL BORRADO DE FRONTERAS ENTRE ACTIVIDAD LABORAL Y DESCANSO

Es un aserto totalmente verosímil que el fuerte impacto de la robótica, el big data, los algoritmos y la inteligencia artificial, están provocando transformaciones disruptivas en los modos y formas de entender la idea de trabajo por lo que hace a las dos condiciones más sustanciales del vínculo laboral: el tiempo y el lugar de la actividad. En las nuevas empresas digitales, los puestos se antojan movibles, abiertos, multifuncionales, marcados por objetivos y des-espacializados[1007], exigiendo fórmulas de "garantismo dinámico"[1008] ajustadas a posibles cambios de ciclos económicos o de oscilaciones de la demanda, marcados por la flexibilidad, la eficiencia y la máxima optimización de los recursos humanos[1009] en aras a asegurar la viabilidad de las estrategias conllevan no sólo una ruptura del lugar de trabajo sino una ampliación de las jornadas acompañadas de modificaciones improvisadas de las franjas horarias inicialmente dispuestas a costa de hacer porosa (o, mejor, difuminar) la frontera entre los tiempos de actividad y de descanso en un mundo empresarial globalizado, sin barreras espaciales y abierto las 24 horas del día[1010].

1007 ALEMÁN PÁEZ, F.: "El derecho de desconexión digital. Una aproximación conceptual, crítica y contextualizadora al hilo de la Loi travail nº 2016-1088", *Trabajo y Derecho*, núm. 30, 2017, pp. 12 y ss.

1008 ALARCÓN CARACUEL, M.R.: *La ordenación del tiempo de trabajo*, Madrid (Tecnos), 1988, p. 156.

1009 GARCÍA MURCIA, J.: "Tiempo de trabajo", *Teoría y Derecho*, núm. 4, 2008, p. 115 ó .IGARTÚA MIRÓ, M.T.: *Ordenación flexible del tiempo de trabajo: jornada y horario*, Valencia (Tirant Lo Blanch), 2018, p. 57.

1010 RODRÍGUEZ-PIÑERO Y BRAVO-FERRER, M.: "100 años de implantación de la jornada máxima de trabajo", *Derecho de las Relaciones Laborales*, núm. 4, 2019, p. 357.

Por un lado, "el factor tiempo se perfila como el principal elemento de conflicto entre la vida laboral y la esfera personal", de manera que la regulación de su contención y su distribución se suelen identificar como uno de los campos de intervención más necesarios ante una intensificación de la actividad que ha sido y sigue siendo el método abanderado como estrella del incremento de la rentabilidad empresarial[1011]. Las turbulencias del nuevo entorno empresarial altamente tecnificado y de las circunstancias de la competitividad van a ser atendidas a través de un concepto polisémico, cual es el de "disponibilidad", que designa "tanto la situación de 'utilizable' dentro de la jornada como la posibilidad de ser llamado fuera de tal parámetro"[1012].

Por otro, la obsolescencia de la perspectiva que alumbró la industrialización, construida sobre la dualidad organizativa conformada por la empresa y el centro de trabajo[1013], van perdiendo su entidad física, siendo sustituida por los denominados "*locus* virtuales", propios del modelo de "fábrica inteligente", cuya manifestación clave se encuentra en el trabajo a distancia[1014], facilitado por la vinculación de materiales, dispositivos, instalaciones o maquinarias a un sistema digital a

---

1011 MARTÍNEZ MORENO, C.: "Vida privada y relación de trabajo. A propósito de la posibilidad de pactar individualmente las condiciones de ejercicio de los derechos de conciliación de la vida familiar y laboral", *Tribuna Social*, núm. 97, 2007, pp. 20 y 22.

1012 GONZÁLEZ ORTEGA, S.: "Tiempo de trabajo", *Temas Laborales*, núm. 4, 1985, p. 78 ó BARRIOS BAUDOR, G.: "El derecho a la desconexión digital en el ámbito laboral español: primeras aproximaciones", *Aranzadi Doctrinal*, núm. 1, 2019 (BIB 2018/14719).

1013 CASAS BAAMONDE, M.E.: "Los lugares de trabajo en las coordenadas de la industria 4.0", *Documentación Laboral*, núm, 118, 2019, p. 3.

1014 LAHERA FORTEZA, J.: "Las transformaciones del lugar de trabajo", *Documentación Laboral*, núm. 118, 2019, p. 18.

escaso coste[1015]. La presencia física en el emplazamiento de trabajo no resulta hoy, en una gran variedad de ámbitos y sectores, tan imprescindible como lo fue hace décadas, pues empresa y persona trabajadora pueden estar en contacto, en tiempo real, a través de múltiples artilugios que permiten tanto una realización eficaz de la tarea profesional, como un control suficientemente preciso de su correcto desarrollo, de suerte que la actividad productiva puede llevarse a cabo no sólo en cualquier momento sino desde cualquier localización (*anytime, anywhere*)[1016].

Ahora bien, como no podía ser de otra manera, este pretendido ajuste debe de ir acompañado de contundentes diques tuitivos de los intereses de la contraparte en la línea marcada por el Estudio general de la Comisión de Expertos de la OIT en Aplicación de Convenios y Recomendaciones, presentado a la 107ª reunión de la Conferencia General de 2018, que exige "un marco de protección sólida mediante el acortamiento de la dedicación máxima, el establecimiento de un mínimo de horas garantizadas y previsibles, así como el reconocimiento de un elenco de posibilidades de elección y autonomía para establecer un equilibrio entre la vida personal y la vida laboral"[1017], previa adaptación tanto de las normas como de las prácticas negociales, con el fin de encontrar un punto de equilibrio entre las nuevas exigencias productivas y la sujeción de la persona trabajadora, sin olvidar tampoco que valores como el de la

---

1015 KAHALE CARRILLO, D.T.: "El despido de los trabajadores por la automatización de sus puestos de trabajo: ¿es posible?", *Revista de Estudios Jurídicos y Criminológicos*, núm. 2, 2020, p. 215.

1016 TERRADILLOS ORMAETXEA, E.: "El derecho a la desconexión digital en la Ley y en la incipiente negociación colectiva española: la importancia de su regulación jurídica", *Lan Harremanak*, núm. 42, 2919, p. 53.

1017 CASAS BAAMONDE, M.E.: "Soberanía sobre el tiempo de trabajo e igualdad de trato y de oportunidades de mujeres y hombres", *Derecho de las Relaciones Laborales*, núm. 3, 2019, p. 231.

salud, la tutela de sus derechos fundamentales, la posibilidad de aislar los aspectos de la vida privada de la influencia subordinada del trabajo dependiente y el rescate de espacios para el ocio y el desarrollo de la personalidad, deben funcionar como cortapisas a la flexibilización. Es necesario, pues, encontrar en este marco una traducción jurídica sinalagmática, a través de un acompasado papel de la regulación legal y de la contratación colectiva, esto es, entre la intervención del poder público y el rol de los actores sociales[1018], máxime cuando el factor tiempo se perfila como el principal elemento de conflicto entre la vida laboral y la esfera familiar, de manera que la regulación de las condiciones laborales que tienen que ver con su contención y distribución se suele identificar como uno de los ámbitos que más pueden influir en el cuidado parental[1019].

2.- EL DISEÑO EUROPEO DE FÓRMULAS DE TRABAJO FLEXIBLE A INSTANCIAS DE LA PERSONA TRABAJADORA: LA DIRECTIVA 2019/1158

La gestión del tiempo y del lugar de trabajo sigue siendo ante todo una cuestión básicamente "institucional", en la que tiene mucho que decir la empresa y en la que hay poco espacio para las decisiones o apetencias del trabajador[1020], centradas en unos tímidos mecanismos de reconocimiento de facultades tasadas para atender sus intereses. Ahora bien, asumiendo que

---

1018 GONZÁLEZ ORTEGA, S.: "Tiempo de trabajo", *Temas Laborales*, núm. 4, 1985, p. 78.

1019 MARTÍNEZ MORENO, C.: "Vida privada y relación de trabajo. A propósito de la posibilidad de pactar individualmente las condiciones de ejercicio de los derechos de conciliación de la vida familiar y laboral", *Tribuna Social*, núm. 97, 2007, pp. 20 y 22.

1020 GARCÍA MURCIA, J.: "Tiempo de trabajo", *Teoría y Derecho*, núm. 4, 2008, p. 118.

las labores de conciliación no se concentran en etapas puntuales, sino que tienden a ocupar buena parte del ciclo vital de la persona trabajadora, resulta pertinente buscar alternativas que favorezcan la atención a las responsabilidades familiares de forma estable y regular, transitando desde un modelo en el que primaba la idea de trabajar menos para conciliar con claros perjuicios para las mujeres que tradicionalmente han asumido el rol preferente en la atención doméstica a otro en el que se promueva trabajar diferente, ofreciendo mayores márgenes de flexibilidad horaria y de ubicación para las personas progenitoras y cuidadoras[1021].

Estas son las premisas de las que parte la Directiva 2019/1158, de 20 de junio, relativa a la conciliación de la vida familiar y la vida profesional de los progenitores y cuidadores, que no sólo aboga por el mencionado reparto equilibrado de las tareas del hogar, adoptando, además, una perspectiva individualizada para lograr una distribución ecuánime de la titularidad de los derechos[1022], sino que establece la obligación a los Estados miembros de configurar mecanismos para que no sufran perjuicio alguno ni trato discriminatorio las personas que ejerzan sus derechos de conciliación. Esta formulación es consecuente con la doctrina del Tribunal de Justicia de la Unión Europea[1023], en la que se ha establecido que, sobre la base de una mayor afectación femenina, la discriminación por ejercicio de derechos de conciliación puede ser constitutiva de discriminación indirecta por razón de sexo.

1021 LÓPEZ ÁLVAREZ, M.J.: "La adaptación de la Directiva de conciliación de la vida familiar y profesional al ordenamiento jurídico español", *Fermeris*, Vol. 7, núm. 2, 2022, p. 77.

1022 NUÑEZ-CORTÉS CONTRERAS, P.: "Avances en corresponsabilidad y flexibilidad en cuidado del lactante y adaptación de jornada por motivos familiares", *Revista General de Derecho del Trabajo y de la Seguridad Social*, núm. 55, 2020, p. 110.

1023 STJUE de 8 de mayo de 2019, C-486/18, asunto Praxair.

Además, la mencionada Directiva formula un reconocimiento más amplio de las necesidades de conciliación, que no se circunscriben ya únicamente a las tareas de crianza y educación de los hijos e hijas, sino que incluyen el cuidado de mayores, enfermos y dependientes, teniendo en cuenta los cambios demográficos asociados al envejecimiento de la población, persiguiendo además una asunción igualitaria, por hombres y por mujeres, de las responsabilidades familiares, facilitando a ambos sexos, en igualdad de oportunidades, conciliar la vida personal, familiar y laboral. En definitiva, busca favorecer y garantizar la permanencia en el mercado laboral de todas las personas con obligaciones de cuidado[1024].

Dentro de un amplio catálogo de derechos, la Directiva 2019/1158 establece que los Estados miembros han de reconocer el derecho de los padres y madres y de los cuidadores, hasta que el menor tenga una edad que no podrá ser inferior a los ocho años, a solicitar formas de trabajo flexible (a distancia o calendarios laborales con épocas más o menos intensas) con una extensión que puede estar sometida a límites razonables, dejando libertad en la transposición para establecer períodos mínimos de antigüedad no superiores a seis meses como requisito previo de acceso. Asimismo, será el legislador nacional el que concrete también el tiempo de disfrute (art. 9.1), enunciando el derecho de los trabajadores/as a volver a sus modelos originarios una vez cambien las circunstancias. En todo caso, la denegación y el aplazamiento empresarial deberán estar justificados

[1024] MANEIRO VÁZQUEZ, Y.: "Cuidados para quienes cuidan: la adaptación del art. 139 de la Ley Reguladora de la Jurisdicción Social a la Directiva (UE) 2019/1158, de 20 de junio de 2019", *Revista Crítica de Relaciones de Trabajo*, núm. 3, 2022, p. 64.

teniendo en cuenta tanto las propias necesidades de la empresa como las de las trabajadores (art. 9.2)[1025].

Bajo este diseño, la Directiva de 2019 apuesta por la adaptación en las condiciones de tiempo y lugar de trabajo a instancia de la persona trabajadora pero va a exigir ponderar las circunstancias obrantes *in casu* aplicando un juicio doble, relativo a la necesidad, idoneidad y razonabilidad, tanto de la petición como de la denegación con el fin de alcanzar un justo equilibrio entre ambas argumentaciones[1026]. Es más, la exigencia de razonabilidad doble, esto es, en las posiciones de la persona trabajadora y de la empresa y el hecho de que esta última sólo pueda articular la negativa a la adaptación en virtud de motivos objetivos, tiene consecuencias positivas sobre la disponibilidad del tiempo destinado a los quehaceres familiares sin mermar la implicación de la persona trabajadora en sus cometidos profesionales[1027]. Con ello se pretende evitar las perniciosas consecuencias (el denominado efecto *boomergang*) de las anteriores medidas tuitivas fundadas en las ausencias al trabajo, conllevando una desprofesionalización y postergación de las personas (en la mayoría de las ocasiones mujeres) que se acogían a ellas. El fin último radica, pues, en eliminar el riesgo de generar un gueto de empleos atípicos y de escaso reconocimiento social[1028].

1025 CRISTÓBAL RONCERO, R.: "La conciliación de la vida familiar y profesional en la Unión Europea", *Revista de Estudios Jurídico-Laborales y de Seguridad Social*, núm. 8, 2024, p. 91.

1026 MOLINA NAVARRETE, C.: "Autodeterminación (soberanía) sobre el tiempo y adaptación de la jornada a la carta por razones conciliatorias: entre utopías", *Revista Trabajo y Seguridad Social (Centro de Estudios Financieros)*, núm. 441, 2019, p. 15.

1027 SSTCo 3/2007 y 26/2011.

1028 CABEZA PEREIRO, J.: "Conciliación de vida privada y laboral", *Temas Laborales*, núm. 103, 2010, p. 64.

Como garantía adicional, según el art. 12 de la Directiva 2019/1158, habrá de prohibirse "el despido y cualquier preparación para el despido de una persona trabajadora por haber solicitado o disfrutado" cualquiera de las fórmulas de trabajo flexible que el art. 9 de la Directiva ofrece. Esta protección frente al despido se beneficia, además, de las reglas sobre inversión de la carga de la prueba (apartados 3 y 4), así como de una sanción "efectiva, proporcionada y disuasoria" para la empresa[1029].

En fin, dado el cuantioso volumen existente de empresas medianas y pequeñas e incluso microempresas, que encontrarán mayores dificultades organizativas, es interesante resaltar que la Directiva 2019/1158 (considerando 48) anima a los Estados miembros a proporcionar incentivos, orientación y asesoramiento a las pymes a fin de cumplir sus obligaciones de conformidad con la Directiva, evitando que supongan una carga desproporcionada[1030].

3.- EL ARTÍCULO 34.8 DEL ESTATUTO DE LOS TRABAJADORES: MODIFICACIÓN SUSTANCIAL A LA INVERSA.

El art. 34.8 ET, reformado por los Reales Decretos Leyes 6/2019 y 5/2023, es el encargado de transponer al ordenamiento jurídico español los cauces de trabajo flexible esboza-

---

1029 MANEIRO VÁZQUEZ, Y.: "Cuidados para quienes cuidan: la adaptación del art. 139 de la Ley Reguladora de la Jurisdicción social a la Directiva (UE) 2019/1158, de 20 de junio de 2019", *Revista Crítica de Relaciones de Trabajo*, núm. 3, 3002, p. 70.

1030 RODRÍGUEZ ESCANCIANO, S.: "La Directiva 2019/1158, de 20 de junio, relativa a la conciliación de la vida familiar y profesional de los progenitores y cuidadores: su transposición al ordenamiento jurídico español", *Anuario Coruñés de Derecho Comparado del Trabajo*, Vol. 14, 2022, pp. 249 y ss.

dos en la mencionada norma comunitaria. A tal fin, reconoce, utilizando fórmulas timoratas, el derecho a "solicitar" (a modo de expectativa) adaptaciones en la duración y distribución de la jornada y en la ordenación del tiempo de trabajo o en la forma de prestación (incluido el trabajo a distancia) para hacer efectivo el derecho a la conciliación de la vida familiar y laboral[1031].

Dadas las amplias posibilidades abiertas, que desbordan sobradamente el parámetro de la jornada, la naturaleza jurídica de este precepto, como seguidamente se tratará de explicar, puede asimilarse a una modificación sustancial a la inversa promovida por la persona trabajadora.

Descartada además la pérdida salarial[1032], desaparece uno de los motivos, no exclusivo lógicamente, para el ejercicio mayoritariamente femenino de los derechos de conciliación, debido a la menor merma retributiva para la unidad familiar que supone el ejercicio de los derechos de ausencia por parte de las féminas atendiendo a la pervivencia de brechas salariales de género. Además –y como ventaja adicional—, el mantenimiento del empleo perjudica menos la carrera profesional de las mujeres, con un desarrollo más lineal, contribuyendo a su mejor promoción profesional[1033].

1031 IGARTUA MIRÓ, M.T.: "La promoción de la igualdad de género a través de fórmulas de trabajo flexible. Reflexiones y propuestas a la luz de la Directiva (UE) 2019/1158", *Femeris*, Vol. 7, núm. 2, 2022, p. 95.

1032 MORALES ORTEGA, J.M.: "Tiempo de trabajo y crisis sanitaria: adaptación y reducción de jornada y permiso obligatorio recuperable", *Trabajo, Persona, Derecho, Mercado*, núm. 1, 2020, p. 24.

1033 IGARTÚA MIRÓ, M.T.: "La promoción de la igualdad de género a través de fórmulas de trabajo flexible. Reflexiones y propuestas a la luz de la Directiva (UE) 2019/1158", *Femeris*, Vol. 7, núm. 2, 2022, p. 95

Como no podía ser de otra manera, más allá del tenor legal del art. 34.8 ET sobre el que se va a detener la atención en las páginas siguientes, los representantes de los trabajadores pueden realizar un importante papel en la concreción de estas adaptaciones que abogan por la compatibilidad plena entre el trabajo y los cuidados, evitando la legitimación del exclusivo criterio empresarial, no en vano, como señala el Informe de la Comisión mundial sobre el futuro del trabajo "los trabajadores necesitan mayor soberanía sobre su tiempo" y ubicación, siendo "la elección de los horarios la concreción institucional del ejercicio de esa soberanía, presidida por el postulado del `trabajo decente'", que es uno de los objetivos mundiales de desarrollo sostenible de la Agenda Global de la ONU 2030.

4.- CLAVES DE LA REGULACIÓN CONVENCIONAL

Las amplias posibilidades de intervención convencional, a la que remite de forma expresa el propio art. 34.8 ET, pueden ayudar a mejorar y a concretar a los escuetos términos legales despejando las múltiples dudas planteadas únicamente resueltas por los pronunciamientos judiciales no sin altas dosis de casuismo al venir apegados a las circunstancias de cada situación litigiosa o de conflicto, que han arribado, como mero botón de muestra, en la solución parcial formulada en la Sentencia del Tribunal Supremo de 25 de septiembre de 2023[1034] dictada en unificación de la doctrina, conforme a la cual la mera denegación *in casu* de la concreción horaria por cuidado de hijo pasando del turno de tarde al de mañana sin trabajar los fines de semana que interesa la persona trabajadora, con indicación por parte de la empresa de las causas organizativas que lo

---

1034 Rec. 379/2023.

impiden, "no implica por si sólo una vulneración del derecho de no discriminación por razón de sexo ni siquiera por discriminación indirecta".

4.1.- La apuesta por estrategias de flexibilidad bilateral

Cierto es que los convenios colectivos, en sus versiones más actuales, deberían convertirse en verdaderos instrumentos de ingeniería normativa, en los que la adaptación de la jornada laboral y del emplazamiento desde el que se ejecuta la actividad laboral sean concebidas como un pilar estratégico de las políticas de conciliación, diseñando procedimientos estructurados, donde la solicitud y evaluación de viabilidad no solo garanticen la compatibilidad operativa, sino que también salvaguarden el derecho de las personas trabajadoras a integrar su vida laboral con sus necesidades personales, sociales o familiares. Esta dualidad estratégica y humana reflejaría una transformación profunda en la concepción convencional tradicional del tiempo y lugar de trabajo, situando la flexibilidad y la corresponsabilidad en el núcleo de las relaciones laborales.

Este enfoque holístico, por el que debería apostar la negociación colectiva contemporánea, conduciría a situar a la persona en el centro de la relación laboral, reafirmando el papel del Derecho del Trabajo como garante del equilibrio entre la productividad y la dignidad. Constituiría, en esencia, un reflejo de cómo el Derecho del Trabajo se transforma para responder a las nuevas exigencias de una sociedad que demanda unas estructuras laborales no solo funcionales, sino también profundamente ecuánimes.

Ahora bien, aun cuando pocos son los convenios colectivos que adoptan este enfoque integral y adaptativo en la gestión del tiempo y lugar de trabajo como visión táctica en aras del bienestar de la plantilla, entendiendo que el éxito organizacional no puede disociarse de la satisfacción y motivación de quienes hacen posible la consecución de sus objetivos, lo cierto es que resultan algo más frecuentes previsiones donde la conciliación trasciende su dimensión de derecho para configurarse como un pacto social entre los actores laborales desgranado en prerrogativas varias que mejoran los cauces legales tradicionales reguladores de los derechos de ausencia (reducciones de jornadas, permisos sin sueldo, excedencias….)[1035].

No procede olvidar tampoco, por lo que aquí interesa, ciertas alocuciones programáticas capaces de demostrar la sensibilidad de los interlocutores sociales con las adaptaciones conciliatorias sugeridas por la persona trabajadora, a saber:

1.- Sumamente ilustrativa es aquella cláusula en virtud de la cual "la adaptación de la jornada no se limita a la redistribución del tiempo, sino que adquiere una dimensión estructural que incorpora el diálogo, la negociación y la corresponsabilidad como herramientas clave para su implementación"[1036]. En parecidos términos, se alude a que "la adaptación de jornada trasciende su dimensión puramente operativa para convertirse en un instrumento de transformación social, que sitúa al individuo como núcleo central de la relación laboral"[1037].

[1035] VI Convenio colectivo de las empresas Airbus Defence and Space, S.A.U., Airbus Operations, S.L., y Airbus Helicopters España, S.A. (BOE núm. 108, de 6 de mayo de 2022); II Convenio colectivo del Grupo Parcial Cepsa (BOE núm. 52, de 28 de febrero de 2024); III Convenio colectivo de las empresas Bureau Veritas Inspección y Testing, S.L.U. y Bureau Veritas Solutions Iberia, S.L.U. (BOE núm. 74, de 25 de marzo de 2024); Convenio colectivo del Grupo empresarial Marítima Dávila (BOE núm. 108, de 6 de mayo de 2022).

[1036] Art. 63 II Convenio colectivo del Grupo Nortegas (BOE núm. 18, de 1 de febrero de 2024).

[1037] III Convenio colectivo del grupo Naturgy (BOE núm. 47, de 24 de febrero de 2023).

2.- Tampoco faltan alusiones al concepto de "***flexwork***" asociado a los cuidados, que se erige como una visión moderna y transformadora de la dinámica laboral, orientada a empoderar a las personas trabajadoras mediante la habilitación de un marco flexible que optimiza las condiciones **de dónde, cuándo y cómo desempeñan sus labores**[1038].

3.- Incluso en algún caso se eleva el bienestar laboral a la categoría de objetivo estratégico, reconociendo explícitamente la correlación entre satisfacción personal y productividad empresarial[1039].

4.- En alguna previsión convencional se ha llegado a implementar un sistema integral (a la carta) de gestión del tiempo que atiende a la diversidad de situaciones personales y familiares de la plantilla[1040], poniendo en práctica un enfoque de flexibilidad laboral que resulta emblemático de las mejores prácticas en el ámbito de la conciliación.

5.- Con mayor frecuencia se establecen previsiones destinadas a explícitamente al objetivo de promover un reparto equilibrado de las responsabilidades domésticas[1041] o, de una forma más contundente, a fomentar la implicación mas-

---

[1038] Art. 39.4 Convenio colectivo de las empresas Zurich Insurance, P.L.C., Sucursal en España; Zurich Vida, Compañía de Seguros y Reaseguros, S.A.; y Zurich Services A.I.E. (BOE núm. 93, de 19 de abril de 2023)

[1039] Art 32 Convenio colectivo del Grupo AXA (BOE núm. 304, de 21 de diciembre de 2023).

[1040] Art 15 X Acuerdo Marco del Grupo Repsol (BOE núm. 45, de 22 de febrero de 2023).

[1041] Convenios del Grupo Asegurador Reale: Convenio colectivo del Grupo Asegurador Reale, integrado por Reale Seguros Generales, S.A.; Reale Vida y Pensiones, S.A.; Reale Inmobili España, S.A.; y Reale ITES Esp. S.L. (BOE núm. 259, de 30 de octubre de 2023) y del Grupo Telefónica: III Convenio Colectivo del grupo de empresas vinculadas Telefónica de España, S.A.U.; Telefónica Móviles

culina en la corresponsabilidad familiar tratando de reequilibrar dinámicas históricamente desiguales en el ámbito del cuidado y las tareas del hogar[1042]. Un ejemplo ilustrativo de este enfoque se puede encontrar en el Convenio colectivo de Iberdrola[1043], que recoge el compromiso de mantener los beneficios vinculados a seguros de vida y accidentes proporcionados por la empresa a aquellos trabajadores que hayan adoptado medidas de conciliación, incorporando explícitamente al convenio el texto del Plan de Igualdad, Diversidad y Conciliación.

6.- Digna de mención es también aquella previsión convencional destinada a garantizar que la adopción de medidas de conciliación por parte de las personas trabajadoras no tenga repercusiones negativas en su desarrollo profesional ni en sus condiciones retributivas, de manera que los cálculos salariales y las evaluaciones del desempeño deben realizarse exclusivamente en virtud de parámetros objetivos, como los rendimientos y los resultados obtenidos[1044].

7.- No se omiten tampoco menciones convencionales en las que se destacan importantes medidas que fomentan la flexibilidad laboral, incluyendo la organización eficiente del trabajo

---

España, S.A.U. y Telefónica Soluciones de Informática y Comunicaciones, S.A.U. (BOE núm. 52, de 28 de febrero de 2024).

1042 Vid. entre otros: Art. 39.3 Convenio colectivo Centros de educación universitaria e investigación (BOE 27 mayo 2024); Art. 45.6 Convenio colectivo Hostelería (BOE 10 marzo 2023) y Art. 39 Convenio colectivo Cadenas de tiendas de conveniencia (BOE 1 junio 2024)

1043 VIII Convenio colectivo de Iberdrola Grupo (BOE núm. 52, de 2 de marzo de 2021).

1044 Convenio colectivo del Grupo Endesa (BOE núm. 169, de 17 de junio de 2020).

con el objetivo de optimizar los recursos disponibles y potenciar la competitividad[1045].

8.- Asimismo, se prioriza la movilidad interna mediante la cobertura de vacantes con personal ya vinculado a la entidad, y se implementa un modelo flexible de clasificación profesional basado en criterios de polivalencia y movilidad funcional[1046].

9.- En fin –como seguidamente se analizará con mayor detalle—, en el ámbito de la corresponsabilidad, algunas previsiones convencionales contemplan la posibilidad de establecer acuerdos de flexibilidad horaria en la entrada y salida del trabajo, ajustando los horarios a las necesidades específicas tanto del personal como de los servicios. Además, se habilita la opción de acordar calendarios laborales personalizados para aquellos centros con características particulares[1047], garantizando un equilibrio entre las exigencias organizativas y las necesidades de los trabajadores.

4.2.- Variedad de fórmulas adaptativas

La redacción del art. 34.8 ET comprende variadas y heterogéneas modalidades de adaptación, concretadas en la negociación colectiva en la realización de jornadas continuadas[1048], supresión de viajes y desplazamientos aprovechando las nuevas

---

[1045] Art. 10 Convenio colectivo del Grupo Acciona Energía (BOE núm. 123, de 21 de mayo de 2024).

[1046] Art. 13 Convenio colectivo del Grupo Acciona Energía (BOE núm. 123, de 21 de mayo de 2024).

[1047] Art. 26 Convenio colectivo del sector intervención social de Álava (BOTHA núm. 54, de 10 de mayo de 2023).

[1048] Art. 19 Convenio colectivo de ámbito estatal del sector de contact center (BOE núm. 137, de 9 de junio de 2023).

tecnologías[1049], limitación de la franja horaria para celebrar reuniones de trabajo[1050], horas de libre disposición[1051], bolsas de horas (del 5 por 100 anual[1052], del 15 por 100 anual[1053] o del 10 por 100 anual[1054]), parcialidad de la jornada distribuida a lo largo de la semana, del mes o del año sin alterar el número de horas contratadas[1055], amplias franjas de entrada y salida[1056], distribución irregular de un porcentaje de la jornada[1057], no someterse a un régimen de turnos incompatible con los deberes de cuidado[1058], adscripciones a un turno fijo que haga factible

---

1049 Art. 14 Convenio colectivo para las cajas y entidades de ahorro (BOE núm. 137, de 6 de junio de 2024).

1050 Art. 45 Convenio colectivo marco del Grupo Endesa (BOE núm. 169, de 17 de junio de 2020).

1051 Art. 10 Convenio colectivo de empresas de servicios auxiliares de información, recepción, control de accesos y comprobación de instalaciones (BOE núm. 79, de 30 de marzo de 2024).

1052 Art. 32 Convenio colectivo del Grupo Acciona Energía (BOE núm. 123, de 21 de mayo de 2024) o clausula 13 del III Convenio colectivo del Grupo Renfe (BOE núm. 171, de 19 de julio de 2023).

1053 Art. 35 Convenio colectivo general del sector de derivados del cemento. (BOE núm. 167, de 14 de julio de 2023).

1054 Art. 32 Convenio colectivo del Grupo Acciona Energía (BOE núm. 123, de 21 de mayo de 2024).

1055 Art. 14 Convenio colectivo sectorial estatal de cadenas de tiendas de conveniencia (BOE núm. 133, de junio de 2024) o Art. 20 Convenio colectivo de ámbito provincial del sector de Oficinas y Despachos de León (BO de León núm. 133 de 12 de julio de 2024).

1056 Art. 1.1.1 Convenio colectivo de Telefónica de España, SAU; Telefónica Móviles España, SAU y Telefónica Soluciones de Informática y Comunicaciones, SAU. (BOE núm. 52 de 28 de febrero de 2024).

1057 Art. 4 Convenio colectivo de alimentación de Ourense (BOP Ourense núm. 164 de 20 de julio de 2021).

1058 Art. 11 Convenio colectivo de acción e intervención social (BOE núm. 259, de 28 de octubre de 2022)

estos deberes[1059], cambio de jornada continuada a jornada partida o viceversa[1060], así como, a la luz de la doctrina judicial, "cambiar de centro de trabajo"[1061], circunstancia a la que es posible añadir ajustes funcionales, sin olvidar, a la postre, la posibilidad de trabajar en remoto[1062], bien de forma total o parcial, abarcando también, como es obvio, los cambios de horarios o de turnos dentro del propio trabajo a distancia[1063]. No se han encontrado, empero, referencias convencionales relativas a horarios comprimidos por motivos de conciliación.

También existen alusiones convencionales expresas a la modalidad conocida como "*smart working*", caracterizada por permitir el desarrollo del trabajo de manera flexible y ágil, pudiéndose prestar en cualquier momento y lugar, a través de las herramientas que las nuevas tecnologías y la digitalización proporcionan, y en el que la persona trabajadora asume distintos compromisos en cuanto a la ejecución del trabajo, por lo que se crea una base de relación de confianza con el empresario[1064], quedando redefinidas, por ende, las dinámicas la-

---

1059 Art. 13 Convenio colectivo estatal del sector de desinfección, desinsectación y desratización (BOE núm. 261 de 29 de octubre de 2024).

1060 Art. 17 Convenio colectivo estatal de la industria, las nuevas tecnologías y los servicios del sector del metal (BOE núm. 10 de 12 de enero de 2022).

1061 STSJ Madrid 22 enero 2023 (núm. 64/2023).

1062 Incluso ampara a un conductor la posibilidad de hacer rutas de corta distancia para conciliar su vida familiar. STSJ Galicia 13 octubre 2020 (rec. 2309/2020).

1063 BARCELÓN COBEDO, s.: "Adaptación de jornada, reducción y permisos en materia de conciliación en el Real Decreto Ley 5/2023", *Temas Laborales*, núm. 171, 2024, p. 112.

1064 AGUAS BLASCO, A.: "Nuevas formas de trabajo flexible: la ordenación del tiempo de trabajo para favorecer la conciliación de la vida laboral, personal y familiar", *Lan Harremanak*, núm. 52, 2024, p. 20.

borales hacia un esquema más orientado a los resultados y al manejo independiente de las responsabilidades.

Buenas muestras de esta novedosa tendencia, que desborda los límites de la conciliación para atender las demandas de una sociedad moderna, que, con creciente intensidad, postula mecanismos efectivos para la armonización de las esferas vital y profesional, pueden encontrarse, a título meramente ejemplificativo, en convenios colectivos del sector de las telecomunicaciones, donde Compañías como Telefónica han implementado sistemas de flexibilidad horaria que se adentran en el territorio de la personalización laboral[1065]. Asimismo, en el sector de la distribución comercial, Carrefour ha desarrollado protocolos específicos que permiten adaptaciones horarias atendiendo a las particularidades de cada centro de trabajo y las necesidades individuales de su plantilla[1066]. Por su parte, en el sector asegurador, Mapfre ha pergeñado mecanismos de negociación bilateral que facilitan acuerdos personalizados entre la empresa y la persona trabajadora[1067].

4.3.- El trabajo a distancia: luces y sombras

Dentro de este amplio catálogo de posibilidades, procede parar la atención en la facultad que tanto la Directiva 2019/1158 como el art. 34.8 ET brindan de trabajar en remoto como mecanismo para fomentar la conciliación de la vida fa-

---

[1065] Art. 89 bis III Convenio Colectivo del grupo de empresas vinculadas Telefónica de España, S.A.U.; Telefónica Móviles España, S.A.U. y Telefónica Soluciones de Informática y Comunicaciones, S.A.U. (BOE núm. 52, de 28 de febrero de 2024).

[1066] Art. 37 Convenio colectivo del Grupo Supermercados Carrefour (BOE núm. 141, de 14 de junio de 2023).

[1067] Art. 22 Convenio colectivo de las empresas de Mapfre Grupo Asegurador (BOE núm. 219, de 12 de septiembre de 2022).

miliar y laboral atendiendo a un doble cúmulo de motivos: por un lado, ahorro de tiempo en los desplazamientos y cercanía con las personas objeto de cuidado; y, por otro, mayor autonomía a la hora de decidir cómo y cuándo prestar las funciones profesionales encomendadas por la organización productiva, facilitada por la utilización de medios digitales que, en principio, podrían aligerar de manera prácticamente automática e inevitable el quehacer laboral[1068]. Con todo, siendo estas premisas ciertas, tampoco pueden olvidarse los peligros inherentes al teletrabajo:

De un lado, la deslocalización espacial conlleva la eliminación de las fronteras entre tiempo de trabajo y tiempo de descanso, pues el trabajador se ve obligado directa o indirectamente a permanecer en alerta constante (*always on*) ante una intensificación de los requerimientos productivos[1069]. De otro, cuando el trabajador utiliza intensivamente equipos infotelemáticos, todas sus acciones quedan registradas con extraordinaria precisión, de tal suerte que va a quedar plenamente sometido al poder directivo empresarial, y a las órdenes e instrucciones que el empleador pueda emitir, así como a sus prerrogativas de supervisión y disciplinarias[1070], requiriendo un fuerte ritmo de trabajo ante la amenaza del desempleo como espada de Damocles[1071].

1068 FERNÁNDEZ PROL, F.: "Relaciones de trabajo ante el proceso de digitalización de la economía. Análisis desde una óptica de género", *Revista de Derecho Social*, núm. 89, 2020, p. 108.

1069 SERRANO ARGÜESO, M.: "Always on. Propuestas para la efectividad del derecho a la desconexión digital en el marco de la economía 4.0", *Revista Internacional y Comparada de Relaciones Laborales y Derecho del Empleo. Adapt*, vol. 7, núm. 2, 2019, p. 171.

1070 Tal y como concluye la STS 11 abril 2005 (RJ 2005/4060).

1071 LOUSADA AROCHENA, J.F. y RON LATAS, R.P.: "Una mirada periférica al teletrabajo, el trabajo a domicilio y el trabajo a distancia en el derecho español", en AA.VV.: *Trabajo a distancia y teletrabajo. Estu-*

Es más, a estos riesgos generales inherentes a cualquier sistema de teletrabajo, cabe añadir otros específicos particularmente incisivos para las mujeres cuando se desempeña con vocación conciliadora, pues habida cuenta la flexibilidad, en particular horaria, la atención prioritaria, en las horas centrales de la jornada, a las tareas de cuidado, relegando el desarrollo de actividades laborales al tiempo restante, en ocasiones, en tramos temporales sumamente incómodos o en los que el cansancio resulta más acusado (nocturno), en exceso fraccionados (alternando tareas profesionales y domésticas) o simultáneos, conlleva consecuencias negativas en un doble plano: por una parte, desde la perspectiva laboral, es previsible un escaso rendimiento; y, por otra, desde el punto de vista personal, la sensación de insatisfacción será máxima quedando resentida su salud física y psíquica[1072]. Tiene lugar, así, a través del teletrabajo una fuerte atadura al rol social de cuidadora, derivada de "un retorno de la mujer al hogar"[1073] y una fuerte quiebra en la protección de la seguridad y salud[1074].

Estos lados oscuros han motivado que la Ley 10/2021, de 9 de julio, de trabajo a distancia, intente evitar que el teletrabajo contribuya a perpetuar las ataduras de género. De ahí que el art. 4.3 reconozca el derecho de los teletrabajadores a ser tomados en consideración para elaborar los planes de igualdad de las empresas y el art. 4.5 prevea expresamente que estos

---

dios sobre el régimen jurídico en Derecho Español y Comparado, Pamplona (Aranzadi), 2015, p. 43.

1072 FERNÁNDEZ PROL, F.: "Relaciones de trabajo ante el proceso de digitalización de la economía. Análisis desde una óptica de género", *Revista de Derecho Social*, núm. 89, 2020, p. 112.

1073 RODRÍGUEZ RODRÍGUEZ, E.: "La transcendencia de la disponibilidad horaria del trabajador en el contexto de las plataformas digitales", *Temas Laborales*, núm. 146, 2019, p. 146.

1074 DE LA PLUEBA PINILLA, A.: "El trabajo de las mujeres en la era digital", *Trabajo y Derecho*, núm. 58, 2019, pp. 15 y ss.

trabajadores on line "tienen los mismos derechos que las personas trabajadoras presenciales en materia de conciliación y corresponsabilidad, incluyendo el derecho de adaptación a la jornada establecido en el artículo 34.8 ET, a fin de que no interfiera el trabajo con la vida personal y familiar"[1075]. Dicho de otro modo, el citado art. 34.8 ET permite que cualquier persona trabajadora –incluida la teletrabajadora— solicite la adaptación de la duración y distribución de la jornada, a la par que permite que cualquiera pueda pedir cambiar la modalidad de trabajo de presencial a remoto por motivos de conciliación[1076].

Por tanto, y a la luz de estos mimbres normativos, procede distinguir la atención convencional de dos situaciones:

1.-De un lado, el régimen jurídico aplicable a quienes han solicitado trabajar *on line* por motivos de conciliación en virtud del art. 34.8 ET, en cuyo caso la empresa sólo podrá oponerse cuando no concurra realmente una necesidad de conciliar o la petición no sea razonable o resulte desproporcionada desde el punto de vista de las necesidades organizativas o productivas de la corporación, a diferencia de lo que sucede si de un teletrabajo ordinario se trata, necesitado de un acuerdo bilateral bajo las coordenadas de la Ley 10/2021[1077].

Reconocida la posibilidad de trabajar a distancia por razones de conciliación, surge la duda de si a estos trabajadores se

---

1075 RODRÍGUEZ ESCANCIANO, S.: "El teletrabajo y sus fuentes de regulación. Especial referencia a la negociación colectiva", *Revista Gelega de Derecho Social*, núm. 11, 2020, pp. 39 y ss.

1076 FERNÁNDEZ PROL, F.: Relaciones de trabajo ante el proceso de digitalización de la economía: análisis desde una óptica de género", *Revista de Derecho Social*, núm. 89, 2020, p. 116.

1077 THIBAULT ARANDA, X.: "Naturaleza y alcance del derecho", en AA.VV. (PÉREZ DE LOS COBOS ORIHUEL, F. y MONREAL BRINGSVAERD, E., Dirs.): *Registro de la jornada y adaptación del tiempo de trabajo por motivos de conciliación*, Madrid (La Ley), 2020, p. 230.

les aplica el régimen jurídico general sobre el trabajo a distancia, en concreto, los capítulos III y IV Ley 10/2021, que regulan, respectivamente, los derechos de las personas trabajadoras que prestan servicios en esta modalidad y las facultades de organización, dirección y control empresarial o, por el contrario, quedarían sometidos a la ordenación general del Estatuto de los Trabajadores[1078]. De gran interés sería el pronunciamiento convencional al respecto.

La referencia convencional a esta modalidad de adaptación se encuentra marginalmente tratada[1079], desconociendo que el trabajo a distancia, sobre todo si es realizado algunos días a la semana, al mes o al año, puede ser sumamente útil, disminuyendo a la vez algunos inconvenientes anteriormente apuntados, como el aislamiento social, la dificultad de deslinde con la vida privada y la asunción exclusivamente femenina de las tareas de cuidado. Por ello, se echan en falta medidas de promoción y fomento del teletrabajo parcial que no han sido afrontadas por los interlocutores sociales.

2.-De otro, aquellas situaciones en las que el teletrabajador solicita las adaptaciones horarias pertinentes a la luz del art. 34.8 ET.

A este respecto, cabe recordar que el art. 8.3 Ley 10/2021 encomienda a los convenios o acuerdos colectivos el establecimiento de mecanismos y criterios por los que la persona que

---

1078 FERNÁNDEZ MARTÍNEZ, S.: "La adaptación de las condiciones de trabajo por motivos de conciliación ex artículo 34.8 ET: un análisis crítico a la luz del Real Decreto Ley 5/2023 y de los últimos pronunciamientos judiciales", *Iuslabor*, núm. 2, 2024, p. 48.

1079 Art. 107 Convenio colectivo para las cajas y entidades financieras de ahorro (BOE núm. 316, de 3 de diciembre de 2023) o Art. 59 k) Convenio colectivo estatal de la industria, las nuevas tecnologías y los servicios del sector del metal (BOE núm. 10 de 12 de enero de 2022).

desarrolla trabajo presencial pueda pasar a trabajo a distancia o viceversa, así como de preferencias vinculadas a determinadas circunstancias como las relacionadas con la formación, la promoción y estabilidad en el empleo de personas con diversidad funcional o con riesgos específicos, la existencia de pluriempleo o pluriactividad o la concurrencia de determinadas circunstancias personales o familiares, sin olvidar la ordenación de las prioridades. Todo ello con el fin de evitar que en el diseño de estos mecanismos se perpetúen los roles y estereotipos de género, teniendo en cuenta el fomento de la corresponsabilidad entre mujeres y hombres y debiendo ser objeto de diagnóstico y tratamiento por parte del plan de igualdad que, en su caso, corresponda aplicar en la empresa.

De manera incidental se han encontrado previsiones convencionales que otorgan prioridad para acceder al teletrabajo a las personas con responsabilidades familiares[1080], sin establecer, sin embargo, un reconocimiento automático del derecho a teletrabajar en tales circunstancias quedando condicionado a que sea compatible con el puesto y las funciones desempeñadas. En concreto, no es infrecuente la exigencia de requisitos específicos para las personas trabajadoras puedan pasar a dispensar el trabajo a distancia en referencia a la compatibilidad del puesto, una antigüedad mínima de dos años en la empresa y la situación de alta con jornada completa, si bien esta última condición se flexibiliza para aquellas personas que se encuentren en reducción de jornada por causas justificadas y legalmente previstas; además, se exige un conjunto de competencias específicas, como conocimientos básicos de informática,

[1080] Art. 54 Convenio colectivo estatal de la industria, las nuevas tecnologías y los servicios del sector del metal (BOE núm. 10 de 12 de enero de 2022), Art. 14 Convenio colectivo de empresas de servicios auxiliares de información, recepción, control de accesos y comprobación de instalaciones (BOE núm. 79 de 30 de marzo de 2024)

al menos un año de experiencia en el puesto de trabajo y un historial de desempeño favorable[1081]. En el mejor de los casos, en algún convenio se hace referencia expresa a que el teletrabajo no es solo una herramienta funcional para garantizar la continuidad operativa, sino también un medio para mejorar el clima laboral y fomentar la motivación intrínseca de las personas que integran el grupo[1082].

4.4.- Extensión del derecho: los cuidados como premisa y como meta

El ámbito objetivo del art. 34.8 ET es concluyente: van a quedar extramuros de la solicitud de adaptación horaria o locativa propósitos distintos de la conciliación como pudiera ser el ocio, la formación, la enfermedad, la necesidad de seguir un determinado tratamiento médico o cualquier otro interés personal[1083]. No se han encontrado cláusulas convencionales que den satisfacción a este tipo facetas más allá de alguna referencia a las adaptaciones horarias para la formación continua[1084].

En cuanto al marco subjetivo, el art. 34.8 ET extiende la posibilidad de disfrute al cuidado de los siguientes colectivos:

1.- Hijos e hijas menores de 12 años, mejorando los términos de la Directiva 2019/1158 que reduce esta edad a 8 años.

1081 Art 15.1 X Acuerdo Marco del Grupo Repsol (BOE núm. 45, de 22 de febrero de 2023).

1082 Vid entre otros, IX Convenio colectivo del Grupo Prisa Radio (BOE núm. 73, de 23 de marzo de 2024). II Convenio colectivo del Grupo Parcial Cepsa (BOE núm. 52, de 28 de febrero de 2024).

1083 IGARTÚA MIRÓ, M.T.: "Conciliación y ordenación flexible del tiempo de trabajo. La nueva regulación del derecho de adaptación de jornada *ex* art. 34.8 ET", *Revista General de Derecho del Trabajo y de la Seguridad Social*, núm. 53, 2019, p. 81.

1084 X Acuerdo Marco del Grupo Repsol (BOE núm. 45, de 22 de febrero de 2023).

Para tales descendientes no se exige necesidad específica de cuidado, no en vano la filiación natural o adoptiva, en sí misma, genera la posibilidad de adaptación.

2.- Otros familiares, bien descendientes de mayor edad (esto es, hijos e hijas de más de doce años)[1085], bien el cónyuge o pareja de hecho, bien familiares por consanguinidad hasta el segundo grado de la persona trabajadora, quedando incluidos, por tanto, los abuelos en un doble sentido: por un lado, en cuanto cuidadores siempre que estén en activo y, por otro, en cuanto personas necesitadas de cuidado[1086].

Queda, sin embargo, excluido aquí (aunque protegido, como se verá, en la parte final del párrafo) el parentesco por afinidad al que sí hace referencia el art. 37.6 ET regulador de la reducción de la jornada (con minoración proporcional del salario entre un octavo y la mitad), lo cual no deja de ser criticable, pues podría entenderse que quien puede lo más (minorar la dedicación) debería poder lo menos (adaptarla)[1087]. No obstante, tampoco cabe olvidar que el parentesco por afinidad se ha considerado tradicionalmente como un elemento que perpetúa los roles de género, en detrimento de la corresponsabilidad y de la promoción de la igualdad[1088].

1085 NUÑEZ-CORTÉS CONTRERAS, P.: *Novedades en relación con la jornada de trabajo y los derechos de conciliación (tras la aprobación del RD 6/2019, de 1 de marzo)*, Madrid (Dykinson), 2019, p. 103.

1086 IGARTÚA MIRO, M.T.: "Nuevas medidas de conciliación, permios y fórmulas de trabajo flexible", *Revista de Derecho Social y Empresa*, núm. 19, 2023, p. 10.

1087 SSTSJ, Social, Madrid 10 mayo y 19 junio 2019 (núm. 191/2019 y 292/2019).

1088 IGARTÚA MIRÓ, M.T.: "Nuevas medidas de conciliación, permios y fórmulas de trabajo flexible", *Revista de Derecho Social y Empresa*, núm. 19, 2023, p. 13.

3.- Otras personas "dependientes cuando, en este último caso, convivan en el mismo domicilio, y que por razones de edad, accidente o enfermedad no puedan valerse por sí mismos". Aun cuando no se acota la situación protegida al reconocimiento previo de una situación de gran invalidez a efectos de Seguridad Social, ni de dependencia en los términos de la Ley 39/2006, de 14 de diciembre, ni tampoco de discapacidad a la luz del Real Decreto 888/2022, de 18 de octubre, lo cierto es que la exigencia de la imposibilidad de "valerse por sí mismos" debe ser convenientemente justificada a través de cualquier medio válido en derecho como pudieran ser los informes pertinentes de los servicios sociales o de los servicios de salud, sin que pueda exigirse una situación de extrema gravedad pero sí que estas personas requieran un acompañamiento y atención reales en los quehaceres habituales del desarrollo vital en virtud los tres factores anteriormente mencionados: edad, accidente o enfermedad[1089]. Se supera, así, claramente la configuración del referente europeo, vinculado a la a la necesidad de "cuidados o atención por un motivo médico grave".

En concreto, la dimensión documental de las solicitudes justificativas de tales extremos trasciende en la negociación colectiva del mero formalismo burocrático para convertirse en garantía de objetividad y transparencia. Esta documentación sirve tanto para formalizar las necesidades de la persona que presta su trabajo, como para proporcionar a la empresa elementos objetivos de evaluación. El tenor convencional es, pues, de lo más variado, pudiendo mencionar a título ejemplificativo, que el Grupo de Empresas Generali plasma esta exigencia requiriendo certificaciones médicas y declaraciones de

---

[1089] CASTRO ARGUELLES, M.A.: "Conciliación de la vida familiar y laboral de progenitores y cuidadores: la transposición de la Directiva (UE) 2019/1158 por el Real Decreto Ley 5/2023", *Revista Española de Derecho del Trabajo*, núm. 271, 2024.

dependencia[1090], mientras el Grupo Zena enfatiza la necesidad de detallar el impacto positivo que la adaptación tendrá en la conciliación de la persona trabajadora[1091]. En términos más genéricos, el Convenio colectivo del Grupo Parcial Cepsa[1092] exige la aportación mediante documentación específica sin mayores precisiones. En paralelo, las circunstancias de cuidado por motivos de salud, a la luz del convenio de Airbus Defence and Space, requieren el respaldo de informes médicos que sustenten la necesidad de adaptación[1093]. Dignos de mención son los convenios del Grupo Telefónica, donde se exige que cada solicitud esté acompañada de documentación que acredite la legitimidad de la necesidad planteada, ya sea un informe médico, una declaración de responsabilidad o cualquier otro soporte pertinente[1094]. La referencia a una declaración responsable se recoge en el convenio colectivo de la empresa Renfe[1095].

En definitiva, dejando a un lado este casuismo documental y retomando los términos legales del art. 34.8 ET, se protegen –acogiendo las nuevas fórmulas de relación interpersonal—, situaciones de convivencia de hecho en las que el grado de

---

1090 VII Convenio colectivo del grupo de empresas Generali España (BOE núm. 277, de 18 de noviembre de 2022).

1091 V Convenio colectivo del Grupo Zena (BOE núm. 58, de 9 de marzo de 2022).

1092 II Convenio colectivo del Grupo Parcial Cepsa (BOE núm. 52, de 28 de febrero de 2024).

1093 VI Convenio colectivo de las empresas Airbus Defence and Space, S.A.U., Airbus Operations, S.L., y Airbus Helicopters España, S.A. (BOE núm. 108, de 6 de mayo de 2022).

1094 III Convenio Colectivo del grupo de empresas vinculadas Telefónica de España, S.A.U.; Telefónica Móviles España, S.A.U. y Telefónica Soluciones de Informática y Comunicaciones, S.A.U. (BOE núm. 52, de 28 de febrero de 2024).

1095 III Convenio colectivo del Grupo Renfe (BOE núm. 171, de 19 de julio de 2023).

parentesco es superior al recogido legalmente (sobrinos, tíos, primos) o incluso en las que no hay relación jurídico-familiar alguna, lo cual merece una valoración positiva a los efectos de ampliación de las atenciones a las situaciones de necesidad (hijos de la pareja de hecho, personas que comparten vivienda ante el precio desorbitado de alquileres...).

Igualmente, la mención legal expresa a la dependencia merece una valoración positiva, pues las estadísticas poblacionales demuestran un incremento significativo de las personas de mayor edad (octogenarias), que componen uno de los colectivos más vulnerables tal y como se ha podido comprobar con la expansión de la pandemia[1096]. A medida que las personas cumplen años, cada vez es más probable que comiencen a tener limitaciones, en mayor o menor grado, para gestionar su propia vida cotidiana en los aspectos más básicos y habituales. Se sabe, igualmente, que la edad avanzada está asociada, con un paralelismo exacto, a una mayor probabilidad de desarrollar enfermedades crónicas: hipertensión, afectaciones coronarias, diabetes, tumores, artritis, reumatismo, artrosis, colesterol, cataratas, demencia, parkinson, incontinencias esfinterianas, osteoporosis, enfisema, fatiga, depresión o ansiedad, entre otras[1097]. Desde la óptica que aúna la senescencia con esta serie

---

1096 IGARTÚA MIRÓ, M.T.: "Conciliación y ordenación flexible del tiempo de trabajo. La nueva regulación del derecho de adaptación de jornada *ex* art. 34.8 ET", *Revista General de Derecho del Trabajo y de la Seguridad Social*, núm. 53, 2019, p. 81 ó DE VICENTE PACHÉS, F.: "Servicios sociales, envejecimiento activo y aprendizaje a lo largo de la vida", en AA.VV.: *Por una pensión de jubilación, adecuada, segura y sostenible, Tomo II. III Congreso Internacional y XVI Congreso Nacional de la Asociación Española de Salud y Seguridad Social*, Madrid (Laborum), 2019, p. 308.

1097 RUBIO RUBIO, L. y DUMITRACHE, C.G.: "Salud y tercera edad", en AA.VV (MONEREO PÉREZ, J.L.; MALDONADO MOLINA, J.A. y RUBIO HERRERA, R., Dirs.): *Prevención y protección*

enunciativa de alteraciones orgánicas, funcionales o metabólicas[1098], no se puede desconocer, a la postre, la interrelación existente entre la edad y las situaciones de discapacidad, aumentando estas últimas en clara correspondencia con el incremento del primer presupuesto, no en vano más del 32 por 100 de las personas mayores de 65 años tienen alguna restricción física, psíquica o sensorial (frente al 11,1 por 100 de los menores de esa edad), elevándose a casi el 58 por 100 cuando se superan los 85 años[1099].

4.- No se hace referencia explícita en el art. 34.8 ET, pero debe entenderse incluido, el progenitor, adoptante, guardador con fines de adopción o acogimiento permanente durante la hospitalización y el tratamiento continuado del menor a su cargo afectado por cáncer (tumores malignos, melanomas o carcinomas), o por cualquier otra enfermedad grave, que implique un ingreso hospitalario de larga duración y requiera la necesidad de su cuidado directo, continuo y permanente, acreditado por el informe del servicio público de salud u órgano administrativo sanitario de la Comunidad Autónoma correspondiente y, como máximo, hasta que el menor cumpla los dieciocho años.

En fin, aunque este supuesto no se menciona en ningún convenio colectivo analizado, algunas cláusulas convencionales amplían el ámbito de aplicación del art. 34.8 ET, incluyen-

---

de la dependencia: un enfoque transdisciplinar, Granada (Comares), 2014, pp. 103 y ss.

1098 VADILLO RUÍZ, J.J.: "Respuestas a los nuevos retos de envejecimiento, protección a la salud y cuidados: la perspectiva médica", en AA.VV.: *Por una pensión de jubilación, adecuada, segura y sostenible, III Congreso Internacional y XVI Congreso Nacional de la Asociación Española de Salud y Seguridad Social*, Murcia (Laborum), 2019, p. 64.

1099 MOLERO MARAÑÓN, M.L.: *Bases, evolución y retos de la Ley de Dependencia a los diez años de su aprobación*, Albacete (Bomarzo), 2017, pp. 12-13.

do el cuidado de menores y personas dependientes sin mayor concreción[1100] y otras, en cambio, amplían o reducen, respectivamente, en función de los supuestos aludiendo al "cuidado de sus hijos o hijas menores de edad, de menores sujetos a su tutela o acogimiento; y para la atención de sus familiares mayores o personas con discapacidad hasta el primer grado de consanguinidad o afinidad"[1101].

4.5.- El convenio colectivo como fuente prioritaria de regulación procedimental

El disfrute de la adaptación de las condiciones de trabajo se encuentra secuenciado al calor del art. 34.8 ET en varias fases:

4.5.1.- Solicitud

Procede, en primer lugar, la previa formulación de una solicitud por la persona trabajadora, que debe contener lógicamente el contenido de la adaptación propuesta, indicando el sujeto causante. Aun cuando el art. 34.8 ET no menciona expresamente la referencia a las necesidades concretas de conciliación[1102], tal contenido se deduce de la exigencia de "razonabilidad y proporcionalidad de los términos de la petición en relación, de un lado, "con las necesidades de la persona trabaja-

---

1100 II Convenio colectivo del Grupo Parcial Cepsa (BOE núm. 52, de 28 de febrero de 2024).

1101 III Convenio colectivo del Grupo Renfe (BOE núm. 171, de 19 de julio de 2023).

1102 La STSJ Cataluña 21 marzo 2022 (rec. 6785/2021) reprocha a la empresa que denegara la solicitud, sin alegar razones concretas, organizativas o productivas, que le impidiesen adoptar tal medida, sin que para justificar su negativa fuera suficiente la alegación del reducido número de trabajadores por turno.

dora" (esto es, debe servir a la finalidad de conciliación y estar limitada temporalmente mientras ella subsista) y, de otro, "con las necesidades organizativas o productivas de la empresa".

Más allá de ser una mera formalidad, este conjunto de requisitos se presenta como un puente entre las necesidades personales y las exigencias colectivas, materializando un equilibrio fundamental entre la flexibilidad requerida por las personas trabajadoras y la estabilidad imprescindible para las empresas. Este equilibrio permite garantizar que cada solicitud sea una oportunidad de mejora y no una fuente de desajustes operativos.

Ni en la redacción anterior ni en la actual del precepto legal analizado se establece límite alguno al número de solicitudes ni al ejercicio, lo que permite cursar una solicitud cada vez que la persona trabajadora tenga necesidades de conciliación que puedan atenderse por esta vía[1103]. Alguna cláusula convencional permite realizar una solicitud alternativa cuando la inicial resulte inviable[1104].

4.5.2.- El llamamiento al convenio colectivo

La solicitud se realizará, en segundo término, conforme a lo que en su caso hubiera dispuesto el convenio colectivo, al que se le hace un llamamiento explícito para que, de modo potestativo, establezca "los términos de …ejercicio, que se acomodarán a criterios y sistemas que garanticen la ausencia de

---

1103 IGARTÚA MIRÓ, M.T.: "Nuevas medidas de conciliación, permios y fórmulas de trabajo flexible", *Revista de Derecho Social y Empresa*, núm. 19, 2023, p. 7.

1104 Convenio colectivo de Bolsas y Mercados Españoles (BOE núm. 229, de 23 de septiembre de 2022).

discriminación, tanto directa como indirecta, entre personas trabajadoras de uno y otro sexo"[1105].

El deseo del legislador ha sido, por ende, convertir a la negociación colectiva en la vía principal o herramienta esencial para articular el derecho y dotarla de preferencia para regular esta materia en detrimento del pacto individual que sólo podrá jugar en un único supuesto, esto es, en ausencia de cláusula convencional[1106].

Así, por un lado, la persona trabajadora deberá tener en cuenta los criterios que el acuerdo colectivo pueda prever en relación con los cambios en el tiempo de trabajo o en la forma de la prestación a la hora de concretar la solicitud de adaptación para la conciliación; y, por otro lado, la empresa deberá atender la solicitud con base en tales criterios para favorecer la compatibilidad entre trabajo y conciliación[1107].

Algunos convenios colectivos prevén mecanismos como "comisiones paritarias", apostando por una cultura organizacional basada en la cooperación y la equidad, que no solo beneficia a las personas trabajadoras al proporcionarles una mayor capacidad de decisión sobre su tiempo, sino que también

---

1105 IGARTÚA MIRÓ, M.A.: "Conciliación y ordenación flexible del tiempo de trabajo. La nueva regulación del derecho a la adaptación de jornada ex art. 34.8 ET", *Revista General de Derecho del Trabajo y de la Seguridad Social*, núm. 53, 2019, p. 83.

1106 BLASCO JOVER, C.: "La nueva configuración del permiso por lactancia y del derecho a la adaptación de la jornada tras el Real Decreto Ley 6/2019, de 1 de marzo, de medidas urgentes para la igualdad de mujeres y hombres en el empleo y la ocupación", *Revista Internacional y Comparada de Relaciones Laborales y Derecho del Empleo, Adapt*, vol. 7, núm. 2, 2019, p. 70.

1107 LÓPEZ BALAGUER, M.: "El impacto de las tareas de cuidado en la relación laboral: la adaptación del tiempo y la forma de prestación", *Lan Harremanak*, núm. 52, 2024, p. 3.

potencia la sostenibilidad empresarial al fomentar entornos laborales más humanos y productivos[1108]. En algunos casos se regula una "mediación sindical", proporcionando voz a las personas trabajadoras a través de los instrumentos de representación colectiva[1109].

Nada impide, empero, que los planes de igualdad se conviertan en la fuente de negociación de los acuerdos sobre la adaptación de las condiciones de trabajo para la conciliación, pues de conformidad con lo previsto en art. 7.1.f del Real Decreto Ley 901/2020, de 13 de octubre, por el que se regulan los planes de igualdad y su registro y se modifica el Real Decreto 713/2010, de 28 de mayo, sobre registro y depósito de convenios y acuerdos colectivos de trabajo, una de las materias sobre las que la empresa deberá realizar el diagnóstico y adoptar las medidas de acción oportunas es precisamente la relativa al "ejercicio corresponsable de los derechos de la vida personal, familiar y laboral"[1110].

1108 Art. 24 III Convenio colectivo del grupo Naturgy (BOE núm. 47, de 24 de febrero de 2023); IX Convenio colectivo del Grupo Prisa Radio (BOE núm. 73, de 23 de marzo de 2024); Convenios del Grupo Asegurador Reale: Convenio colectivo del Grupo Asegurador Reale, integrado por Reale Seguros Generales, S.A.; Reale Vida y Pensiones, S.A.; Reale Inmobili España, S.A.; y Reale ITES Esp. S.L. (BOE núm. 259, de 30 de octubre de 2023) o VI Convenio colectivo de las empresas Airbus Defence and Space, S.A.U., Airbus Operations, S.L., y Airbus Helicopters España, S.A. (BOE núm. 108, de 6 de mayo de 2022).

1109 Convenio colectivo Industrias Vinícolas, alcoholeras y sus derivados (BO. Extremadura 25 julio 2024) o Convenio colectivo Vehículos de alquiler sin conductor de Baleares (BO. Baleares 27 agosto 2022).

1110 LÓPEZ BALAGUER, M.: "El impacto de las tareas de cuidado en la relación laboral: la adaptación del tiempo y la forma de prestación", *Lan Harremanak*, núm. 52, 2024, p. 16.

4.5.3.- La negociación individualizada como canal supletorio

En ausencia de previsión convencional, el art. 34.8 ET establece un régimen supletorio, tratando de evitar que la inexistencia de previsiones específicas en el convenio vacíe de contenido el derecho. Así, "la empresa, ante la solicitud de la persona trabajadora, abrirá un proceso de negociación con esta", sin intervención de terceros que intenten mediar o conciliar las posturas enfrentadas, ni posibilidad de resolución arbitral, salvo mejora convencional. La negociación colectiva consultada no incide en estos cauces alternativos.

Este proceso de negociación individualizada cruzando ofertas y contraofertas de una parte y de la otra bajo las reglas de la buena fe, siempre con la finalidad de intentar llegar a un acuerdo, tendrá que desarrollarse con la máxima celeridad y, en todo caso, durante un periodo máximo de quince días (antes, treinta). Alguna cláusula convencional reitera tal período máximo de quince días hábiles para la evaluación de las solicitudes[1111] y alguna otra amplía este plazo, desbordando los márgenes legales, a un máximo veinte días[1112], si bien no faltan ejemplos de reducción a diez[1113] o siete días[1114]. Digno es de destacar que en algún caso se prevé la formalización de tal pro-

---

[1111] III Convenio Colectivo del grupo de empresas vinculadas Telefónica de España, S.A.U.; Telefónica Móviles España, S.A.U. y Telefónica Soluciones de Informática y Comunicaciones, S.A.U. (BOE núm. 52, de 28 de febrero de 2024).

[1112] II Convenio colectivo del Grupo Parcial Cepsa (BOE núm. 52, de 28 de febrero de 2024).

[1113] Convenio colectivo de Cajas y entidades financieras de ahorro (BOE núm. 137 de 6 junio 2024).

[1114] Convenio colectivo de Aparcamientos y garajes (BOE núm. 120 de 17 mayo 2024).

ceso a través de medios digitales[1115] o la adopción de soluciones transitorias mientras se estudian las solicitudes con mayor profundidad[1116].

Cada día cuenta en la vida de quienes buscan ajustar sus horarios para atender responsabilidades familiares, de ahí la conveniencia de imprimir dosis de celeridad y seguridad, siendo imprescindible evitar que las personas trabajadoras queden en un limbo de incertidumbre respecto a sus solicitudes, razón por la cual las cláusulas convencionales reductoras anteriormente transcritas pueden servir de modelo para otros ámbitos negociadores.

4.5.4.- La decisión empresarial: posibilidades

Concluido este intercambio de pareceres, la empresa es quien habrá de comunicar su resolución. Así:

1º.- Tal y como exige el art. 34.8 ET, la notificación se ha de realizar por escrito. Este mismo criterio se acoge, lógicamente, en varios convenios colectivos[1117]. Esta exigencia no solo asegura que los empleados reciban una respuesta clara y fundamentada, sino que también configura un registro formal que protege los intereses de ambas partes en caso de controversias

---

[1115] III Convenio colectivo de las empresas Bureau Veritas Inspección y Testing, S.L.U. y Bureau Veritas Solutions Iberia, S.L.U. (BOE núm. 74, de 25 de marzo de 2024).

[1116] X Acuerdo Marco del Grupo Repsol (BOE núm. 45, de 22 de febrero de 2023).

[1117] Convenio colectivo de Cajas y entidades financieras de ahorro (BOE núm. 137 de 6 junio 2024); Convenio colectivo de Aparcamientos y garajes (BOE núm. 120 de 17 mayo 2024) o Convenio colectivo de Logística, Paquetería y Actividades anexas al transporte de mercancías (BO. Madrid 31 julio 2023).

futuras[1118]. En algún supuesto convencional se permite la notificación escrita utilizando alternativamente canales físicos o digitales[1119].

De interés son aquellas cláusulas convencionales que exigen que la comunicación se realice en un lenguaje accesible y comprensible[1120], eliminando cualquier ambigüedad que pueda generar dudas o malentendidos[1121].

2º.- En caso de rechazo, se establece la obligación empresarial de formular y ofrecer una propuesta alternativa que verdaderamente posibilite atender las necesidades de conciliación de la persona trabajadora.

3º.- Tanto en este último supuesto como cuando acaezca el definitivo rechazo de la petición, el art. 34.8 ET recoge el deber empresarial de motivar las razones objetivas que sustentan su postura[1122], lo que es coherente con la matización que introduce la Directiva 2019/1158 conforme a la cual "los empleadores deberán justificar cualquier denegación de estas solicitudes, así como cualquier aplazamiento de dichas fórmulas"[1123].

1118 Convenio colectivo de Cajas y entidades financieras de ahorro (BOE núm. 137 de 6 junio 2024).

1119 Convenio colectivo de Instalaciones deportivas y gimnasios (BOE núm. 23 de 26 de enero de 2024) o III Convenio colectivo de las empresas Bureau Veritas Inspección y Testing, S.L.U. y Bureau Veritas Solutions Iberia, S.L.U. (BOE núm. 74, de 25 de marzo de 2024).

1120 Convenio colectivo de Comercio de Ópticas (BO. Navarra 12 marzo 2024).

1121 Art. 34.8 Convenio colectivo de empresas de servicios auxiliares de información, recepción, control de accesos y comprobación de instalaciones. (BOE núm. 79 de 30 de marzo de 2024).

1122 MELÉNDEZ MORILLO-VELARDE, L.: "El derecho a solicitar la adaptación de la jornada: una aproximación legal y judicial", *Anuario Jurídico y Económico Escuarialense*, LVI, 2023, p. 100.

1123 BLASCO JOVER, C.: "Conciliación, corresponsabilidad y flexibilidad en un entorno digital cambiante: visión en clave de género",

La referencia legal a tales "razones objetivas" debe interpretarse atendiendo al daño relevante (o excesivo) que la medida solicitada provocaría en la capacidad de organización de la actividad productiva. Así pues, no se le puede exigir a la empresa aquello que sea irrazonable, excesivo, desorbitado o inasumible, siempre valorado conforme a criterios empresariales de carácter económico, técnico, organizativo o de producción[1124]. La empresa tendrá, por tanto, que acreditar motivos objetivos que vayan más allá de los ordinarios para justificar la denegación de la concreción solicitada. Y ello porque aunque no basta la mera conveniencia conciliatoria, ni existe obligación empresarial de aceptar la propuesta (que, además, debe ser proporcionada), sólo de negociarla individualmente de buena fe, alejado de cualquier ánimo caprichoso o abusivo, lo cierto es que debe plantear una oferta alternativa que posibilite, de forma razonable, las pretensiones de conciliación o formular el rechazo, justificando suficientemente por escrito la negativa fundada en la necesidad de llevar a cabo un esfuerzo empresarial especialmente gravoso[1125].

No se han encontrado previsiones convencionales que hagan referencia a la restricción a causas excepcionales o de fuerza mayor para la formulación de la negativa, pero sí alusiones a la viabilidad técnica y organizativa de la propuesta[1126] o a la

---

en AA.VV (CUADROS GARRIDO, M.E. y SELMA PENALVA, A., Dirs.): *Inteligencia Artificial y formas de trabajo emergentes*, Madrid, Colex, 2024, p. 280.

1124 MOLINS GARCÍA-ATANCE, J.: "El nuevo marco jurídico de la Directiva (UE) 2019/1158 en relación con la adaptación del tiempo de trabajo a las circunstancias personales y familiares de las personas trabajadoras", *Documentación Laboral*, núm. 122, 2021, Vol. 1, p. 27.

1125 SSTSJ Andalucía 21 noviembre 2019 (rec. 2860/2019) o Galicia 30 diciembre 2019 (rec. 4836/2019).

1126 Convenio colectivo del Grupo AXA (BOE núm. 304, de 21 de diciembre de 2023).

exigencia de una relación de reciprocidad y reconocimiento mutuo, donde ni las solicitudes se perciben como demandas arbitrarias ni las respuestas como imposiciones unilaterales[1127].

3º- El art. 34.8 ET configura una especie de silencio positivo para el supuesto de que en el indicado plazo de quince días (o en el más reducido por mor del convenio colectivo) no se produzca una expresa y motivada oposición empresarial, en cuyo caso la adaptación solicitada se presumirá concedida. Cabe plantear si tal presunción debe considerarse *iuris tantum* o, por el contrario, entender que no admite prueba en contrario. Si nos inclinamos por la primera opción, la parte empresarial podría alegar en el proceso judicial necesidades organizativas y/o productivas no expuestas durante la interlocución previa que, de ser suficientes, justificarían la denegación de la adaptación solicitada. Este resultado resultaría del todo ilógico y atentatorio a la doble finalidad punitiva y protectora esbozada en el precepto legal aquí analizado, razón por la presunción debe de tener efectos iuris et de iure[1128].

En algún convenio colectivo se prevé expresamente que una falta de respuesta dentro del plazo acordado debe interpretarse como una aceptación tácita de la solicitud[1129], fortaleciendo así la posición de la persona trabajadora.

1127 Convenio colectivo para la Fabricación de conservas vegetales (BOE núm. 261 de 1 de noviembre de 2023).

1128 MARTÍNEZ MORENO, C.: "La adaptación de la jornada con fines de conciliación en el Real Decreto Ley 5/2023: ¿el progreso de un derecho aún incompleto?", *Revista Derecho Social y Empresa*, núm. 19, 2023, p. 19 ó SOLÁ i MONELLS, X.: "Las modificaciones introducidas por el Real Decreto Ley 5/2023, de 28 de junio, en cumplimento de la Directiva (UE) 2019/1158, de 20 de junio: otro importante paso adelante hacia la conciliación corresponsable", *IusLabor*, núm. 3, 2023, p. 24.

1129 Convenio colectivo de Cooperativas del campo (BO. Tarragona 13 febrero 2023); Convenio colectivo de Sector de Oficina (BOP León

4º.-Una de las cuestiones más controvertidas radica en si es posible denegar la solicitud de adaptación formulada por la persona trabajadora cuando haya otros familiares que puedan atender las necesidades de conciliación. La doctrina se encuentra dividida en dos posturas diferentes[1130]. Algunos autores entienden que, en caso de discrepancia entre las partes, el criterio decisivo es de la corresponsabilidad que prevé el art. 44 Ley Orgánica 3/2007 a fin de fomentar que ambos progenitores asuman de forma equilibrada, las responsabilidades familiares[1131]. Otro sector doctrinal, por el contrario, considera que el hecho de tener en cuenta las posibilidades de atención a las responsabilidades familiares por otros parientes de la persona trabajadora, produciría una alteración en los derechos de conciliación, en la medida en que estos dejarían de ser propios de cada trabajador y quedarían condicionados en su ejercicio ante la concurrencia de otras circunstancias que no prevé el ET[1132]. El Tribunal Superior de Justicia de Madrid, en Sentencia de 15 de septiembre de 2023[1133], ha señalado que, a la hora de reconocer a la persona trabajadora cualquiera de los derechos de conciliación reconocidos legalmente, la empresa no puede

núm. 133 de 12 de julio de 2024) o Convenio colectivo de empresas de servicios auxiliares de información, recepción, control de accesos y comprobación de instalaciones. (BOE núm. 79 de 30 de marzo de 2024).

1130 MELÉNDEZ MORILLO-VELARDE, L.: "El derecho a solicitar la adaptación de la jornada: una aproximación legal y judicial", *Anuario Jurídico y Económico Escuarialense*, LVI, 2023, p. 100.

1131 AGUSTÍ MARAGALL, J., "El derecho de adaptación de jornada ex art. 34.8 ET después del Real Decreto-Ley 6/2019. La cuestión de la corresponsabilidad en su reconocimiento", *Revista Jurisdicción Social*, núm. 199, 2019, p. 35.

1132 VIQUEIRA PÉREZ, C., "Límites a la adaptación de jornada para la conciliación de la vida familiar (art. 34.8 ET)", *Revista de Jurisprudencia Laboral*, núm. 4, 2021, p. 7.

1133 Rec. 74/2023.

pretender que *"se entre a analizar cómo esta organiza el cuidado del hijo/a o familiar con su cónyuge o pareja, o en su caso con otras personas de la familia (los abuelos). Sería permitir a la empresa la intromisión en la vida privada de matrimonios y parejas, convirtiéndola en una suerte de guardián de la corresponsabilidad. Lo que no impide -obviamente- que las dificultades del otro progenitor para conciliar en términos compatibles con el trabajo de la persona trabajadora solicitante puedan ser alegadas por esta para justificar la razón de su derecho"*.

Con la nueva formulación legal, introducida en el art. 34.8 ET por el Real Decreto Ley 5/2023, se refuerza el carácter individual del derecho, desterrando la indagación en las circunstancias familiares, con el objetivo de desentrañar si el otro progenitor u otro familiar puede asumir las tareas de cuidado. Y ello porque la vara de medir viene justificada en la necesidad de conciliación y la "razonabilidad" de la solicitud[1134]. En efecto, el titular del derecho de adaptación no está obligado a demostrar la imposibilidad de que concilie su cónyuge (u otro familiar) porque el derecho de adaptación se configura en el art. 34.8 ET como un derecho de titularidad individual cuyo ejercicio no se condiciona a la existencia de una suerte de "necesidad insuperable de conciliar" derivada de la imposibilidad de atender la conciliación a través de otras medidas y/o con ayuda de otras personas. Antes al contrario, el derecho de adaptación depende únicamente de la existencia de los presupuestos objetivos que habilitan para conciliar: tener hijos o familiares a los que cuidar y verse imposibilitado para hacerlo manteniendo el régimen pre-existente de prestación de trabajo[1135].

1134 IGARTÚA MIRÓ, M.T.: "Nuevas medidas de conciliación, permios y fórmulas de trabajo flexible", *Revista de Derecho Social y Empresa*, núm. 19, 2023, p. 21.

1135 NIETO ROJAS, P.: "La conciliación de la vida familiar y profesional en la Unión Europea", Revista de Estudios Jurídico Laborales y de Seguridad Social, núm. 8, 2024, p. 87.

5º.- No resuelve el legislador de forma clara si la adaptación es un título habilitante para la modificación sustancial de condiciones de trabajo respecto a otras personas de la plantilla que se ven indirectamente afectados, algo que seguramente ha de responderse positivamente a la luz de algún pronunciamiento judicial[1136], pero no hubiera estado de más la pertinente aclaración legal o convencional[1137].

4.6.- Canalización procesal de las discrepancias

Un simple repaso de la doctrina judicial reciente proporciona sobradas muestras de la alta conflictividad planteada por el derecho de adaptación de la jornada o de la forma de la prestación del quehacer profesional, máxime cuando las controversias no solo surgen por la colisión de intereses entre las necesidades personales de la persona trabajadora y las exigencias organizativas o productivas de la empresa, sino también por el impacto que en el resto de la plantilla puede tener su ejercicio[1138].

De interés son, por tanto, aquellas cláusulas convencionales que obligan a la empresa a informar a las personas trabajadoras sobre los pasos a seguir en caso de que deseen apelar la decisión[1139].

1136 SSTSJ STSJ Andalucía 9 de septiembre de 2021 (rec. 2650/2021). Galicia 18 de febrero de 2022 (rec. 7045/2021), Navarra 2 de diciembre de 2022 (rec. 473/2022).

1137 IGARTÚA MIRÓ, M.T.: "Nuevas medidas de conciliación, permios y fórmulas de trabajo flexible", *Revista de Derecho Social y Empresa*, núm. 19, 2023, p. 23.

1138 LÓPEZ BALAGUER, M.: "El impacto de las tareas de cuidado en la relación laboral: la adaptación del tiempo y la forma de prestación", *Lan Harremanak*, núm. 52, 2024, p. 23.

1139 Convenio colectivo de Clínicas y consultas de odontología (BO. Segovia 15 mayo 2023).

En todo caso, las discrepancias surgidas entre la dirección de la empresa y la persona trabajadora (se entiende cuando la primera deniegue o realice propuestas alternativas insatisfactorias respecto de la solicitud) serán resueltas por la jurisdicción social, a través del procedimiento establecido en el art. 139 de la Ley 36/2011, de 10 de octubre, reguladora de la jurisdicción social (LRJS), incluso cuando se hayan interesado fórmulas de trabajo a distancia que no encontrarán para estos supuestos de conciliación acomodo para su tramitación en el art. 138 bis LRJS.

Serán, por tanto, los jueces, ante la negativa motivada de la empresa a conceder la adaptación solicitada, y tras la interposición de la correspondiente demanda, los que valorarán la razonabilidad y proporcionalidad de la petición. De este modo, es difícil establecer pautas generales acerca de qué adaptaciones se consideran razonables y proporcionadas[1140], pues el órgano judicial atenderá a las circunstancias concretas realizando un juicio de proporcionalidad doble, relativo a la necesidad, idoneidad y razonabilidad, tanto de la petición como de la denegación con el fin de alcanzar un justo equilibrio entre ambas posiciones o intereses[1141]. Este papel excede en alguna medida de la función jurisdiccional en sentido estricto, asumiendo más bien el papel de árbitor, pues, por una parte, impone un escrutinio sobre la viabilidad de la formulación de la persona

1140 AGUILERA IZQUIERDO, R.: "Adaptación de la jornada por motivos de conciliación de la vida familiar y laboral: razonabilidad y proporcionalidad", *Revista Española de Derecho del Trabajo*, núm. 257, 2022.

1141 MOLINA NAVARRETE, C.: "Autodeterminación (soberanía) sobre el tiempo y adaptación de la jornada a la carta por razones conciliatorias: entre utopías", *Revista Trabajo y Seguridad Social (Centro de Estudios Financieros)*, núm. 441, 2019, p. 15.

que reclama el derecho y, por otra, una consideración de las razones organizativas empresariales[1142].

Así, en el caso de que se judicialice la discrepancia, la empresa y la persona trabajadora deberán llevar sus respectivas propuestas y alternativas de concreción a los actos de conciliación previa al juicio y al propio acto del juicio, que podrán acompañar, en su caso, de informe de los órganos paritarios o de seguimiento de los planes de igualdad de la empresa para su consideración en la sentencia[1143].

Con todo, la remisión al procedimiento establecido en el art. 139 LRJS refuerza la posición de la persona trabajadora ante una denegación empresarial de lo solicitado, pues, a la postre, va a suponer el factible reconocimiento del derecho por una vía indirecta[1144]: judicial y no legal, acompañada de la posible acumulación en la demanda de una acción por daños y perjuicios causados derivados de la negativa de la empresa a la medida adaptativa o de la demora en la efectividad de tal medida, integrando las garantías propias de los derechos fundamentales a tal proceso cuando se invoque la vulneración de un derecho de tal naturaleza, lo cual habilitará, además, la posibilidad de recurrir en suplicación la sentencia de instancia, en principio vetada en esta modalidad procesal[1145].

1142 AGUSTÍ MARAGALL, J.: "El derecho de adaptación de jornada ex art. 34.8 ET después del Real Decreto Ley 6/2019. La cuestión de la corresponsabilidad en su reconocimiento", *Revista Jurisdicción Social*, núm. 199, 2019, pp. 30 y ss.

1143 GORELLI HERNÁNDEZ, J.: "La nueva regulación de la adaptación de la jornada: de la melancolía a una esperanza contenida", *Revista Derecho de las Relaciones Laborales*, núm. 2, 2020, p. 123.

1144 STS 23 julio 2020 (rec. 3047/2017). También, STSJ Valencia 11 febrero 2020 (núm. 396/2019).

1145 SÁNCHEZ.URÁN AZAÑA, Y.: "Garantía jurisdiccional del derecho a la no discriminación en la relación de trabajo", *Revista del Ministerio de Trabajo y Asuntos Sociales*, núm. Extraordinario, 2007, p. 210.

Como no podía ser de otra manera, la indemnización comprende el resarcimiento de daños patrimoniales o materiales sufridos, entendidos como aquellos que hayan repercutido de forma clara en la esfera económica de la persona trabajadora tanto por lo que hace al daño emergente (gastos asumidos para contratar servicios de cuidados derivados de actividades extraescolares, servicios domésticos, centros de día, residencias, etc.)[1146] como por lo que afecta al lucro cesante (salarios dejados de percibir por ejercer otros derechos que implican mermas retributivas como una reducción de jornada o una excedencia), incluyendo también los daños morales[1147].

4.7.- Regreso a la situación anterior

Además de no exigir períodos de trabajo previo y de prever la compatibilidad con todos los permisos reconocidos en el art. 37 ET, la nueva versión del art. 34.8 ET facilita el reingreso a la situación anterior, pues ya no recoge solo el derecho "a solicitar" tal extremo "una vez concluido el periodo acordado o cuando el cambio de las circunstancias así lo justifique, aun cuando no hubiese transcurrido el periodo previsto", sino que refiere "el derecho a regresar a la situación anterior a la adaptación una vez concluido el período acordado o previsto o cuando decaigan las causas que motivaron la solicitud". Por lo tanto, cabe entender que, en estas dos circunstancias, la persona trabajadora tiene un derecho automático al retorno al mo-

---

1146 STSJ, Social, Castilla-La Mancha 9 mayo 2000 (rec. 840/1999).

1147 JURADO SEGOVIA, A.: "Tutela del derecho", en AA.VV (PÉREZ DE LOS COBOS ORIHUEL, F. y MOREAL BRINGSVAERD, E., Dirs.): *Registro de la jornada y adaptación del tiempo de trabajo por motivos de conciliación*, Madrid (La Ley), 2020, p. 290.

delo de trabajo original, lo que se traduce en una obligación de la empresa de concederlo[1148].

Debe repararse en que, como ya consta, con anterioridad, se aludía al derecho de la persona trabajadora a "solicitar" el regreso, lo que podía llegar a desincentivar determinadas peticiones de adaptación habida cuenta de la incertidumbre que también se cernía sobre tal momento. La nueva redacción legal hace desaparecer aquel verbo, por lo que se da a entender que se ostentará un derecho automático a retornar a la situación precedente que la contraparte habrá de respetar en todo caso[1149].

El art. 34.8 ET añade que "en el resto de los supuestos, de concurrir un cambio de circunstancias que así lo justifique, la empresa sólo podrá denegar el regreso solicitado cuando existan razones objetivas motivadas para ello"[1150]. Se configura así un "derecho de solicitud cualificado", para los casos donde se produzca una modificación o alteración sobrevenida de las necesidades que justifican la adaptación, pero no su desaparición, dado que en esta última circunstancia se reconoce, permítase la reiteración, un derecho de regreso pleno. La denegación de la solicitud deberá ser, además, justificada y queda limitada a supuestos donde exista una motivación objetiva concreta; unas

---

1148 FERNÁNDEZ MARTÍNEZ, S.: "La adaptación de las condiciones de trabajo por motivos de conciliación ex artículo 34.8 ET: un análisis crítico a la luz del Real Decreto Ley 5/2023 y de los últimos pronunciamientos judiciales", *Iuslabor*, núm. 2, 2024, p. 60.

1149 BLASCO JOVER, C.: "Cuando se cierra una puerta se abre una ventana: el Real Decreto Ley 5/2023 salva in extremis la esencia de la Ley de Familias", *Lex Social*, vol. 13, núm. 2, 2023, p. 13.

1150 FERNÁNDEZ LÓPEZ, M.F.: "Igualdad y prohibición de discriminación en el marco laboral", en AA.VV (CASAS BAAMONDE, M.E. y GIL ALBURQUERQUE, R., Dirs.): *Derecho Social de la Unión Europea*, 2ª edición, Madrid (Francis Lefebvre), 2019, p. 238.

exigencias que no incorpora la norma europea, de nuevo superada por la transposición efectuada por el derecho interno[1151].

Se echa en falta en la negociación colectiva un mayor grado de concreción de esta posible reversión, es decir, algún tipo de pautas, a los plazos o al mismo periodo de reincorporación[1152].

4.8.- Garantías de indemnidad

Aun cuando no puede obviarse el hecho de que, como ha señalado el Tribunal Constitucional, la conciliación de la vida familiar y laboral presenta una clara dimensión constitucional que se enmarca en la prohibición de la discriminación por razón de género, de manera que de ese enlace con la discriminación va a derivar que las personas trabajadoras que hubieran solicitado o disfrutado de una adaptación de condiciones de trabajo por motivos de conciliación gocen del blindaje frente al despido[1153], lo cierto es que resulta positivo que el Real Decreto Ley 5/2023 introdujera previsiones expresas en tal sentido. Así, la solicitud o el ejercicio de los derechos que brinda el art. 34.8 ET se incorporaron, en la versión incorporada por el Real Decreto Ley 5/2023, a las causas que originan la nulidad del despido disciplinario u objetivo. Cabe recordar, en este sentido que el art. 12 Directiva 2019/1158

[1151] SOLÁ i MONELLS, X.: "Las modificaciones introducidas por el Real Decreto Ley 5/2023, de 28 de junio, en cumplimento de la Directiva (UE) 2019/1158, de 20 de junio: otro importante paso adelante hacia la conciliación corresponsable", *IusLabor*, núm. 3, 2023, p. 26.

[1152] LOSADA MORENO, N.: "La transposición de la Directiva 2019/1158 de conciliación de la vida familiar y de la vida profesional a través del Real Decreto Ley 5/2023", Iuslabor, núm. 2, 2024, p. 15.

[1153] MELÉNDEZ MORILLO-VELARDE, L.: "El derecho a solicitar la adaptación de la jornada: una aproximación legal y judicial", *Anuario Jurídico y Económico Escuarialense,* LVI, 2023, p. 110.

obliga a los Estados a adoptar "las medidas necesarias para prohibir el despido y cualquier preparación para el despido de un trabajador por haber solicitado o disfrutado uno de los permisos contemplados en los artículos 4 [permiso de paternidad], 5 [permiso parental] y 6 [permiso para cuidadores], o el tiempo de ausencia del trabajo previsto en el artículo 9.2 [fórmulas de trabajo flexible]"[1154].

Esta reforma del año 2023 legitimaba expresamente la inversión de la carga de la prueba de forma que, concurrente el supuesto protegido, correspondería a la empresa demostrar que su decisión descansa en causas reales absolutamente extrañas a la pretendida discriminación[1155]. Tal posibilidad no suponía, sin embargo, la admisión de que la persona trabajadora tratara de preconstituir una prueba, como sucedería cuando, conociendo o temiendo que va a ser despedida por incumplimientos graves, solicitara la adaptación ex art. 34.8 ET[1156].

Ahora bien, la Ley Orgánica 2/2024, de 4 de agosto, eliminó la referencia al art. 34.8 ET en los supuestos de nulidad del despido, convirtiendo al derecho de adaptación en un derecho de conciliación de segunda categoría. En todo caso, la dimensión constitucional de la medida contemplada en el art. 34.8 ET, tanto desde la perspectiva del derecho a la no discriminación por razón de sexo (art. 14 CE) de las mujeres trabajadoras como desde la del mandato de protección a la fa-

---

1154 BLASCO JOVER, C.: "Cuando se cierra una puerta se abre una ventana: el Real Decreto Ley 5/2023 salva in extremis la esencia de la Ley de Familias", *Lex Social*, vol. 13, núm. 2, 2023, p. 17.

1155 IGARTÚA MIRÓ, M.T.: "La promoción de la igualdad de género a través de fórmulas de trabajo flexible. Reflexiones y propuestas a la luz de la Directiva (UE) 2019/1158", *Femeris*, Vol. 7, núm. 2, p. 98.

1156 ROLDÁN MARTÍNEZ, A.: "Retos pendientes en la protección del embarazo y de los derechos de conciliación de la vida familiar y laboral frente al despido", *Lex Social*, núm. 2, 2022, p. 42.

milia y a la infancia (art. 39 CE), debía de prevalecer y servir de orientación para la solución de cualquier duda interpretativa, como ha señalado el Tribunal Constitucional[1157]. Así lo reconoce de forma expresa el art. art.4.2 c) ET que pasa a considerar integrado en la noción de discriminación por razón de sexo el trato desfavorable dispensado a mujeres y hombres por el ejercicio de los derechos de conciliación o corresponsabilidad de la vida familiar y laboral; y lo refuerza la cláusula abierta del art. 2.1 de la Ley 15/2022, de 12 de julio, integral para la igualdad de trato y no discriminación. Todo ello sin olvidar que la disposición adicional 3ª Ley Orgánica 5/2024, de 11 de noviembre, del Derecho de Defensa, reconoce el derecho de indemnidad de las personas trabajadoras frente a las "consecuencias desfavorables que pudieran sufrir por la realización de cualquier actuación efectuada ante la empresa o ante una actuación administrativa o judicial destinada a la reclamación de sus derechos laborales, sea ésta realizada por ellas mismas o por sus representantes legales"[1158].

No obstante, en la nueva versión del art. 34.8 ET, tras la Ley Orgánica 2/2024, la persona trabajadora debía presentar una prueba indiciaria de la discriminación alegada para poder obtener la calificación de nulidad del despido. La dificultad que presenta la acreditación de los indicios en estos supuestos dejaba a estos trabajadores en una posición de desventaja con respecto al resto de la plantilla que ejercía otros derechos de conciliación, como la reducción de la jornada del art. 37.6 ET

1157 SSTCo 3/2007, de 15 de enero; 24/2011, de14 de marzo; 26/2011, de 14 de marzo. AGUILERA IZQUIERDO, R.: "Adaptación de la jornada por motivos de conciliación de la vida familiar y laboral: razonabilidad y proporcionalidad", *Revista Española de Derecho del Trabajo*, núm. 257, 2022.

1158 RÍOS MESTRE, J.M.: "Comentario de urgencia de la Ley Orgánica 5/2024, de 11 de noviembre, del Derecho de Defensa, con mirada laboralista", *Justicia y Trabajo*, núm 5, 2024, p. 159.

que sí goza de una mayor protección[1159]. De ahí que se considere pertinente la corrección del "error técnico" de la Ley Orgánica 2/2024 a través de la disposición final 26ª Ley Orgánica 1/2025, de 2 de enero, de medidas en materia de eficiencia del Servicio Público de Justicia, pues recupera la inclusión de las "adaptaciones de jornada" en el restringido marco de la nulidad de los arts. 53.4 b) y 55.b) ET[1160].

5.- CONCLUSIONES

En el complejo entramado de las relaciones laborales actuales surcadas por imparables reconversiones tecnológicas, la figura jurídica de la adaptación de la jornada laboral y del lugar de prestación de la actividad se erigen como un derecho de creciente relevancia que trasciende la mera reorganización productiva para entroncar directamente con la dignidad personal. Este derecho no constituye únicamente una herramienta para ajustar horarios y localizaciones; representa, en esencia, un cambio de paradigma que redefine la relación entre las dinámicas laborales y las necesidades humanas. Se configura, por tanto, como un mecanismo jurídico sofisticado, diseñado para armonizar las demandas organizativas con los derechos individuales de las personas trabajadoras, integrando ambos en una perspectiva de equidad, sostenibilidad y cuidados.

Ahora bien, lejos de tratarse de una prerrogativa absoluta o de aplicación unilateral, la adaptación horaria y espacial se

---

1159 MILENNOVA ROSEVA, D.: "Novedades en el derecho de adaptación de la jornada del art. 34.8 ET tras la transposición de la Directiva (UE) 2019/1158 por el Real Decreto Ley 5/2023", *Lan Harremanak*, núm. 52, 2024, p. 17.

1160 LÓPEZ BALAGUER, M.: "El impacto de las tareas de cuidado en la relación laboral: la adaptación del tiempo y la forma de prestación", *Lan Harremanak*, núm. 52, 2024, p. 24.

inscribe en un marco normativo que pretende equilibrar las prerrogativas empresariales con las aspiraciones de conciliación de las personas trabajadoras. En este sentido, esta figura no solo responde a las necesidades operativas y técnicas de las empresas, sino que también busca materializar un principio más amplio: el trabajo como un elemento que se adapta a las múltiples dimensiones de la vida y no viceversa.

Como idea general, los convenios colectivos analizados adolecen de una falta de concreción y enfoque real en la regulación de las adaptaciones horarias y espaciales por razones de conciliación o, mejor, de corresponsabilidad[1161]. Cabe esperar que el impulso dado por el AENC 2023, que considera "imprescindible" adoptar fórmulas flexibles de ordenación del tiempo de trabajo, encuentre su reflejo en los convenios venideros, en especial cuando contempla la racionalización del horario de trabajo o la flexibilidad de entrada y salida. Más en concreto en su capítulo XII alude a la incorporación de medidas de flexibilidad interna que faciliten la conciliación así como "desarrollar los términos del ejercicio del derecho a solicitar la adaptación de jornada, concretando los principios y reglas para la concesión de dichas adaptaciones, su reversión y los plazos de contestación a las solicitudes, para hacer efectivo el derecho a la conciliación"[1162].

Varios son los criterios que a la hora de regular este derecho adaptación temporal y locativa deberían inspirar a los interlocutores sociales: relevancia constitucional y carácter preeminente

---

1161 DE JESÚS SILVANO, S.: "Breve síntesis del alcance del "nuevo" derecho de los trabajadores a la adaptación de jornada para compatibilizar la vida laboral y familiar", *Diario La Ley*, núm. 9581, Sección Tribuna, 25 de febrero de 2020, pp. 7-9.

1162 IGARTÚA MIRÓ, M.T.: "Nuevas medidas de conciliación, permios y fórmulas de trabajo flexible", *Revista de Derecho Social y Empresa*, núm. 19, 2023, p. 26.

del derecho a la conciliación corresponsable, perspectivas de género y de defensa de la infancia –o de la mayor edad y vulnerabilidad de las personas dependientes–, así como máxima efectividad posible del derecho[1163]. Bajo tales premisas, resultan de gran interés las cláusulas convencionales que arbitran sistemas de mediación intraempresarial a través de comisiones paritarias, comisiones de igualdad u organismos "ad hoc" para la búsqueda de soluciones ajustadas a los intereses en conflicto; formulan medidas cautelares hasta la resolución definitiva o reducen el plazo para la adopción de la decisión empresarial, resolución que no solo ha de ser clara sino que ha de incluir información sobre los trámites a seguir en caso de discrepancia.

Es más, como reflexión general, cualquier análisis que se efectúe sobre la flexibilidad horaria y el trabajo a distancia como instrumentos que pueden coadyuvar a la conciliación no solo debe circunscribirse al tenor literal y las modulaciones convencionales sino que debe hacerse en un debate más amplio que aborde paralelamente la necesidad de reforzar la accesibilidad y la calidad de los servicios públicos de atención a menores y familiares enfermos o dependientes con el fin de que las personas con deberes de cuidado, significadamente mujeres, no se alejen del mercado de trabajo[1164].

Así, si se logra diseñar e implementar políticas públicas e iniciativas privadas que permitan a hombres y mujeres ejercer sus derechos de conciliación sin sacrificar su participación en

---

1163 MARTÍNEZ MORENO, C.: "La adaptación de la jornada con fines de conciliación en el Real Decreto Ley 5/2023: ¿el progreso de un derecho aún incompleto?", Revista Derecho Social y Empresa, núm. 19, 2023, p. 19.

1164 ARAGÓN GÓMEZ, C.: "Políticas de las Comunidades Autónomas para la conciliación de la vida laboral y familiar. El papel de las Comunidades Autónomas en el fomento de la corresponsabilidad", *Revista de Derecho Social y Empresa*, núm. 20, 2024, p. 15.

el ámbito laboral ni su progreso profesional, se habrá dado un paso crucial hacia la construcción de un entorno laboral más equitativo, inclusivo y adaptado a las necesidades del siglo XXI. Este enfoque, además, no solo beneficiará a las personas empleadas y sus familias, sino que también contribuirá al éxito de las organizaciones, al garantizar un talento humano más comprometido, equilibrado y motivado. Un paradigma donde los incentivos públicos a la conciliación no sea una aspiración vaga, sino una realidad cotidiana, y donde las empresas no vean en la flexibilidad un obstáculo, sino una ventaja estratégica, en la que cada negociación sea una oportunidad para construir relaciones laborales más justas, más equilibradas y más humanas, no deben hacerse esperar.

6.- BIBLIOGRAFÍA

AGUAS BLASCO, A.: "Nuevas formas de trabajo flexible: la ordenación del tiempo de trabajo para favorecer la conciliación de la vida laboral, personal y familiar", *Lan Harremanak*, núm. 52, 2024.

AGUILERA IZQUIERDO, R.: "Adaptación de la jornada por motivos de conciliación de la vida familiar y laboral: razonabilidad y proporcionalidad", *Revista Española de Derecho del Trabajo*, núm. 257, 2022.

AGUSTÍ MARAGALL, J.: "El derecho de adaptación de jornada ex art. 34.8 ET después del Real Decreto-Ley 6/2019. La cuestión de la corresponsabilidad en su reconocimiento", *Revista Jurisdicción Social*, núm. 199, 2019.

ALARCÓN CARACUEL, M.R.: *La ordenación del tiempo de trabajo*, Madrid (Tecnos), 1988.

ALEMÁN PÁEZ, F.: "El derecho de desconexión digital. Una aproximación conceptual, crítica y contextualizadora al hilo de la Loi travail nº 2016-1088", *Trabajo y Derecho*, núm. 30, 2017.

ARAGÓN GÓMEZ, C.: "Políticas de las Comunidades Autónomas para la conciliación de la vida laboral y familiar. El papel de las Comunidades Autónomas en el fomento de la corresponsabilidad", *Revista de Derecho Social y Empresa*, núm. 20, 2024.

BARCELÓN COBEDO, S.: “Adaptación de jornada, reducción y permisos en materia de conciliación en el Real Decreto Ley 5/2023”, *Temas Laborales*, núm. 171, 2024.

BLASCO JOVER, C.: “Cuando se cierra una puerta se abre una ventana: el Real Decreto Ley 5/2023 salva in extremis la esencia de la Ley de Familias”, *Lex Social*, vol. 13, núm. 2, 2023.

BLASCO JOVER, C.: “Conciliación, corresponsabilidad y flexibilidad en un entorno digital cambiante: visión en clave de género”, en AA.VV (CUADROS GARRIDO, M.E. y SELMA PENALVA, A., Dirs.): *Inteligencia Artificial y formas de trabajo emergentes*, Madrid, Colex, 2024.

BARRIOS BAUDOR, G.: “El derecho a la desconexión digital en el ámbito laboral español: primeras aproximaciones”, *Aranzadi Doctrinal*, núm. 1, 2019 (BIB 2018/14719).

CABEZA PEREIRO, J.: “Conciliación de vida privada y laboral”, *Temas Laborales*, núm. 103, 2010.

CASAS BAAMONDE, M.E.: “Los lugares de trabajo en las coordenadas de la industria 4.0”, *Documentación Laboral*, núm. 118, 2019.

CASAS BAAMONDE, M.E.: “Soberanía sobre el tiempo de trabajo e igualdad de trato y de oportunidades de mujeres y hombres”, *Derecho de las Relaciones Laborales*, núm. 3, 2019.

CASTRO ARGUELLES, M.A.: “Conciliación de la vida familiar y laboral de progenitores y cuidadores: la transposición de la Directiva (UE) 2019/1158 por el Real Decreto Ley 5/2023”, *Revista Española de Derecho del Trabajo*, núm. 271, 2024.

CRISTÓBAL RONCERO, R.: “La conciliación de la vida familiar y profesional en la Unión Europea”, *Revista de Estudios Jurídico-Laborales y de Seguridad Social*, núm. 8, 2024.

DE JESÚS SILVANO, S.: “Breve síntesis del alcance del “nuevo” derecho de los trabajadores a la adaptación de jornada para compatibilizar la vida laboral y familiar”, *Diario La Ley*, núm. 9581, Sección Tribuna, 25 de febrero de 2020.

DE LA PLUEBA PINILLA, A.: “El trabajo de las mujeres en la era digital”, *Trabajo y Derecho*, núm. 58, 2019.

DE VICENTE PACHÉS, F.: “Servicios sociales, envejecimiento activo y aprendizaje a lo largo de la vida”, en AA.VV.: *Por una pensión de jubilación, adecuada, segura y sostenible, Tomo II. III Congreso Internacional y XVI Congreso Nacional de la Asociación Española de Salud y Seguridad Social*, Madrid (Laborum), 2019.

FERNÁNDEZ LÓPEZ, M.F.: "Igualdad y prohibición de discriminación en el marco laboral", en AA.VV (CASAS BAAMONDE, M.E. y GIL ALBURQUERQUE, R., Dirs.): *Derecho Social de la Unión Europea*, 2ª edición, Madrid (Francis Lefebvre), 2019.

FERNÁNDEZ MARTÍNEZ, S.: "La adaptación de las condiciones de trabajo por motivos de conciliación ex artículo 34.8 ET: un análisis crítico a la luz del Real Decreto Ley 5/2023 y de los últimos pronunciamientos judiciales", *Iuslabor*, núm. 2, 2024.

FERNÁNDEZ PROL, F.: "Relaciones de trabajo ante el proceso de digitalización de la economía. Análisis desde una óptica de género", *Revista de Derecho Social*, núm. 89, 2020.

GARCÍA MURCIA, J.: "Tiempo de trabajo", *Teoría y Derecho*, núm. 4, 2008.

GONZÁLEZ ORTEGA, S.: "Tiempo de trabajo", *Temas Laborales*, núm. 4, 1985.

GORELLI HERNÁNDEZ, J.: "La nueva regulación de la adaptación de la jornada: de la melancolía a una esperanza contenida", *Revista Derecho de las Relaciones Laborales*, núm. 2, 2020.

IGARTÚA MIRÓ, M.T.: *Ordenación flexible del tiempo de trabajo: jornada y horario*, Valencia (Tirant Lo Blanch), 2018.

IGARTÚA MIRÓ, M.A.: "Conciliación y ordenación flexible del tiempo de trabajo. La nueva regulación del derecho a la adaptación de jornada ex art. 34.8 ET", *Revista General de Derecho del Trabajo y de la Seguridad Social*, núm. 53, 2019.

IGARTÚA MIRO, M.T.: "Nuevas medidas de conciliación, permios y fórmulas de trabajo flexible", *Revista de Derecho Social y Empresa*, núm. 19, 2023.

JURADO SEGOVIA, A.: "Tutela del derecho", en AA.VV (PÉREZ DE LOS COBOS ORIHUEL, F. y MOREAL BRINGSVAERD, E., Dirs.): *Registro de la jornada y adaptación del tiempo de trabajo por motivos de conciliación*, Madrid (La Ley), 2020.

KAHALE CARRILLO, D.T.: "El despido de los trabajadores por la automatización de sus puestos de trabajo: ¿es posible?", *Revista de Estudios Jurídicos y Criminológicos*, núm. 2, 2020.

LAHERA FORTEZA, J.: "Las transformaciones del lugar de trabajo", *Documentación Laboral*, núm. 118, 2019.

LÓPEZ ÁLVAREZ, M.J.: "La adaptación de la Directiva de conciliación de la vida familiar y profesional al ordenamiento jurídico español", *Fermeris*, Vol. 7, núm. 2, 2022.

LÓPEZ BALAGUER, M.: “El impacto de las tareas de cuidado en la relación laboral: la adaptación del tiempo y la forma de prestación”, *Lan Harremanak,* núm. 52, 2024.

LOSADA MORENO, N.: “La transposición de la Directiva 2019/1158 de conciliación de la vida familiar y de la vida profesional a través del Real Decreto Ley 5/2023”, Iuslabor, núm. 2, 2024.

LOUSADA AROCHENA, J.F. y RON LATAS, R.P.: “Una mirada periférica al teletrabajo, el trabajo a domicilio y el trabajo a distancia en el derecho español”, en AA.VV.: *Trabajo a distancia y teletrabajo. Estudios sobre el régimen jurídico en Derecho Español y Comparado,* Pamplona (Aranzadi), 2015.

MANEIRO VÁZQUEZ, Y.: “Cuidados para quienes cuidan: la adaptación del art. 139 de la Ley Reguladora de la Jurisdicción Social a la Directiva (UE) 2019/1158, de 20 de junio de 2019”, *Revista Crítica de Relaciones de Trabajo,* núm. 3, 2022.

MARTÍNEZ MORENO, C.: “Vida privada y relación de trabajo. A propósito de la posibilidad de pactar individualmente las condiciones de ejercicio de los derechos de conciliación de la vida familiar y laboral”, *Tribuna Social,* núm. 97, 2007.

MARTÍNEZ MORENO, C.: “La adaptación de la jornada con fines de conciliación en el Real Decreto Ley 5/2023: ¿el progreso de un derecho aún incompleto?”, *Revista Derecho Social y Empresa,* núm. 19, 2023.

MELÉNDEZ MORILLO-VELARDE, L.: “El derecho a solicitar la adaptación de la jornada: una aproximación legal y judicial”, *Anuario Jurídico y Económico Escuarialense,* LVI, 2023.

MILENNOVA ROSEVA, D.: “Novedades en el derecho de adaptación de la jornada del art. 34.8 ET tras la transposición de la Directiva (UE) 2019/1158 por el Real Decreto Ley 5/2023”, *Lan Harremanak,* núm. 52, 2024.

MOLERO MARAÑÓN, M.L.: *Bases, evolución y retos de la Ley de Dependencia a los diez años de su aprobación,* Albacete (Bomarzo), 2017.

MOLINA NAVARRETE, C.: “Autodeterminación (soberanía) sobre el tiempo y adaptación de la jornada a la carta por razones conciliatorias: entre utopías”, *Revista Trabajo y Seguridad Social (Centro de Estudios Financieros),* núm. 441, 2019.

MOLINS GARCÍA-ATANCE, J.: “El nuevo marco jurídico de la Directiva (UE) 2019/1158 en relación con la adaptación del tiempo de trabajo a las circunstancias personales y familiares de las personas trabajadoras", *Documentación Laboral,* núm. 122, Vol. 1, 2021.

MORALES ORTEGA, J.M.: "Tiempo de trabajo y crisis sanitaria: adaptación y reducción de jornada y permiso obligatorio recuperable", *Trabajo, Persona, Derecho, Mercado,* núm. 1, 2020.

NIETO ROJAS, P.: "La conciliación de la vida familiar y profesional en la Unión Europea", *Revista de Estudios Jurídico Laborales y de Seguridad Social,* núm. 8, 2024.

NUÑEZ-CORTÉS CONTREAS, P.: *Novedades en relación con la jornada de trabajo y los derechos de conciliación (tras la aprobación del RD 6/2019, de 1 de marzo),* Madrid (Dykinson), 2019.

NUÑEZ-CORTÉS CONTRERAS, P.: "Avances en corresponsabilidad y flexibilidad en cuidado del lactante y adaptación de jornada por motivos familiares", *Revista General de Derecho del Trabajo y de la Seguridad Social,* núm. 55, 2020.

RÍOS MESTRE, J.M.: "Comentario de urgencia de la Ley Orgánica 5/2024, de 11 de noviembre, del Derecho de Defensa, con mirada laboralista", *Justicia y Trabajo,* núm 5, 2024.

RODRÍGUEZ ESCANCIANO, S.: "El teletrabajo y sus fuentes de regulación. Especial referencia a la negociación colectiva", *Revista Gelega de Derecho Social,* núm. 11, 2020.

RODRÍGUEZ ESCANCIANO, S.: "La Directiva 2019/1158, de 20 de junio, relativa a la conciliación de la vida familiar y profesional de los progenitores y cuidadores: su transposición al ordenamiento jurídico español", *Anuario Coruñés de Derecho Comparado del Trabajo,* Vol. 14, 2022.

RODRÍGUEZ RODRÍGUEZ, E.: "La transcendencia de la disponibilidad horaria del trabajador en el contexto de las plataformas digitales", *Temas Laborales,* núm. 146, 2019.

RODRÍGUEZ-PIÑERO Y BRAVO-FERRER, M.: "100 años de implantación de la jornada máxima de trabajo", *Derecho de las Relaciones Laborales,* núm. 4, 2019.

ROLDÁN MARTÍNEZ, A.: "Retos pendientes en la protección del embarazo y de los derechos de conciliación de la vida familiar y laboral frente al despido", *Lex Social,* núm. 2, 2022.

RUBIO RUBIO, L. y DUMITRACHE, C.G.: "Salud y tercera edad", en AA.VV (MONEREO PÉREZ, J.L.; MALDONADO MOLINA, J.A. y RU-

BIO HERRERA, R., Dirs.): *Prevención y protección de la dependencia: un enfoque transdisciplinar*, Granada (Comares), 2014.

SÁNCHEZ-URÁN AZAÑA, Y.: "Garantía jurisdiccional del derecho a la no discriminación en la relación de trabajo", *Revista del Ministerio de Trabajo y Asuntos Sociales*, núm. Extraordinario, 2007.

SERRANO ARGÜESO, M.: "Always on. Propuestas para la efectividad del derecho a la desconexión digital en el marco de la economía 4.0", *Revista Internacional y Comparada de Relaciones Laborales y Derecho del Empleo. Adapt*, vol. 7, núm. 2, 2019. SOLÁ i MONELLS, X.: "Las modificaciones introducidas por el Real Decreto Ley 5/2023, de 28 de junio, en cumplimento de la Directiva (UE) 2019/1158, de 20 de junio: otro importante paso adelante hacia la conciliación corresponsable", *IusLabor*, núm. 3, 2023.

TERRADILLOS ORMAETXEA, E.: "El derecho a la desconexión digital en la Ley y en la incipiente negociación colectiva española: la importancia de su regulación jurídica", *Lan Harremanak*, núm. 42, 2919.

THIBAULT ARANDA, X.: "Naturaleza y alcance del derecho", en AA.VV. (PÉREZ DE LOS COBOS ORIHUEL, F. y MONREAL BRINGSVAERD, E., Dirs.): *Registro de la jornada y adaptación del tiempo de trabajo por motivos de conciliación*, Madrid (La Ley), 2020.

VADILLO RUÍZ, J.J.: "Respuestas a los nuevos retos de envejecimiento, protección a la salud y cuidados: la perspectiva médica", en AA.VV.: *Por una pensión de jubilación, adecuada, segura y sostenible, III Congreso Internacional y XVI Congreso Nacional de la Asociación Española de Salud y Seguridad Social*, Murcia (Laborum), 2019.

VIQUEIRA PÉREZ, C., "Límites a la adaptación de jornada para la conciliación de la vida familiar (art. 34.8 ET)", *Revista de Jurisprudencia Laboral*, núm. 4, 2021.

Capítulo IX.

La garantía de la información y consulta de los representantes de los trabajadores en la directiva del trabajo en plataformas: ¿una invitación a la negociación colectiva de los sistemas automatizados alimentados por algoritmos?

LAURENTINO J. DUEÑAS HERRERO
Profesor Titular de Derecho del Trabajo y de la Seguridad Social. Universidad de Valladolid

SUMARIO: 1. La delimitación del concepto de plataforma digital de trabajo. 2. Los vientos a favor para la mejora de las condiciones laborales en el trabajo en plataformas. 3. La necesaria regulación del trabajo en la economía digital. 4. La participación de los representantes de los trabajadores en la transparencia de los algoritmos. 5. La obligación de los Estados miembros de garantizar la información y consulta en los sistemas automatizados de seguimiento y toma de decisiones. 6. Conclusión: la adecuada transposición de la Directiva (UE) 2024/2831 del Parlamento y del Consejo.

1. LA DELIMITACIÓN DEL CONCEPTO DE PLATAFORMA DIGITAL DE TRABAJO

Los datos del negocio de las plataformas digitales de trabajo en Europa son harto elocuentes. Tal y como se resume en la introducción del primer proyecto basado en la metodología Fairwork en España, donde se evalúan las condiciones laborales de las plataformas digitales y se clasifican en función del cumplimiento de unos principios o estándares de condiciones de trabajo, sus autores destacan que según la información recopilada por el Consejo de la Unión Europea (UE), en 2023 había más de 500 plataformas digitales de trabajo operando en Europa, con unos ingresos que habrían pasado de 3.400 millones de euros en 2016 a 14.000 millones de euros en 2020. El número de personas trabajadoras movilizadas por dichas plataformas alcanzó la cifra de 28,3 millones en 2022 (casi tantas como las que trabajan en la industria manufacturera europea) y la previsión es que su número se eleve hasta los 43 millones en 2025. De este amplio colectivo el 93% son autónomos, de los cuales se estima que aproximadamente el 19% podrían ser falsos autónomos[1165]. De siempre, las transformaciones tecnológicas han dejado su impronta en las instituciones sobre las que descansa nuestro sistema de relaciones laborales, incluyendo las asociadas al ejercicio de la autotutela colectiva. Si bien, en la última etapa se ha producido una "aceleración exponencial de la evolución tecnológica" debido a la informatización y digitalización de los procesos productivos y el recurso a sistemas de inteligencia artificial para la gestión de las relaciones de trabajo[1166]. El trabajo en la Unión Europea (UE) a través

1165 RIESCO-SANZ, A. y LAHERA-SÁNCHEZ, A.: *Detrás de tu APP. Descubriendo las condiciones laborales en las plataformas digitales en España*, Madrid (Catarata), 2024, págs. 17-18.

1166 SANGUINETI RAYMOND, W.: "Los dilemas de los derechos colectivos en la era de la inteligencia artificial", *Trabajo y Derecho*, núm. 115, 2024, págs. 1 y 2. No obstante, en opinión de SANGUINETI RAYMOND, por el momento, la difusión del uso de la inteligencia artificial en el mundo del trabajo no es mayoritaria frente a las fórmulas tradicionales de gestión, ni afecta por igual a todos los sectores productivos. Además, señala que la punta de lanza del uso de la inteligencia artificial está representada por las *plataformas digitales*

de plataformas digitales es una nueva forma de empleo que plantea importantes problemas de regulación de los derechos laborales colectivos.

Para evitar equívocos con denominaciones como "economía colaborativa" o "*sharing economy*", lo mejor es llamar a las cosas por su nombre y hablar de "*platform economy*" o economía de plataformas, evitando así calificaciones que puedan tener un impacto positivo o negativo en el ideario colectivo sobre lo que hacen o dejan de hacer estas empresas *on-line*[1167]. En concreto, las plataformas digitales ocupan un sector en aumento de la economía colaborativa, tanto por su creciente importancia como por su impacto potencial en el mercado de trabajo, y pueden desempeñar un papel significativo en la creación de empleo, lo que no deja de ser una prioridad política urgente para la UE, pero también plantean preocupaciones sobre su regulación, la calidad del trabajo y los derechos de los trabajadores[1168].

En fin, como no podía ser de otra manera, en este ensayo se entiende por "plataforma digital de trabajo" tal y como se hace en el artículo 2.1.a) de la Directiva (UE) 2024/2831 del Parlamento Europeo y del Consejo, de 23 de octubre de 2024, relativa a la mejora de las condiciones laborales en el trabajo

---

de *crowsourcing*, tanto *on line* como *off line*, que nacieron con los algoritmos incorporados a su estructura interna e incluyeron fórmulas por completo automáticas de gestión de las prestaciones laborales de quienes colaboran con ellas.

1167 RODRÍGUEZ FERNÁNDEZ, M.ª L.: "Calificación jurídica de la relación que une a los prestadores de servicios con las plataformas digitales", en Rodríguez Fernández, M.ª L. (dir.), *Plataformas digitales y mercado de trabajo*, Madrid (MTMSS), 2019, pág. 60.

1168 CELIKEL ESSER, F.; ABADIE, F.; BIAGI, F.; BOCK, A.; BONTOUX, L.; FIGUEIREDO DO NASCIMENTO, S.; MARTENS, B.; SZCZEPANIKOVA, A.: *The European Collaborative Economy: A research agenda for policy support*; EUR 28190 EN; 10.2760/755793, Luxembourg (Publications Office of the European Union), 2016, pág. 10.

en plataformas, DOUE de 11/11/2024 (Directiva del trabajo en plataformas, en adelante): toda persona física o jurídica que preste un servicio en el que se cumplan los requisitos siguientes: i) se presta, al menos en parte, a distancia por medios electrónicos, por ejemplo, por medio de un sitio web o una aplicación para dispositivos móviles, ii) se presta a petición de un destinatario del servicio, iii) implica, como elemento necesario y esencial, la organización del trabajo realizado por personas físicas a cambio de una contraprestación económica, con independencia de que ese trabajo se realice en línea o en un lugar determinado, iv) implica la utilización de sistemas automatizados de seguimiento o de sistemas automatizados de toma de decisiones. Lo cierto es que con esta definición de "plataforma digital de trabajo" es muy cuestionable que pueda apreciarse una relación de trabajo por cuenta propia si la plataforma organiza el trabajo y existen sistemas automatizados de seguimiento o de toma de decisiones, características intrínsecas de la relación laboral[1169]. En definitiva, en el Considerando (20) de la Directiva del trabajo en plataformas se dice que la definición debe limitarse a los proveedores de servicios cuando la organización del trabajo realizado por la persona física, como el transporte

[1169] Sin embargo, esta definición es, a la vez, la mayor fortaleza de la Directiva, por cuanto la regulación contenida en el Capítulo III en materia de gestión algorítmica del trabajo se predica de toda forma de trabajo en plataformas y no solamente cuando existe relación laboral. Como establece la exposición de motivos, esta regulación tiene por objeto proteger las condiciones laborales de las personas que trabajan en plataformas y promover la transparencia, la equidad y la rendición de cuentas en el uso de sistemas algorítmicos, independientemente de la modalidad contractual. Esta aproximación ofrece mayor efectividad de los derechos y garantías previstas, al no requerir la previa declaración de laboralidad. GINÈS I FABRELLAS, A.: "La Directiva del trabajo en plataformas", Briefs AEDTSS, 98, 2024, p. 2, disponible en: https://www.aedtss.com/wp-content/uploads/2024/11/98_Gines_Directiva-plataformas.pdf

de personas o mercancías, o la limpieza, sea un componente necesario y esencial, y no meramente secundario y accesorio. En otro sentido, las plataformas en línea que no organizan el trabajo realizado por las personas físicas, sino que se limitan a proporcionar los medios a través de los cuales los proveedores de servicios pueden llegar al usuario final sin más participación de la plataforma, por ejemplo mediante la publicación de ofertas o solicitudes de servicios, o mediante la agregación y presentación de información sobre los proveedores de servicios disponibles en un ámbito específico, no deben considerarse plataformas digitales de trabajo. Por ejemplo, no son plataformas digitales de trabajo las integradas por proveedores de servicios cuyo objetivo principal sea explotar o compartir activos, como el alquiler de corta duración de alojamientos, o las integradas por particulares no profesionales para revender bienes, y tampoco las integradas por quienes organizan actividades de voluntariado.

La extensión de la economía de los servicios ha jugado un papel absolutamente relevante en la proliferación de este tipo de oferta digital en el mercado global. Las dudas han surgido a la hora de determinar si en las plataformas digitales se realiza una actividad o se presta un servicio en una economía bajo demanda, que es cuando se presentan más zonas grises para el Derecho del Trabajo[1170]. Todo ello, sin olvidar que hay una real agresividad por parte de los "sistemas big data" frente a la privacidad del individuo en el marco de la relación laboral, ya que las nuevas tecnologías conllevan un auténtico "control capilar" de los trabajadores en su puesto de trabajo e incluso fuera del mismo, cuyos resultados son incorporados a soportes digitalizados, alimentados también con los datos

---

1170 ÁLVAREZ CUESTA, H.: *El futuro del trabajo vs. el trabajo del futuro. Implicaciones laborales de la industria 4.0*, A Coruña (COLEX), 2017, págs. 50-53.

suministrados por el propio trabajador, que se verá compelido a facilitar informaciones de datos personales con enormes dosis de sinceridad[1171].

Además, las personas que realizan trabajo en plataformas desconocen con frecuencia las razones de las decisiones adoptadas o apoyadas por sistemas automatizados y no pueden recibir una explicación de esas decisiones ni hablar al respecto con una persona de contacto, impugnar dichas decisiones ni solicitar una rectificación o, si procede, una reparación. Asimismo, los representantes de los trabajadores, otros representantes de personas que realizan trabajo en plataformas, los servicios de inspección de trabajo y otras autoridades competentes tampoco tienen acceso a dicha información[1172].

2. LOS VIENTOS A FAVOR PARA LA MEJORA DE LAS CONDICIONES LABORALES EN EL TRABAJO EN PLATAFORMAS

En la época del Derecho sólido el control normativo correspondía al Estado, que lo ejercía a través de su instrumento clásico: la norma imperativa; y en la época del Derecho liquido esa función ha sido delegada y los actores fuertes del mercado son reacios a la norma imperativa, no la necesitan, lo que provoca un incremento notable de la inseguridad jurídica[1173]. A

1171 RODRÍGUEZ ESCANCIANO, S.: *Derechos laborales digitales: garantías e interrogantes,* Navarra (Thomson Reuters Aranzadi), 2019, pág. 19.

1172 Considerando (8) de la Directiva (UE) 2024/2831 del Parlamento Europeo y del Consejo, de 23 de octubre de 2024, relativa a la mejora de las condiciones laborales en el trabo en plataformas, DOUE de 11/11/2024.

1173 MERCADER UGUINA, J. R.: *El futuro del trabajo en la era de la digitalización y la robótica,* Valencia (Tirant Lo Blanch), 2017, pág. 56.

esto hay que añadir que la inestabilidad en el empleo y su falta; y las nuevas formas de organización empresarial y de actuación económica promovidas por el cambio tecnológico y la globalización, procuran un contexto ideológico que subordina el DT y el empleo a la economía según una nueva relación en la que las normas laborales han de servir de instrumentos de ordenación económica[1174]. En este punto, es oportuno manifestar que para salvar la desnaturalización del Derecho del Trabajo (DT) se precisa la superación de algunos axiomas que perviven en el pensamiento económico contemporáneo, como el que señala su falta de adaptación a las transformaciones tecnológicas. En paralelo debemos plantearnos si se pueden seguir utilizando los parámetros clásicos tuitivos del DT dirigidos a garantizar los derechos de los trabajadores sometidos a una intensa precarización como consecuencia de la digitalización laboral. Por ello, se hace necesario regular todas o algunas de las condiciones de trabajo, los derechos inherentes a la persona del trabajador en el trabajo digital, la transparencia de la gestión algorítmica y la información y la consulta a los representantes de los trabajadores de las decisiones que puedan conducir a la introducción de sistemas automatizados de seguimiento o de los sistemas automatizados de toma de decisiones o a cambios en la utilización de dichos sistemas. La Directiva del trabajo en plataformas cuando regula en su apartado 1 del artículo 13 la información y consulta, expresamente dice que "la presente Directiva se entiende sin perjuicio de la Directiva 89/391/CEE en lo que se refiere a la información y la consulta, y de las Directivas 2002/14/CE o 2009/38/CE del Parlamento Europeo

1174 CASAS BAAMONDE, M.ª E.: "La eficacia y la eficiencia del derecho del trabajo: reflexiones sobre un derecho cuestionado por la economía y el desempleo", en *Derecho del Trabajo, Constitución y crisis económica. Estudios en Homenaje al Profesor Fernando Valdés Dal-Ré, Revista Universitaria de Ciencias del Trabajo,* n.º 15/2014, pág. 69.

y del Consejo[1175]. No parece descabellado preguntarse si realmente el *aleph* de las plataformas digitales de trabajo, entendidas como las plataformas que utilizan sistemas automatizados con algoritmos para organizar el trabajo realizado por personas físicas a petición, puntual o reiterada, del destinatario de un servicio prestado por la plataforma, está tan escondido y tan bien camuflado que se hace inaccesible para las leyes existentes y para las que están por llegar[1176].

1175 Y tal y como se dispone en el apartado 2 del artículo 13 de la Directiva (UE) 2024/2831 del Parlamento y del Consejo, se dirige a los Estados miembros para exigirles que garanticen este derecho de información y consulta a los representantes de los trabajadores en los términos que se definen en el artículo 2, puntos f) y g), de la Directiva 2002/14/CE: f) "información": la transmisión de datos por el empresario a los representantes de los trabajadores para que puedan tener conocimiento del tema tratado y examinarlo; g) "consulta": el intercambio de opiniones y la apertura de un diálogo entre los representantes de los trabajadores y el empresario.

1176 La Directiva (UE) 2024/2831 del Parlamento Europeo y del Consejo, define en el apartado 1 de su artículo 2, los "sistemas automatizados de seguimiento", como los sistemas que se utilicen o sirvan de apoyo para realizar el seguimiento, controlar o evaluar, por medios electrónicos, la realización del trabajo de personas que realizan trabajo en plataformas o las actividades realizadas en el entorno de trabajo, también mediante la recopilación de datos personales; y los "sistemas automatizados de toma de decisiones", como los sistemas que se utilicen para adoptar o respaldar, por medios electrónicos, decisiones que afecten significativamente a personas que realicen trabajo en plataformas, también a las condiciones laborales de trabajadores de plataformas, en particular decisiones que afecten a su contratación, su acceso a las tareas asignadas y a la organización de estas, sus ingresos, incluida la fijación del precio de tareas individuales asignadas, su seguridad y su salud, su tiempo de trabajo, su acceso a formación, su promoción o equivalente, y a su situación contractual incluida la restricción, suspensión o cancelación de sus cuentas.

Como puso de relieve la Confederación Europea de Sindicatos en 2017, la economía de plataformas no debía ganar impulso sin ninguna regulación y sin la participación de los trabajadores[1177]. Ese mismo año también el Parlamento Europeo subrayó la importancia fundamental de tutelar los derechos de los trabajadores en el sector de los servicios colaborativos, tales como, el derecho a organizarse y el derecho a la acción y a la negociación colectiva, de conformidad con la legislación y la práctica nacional[1178]. Además, se subrayó la necesidad de tutelar los derechos de los trabajadores en el sector de los servicios colaborativos, en primer lugar, el derecho de los trabajadores a organizarse y el derecho a la acción y a la negociación colectiva, de conformidad con la legislación y la práctica nacional[1179]. Por otra parte, es oportuno significar que uno de los mayores problemas que tiene la normativa de protección de datos en su aplicación a las relaciones laborales es la inexistencia de derechos de carácter colectivo, pues no considera la diferencia del poder de negociación existente entre el empresario y el trabajador, ni se consideran los derechos colectivos en favor del sindicato en materia de protección de datos; si bien, en el mundo de las relaciones laborales tiene sentido que se puedan llegar a negociar o consensuar los métodos y salvaguardas para proteger el derecho fundamental a la protección de datos con los representantes de los trabaja-

---

1177 Resolución de la CES sobre *cómo abordar los nuevos retos digitales para el mundo del trabajo, en particular el trabajo colaborativo*, adoptada en la reunión del Comité Ejecutivo de 25-26 de octubre de 2017.

1178 Resolución del Parlamento Europeo, de 15 de junio de 2017 UE, sobre una *Agenda Europea para la economía colaborativa*. P8_ TA (2017) 0271 (pág. 39).

1179 SERRANO GARCÍA, J. M.ª y BORELLI, S.: "El necesario reconocimiento de los derechos sindicales a los trabajadores de la economía digital", *Revista de Derecho Social*, nº 80/2017, págs. 252-254.

dores, tal y como se recoge en el artículo 88 del Reglamento General de Protección de Datos[1180].

Las nuevas formas de interacción digital y las nuevas tecnologías en el entorno laboral, si se regulan y aplican de manera adecuada, pueden crear oportunidades de acceso a empleos dignos y de calidad para personas que tradicionalmente no las han tenido. No obstante, si no están reguladas, también pueden dar lugar a una vigilancia basada en la tecnología, aumentar los desequilibrios de poder y la opacidad en la toma de decisiones y entrañar riesgos para unas condiciones laborales dignas, para la salud y la seguridad en el trabajo, para la igualdad de trato y para el derecho a la intimidad[1181]. Nada impide que el trabajo en la economía digital sea regulado -bien a nivel legislativo y/o convencional- a fin de establecer los derechos básicos que hagan posible un trabajo decente. A mayor abundamiento, la "huida" del ámbito laboral no constituye un proceso inevitable, sino que puede ser contenida e, incluso, regu-

---

1180 En el apartado 1 del artículo 88 del Reglamento (UE) 2016/679 del Parlamento Europeo y del Consejo, de 27 de abril de 2016, relativo a la protección de las personas físicas en lo que respecta al tratamiento de datos personales y a la libre circulación de estos datos y por el que se deroga la Directiva 95/46/CE (Reglamento general de protección de datos), se dice que "los Estados miembros podrán, a través de disposiciones legislativas o de convenios colectivos, establecer normas más específicas para garantizar la protección de los derechos y libertades en relación con el tratamiento de datos personales de los trabajadores en el ámbito laboral...". Véase, TODOLÍ SIGNES, A.: "La gobernanza colectiva de la protección de datos en las relaciones laborales: *big data*, creación de perfiles, decisiones empresariales automatizadas y los derechos colectivos", *Revista de Derecho Social*, nº 84/2018, págs. 81 y 84.

1181 Considerando (4) de la Directiva (UE) 2024/2831 del Parlamento Europeo y del Consejo, de 23 de octubre de 2024, relativa a la mejora de las condiciones laborales en el trabo en plataformas, DOUE de 11/11/2024.

lada. Se trata de una decisión de naturaleza política[1182]. Ya se acepta que al sector del "Derecho digital" le son de aplicación las regulaciones generales, y la discusión se ha trasladado por tanto a otro plano, si deben o no adaptarse éstas para acomodarlas a sus particularidades; o si es necesario elaborar otras ad hoc[1183]. Es más, y con el objetivo de evitar que las empresas con ánimo de lucro utilicen de forma abusiva las plataformas de empleo y trabajo y, al mismo tiempo, realicen prácticas ilegales, se impone la necesidad de una regulación, respecto de la cual podemos discutir su forma y contenido, pero no la necesidad de su existencia[1184]. En fin, en los últimos años era pacífica la consideración de que estos nuevos escenarios no podían operar en un marco de absoluta libertad o de alegalidad, y que, consiguientemente, resultaba exigible una intervención reguladora, la dificultad estribaba en delimitar hasta dónde llegar o cómo ordenar estos ámbitos para conseguir un necesario equilibrio entre los intereses y las expectativas en juego, en consecuencia, había que analizar si se debía intervenir -que sí- y en

---

1182 SERRANO OLIVARES, R.: "Nuevas formas de organización empresarial: economía colaborativa –o mejor, economía digital a demanda-, trabajo 3.0 y laboralidad", en RODRÍGUEZ-PIÑERO ROYO, M. Y HERNÁNDEZ BEJARANO, M. (dirs.): *Economía colaborativa y trabajo en plataforma: realidades y desafíos,* Albacete (Bomarzo), 2017, págs. 34-35.

1183 RODRÍGUEZ-PIÑERO ROYO, M.: "El jurista del trabajo frente a la economía colaborativa", en RODRÍGUEZ-PIÑERO ROYO, M. y HERNÁNDEZ BEJARANO, M. (dirs.), *Economía colaborativa y trabajo en plataforma: realidades y desafíos,* Albacete (Bomarzo), 2017, pág. 201.

1184 CASTELLANO BURGUILLO, E. (2017). "Plataformas de empleo y plataformas de trabajo. Aspectos fundamentales", en RODRÍGUEZ-PIÑERO ROYO, M. y HERNÁNDEZ BEJARANO, M. (dirs.), *Economía colaborativa y trabajo en plataforma: realidades y desafíos,* Albacete (Bomarzo), 2017, pág. 271.

este caso cómo o con qué alcance[1185]. En el ámbito regional europeo, se defendió que lo propio era la aprobación de una Directiva específica de “condiciones laborales justas en las plataformas digitales”, es decir, una nueva regulación protectora del trabajo atípico de plataformas, que también se justificara por la necesidad de garantizar que las empresas pudieran competir en el libre mercado en condiciones de igualdad[1186]. No cabe duda de que la UE podía legislar en esta materia. Por ejemplo, por la vía del artículo 153.1.b TFUE, si se querían regular únicamente las condiciones de trabajo. Su uso, no obstante, exigiría de un pronunciamiento específico por parte de la Unión de que las personas que trabajan en la economía de plataformas son trabajadores en el sentido de la jurisprudencia emanada desde el caso Lawrie-Blum. Incluso, la UE, de forma audaz, podría acudir al artículo 155 TFUE y aprobar una Directiva que creara un suelo mínimo de derechos para las personas que trabajan en la economía de plataformas, con independencia de su categorización jurídica nacional. Se respetarían así las competencias nacionales, se garantizarían los derechos y se respondería de forma supranacional a una situación supranacional[1187]. En definitiva, había llegado el momento de ofrecer un nuevo marco de relaciones laborales que concilie los derechos de los trabajadores con las necesidades de un nuevo modelo de empresas basadas en una “economía compartida y

---

1185 GARRIDO PÉREZ, E.: “La representación de los trabajadores al servicio de plataformas colaborativas”, *Revista de Derecho Social*, núm. 80/2017, págs. 210-213.

1186 MELLA MÉNDEZ, L.: “Calificación jurídica de la relación que une a los prestadores de servicios con las plataformas digitales”, en RODRÍGUEZ FERNÁNDEZ, M.ª L. (dir.): *Plataformas digitales y mercado de trabajo*, Madrid (Ministerio de Trabajo, Migraciones y Seguridad Social), 2019, págs. 92-93.

1187 MIRANDA BOTO, J. M.ª: “Negociación colectiva y economía de plataformas: actores”, *Revista de Derecho Social*, núm. 88/2019, pág. 181.

líquida"[1188]. Lo que se pedía es que desde la sensibilidad propia del Derecho del Trabajo, debían ponerse las bases para garantizar que, lo que se conoce como economía colaborativa, concepto elaborado desde una lógica eminentemente económica, no acabara transformándose en una auténtica manifestación de "economía escapista" del Derecho Laboral, que debía abandonar cualquier neutralidad e implicarse en el examen de cada manifestación de la economía colaborativa para impedir todo intento de aprovechar la (inicial) ausencia de respuesta del legislador[1189]. También se constató que había un sector doctrinal cuyo objetivo era impedir la laboralización de estas formas de prestación y que emparentaba la actividad por cuenta propia con la descentralización productiva, pues si no concurrían todos los elementos propios de la dependencia jurídica no eran calificables como relación laboral. En realidad, se defendió que de lo que se trataba era de frenar la expansión del DT, dada su importante cobertura de derechos sociales a estas "nuevas realidades laborales"[1190].

[1188] ALEMÁN PÁEZ, F.: "Poder de control empresarial, sistemas tecnológicos y derechos fundamentales de los trabajadores", *Derecho de las Relaciones Laborales*, núm. 6/2016, pág. 603.

[1189] GARCÍA QUIÑONES, J. C.: "Economía colaborativa y Derecho del Trabajo: dos realidades obligadas a entenderse en un contexto de difícil convivencia", en MELLA MÉNDEZ, L. (dir.) y VILLALBA SÁNCHEZ, A. (coord.): *La revolución tecnológica y sus efectos en el mercado de trabajo: un reto del siglo XXI*, Madrid (Wolters Kluwer), 2018, págs. 140-141.

[1190] PÉREZ CAPITÁN, L.: *La controvertida delimitación del trabajo autónomo y asalariado. El TRADE y el trabajo en las plataformas digitales*, Madrid (Thomson Reuters Aranzadi), 2019, pág. 37.

3. LA NECESARIA REGULACIÓN DEL TRABAJO EN LA ECONOMÍA DIGITAL

El hecho es que el DT no puede asegurar la defensa de los derechos sociales constitucionales desde una dimensión nacional ante los desafíos que comportan la digitalización y la globalización, sino que ha de adaptar sus instrumentos, incluidos los de autotutela colectiva, a la dimensión supranacional, elevando el nivel en que se diseñen las políticas nacionales de DT. El tema se ha planteado desde hace tiempo en la dimensión comunitaria y resulta necesaria una "relocalización" del DT y de sus reglas mediante la creación de niveles de decisión supranacional. En todo caso, se requieren unos "estándares internacionales" de derechos y reglas laborales que condicionen y que protejan los Derechos del Trabajo nacionales, evitando su retroceso frente a las insaciables exigencias de desregulación de los mercados de trabajo[1191]. La extensión de las normas internacionales del trabajo es una condición de futuro que no puede soslayarse, se trata de un "empoderamiento" de las normas internacionales del trabajo que lleve a su inserción en los ordenamientos jurídicos nacionales, lo que permitirá ir estableciendo un sólido piso de condiciones laborales y sociales que generalicen primero y universalicen después la noción de trabajo decente a través de los complementos básicos que lo constituyen[1192]. A mayor abundamiento, cuando las plataformas operan en varios Estados miembros o a través de las fronteras, a menudo no está claro dónde se realiza el trabajo en plataformas ni quién lo realiza, en particular en lo que respec-

---

[1191] RODRÍGUEZ-PIÑERO y BRAVO-FERRER, M.: "La nueva dimensión del Derecho del Trabajo", *Relaciones Laborales*, nº 2/2002, pág. 4.

[1192] BAYLOS GRAU, A.: "El futuro de las normas del trabajo que queremos", en *Conferencia Nacional Tripartita. El futuro del trabajo que queremos*, Madrid (Ministerio de Empleo y Seguridad Social), Volumen II/2017, pág. 498.

ta al trabajo en plataformas en línea. Además, las autoridades nacionales competentes no tienen fácil acceso a los datos sobre las plataformas digitales de trabajo, como el número de personas que realizan trabajo en plataformas, su situación laboral o sus condiciones de trabajo. Ello complica el cumplimiento efectivo de las normas aplicables[1193].

Cuando se defiende el reforzamiento del papel de los sujetos colectivos, se entiende que se trata del refuerzo del diálogo social y del poder institucional de los interlocutores sociales, pero esto no significa que los representantes del poder político se descarguen de su responsabilidad. Aunque sin apremio alguno y con cautelas, el Parlamento Europeo alentó a la Comisión a regular las nuevas formas de empleo en colaboración con los interlocutores sociales. Si bien, considerando que los mecanismos y procesos de representación de los trabajadores varían según los Estados miembros, lo que reflejan sus respectivas historias, instituciones y situaciones económicas y políticas. Entre las condiciones propicias para el buen funcionamiento del diálogo social se encuentra la existencia de sindicatos y organizaciones patronales fuertes e independientes, con acceso a la información pertinente necesaria para participar en el diálogo social, y el respeto de los derechos fundamentales de libertad de asociación y de negociación colectiva[1194]. En 2017

[1193] Considerando (9) de la Directiva (UE) 2024/2831 del Parlamento Europeo y del Consejo, de 23 de octubre de 2024, relativa a la mejora de las condiciones laborales en el trabajo en plataformas, DOUE de 11/11/2024.

[1194] Además, hay que considerar que de conformidad con el Convenio n.o 135 (1971) de la Organización Internacional del Trabajo (OIT) sobre los representantes de los trabajadores, ratificado actualmente por veinticuatro Estados miembros, los representantes de los trabajadores pueden ser personas reconocidas como tales en virtud del Derecho o las prácticas nacionales, ya sean representantes sindicales o representantes electos. Véanse los Considerandos (21) y (22) de la

desde el Parlamento Europeo se instó a normar un modelo de producción desregularizado o con lagunas en la regulación, pidiendo las directrices necesarias a la Comisión Europea (CE), así como a los Estados miembros y a los interlocutores sociales, para que se abordara el ordenamiento de las relaciones laborales en las plataformas colaborativas. Además, se subrayó la importancia fundamental de tutelar los derechos de los trabajadores en el sector de los servicios colaborativos, en primer lugar, el derecho de los trabajadores a organizarse y el derecho a la acción y a la negociación colectiva, de conformidad con la legislación y la práctica nacional[1195]. Una opinión más clara y decidida mostró el Comité Económico y Social Europeo, que hizo especial hincapié en la necesidad de "redefinir el concepto de subordinación jurídica de cara a la dependencia económica de los trabajadores y garantizar los derechos laborales con independencia de los formatos que adopte la actividad"[1196]. Por ello, en el Considerando (18) de la Directiva 2024/2831, relativa a la mejora de las condiciones laborales en el trabajo en plataformas se afirma que en esta norma se establecen normas obligatorias de aplicación a todas las plataformas digitales de trabajo, independientemente de su lugar de establecimiento o

Directiva (UE) 2024/2831 del Parlamento Europeo y del Consejo, de 23 de octubre de 2024, relativa a la mejora de las condiciones laborales en el trabo en plataformas, DOUE de 11/11/2024.

1195 Resolución del Parlamento Europeo, de 15 de junio de 2017 UE, sobre una *Agenda Europea para la economía colaborativa.* P8_TA-PROV(2017)0271 . Véase también, la Resolución del Parlamento Europeo, de 4 de julio de 2017, sobre las *Condiciones laborales y empleo precario* (2016/2221 (INI)).

1196 Dictamen del CESE: *Una Agenda Europea para la Economía Colaborativa* (DOUE de 1 0-03-2017). Véase, MARTÍNEZ ESCRIBANO, A.: "¿Nuevos trabajadores? Economía colaborativa y Derecho del Trabajo. Repensando el Derecho del Trabajo: el impacto de la economía colaborativa", *Derecho de las Relaciones Laborales*, nº 1/2018, pág. 60.

del Derecho aplicable, siempre que el trabajo en plataformas organizado a través de ellas se realice en la Unión.

La posición garantista de los derechos tradicionales y de los derivados directamente de la digitalización es más efectiva desde la ley, porque sin unas normas mínimas de carácter social, todo quedaría a la negociación, y el éxito dependería de la fuerza de los interlocutores sociales y de sus instituciones representativas. En el ámbito que nos ocupa, el ordenamiento social, ante la ausencia de regulación específica, debió adoptar como "punto de arranque" las reglas jurídicas que ordenaban con carácter general el tratamiento automatizado de datos personales, tanto a nivel internacional como a nivel interno, para, a partir de las mismas –y como un plus mediante el cual valorar las circunstancias presentes en la relación laboral- construir principios y reglas especiales para este sector del ordenamiento jurídico[1197].

Actualmente, menos de la mitad de los Estados miembros de la Unión Europea han tomado medidas directamente relevantes para solventar el problema del trabajo en las plataformas digitales. Algunos países –entre ellos, España – han considerado oportuno la introducción de la presunción de laboralidad como herramienta para reducir la incertidumbre o inseguridad jurídica. Desde mi punto de vista, abordar esta realidad a través del diálogo social es muy oportuno[1198], y digo esto, a pesar

---

1197 FERNÁNDEZ DOMÍNGUEZ, J. J. y RODRÍGUEZ ESCANCIANO, S.: *Utilización y control de datos laborales automatizados*, Madrid (Agencia de Protección de Datos), 1997, pág. 101.

1198 En palabras de la Exposición de Motivos del RDLey 9/2021, de 11 de mayo, a pesar de las enormes dificultades, especialmente las técnicas, que ha supuesto afrontar este reto, el diálogo social ha permitido que nuestro país avance de forma pionera en esta materia y lo haga de la mano de un diagnóstico y una solución compartida por los interlocutores sociales más representativos cuyas aportaciones han resultado decisivas. El real decreto-ley, por tanto, fue fruto del

de que la consulta en dos fases a los interlocutores sociales por parte de la Comisión, de conformidad con el artículo 154 del Tratado de Funcionamiento de la Unión Europea (TFUE), sobre la mejora de las condiciones laborales en el trabajo en plataformas no haya dado lugar a ningún acuerdo. Este hecho no ha impedido actuar a la Unión en este ámbito "adaptando el marco jurídico vigente a la aparición del trabajo en plataformas, incluido en lo que respecta a la utilización de sistemas automatizados de seguimiento y de sistemas automatizados de toma de decisiones". La situación llevó a la Comisión, de conformidad con el artículo 154.2 TFUE, a consultar a los interlocutores sociales sobre la necesidad y la posible oportunidad de actuación de la UE en este ámbito. En el documento de la Comisión se enfatiza que los algoritmos a menudo carecen de supervisión humana y pueden conducir a decisiones irresponsables y potencialmente discriminatorias. Por ello, la Comisión pretendió promover la intervención humana en los procesos automatizados de toma de decisiones sobre las relaciones laborales y su supervisión (Borelli y Ranieri, 2021: 39-40). Posteriormente la Comisión examinó las opiniones expresadas por los interlocutores sociales y pusó en marcha una segunda fase de consulta a los interlocutores sociales de conformidad con el artículo 154.3 TFUE. Ante el fallido intento de acuerdo por los interlocutores sociales, el proceso ha concluido con la actual Directiva de las plataformas digitales de trabajo tiene por objeto la mejora de las condiciones laborales de los trabajadores de plataformas y la protección de los datos personales de las personas que realizan trabajo en plataformas[1199].

Acuerdo adoptado, el pasado 10 de marzo de 2021, entre el Gobierno, CC. OO., UGT, CEOE y CEPYME, tras el trabajo desarrollado por la Mesa de Diálogo constituida, a tal efecto, el 28 de octubre de 2020.

1199 Véanse los considerandos 15, 16 y 19 de la actual Directiva (UE) 2024/2831 del Parlamento Europeo y del Consejo, de 23 de octu-

4. LA PARTICIPACIÓN DE LOS REPRESENTANTES DE LOS TRABAJADORES EN LA TRANSPARENCIA DE LOS ALGORITMOS

Es cierto que se requieren cambios legislativos en el orden laboral, en lo que aquí nos ocupa se precisa una correcta adaptación del DT a la economía digital; si bien, es preciso subrayar que esta "nueva regulación" no puede hacerse al margen de los interlocutores sociales, cuya intervención no supone una "sustitución de la democracia parlamentaria, sino su complitud a través de quienes también aspiran a representar -por la vía expansiva de su mandato original- el interés de todos"[1200]. Por este motivo, en un primer momento en nuestro país se abrió un proceso regulador consensuado entre la acción estatal y los interlocutores sociales sobre aspectos como: a) las nuevas zonas grises del Derecho del trabajo; b) la necesidad de mantener los parámetros tradicionales laboralistas ante los nuevos desafíos jurídicos, tales como la necesidad del mantenimiento de un derecho garantista de la persona del trabajador); c) la necesaria representación de los trabajadores y los derechos colectivos de los trabajadores en la economía digital. Asimismo, los Estados han de garantizar que los sistemas de seguridad social cumplan sus funciones en las nuevas formas de empleo atípicas[1201].

---

bre de 2024, relativa a la mejora de las condiciones laborales en el trabajo en plataformas, DOUE de 11/11/2024,

1200 FERNÁNDEZ DOMINGUEZ, J. J.: "Legitimación y protagonistas de la negociación colectiva", en *Perspectivas de evolución de la negociación colectiva en el marco comparado europeo, XXV Congreso Nacional de Derecho del Trabajo y de la Seguridad Social,* Madrid (Asociación Española de Derecho del Trabajo y de la Seguridad Social y Ediciones CINCA), 2015, pág. 15.

1201 CASAS BAAMONDE, M.ª E.: " Precariedad del trabajo y formas atípicas de empleo, viejas y nuevas. ¿Hacia un trabajo digno?", *Derecho de las Relaciones Laborales,* núm. 9/2017, págs. 872-875.

En España la STS 2924/2020, de 25 de septiembre[1202], optó por la laboralidad y el legislador introdujo una nueva presunción de laboralidad con la aprobación del Real Decreto-ley 9/2021, de 11 de mayo, por el que se modificó el Estatuto de los Trabajadores, para garantizar los derechos laborales de las personas dedicadas al reparto en el ámbito de plataformas digitales de reparto o distribución de cualquier producto de consumo o mercancía por parte de empleadoras que ejercen las facultades empresariales de organización, dirección y control de forma directa, indirecta o implícita, mediante la gestión algorítmica del servicio o de las condiciones de trabajo, a través de una plataforma digital (DA 21ª)[1203]. Esta realidad está recogida

---

1202 El debate en España se ha cerrado por el momento por la Sentencia de la Sala de lo Social (Pleno) del Tribunal Supremo 2924/2020, de 25 de septiembre (a partir de ahora STS 2924/2020), caso *Glovoapp23 SL*, que declaró laboral la relación entre el repartidor recurrente y la plataforma digital de reparto Glovo. STS 2924/2020, de 25 de septiembre, ECLI: ES:TS:2020:2924. En su FJ 21º en la STS se dice que las plataformas digitales de reparto no son meras intermediarias electrónicas en la contratación de servicios entre comercios (clientes) y repartidores (trabajadores autónomos), sino que son empresas que realizan una labor de coordinación y organización de un servicio productivo, que se sirve de trabajadores repartidores (por cuenta ajena) que no disponen de una organización empresarial propia y autónoma, que prestan su servicio sometidos a la dirección y organización de la plataforma, que da las instrucciones, tiene poder sancionador, controla el resultado de la actividad mediante la gestión algorítmica del servicio, las valoraciones de los repartidores y la geolocalización constante. Para prestar el servicio las plataformas digitales se sirven de un programa informático que asigna los servicios en función de la valoración de cada repartidor.

1203 A través de una nueva disposición adicional vigesimotercera, y por acuerdo adoptado en la mesa del diálogo social, se trasladó a la ley la jurisprudencia sobre esta materia, con el objetivo de que el Estatuto de los Trabajadores refleje estas nuevas realidades de forma clara (Exposición de Motivos del RDL 9/2021).

en el Considerando (7) de la Directiva, cuando allí se manifiesta que "los casos judiciales en varios Estados miembros han puesto de manifiesto la persistencia de la clasificación errónea de la situación laboral en ciertos tipos de trabajo en plataformas, en particular en sectores donde las plataformas digitales de trabajo ejercen cierto grado de dirección y control. Aunque las plataformas digitales de trabajo suelen clasificar a las personas que trabajan a través de ellas como trabajadores por cuenta propia o «contratistas independientes», muchos órganos jurisdiccionales han constatado que, de hecho, ejercen sobre esas personas dirección y control, y a menudo las integran en sus principales actividades empresariales. Por lo tanto, han reclasificado a los presuntos trabajadores por cuenta propia como trabajadores por cuenta ajena de las plataformas".

También se puede considerar que la parte más trascendente de este minimalista Decreto-ley es la ampliación de los derechos de información de los representantes de los trabajadores con relación a los algoritmos utilizados por las empresas, pues la norma reconoce el derecho de los comités de empresa a recibir información sobre los parámetros, las reglas e instrucciones en los que se basan los algoritmos o sistemas de inteligencia artificial utilizados por las empresas para adoptar decisiones que afectan a las condiciones de trabajo[1204]. La Directiva del trabajo en plataformas parece una disposición claramente inspirada en una norma española, la Ley 12/2021, de 28 de septiembre, por la que se modifica el texto refundido de la Ley del Estatuto de los Trabajadores, aprobado por el Real Decreto Legislativo 2/2015, de 23 de octubre, para garantizar los derechos laborales de las personas dedicadas al reparto en plataformas digitales, pero el contenido de una y otra norma dista

---

[1204] COSCUBIELA CONESA, J. (2021): *La disputa por el control del algoritmo, el Diario.es*, 12 de mayo (https://www.eldiario.es/opinion/zona-critica/disputa-control-algoritmo_129_7927909.html).

mucho de ser el mismo, siendo más amplio y exigente el de la Directiva[1205]. De hecho, un vistazo rápido de la estructura de la Directiva del trabajo en plataformas evoca a nuestra propia "Ley rider". Sin embargo, las diferencias son grandes respecto al ámbito de aplicación de las provisiones, al contenido y al alcance de estas[1206], pues la Directiva se refiere como empleadoras a cualquiera de las plataformas digitales de trabajo y no solo a las plataformas digitales de reparto o distribución de cualquier producto de consumo o mercancía. Por otra parte, la Directiva consigue suplir algunas de las deficiencias de la única regulación aplicable hasta ahora a la gestión algorítmica del trabajo porque el artículo 22 RGPD no resulta de aplicación a decisiones automatizadas con intervención humana y no reconoce derechos de información a la representación legal de la plantilla. Por consiguiente, es necesario adoptar una regulación europea referente a la gestión algorítmica del trabajo, que resulte aplicable a toda empresa que utilice sistemas de decisión o control automatizado en el ámbito laboral,

---

[1205] CAVAS MARTÍNEZ, F.: "Inteligencia artificial y relaciones laborales: límites a la gestión algorítmica del trabajo a la luz de la nueva legislación europea sobre inteligencia artificial y trabajo en plataformas digitales", en CUADROS, M.ª E. y SELMA, A. (dirs.): *Inteligencia artificial y formas de trabajo emergentes*, A Coruña (Colex), 2024, p. 72.

[1206] "En efecto, la normativa recientemente acordada cuenta, esencialmente, con dos tipos de provisiones, de un lado, una presunción de laboralidad para las personas trabajadoras de plataformas digitales de trabajo y, de otro lado, un conjunto de previsiones que tienen por objeto proteger a las personas frente a uso de los algoritmos para tomar decisiones que afecten a las condiciones laborales y de empleo. Sin embargo, las diferencias son grandes respecto al ámbito de aplicación de las provisiones, al contenido y alcance de estas". TODOLÍ SIGNES, A.: "La Directiva para la mejora de las condiciones laborales en plataformas digitales de trabajo. Contenido y propuestas para la trasposición", Briefs AEDTSS, 40, 2024, p. 1, disponible en: https://www.aedtss.com/wp-content/uploads/2024/03/40_TODOLI_Directiva-plataformas.pdf

incluyendo derechos de información a las personas trabajadoras y a la representación legal de la plantilla y la obligación de realizar auditorías de las decisiones adoptadas por dichos sistemas algorítmicos[1207].

5. LA OBLIGACIÓN DE LOS ESTADOS MIEMBROS DE GARANTIZAR LA INFORMACIÓN Y CONSULTA EN LOS SISTEMAS AUTOMATIZADOS DE SEGUIMIENTO Y TOMA DE DECISIONES

El trabajo en plataforma digital es una forma de trabajar relativamente nueva mediante la cual una persona física o jurídica se vale de un sitio web o una aplicación y hace corresponder una solicitud de servicio de un cliente con la prestación de un trabajo realizado por personas físicas, debidamente organizado y remunerado. Además, implica la utilización de sistemas automatizados de seguimiento o de sistemas automatizados de toma de decisiones. Y la regulación del trabajo en este tipo de plataformas se ha requerido de forma insistente en los últimos años. Los problemas a resolver del trabajo en plataformas son básicamente los siguientes: 1. La clasificación errónea de los trabajadores de plataformas y la necesidad de garantizar un acceso más sencillo a sus derechos. *Además, debe recaer* sobre *las plataformas la carga de la prueba cuando aleguen que* la *relación contractual en cuestión no es una relación laboral.* 2. Una mejor protección de los datos personales de los trabajadores de plataformas y aumentar la transparencia sobre la manera en que se utilizan los sistemas algorítmicos para tomar decisiones en el

1207 GINÈS I FABRELLAS, A.: "La Directiva del trabajo en plataformas", Briefs AEDTSS, 98, 2024, p. 2, disponible en: https://www.aedtss.com/wp-content/uploads/2024/11/98_Gines_Directiva-plataformas.pdf

lugar de trabajo, mediante la información humana a la persona trabajadora y a sus representantes. 3. ¿Cuál debe ser y cuándo la participación del factor humano empresarial? 4. ¿Hasta dónde debe llegar la participación de los representantes de los trabajadores en la supervisión y toma de decisiones por los sistemas automatizados alimentados por algoritmos?

A continuación analizaremos con mayor profusión este último apartado que, seguramente, es el que debiera haber dado lugar a calificar el RDley 9/2021 como "ley algoritmo" y no "ley rider", puesto que dicho nombre "le haría más justicia" y, en definitiva, se destacaría más aquella parte de la norma que representa un verdadero avance destacable en lo jurídico[1208]. Es obvio que el derecho reconocido se sitúa en el nivel más débil de entre los distintos derechos de participación en la empresa, pero la previsión normativa generará dinámicas positivas sobre todas las decisiones empresariales adoptadas a partir de estos mecanismos. En particular, el derecho de información sobre los algoritmos es acreedor de una inmensa potencialidad en materia de negociación colectiva, espacio en el que podrán acordarse aspectos que la norma legal no ha cerrado, como los criterios de periodicidad, las limitaciones de uso y las evaluaciones periódicas sobre los efectos que su aplicación provocan sobre la evolución de las condiciones de trabajo, con atención especial atención a la variable sexo[1209]. En cualquier caso, la presunción de laboralidad revaloriza el derecho de informa-

---

1208 CREMADES CHUECA, O.: "El derecho de información de la representación de los trabajadores sobre los algoritmos y los sistemas de inteligencia artificial en el ordenamiento español: instrumento de protección laboral colectiva en el marco de la tríada protectora del derecho digital del trabajo y la descajanegrización jurídica", cit., pág. 121.

1209 GÓMEZ GORDILLO, R.: "Algoritmos y derecho de información de la representación de las personas trabajadoras", *Temas Laborales*, núm. 158/2021, pág. 161.

ción, por cuando menos dos motivos. Primero, porque el derecho de información es el único tema sustantivo que acompaña al aspecto estelar del diálogo social, cual es la laboralización de los repartidores, y, porque no siempre que se ha "laboralizado" un colectivo de personas se ha reconocido, conjuntamente, tal derecho de información de forma expresa y sin solución de continuidad como se hace en esta ocasión. En segundo lugar, tal presunción revaloriza tal derecho de información, porque al definir a los "empleadores" se está, indirectamente, anticipando algunos datos elementales sobre el perfil (características y contenido) de la información que deberán transmitir sobre su gestión empresarial: si se parte de la idea que la gestión empresarial se hace con una plataforma digital activada por algoritmos ("gestión algorítmica")[1210].

El RDL 9/2021 fue algo más que el traslado de la jurisprudencia del Tribunal Supremo al Estatuto de los trabajadores, fue el resultado de la disputa por el control del algoritmo y, aunque tiene un contenido minimalista (lo que deja abierta la posibilidad de su desarrollo reglamentario), es claramente disruptivo porque marca una discontinuidad positiva en la regulación de las relaciones laborales[1211]. En definitiva, tras cinco meses de complicada negociación desde esta sentencia, se llegó a un acuerdo que resultó corto para los sindicatos y sin consenso generalizado en el sector empresarial, pero que fue valorado muy positivamente por la doctrina académica, en la medida en que establecía un piso mínimo de derechos y abría importantes espacios de desarrollo respecto de la mejora de las

---

1210 PÉREZ AMORÓS, F.: "¿Quién vigila al algoritmo?: los derechos de información de los representantes de los repartidores en la empresa sobre los algoritmos de las plataformas de reparto", *e-Revista Internacional de la Protección Social*, Vol. VI, núm. 1/2021, págs. 181-182.

1211 COSCUBIELA CONESA, J. (2021): *La disputa por el control del algoritmo, el Diario.es*, 12 de mayo (https://www.eldiario.es/opinion/zona-critica/disputa-control-algoritmo_129_7927909.html).

condiciones de trabajo y la propia organización del mismo. Y, en esta ocasión, se optó por integrar la norma plenamente en el TRLET. Conviene señalar además que, frente a lo que constituye el elemento más reconocido de la norma, la regulación laboral de las personas que trabajan en el sector de reparto de comida a través de las plataformas digitales, la regla prevista en el art. 64.4 ET no se limita a este sector, sino que tiene un alcance general, para toda empresa que utilice estos instrumentos de inteligencia artificial para la determinación de la organización del trabajo y fijación de las condiciones laborales o de empleo[1212]. También hay que preguntarse hasta donde ha llegado el legislador español con el Decreto-ley 9/2021, de 11 de mayo, cuyo artículo único modifica el artículo 64 del texto refundido de la Ley del Estatuto de los Trabajadores, relativo a los derechos de información y consulta de la representación legal de las personas trabajadoras, añadiendo un nuevo párrafo d) a su apartado 4, donde se recoge el "derecho del comité de empresa a ser informado por la empresa de los parámetros, reglas e instrucciones en los que se basan los algoritmos o sistemas de inteligencia artificial que afectan a la toma de decisiones que pueden incidir en las condiciones de trabajo, el acceso y mantenimiento del empleo, incluida la elaboración de perfiles". Y en esta segunda pata de la reforma lo que se establece es algo aparentemente bastante simple, pero que está por ver si ello presenta más complejidades de las que aparentemente se podrían derivar de una simple lectura de la norma. Se trata, en concreto, de introducir de manera expresa un derecho de información a los representantes de los trabajadores, y correlativa obligación de informar por parte de las empresas, a través de la inclusión de una nueva letra a la relación de competencias informativas a tales representantes. Es preciso cons-

---

1212 BAYLOS GRAU, A.: "Una breve nota sobre la ley española de la laboralidad de los riders", *Labour & Law Issues*, núm. 7/2021, págs. 4-6 y 11.

tatar: 1.º) Este deber se impone a todo tipo de empresas que se basen en algoritmos o sistemas de inteligencia artificial en la gestión de sus empleados. 2.º) Mientras que la referencia a los algoritmos alude al uso de técnicas matemáticas automatizadas, se añade también la referencia a los sistemas de inteligencia artificial, que resulta algo tecnológicamente más amplio. 3.º) Abarca tanto a las facultades directivas y de organización del trabajo del empleador, como a las facultades de control de cumplimiento de las obligaciones del trabajador, así como del ejercicio de los poderes disciplinarios del empleador. En particular, no se refiere exclusivamente a los poderes ejercidos a partir de la celebración e inicio de la ejecución del contrato de trabajo, sino que también abarca a las fases previas a la formalización del contrato de trabajo. 4.º) Presenta un carácter universal desde el punto de vista subjetivo, por cuanto que ese deber de información se extiende al doble canal de representación en la empresa[1213]. En resumen, nos encontramos ante un conjunto de medidas legislativas de adaptación y facilitación del ejercicio de los derechos de organización y actuación sindical en un entorno digitalizado, cuya pieza clave se encuentra en el reconocimiento de los derechos de información y participación colectiva de los representantes de los trabajadores en la introducción y el control de la aplicación de los sistemas de inteligencia artificial en la empresa, tal y como se detalla de una forma muy completa en el artículo 9 de la Directiva del trabajo en plataformas[1214].

1213 CRUZ VILLALÓN, J.: "La participación de los representantes de los trabajadores en el uso de los algoritmos y sistemas de inteligencia artificial", entrada de 26/05/2021: https://jesuscruzvillalon.blogspot.com/2021/05/ (consultada el 16/11/2024).

1214 SANGUINETI RAYMOND, W.: "Los dilemas de los derechos colectivos en la era de la inteligencia artificial", cit., pág. 7.

Se trata de un derecho de información que no puede quedar vaciado de efectividad, ni en cuanto a la forma de transmitir la información ni respecto a cuándo debe ser transmitida. El empleador debe facilitar una información completa, en un formato, vocabulario y lenguaje accesible y comprensible para una persona sin conocimientos especializados técnicos avanzados en la materia; además, debe hacerse con la periodicidad que proceda, antes de que se use o implante en la empresa un concreto algoritmo o sistema de inteligencia artificial[1215]. Es más, una vez que en algunos sectores se ha optado por el reconocimiento de la laboralidad, es preciso resolver la selección del convenio aplicable, por ejemplo, en 2018 se publicó en España la modificación del Acuerdo Laboral Estatal de Hostelería en el que se incluye dentro de su ámbito funcional el reparto de comidas elaboradas o preparadas y bebidas, a pie o en cualquier tipo de vehículo que no precise autorización administrativa establecida por la normativa de transporte, como prestación de servicio propio del establecimiento o por encargo de otra empresa, incluidas las plataformas digitales o a través de las mismas. De esta manera, se integran a quienes prestan servicios en régimen de laboralidad en plataformas como Deliveroo o Glovo. En este contexto, la negociación colectiva se erige como un complemento necesario para articular la selección de los algoritmos que se utilizan para otorgar determinadas

---

1215 CREMADES CHUECA, O.: "El derecho de información de la representación de los trabajadores sobre los algoritmos y los sistemas de inteligencia artificial en el ordenamiento español: instrumento de protección laboral colectiva en el marco de la tríada protectora del derecho digital del trabajo y la descajanegrización jurídica", en Abadías, A. y García, G. (coords.): *Protección de los trabajadores e inteligencia artificial: la tutela de los derechos sociales en la cuarta revolución industrial*, Barcelona (Atelier), 2022, págs. 126-127. Además, el autor destaca que el derecho de información forma parte de la libertad sindical y que es un derecho instrumental para asegurar otros derechos de los representantes de los trabajadores.

condiciones laborales, como el salario o la jornada, que tratan de potenciar las cualidades del individuo, pero evitando provocar discriminaciones, sobre todo de tipo indirecto[1216]. No hay duda de que nos encontramos ante un derecho del comité de empresa a ser informado, significando además la trascendente importancia que tiene el hecho de que el comité de empresa conozca de forma directa los algoritmos o sistemas de inteligencia artificial, lo que está totalmente en línea con lo previsto en el Acuerdo Marco Europeo sobre digitalización/2020[1217], en particular en lo referente a que las empresas deben facilitar a los representantes legales de las personas trabajadoras información transparente y entendible sobre los proceso que se basen en ella en los procedimientos de recursos humanos

---

1216 DOMÍNGUEZ MORALES, A.: "Digitalización de la economía y relaciones laborales: los derechos colectivos en el entorno de las plataformas", *Congreso Interuniversitario OIT sobre el futuro del trabajo, Universidad de* Sevilla, Madrid (Ministerio de Trabajo y Economía Social), Volumen IV/2020, págs. 545 y 548.

1217 El Acuerdo Marco Europeo sobre digitalización aparece como de origen autónomo; y también es autónomo por lo que se refiere a sus formas de aplicación, pues entre las posibilidades de eficacia que se ofrecen a los acuerdos colectivos europeos en el art. 155.2 TFUE, se ha optado por alcanzarla a través de la actuación directa de los interlocutores en los niveles inferiores, sin solicitar intermediación alguna de la Comisión y del Consejo. En efecto, el Acuerdo Marco sobre digitalización no parece adecuado para convertirse en una norma, que haya de ser traspuesta a los ordenamientos de los Estados miembros. Ello es así porque carece de verdadera estructura normativa. No incorpora mandatos, ni siquiera en la forma amplia en la que estos aparecen en las Directivas. Y parece existir incluso cierto empeño en eliminar toda analogía entre sus contenidos y los de las normas: ni siquiera se utiliza la numeración tan habitual en estas, con independencia de que tengan origen heterónomo o autónomo. Véase, GOERLICH PESET, J. M.ª: "El Acuerdo Marco Europeo sobre digitalización", *Documentación Laboral*, núm. 122/2021, págs. 51-52.

(contratación, evaluación, promoción y despido) y garantizarán que no existen prejuicios ni discriminaciones[1218]. En este sentido, desde el *V Acuerdo para el Empleo y la Negociación Colectiva, de 10 de mayo de 2023* (V AENC, páginas 19 y 20)[1219], se manifiesta que la negociación colectiva debe desempeñar un papel fundamental estableciendo criterios que garanticen un uso adecuado de la IA y sobre el desarrollo del deber de información periódica a la representación de los trabajadores. Así, la negociación colectiva en algunos acuerdos colectivos, como el de la plataforma (Just Eat), se compromete a respetar los

---

1218 En nuestro país se contó con el diálogo social para esta necesaria regulación del trabajo en plataformas y, al tiempo, se ha dado entrada a la negociación colectiva para su correcta implementación. En la construcción institucional de los derechos digitales laborales de los trabajadores, tanto en España como en Europa, ha resultado de gran interés el *Acuerdo Marco Europeo sobre Digitalización,* de 22 de junio de 2020, una iniciativa independiente y que fue el resultado de las negociaciones entre los interlocutores sociales europeos como parte de su sexto programa de trabajo plurianual para 2019-2021. En el contexto del artículo 155 TFUE, este acuerdo marco europeo independiente comprometió a los miembros de BusinessEurope, SMEunited, CEEP y CES (y al comité de enlace EUROCADRES/CEC) a promover e implementar instrumentos y medidas, cuando fuera necesario a nivel nacional, sectorial y/o empresarial, de conformidad con los procedimientos y prácticas propios de la gestión y el trabajo en los Estados miembros y en los países del Espacio Económico Europeo. Las partes firmantes también invitaron a sus organizaciones miembros en los países candidatos a implementar este acuerdo en un plazo de tres años a partir de la fecha de su firma. Véase, BAZ RODRÍGUEZ, J.: "El Acuerdo Marco Europeo sobre Digitalización: un instrumento esencial para el desarrollo de los derechos digitales laborales en Europa", en BAZ RODRÍGUEZ, J. (Dir.): *Los nuevos derechos digitales laborales de las personas trabajadoras en España. Vigilancia tecnificada, Teletrabajo, Inteligencia artificial, Big Data,* Madrid (Wolters Kluwer), 2021, pág. 439.

1219 https://www.boe.es/buscar/pdf/2023/BOE-A-2023-12870-consolidado.pdf

derechos a la protección de datos y a la desconexión digital y a informar a la representación de los trabajadores sobre los algoritmos que utiliza para la gestión del trabajo, creándose una comisión paritaria para ello, la "comisión algoritmo", y dando cumplimiento así a los deberes de transparencia y valoración por humanos de las decisiones algorítmicas que se han convertido en bandera de las reivindicaciones de los trabajadores de plataforma en todo el mundo[1220].

6. CONCLUSIÓN: LA ADECUADA TRANSPOSICIÓN DE LA DIRECTIVA (UE) 2024/2831 DEL PARLAMENTO Y DEL CONSEJO

La norma española actualmente se queda corta ante lo dispuesto por la nueva Directiva (UE) 2024/2831 del Parlamento Europeo y del Consejo, de 23 de octubre de 2024, relativa a la mejora de las condiciones laborales en el trabo en plataformas, que propone un desarrollo mucho más preciso y extenso de la "participación" de los representantes de los trabajadores en la gestión del algoritmo, en cuanto al acceso a la información pertinente sobre el trabajo en plataformas y en la gestión del algoritmo[1221]. Por ejemplo, el apartado 1 del artículo 9 de la

---

1220 La empresa de reparto de comida a domicilio Just Eat y los sindicatos CC OO y UGT alcanzaron un acuerdo en el SIMA el día 17/12/2021, sobre condiciones y regulación de la especificidad del trabajo en la plataforma. Se trata del primer convenio colectivo en España del sector del reparto a domicilio a través de plataformas digitales, que da cobertura a más de 2.000 trabajadores al cierre de 2022, la mayoría repartidores o riders. En su artículo 68, letra e), las partes acuerdan la creación de una Comisión Paritaria a través de la cual se canalizará el derecho de información ante algoritmos y sistemas de inteligencia artificial, denominada "Comisión Algoritmo".

1221 Sobre el alcance de la transparencia, información y consulta del uso de algoritmos, puede verse la *Guía práctica y herramienta sobre la obli-*

Directiva del trabajo en plataformas se requiere a los Estados miembros para que en la transposición de la Directiva exijan que las plataformas digitales de trabajo informen a las personas que realizan trabajo en plataformas y a los representantes de los trabajadores de plataformas, sobre la utilización de sistemas automatizados de seguimiento o de sistemas automatizados de toma de decisiones. Y hace una minuciosa enumeración de lo que comprende esa información, que las plataformas digitales de trabajo deben proporcionar a los representantes de los trabajadores, "de manera completa y detallada": antes de utilizar dichos sistemas, previamente a la introducción de cambios que

---

gación empresarial de información sobre el uso de algoritmos en el ámbito laboral, del Ministerio de Trabajo y Economía Social, 2022. https://www.mites.gob.es/ficheros/ministerio/inicio_destacados/Guia_Algoritmos_ES.pdf

Allí se dice que, pese a que el artículo 64.4 del ET establece únicamente una obligación de información, en la Guía se interpreta que existe una obligación empresarial de consultar la introducción de algoritmos para la gestión de personas al amparo del artículo 64.5 del ET (que prevé el derecho de la representación legal de los trabajadores a ser informada y consultada sobre todas las decisiones de la empresa que pudieran provocar cambios relevantes en cuanto a la organización del trabajo y a los contratos de trabajo). En la Guía se recuerda el derecho de la representación de los trabajadores a emitir un informe con carácter previo a la ejecución por parte de la empresa sobre la "implantación y revisión de sistemas de organización y control del trabajo, estudios de tiempos, establecimiento de sistemas de primas e incentivos y valoración de puestos de trabajo". Y específicamente se recuerda que sí existe la obligación general de negociar el algoritmo cuando éste es utilizado en el marco de un despido colectivo para, por ejemplo, determinar las personas afectadas por el despido; también es obligatorio negociar el algoritmo en el marco de otras medidas colectivas de modificación o suspensión del contrato; y en la Guía se específica que existirá tal obligación negociadora de cualquier algoritmo "que se adopte respecto de una materia en la que exista obligación legal de negociar con la representación legal de la plantilla".

afecten a las condiciones laborales, la organización del trabajo o el seguimiento de la realización del trabajo, y en cualquier momento a petición suya (artículo 9.4 de la Directiva del trabajo en plataformas). Además, las plataformas digitales de trabajo deben proporcionar la información en forma de documento escrito, que podrá estar en formato electrónico y de forma transparente, inteligible y fácilmente accesible, sirviéndose de un lenguaje claro y sencillo (artículo 9.2 de la Directiva del trabajo en plataformas).

Más en concreto, en lo concerniente a la información y consulta, en el apartado 2 del artículo 13 se dirige a los Estados miembros con el mandato de que deben, no solo velar, sino garantizar "que la información y la consulta, tal como se definen en el artículo 2, puntos f) y g), de la Directiva 2002/14/CE, a los representantes de los trabajadores por parte de las plataformas digitales de trabajo también abarque las decisiones que puedan conducir a la introducción de sistemas automatizados de seguimiento o de los sistemas automatizados de toma de decisiones o a cambios sustanciales en la utilización de dichos sistemas". Más adelante, en el apartado 3 de este artículo 13 se permite a los representantes de los trabajadores la elección de un experto al objeto de recibir su asistencia para examinar el asunto objeto de información y consulta, y formular un dictamen. Y se añade que "cuando una plataforma digital de trabajo tenga más de doscientos cincuenta trabajadores en el Estado miembro de que se trate, los gastos del experto correrán a cargo de la plataforma digital de trabajo, siempre que sean proporcionados. Los Estados miembros podrán determinar la frecuencia de las solicitudes de expertos, garantizando al mismo tiempo la eficacia de la asistencia". Y esto debe hacerse de forma cuidadosa en la transposición de la Directiva porque dada la complejidad técnica de los sistemas de gestión algorítmica, la información debe proporcionarse a su debido tiempo a fin de que los representantes de los trabajadores de plataformas puedan prepararse para la consulta, con la asistencia de un experto elegido por los trabajadores de plataformas o por sus representantes de manera concertada cuando sea necesario (Considerando 52 de la Directiva del trabajo en plataformas).

Todos estos derechos son expresión del principio general de transparencia algorítmica, pero puede pensarse que su impacto potencial sobre los sistemas de inteligencia artificial en las empresas resulta muy débil y limitado, en la medida en que no permiten a los representantes ejercer ningún tipo de influencia, ni sobre la implantación de dichos sistemas ni sobre su contenido ni sobre su funcionamiento. Para ello sería necesario el establecimiento de un deber de consulta como requisito previo a la introducción de los mismos, acompañado del deber de negociar con vistas a la adopción de un acuerdo[1222]. Pero también hay que apuntar que la Directiva del trabajo en plataformas es una norma que en su específico ámbito de aplicación amplía y mejora las previsiones del RIA y del RGPD en cuestiones de transparencia y de derechos de información y consulta de las personas trabajadoras, de los autónomos y de los representantes legales de los trabajadores, así como de las autoridades[1223].

A la hora de transponer la Directiva del trabajo en plataformas, y debido al amplio contenido del derecho de información y consulta de los representantes de los trabajadores, hemos de preguntarnos si hay una propuesta de verdadera negociación colectiva en la Directiva, no solo porque los Estados miembros puedan exigir una transparencia a las plataformas en relación con los sistemas automatizados de seguimiento y con los siste-

---

1222 SANGUINETI RAYMOND, W.: "Los dilemas de los derechos colectivos en la era de la inteligencia artificial", cit., pág. 7.

1223 CAVAS MARTÍNEZ, F.: "Inteligencia artificial y relaciones laborales: límites a la gestión algorítmica del trabajo a la luz de la nueva legislación europea sobre inteligencia artificial y trabajo en plataformas digitales", cit., págs. 86-87.

mas automatizados de toma de decisiones, que se traduce en una detallada información a los representantes de los trabajadores en plataformas[1224], por escrito, de modo inteligible y fácilmente accesible, sirviéndose de un lenguaje claro y sencillo; sino que también las plataformas digitales de trabajo deben proporcionar esa información, de manera completa y detallada, antes de utilizar dichos sistemas, previamente a la introducción de cambios que afecten a las condiciones laborales, la organización del trabajo o el seguimiento de la realización del trabajo, "y en cualquier momento a petición suya" (artículo 9 de la Directiva). En definitiva, debe facilitarse una información pormenorizada y detallada sobre los sistemas automatizados a los representantes de las personas que realizan trabajo en plataformas, a fin de que puedan ejercer sus funciones, y esto es lo más parecido a la apertura de un proceso de negociación de los sistemas automatizados que utilizan algoritmos[1225].

[1224] La Directiva (UE) 2024/2831 del Parlamento Europeo y del Consejo, define en el apartado 1 de su artículo 2, letra f) que son «representantes de los trabajadores»: los representantes de trabajadores de plataformas, como sindicatos y representantes libremente elegidos por trabajadores de plataformas, de conformidad con el Derecho y las prácticas nacionales; y en la letra g) «representantes de las personas que realizan trabajo en plataformas»: los representantes de los trabajadores y, en la medida en que esté regulado en el Derecho y las prácticas nacionales, los representantes de personas que realicen trabajo en plataformas que no sean trabajadores de plataformas.

[1225] Puede verse el *XXIV Convenio colectivo del sector de la banca*, que fue suscrito, con fecha 29 de enero de 2021, Resolución de 17 de marzo de 2021, de la Dirección General de Trabajo, por la que se registra y publica el XXIV Convenio colectivo del sector de la banca (BOE del 30), en cuyo artículo 79 las partes reconocen que la negociación colectiva, por su naturaleza y funciones, es el instrumento para facilitar una adecuada y justa gobernanza del impacto de la transformación digital de las entidades sobre el empleo del sector. Y más concretamente se acuerda que "en los procesos de transformación digital, las empresas informarán a la RLT sobre los cambios tecno-

Por otra parte, los Estados miembros velarán porque las plataformas digitales de trabajo supervisen y, con la participación de los representantes de los trabajadores, llevarán a cabo periódicamente y, en cualquier caso, cada dos años, una evaluación de los efectos de cada una de las decisiones adoptadas o respaldadas por los sistemas automatizados de supervisión y de toma de decisiones. La información sobre la evaluación se transmitirá a los representantes de los trabajadores de las plataformas (artículo 10.1 y 4 de la Directiva). Incluso, las personas que realizan trabajo en plataformas y, de conformidad con la legislación o las prácticas nacionales, los representantes que actúen en nombre de esas personas tendrán derecho a solicitar a la plataforma digital de trabajo que revise o modifique algunas decisiones adoptadas o respaldadas por los sistemas automatizados de supervisión y de toma de decisiones.

---

lógicos que vayan a producirse en las mismas, cuando éstos sean relevantes y puedan tener consecuencias significativas sobre el empleo y/o cambios sustanciales en las condiciones laborales". Y en el apartado 2 del artículo 80, sobre los derechos digitales, se dice que "las empresas, cuando carezcan de ellos, deberán elaborar con participación de la RLT protocolos en los que se fijen los criterios de utilización de los dispositivos digitales que, en todo caso, deberán garantizar, en la medida legalmente exigible, la debida protección a la intimidad de las personas trabajadoras que hagan uso de los mismos, así como sus derechos establecidos constitucional y legalmente". Por último, en el apartado 5 de este mismo artículo 80, también se precisa, que "las empresas informarán a la RLT sobre el uso de la analítica de datos o los sistemas de inteligencia artificial cuando los procesos de toma de decisiones en materia de recursos humanos y relaciones laborales se basen, exclusivamente en modelos digitales sin intervención humana. Dicha información, como mínimo, abarcará los datos que nutren los algoritmos, la lógica de funcionamiento y la evaluación de los resultados".

Además, en relación con su evaluación de riesgos, las plataformas digitales de trabajo deben garantizar la información y la consulta y la participación efectiva de los trabajadores de plataformas, de los representantes de estos y de las autoridades competentes, de conformidad con los artículos 10 y 11 de la Directiva (UE) 89/391/CEE (artículo 12.2 de la Directiva).

En el artículo 17 de la Directiva (en concordancia con el Considerando 58) se requiere a los Estados miembros para que se aseguren de que las plataformas digitales de trabajo pongan a disposición de las autoridades competentes, así como de los representantes de personas que realizan trabajo en plataformas, la siguiente información, que se actualizará al menos cada seis meses: a) el número de personas que realizan trabajo en plataformas a través de la plataforma digital de trabajo de que se trate desglosado por nivel de actividad y por situación contractual o laboral; b) las condiciones generales determinadas por la plataforma digital de trabajo y aplicables a dichas relaciones contractuales; c) la duración media de la actividad, el número de horas semanales trabajadas por término medio por persona y los ingresos medios derivados de la actividad de las personas que realizan trabajo en plataformas con regularidad a través de la plataforma digital de trabajo de que se trate; d) los intermediarios con los que la plataforma digital de trabajo tiene una relación contractual.

Por último, en el artículo 20 de la Directiva (Canales de comunicación para personas que realizan trabajo en plataformas) se solicita de los Estados miembros que adopten las medidas necesarias para garantizar que las plataformas digitales de trabajo faciliten o creen la posibilidad de que las personas que realizan trabajo en plataformas se pongan en contacto y se comuniquen entre ellas *en privado y de manera segura*, y de que los representantes de las personas que realizan trabajo en plataformas se pongan en contacto con ellas, *y ellas contacten con sus representantes*, a través de la infraestructura digital de las plataformas digitales de trabajo o de medios igualmente eficaces.

Es lo cierto que la transposición será el momento de valorar la importancia de una Directiva que, hasta ahora, ha sido vista por las organizaciones empresariales del sector, y por algunos gobiernos, con especial importancia del francés, como un freno a su actividad empresarial y a la libertad de elección de cada persona trabajadora sobre la elección del vínculo contractual que más le interese, olvidando que esa pretendida libertad queda reducida a la mínima expresión cuando quien presta el servicio no tiene poder de negociación y que por ello es necesaria una regulación que establezca frenos a esa asimetría jurídica entre las partes[1226]. En ese sentido, los sindicatos españoles han valorado positivamente la Directiva del trabajo en plataformas porque para ellos va más allá de lo establecido actualmente en la legislación española, ya que los representantes de las personas trabajadoras adquieren un rol fundamental en esta Directiva. Hasta tal punto es así que subrayan el hecho de que en la exposición de motivos se afirma que la norma busca "promover el diálogo social sobre la gestión algorítmica". Por otra parte, destacan que si hasta la fecha la gestión algorítmica de la relación laboral en las plataformas digitales estaba únicamente amparada por el artículo 64.4.d) del Estatuto de los Trabajadores, que limitaba su rol a la información y consulta, la promulgación de esta Directiva abre un escenario completamente diferente. Por otro lado, la Directiva del trabajo en plataformas amplía su radio de acción a cualquier plataforma digital, sea de reparto a domicilio o de cualquier otra índole, como el sector del transporte (por ejemplo, Uber o Cabify), el de ayuda y cuidados a domicilio (Cuideo, Cuidum), de alquiler

---

[1226] ROJO TORRECILLA, E.: "Directiva UE: mejora de las condiciones laborales en plataformas digitales", *Revista Jurídica del Trabajo*, núm. 14/2024, pág. 253. https://lnkd.in/df5jRM2p

de recursos freelance (Mechanical Turk, Monster, Upwork), hostelería (Hosteleo), creación de contenidos (Lowpost), relaciones académicas (SuperProf) y un larguísimo etcétera de plataformas, actuales o por aparecer[1227].

[1227] https://www.ugt.es/sites/default/files/Coto%20de%20la%20gesti%C3%B3n%20algor%C3%ADtmica.pdf

Capítulo X.

Colectivos vulnerables en la negociación colectiva: hacia la igualdad efectiva en eltrabajo

NATALIA ORDÓÑEZ PASCUA
Profesora Permanente Laboral de Derecho del Trabajo y de la Seguridad Social (Acreditada a TU)
Universidad de León

1.- UN PEQUEÑO APUNTE SOBRE LA VULNERABILIDAD

El empleo de los términos "vulnerabilidad" o "grupos vulnerables" ha sido modificando en su contenido por factores como son el tiempo o los diferentes y sucesivos contextos socioeconómicos acusando, en numerosas ocasiones, vacíos normativos y dificultades para la implementación de políticas públicas, no siendo tarea fácil delimitar un concepto dada la multitud de ámbitos y perspectivas desde los que la cuestión de la vulnerabilidad puede ser abordada, si bien, aparece como rasgo común a todos los sujetos o colectivos la existencia de una predisposición especial a sufrir un daño y verse afectados por cuestiones externas a las cuales muestran una evidente incapacidad de reacción.

Cuando los múltiples factores de riesgo a los que responde la vulnerabilidad trascienden a la esfera de lo social y personal aparece el término "vulnerabilidad social" como condición social de riesgo o dificultad, que inhabilita e invalida, de manera inmediata o en el futuro, a los grupos afectados, en la tarea de satisfacción de su bienestar —medida en términos de subsistencia y calidad de vida— en un determinado contexto sociohistóricos y culturalmente determinado[1228]. Para poder medir la vulnerabilidad social es preciso partir de unos indicadores cuya aplicación determinarán el grado de exposición personal o familiar a la que se enfrenta el sujeto o colectivo concreto, entre los cuales se encuentra el índice de vulnerabilidad de paro —mide la situación laboral—, de estudios —evalúa el nivel educativo—, el de vivienda —condiciones básicas de habitabilidad—, el de pobreza —ingresos per cápita y la situación económica general—, el de salud —altamente ligado al nivel de pobreza—, así como otros de identificación que indicen en rasgos de carácter personal como la edad, el género, la raza o la nacionalidad.

Desde una perspectiva jurídica, el Derecho como disciplina y en sus diferentes ramas o vertientes, se ha venido mostrado sensible a la atención de los más vulnerables, ofreciendo protección y tutela de la vulnerabilidad a través de mecanismos

---

1228 ROCCHI G. y PERONA N.B.: "Vulnerabilidad y exclusión social. Una propuesta metodológica para el estudio de las condiciones de vida de los hogares", *Kairos: Revista de temas sociales,* núm. 8, 2001. https://revistakairos.org/vulnerabilidad-y-exclusion-social-una-propuesta-metodologica-para-el-estudio-de-las-condiciones-de-vida-de-los-hogares/.

dirigidos a garantizar la justicia, la no discriminación y la igualdad en tanto un trato desigual a los que son iguales constituye una flagrante injusticia[1229]. Las distintas regulaciones tratan de proporcionar herramientas concretas capaces de compensar tales desigualdades marcadas por una clara ligazón entre el concepto de vulnerabilidad y la lucha contra la desigualdad y la discriminación procediendo a identificar determinados grupos como especialmente vulnerables para así poder dotarles de un estatuto jurídico singular[1230]. Entre las distintas ramas tuitivas de las situaciones de necesidad y de carácter corrector en el ámbito del empleo, el Derecho del Trabajo se erige como marco en el cual habrán de desarrollarse las relaciones laborales a fin de eliminar, o al menos amortiguar las evidentes relaciones de desequilibrio de poder.

Sin embargo, como bien escaso, el trabajo plantea un gran reto a la hora de conseguir tanto su acceso como su mantenimiento, incluso para cuantos gozan de una elevada preparación y cualificación, acrecentándose estas dificultades para aquellos que por sus circunstancias se encuentran encasillados en uno de los colectivos vulnerables donde paulatinamente se aglutinan un mayor número de personas precisamente por poseer ciertas características y condiciones que hacen que los mismos precisen de una especial atención. La pertenencia o inclusión en uno de estos grupos ha traído causa a lo largo de estos años en las diferencias que presentan y que pueden

---

1229 Partiendo de la concepción de que el Derecho Romano está impregnado por un espíritu de igualdad cabría aseverar que "La igualdad ante la ley es la emanación de la idea de la justicia: todo lo que por su naturaleza es igual, debe ser tratado igualmente por la ley", como señala VON IHJERING, R.: *El espíritu del Derecho Romano*, Granada (Comares), 1998, pág. 353 y ss.

1230 ALENZA GARCÍA, J. F.: "Aproximación a un concepto jurídico de vulnerabilidad", en AA. VV: *Los desafíos del Derecho Público en el Siglo XXI*, Madrid (INAP), 2019, pág. 40.

corresponderse con aspectos de carácter meramente físico o tener sustento en el origen, raza, religión, sexo, ideología o nacionalidad, discapacidad...[1231]; en suma, elementos que han venido estigmatizando a ciertos sectores de la población.

De entre ellos, y por cuanto hace especialmente al trabajo, tradicionalmente la mujer ha sido objeto de discriminación. La desigualdad de género se manifiesta en la brecha existente entre los sexos respecto a las oportunidades de acceso a recursos económicos, sociales, culturales, laborales o políticos, dejando a la mujer con mayores índices de actividad, empleo y desempleo, peores condiciones laborales que los hombres y salarios más bajos a igual trabajo amén de la desigual distribución del empleo manifestada a través de la feminización de sectores y concentración del empleo femenino en aquellos generalmente marcados por remuneraciones bajas y contratos precarios[1232].

Sin embargo, ni la discriminación ni la vulnerabilidad laboral se agota en la fémina, sino que se extiende a otros grupos que presentan mayor indefensión entre los que cabría citar —entre muchos— el de aquellos que adolecen de alguna discapacidad, las personas migrantes, las de mayor edad, o las personas trans, colectivos que tampoco son internamente homogéneos por lo que será preciso atender a diferentes necesidades ante las situaciones de desempleo[1233].

[1231] En mayor profundidad, MONEREO PÉREZ, J. L.: "Prohibición de discriminación", *Temas Laborales,* núm. 145, 2018, pág. 328- 352.

[1232] Ministerio de Trabajo y Economía Social: *La situación de las mujeres en el mercado de trabajo 2022,* 2022, pág. 4-5.

[1233] MORALES ORTEGA, J.M.: "Los destinatarios de la política de empleo", en AA.VV.: *Lecciones de Derecho del Empleo,* Madrid (Tecnos), 2ª Edición, 2016, pág. 290 y ss.

1.1. Tratamiento legal del concepto de vulnerabilidad

El panorama descrito ha necesitado de una intervención legislativa dirigida a cubrir las mentadas necesidades y que cuenta como marco fundamental con la Constitución Española (CE)[1234] cuando incluye algunas referencias respecto de quienes han de adquirir tal consideración ofreciendo garantías de atención extraordinaria para los mismos[1235] si bien deja al margen a muchos otros que hoy ostentarían esta condición.

Con el marco referente del art. 14 CE es posible establecer una clara relación entre las causas prohibidas de discriminación y las características que presentan aquellos que forman parte de los grupos vulnerables[1236]; así, existe una variada producción normativa tuitiva de la que cabe dar cuenta a continuación.

Descender al tratamiento concreto de la vulnerabilidad supone partir del análisis de la norma que entra más de lleno en la cuestión y a través de la cual se produce una mayor cobertura legal de los grupos que precisan atención especial; el tenor de la Ley 51/1980, de 8 de octubre, Básica de Empleo, establece como población diana de los programas de empleo a aquellos trabajadores con dificultades de inserción en el mercado

---

1234 Constitución Española, 1978.

1235 Entre los principios rectores de la política social y económica se encuentra la referencia a la especial protección que precisarán las personas en situación de desempleo (art. 41 CE), aquellas con discapacidad (art. 49.2 CE), la suficiencia económica de los de los de mayor edad (art. 50 CE).

1236 Causas como el lugar de nacimiento, la raza, el sexo, la religión o la opinión han supuesto una barrera para el desarrollo de la persona en condiciones de igualdad. A estas, la norma suprema añade cualquier otra condición o circunstancia personal o social, aumentando así el ámbito de protección a todos los colectivos que puedan surgir, como, es el supuesto de las personas trans.

de trabajo "especialmente los jóvenes demandantes de primer empleo, trabajadores perceptores de las prestaciones de desempleo, mujeres con responsabilidades familiares, trabajadores mayores de cuarenta y cinco años de edad y minusválidos"[1237], intervención normativa ampliada con posterioridad en los sucesivos textos reguladores del empleo[1238] hasta llegar al tenor actual[1239] que proporciona un concepto de colectivos vulnerables —a los que denomina como prioritarios— del que forman parte todos aquellos que presentan "especiales dificultades para el acceso y mantenimiento del empleo y para el desarrollo de su empleabilidad" manteniendo viva la importancia que el trabajo tiene en el desarrollo de la persona y su mantenimiento en condiciones dignas y ofreciendo cobertura a veinte

---

1237 Art. 10.1, Ley 51/1980 Básica de Empleo.

1238 La Ley 56/2003, de 16 de diciembre, de Empleo, recoge programas específicos destinados a fomentar el empleo de las personas con especiales dificultades de integración en el mercado de trabajo, especialmente jóvenes, con particular atención a aquellos con déficit de formación, mujeres, parados de larga duración, mayores de 45 años, personas con responsabilidades familiares, personas con discapacidad o en situación de exclusión social, e inmigrantes con respeto a la legislación de extranjería, dejando abierta la posibilidad a la inclusión de otros que pudieran tener cabida en el marco del Sistema Nacional de Empleo —art. 19 octies—; la posterior referencia normativa recogida en el Real Decreto Legislativo 3/2015, de 23 de octubre, por el que se aprueba el texto refundido de la Ley de Empleo, se limita a reproducir en su art. 30 el tenor de su predecesora sin abundar en otros colectivos especialmente necesitados, manteniendo la misma dirección en cuanto a la elaboración de itinerarios individuales y personalizados de empleo que combinen medidas y políticas ordenadas y ajustadas al perfil profesional de las personas que los integran y a sus necesidades específicas procediendo, si es preciso, a la coordinación con el sistema de servicios sociales para ofrecer una atención más adecuada.

1239 Ley 3/2023, de 28 de febrero, de Empleo.

colectivos diferentes[1240], si bien, muchos de ellos son fruto de un descenso más pormenorizado llevado a cabo sobre los ya existentes[1241]. Más novedad ofrece la incorporación de otros colectivos como es el de las personas gitanas o pertenecientes a otros grupos poblacionales étnicos o religiosos; aquellas pertenecientes al colectivo LGTBI, en particular trans; personas trabajadoras provenientes de sectores en reestructuración; aquellos afectados por drogodependencias y otras adicciones; personas víctimas del terrorismo; personas cuya guardia y tutela sea o haya sido asumida por las Administraciones públicas; y, personas descendientes en primer grado de las mujeres víctimas de violencia de género.

Como ha sido reseñado, cada uno de los mentados colectivos ha sido objeto de protección específica diferenciada como la proporcionada por la Ley 4/2023, de 28 de febrero, para la igualdad real y efectiva de las personas trans y para la garantía de los derechos de las personas LGTBI, la Ley 15/2022, de 12 de julio, integral para la igualdad de trato y la no discriminación. el Real Decreto Legislativo 1/2013, de 29 de noviembre, por el que se aprueba el Texto Refundido de la Ley General de derechos de las personas con discapacidad y de su inclusión social

---

1240 Art. 50, Ley 3/2023, de Empleo.

1241 Este es el supuesto —entre otros— de los discapacitados en los que se refiere especialmente a cuantos poseen capacidad intelectual límite y las personas con trastornos del espectro autista; el de las personas migrantes en las que procede a diferenciar entre cuantos son beneficiarios de protección internacional y aquellos solicitantes de protección internacional en los términos establecidos en la normativa específica aplicable; o el de personas adultas con menores de dieciséis años o mayores dependientes a cargo, especialmente si constituyen familias monomarentales y monoparentales. Por cuanto hace a la mujer y en un claro intento normalizador de la posición de la fémina en el ámbito del empleo, considera vulnerables solo aquellas que poseen baja cualificación o mujeres víctimas de violencia de género.

y su modificación mediante la Ley 6/2022, de 31 de marzo, la Ley Orgánica 1/2004, de 28 de diciembre, de Medidas de Protección Integral contra la Violencia de Género, la Ley Orgánica 4/2000, de 11 de enero, sobre derechos y libertades de los extranjeros en España y su integración social —y normativa de desarrollo— y Ley 12/2009, de 30 de octubre, reguladora del derecho de asilo y de la protección subsidiaria con la última modificación publicada el 14 de mayo de 2022, aquella destinada a dar cobertura integral a todos ellos —Ley 4/2022, de 25 de febrero, de protección de los consumidores y usuarios frente a situaciones de vulnerabilidad social y económica—, así como cuantas dedican su tenor a la protección del desempleo dando cabida a un grupo tan heterogéneo como es el de las personas vulnerables.

Pese a que todo lo expuesto, lo cierto es que aún es muy escasa la adopción de medidas especiales para cada uno de ellos y engarzando con la relación entre ausencia de trabajo o trabajo precario y vulnerabilidad lleva a plantear la explotación de una de las vías que parece presentar mayor idoneidad para su protección y que no es otra que la negociación colectiva, mediante la adopción de normas convencionales adaptadas a las concretas características de cada uno de los grupos a fin de mejorar sus condiciones de empleabilidad.

1.2.- Vulnerabilidad en la negociación colectiva: cuestiones generales

Indudablemente, la negociación colectiva se erige como uno de los más potentes instrumentos para conseguir el equilibrio en las relaciones de trabajo —que históricamente parten de la situación de desigualdad generada entre las personas trabajadoras y los empleadores— con el fin de lograr así una mejora en las condiciones laborales. No en vano, los sindicatos y las asociaciones empresariales han demostrado ser elementos potenciadores de una transformación social que dirige sus esfuerzos al logro de una igualdad efectiva para cuyo logro es precisa la tutela de todos aquellos que sufren de discriminación, e intensificando las relaciones de complementariedad y de supletoriedad entre la ley y el convenio para ofrecer un resultado más satisfactorio a las partes[1242]. Como sujetos legitimados, la norma suprema —art. 37.1— otorga al fruto de sus acuerdos fuerza vinculante lo que no hace sino tutelar constitucionalmente la propia causa del convenio colectivo[1243].

Sin embargo, la libertad que ostentan las partes negociadoras en cuanto al contenido que desean incorporar al convenio que suscriben no obsta para la existencia de algunas limitaciones o directrices legales como demuestra el derecho a la igualdad de trato y a la no discriminación por razón de la orientación sexual de las personas trabajadoras respecto del cual habrá de tenerse en cuenta los dispuesto en las leyes de aplicación al efecto en cada caso y a partir de las cuales sería deseable un progresivo enriquecimiento en el contenido de las normas pactadas[1244].

El contenido en pro de la igualdad y no discriminación en las relaciones laborales encuentra recepción en la norma básica laboral[1245] en el art. 17, con el reconocimiento de la nulidad de cuantos preceptos reglamentarios, cláusulas convencionales,

---

1242 SALA FRANCO, T. y BLASCO PELLICER, A.: "Acerca de la seguridad jurídica y de la naturaleza de las normas laborales: reflexiones para un debate", en AA.VV.: *Los límites legales al contenido de la Negociación Colectiva,* Madrid (Ministerio de Trabajo y Asuntos Sociales), 2010, pág. 15.

1243 VALDÉS DAL-RÉ, F.: "La eficacia jurídica de los convenios colectivos", *Temas Laborales,* núm. 76, 2004, pág. 54.

1244 AGRA VIFORCOS, B.: "La orientación sexual de los trabajadores en la negociación colectiva", *Revista Crítica de Relaciones de Trabajo. Laborum,* núm. 10, 2024, pág. `45.

1245 Real Decreto Legislativo 2/2015, de 23 de octubre, por el que se aprueba el texto refundido de la Ley del Estatuto de los Trabajadores (LET).

pactos individuales y las decisiones unilaterales del empresario den lugar a situaciones de discriminación directa o indirecta desfavorables en el empleo, incluyendo lo referente a retribuciones, jornada y cualquier otra condición de trabajo, que encuentren sustento en "la razón de edad o discapacidad o a situaciones de discriminación directa o indirecta por razón de sexo, origen, incluido el racial o étnico, estado civil, condición social, religión o convicciones, ideas políticas, orientación e identidad sexual, expresión de género, características sexuales, adhesión o no a sindicatos y a sus acuerdos, vínculos de parentesco con personas pertenecientes a o relacionadas con la empresa y lengua dentro del Estado español". Como novedad incluida por la modificación que trae causa en la Disposición final decimocuarta de la Ley 4/2023, de 28 de febrero, para la igualdad real y efectiva de las personas trans y para la garantía de los derechos de las personas LGTBI, la falta de adopción de medidas protectoras frente a la discriminación y la violencia dirigida a las personas LGTBI supone una obligación del empleador la adopción de mecanismos dirigidos a la prevención y detección de las situaciones de discriminación sustentadas en la pertenencia al colectivo trans o LGTBI, así como una vez detectadas articular medidas adecuadas para su cese inmediato[1246].

El mismo tenor estatutario permite el establecimiento por ley de exclusiones, reservas y preferencias para ser contratado libremente, así como la regulación de medidas de reserva, duración o preferencia en el empleo con el objeto de facilitar la colocación de trabajadores demandantes de empleo[1247]. Continuando la protección a grupos específicos, en tanto que la norma orienta estas medidas prioritariamente al fomento

---

1246 Art. 62.3, Ley 4/2023, de 28 de febrero, para la igualdad real y efectiva de las personas trans y para la garantía de los derechos de las personas LGTBI.

1247 Art. 17.2 y 3, Texto refundido de la LET.

del empleo estable de los trabajadores desempleados y la conversión de contratos temporales en contratos por tiempo indefinido, prevé la posibilidad de otorgar subvenciones, desgravaciones y otras medidas para fomentar el empleo de grupos específicos de trabajadores que encuentren dificultades especiales para acceder al empleo previa consulta a las organizaciones sindicales y asociaciones empresariales más representativas[1248] dejando espacio a la negociación colectiva en cuanto al establecimiento de medidas que puedan afectar a las condiciones de clasificación profesional, promoción y formación, de modo que, en igualdad de condiciones de idoneidad, tengan preferencia las personas del sexo menos representado para favorecer su acceso al grupo profesional o puesto de trabajo de que se trate.

Con todo, hay que partir de un concepto de vulnerabilidad en el contexto de la negociación colectiva que hace referencia a la posición en la que se encuentran algunas personas trabajadoras que, debido a su situación económica, social o laboral, sufren desventajas frente a otros y por ello requieren protección adicional con el fin de garantizar la aplicación de unas condiciones laborales justas y equitativas, protección que está llamado a ofrecer el acuerdo colectivo. Así, como mecanismo fundamental del diálogo social, tiene una elevada responsabilidad en la consecución de los logros asociados al trabajo digno conformando un espacio regulador negociado de las condiciones de empleo capaz de reducir la mentada desigualdad en el ámbito laboral. Como desarrollo del segundo pilar del sistema de protección social, también puede ofrecer la posibilidad de pactar condiciones que suponen una protección adicional a las personas trabajadoras ahondando en el reconocimiento de prestaciones complementarias que

---

[1248] Art. 17.3 y 4, LET.

forman parte de la previsión social[1249] y, por lo tanto, externas al Sistema de Seguridad Social.

De manera general, la negociación colectiva ha prestado —en mayor o menor medida— atención a lo largo de los años a los distintos colectivos de personas trabajadoras con especiales dificultades a la hora de acceder y mantener un puesto de trabajo; de hecho, el V Acuerdo para el Empleo y la Negociación Colectiva (V AENC)[1250] sin incluir de manera directa el término "vulnerable" dedica parte de su articulado a estos grupos, como es posible constatar en el tenor tuitivo respecto de los jóvenes y personas en proceso de recualificación contenido en su Capítulo III y en los compromisos específicos adquiridos respecto a la igualdad entre mujeres y hombres (Capítulo XII) a través de una completa visión trasversal e integradora con perspectiva de género que haga realidad corresponsabilidad entre mujeres y hombres, la necesidad de actuar en materia de integración plena en el empleo de las personas con discapacidad y actuar frente a las discriminaciones fundadas en la diversidad y la integración de las personas LGTBI, y afrontar la violencia sexual y de género con medidas protectoras para las víctimas

---

1249 Este reconocimiento encuentra recepción en el tenor del art. 41 de la CE con el mandato a los poderes públicos de mantener un régimen público de Seguridad Social para todos los ciudadanos, que garantice la asistencia y prestaciones sociales suficientes ante situaciones de necesidad, especialmente en caso de desempleo. El mismo tenor deja espacio a la existencia de otro tipo de prestaciones de carácter complementario y libre, y que en el ámbito de la negociación colectiva encuentran traducción a través de mejoras voluntarias que pueden estar vinculadas a diversos aspectos como la incapacidad temporal, la maternidad, la incapacidad permanente, las prestaciones por muerte y supervivencia, la jubilación o las prestaciones familiares.

1250 Resolución de 19 de mayo de 2023, de la Dirección General de Trabajo, por la que se registra y publica el V Acuerdo para el Empleo y la Negociación Colectiva.

haciendo del espacio de trabajo un lugar seguro. Este marco se ve completado por un Capítulo XIV donde empresarios y sindicatos ponen de manifiesto la necesidad de fomentar la diversidad de las plantillas, aprovechando el potencial humano, social y económico que supone esta diversidad, emplazando a los convenios colectivos a promover plantillas heterogéneas, crear espacios de trabajo inclusivos y seguros, favorecer la integración y la no discriminación al colectivo LGTBI en los centros de trabajo a través de medidas específicas y asegurar que los protocolos de acoso y violencia en el trabajo contemplen la protección de las personas LGTBI en el ámbito laboral, y un Capítulo XV en el cual se reconoce la necesidad de impulsar la prevención de las violencias sexuales y de hacer frente al problema de la violencia de género, considerando que la negociación colectiva debe reforzar su actuación en el ámbito de la promoción de condiciones de trabajo que garanticen empresas y centros de trabajo como espacios seguros y libres de violencias y acosos sexuales o por razón de sexo, así como la dignidad de las personas trabajadoras, evitando conductas contra la libertad sexual y la integridad en el trabajo; arbitrando procedimientos específicos o protocolos de actuación para la prevención y denuncia del acoso sexual y el acoso por razón de sexo; impulsando en los protocolos de acoso la incorporación de medidas cautelares de apoyo a las víctimas; impulsar la elaboración y difusión de códigos de buenas prácticas; realizar campañas informativas y de sensibilización y formación para la protección integral contra las violencias sexuales; y, facilitar el ejercicio de los derechos reconocidos en el ámbito laboral a las víctimas de violencia de género por la Ley Orgánica 1/2004, de 28 de diciembre, de medidas de protección integral contra la violencia de género.

Descendiendo a aspectos más concretos, la inclusión de cláusulas específicas en los distintos convenios colectivos para aquellos más vulnerables representará un avance significativo hacia la igualdad efectiva y la justicia social.

2.- CLÁUSULAS PROTECTORAS DE LA VULNERABILIDAD: ESPECIAL REFERENCIA A LAS VÍCTIMAS DE VIOLENCIA DE GÉNERO, COLECTIVO LGTBI+ Y PERSONAS TRANS

Al hablar de grupos vulnerables en el ámbito de la negociación colectiva, cabe partir de la existencia de una elevada heterogeneidad, no solo por la cantidad de colectivos vulnerables sino también por las diferencias existentes entre los propios integrantes de éstos, lo que supone mayor dificultad a la hora de dar satisfacción a sus necesidades.

El tratamiento de cada uno de ellos en el convenio colectivo vendrá sin duda condicionado por las normas básicas y de protección social aplicables en cada caso, siendo preciso descender a la regulación concreta que el convenio ofrece.

2.1.- Clausulas convencionales protectoras de las víctimas de la violencia de género

Con el marco legal aportado por la Ley Orgánica 1/2004, de Medidas de Protección Integral contra la Violencia de Género, como norma principal en esta materia, se introdujeron una serie de medidas específicas en el ámbito laboral destinadas a cubrir las necesidades de un colectivo castigado precisado de una especial atención y conseguir cohonestar las obligaciones laborales con las situaciones personales específicas a las que las víctimas se encuentran expuestas.

El tenor principal en el sentido señalado es el contenido en el art. 21.1, en virtud del cual

"la trabajadora víctima de violencia de género tendrá derecho, en los términos previstos en la LET, a la reducción de jornada o a la reordenación de su tiempo de trabajo, a la movilidad geográfica, al cambio de centro de trabajo, a la suspensión de la relación laboral con reserva de puesto de trabajo y a la extinción del contrato de trabajo", ofreciendo así, *a priori*, una amplia acomodación de las obligaciones laborales con las circunstancias de carácter personal de cuantas trabajadoras lo precisen por ser víctimas de violencia de género. Esta previsión estatutaria no constituye ningún límite a la regulación del convenio que, en las materias reseñadas, podrá ser más o menos "permisivo" o "benévolo" en cuanto a aquilatar la extensión en el ejercicio de los derechos reconocidos

En la línea señalada, la LET ofrece varias referencias a la materia descrita en la Ley 1/2004 que cabe resumir en las siguientes: en lo referente al contrato formativo recogido en el art. 11.4.b), las situaciones de violencia de género interrumpirán el cómputo de la duración del contrato formativo, así como, en virtud de lo dispuesto en el tenor del art. 14.3 interrumpirán el cómputo del periodo de prueba; en cuanto a la reducción de jornada por guarda legal o cuidados (art. 37.6), el derecho se reconocerá a favor del progenitor, guardador o acogedor con quien conviva la persona enferma, siempre que cumpla el resto de los requisitos exigidos así como la prevención más amplia contenida en el art. 37.8 que reconoce a las personas trabajadoras consideradas víctimas de violencia de género —para hacer efectiva su protección o su derecho a la asistencia social integral— el derecho a la reducción de la jornada de trabajo con disminución proporcional del salario o a la reordenación del tiempo de trabajo, a través de la adaptación del horario, de la aplicación del horario flexible o de otras formas de ordenación del tiempo de trabajo que se utilicen en la empresa, así como a realizar su trabajo total o parcialmente a distancia o a dejar de hacerlo si este fuera el sistema establecido, siempre en ambos casos que esta modalidad de prestación de servicios sea compatible con el puesto y funciones desarrolladas por la persona; por cuanto hace a la movilidad geográfica reconocida en el art. 40.4 establece la prevención para cuantas víctimas de violencia de género se vean obligadas a abandonar el puesto de trabajo en la localidad donde venían prestando sus servicios para hacer efectiva su protección o su derecho a la asistencia social integral ofreciendo a estas el derecho preferente a ocupar otro puesto de trabajo, del mismo grupo profesional o categoría equivalente, que la empresa tenga vacante en cualquier otro de sus centros de trabajo en cuyo caso la empresa estará obligada a comunicar a los trabajadores las vacantes existentes en dicho momento o las que se pudieran producir en el futuro. Se establece estatutariamente una duración inicial de seis meses —mejorable por convenio colectivo— durante los cuales la empresa deberá reservar su puesto de trabajo y transcurridos los cuales las personas trabajadoras podrán optar entre el regreso a su puesto anterior o la continuidad en el nuevo decayendo la obligación de reserva en este último caso; la suspensión del contrato (art. 45) o incluso la extinción (art. 49) de éste por decisión de la persona trabajadora[1251]; o la protección contra el despido dispensada en el art. 53.4.b) por cuanto califica de nula la decisión extintiva del contrato sufrida por las trabajadoras víctimas de violencia de género por el ejercicio de su derecho a la tutela judicial efectiva o de los derechos reconocidos en esta ley para hacer efectiva su protección o su derecho a la asistencia social integral así como el despido por análogas razones (art. 55.5.b).

Partiendo así del escenario normativo descrito cabe proceder al análisis del contenido convencional de las materias reseñadas encontrando en la negociación colectiva diferentes regulaciones en los sentidos señalados que mantienen o amplían los derechos objeto de protección.

1251 Esta suspensión y/o extinción del contrato se presenta en el texto estatutario bajo unos términos más cerca de la obligación que de la voluntariedad —persona que se vea obligada— lo que desgraciadamente indica la falta eficaz de protección a la víctima.

Tras un análisis detallado de un elevado número de convenios de carácter estatal, autonómico, provincial y de empresa, ha sido posible constatar cómo el contenido de muchos textos convencionales se limita en su tenor a una mera remisión o reproducción a lo dicho en la norma de violencia de género en cuanto a los aspectos contenidos en la LET[1252] como sucede

---

1252 Con parquedad absoluta y remisión a la norma o al contenido básico de las materias referidas en la Ley concreta y en la LET, art. 33 del CC Delver Logistics, SLU (BOE núm. 283, de 25 de noviembre de 2019), art. 11.4 del CC Regional de Sidra del Principado de Asturias 2022-2024 (BOPA núm. 35, de 21 de febrero de 2023); Disposición Adicional 5 del CC Autonómico de Vehículos de Alquiler sin conductor de Baleares (BOIB núm. 113, de 27 de agosto de 2022).CC Grupo Selecta (AB Servicios Selecta España, SLU, Acorn Spain 1, SL y Servecave, SL), (BOE núm. 26, de 30 de enero de 2020); I CC de Casinos y Establecimientos de Juegos con Juegos de Casino de Castilla-La Mancha (BOCM núm. 123, de 29 de junio de 2022); CC para las Industrias Vinícolas, Alcoholeras y sus derivados para los años 2023 y 2024 (DOE núm. 144, de 25 de julio de 2024); CC de Centros de Enseñanza de Iniciativa Social de la Comunidad Autónoma del País Vasco 2017-2021 (BOPV núm. 72, de 14 de abril de 2021); CC de la industria de azulejos, pavimentos y baldosas cerámicos de la Comunitat Valenciana 2022 (DOGV núm. 9574, de 14 de abril de 2023); CC de sector de elaboración de chocolates y torrefactores de café y sucedáneos de la Comunitat Valenciana (DOGV núm. 9660, de 11 de agosto de 2023); VII Convenio colectivo estatal para la acuicultura (BOE núm. 108, de 3 de mayo de 2024); V CC estatal de instalaciones deportivas y gimnasios (BOE núm. 23, de 26 de enero de 2024); II CC nacional de los servicios de prevención ajenos (BOE núm. 194, de 15 de agosto de 2023); VIII CC general del sector de derivados del cemento (BOE núm. 167, de 14 de julio de 2023); CC actividad de peluquería de la provincia de Burgos (BOP Burgos núm.25, de 7 de febrero de 2023) que pese a dedicar un artículo específico no hace sino referencia al contenido ya normado; CC de Clínicas Privadas de Córdoba 2022-2024 (BOP Córdoba núm.2490, de 13 de junio de 2023); CC sector de las Industrias siderometalúrgicas de la provincia de Girona para los años 2021-2022 (BOP Girona núm. 197, de 13 de octubre de 2021) no amplia los derechos esta-

en la Disposición adicional quinta del CC del Grupo de Empresas Selecta (AB Servicios Selecta España, S.L.U., Acorn Spain 1, S.L. y Servecave, S.L., mediante la cual garantiza el derecho a los beneficios previstos en la Ley Orgánica 1/2004 a cuantos sean declarados oficialmente como víctimas de violencia de género[1253]; resulta curioso toparse con alguno que no contiene

---

blecidos en la Ley 1/2004 y exige que la víctima facilite un domicilio a la empresa a efectos de notificación; CC industrias y trabajadores de panaderías, sus expendedurías e industrias de este ramo (BOP Guadalajara, núm. 45, de 6 de marzo de 2023); CC sectores de comercio de la piel y comercio textil de la provincia de León para los años 2022, 2023, 2024 y 2025 (BOP León núm. 91, de 15 de mayo de 2023); CC del sector de automoción (BOP Málaga núm. 83, de 4 de mayo de 2023); CC sector de clínicas y consultas de odontología de Segovia (BOP Segovia núm. 58, de 15 de mayo de 2023); CC para las industrias de derivados de agrios de la provincia de Valencia 2022-2024 (BOP Valencia núm. 75, de 19 de abril de 2023); II CC de Volkswagen Group España Distribución (BOE núm.232, de 28 de septiembre de 2023); III CC de la Asociación para la Gestión de la Integración Social (BOE núm. 165, de 12 de julio de 2023); art. 50, IX Convenio colectivo del Grupo Prisa Radio (BOE núm.73, de 23 de marzo de 2024); V CC Grupo de Empresas Groundforce (BOE núm. 8, de 9 de enero de 2023); IX CC del grupo Unide (BOE núm. 145, de 18 de junio de 2022); y, art. 41 VII CC de Supermercados Grupo Eroski (BOE núm. 101, de 28 de abril de 2022).

1253 Abundando en la declaración de víctima de violencia de género, algunos textos no descienden a la forma de acreditar el reconocimiento mientras que otros, como es el supuesto de CC de Empresa de Unión General de Trabajadores (BOE núm. 237, de 2 de octubre de 2019) precisa sentencia condenatoria por un delito de violencia de género, orden de protección o cualquier otra resolución judicial que acuerde una medida cautelar a favor de la víctima; o por el informe del Ministerio Fiscal que indique la existencia de indicios de que la demandante es víctima de violencia de género, mediante informe de los servicios sociales, de los servicios especializados, o de los servicios de acogida destinados a víctimas de violencia de género de la Administración Pública competente; o por cualquier otro título, siempre que ello esté previsto en las disposiciones normativas de carácter sectorial que regulen el acceso a cada uno de los derechos y recursos; el CC del sector del transporte de enfermos y accidentados en ambulancia de la Comunidad Autónoma de Canarias (BOC núm. 90, de 13 de mayo de 2019) se exige una acreditación mediante la orden de protección a favor de la víctima y, de manera excepcional, el informe del Ministerio Fiscal que indique la existencia de indicios de que la demandante es víctima de violencia de género hasta tanto se dicte la orden de protección; CC actividad de Garajes, Estaciones de Lavado y Engrase, Aparcamientos y Parkings de la Comunidad Autónoma de La Rioja para los años 2023 a 2025 (BOR núm. 33, de 15 de febrero de 2024), que exige acreditar tan situación con la orden de protección a favor de la víctima siendo válido también el informe del Ministerio Fiscal que índice la existencia de indicios de que la demandante tanto se dicte orden de protección; art. 91, CC de empresas de mediación de seguros privados (BOE núm. 273, de 15 de noviembre de 2023) que enumera entre las fórmulas de acreditación la Sentencia condenatoria por un delito de violencia de género y/o violencia sexual, siendo víctima de violencia de género y/o violencia sexual; orden judicial de protección, como víctima de violencia de género y/o violencia sexual, resolución judicial que acuerde una medida cautelar a favor de la víctima, informe del Ministerio Fiscal que recoja la existencia de indicios de violencia de género y/o violencia sexual, informe de la Administración Pública, emitido por sus correspondientes servicios (sociales, especializados, de acogida, etc.), competentes en materia, y, cualquier otro título, previsto en la normativa legal, que acredite la situación de víctima de violencia de género y/o violencia sexual; CC Industrias almadraberas de la provincia de Cádiz (BOP de Cádiz núm. 106, de 6 de junio de 2022) en su Plan de Igualdad requiere de acreditación judicial o administrativa y comunicarlo de forma fehaciente a la dirección de la Empresa; o, art. 67 del II Convenio colectivo del Grupo Parcial Cepsa (BOE núm. 52, de 28 de febrero de 2024) que precisa para entender que existe acreditación suficiones sentencia condenatoria por un delito de violencia de género, o en el entorno familiar, orden de protección y/o alejamiento, cualquier otra resolución judicial que acuerde una medida cautelar a favor de la víctima., informe del Ministerio Fiscal que indique la existencia

referencia alguna al término "violencia de género" sino que bajo el epígrafe de violencia doméstica emplaza a la empresa concreta a la adopción de medidas específicas de apoyo[1254].

La mayoría de los textos sectoriales analizados recogen expresamente la posibilidad a las víctimas de proceder a la movilidad geográfica estableciendo periodos de duración iniciales —más o menos extensos— transcurridos los cuales la trabajadora perdería su reserva de puesto de trabajo[1255].

---

de indicios de la condición de víctima de la persona demandante, informe de los servicios sociales, de los servicios especializados o de los servicios de acogida de la Administración pública competente destinados a víctimas de estos tipos de violencia, o, cualquier otro título, siempre que ello esté previsto en las disposiciones normativa que regulen el acceso a cada uno de los derechos y recursos.

1254 VI CC de monitores de comedores escolares públicos de Aragón (BOA núm.224, de 2 de noviembre de 2021). Es preciso aquí señalar la diferencia existente entre la violencia de género y la doméstica para entender la dimensión de la cláusula. Si de protección hablamos, la violencia doméstica es un término más amplio por cuanto incluye el conjunto de actos de violencia física, sexual, psicológica o económica que se producen en la familia o en el hogar, o entre cónyuges o parejas de hecho antiguos o actuales, sin que sea necesario que agresor y víctima compartan o hayan compartido el mismo domicilio.

1255 Como muestra, art. 37, III CC de la Comunidad Autónoma de Andalucía para el sector del estacionamiento regulado en superficie y retirada y depósito de vehículos de la vía pública (BOJA núm. 121, de 27 de junio de 2023) con un periodo inicial de 12 meses; art. 45, Grupo Asegurador Reale (BOE núm. 259, de 30 de octubre de 2023) con una duración inicial de seis meses con reserva del puesto de trabajo y posterior opción a el regreso a su puesto de trabajo anterior o la continuidad en el nuevo. En este último caso, decaerá la mencionada reserva; o, con duración inicial de 6 meses con reserva de puesto de trabajo art. 57.1, CC de empresas de Televisiones Locales y Autonómicas de Castilla y León (BOCYL núm. 136, de 17 de julio de 2023).

No deja de resultar curioso la existencia de algún supuesto en el cual las posteriores negociaciones eliminan el contenido protector del convenio anterior respecto de la violencia de género, como ocurre en supuesto CC del Sector de Hostelería de Navarra (BON, núm. 223, de 12 de noviembre de 2019) en cuyo art. 38 garantizaba y preveía la mejora de los derechos relativos a las condiciones laborales de las víctimas de violencia de género mientras que el nuevo texto en vigor (BON, núm. 211, de 10 de octubre de 2023) no hace referencia alguna a este colectivo a lo largo de su articulado[1256]. Cabrá entender por tanto que ante actos calificables como violencia de género se estará a lo establecido en la norma, obviando la cuestión de la mejora de derechos que si contemplaba su antecesor.

No ocurre lo mismo con la restauración en el marco estatal —CC de restauración colectiva (BOE núm. 299, de 14 de diciembre de 2022)— que procede a una regulación mucho más minuciosa y concreta de la violencia de género dedicando íntegramente su Capitulo IX al tratamiento de la violencia de género y los derechos y adaptaciones laborales establecidos para las víctimas[1257]. En dirección similar, aunque menos extenso es

---

1256 De manera similar el CC de Industria de la Madera (BOP Almería, núm.109, de 9 de junio de 2023) suprime de manera definitiva su art. 46 dedicado *in extenso* a la violencia de género manteniendo un escaso tratamiento que no excede de lo reconocido estatutariamente.

1257 Art. 54, CC de restauración colectiva (BOE núm. 299, de 14 de diciembre de 2022): la reducción de la jornada conforme al art. 37.8 LET con disminución proporcional del salario o a la reordenación del tiempo de trabajo, a través de la adaptación del horario, la aplicación del horario flexible o de otras formas de ordenación del tiempo de trabajo que se utilicen en la empresa; adaptación de jornada; movilidad geográfica (40.4 LET) reconociendo el derecho a ocupar otro puesto de trabajo, del mismo grupo profesional o puesto equivalente, que la empresa tenga vacante en cualquier otro de sus centros de trabajo; suspensión del contrato (45.1-48.10 LET) por decisión de la trabajadora que se vea obligada a abandonar su puesto de trabajo como consecuencia de ser víctima de violencia de género; justificación de las ausencias o faltas de puntualidad motivadas por la situación física o psicológica derivada de violencia de género, cuando así lo determinen los servicios sociales de atención o los servicios de salud, según proceda, se considerarán justificadas y serán remuneradas, sin perjuicio de que dichas ausencias sean comunicadas por la trabajadora a la empresa con la mayor brevedad así como aquellos puntuales para interponer las correspondientes denuncias o declarar ante la policía o en el Juzgado en procedimientos que exigen numerosas comparecencias, o en los reconocimientos de la víctima por médicas forenses; extinción del contrato (art. 49 LET) por decisión de la trabajadora que se vea obligada a abandonar definitivamente su puesto de trabajo como consecuencia de ser víctima de violencia de género; nulidad del despido (art. 55 LET) sustentado en el legítimo ejercicio de los derechos de reducción o reordenación de su tiempo de trabajo, de movilidad geográfica, de cambio de centro de trabajo o de suspensión de la relación laboral; y, excedencia de seis meses, ampliables hasta 12 meses con reserva del puesto de trabajo dirigida a la trabajadora víctima de violencia de género; estableciendo un menor periodo de 6 meses inicialmente el Anexo II del VIII CC sectorial estatal de cadenas de tiendas de conveniencia (BOE núm. 133, de 1 de junio de 2024), en virtud del cual el traslado o el cambio de centro de trabajo tendrán una duración inicial de seis meses, durante los cuales la empresa tendrá la obligación de reservar el puesto de trabajo que anteriormente ocupaba la trabajadora transcurrido el cual la trabajadora podrá optar entre el regreso a su puesto de trabajo anterior o la continuidad en el nuevo decayendo en este último caso la obligación de reserva; art. 44, VII CC general de ámbito nacional del sector de aparcamientos y garajes (BOE núm. 120, de 17 de mayo de 2024), que concede una duración inicial de seis meses, prorrogables por una sola vez otros seis meses, durante los cuales la empresa tendrá la obligación de reservar el puesto de trabajo que anteriormente ocupaba la trabajadora; con una excedencia con derecho de reserva de puesto de trabajo, durante 2 años el CC de empresas de mediación de seguros privados (BOE núm. 273, de 15 de noviembre de 2023) que contiene extensas previsiones en materia de violencia de género; IV CC Grupo Hermanos Martín (BOE núm. 85, de 10 de abril de

el tratamiento ofrecido por el XII CC de Salas de Juego Orenes Grupo (BOE núm. 187, de 7 de agosto de 2023) en su art. 54, que condiciona la adaptación de jornada "con carácter preferente, siempre y cuando organizativamente sea posible, para hacer efectiva su protección". También contempla la compensación por gastos de mudanza en el supuesto de traslado o cambio de centro de trabajo cuando la trabajadora opte por la continuidad en el nuevo transcurrido el periodo máximo de reserva del puesto de trabajo. Otros prevén facilidades para las personas trabajadoras víctimas de violencia de género como el anticipo sobre nómina[1258] e incluso de manera puntual la posibilidad de solicitar una ayuda económica de hasta 1.000

2023), estableciendo una excedencia de hasta 18 meses para las víctimas de violencia de género, con reserva de puesto de trabajo que, una vez cumplido este periodo inicial podrá mantenerse mientras subsista la causa judicialmente acreditada computando este periodo como antigüedad; o, con la posibilidad de un traslado de hasta dos años con reserva de puesto de trabajo, CC Grupo Supermercados Carrefour (BOE núm. 141, de 14 de junio de 2023).

1258 Art. 29, CC del Sector de Ayuda a Domicilio de la Comunidad Autónoma de Canarias (BOC núm. 2, de 3 de enero de 2023); art. 59 CC para las cajas y entidades financieras de ahorro para el período 2024-2026 (BOE núm. 137, de 6 de junio de 2024); art. 45, CC de empresas de mediación de seguros privados (BOE núm. 273, de 15 de noviembre de 2023); art. 50 CC sector de entidades de seguros, reaseguros y mutuas colaboradoras con la Seguridad Social (BOE núm. 310, de 27 de diciembre de 2021) que, con la exigencia de un mínimo de permanencia de dos años en la empresa, permite anticipos en caso de ser víctima de violencia de género (hasta 5 mensualidades de sueldo tabla salarial), así como gastos de matrícula y libros de las personas trabajadoras o sus hijos (hasta dos mensualidades de sueldo tabla salarial); o, art. 53, CC sector de grandes almacenes (BOE Núm. 137, de 9 de junio de 2023) con el compromiso de abonar a las mujeres víctimas de violencia de género, en los casos en los que necesiten trasladarse por esta condición en los términos del artículo 40.4 ET, un pago único de 750 euros brutos.

euros con el objeto de afrontar los gastos que pudieran derivarse de tal situación, tales como gastos de traslado de domicilio, asistencia jurídica o ayuda psicológica, previa acreditación del gasto y que éste no sea compensado por la empresa en base a otras normas que regulen esta misma situación[1259].

En un sentido más protector el antecitado CC de Empresa de Unión General de Trabajadores —nota al pie núm. 25— establece en su art. 43 un sistema de protección laboral para las trabajadoras bastante completo destinado de manera fundamental a dotar a las trabajadoras de la necesaria estabilidad laboral e independencia económica que les permita rehacer su vida, adoptando para ello medidas como el cambio de contrato a indefinido y a jornada completa, si así lo solicita la trabajadora. Arbitra, además, un sistema muy completo de permisos retribuidos para poder atender a las especiales necesidades de las víctimas así como un sistema de justificación de ausencias o faltas de puntualidad al trabajo motivadas por la situación física o psicológica derivada de la violencia de género; el derecho a un reordenamiento de su jornada laboral, acorde a sus necesidades, con el mantenimiento por tanto de su salario completo; la posibilidad de solicitar una reducción de su jornada de trabajo, por el tiempo que necesite, con la disminución proporcional del salario; el derecho a una excedencia forzosa, con reserva de su puesto de trabajo de hasta 3 años[1260]; el derecho

---

[1259] Art. 95, CC estatal para el sector de entidades de seguros, reaseguros y mutuas colaboradoras con la Seguridad Social (BOE núm. 310, de 27 de diciembre de 2021).

[1260] Los plazos de excedencia voluntaria no tienen ningún límite temporal preestablecido por la norma (por el tiempo que la víctima lo solicite), si bien, en algunos textos excedencia con reserva de puesto de trabajo se limita durante un determinado periodo de tiempo. En este sentido, el CC del sector de Tintorerías y Lavanderías de la Comunidad Autónoma de las Illes Balears (BOIB núm.175, de 28 de septiembre de 2023) establece un mínimo de 4 meses y un máximo

a la suspensión del contrato de trabajo entre uno y dieciocho meses, con reserva de su puesto de trabajo[1261]; la modificación de las fechas del disfrute del período vacacional; la opción por el cambio de puesto de trabajo acorde con su circunstancia

---

de 4 años. Una regulación más detallada de la excedencia es la ofrecida por el art. 57 del IV CC de empresas y personal del transporte de enfermos y accidentados en ambulancia para la comunidad autónoma de Castilla-La Mancha (BOCM núm. 28, de 11 de febrero de 2020) que prevé para la efectiva protección o ejercicio del derecho a la asistencia social integral, el derecho a solicitar la situación de excedencia sin tener que haber prestado un tiempo mínimo de servicios previos y sin que sea exigible plazo de permanencia en la misma, con reserva de la plaza desempeñada durante los seis primeros meses y computando dicho periodo a efectos de antigüedad, permitiendo la prórroga del mismo por tres meses, con un máximo de dieciocho cuando las actuaciones judiciales lo exijan con idénticos efectos a los señalados y manteniendo durante los dos primeros meses de esta excedencia de la trabajadora un derecho a percibir las retribuciones íntegras; o, IV CC de la Fundación Bancaria Caixa d'Estalvis i Pensions de Barcelona "La Caixa" (BOE núm. 138, de 7 de junio de 2024) con la previsión del derecho de las trabajadoras consideradas víctimas de violencia de género al periodo de excedencia que necesiten, establecido de común acuerdo y renovable, con derecho de reingreso será inmediato, en el puesto de trabajo más adecuado y de acuerdo con la trabajadora, computando el periodo de tiempo durante el cual la trabajadora esté en situación de excedencia por los motivos expuestos a efectos de antigüedad.

1261 Otros textos como el CC de Zurich Insurance, PLC, Sucursal en España; Zurich Vida, Compañía de Seguros y Reaseguros, SA; y Zurich Services AIE (BOE núm. 93, de 19 de abril de 2023), establecen un periodo de suspensión menor con una duración inicial que no podrá exceder de seis meses, salvo que de las actuaciones de tutela judicial resultase que la efectividad del derecho de protección de la víctima requiriese la continuidad de la suspensión en cuyo caso, el juez podrá prorrogar la suspensión por periodos de tres meses, con un máximo de dieciocho meses. Permite también que la víctima el supuesto mentado pueda solicitar un anticipo de salario por un periodo máximo de seis meses, pagadero mensualmente.

sin tener que renunciar ni a sus condiciones laborales, ni a su puesto de trabajo; o, el derecho a cambiar de centro de trabajo situado en una localidad, provincia y/o comunidad autónoma, diferente al lugar donde desarrolla su labor como consecuencia de la residencia en aquélla del agresor manteniendo la organización la obligación de reservar el puesto de trabajo que ocupaba anteriormente la trabajadora.

Con carácter general, es común encontrar gran flexibilidad y amplio reconocimiento en materia de justificación e incluso retribución de las faltas de puntualidad o asistencia de la trabajadora cuando traigan causa en situaciones de violencia de género[1262]; en su grado máximo, cabe encontrar cláusulas que establecen permisos retribuidos de hasta tres meses como consecuencia de la necesidad acreditada de alejamiento derivada de causa de violencia de género[1263]. Un tratamiento

---

1262 Art. 32, CC del sector de las empresas organizadoras del juego del bingo de Catalunya (BOGC núm. 9158, de 8 de mayo de 2024); art. 22, CC gallego de centros especiales de empleo (DOG núm. 189, de 4 de octubre de 2023); art. 50, CC empresas concesionarias del servicio de limpieza de Osakidetza (BOPV núm. 113, de 11 de junio de 2024); art. 91, CC de empresas de mediación de seguros privados (BOE núm. 273, de 15 de noviembre de 2023); II CC nacional de los servicios de prevención ajenos (BOE núm. 194, de 15 de agosto de 2023); VIII CC general del sector de derivados del cemento (BOE núm. 167, de 14 de julio de 2023); con la exigencia de necesaria determinación por parte de los servicios sociales de atención o servicios de salud para entender que las ausencias o faltas de puntualidad al trabajo motivadas por la situación física o psicológica derivada de la violencia de género se consideran justificadas, sin perjuicio de su comunicación a la empresa por la trabajadora a la menor brevedad, el CC del sector del transporte de mercancías de la provincia de Teruel para los años 2021, 2022 y 2023 (BOP Teruel núm. 107, de 7 de junio de 2022), o art. 36, CC del grupo Bebidas Naturales (BOE núm. 187, de 5 de agosto de 2022).

1263 Este es el supuesto contemplado en el art. 39.4 del CC para las cajas y entidades financieras de ahorro para el período 2024-2026 (BOE

altamente completo de la violencia de género lo dispensa el III CC del Grupo Acciona Energía (BOE núm. 123, de 21 de mayo de 2024), mediante permisos retribuidos por el tiempo necesario para concurrir a asistencia psicológica o jurídica o permitiendo el cambio temporal de régimen horario para las víctimas de violencia de género durante el período de tiempo que permanezca vigente la orden judicial de protección a favor de la víctima; como nota diferente contiene un Capítulo IX íntegramente dedicado a la violencia de género que incluye

---

núm. 137, de 6 de junio de 2024) que incluye además una regulación extensa en su art. 105 sobre la protección de la violencia de género; art. 122, VII CC de industrias de ferralla 2023-2024 (BOE núm. 41, de 16 de febrero de 2024); en menor grado con un reconocimiento de una licencia retribuida de 10 horas o dos jornadas completas a elección de la persona trabajadora para asistir a los servicios sociales, policiales o de salud, previa acreditación de su necesidad, el XXIII CC de contratas ferroviarias (BOE núm. 154, de 28 de junio de 2022) que además otorga a las víctimas una prioridad en las acciones formativas de la empresa. Con menor extensión, III CC de Bureau Veritas Inspección y Testing, SLU y Bureau Veritas Solutions Iberia, SLU. (BOE núm. 74, de 25 de marzo de 2024), cuando ofrece a las víctimas violencia de género tendrán una licencia retribuida de hasta diez días laborables para las gestiones administrativas, judiciales o médicas que permitan a la persona solicitante hacer efectivo el derecho a protección para lo cual será precisa la confirmación oficial de situación oficial de violencia de género; concediendo la posibilidad de ejercer el derecho a un permiso retribuido de hasta dos días para llevar a cabo trámites derivados de su condición tanto propios como de sus hijos el art. 62 del V CC del grupo de empresas Distribuidora Internacional de Alimentación, SA, y Día Retail España, SAU.(BOE núm. 77, de 31 de marzo de 2023); menos extenso y ceñido al tiempo estrictamente necesario para la realización de gestiones presentando justificante de las mismas reconoce el permiso el CC de Radio Popular, SA. (BOE núm. 177, de 25 de julio de 2022).

medidas de protección, anticipos especiales y otros[1264], de especial interés por cuanto muchas situaciones de violencia se perpetúan precisamente por la falta de medios de la víctima y sus dificultades económicas.

Por último, por cuanto hace a la suspensión del contrato, además del reconocimiento general establecido en el art. 14.3 LET respecto del cómputo de los plazos para el periodo de

1264 En términos muy similares en contenido y extensión, CC de Ferrovial Servicios, SA, y los trabajadores adscritos al servicio de restauración y atención a bordo de los trenes (BOE núm. 23, de 26 de enero de 2018); Anexo V del XVIII CC de Petróleos del Norte, SA (BOE núm. 85, de 6 de abril de 2024); art. 34 del CC del Grupo Allianz (BOE núm. 154, de 19 de junio de 2023) que bajo el título Política de violencia de género desciende a una amplia regulación; art. 50 del CC Grupo Marítima Dávila (BOE núm. 108, de 6 de mayo de 2022); o, de manera aún más extensa el V CC del Grupo Endesa (BOE núm. 169, de 17 de junio de 2020) que amplía la protección desde la víctima directa de la situación de violencia de género a sus hijos menores de edad o mayores discapacitados que convivan con ella, siempre que el agresor sea una persona con quien el empleado de Endesa o de sus empresas, mantenga una relación de parentesco o afectividad (cónyuge, excónyuge, pareja o ex pareja de hecho o familiar en cualquier grado).Presenta, además, un completo marco de asistencia a las víctimas que incluye apoyo psicológico, asistencia sanitaria, asesoramiento jurídico, así como un régimen de ayudas económicas. Incluyendo medidas de acción positiva para favorecer el empleo de la mujer —en especial las víctimas de violencia de género— y con un extenso elenco de medidas protectoras, el II CC de Nortegas (BOE núm. 28, de 1 de febrero de 2024) desciende a un sistema de ayudas económicas y prestamos destinados a sufragar los gastos que se produzcan de alquiler de vivienda habitual de aquella víctima de violencia de género que se vea obligada a dejar temporalmente su domicilio habitual, hasta entonces compartido con su agresor manteniendo la misma durante un plazo de seis meses en caso de que no hayan variado las condiciones por las que se le concedió la citada ayuda. También se arbitra un sistema de préstamos específicos con facilidades de pago.

prueba, existen convenios que descienden a la aplicación de esta suspensión a los contratos formativos en alternancia y contratos para adquirir la práctica profesional, así como el exigido de permanencia en ciertas categorías profesionales por sufrir una situación de violencia de género[1265].

2.2.- Tratamiento convencional del colectivo LGTBI+

Como grupo especialmente vulnerable, el colectivo LGTBI precisó de una norma concreta que tratara de abordar su problemática específica[1266]y que ya advertía en su Preámbulo la necesidad de un compromiso más activo que, pese a lo reciente de la norma, parece no cubrir muchos aspectos de estos colectivos aun cuando en el propio objeto de la misma establece como finalidad "garantizar y promover el derecho a la igualdad real y efectiva de las personas lesbianas, gais, trans, bisexuales e intersexuales (en adelante, LGTBI), así como de sus familias"[1267] tasando quienes forman parte del mismo. Esta ley contiene —Capítulo II, Secc. 3ª— unas medias aplicables en el

---

1265 Art. 19, XIV CC de ámbito estatal para los centros de educación universitaria e investigación (BOE núm. 128, de 27 de mayo de 2024) en lo referente a promociones y ascensos establece que el plazo de permanencia en la categoría de Profesor/as Ayudantes Doctores/as se interrumpirá en las situaciones de violencia de género ; CC sectorial para las industrias de aguas de bebida envasadas (BOE núm. 304, de 21 de diciembre de 2023); CC estatal de artes gráficas, manipulados de papel, manipulados de cartón, editoriales e industrias auxiliares (BOE núm. 245, de 13 de octubre de 2023); VII CC del sector de la construcción (BOE núm. 228, de 23 de septiembre de 2023); o, VI Acuerdo Laboral para el sector de la Hostelería –ALEH VI– (BOE núm. 59, de 10 de marzo de 2023).

1266 Ley 4/2023, de 28 de febrero, para la igualdad real y efectiva de las personas trans y para la garantía de los derechos de las personas LGTBI.

1267 Art. 1.1, Ley 4/2023.

ámbito laboral en virtud de las cuales se tratará de hacer efectiva la igualdad de trato y oportunidades en el ámbito laboral y la no discriminación en las empresas dejando expresamente en manos de la negociación colectiva la labor de elaborar de un "conjunto planificado de medidas y recursos para alcanzar la igualdad real y efectiva de las personas LGTBI, que incluya un protocolo de actuación para la atención del acoso o la violencia contra las personas LGTBI"[1268] siempre que se trate de empresas de más de 50 personas trabajadoras[1269].

Sin embargo, lo cierto es que las referencias a los derechos de las personas LGTBI+ y la igualdad de trato y oportunidades y no discriminación por orientación sexual, identidad y expresión de género no constituyen una dinámica general en las regulaciones convencionales en los que las referencias a la orientación sexual se ciñen a la inclusión de cláusulas genéricas con clara ligazón a la igualdad de trato y principio de no discriminación[1270]; por ende, se activa la aplicación del otro re-

1268 Art. 15.1, Ley 4/2023.

1269 La Ley 4/2023 —art. 55.3— exige que en la elaboración de los planes de igualdad se incluya una referencia explícita a las personas trans, con especial atención a las mujeres trans. Aunque la ley no modifica directamente la Ley Orgánica 3/2007 de Igualdad, ni los Reales Decretos 901/2020 y 902/2020, sí establece que estos planes deben considerar las particularidades y dificultades específicas que enfrentan las personas trans.

1270 Al amparo de estos principios, el art. 27 del CC Obradores de confitería, pastelería y masas fritas (BOP Albacete núm. 66, de 12 de junio de 2023) bajo el título de "Igualdad de oportunidades y no discriminación" establece un compromiso entre las partes firmantes para trabajar en la eliminación de estereotipos, fomentando el igual valor de hombres y mujeres en todos los ámbitos y adoptando medidas para promover la aplicación efectiva de la igualdad de oportunidades en la empresa en cuanto al acceso al empleo, a la formación y reciclaje profesional, a la promoción, a la protección a la maternidad y en las condiciones de trabajo, a la igualdad en

ferente normativo que viene dado por la Ley 15/2022, de 12 de julio, integral para la igualdad de trato y la no discriminación, norma nacida con la pretensión de ofrecer cobertura a cualquier forma de discriminación y cuya aplicación es de carácter supletorio desplegando sus efectos en todo aquello que no encuentre regulación específica en el texto básico protector de derechos del colectivo LGTBI y trans[1271]. Respecto de esta, por cuanto aquí importa, cabe destacar el contenido de su art. 10

---

el trabajo, eliminando toda discriminación directa/indirecta, así como a la no discriminación salarial por razón de sexo y prevenir, detectar y erradicar cualquier manifestación de discriminación, directa o indirecta; en especial respecto del empleo, en las ofertas laborales, no figurará ningún término o expresión que pueda contener en sí mismo una limitación por razón de género, se utilizarán procesos de selección idénticos para hombres y mujeres y se aplicarán y desarrollarán exactamente bajo las mismas condiciones. En el ámbito de la contratación no existirá predeterminación ni discriminación por razón de género en la aplicación de los diferentes tipos de contratación laboral, ni en el momento de su posible novación o rescisión; art. 24 CC hostelería provincia de Cuenca años 2022, 2023 y 2024 (BOP Cuenca, núm. 533, de 24 de febrero de 2023) ofrece protección genérica en cuanto a la igualdad de oportunidades entre géneros si bien no habla de identidad sexual; III CC de Telefónica de España, SAU; Telefónica Móviles España, SAU y Telefónica Soluciones de Informática y Comunicaciones, SAU (BOE núm. 52, de 28 de febrero de 2024), establece que las Empresas del grupo asumen como propios los principios de igualdad de trato y no discriminación por razón de orientación e identidad sexual hacia las personas LGTBI, y afirman su compromiso por mantener entornos laborales donde se respete la diversidad sexual, afectiva y familiar, comprometiéndose a actuar contra cualquier conducta, en el ámbito laboral, que atente al respeto y la dignidad de las personas trabajadoras; o el CC de Teleinformática y Comunicaciones SA. (BOE núm. 148, de 19 de junio de 2024).

1271 Disposición Adicional 4ª, Ley 4/2023, de 28 de febrero, para la igualdad real y efectiva de las personas trans y para la garantía de los derechos de las personas LGTBI.

en tanto establece ciertas pautas a seguir por la negociación colectiva prohibiendo a los sujetos colectivos el establecimiento de "limitaciones, segregaciones o exclusiones para el acceso al empleo, incluidos los criterios de selección, en la formación para el empleo, en la promoción profesional, en la retribución, en la jornada y demás condiciones de trabajo, así como en la suspensión, el despido u otras causas de extinción del contrato de trabajo" fundadas en cualquiera de las causas previstas en la propia ley; invita a la promoción de la existencia de códigos de conducta y buenas prácticas; y, prevé la adopción de medidas de acción positiva para prevenir, combatir y eliminar toda discriminación en el ámbito del laboral. A la par, esta ley deja abierta otra vía de protección y lucha contra la discriminación que podrá llevarse a cabo por las empresas a través de acciones de responsabilidad social[1272]. En una extensa vía de reconocimiento y la previsión específica de establecer medidas de acción positiva para favorecer la inserción laboral del colectivo LGTBI, así como de jóvenes víctimas de violencia por motivos de orientación sexual y/o identidad de género, el art. 42 del CC del sector de Oficinas y Despachos de la Comunidad autónoma de Madrid 2022-2024 (BOCM núm. 192, de 13 de agosto de 2022). Este convenio cuenta a su vez con un apartado que contempla un amplio reconocimiento de derechos laborales y la protección de la dignidad del personal perteneciente al colectivo LGTBI asegurando la igualdad en el acceso a un puesto de trabajo; estableciendo medidas de acción positiva para favorecer la inserción laboral del colectivo LGTBI, así como de jóvenes víctimas de violencia por motivos de orientación sexual

---

1272 Art. 33.2, Ley 15/2022. Con la previsión específica de establecer medidas de acción positiva para favorecer la inserción laboral del colectivo LGTBI, así como de jóvenes víctimas de violencia por motivos de orientación sexual y/o identidad de género, el art. 42 del CC del sector de Oficinas y Despachos de la Comunidad autónoma de Madrid 2022-2024 (BOCM núm. 192, de 13 de agosto de 2022).

y/o identidad de género; adecuando la documentación e identificaciones internas (carnet de la empresa, correos de acceso, etc.) a la diversidad; procurando la implantación de uniformes unisex, y/o facilitar la opción de elegir el más coherente con el género auto-percibido de la persona trabajadora.

Por otra parte, el tratamiento del colectivo LGTBI en la LET es mucho más exiguo[1273] que el de la violencia de género; de hecho, la norma laboral se limita a una mera remisión a los arts. 62.2 y 3 de la Ley 4/2023, lo que parece claramente insuficiente. Sin embargo, el panorama no es mucho más alentador en la norma colectiva cuyo primer límite queda marcado ya con la previsión establecida en virtud de la dimensión de la empresa —más de 50 personas trabajadoras—, y que dirige sus esfuerzos fundamentalmente al establecimiento de políticas de igualdad y el establecimiento de el régimen jurídico aplicable al acoso.

En general, como ha sido señalado, la protección del colectivo LGTBI+ se lleva a cabo a través de cláusulas convencionales que centran su atención fundamentalmente en la mentada efectividad del principio de igualdad y no discriminación, que actúa como cajón de sastre para todas aquellas cuestiones no detalladas de manera específica con mediante textos asépticos que con escasas variantes se limitan a prohibir la discriminación por un amplio elenco de razones entre las cuales se incluye el sexo y/o la orientación sexual. Mas allá, están aquellas sobre permisos y licencias y la tipificación de faltas y sanciones mayoritariamente fundadas en el acoso sexual o por razón de sexo u orientación sexual.

1273 Su mención directa se limita al tenor del art. 17.1, LET, sin perjuicio de las referencias estatutarias a la no discriminación y los derechos laborales reconocidos en el art. 4.1.

Descendiendo a las referencias que garantizan la igualdad a través del sistema de permisos y licencias, proceden a la equiparación a tal fin el matrimonio o la pareja hecho heterosexual con resto de uniones o inicio de vida en común de los trabajadores y trabajadoras, con independencia de su orientación sexual e identidad de género[1274], reconocimiento que si bien trata de ampliar la esfera protectora no es suficiente para cubrir a todos los colectivos.

En dirección similar se procede a tratar de hacer efectiva la igualdad y no discriminación asumiendo la diversidad existente a la hora de formar la familia mediante la extensión del reconocimiento de los derechos recogidos en el convenio, en especial los relativos a la conciliación de la vida laboral y familiar, a las unidades de convivencia matrimonial, sean o no del mismo sexo los cónyuges, y las parejas de hecho acreditadas, incluidas las familias monoparentales[1275]. No se trata de nin-

---

1274 Art. 31, CC del Sector Talleres de Reparación de Vehículos (BON núm. 106, de 22 de mayo de 2023) en virtud del cual se concede licencia por matrimonio de la persona trabajadora de 18 días naturales que también se disfrutará con motivo de la inscripción como Pareja Estable en el Registro único de parejas estables de la Comunidad Foral de Navarra en el cual pueden estar inscritas las parejas independientemente de su orientación sexual. En su mayoría esta es la escasa regulación convencional en la materia. Reseñable en la materia y con referencia expresa a la extensión de derechos reconocidos por razón de matrimonio al colectivo LGTB+ cuando las personas se encuentran debidamente inscritas como tales en el registro público correspondiente el art. 28 sobre permisos del CC del sector del transporte de mercancías de la provincia de Teruel para los años 2021, 2022 y 2023 (BOP Teruel núm. 107, de 7 de junio de 2022).

1275 Anexo IV del CC Industrias almadraberas de la provincia de Cádiz (BOP de Cádiz núm. 106, de 6 de junio de 2022) que recoge el Plan de igualdad de género. Declaración de principios sobre igualdad y no discriminación). En mayor profundidad, en su Protocolo de Acoso Sexual, define la violencia de género entendiendo que

guna referencia explícita, pero si pudiera ser de aplicación al colectivo LGTBI y de personas trans. De manera más explícita, el CC del sector de alquiler de grúas móviles autopropulsadas de Aragón (BOA núm. 90, de 10 de mayo de 2024) en su art. 27, reconoce la misma consideración que el matrimonio —a efecto de permisos y licencias — la pareja de hecho estable, incluido el colectivo LGTB+, inscrita en registro público, así como los casos de adopción y acogimiento legalmente acreditada, con relación a los permisos aquí descritos.

Avanzando un paso más allá, procede destacar también por la escaso de su recepción en los convenios la mención que el art. 9.1 del III CC de Bureau Veritas Inspección y Testing, SLU y Bureau Veritas Solutions Iberia, SLU. (BOE núm. 74, de 25 de marzo de 2024) lleva a cabo respecto del de la forma de ingreso y contratación en la empresa donde será respetado el principio de igualdad de oportunidades entre hombres, mujeres y comunidad LGTBI+ de tal suerte que los procesos de selección se limitarán a la valoración de las titulaciones, calificaciones o competencias y habilidades necesarias que requiera el desarrollo del puesto de trabajo; esta previsión no hace más que cumplir con o predicho en el mentado art. 10 de la Ley 15/2022. Precisamente, en cuanto a los procesos de selección, son pocos los textos convencionales objeto de estudio que contienen medidas, que aparecen de modo indirecto —y sin referencia al colectivo LGTBI— para evitar la discriminación[1276].

---

constituye una de las expresiones más graves de discriminación y de desigualdad.

[1276] Art. 35.5, del CC para los establecimientos financieros de crédito (BOE núm. 311, de 28 de diciembre de 2022), cuando reconoce "el derecho de las personas trabajadoras tienen derecho a no ser objeto de decisiones basadas única y exclusivamente en variables automatizadas, salvo en aquellos supuestos previstos por la Ley, así como derecho a la no discriminación en relación con las decisiones y procesos, cuando ambos estén basados únicamente en algoritmos,

Por su parte, el Capítulo XII del VII CC de industrias de ferralla 2023-2024 (BOE núm. 41, de 16 de febrero de 2024), bajo el título de Igualdad de trato y de oportunidades recoge previsiones más concretas como las mentadas a continuación: necesidad de establecer directrices para la negociación de medidas de gestión de la igualdad y la diversidad en las empresas, con el fin de prevenir la discriminación directa o indirecta por cuestiones de orientación o identidad sexual (LGTB), con el fin de alcanzar una gestión óptima de los recursos humanos que evite discriminaciones y pueda ofrecer oportunidades reales. A tal fin, se precisa el apoyo de un constante diálogo social, así como la existencia de una comisión paritaria sectorial por la igualdad de oportunidades entre mujeres y hombres que se hará extensiva a la Igualdad LGTB. Esta comisión estará llamada a desarrollar el cláusulas antidiscriminatorias que incluyan la orientación sexual y la identidad de género; definiciones de tipos de familias en las que estén incluidas las parejas que forman gays y lesbianas; cláusulas que aseguren que los beneficios sociales sean también para las parejas del mismo sexo; establecimiento de protocolos concretos de vigilancia de la salud específica, que se garantizará con personal formado e informado en orientación sexual e identidad de género; desarrollo de protocolos de salud con orientación al tratamiento del VIH que contendrán campañas divulgativas; desarrollo de protocolos de prevención del acoso

pudiendo solicitar, en estos supuestos, el concurso e intervención de las personas designadas a tal efecto por la Empresa, en caso de discrepancia". En términos similares se expresa el art. 80.5, XXIV CC del sector de la banca (BOE núm. 76, de 30 de marzo de 2021). Fuera del ámbito de los derechos digitales, el art. 24 del CC del sector Ikastolas de Navarra (BON núm. 177, de 11 de agosto de 2020) prohíbe que aspectos ideológicos, de género, de orientación sexual y/o religiosos de los/ las aspirantes en los criterios y valoraciones a aplicar incidan en la contratación de profesorado.

discriminatorio por orientación sexual; y, campañas divulgativas de sensibilización hacia la orientación sexual[1277].

Por lo extenso y poco común también es precisa la referencia al CC del Grupo Allianz (BOE núm. 154, de 19 de junio de 2023) que en su art. 33 —Diversidad— procede a una verdadera declaración en pro de la defensa del colectivo cuando señala que en la empresa "se vela por un entorno de trabajo inclusivo y diverso para que la plantilla se sienta respetada y empoderada para desarrollar su vida profesional. Asimismo, se pone especial foco en la igualdad de género, en el colectivo LGTBIQ+ [...], siendo una herramienta fundamental de normalización y colaboración para aquellos/as que decidan voluntariamente participar y contribuir". En el sentido señalado, el CC Marco del sector de Mayoristas de Alimentación de Cataluña (DOGC núm. 9082, de 18 de enero de 2024), en su art. 62, bajo la rúbrica "Igualdad para el colectivo LGTBI+, instan a las empresas que se encuentren bajo su ámbito de aplicación a respetar la igualdad de trato y de oportunidades de las personas LGTBI+, adoptando para ello las medidas necesarias dirigidas a evitar cualquier tipo de discriminación laboral[1278].

Con todo, la vía más común del tratamiento concreto de estos colectivos se lleva a cabo a través de los planes de igualdad. El principio de igualdad entre mujeres y hombres y de no discriminación por razón de género encuentra recepción

---

[1277] Con contenido casi mimético el Título IV del IX CC estatal del corcho (BOE núm. 214, de 7 de septiembre de 2023).

[1278] Con tenor parecido, el compromiso de igualdad de trato y oportunidades (art. 38) del CC de Industrias de conservas y salazones de pescados de la provincia de Huelva (BOP Huelva núm. 97, de 25 de junio de 2020) en el cual se establecen como objetivos generales del sector el establecimiento de directrices para la negociación de medidas de gestión de la igualdad y la diversidad en las empresas, con el fin de prevenir la discriminación directa o indirecta por cuestiones orientación o identidad sexual (LGTBI).

al máximo nivel en la Constitución y, en desarrollo del mismo el ordenamiento jurídico ha establecido diferentes instrumentos dirigidos a asegurar, controlar y comprobar su efectivo cumplimiento dentro de los cuales se encuentran los planes de igualdad, cuyo régimen alberga la Ley Orgánica 3/2007, de 22 de marzo, para la igualdad efectiva de mujeres y hombres y encuentran reflejo en la LET.

El ámbito de aplicación y régimen jurídico aplicable a los planes de igualdad tuvieron una importante modificación como consecuencia de la aprobación del Real Decreto-ley 6/2019, de 1 de marzo, para garantía de la igualdad de trato y de oportunidades entre mujeres y hombres en el empleo y la ocupación —reglamento que desarrolla la LO 3/2007— al ampliar el número de empresas que estaban obligadas a elaborarlos y aplicarlos lo que supuso un aumento sensible de su espacio de acción.

Con las estas mimbres, muchas empresas han dejado en su plan de igualdad el desarrollo de medidas concretas de protección extendiendo así el marco del principio de no discriminación, como muestra del Plan de igualdad de oportunidades entre hombres y mujeres en las empresas del Grupo Repsol que alberga el VIII CC de Repsol, SA. (BOE núm. 77, de 31 de marzo de 2023) y en cual se acuerda la adopción de políticas activas de integración y diversidad en aras a conseguir la igualdad efectiva en el acceso al empleo con ofertas que no induzcan a pensar en uno u otro sexo, en los procedimientos de promoción profesional, en materia de contratación fomentando ante similares méritos y capacidades acciones positivas en el acceso del género menos representado en el grupo profesional de que se trate y la igualdad de oportunidades en la formación. Sobre este último aspecto abunda el tenor del art. 37 cuando refiere la necesidad de establecer procesos formativos concretos para la incorporación de personas con capacidades diferentes y de otros colectivos en riesgo de exclusión social, y fomente la cultura de la diversidad de colectivos en la plantilla de la compañía.

Por último, en este sentido reseñar, pese a haber sido señalado con anterioridad, el CC de Teleinformática y Comunicaciones SA. (BOE núm. 148, de 19 de junio de 2024) en el que las partes ratifican su firme compromiso con la promoción de igualdad de oportunidades entre mujeres y hombres y la garantía de los derechos de las personas LGTBI debiendo negociar en cada momento las medidas que permitan hacer efectivo dicho compromiso en el marco del Plan de Igualdad vigente en este momento en la empresa que asume como propios los principios de igualdad de trato y no discriminación por razón de orientación y de identidad sexual hacia las personas LGTBI.

Por cuanto hace a la vía de reconocimiento de derechos mediante protocolos contra el acoso, la fórmula habitual supone la inclusión del acoso sexual, por razón de sexo o por orientación sexual, pero son muy escasos los textos que incluyen específicamente a las personas LGTBI en el cuerpo del convenio[1279], haciendo referencia a las mismas en los protocolos anti acoso[1280]. Las remisiones a los protocolos van dando sus

---

1279 Normalmente se encuentran las referencias en el ámbito de las faltas y sanciones, como ocurre en el art. 24.1.c) del XVIII CC estatal de empresas de consultoría, tecnologías de la información y estudios de mercado y de la opinión pública (BOE núm. 87, de 9 de abril de 2024) que considera como falta muy grave el acoso por razón de origen racial o étnico, religión o convicciones, discapacidad, edad u orientación sexual, así como el acoso sexual o por razón de sexo.

1280 En la tarea de encontrar regulación convencional concreta aparece aquel texto que recoge la existencia de un Comité Intercentros legitimado para formalizar protocolos de actuación para la atención del acoso o la violencia contra las personas LGTBI como refleja el art. 51, VIII CC sectorial estatal de cadenas de tiendas de conveniencia (BOE núm. 133, de 1 de junio de 2024). En esta dirección, la Cláusula adicional quinta del VII CC estatal para la acuicultura (BOE núm. 108, de 3 de mayo de 2024) recoge un completo protocolo anti-acoso que persigue prevenir y erradicar las situaciones

frutos como fórmula protectora; en tal sentido el art. 120 del XX CC de SEAT, SA. (BOE núm. 234, de 29 de septiembre de 2022), bajo la rúbrica "Protocolo contra el acoso sexual, por razón de sexo, orientación sexoafectiva, identidad y/o expresión de género en el trabajo" entiende la necesidad de actualizar el protocolo contra el acoso sexual y por razón de sexo para incluir otras diversidades y ampliar su contenido. Fruto de la puesta en valor de este artículo, la empresa SEAT, S.A. ha firmado un nuevo plan de igualdad en la que procede a la mentada revisión del procedimiento contra el acoso sexual y por razón de sexo, ampliándolo también a otras diversidades como el colectivo LGBTI+ y otras formas de acoso no recogidas hasta el momento.

2.3.- Las personas trans en la negociación colectiva

Con sustento jurídico idéntico al del colectivo LGTB, las personas trans —transexuales según reza el Preámbulo de la Ley 4/2023— se definen como aquellas cuya identidad y/o su expresión de género difiere de las expectativas culturales basadas en el sexo que se les asignó al nacer[1281]. Cabe partir de que se trata de un colectivo que sufre en numerosas ocasiones una vulnerabilidad mayor fundada en su apariencia

---

discriminatorias por razón de género, constitutivas de acoso, en su modalidad de acoso sexual y acoso por razón de sexo. En materia de prevención y actuación en los casos de acoso remite a de lo establecido en la Ley 4/2023, de 28 de febrero, para la igualdad real y efectiva de las personas trans y para la garantía de los derechos de las personas LGTBI en tanto no se disponga de una normativa de desarrollo específica de este protocolo.

1281 Definición de persona trasns de la Federación Estatal de Lesbianas, Gais, Trans, Bisexuales, Intersexuales y más (FELGTBI+). De contenido similar el art. 3.k) de la Ley 4/2023 la define como "persona cuya identidad sexual no se corresponde con el sexo asignado al nacer".

siendo más proclives a sufrir acoso y discriminación, tanto en el acceso al empleo como en las condiciones laborales en que desarrollan su trabajo por lo que sería preciso una actuación concreta y no solo la global otorgada bajo el paraguas del principio de no discriminación.

Pese a que su norma reguladora básica trata de dispensar un tratamiento similar a ambos colectivos discierne entre ellos separando la regulación del colectivo LGTBI —contenida en el Título I— del de las personas trans —objeto de tratamiento en el Título II—. También el contenido de la LET se ha visto modificado por la Ley 4/2023[1282] en tanto era preciso introducir la cláusula de no discriminación por razón de orientación sexual, identidad y características sexuales, así como la referencia específica de que el término de madre biológica incluye también a las personas trans gestantes.

Sin duda, todos estos aspectos van a influir en el ámbito de la negociación colectiva en cuyos textos son escasas las referencias a las personas trans y a sus derechos concretos. Así, el contenido de las cláusulas convencionales suele ir en dos direcciones: por un lado, con el reconocimiento genérico de derechos a las personas trans, estableciendo protocolos de acompañamiento para cuantas quieran acometer un proceso de transición manteniendo su dignidad e integridad y garantizando el respeto a sus derechos laborales; por otro, a través de la inclusión de cláusulas relativas a la suspensión del contrato de trabajo por una serie de causas que se citarán a continuación.

En el primero de los supuestos señalados encaja el ya mentado art. 42 del CC del sector de Oficinas y Despachos de la Comunidad autónoma de Madrid 2022-2024 (BOCM núm. 192, de 13 de agosto de 2022) que en su último apartado incluye medidas específicas para la igualdad y no discriminación de las

---

[1282] Disposición final decimocuarta, Ley 4/2023.

personas trans, así como protocolos de actuación para su protección durante el proceso de transición permitiendo a la persona trabajadora disponer del tiempo necesario para su proceso de transición, siendo dicho tiempo no retribuido o recuperable. El segundo, y más común dada la equiparación llevada a cabo entre la madre biológica y las personas trans gestantes, encuentran cobijo situaciones de suspensión generalmente relacionadas con supuestos de nacimiento de hijo, adopción, guarda con fines de adopción o acogimiento aplicable también a las personas trans gestantes asimilando el término de madre biológica a persona trans gestante[1283] y otorgándole así un tratamiento no diferenciado por razón de identidad sexual.

En todo caso, pese a todas las acciones en pro de la igualdad lo cierto es que la diversidad continúa siendo una traba para el acceso y mantenimiento del empleo. Ello se pone de manifiesto cuando 75% de las personas trans consideran un inconveniente ser trans para buscar empleo; el 55% de las personas trans y no binarias sienten haber sido rechazadas directa o indirectamente en entrevistas de trabajo; la mayoría de las personas trans (62%) no cuentan con apoyo laboral en la transición y pese al posible rechazo posterior el 13% de las personas trans han abandonado un empleo para proceder a su transición[1284].

1283 Art. 39, XIV Convenio colectivo de ámbito estatal para los centros de educación universitaria e investigación (BOE núm. 128, de 27 de mayo de 2024); CC sectores de comercio de la piel y comercio textil de la provincia de León para los años 2022, 2023, 2024 y 2025 (BOP León núm. 91, de 15 de mayo de 2023); art. 45, IX Convenio colectivo del Grupo Prisa Radio (BOE núm.73, de 23 de marzo de 2024); o, II CC de Nortegas (BOE núm. 28, de 1 de febrero de 2024); CC Al Air Liquide España, SA, y Air Liquide Ibérica de Gases, SLU. (BOE núm. 290, de 5 de diciembre de 2023).

1284 Datos obtenidos del Estudio de UGT: *Hacia centros de trabajo inclusivos. Discriminación de las personas trans y LGTBI en el ámbito laboral en España en 2023*, 2ª edición, 2023 págs. 35, 36, 39 y 40.

3.- CONCLUSIONES

Tras el estudio de un elevado número de convenios colectivos, es posible afirmar que la inclusión de cláusulas específicas para colectivos vulnerables se erige como una herramienta poderosa para avanzar hacia una sociedad más justa e inclusiva. A través de la negociación colectiva, es posible implementar medidas que no solo cumplen con los requisitos legales, sino que también van más allá para proporcionar un apoyo integral y adaptado a las necesidades de cada grupo. Estas cláusulas representan un compromiso con la igualdad de oportunidades y la justicia social, fundamentales para el desarrollo de un entorno laboral más equitativo y solidario.

Descender en la búsqueda del grado de protección de las víctimas de violencia de género y de las personas LGTBI y trans ha puesto de manifiesto que aún queda mucho camino por recorrer y es aquí donde debe participar el acuerdo colectivo, caracterizado por un conocimiento más próximo a la realidad laboral plasmada en convenios de carácter sectorial o empresarial que la propia norma puede tener.

Esta labor ha puesto de manifiesto que bajo la igualdad y no discriminación se lleva a cabo un tratamiento omnicomprensivo de las personas vulnerables —en general y más concretamente las aquí importan— sin que, en la mayoría de los casos exista una regulación concreta y diferenciada adaptada a sus necesidades.

En el caso de las empresas, la remisión a los planes de igualdad y protocolos de acoso se ha convertido en la fórmula más común de abordar las cuestiones a las que se enfrentan estos colectivos.

En todo caso, el futuro parece alentar el tratamiento específico de la diversidad como demuestra el acuerdo tripartito recientemente adoptado —3 de junio de 2024— entre el gobierno, los sindicatos y los empresarios, para establecer un protocolo de acompañamiento a las personas trans en sus empleos y garantizar así la igualdad del colectivo LGTBI en las empresas. Los empleadores deben tomar acciones dirigidas a reabrir y renegociar el contenido de los convenios y acuerdos colectivos para introducir estas medidas y proporcionar la formación específica de su personal sobre las necesidades y derechos de las personas trans.

En todo caso, estas iniciativas reflejan un compromiso creciente por parte de las empresas y los agentes sociales en España para promover un entorno laboral inclusivo y respetuoso para las personas LGTBI y trans. Implementar y negociar estas cláusulas en los convenios colectivos es un paso crucial hacia la igualdad real y efectiva en el ámbito laboral.

4.- BIBLIOGRAFÍA

—AGRA VIFORCOS, B.: "La orientación sexual de los trabajadores en la negociación colectiva", *Revista Crítica de Relaciones de Trabajo. Laborum*, núm. 10, 2024.

—ALENZA GARCÍA, J. F.: "Aproximación a un concepto jurídico de vulnerabilidad", en AA. VV: *Los desafíos del Derecho Público en el Siglo XXI*, Madrid (INAP), 2019, pág. 40.

—Ministerio de Trabajo y Economía Social: *La situación de las mujeres en el mercado de trabajo 2022*, 2022.

—MONEREO PÉREZ, J. L.: "Prohibición de discriminación", *Temas Laborales*, núm. 145, 2018.

—MORALES ORTEGA, J.M.: "Los destinatarios de la política de empleo", en AA.VV.: *Lecciones de Derecho del Empleo*, Madrid (Tecnos), 2ª Edición, 2016.

—ROCCHI G. y PERONA N.B.: "Vulnerabilidad y exclusión social. Una propuesta metodológica para el estudio de las condiciones de vida de los hogares", *Kairos: Revista de temas sociales*, núm. 8, 2001. https://revistakairos.org/vulnerabilidad-y-exclusion-social-una-propuesta-metodologica-para-el-estudio-de-las-condiciones-de-vida-de-los-hogares/.

—SALA FRANCO, T. y BLASCO PELLICER, A.: "Acerca de la seguridad jurídica y de la naturaleza de las normas laborales: reflexiones para un debate", en AA.VV.: *Los límites legales al contenido de la Negociación Colectiva,* Madrid (Ministerio de Trabajo y Asuntos Sociales), 2010.

—UGT: *Hacia centros de trabajo inclusivos. Discriminación de las personas trans y LGTBI en el ámbito laboral en España en 2023,* 2ª edición, 2023.

—VALDÉS DAL-RÉ, F.: "La eficacia jurídica de los convenios colectivos", *Temas Laborales,* núm. 76, 2004.

—VON IHJERING, R.: *El espíritu del Derecho Romano,* Granada (Comares), 1998.

Capítulo XI.
El potencial de la negociación colectiva para facilitar la inserción laboral a través del contrato de formación en alternancia

Mª DE LOS REYES MARTÍNEZ BARROSO
Catedrática de Derecho del Trabajo y de la Seguridad Social
Universidad de León

1.- RÉGIMEN JURÍDICO-LEGAL DEL CONTRATO DE FORMACIÓN EN ALTERNANCIA

A partir del régimen jurídico establecido en el art. 11.2 ET, bajo la denominación de "contrato de formación en alternancia" se da cobertura a una fórmula contractual prevista para la capacitación profesional (en la denominación clásica -y aún actual en la normativa comunitaria- contrato de aprendizaje). La nueva regulación del contrato de formación en alternancia, sin implicar un auténtico "cambio de modelo" en la contratación formativa (como propone el legislador en la exposición de motivos de la norma reformadora) está movida por buenas intenciones y orientada en el sentido correcto en términos de lo que algunos han denominado "buenas prácticas de regulación del mercado de trabajo"[1285], dado el efecto favorable en la disminución del paro juvenil que cabe pronosticar a partir de medidas como la normalización de la formación dual y la potenciación de la práctica laboral para cualquier tipo de título o ciclo de formación; la descontaminación de los contratos formativos de usos inadecuados o la flexibilización (controlada a través de los correspondientes planes y programas formativos) en la utilización estrictamente formativa de este contrato.

1.1.- El reforzamiento de la dimensión formativa y su diferenciación del contrato para la obtención de la práctica profesional

La diferencia fundamental con el contrato formativo para la obtención de la práctica profesional radica en la innecesariedad de título habilitador, pues su objeto específico es, precisamente, la obtención de preparación profesional mientras

[1285] FERNÁNDEZ MÁRQUEZ, O.: "Seis tesis generales sobre la reforma de los contratos formativos de 2022", *Labos*, Vol. 3, núm. 1, 2022. http://www.uc3m.es/labos, pág. 186.

se prestan servicios, siendo su "causa cambiaria compleja"[1286]: intercambio de trabajo por formación y retribución -aspecto éste que establece la fundamental diferencia con su antecedente jurídico remoto, en el que aquélla podía no existir, e incluso correr a cargo del propio aprendiz-.

Tras la reforma llevada a cabo por el RDL 32/2021, de 28 de diciembre, de medidas urgentes para la reforma laboral, la garantía de la estabilidad en el empleo y la transformación del mercado de trabajo, el objetivo formativo en cada modalidad regulada en el art. 11 ET sigue siendo diferente. Mientras que en el caso del contrato de formación en alternancia, la formación se proyecta tanto en el plano teórico, como en el práctico (formando un par inescindible)[1287], configurando al propio contrato como vehículo necesario para la obtención de la titulación o certificado de profesionalidad correspondiente, en el caso del contrato para la obtención de una práctica profesional, la formación se obtiene a través de una práctica adecuada al nivel de estudios del que trae causa, y que la persona ha cursado, y respecto del que ya ha obtenido el título correspondiente (en este caso el contrato no es el vehículo para la obtención del título).

1286 BARREIRO GONZÁLEZ, G.; CAVAS MARTÍNEZ, F. y FERNÁNDEZ DOMÍNGUEZ, J.J.: *Contratos laborales temporales. Guía legal, jurisprudencial y práctica,* Madrid (La Ley), 1993, pág. 236.

1287 MERCADER UGUINA, J.R. y MORENO SOLANA, A.: "La última reforma de los contratos formativos: un nuevo intento para potenciar su utilización y mejorar la formación de los jóvenes", *Trabajo, Persona, Derecho, Mercado,* Monográfico, 2022, pág. 69. Disponible en https://dx.doi.org/10.12795/TPDM.mon.2022.02. Para un análisis más exhaustivo de las posibilidades de inclusión que ofrece dicha modalidad contractual puede consultarse mi reciente ensayo en MARTÍNEZ BARROSO, Mª.R.: "El acceso de los aprendices al mercado de trabajo. Las nuevas y mejores oportunidades del contrato de formación en alternancia", *Revista Española de Derecho del Trabajo,* núm. 275, 2024, págs. 95 y ss.

Tal razón de fondo es la que mueve a los órganos judiciales a estimar fraudulento el concertado prescindiendo de todo contenido preparador o, lo que resulta equivalente, la asignación de trabajos ordinarios o propios de una persona trabajadora ya formada; y, en todo caso, si se prescinde de un tiempo de la jornada pactada específicamente dedicado al aspecto formativo, que puede llevarse a cabo en la propia empresa[1288] o en centros especializados de formación profesional o del SEPE. Por tanto, cuando el nuevo art. 11.1 ET pasa a hablar de "contrato formativo" (en singular) está realzando o dando más peso a las reglas comunes (art. 11.4 ET), queriendo significar que lo esencial de ambos contratos está en sus aspectos compartidos y no en los diferenciales, que pasan a ser considerados como secundarios o accidentales. Y al margen de la relevancia práctica que ello pueda tener a efectos interpretativos, probablemente dicha unificación, predominantemente formal, pueda tener una explicación en la manifiesta obsesión del legislador por reducir el número de modalidades del sistema de contratación laboral. No obstante, el aspecto más positivo de la aludida unificación de figuras es la "equiparación en prestigio" de las dos

---

[1288] Como sucede, por ejemplo, en la Escuela de Aprendices de SEAT, que se articula como una apuesta porque la formación se imparta en su totalidad en la escuela, aunque ello supone un hecho casi aislado. Se combina formación teórica y práctica en el Centro de formación de SEAT con el trabajo en alguna de las plantas de producción de la compañía (SEAT Martorell, SEAT Barcelona y SEAT Componentes), pese a que en su página web siga haciendo todavía referencia al antiguo contrato laboral para la formación y el aprendizaje. Tal y como dispone el art. 46 XX Convenio colectivo de SEAT, S.A. (BOE 22 septiembre 2022): "La empresa podrá realizar contratos de formación en alternancia, con el nivel 5 [...]. Estos contratos podrán realizarse con los y las estudiantes de la Escuela de Aprendices de SEAT, así como en otros supuestos legales o en aquellos casos que puedan acordarse por la Comisión de Interpretación y Aplicación del convenio".

fórmulas contractuales, no en vano tradicionalmente el contrato de aprendizaje (o para la formación) ha estado limitado a la obtención de cualificaciones profesionales menores (oficios) y orientado a jóvenes sin estudios, mientras que el contrato en prácticas ha estado orientado a cualificaciones mayores (titulaciones universitarias o técnicas) y a personas formadas (universitarios, técnicos de formación profesional). Tras la reforma laboral, ambas modalidades contractuales pueden utilizarse para obtener cualquier nivel formativo (universitario/formación profesional técnica/otros títulos profesionales menores habilitantes), con la única diferencia de la forma en la que tendrá lugar "la secuencia de la formación teórica y práctica", simultánea en el contrato de alternancia y sucesiva en el contrato para la obtención de la práctica profesional.

De este modo, el contrato formativo puede nacer como parte de un proceso formativo ya iniciado, en el que la práctica profesional sea un requisito o componente de esa formación, o a la inversa, pues cabría que a partir del contacto entre la empresa y una persona trabajadora que carece de los conocimientos teóricos necesarios, se iniciase y simultanease con el trabajo la especialidad formativa pertinente que permita celebrar este contrato.

Lo más significativo de la reforma, en coherencia con la filosofía restrictiva de la contratación temporal, es el refuerzo de la dimensión formativa de ambas modalidades, que se refleja, entre otros aspectos, en la restricción de los periodos de duración máxima de los contratos (que pasan de 3 a 2 años en el contrato de alternancia -si bien, y a diferencia de marcos normativos precedentes, se permite, en coherencia con esa finalidad formativa y siempre que esté previsto en el correspondiente plan o programa, la interrupción del período de prestación de servicios para coordinar el trabajo con la formación, pues, como es sabido, los programas formativos, y más en la educación reglada, no se desarrollan durante el año completo- y de 2 a 1 año en el contrato de prácticas), con la pretensión de hacer coincidir su duración con la del ciclo formativo natural al que aparecería asociado el contrato. Su vigencia se vincula a planes o programas de formación previos que se elaborarán cumpliendo garantías de calidad formativa, y que deberán determinar con detalle el desarrollo que podrán tener ambas modalidades contractuales, para las que, en todo caso, se incrementan claramente las exigencias de tutorización (doble para los contratos de alternancia).

De manera más reforzada que en la anterior regulación, el legislador exige que la prestación laboral desarrollada esté directamente relacionada con las actividades formativas que justifican la contratación laboral, sin perjuicio de las ocasionales y puntuales encomiendas de tareas diversas siempre que supongan una porción mínima de la jornada laboral. Esto es, se pretende que el trabajo desempeñado no solo tenga alguna conexión, sino que esté vinculado al nivel de estudios y también a la materia a la que se refieren esos estudios. Por tanto, se debe tener en consideración la normativa reguladora de la actividad formativa, pues en ella se suele identificar con detalle el contenido práctico laboral exigible o, en su caso, lo dispuesto en el convenio colectivo sectorial al efecto. En todo caso, el contenido formativo del contrato aparece "más intervenido"[1289], en tanto todas las actividades formativas deberán coordinarse e integrarse en un programa de formación común, elaborado en el marco de los acuerdos y convenios de cooperación suscritos por las autoridades laborales o educativas de formación profesional o universidades con empresas y entidades colaboradoras.

A la vista de lo expuesto resulta evidente que la coordinación entre la empresa y el centro educativo ha de ser permanente y muy intensa. Así lo pone de manifiesto el art. 11.2 ET

1289 LÓPEZ GANDÍA, J.: "Los contratos formativos tras la reforma laboral de 2021", *NET21*, núm. 8, 2022, pág. 2. Disponible en https://www.net21.org/los-contratos-formativos-tras-la-reforma-laboral-2021/

para la actividad canalizada a través de un contrato de trabajo (formación dual intensiva), dado que la ejecución del contrato de formación en alternancia no compete exclusivamente al empleador, cuyos poderes de dirección y organización se encuentran sustancialmente mediatizados por el compromiso formativo. La empresa "participa" (pero no es la impulsora ni la competente) en la elaboración de los planes formativos individuales, que deben especificar el contenido de la formación, el calendario y las actividades y los requisitos de tutoría para el cumplimiento de sus objetivos [art. 11.2.e) ET]; plan formativo, por cierto, que debe incorporarse obligatoriamente al contrato, según el art. 11.4.c) ET. De hecho, el nivel tan detallado de la información que debe contener ese plan formativo individual se configura como "una de las garantías más importantes frente a posibles intentos de uso fraudulento"[1290] de la modalidad contractual, ya que contribuye a que las partes identifiquen claramente sus derechos y obligaciones.

En la misma línea se inscribe la más estricta definición de los títulos o cualificaciones a los que ligar los contratos formativos (para cuya precisa delimitación será crucial el desarrollo reglamentario), la potenciación de las exigencias de coherencia/correspondencia de las tareas asignadas a la persona trabajadora con la titulación a la que el contrato formativo aparezca ligado (para cuya concreción la ley remite a la autonomía colectiva) [1291] o, por supuesto, la prohibición de contratos for-

---

1290 MERCADER UGUINA, J.R. y MORENO SOLANA, A.: "La última reforma de los contratos formativos: un nuevo intento para potenciar su utilización y mejorar la formación de los jóvenes", cit., pág. 70.

1291 A título de ejemplo, el VII Convenio colectivo general del sector de la construcción (BOE 23 septiembre 2023) establece en su art. 24.1.3.c) que "el tipo de trabajo que debe prestar el trabajador en formación estará directamente relacionado con las tareas propias del nivel ocupacional, oficio o puesto de trabajo objeto de contrato. Entre estas tareas se incluyen las labores de limpieza y mantenimien-

mativos cuando las personas trabajadoras hayan desarrollado *de facto* el trabajo al que se asocia la formación con anterioridad en la empresa, sea por la realización de la actividad o el desempeño del puesto durante 6 meses (antes eran 12), en el contrato en alternancia, sea por haber obtenido experiencia profesional formativa durante 3 meses con anterioridad, en el contrato de prácticas. Tal reducción sin duda pretende limitar el encadenamiento de contrataciones o relaciones de base formativa, pero sobre todo evitar posibles abusos por parte de una empresa concreta y no tanto preservar el objeto del contrato y la cualificación de la persona trabajadora, pues esta limitación no afecta al hecho de que ese trabajo ya lo hubiera prestado la persona para otras empresas (de ahí su conexión con la posibilidad de existencia de una pluralidad de empresas empleadoras). Tal es la razón de que la norma habilite a los empleadores para solicitar de los servicios públicos de empleo la certificación del histórico de contratación formativa de las personas trabajadoras, ante el riesgo de que la totalización de un tiempo de contratación por encima de los límites máximos de duración de estos contratos conlleve que esta adquiera la condición de indefinida en la última empresa de la serie o sucesión de contratos. Lo anterior permite considerar que las empresas que contraten en alternancia excediendo la duración máxima del contrato, por haber existido un contrato anterior con otra empresa, "cometen la negligencia de no haber hecho uso de la facultad de comprobación"[1292] del art. 11.7 ET y, por tanto, no

---

to de los utensilios y herramientas empleados en la labor conjunta con la diligencia correspondiente a su aptitud y conocimientos profesionales".

1292 MONREAL BRINGSVAERD, E.: "El confuso panorama, tras la reforma, del contrato de formación en alternancia", en AA.VV. (THIBAULT ARANDA, J. y JURADO SEGOVIA, A., Dirs.).: *Interpretación, aplicación y desarrollo de la última reforma laboral,* Madrid (La Ley), 2023, pág. 33.

podrán evitar la aplicación de la sanción del fraude alegando desconocimiento de esta circunstancia u ocultación por parte de la persona trabajadora. Tratándose, por lo demás, de un colectivo con contrato temporal que aspira a formarse en una titulación que facilite el acceso a un puesto de trabajo fijo[1293], la empresa queda legalmente obligada a informar a este colectivo sobre la existencia de puestos de trabajo vacantes en garantía de las mismas oportunidades que tienen los demás trabajadores temporales de acceder a puestos permanentes (art. 15.7 ET).

1.2.- Flexibilidad del requisito de edad y doble oportunidad formativa

El legislador ha renovado las esperanzas en el empleo de esta modalidad contractual y ha visto la oportunidad de extender el campo de aplicación subjetivo a prácticamente cualquier sujeto que esté cursando estudios, sin que el haber alcanzado una edad determinada sea un óbice a la hora de su concertación[1294]. Así, mientras que su contrato "hermano" formativo (el

---

[1293] Pues el fin último no es incentivar la inserción laboral sino favorecer la capacitación para ampliar las opciones de incorporación en el mercado de trabajo. GARRIDO PÉREZ, E.: "El nuevo régimen jurídico de los contratos formativos tras el RDL 32/2021: La centralidad estructural y finalista de la formación", *Temas Laborales,* núm. 161, 2022, pág. 70. De hecho, la esencia del contrato ha permanecido prácticamente incólume y sin novedades desde el principio. PÉREZ ANAYA, R.Mª.: "Del contrato para la formación y el aprendizaje al contrato formativo en alternancia", *Trabajo y Derecho,* núm. 96, 2022 o CERVILLA GARZÓN, Mª.J.: "El avance hacia la menor temporalidad y la mayor capacidad formativa del nuevo contrato formativo", *Iuslabor,* núm. 1, 2022, pág. 24.

[1294] Aludiendo a la bondad de los compromisos de responsabilidad social corporativa, ASQUERINO LAMPARERO, Mª.J.: "No es contrato (solo) para jóvenes: el contrato formativo en alternancia", *Iuslabor,* núm. 1, 2024, pág. 39. Insistiendo en que va dirigido al conjunto de

destinado a la obtención de la práctica profesional) ha tenido como destinatario principal a la población veinteañera, no ha ocurrido lo mismo con el contrato formativo en alternancia, como reflejan los datos estadísticos del año 2023, poniendo de manifiesto que, de un total de 2.053 contratos suscritos de esta naturaleza, 728 fueron suscritos con jóvenes de menos de 25 años, pero 747 se firmaron con personas de 45 años o más.

La modalidad de formación en alternancia no podrá celebrarse con personas que ya se encuentren en posesión de alguna de las cualificaciones que permiten la contratación bajo la modalidad de contrato formativo para la obtención de la práctica profesional, regulado en el art. 11.3 ET. No obstante, la posesión de una titulación anterior no impide la celebración de este contrato vinculado a estudios de formación profesional o universitaria con personas que no hayan tenido otro contrato formativo previo para una formación del mismo nivel y del mismo sector productivo. El desarrollo reglamentario deberá precisar el alcance de esta regla, si bien cabe deducir que esta modalidad contractual podría ser celebrada por quienes ya cuentan con una titulación que ha resultado total o parcialmente infructuosa desde la perspectiva laboral, de modo que se admite un nuevo contrato para la formación con otro proceso formativo para reforzar la adquisición de competencias y mejorar las perspectivas de empleabilidad. Se trataría, como ha precisado algún autor, de una suerte de "segunda oportunidad formativa" [1295], que desde luego supone una configuración

personas trabajadoras, siempre que carezcan de la correspondiente cualificación profesional, MORENO GENÉ, J. y ROMERO BURILLO, A.Mª.: "El nuevo contrato formativo: una apuesta decidida por la formación como mecanismo de inserción laboral", *Revista del Ministerio de Trabajo y Economía Social,* núm. 152, 2022, pág. 74.

1295 MENÉNDEZ SABASTIÁN, P. y RODRÍGUEZ CARDO, I.: "El impacto de la nueva ordenación legal de la formación profesional en el Derecho del Trabajo: una primera aproximación", *Revista General de*

particularmente flexible y dinámica del contrato. En esta línea, y si bien cada ciclo formativo, certificado de profesionalidad o itinerario sólo justifica un contrato de formación en alternancia como regla general, también se contempla la posibilidad de formalizar este contrato con varias empresas sobre la base del mismo proceso formativo si tiene por objeto actividades distintas vinculadas al ciclo, al plan o al programa formativo, siempre con el límite temporal máximo absoluto de duración de dos años [art. 11.2.h) ET].

La posibilidad de formalizar con empresas diferentes varios contratos asociados al mismo ciclo, conectada con los arts. 59.2. a) y b) LO 3/2022, de 31 de marzo, de ordenación e integración de la Formación Profesional, que apuesta por facilitar el papel de los agentes sociales y organismos intermedios que promuevan "la participación e implicación de empresas y organismos equiparados en la formación profesional, asesorándoles en las diferentes fases y sirviendo de enlace con las administraciones y los centros de formación profesional" y "la agrupación de empresas y entidades de tamaño pequeño y mediano en red para la rotación de las personas en formación durante los periodos de formación, de manera que complementen los resultados de aprendizaje y faciliten, a la vez, la trasferencia de conocimiento y nuevas prácticas entre pequeñas y medianas empresas", puede resultar útil en el caso de la mayor parte de las empresas españolas (PYMES y micropymes que probablemente no van a contar, especialmente cuando la formación se corresponda con los grados superiores, ni con la infraestructura productiva necesaria para cubrir el completo ciclo formativo ni con los recursos educativos personales)[1296].

Derecho del Trabajo y de la Seguridad Social (IUSTEL)", núm. 63, 2022, pág. 80.

1296 COSTA REYES, A.: "La reforma de la contratación laboral temporal y formativa. Comentario a los supuestos del art. 15 y a las novedades

En la misma idea incide el art. 84.1.c) LO 3/2022, aunque falto de concreción, cuando expresamente establece que "se facilitará, en el caso de las pequeñas y medianas empresas, a fin de hacer posible su participación en el circuito de la formación profesional, la creación de asociaciones o agrupaciones en un ámbito territorial determinado, a las que podrá darse el tratamiento de una única empresa a los efectos de organización, gestión y administración de los periodos de formación en la empresa, incluso con la intervención y asistencia de agentes intermedios pertenecientes al tejido social y económico".

El requisito de no tener más de 30 años deja de exigirse con carácter general quedando ligado a situaciones concretas (certificados de profesionalidad de nivel 1 y 2, y programas públicos o privados de formación en alternancia de empleo–formación, que formen parte del Catálogo de especialidades formativas del Sistema Nacional de Empleo)[1297]. Por tanto, desaparece cualquier referencia a la edad máxima para las personas con titulación universitaria y de formación profesional de nivel 3[1298], a lo que debe añadirse la posibilidad expresa, que ya existía con anterioridad a la reforma, de superación de la edad

del art. 11 del Estatuto de los Trabajadores tras el RD -Ley 32/2021", *Revista de Trabajo y Seguridad Social (CEF)*, núm. 467, 2022, pág. 68.

1297 Excepción prevista en el apartado b) del art. 11.2 ET. La Orden TMS/283/2019, de 12 de marzo, por la que se regula el Catálogo de Especialidades Formativas en el marco del sistema de formación profesional para el empleo en el ámbito laboral incluye, tal y como establece su art. 2, "la ordenación de toda la oferta de formación formal y no formal, desarrollada en el marco del Sistema de Formación Profesional para el empleo en el ámbito laboral".

1298 No quedando claro si ambas situaciones tienen un mayor encaje dentro del contrato formativo para la obtención de la práctica profesional, así como la puerta abierta que deja la norma a la regulación de ciertas cuestiones por vía reglamentaria que no han sido tratadas en la nueva redacción del art. 11 ET. Sobre el particular, ROJO TORRECILLA, E.: "Estudio de la reforma laboral de 2021

de los 30 años para las personas trabajadoras que participen en programas públicos de empleo y formación[1299] previstos en la Ley de Empleo[1300]. También se excepcionan los límites de edad y duración máxima cuando, *ex* art. 11.4 ET, el contrato de formación en alternancia se concierte con personas con discapacidad[1301] o con los colectivos en situación de exclusión social previstos en la Ley 44/2007, de 13 de diciembre, en los

---

(III). Los renovados contratos formativos", *El Blog de Eduardo Rojo*, 4 de enero de 2022. http://www.eduardorojotorrecilla.es/.

1299 Los programas públicos mixtos de empleo-formación se encuentran regulados actualmente en el RD 818/2021, de 28 de septiembre, por el que se regulan los programas comunes de activación para el empleo del Sistema Nacional de Empleo, en los arts. 29 y siguientes, siendo el art. 30.1 el que dispone que "dentro de las iniciativas públicas de empleo-formación, los programas experienciales de empleo y formación son proyectos de carácter temporal dirigidos a mejorar las posibilidades de inserción de las personas desempleadas que participen en ellos a través de su cualificación en alternancia con la práctica profesional".

1300 Contemplada en la Disp. Ad. 9ª RD-Legislativo 3/2015, de 23 de octubre, por el que se aprueba el texto refundido de la extinta Ley de Empleo (derogada por la Ley 3/2023, de 28 de febrero). Coyunturalmente, al margen del plazo de un año otorgado por dicha disposición para realizar las adaptaciones que resulten necesarias, otras normas de urgencia, como el RDL 3/2022, de 1 de marzo, de medidas para la mejora de la sostenibilidad del transporte de mercancías por carreteras y del funcionamiento de la cadena logística, introduce medidas transitorias respecto de las convocatorias de los programas de colaboración social (art. 272.2 TRLGSS) y respecto de contratos temporales "vinculados a programas de políticas activas de empleo" aprobados antes del 31 de diciembre de 2021. Sobre el particular, vid. ROQUETA BUJ, R.: "Reformas en el ámbito del personal al servicio de las Administraciones públicas", en AA.VV. (THIBAULT ARANDA, J. y JURADO SEGOVIA, A., Dirs.).: *Interpretación, aplicación y desarrollo de la última reforma laboral*, cit., págs. 246-247.

1301 Sobre el particular vid. el análisis de BERNAL SANTAMARÍA, F.: "La reforma laboral y el empleo de las personas con discapacidad:

casos en que sean contratados por empresas de inserción (cualificadas y activas en el registro administrativo *ad hoc*). No obstante, habrá que esperar al desarrollo reglamentario para que se establezcan dichos límites en relación con los estudios, el plan o programa formativo y el grado de discapacidad y características de estas personas.

1.3.- El potencial de la negociación colectiva para ampliar o disminuir el abanico de edad

La Ley guarda silencio acerca de si la negociación colectiva puede ampliar o disminuir el abanico de edad en que, conforme a la regulación general, se pueda concertar esta modalidad contractual, sin embargo, los términos en que se regula esta materia actualmente no parecen dejar espacio a esta intervención, puesto que ello podría repercutir negativamente en las posibilidades de cualificación profesional y de inserción laboral de las personas trabajadoras[1302]. Con probabilidad, en esta decisión late el concepto de "aprendizaje a lo largo de la vida", que adquiere un enfoque más global e integrador en línea con lo señalado en el Preámbulo de la Ley Orgánica 2/2006, de 3 de mayo, de Educación, de acuerdo con el cual: "Fomentar el aprendizaje a lo largo de toda la vida implica, ante todo, proporcionar a los jóvenes una educación completa, que abarque los conocimientos y las competencias básicas que resultan ne-

---

en especial, el contrato formativo en alternancia", *Iuslabor*, núm. 2, 2022, págs. 17 y ss.

1302 Una muestra del debate doctrinal existente en esta materia respecto a regulaciones anteriores del contrato de formación en VILA TIERNO, F.: *El contrato para la formación en el* trabajo, Pamplona (Aranzadi), Cuadernos Aranzadi Social, 2008, pág. 332 o MARTÍNEZ BARROSO, Mª.R.: *Influencia de la edad en las relaciones laborales: acceso al empleo y protección social,* Cizur Menor (Thomson Reuters/Aranzadi), 2018, pág. 158.

cesarias en la sociedad actual, que les permita desarrollar los valores que sustentan la práctica de la ciudadanía democrática, la vida en común y la cohesión social, que estimule en ellos y ellas el deseo de seguir aprendiendo y la capacidad de aprender por sí mismos. Además, supone ofrecer posibilidades a las personas jóvenes y adultas de combinar el estudio y la formación con la actividad laboral o con otras actividades".

1.4.- Forma y posibilidad de celebración a tiempo parcial

El art. 11. 4 ET incorpora la novedad de que ambas modalidades formativas puedan realizarse a tiempo parcial; algo que no permitía la anterior regulación en la modalidad analizada. A este respecto, la posibilidad de celebrar contratos de formación en alternancia a tiempo parcial debería quedar remitida (al igual que la posibilidad de celebrar varios contratos asociados a un mismo ciclo o la de fraccionar interanualmente el período de ejecución del contrato), al programa de formación común. De hecho, cabría incluso plantear que este programa pudiera, en atención a las características o naturaleza del programa formativo, prohibir la celebración de estos contratos a tiempo parcial[1303].

A nivel formal, el contrato debe formalizarse por escrito de conformidad con lo establecido en el art. 8 ET, si bien deberá incluir obligatoriamente el texto del plan formativo individual al que se refieren los apartados 2.b) a k) y 3.e) y f) del art. 11 ET, especificando el contenido de las prácticas o la formación y las actividades de tutoría para el cumplimiento

---

[1303] GOGOERLICH PESET, J.Mª.: "La reforma de la contratación laboral", en AA.VV. (GOERLICH PESET, J.Mª.; MERCADER UGUINA, J.R. y DE LA PUEBLA PINILLA, A., Dirs.): *La reforma laboral de 2021. Un estudio del Real Decreto-Ley 32/2021*, Valencia (Tirant lo Blanch), 2022, pág. 106.

de sus objetivos. Del mismo modo deberá incorporar el texto de los acuerdos y convenios a los que hace referencia el apartado 2.e), constituyendo tal previsión una novedosa garantía del cumplimiento de las condiciones formativas y laborales aplicables a estos contratos[1304], ya que deberá reflejarse por escrito no solo ese plan individual formativo, sino también el nombre de las personas tutoras, el contenido de la formación, el calendario y las actividades a realizar, las tutorías, la duración del contrato, y la posibilidad de realizar trabajo nocturno o a tunos, cuando la actividad formativa tenga que desarrollarse en ese periodo para la adquisición de los conocimientos. No obstante, como ha expresado con acierto algún autor, la envergadura de los documentos que hay que anexar probablemente provocará que en la práctica proliferen contratos excesivamente farragosos[1305].

La norma establece algunas cautelas al objeto de garantizar unos mínimos derechos laborales a las personas trabajadoras que han estado prestando sus servicios a través de esta modalidad, de modo que *ex* art. 11.4 h) ET, los celebrados en fraude de ley o aquellos respecto de los cuales la empresa incumpla sus obligaciones formativas se entenderán concertados como contratos indefinidos de carácter ordinario (presunción *iuris tantum* de fijeza que admite prueba en contrario). Dicha disposición pone de relieve la importancia otorgada a la formación en este tipo de contratación ya que la presunción de indefinición del contrato no solo se producirá cuando exista fraude de ley, sino cuando la empresa incumpla sus obligaciones formativas, estableciendo una clara

---

1304 MERCADER UGUINA, J.R. y MORENO SOLANA, A.: "La última reforma de los contratos formativos: un nuevo intento para potenciar su utilización y mejorar la formación de los jóvenes", cit., pág. 79.

1305 MONREAL BRINGSVAERD, E.: "El confuso panorama, tras la reforma, del contrato de formación en alternancia", cit., pág. 44.

consecuencia sancionadora[1306] frente al incumplimiento de las obligaciones principales del contrato.

Es difícil imaginar un contrato de esta naturaleza que sea fraudulento, pero cumpla al mismo tiempo su finalidad formativa; o a la inversa, un contrato no fraudulento en cuyo marco no se satisfaga su causa formativa[1307]. Pese a ello, el legislador ha querido plasmar estos dos incumplimientos de forma autónoma, lo cual puede servir para rectificar doctrina judicial que entiende que el contrato no es fraudulento "aunque existan dudas sobre la existencia de un tutor"[1308]. O, por mencionar algún otro supuesto abordado en sede judicial, dado que *a priori* es requisito consustancial al colectivo susceptible de contratación en alternancia el de carecer de titulación para contratar en prácticas [art. 11.2.a) ET], contratar como aprendiz administrativo a quien ya posee titulación para desarrollar la correspondiente actividad (p. ej. un graduado en Dirección y Administración de Empresas)

1306 MERCADER UGUINA, J.R. y MORENO SOLANA, A.: "La última reforma de los contratos formativos: un nuevo intento para potenciar su utilización y mejorar la formación de los jóvenes", cit., pág. 80, considerando que con esta reforma se recupera, en cierto modo, una previsión del art. 22.4 RD 488/1998, que desapareció con las sucesivas reformas del precepto, y que preveía la transformación en contrato ordinario, cuando el empresario incumpliese en su totalidad sus obligaciones en materia de formación. En similares términos, criticando -al amparo de la normativa precedente- la "tibieza de las sanciones previstas en caso de graves deficiencias en el contenido formativo del contrato", ESTEBAN LEGARRETA, R.: "El contrato para la formación y el aprendizaje. Perspectiva crítica tras las últimas reformas", *Anuario IET de Trabajo y Relaciones Laborales*, Vol. 6, 2019, págs. 34-35.

1307 MONREAL BRINGSVAERD, E.: "El confuso panorama, tras la reforma, del contrato de formación en alternancia", cit., pág. 22.

1308 STSJ Andalucía/Sevilla 13 noviembre 2019 (Rec. 2531/2018).

constituye un claro exponente de fraude de ley[1309]. También introduce la norma acertadas limitaciones en cuanto a las empresas que estén aplicando algunas de las medidas de flexibilidad interna reguladas en los arts. 47 y 47 *bis* ET, pues mientras estén aplicando reducciones de jornada o suspensiones contractuales (ERTEs), las mercantiles podrán concertar contratos formativos siempre que las personas contratadas bajo esta modalidad no sustituyan funciones o tareas realizadas habitualmente por las personas afectadas por las medidas de suspensión o reducción de jornada [art. 11.4.f) ET], supeditando el beneficio empresarial a la finalidad formativa.

1.5.- Principales condiciones de trabajo (duración, período de prueba y tiempo de trabajo) y su traslación a la negociación colectiva

Entre las particularidades que afectan al régimen de condiciones de trabajo de esta modalidad contractual procede mencionar, en primer lugar, los aspectos que afectan a su duración, que será la prevista en el correspondiente plan o programa formativo, con un mínimo de tres meses y un máximo de dos años -introduciendo un cambio relevante respecto a su regulación anterior, que venía a establecer como regla general una duración mínima del contrato de un año y una máxima de tres-haciendo así coincidir la duración del contrato con la del programa formativo correspondiente, si bien un periodo de tres meses parece bastante irreal, salvo que la persona trabajadora

1309 STSJ Asturias 2 mayo 2018 (Rec. 69/2018). O, anulando por este motivo el alta del trabajador en la empresa con contrato de aprendizaje, STSJ Andalucía/Granada 10 febrero 2020 (Rec. 1280/2018). Por el contrario (antes de la reforma) se ha considerado que no es fácil poder apreciar el carácter fraudulento del contrato cuando la persona trabajadora ya ha estado vinculada anteriormente con otra empresa con un contrato de igual naturaleza si no informa de ello a la segunda empresa. STSJ Madrid 24 abril 2001 (Rec. 1333/2001).

ya esté cursando la formación en el momento de suscribir el contrato[1310]. En todo caso, se prevé la posibilidad de interrumpir el cómputo de la duración del contrato en las situaciones de incapacidad temporal, nacimiento, adopción, guarda con fines de adopción, acogimiento, riesgo durante el embarazo, riesgo durante la lactancia y violencia de género.

Y podrá desarrollarse al amparo de un solo contrato de forma no continuada, a lo largo de diversos periodos anuales coincidentes con los estudios, de estar previsto en el correspondiente programa formativo[1311]. La reducción de la duración de los contratos se configura como la más visible mejora de las condiciones laborales, potenciando el objetivo de la formación y la posterior inserción laboral si bien dicho máximo legal también pudiera estar funcionando en la práctica como un "factor de rigidez", pues el instrumento adecuado para establecer la duración máxima del contrato es el programa formativo. Es más, la duración no se debe determinar en función de la formación que deba recibir la persona trabajadora, sino que el legislador se remite a la prevista en el plan o programa formativo, condicionando la posible prórroga a

---

1310 VELA DÍAZ, R.: "La nueva regulación de los contratos formativos tras la reforma laboral: ¿Un impulso definitivo a esta fórmula contractual?", *Revista Internacional de Doctrina y Jurisprudencia,* Vol. 27, 2022, pág. 121.

1311 Esta posibilidad hace una clara referencia a estudios cuyos procesos formativos abarquen varios periodos anuales. Sin embargo, la nueva regulación no especifica cómo esta posibilidad puede afectar a determinadas vicisitudes laborales, tales como el desempleo, puesto que no se propone la opción de suspensión ni tampoco la opción de interrupción de la relación laboral. VELA DÍAZ, R.: "La nueva regulación de los contratos formativos tras la reforma laboral: ¿Un impulso definitivo a esta fórmula contractual?", cit., pág. 121.

la necesidad de completar la formación[1312]. No obstante, hay titulaciones de más larga duración, como pueden ser los grados universitarios, que no pueden cursarse en su totalidad haciendo uso de estos contratos, dado que el límite máximo es siempre el de dos años, por lo que pueden producirse desajustes desde la perspectiva del tiempo necesario para obtener determinadas titulaciones, especialmente las universitarias[1313], si bien debe tenerse en cuenta que normalmente los períodos de formación en las empresas suelen concentrarse en los últimos cursos, una vez que el estudiante ha superado un mínimo de créditos ECTS.

En caso de que el contrato se concierte por una duración inferior a la máxima establecida y no se hubiera obtenido el título (certificado, acreditación o diploma) asociado a dicho contrato formativo, podrá *ex* art. 11.2 g) ET, prorrogarse mediante acuerdo de las partes, hasta la obtención de dicho título habilitante sin superar la duración máxima de dos años. Antes de la reforma, la posibilidad de prorrogar el contrato no quedaba condicionada, como ahora, a la no obtención de la titulación; ahora se limita en mayor medida la iniciativa de la empresa para decidir la prórroga del contrato, lo que beneficia su causa formativa. Sin embargo, la determinación de los efectos sobre la vigencia del contrato del "fracaso del proceso

---

1312 GOERLICH PESET, J.Mª.: "La reforma de la contratación laboral", cit., pág. 105. Aludiendo a que se "flexibiliza" el régimen de prórroga y a que "la redacción actual parece adecuarse mucho más a las necesidades reales de las empresas y personas trabajadoras, sometida, eso sí, a los límites temporales que la propia causa del contrato impone", SÁNCHEZ TRIGUEROS, C.: "Contrato de formación en alternancia", *VLex. Revista de Derecho Laboral*, 5 de marzo de 2022, pág. 58.

1313 Puestos de manifiesto por CERVILLA GARZÓN, Mª J.: "El avance hacia la menor temporalidad y la mayor capacidad formativa del nuevo contrato formativo", cit., pág. 27.

formativo constituye una materia más propia del programa formativo que del acuerdo individual"[1314].

Otra de las modificaciones plausibles de este contrato es la eliminación de cualquier tipo de periodo de prueba [art. 11.3 l) ET], acorde al objetivo del contrato y supeditando lo productivo a lo formativo, dado que se trata de personas trabajadoras que carecen de experiencia previa en la actividad que van a desarrollar a través de esta modalidad contractual, pudiendo presumirse que las habilidades de la persona trabajadora irán aumentando conforme avance su proceso formativo con la experiencia práctica[1315]. Como con acierto ha establecido cierto sector doctrinal, "la persona trabajadora con la que se realiza este contrato está, no para producir, sino para formarse"[1316], sin olvidar que cuando se está formando a la persona, ésta queda sometida a una especie de prueba general que le permitirá obtener la titulación correspondiente, y en el mejor de los casos, ser contratado por la propia empresa en un momento posterior. Algo que, por lo demás, se extrae de la norma pro-

---

1314 MONREAL BRINGSVAERD, E.: "El confuso panorama, tras la reforma, del contrato de formación en alternancia", cit., pág. 37, considerando que similarmente a lo que ocurre en el sistema de residencia (MIR) donde la prórroga del contrato depende de que al final de cada año haya una evaluación positiva, en el contrato de alternancia los efectos sobre su duración del desaprovechamiento del proceso formativo deberían, *lege ferenda*, quedar ligados al sistema de evaluación.

1315 En Francia, sin embargo, el contrato de aprendizaje y de la formación sí contempla un período de prueba de dos meses. VAQUERO GARCÍA, A.; CRUZ GONZÁLEZ, Mª.M. y SUÁREZ PORTO, V.Mª.: "Análisis económico de los contratos para la formación en España: ¿Qué podemos aprender de la experiencia comparada?", *Revista Justicia & Trabajo,* núm. Extraordinario, 2023, pág. 138.

1316 PÉREZ DEL PRADO, D.: "La reforma laboral 2021 y el nuevo contrato formativo: ¿la propuesta definitiva?", *Revista Labos,* Vol. 3, núm. Extraordinario, 2022, pág. 9.

hibitiva que establece que si al término del contrato la persona continuase en la empresa, no podrá concertarse un nuevo periodo de prueba [art. 11.4 g) ET].

En relación con el tiempo de trabajo efectivo, el legislador sigue dejando claro que habrá de ser compatible con el tiempo dedicado a las actividades formativas en el centro de formación, reduciendo el porcentaje de trabajo efectivo del primer año del contrato, que no podrá ser superior al 65% (75% en la regulación anterior) y al 85% durante el segundo, de la jornada máxima prevista en el convenio colectivo de aplicación en la empresa, o, en su defecto, de la jornada máxima legal (porcentaje que se mantiene intacto respecto a la regulación anterior). En otros términos, reserva para el tiempo de formación en el centro formativo un mínimo del 35% de la jornada aplicable durante el primer año de contrato y del 15% durante el segundo.

Además, si bien el tenor literal del art. 11.2.i) ET exige que el tiempo de trabajo efectivo sea compatible con el tiempo dedicado "a las actividades formativas en el centro de formación", debe advertirse que la formación teórica puede ser impartida por la propia empresa. ¿Significa esto que la compatibilidad solo se predica cuando la formación sea impartida en un centro formativo? Si eso fuera así no tendría sentido pues el espíritu y el objeto de este contrato es, precisamente, permitir la alternancia de ambas actividades (formativa y laboral). Lo que sí puede suceder es que el tiempo de trabajo deba ser compatible con la realización de actividades formativas fuera del centro de trabajo, y ello conlleva, por ejemplo, que deban tenerse en cuenta los tiempos necesarios para desplazamientos, comidas, etc.[1317]. En todo caso, como exigencia de la formación

---

1317 ABRIL LLARRAÍNZAR, P.: *Reformas Laborales y de Seguridad Social (RDL 32/2021 y L 21/2021 y L 22/2021. Claves Prácticas,* Madrid (Francis Lefebvre), 2022, pág. 118.

profesional intensiva, en los grados C, D y E el contrato de formación en alternancia tiene que garantizar los requisitos que exige la LO 3/2022 (duración mínima de la formación en la empresa -superior al 35% de la duración total de la formación- y participación mínima de la empresa -en más de un 30%- en los resultados de aprendizaje). Ambos requisitos, ajenos al art. 11.2 ET, tienen que leerse bajo el prisma de las prescripciones de la LO 3/2022 referidas a la organización de la formación (art. 57); al plan de formación (art. 58) -sobre el que suele incidir la negociación colectiva de carácter sectorial- y al Equipo docente (art. 62). A título de ejemplo, en el sector del metal, se reserva al nivel estatal la ordenación del régimen de la Fundación del Metal para la Formación, la Cualificación y el Empleo y se especifica que para la impartición de la enseñanza teórica, se adoptará como modalidad la de acumulación de horas en un día de la semana o bien el necesario para completar una semana entera de formación. En el contrato se deberá especificar el horario de enseñanza[1318], se contempla la posibilidad de ligar el ascenso al plan de formación (art. 28) y se especifica también que si concluido el contrato, la persona trabajadora no continuase en la empresa, ésta "le entregará un certificado acreditativo del tiempo trabajado con referencia a la cualificación objeto de la formación". De hecho, en este sector, las partes signatarias consideran prioritario y esencial el desarrollo y actualización de las capacidades profesionales de las personas trabajadoras y empresarios, "con el fin de contribuir a la determinación de las cualificaciones y competencias profesionales específicas del sector, como base para la identificación de la formación, orientación e inserción profesional más adecuadas a las necesidades, individuales y colectivas, de las personas trabajadoras y las empresas" (art. 38).

[1318] Art. 23 IV Convenio colectivo estatal de la industria, las nuevas tecnologías y los servicios del sector del metal (BOE 12 enero 2022).

En el Convenio colectivo general del sector químico se establece que todos aquellos centros de trabajo que cuenten con 250 o más personas en plantilla vendrán obligados a poner en marcha un Plan de formación que estando directamente relacionado con las actividades productivas, facilite el mejor desempeño de las tareas de trabajo, la permanente actualización profesional y contribuya a la mejora de la productividad. También se hace un llamamiento a las empresas que empleen a personas trabajadoras con contratos de duración determinada, para que concreten la participación de éstos en los planes de formación profesional a fin de mejorar su cualificación y favorecer su progresión y movilidad profesionales. Para dar sentido a esta formación, en la elaboración de sus contenidos se deberán tener en cuenta las previsiones de actividad y plantilla, así como la composición de ésta en las diversas modalidades contractuales.

Asimismo, establece el legislador que las personas trabajadoras contratadas con un contrato de formación en alternancia no podrán realizar horas complementarias, ni horas extraordinarias, salvo en el supuesto previsto en el art. 35.3 ET (esto es, las necesarias para prevenir o reparar siniestros y otros daños extraordinarios y urgentes). Tampoco podrán realizar trabajos nocturnos[1319] ni trabajo a turnos, con la novedosa y coherente

[1319] Las previsiones del art. 11 ET deben complementarse con las contenidas en la LO 3/2022. En concreto, su art. 58.4 dispone que el período de práctica presencial no podrá desarrollarse a turnos o en período nocturno, salvo excepciones que deben contemplarse en el Plan Formativo y que, "*en todo caso, deberán ser autorizadas por la administración competente*". Además, el estudiante/trabajador debe disfrutar, como mínimo, de "*un mes de vacaciones al año y un día y medio de descanso semanal*", derechos que, por cierto, no se vinculan necesariamente a la celebración de un contrato para la formación, sino que tienen alcance general, por lo que afectan a todos los períodos de prácticas, ya se formalicen como contratos de formación

excepción de que podrán realizarse actividades laborales en los periodos nocturnos o a turnos, cuando las actividades formativas para la adquisición de los aprendizajes previstos en el plan formativo no puedan desarrollarse en otros periodos, debido a la naturaleza de la actividad.

1.6.- Retribución y cláusulas de indemnización ¿impropia? por extinción contractual

El régimen retributivo se ha modificado estableciendo una mayor concreción, pero a través de una fórmula bastante enrevesada. *Ex* art. 11.2 m) ET, la retribución será la establecida para estos contratos en el convenio colectivo de aplicación[1320]

---

en alternancia o como meras prácticas curriculares en el contexto de la formación dual general.

1320 En el sector de la construcción, tal y como establece el art. 24.3.m) VII CC general del sector (BOE 23 septiembre 2023), "La retribución de las personas contratadas con un contrato de formación en alternancia se ajustará a los siguientes porcentajes, aplicables al salario del nivel retributivo de las tablas de cada convenio provincial de aplicación para el grupo profesional y nivel retributivo correspondiente a las funciones desempeñadas, en proporción al tiempo de trabajo efectivo: 60 % el primer año. 75 % el segundo año. Esta retribución no podrá ser en ningún caso inferior al salario mínimo interprofesional en proporción al tiempo de trabajo efectivo. Asimismo, según el apartado n) del mismo precepto, la persona trabajadora contrada para la formación en alternancia tendrá derecho a una cuantía por fin del contrato del 4,5 por 100 calculado sobre los conceptos salariales de las tablas del convenio devengados durante la vigencia del contrato. En parecidos términos, el XI Convenio colectivo nacional para las industrias de pastas alimenticias (BOE 21 marzo 2023), establece en su art. 12.3 que "La retribución será del 75% y del 85 % para el primer y segundo año, respectivamente, del salario del convenio colectivo para el grupo profesional y nivel retributivo correspondiente a las funciones desempeñadas. En nin-

(lo que permanece inalterado respecto a la regulación precedente), si bien para los casos en los que no haya previsión convencional, la retribución no podrá ser inferior al 60% el primer año, ni al 75% el segundo, respecto de la fijada en convenio para el grupo profesional y nivel retributivo correspondiente a las funciones desempeñadas, y en proporción al tiempo de trabajo efectivo (se detecta así una mayor concreción que en la anterior regulación para el supuesto -extraño[1321]- de que el convenio colectivo no se ocupe del régimen retributivo del contrato en alternancia). Por último, la retribución no podrá ser inferior al salario mínimo interprofesional en proporción al tiempo de trabajo efectivo, lo cual rige tanto si hay convenio colectivo[1322] como si no. No obstante, alguna cláusula convencional, más generosa, prevé que "el trabajador sujeto a formación percibirá el Salario Mínimo Interprofesional con independencia del tiempo dedicado a formación"[1323]. De

gún caso, la retribución será inferior al salario mínimo interprofesional en proporción al tiempo de trabajo efectivo".

1321 En apreciación de MONREAL BRINGSVAERD, E.: "El confuso panorama, tras la reforma, del contrato de formación en alternancia", cit., pág. 47, quien considera que "el régimen remuneratorio de este contrato podría simplificarse volviendo a una norma mínima que atienda, en proporción al tiempo de trabajo, o bien al SMI o bien al salario convenio. Relación de proporcionalidad entre tiempo de trabajo y salario que, de suprimirse el régimen de jornada reducida, solo habría que aplicar cuando el programa formativo previese esta reducción".

1322 Tal y como dispone el art. 42 XX Convenio colectivo de SEAT, S.A. "La empresa podrá realizar contratos de formación en alternancia, con el nivel 5, siendo la retribución de estos contratos la correspondiente al salario mínimo interprofesional, en proporción al tiempo de trabajo efectivo".

1323 Art. 15 VII Convenio colectivo de empresas de enseñanza privada sostenidas total o parcialmente con fondos públicos (BOE 27 septiembre 2021).

forma aislada se fija una remuneración por hora que varía en función de si la persona trabajadora es mayor o menor de 18 años, remunerando sólo las horas prácticas o teórico- prácticas y excluyendo expresamente las teóricas[1324].

La reforma introduce modificaciones del precepto, probablemente muy necesarias, que tienen como objetivo poner en valor lo que debiera haber sido el eje central de esta modalidad contractual desde su concepción inicial, esto es, su dimensión formativa. Dimensión que, a su vez, define su propia causa de temporalidad, que debería proyectarse en el plano indemnizatorio [art. 49.1 c) ET]), si bien dicho precepto excluye de la indemnización por extinción a esta tipología de contratos formativos, partiendo de la base de la inexistente expectativa de permanencia[1325]. No obstante, si bien la regulación estatutaria no reconoce al contrato de formación en alternancia un derecho a indemnización por extinción contractual, algunos convenios colectivos estipulan una suerte de indemnización

---

1324 Anexo I Convenio colectivo del sector de Panaderías de Navarra (BON 10 octubre 2023).

1325 Criticando la corriente jurisprudencial que concluye que el contrato predoctoral no lleva aparejado el derecho a la indemnización de fin de contrato establecida en el art. 49.1.c) ET, apelando a la naturaleza formativa de dicho contrato y a las similitudes que presenta con el contrato para la práctica profesional, del art. 11 ET [STS 13 octubre 2020 (Rec. 119/2019)], BALLESTER LAGUNA, F.: *El derecho a la indemnización fin de contrato temporal. Estudio sistemático y unitario en el ámbito de la relación laboral común, las relaciones especiales de trabajo y otros contratos con peculiaridades,* Cizur Menor (Thomson Reuters/Aranzadi), 2022, pág. 143. Sobre el carácter formativo del contrato predoctoral, vid. también REQUENA MONTES, O.: "Argumentos en torno a la indemnización por fin de contrato predoctoral", *Revista Española de Derecho del Trabajo,* núm. 240, 2021, págs. 237 y ss.

"impropia"[1326] para estos supuestos. Así, se expresa en alguna norma convencional que "la extinción, por llegada de término, de los contratos temporales de [...] formación, da derecho al trabajador a una indemnización equivalente al importe de 15 días de salario real por año de duración efectiva del contrato temporal extinguido, calculándose prorrateadamente si la duración fuera inferior a un año"[1327]. Otra manifestación de esta indemnización por cese sería, *vgr.*, la establecida en el sector de la construcción: "la persona trabajadora contrada para la formación en alternancia tendrá derecho a una cuantía por fin del contrato del 4,5 por 100 calculado sobre los conceptos salariales de las tablas del convenio devengados durante la vigencia del contrato"[1328].

1.7.- Limitación legal del porcentaje de jornada en régimen de trabajo a distancia y posible modulación por norma convencional

El adecuado desarrollo de los modelos formativos requiere flexibilidad, de forma que las personas trabajadoras puedan elegir, bajo ciertas condiciones, la oferta más adecuada para su desarrollo profesional, lo cual exige a su vez favorecer el desarrollo de programas de teleformación, capaces de permitir la personalización y adaptación de los programas a los cambios y necesidades de cada momento. Por ello, hubiera sido conveniente aprovechar esta reforma para incorporar la posibilidad de que los tiempos de trabajo formativos se pudieran realizar

---

1326 MUÑOZ RUIZ, A.B.: "Buenas prácticas relativas a la formación dual en la negociación colectiva", *Revista de Información Laboral*, núm. 4, 2014, pág. 289.

1327 Art. 21 VII Convenio colectivo estatal del sector de fabricantes de yesos, escayolas, cales y sus prefabricados (BOE 13 febrero 2019).

1328 Art. 24.3.n) VII Convenio colectivo general del sector de la construcción (BOE 23 septiembre 2023).

a través de sistemas de trabajo a distancia. Parece que nada debe prohibir su realización, sin embargo, se debiera haber previsto alguna alusión en cuanto al control de ese trabajo y el desarrollo formativo de la persona que lo realiza, pues si la idea de la reforma laboral de finales de 2021 es la del robustecimiento de la finalidad formativa de estos contratos, se debería controlar el cumplimiento de esta finalidad en el supuesto del teletrabajo[1329]. En este sentido, y a pesar de que la Exposición de motivos de la Ley 10/2021, de 9 de julio, de Trabajo a Distancia (LTD) alude a la necesidad de abordar, con las debidas "cautelas y limitaciones" (en plural), el acceso al trabajo a distancia por parte de las personas con contratos formativos, lo cierto es que, a lo largo del texto legal, solo se advierte una medida dirigida, singularmente, a prevenir el incumplimiento del objeto formativo del contrato.

Dicha medida se regula en el art. 3 LTD (complementado por la Disp. Ad. 1ª) al admitir la posibilidad de celebrar un acuerdo de trabajo a distancia en el marco de las dos modalidades de contrato formativo, pero garantizando que, al menos, la mitad de la jornada de trabajo prestada se ejecute de manera presencial. Regla que resultará igualmente aplicable a los contratos de trabajo (cualquiera que sea la modalidad contractual

---

1329 MERCADER UGUINA, J.R. y MORENO SOLANA, A.: "La última reforma de los contratos formativos: un nuevo intento para potenciar su utilización y mejorar la formación de los jóvenes", cit., pág. 87. En el mismo sentido, la *Nota de la Fundación CIFE ante una posible reforma de la Ley de Formación para el Empleo.* Junio de 2023, pág. 6, alude a la necesidad de profundizar en aspectos como la flexibilización de las ofertas, su "modularización" con la posibilidad de acumular microcredenciales (en línea con la Recomendación europea al respecto), su impartición en forma presencial, aula virtual, teleformación o híbridos, o las posibilidades de programar acciones formativas a medida de ciertas necesidades, entre otros. https://fundacioncife.org/wp-content/uploads/2023/07/InformeCIFE_PosibleReformaLeyFormacion.pdf

elegida) celebrados con personas menores de edad, dada su vulnerabilidad y especial susceptibilidad a los riesgos vinculados con esta forma específica de organización, pero sobre todo debido a sus particulares necesidades de descanso y formación. De la redacción del escueto precepto cabe subrayar la coletilla final: "sin perjuicio del desarrollo telemático, en su caso, de la formación teórica vinculada a estos últimos", haciendo alusión con esta exigencia exclusivamente a los contratos para la formación en alternancia, ya que en el proyecto formativo de los contratos en prácticas no debe comprometerse una determinada formación teórica -que se presume que la persona trabajadora posee, al acreditar la titulación necesaria para su celebración *ex* art. 11.3.a) ET-, sino el modo en el que van a poner en práctica dichos conocimientos teóricos. En definitiva, el límite de jornada a distancia solo se aplica a la jornada de trabajo efectivo, habilitándose la posibilidad de que la formación teórica se desarrolle completamente en modalidad virtual, si a ello no se opone el convenio colectivo, el convenio de colaboración ni el plan formativo individual[1330].

Como ha puesto de relieve cierto sector doctrinal, especial mención merece el amplio margen de maniobra que se reserva a los convenios o acuerdos colectivos (no así a la autonomía individual) en lo que concierne al establecimiento de un porcentaje "diferente" al previsto en la LTD de trabajo presencial en los contratos formativos, excepto cuando se "celebren" con menores de edad, pues, en tales casos, debe respetarse lo dispuesto en el art. 3 LTD[1331]. Esto es, salvada esta excepción, las partes negociadoras están legitimadas para mantener, ampliar

---

1330 CORRÊA GOMES CARDIM, T. y REQUENA MONTES, O.: "Los contratos formativos y la formación profesional ante el teletrabajo subordinado", *Revista Internacional y Comparada de Relaciones Laborales y Derecho del Empleo*, Vol. 11, núm. 4, 2023, pág. 310.

1331 *Ex* Disp. Ad. 1ª.2 LTD.

o reducir la proporción de jornada mínima a prestar en modalidad presencial[1332]. Si dicho porcentaje supera el 75% conlleva la pérdida del carácter "regular" del trabajo a distancia y, de conformidad con el art. 1 LTD, no resultaría de aplicación esta norma. Sin embargo, la Disp. Ad. 1ª LTD reconoce, asimismo, a las partes negociadoras la facultad de fijar un porcentaje o periodo de referencia inferiores a los fijados en dicha Ley a los efectos de calificar como "regular" esta modalidad de ejecución de la actividad laboral. Esta doble posibilidad, y en especial aquella que admite la reducción del periodo de referencia, debe valorarse positivamente desde la perspectiva de los contratos formativos[1333], puesto que un periodo de referencia de tres meses para valorar los porcentajes de jornada presencial y a distancia puede resultar excesivo y contrario a los objetivos formativos, pues permitiría que la persona aprendiz permaneciese durante un largo periodo sin aparecer presencialmente por el centro de trabajo.

2.- LA ACTIVIDAD DE LAS PERSONAS TUTORAS: ¿PRESENCIAL O TELEMÁTICA?

Casi de forma generalizada, el análisis convencional advierte de que la figura del tutor-formador no es objeto de tratamiento, si bien, junto a fórmulas negociadas de salario del estudiante-trabajador también es posible reseñar la existencia de esporádicas prácticas convencionales que compensan las

---

1332 CORRÊA GOMES CARDIM, T. y REQUENA MONTES, O.: "Los contratos formativos y la formación profesional ante el teletrabajo subordinado", cit., pág. 311.

1333 GARCÍA RUBIO, Mª.A.: "El trabajo a distancia en el RDL 28/2020: concepto y fuentes reguladoras", en AA.VV. (LÓPEZ BALAGUER, M., Dir.): *El trabajo a distancia en el RDL 28/2020*, Valencia (Tirant lo Blanch), 2021, pág. 70.

funciones del tutor formador a través de la creación de complementos salariales específicos dirigidos a compensar tales tareas formativas. Tal es el caso del complemento de formación de RTVE que se abona a las personas de la Corporación que colaboren en la elaboración y/o impartición de cursos de formación a través del Instituto RTVE[1334].

No obstante, no cabe duda de que para impulsar la formación profesional dual en las empresas resulta imprescindible garantizar la presencia de personas tutoras y formadoras en este ámbito, con una formación adecuada, experiencia profesional y vocación pedagógica, pues precisamente, la ausencia de medidas de impulso de estas figuras ha supuesto un importante lastre para su despliegue. Por tanto, resulta fundamental hacer efectivas las previsiones legales mediante políticas de alcance nacional que faciliten los medios y el apoyo necesarios para que más empresas cuenten con estos perfiles profesionales, a la vez que deben impulsarse las figuras de "personas prospectoras de empresas" que faciliten los contactos entre centros de Formación Profesional y empresas u organismos equiparados y la figura del "coordinador/a de tutores/as de empresa", que puede contribuir, como acertadamente ha puesto de manifiesto el Consejo Económico y Social (CES), "a fomentar la participación de las pequeñas y microempresas en la formación dual, mejorar el acompañamiento de los aprendices durante su formación en la empresa y facilitar el seguimiento con el centro mejorando la calidad de los proyectos"[1335].

En el contrato de formación en alternancia, la persona contratada contará con una persona tutora designada por el centro o entidad de formación y con otra designada por la

---

[1334] Art. 72.4 III Convenio colectivo de CRTVE (BOE 22 diciembre 2020).

[1335] CES: Informe 1/2023: *La formación dual en España: situación y perspectivas.*

empresa[1336], siendo preciso mencionar los diferentes matices introducidos en la nueva regulación sobre la figura del tutor/a respecto a la prevista en el art. 20 RD 1529/2012, puesto que en la nueva regulación no hay ninguna referencia a la necesidad de que dicha figura sea una persona trabajadora de la empresa. Por el contrario, lo que se especifica es que la persona tutora "deberá contar con la formación o experiencia adecuadas para tales tareas", recalcando así la importancia de que esta figura cuente con las competencias necesarias para desarrollar dicha función[1337]. En todo caso y para garantizar la calidad de la enseñanza práctica, hubiera sido conveniente que la norma hubiera retomado[1338] la exigencia de establecer un tope máximo de personas trabajadoras por cada tutor encargado del proceso formativo, si bien esta es una cuestión que puede haber quedado a la determinación del desarrollo reglamentario correspondiente.

Por último, conviene mencionar que la figura de la persona tutora pasa prácticamente desapercibida en la normativa sobre el trabajo a distancia, hasta el punto de que, salvo la escueta referencia de la Exposición de motivos de la LTD, recordando la obviedad de que los contratos formativos deben desarrollarse

---

1336 Todas estas cuestiones ya aparecían recogidas en el RD 1529/2012 (arts. 20 y 21), pero ahora quedan integradas en el ET, otorgando a estas cuestiones el reconocimiento normativo necesario para poner en valor la dimensión formativa del contrato.

1337 VELA DÍAZ, R.: "La nueva regulación de los contratos formativos tras la reforma laboral: ¿Un impulso definitivo a esta fórmula contractual?", cit., pág. 120.

1338 En línea con lo recogido en el derogado art. 8.3 RD 488/1998 de 27 de marzo, por el que se desarrolla el art. 11 del Estatuto de los Trabajadores en materia de contratos formativos y cuya omisión ha sido puesto de relieve por la doctrina. Entre otros, ESTEBAN LEGARRETA, R.: "El contrato para la formación y el aprendizaje. Perspectiva crítica tras las últimas reformas", cit., pág. 30.

"bajo la adecuada y suficiente supervisión de la empresa", no se entra a valorar si la persona tutora puede trabajar a distancia. Ante la falta de objeción legal y ausencia de un porcentaje mínimo de trabajo presencial, cabe concluir, como han destacado ciertos autores, que si la persona tutora teletrabajase un alto porcentaje de su jornada (y, aun así, fuese declarada apta para ejercer las funciones correspondientes) debería ofrecérsele formación específica, pudiendo resultar de utilidad la diseñada para quienes se encargan de la gestión del teletrabajo[1339].

Ni el previsto desarrollo reglamentario, ni la negociación colectiva parece que vayan a resolver estas particulares cuestiones, por lo que deberán ser valoradas en cada caso, comprobando si su falta de presencia regular en la empresa compromete los objetivos de aprendizaje de la persona a tutorizar. De ser así, probablemente tales carencias deberían suplirse designando a algún otro compañero para realizar tales funciones de tutoría (si cuenta con la formación[1340] o experiencia adecuada) y, de no haberlo, buscar alguna otra solución alternativa o, en fin, rechazar la incorporación de la persona a formar.

1339 CORRÊA GOMES CARDIM, T. y REQUENA MONTES, O.: "Los contratos formativos y la formación profesional ante el teletrabajo subordinado", cit., pág. 314.

1340 No en vano, el segundo apartado del art. 9 LTD exige a la persona empleadora que garantice a sus trabajadores a distancia "la formación necesaria para el adecuado desarrollo de su actividad, tanto al momento de formalizar el acuerdo de trabajo a distancia como cuando se produzcan cambios en los medios o tecnologías utilizadas". Sobre el particular, entre otros, TORRES GARCÍA B.: "La formación profesional del trabajador ante la digitalización del mercado de trabajo. Especial referencia a la formación del teletrabajador", *Revista General de Derecho del Trabajo y de la Seguridad Social (IUSTEL)*, núm. 62, 2022, págs. 413 y ss.

3.- REMISIONES LEGALES EXPRESAS A LA NEGOCIACIÓN COLECTIVA

Son frecuentes las remisiones estatutarias a la negociación colectiva, y al papel que juega la representación legal de las personas trabajadoras en el desarrollo de esta contratación y en el control de su adecuada aplicación.

3.1.- Delimitación de los puestos de trabajo, actividades, niveles o grupos profesionales susceptibles de ser desempeñados a través del contrato de formación en alternancia

En primer término, el actual art. 11.4 e) ET establece que se podrá determinar por convenio sectorial (estatal, autonómico o, en su defecto, en los convenios colectivos sectoriales de ámbito inferior) los puestos de trabajo, actividades, niveles o grupos profesionales que podrán desempeñarse por medio de contrato formativo. Antes de la reforma de esta regla solo se aplicaba al contrato en prácticas; no obstante, el Tribunal Supremo admitía la limitación convencional del contrato de aprendizaje tratándose de puestos de trabajo "tan escasamente cualificados que no permiten una razonable conexión entre tareas productivas y formación"[1341]. Alguna cláusula

---

[1341] La STS 20 noviembre 2018 (Rec. 221/2017), en relación con el Anexo II del Convenio colectivo estatal del sector de industrias de turrones y mazapanes, declara su validez "al concordar con lo establecido por la Ley, sea porque presuponen una titulación con elevado nivel, hábil para una contratación en prácticas, sea porque refieren a funciones sin cualificar y no parece que permitan una verdadera formación". El Anexo II de la versión vigente del Convenio colectivo (BOE 28 diciembre 2022) describe los distintos grupos profesionales: Técnicos Titulados, Técnicos No titulados, Oficina Técnica de organización, Técnicos de Proceso de Datos, Administrativos, mercantiles, Personal de Producción, Personal de Acabado, Envasado y

convencional establece expresamente que no se contratará bajo esta modalidad a trabajadores/as que ingresen de inicio en un determinado Grupo o Nivel[1342], precisamente por su falta de experiencia.

Lo anterior conduce a interpretar que los acuerdos y/o convenios de cooperación formativa "deben establecer los correspondientes programas formativos con el faro del convenio colectivo sectorial"[1343]. Además, como ha destacado el CES, se considera muy importante impulsar la formación dual "desde un enfoque sectorial y territorial", para lo cual resulta fundamental, entre otras acciones, apoyar la capacitación de las organizaciones sectoriales y territoriales de los interlocutores sociales para la realización de funciones clave como "la prospección de oferta de puestos de aprendizaje en las empresas del sector" o la participación en "medidas de flexibilización del diseño curricular", entre otras[1344].

Empaquetado, Personal de Oficios Auxiliares y Subalternos. Respecto de cada uno de ellos se indica si cabe la celebración de contratos en alternancia o de práctica profesional, excluyendo ambas modalidades, por ejemplo, para peones o mozos de almacén.

1342 Grupo o Nivel 5 en el art. 16.2 del VIII Convenio colectivo de Decathlon España, SA. (BOE 1 septiembre 2021), en el cual se integran las personas colaboradoras de nueva incorporación que tienen respecto a los de los grupos III y IV una aptitud profesional similar, aunque sin experiencia o con una experiencia mínima sobre la actividad desarrollada por la empresa. En el Anexo III del Convenio se establece una relación de los puestos de trabajo integrados en los grupos profesionales establecidos.

1343 MONREAL BRINGSVAERD, E.: "El confuso panorama, tras la reforma, del contrato de formación en alternancia", cit., pág. 47, contrario a que el convenio pueda restringir la oferta pública de formación profesional limitando las opciones de desarrollar un contrato de formación en alternancia.

1344 CES: Informe 1/2023: *La formación dual en España: situación y perspectivas.*

Para que pueda aprovecharse como conviene el potencial de la negociación colectiva en este ámbito debe ponerse en conexión tal previsión estatutaria con la *Estrategia Española de Apoyo Activo al Empleo 2021-2024*, aprobada mediante RD 1069/2021, de 4 de diciembre, que entre sus "objetivos estructurales" dedica el Eje 2 a la formación, insistiendo en el ajuste de la "oferta formativa a las necesidades del mercado de trabajo y a la mejora de la competitividad del tejido productivo, con especial atención a las competencias clave, digitales e idiomáticas", en la mejora de la "información, seguimiento y evaluación de la oferta formativa y el conocimiento de las necesidades de capacidades en los diferentes sectores económicos y territorios", en el impulso de la formación en las empresas (no en vano, una gran parte de la formación recibida por los trabajadores se ha canalizado por vías internas dentro de las propias organizaciones productivas, a través de cauces no siempre institucionalizados, y por tanto al margen del sistema de formación profesional), o en "promover la formación modular acreditable y el reconocimiento de las competencias profesionales adquiridas a través de la experiencia laboral y vías no formales de formación", entre otros propósitos que deben conducir a una actualización y mejora del sistema de formación profesional y, por añadidura, al fomento del contrato de formación en alternancia.

Obviamente, la negociación colectiva también puede ser cauce idóneo para fomentar la contratación y cualificación de jóvenes mediante contratos formativos en detrimento de las prácticas no laborales[1345]; para incidir en las posibilidades de teleformación, facilitando los mecanismos de impartición de la

---

[1345] Sobre las ventajas, especialmente para las personas trabajadoras, de suscribir en estos supuestos un contrato en prácticas en lugar de acudir a las prácticas no laborales en empresas vid. MELLA MÉNDEZ, L.: "Las prácticas no laborales en empresas para jóvenes titulados: un estudio de su régimen jurídico", *Revista General de Derecho del Trabajo y de la Seguridad Social (IUSTEL)*, núm. 36, 2014. Un

formación teórica sin olvidar la posibilidad de prever convencionalmente la utilización del contrato de trabajo fijo- discontinuo a tiempo parcial "para formadores"[1346], como ocurre en el sector de la construcción.

A título de ejemplo, en el sector de la industria del calzado, las empresas afectadas por el Convenio colectivo sectorial a nivel estatal asumen la obligación de "proporcionar los recursos y medios necesarios para garantizar que el proceso de enseñanza-aprendizaje sea exitoso en asegurar la formación y la empleabilidad del alumnado-persona trabajadora"; "garantizar que las personas trabajadoras que asumen la responsabilidad de las tutorías disponen del perfil técnico y pedagógico necesario y adecuado para poder desarrollar sus funciones, así como dotarles de la dedicación horaria necesaria para dedicarse al alumnado persona trabajadora"; "fomentar la relación con el centro educativo a efectos de coordinar la actividad formativa y profesional a desarrollar en la empresa y ello pueda traducirse en una mejora de la tutorización, seguimiento y evaluación del alumnado-persona trabajadora" o "informar a la representación legal de las personas trabajadoras sobre los convenios suscritos con las entidades formativas"[1347].

---

ejemplo paradigmático de regulación de las prácticas no laborales son los convenios colectivos de la familia profesional "Química".

1346 Art. 27 VII Convenio colectivo general del sector de la construcción (BOE 23 septiembre 2023). Para un análisis exhaustivo de la problemática ligada a la obtención de la tarjeta profesional en dicho sector vid. APARICIO IGLESIAS, P.: *Análisis de la problemática surgida en la labor del Técnico Superior de Prevención de Riesgos Laborales en obras de construcción*, 2024. Tesis doctoral inédita. Castellón de la Plana: Universidad Jaume I. Disponible en: http://hdl.handle.net/10803/690756

1347 Disp. Trans. 1ª Convenio colectivo de la industria del calzado (BOE 10 abril 2023).

3.2.- Compromisos de contratación en la empresa tras la superación del período formativo

El art. 11.6 ET menciona la posibilidad ya clásica de que la norma pactada (de cualquier nivel) determine el compromiso de conversión de los contratos formativos en contratos por tiempo indefinido. En la muestra analizada de convenios se percibe claramente que en numerosas ocasiones la regulación convencional del contrato para la formación en alternancia viene acompañada de una cláusula de continuidad en la empresa, si bien existen formulaciones muy variadas a la hora de establecer los deberes de la empresa en relación con los estudiantes que concluyen el ciclo formativo. Así, en algunas ocasiones se fijan porcentajes concretos de transformación de los contratados en formación en indefinidos que oscilan entre el 30 y el 60%[1348]. También se han identificado cláusulas convencionales que se limitan a acordar un orden de preferencia de cara a la transformación indefinida de las diversas modalidades contractuales de carácter temporal[1349]. O que convierten la su-

1348 "La empresa transformará en indefinidos el 30% de aquellos contratos para la formación que durante cada año natural agoten el período máximo de duración". Art. 11 VIII Convenio colectivo de Decathlon España, SA. (BOE 1 septiembre 2021). "A la finalización del periodo máximo del contrato para la formación, las empresas se comprometen a transformar en indefinidos al 60% de los contratos para la formación, independientemente del compromiso global de empleo fijo". Art. 15.2 XVII Convenio colectivo estatal para las empresas del comercio de flores y plantas (BOE 3 septiembre 2021).

1349 El art. 30.2 Convenio colectivo estatal del sector de industrias cárnicas (BOE 16 julio 2022) prevé que "a la finalización de los contratos de duración determinada o temporal, incluidos los contratos formativos, y al objeto de fomentar la colocación estable, se podrán convertir en contratos de trabajo de carácter indefinido, de acuerdo a la legislación vigente". Dentro de dicha posibilidad, la preferencia se establece en los siguientes términos: "3. Las personas trabajadoras con contratos de trabajo temporales, sustitución de la persona

peración de las pruebas de evaluación y los resultados positivos del proceso de aprendizaje en criterios de selección para la cobertura de vacantes[1350].

Por último, deben valorarse muy positivamente los compromisos de transformación automática del siguiente tenor: "Una vez expirada su duración máxima legal, las personas trabajadoras contratadas en prácticas y para la formación, se convertirán en personas trabajadoras fijas de la empresa"[1351], que a veces van parejas a limitaciones porcentuales de entrada para que la incorporación se ajuste a las necesidades reales de la producción.

Dicha conversión se incentiva también *ex* arts. 23 a 27 RDL 1/2023, de 10 de enero, bonificando las cotizaciones a la seguridad social. En concreto, *ex* art. 24 RDL 1/2023, la transformación en indefinidos de contratos formativos a la finalización de su duración inicial o prorrogada, cualquiera que sea la fecha de su celebración, da derecho a una bonificación en la cotización de 128 euros/mes durante tres años. En el caso de

---

trabajadora y contratos formativos tendrán preferencia para ocupar en las empresas los puestos de trabajo de carácter indefinido". En la Disp. Trans. 1ª Convenio colectivo de la industria del calzado (BOE 10 abril 2023), las empresas del sector se obligan a "reconocer a los alumnos que hayan participado en programas de FP Dual derecho preferente de ingreso en la empresa donde hayan desarrollado su actividad laboral".

1350 Así, el art. 35 Convenio colectivo de la empresa Robert Bosch España Fábrica Madrid, S. A. U. (BOCM 2 abril 2022) establece: "Con el fin de cubrir posibles necesidades futuras, RBEM establecerá con Escuelas de Formación Profesional y Universidades, programas de colaboración de tipo de Formación dual (Escuela – Prácticas de Empresa)". Para el personal procedente de tales programas "la evaluación continua y objetiva, en el caso de realizarse, se considerará como las pruebas de selección teórico-prácticas".

1351 Art. 23.5 VIII Convenio colectivo de Iberdrola Grupo (BOE 2 marzo 2021).

mujeres, dicha bonificación se incrementa a 147 euros/mes. En el supuesto de personas trabajadoras con contrato formativo y puestas a disposición de empresas usuarias, estas tendrán derecho a idénticas bonificaciones cuando, sin solución de continuidad, concierten con dichas personas trabajadoras un contrato de trabajo por tiempo indefinido.

3.3.- Medidas de fomento de la presencia equilibrada de mujeres y hombres

La norma estatutaria, junto a las dos previsiones anteriores, hace una llamada a la negociación colectiva para fijar criterios y procedimientos tendentes a conseguir una presencia equilibrada de hombres y mujeres vinculados a la empresa mediante los contratos formativos (art. 11. 6 ET). Entre tales procedimientos, algunos convenios sectoriales incluyen, dentro de los objetivos del plan de igualdad, el de facilitar información específica a las mujeres de los cursos de formación para puestos que tradicionalmente hayan estado ocupados por hombres[1352]. En concreto, en el sector del calzado, se establece la obligación empresarial de "promover la igualdad efectiva en la participación de la FP Dual entre mujeres y hombres"[1353]. En parecidos términos, el Plan de formación del sector químico prevé el impulso de programas específicos que faciliten el desarrollo profesional en función de los objetivos industriales de la empresa y de los intereses de formación de los colectivos de personas trabajadoras que más la precisan, incluyendo "procedimientos y garantías específicas para que la participación de la mujer en las acciones formativas sea, como mínimo, proporcional al

1352 Art. 5.e) Convenio colectivo de Menzies Aviation Ibérica y Menzies Aviation Services (BOE 21 diciembre 2023).

1353 Disp. Trans. 1ª Convenio colectivo de la industria del calzado (BOE 10 abril 2023).

porcentaje que representan sobre el colectivo al cual vayan destinadas las diferentes acciones formativas"[1354].

Remarcando el potencial prospectivo de la formación como elemento estratégico para la empleabilidad de las personas trabajadoras, el V AENC recoge el compromiso de fortalecer la formación destinada a facilitar la transición digital y ecológica de las empresas y de las personas trabajadoras. Una aproximación a la negociación colectiva más reciente, en sus distintos niveles, permite localizar normas pactadas que otorgan un protagonismo destacado a la formación, a partir de su consideración como elemento estratégico que permite compatibilizar la competitividad y productividad empresarial con la importancia de dotar a las personas trabajadoras de conocimientos y práctica adecuada a las competencias profesionales requeridas en el marco de un proceso de aprendizaje permanente, requerido desde las instancias europeas. Si dicho análisis se realiza con perspectiva de género, resulta obligado abogar por la incuestionable utilidad de que en la negociación colectiva se incluya el compromiso de establecer planes formativos que garanticen la capacitación profesional con base en el art. 23.3 ET, que regula el permiso retribuido de veinte horas anuales de formación profesional para el empleo, vinculada a la actividad de la empresa. Ahora bien, para garantizar que dichas acciones formativas puedan ser efectivamente desarrolladas por mujeres, resultaría también conveniente que se establecieran cláusulas que traten de promocionar la participación femenina de una forma generalizada e, incluso, que implementen medidas de acción positiva para garantizar su participación[1355].

1354 Art. 92 XX Convenio colectivo general de la industria química (BOE 19 julio 2021).

1355 A título de ejemplo, del siguiente tenor: "La empresa promoverá la formación periódica para la cualificación profesional, difundiendo los procesos formativos, especialmente en materia de digitalización,

La práctica negocial rebela ya cierta sensibilidad a la hora de eliminar las brechas existentes, incorporando cláusulas convencionales que reconocen, por ejemplo, el derecho a la "educación digital" con la finalidad de erradicar las brechas digitales[1356], y si bien su tenor literal suele ser neutro, no es posible desconocer que en numerosas ocasiones quienes han visto desactualizadas sus competencias digitales tras haber permanecido apartadas del mercado de trabajo durante el tiempo dedicado al alumbramiento y la crianza de la prole o al cuidado de familiares y convivientes son precisamente mujeres[1357].

---

y asegurando que éstos llegan al conocimiento de todo el personal, especialmente las mujeres, implementando acciones que las animen a su realización. Para contribuir eficazmente a la aplicación del principio de no discriminación en materia de formación profesional, en igualdad de condiciones de idoneidad se facilitará el acceso a los programas de formación profesional a la persona del género menos representado en el grupo profesional de que se trate", propuesta por GARRIGUES GIMÉNEZ, A. y FERNÁNDEZ-PEINADO MARTÍNEZ, A.: "Propuestas estratégicas para enfocar el tratamiento negocial de la igualdad de mujeres y hombres en el trabajo y el empleo, y la conciliación de la vida familiar y laboral en el contexto de la digitalización", en AA.VV. (BLASCO JOVER, C., Dir.): *Trabajo y digitalización: avances y retos para el diálogo social y la negociación colectiva,* Madrid (Tecnos), 2024, pág. 271.

1356 Paradigmático en tal sentido resulta el art. 80 XXIV Convenio colectivo del sector de la banca (BOE 30 marzo 2021) o el Anexo 2 Convenio colectivo del personal laboral de la Fundació per a persones amb discapacit de l´illa de Menora (BOIB 27 febrero 2020).

1357 Para un análisis más exhaustivo de esta cuestión procede hacer una remisión a mi reciente estudio, en MARTÍNEZ BARROSO, Mª.R.: "El papel de la formación en la transición digital: un análisis con perspectiva de género", en AA.VV. (FITA ORTEGA, F. y REQUENA MONTES, Ó., Dirs.): *La formación permanente en el ámbito laboral: cuestiones de actualidad,* Valencia (Tirant lo Blanch), 2024, págs. 427-464.

4.- VACÍO REGULADOR EN TORNO AL POTENCIAL DE LA NEGOCIACIÓN COLECTIVA PARA LIMITAR EL NÚMERO DE APRENDICES

La inexistencia actual de previsión legal alguna relativa al número máximo de contratos de formación en alternancia que se pueden concertar en una empresa en función de su plantilla[1358] y, por extensión, la ausencia de remisión expresa a la negociación colectiva para la determinación de este número máximo, plantea la cuestión de si esta falta de previsión supone la exclusión de cualquier intervención negocial en la fijación del número de contratos de esta índole que la empresa puede formalizar o si, por el contrario, a través de la misma se puede seguir estableciendo un número máximo de estos contratos.

Esta potestad de la negociación colectiva, inicialmente avalada por la Audiencia Nacional, ha sido finalmente vedada por el Tribunal Supremo en el año 2018[1359], a partir de la cons-

---

1358 GARCÍA ROMERO, B. y SELMA PENALVA, A.: "Medidas para favorecer la empleabilidad de los trabajadores", en CAVAS MARTÍNEZ, F. (Coord.): *La reforma laboral de 2012*, Murcia (Laborum), 2012, pág. 73. Del mismo parecer, GÁRATE CASTRO, J: "El nuevo régimen jurídico del contrato para la formación y el aprendizaje", *Actualidad Laboral*, núm. 8, 2012, pág. 904, considerando al respecto hace ya más de una década que, a raíz de los últimos cambios, posiblemente esta disposición haya pasado a convertirse en una previsión *contra legem*.

1359 La STS 20 noviembre 2018 (Rec. 221/2017) mantiene que la opción por inadmitir las cláusulas convencionales limitativas del número de contratos para la formación y el aprendizaje que pueden formalizar las empresas en función de su plantilla no supone negar a la negociación colectiva espacios para intervenir en el ámbito de las contrataciones formativas. Por el contrario, se considera que siempre que no se contraríe la literalidad o la finalidad de la regulación heterónoma, la negociación colectiva puede desarrollar o clarificar su alcance y adoptar cautelas para que se cumplan los mandatos

tatación de que la reforma del contrato llevada a cabo por el RDL 10/2011 supuso un cambio en la finalidad perseguida, en la medida que a la tradicional finalidad formativa se vino a añadir "de forma predominante la de fomento del empleo o de inserción laboral, consistente en facilitar a cualquier precio el acceso al mercado de trabajo y la cualificación del colectivo de los jóvenes". Ello condujo al Tribunal Supremo a concluir que dado que el entonces denominado contrato para la formación y el aprendizaje persigue finalidades propias de la política de empleo (art. 40 CE) y está en juego el derecho al trabajo de los que no lo tienen (art. 35.1 CE), los requisitos para la celebración de contratos formativos constituyen normas de derecho necesario y, frente a ello, no cabe otra conclusión que considerar que cualquier actuación de la negociación colectiva en sentido contrario al querido por el legislador restringe las posibilidades existentes sobre la formalización de tales contratos y, en consecuencia, "debe ser declarada ilegal". Téngase en cuenta que el RDL 10/2011 se aprobó en un contexto de crisis económica y tasas de desempleo juvenil superiores al 50%, lo cual supuso un obstáculo insalvable para el cumplimiento del objetivo prioritario de esta modalidad contractual, es decir, la cualificación profesional de calidad de las personas trabajadoras contratadas, puesto que ante la necesidad acuciante de reducir las alarmantes tasas de desempleo juvenil existente en aquel momento, tanto en el diseño de esta modalidad contractual, como en su posterior desarrollo práctico, se buscó sobre todo incentivar la inserción laboral de estos jóvenes en el mercado de trabajo, primando la necesidad de su empleo sobre la

normativos. Un comentario a la misma en MORENO GENÉ, J.: "La nulidad de las cláusulas convencionales limitativas del número de contratos para la formación y el aprendizaje. A propósito de la STS de 20 de noviembre de 2018", *Revista General de Derecho del Trabajo y de la Seguridad Social (IUSTEL)*, núm. 52, 2019.

calidad y efectividad de su formación y sobre la mejora de su patrimonio profesional[1360].

Ahora bien, en el contexto socioeconómico actual cabe plantearse si esta doctrina implica necesariamente que a partir de ahora no exista ninguna limitación al número de contratos para la formación en alternancia que pueden formalizar las empresas. No parece que esta sea ni la voluntad del legislador ni la del Tribunal Supremo, pues dado que el art. 11.2.c) ET sigue exigiendo que la actividad laboral desempeñada por la persona trabajadora en la empresa debe estar relacionada con las actividades formativas, ello debe garantizar el ambiente laboral adecuado para que la actividad laboral esté relacionada con las actividades formativas a desarrollar, requisito que difícilmente se cumpliría si en la plantilla no existe un número razonable de personas trabajadoras con experiencia en la materia, susceptibles de ayudar al sujeto en período de formación a alcanzar el perfeccionamiento y cualificación profesional que su contrato exige, y que sin duda sería imposible de conseguir en el hipotético caso, por ejemplo, de que todas las personas trabajadoras de la empresa estuviesen vinculados a ella por un contrato de esta índole. Sin duda habrán de ser las reglas de

---

1360 LÓPEZ TERRADA, E.: *Las modalidades de contratación en la reforma laboral de 2012*, Valencia (Tirant lo Blanch), 2012, págs. 60 y ss., señalando que la reforma del contrato para la formación y el aprendizaje llevada a cabo en el año 2011 supone el triunfo de la concepción de esta modalidad contractual como medida de fomento del empleo, al igual que ha sucedido con las reformas de esta modalidad contractual efectuadas en 1984, 1993-1994, 2001, 2010 y 2012. En la misma dirección, GUAMÁN HERNÁNDEZ, A.: "Desempleo juvenil y contratos formativos: la evolución de la precariedad de los jóvenes", en AA.VV. (GUAMÁN HERNÁNDEZ, A., Dir. y CORDERO GORDILLO, V., Coord.): *Temporalidad y precariedad del trabajo asalariado: ¿el fin de la estabilidad laboral?*, Albacete (Bomarzo), 2013, pág. 200 califica la reforma de 2011 como "la vuelta a la inserción laboral como objetivo prioritario de la política de empleo joven".

la buena fe (de alcance obviamente impreciso) las que deban marcar en la práctica (según las características, dimensiones y complejidad de las labores a realizar) el número de contratos para la formación en alternancia que una empresa puede concertar[1361]. En consecuencia, y a salvo que el desarrollo reglamentario establezca de un modo expreso las proporciones adecuadas entre plantilla de la empresa y número de trabajadores contratados en formación, esta cuestión se deberá valorar en cada supuesto concreto, en función del sector de actividad y de la dimensión de la empresa, pues obviamente las posibilidades son distintas en una PYME y en un grupo empresarial [donde no faltan ejemplos de cláusulas convencionales que prevén, dentro de los criterios establecidos en los planes formativos de las empresas, el volumen de contrataciones para la formación no podrá superar, en todo caso, el 4 por 100 de la plantilla de las empresas del grupo (Iberdrola)][1362].

El vacío regulador permite otorgar *a priori* una mayor relevancia al límite de tres personas trabajadoras contratadas para la formación en alternancia por cada tutor (que se contemplaba en el derogado art. 8.3 RD 488/1998), puesto que este límite podría contribuir a garantizar una mínima y necesaria proporción entre el número de empleados y las posibilidades de formación de la empresa que permitiera asegurar la eficacia

---

1361 En tal sentido SELMA PENALVA, A.: "¿Cómo ha quedado el contrato para la formación tras las últimas reformas?, *Revista de Trabajo y Seguridad Social. CEF*, núms. 365-366, 2014, pág. 212, considerando al respecto que "las reglas de la buena fe (art. 20.2 ET) rigen el desarrollo recíproco de todos y cada uno de los derechos y obligaciones respetivos entre trabajador y empresario inherentes a una relación laboral y, por lo tanto, también en este supuesto.

1362 Art. 23.4 VIII Convenio colectivo de Iberdrola Grupo (BOE 2 marzo 2021), si bien debe tenerse en cuenta que se trata de una cláusula firmada antes de la reforma laboral comentada.

y calidad de la formación dispensada[1363]. En coherencia con lo anterior, resulta indiscutible que para el correcto desempeño de las funciones de la persona tutora se hace del todo imprescindible una limitación del número de trabajadores tutorizados por cada una de ellas o, en otros términos, es necesaria una proporción adecuada de personas trabajadoras en formación asignadas a cada tutor/a. Tal vez, y a expensas una vez más del necesario desarrollo reglamentario, la negociación colectiva puede constituirse, a través de la instauración de buenas prácticas, como el espacio idóneo para resolver esta deficiencia y reforzar la dimensión formativa del contrato en el contexto del sector de actividad en que va a ser desarrollado.

También conviene recordar que en la Mesa del Diálogo Social se está debatiendo, tras más de dos años de negociaciones, un acuerdo sobre el *Estatuto del Becario* del que se ha desmarcado la patronal y que, según el borrador que ha trascendido en el ámbito sindical, recoge, entre otras novedades, una nueva definición de las prácticas no laborales, de modo que cualquier otra actividad laboral asociada a la formación fuera del nuevo concepto que se impulse deberá dirigirse a las nuevas modalidades de contrato formativo. En dicho borrador se introduce un límite al número de becarios según el tamaño de la empresa (parece que del 20% del total de la plantilla), si bien, independientemente de su tamaño y plantilla, cualquier empresa podrá incorporar a dos becarios; compensación de gastos mínimos por parte de la empresa (en función del caso, desplazamiento, alojamiento o manutención) sujeta a la cuantía de la remuneración o a la existencia de otras becas o ayudas que los cubran; se prevé

1363 MERCADER UGUINA, J.R.: "Medidas desesperadas de lucha contra el desempleo: el RD -ley 10/2011, de 26 de agosto y los ajustes al mismo por el RD -ley 14/2011, de 16 de septiembre", *Relaciones Laborales*, núm. 2, 2012, pág. 72, considera esta previsión como un límite indirecto a la formalización de esta modalidad contractual.

la regulación del derecho a una "adecuada" tutorización de sus prácticas, de modo que las empresas deberán designar a personas tutoras para que se hagan cargo de la coordinación y del seguimiento del itinerario formativo del estudiante y un límite de alumnos tutorizados (cada tutor solo podrá tener, como mucho, a cinco personas en formación práctica a su cargo -tres en el caso de empresas de menos de 30 personas en plantilla-).

5.- CLÁUSULAS CONVENCIONALES DE EQUIPARACIÓN DE DERECHOS Y OBLIGACIONES DEL ESTUDIANTE CON EL RESTO DE PERSONAS TRABAJADORAS QUE CONFORMAN LA PLANTILLA

Son escasas las referencias a la equiparación de derechos y obligaciones de los estudiantes-trabajadores respecto de las demás personas trabajadoras que conforman la plantilla de la empresa si bien debido a la existencia de vínculo contractual es fácil deducir la mencionada igualdad de trato. No obstante, conviene recordar que no en toda la formación dual existe vínculo contractual y que incluso existiendo el mismo habrá que atender a la modalidad de impartición de la formación y al tiempo efectivo de prestación laboral como parámetros de modulación. Por tales motivos se valoran positivamente aquellas cláusulas convencionales que refuerzan la igualdad de trato en los siguientes términos: "las condiciones de trabajo de las personas trabajadoras con contratos en prácticas y para la formación serán las fijadas por el presente convenio para las personas trabajadoras que desempeñen el mismo o equivalente puesto de trabajo"[1364].

En el campo de las obligaciones, se echa de menos la inclusión generalizada de deberes de cumplimiento de las normas

---

1364 Art. 23.3 VIII Convenio colectivo de Iberdrola Grupo (BOE 2 marzo 2021).

de seguridad en el caso de los estudiantes en formación y, sobre todo, la fijación de consecuencias en caso de infracción de las mismas, si bien tales deberes deben ser de aplicación al estudiante en proceso formativo con independencia de que exista o no cobertura contractual y suele incluirse en los convenios específicos de colaboración suscritos al efecto. De hecho, el ya mencionado proyecto de *Estatuto del Becario* recoge expresamente la igualdad de condiciones en el acceso a servicios de que disfrutan las personas trabajadoras de plantilla (*v. gr.*: restauración, áreas de descanso, aparcamiento); aplicación de los límites y descansos a la jornada laboral, incluidos días festivos y vacaciones y la aplicación de la Ley de Prevención de Riesgos Laborales y régimen sancionador con el objetivo de disuadir los fraudes.

6.- REMISIONES ESTATUTARIAS A LA REPRESENTACIÓN LEGAL DE LAS PERSONAS TRABAJADORAS

Junto al llamamiento a la negociación colectiva, que guarda un relativo paralelismo con la regulación anterior, la norma introduce novedosas acciones que pretenden garantizar el control del cumplimiento normativo a través de la información que debe proporcionarse a la representación legal.

Así, en primer término, la empresa pondrá en conocimiento de la representación legal de las personas trabajadoras los acuerdos de cooperación educativa o formativa que contemplen la contratación formativa, incluyendo la información relativa a los planes o programas formativos individuales, así como a los requisitos y las condiciones en las que se desarrollará la actividad de tutorización[1365]. De hecho, el reforzamiento de los

---

[1365] En tal sentido incide el art. 14.1.4 XX Convenio colectivo general de la industria química (BOE 19 julio 2021) al establecer que "A

deberes de información en el caso de firma de convenios de cooperación educativa es habitual en el sector químico, que la hace extensiva también a las prácticas no laborales. En el ámbito empresarial también se detecta la utilización de este tipo de cláusulas relativas al acogimiento de becarios. Así, merecen una especial referencia aquellas experiencias convencionales que exigen un mayor detalle en la información que se debe facilitar a la representación legal de las personas trabajadoras, a veces formado parte de Comisiones específicas de tutela de los intereses del estudiante-trabajador. Así, a título ejemplificativo, el grupo Mapfre contempla la creación de una "Comisión de desarrollo profesional", paritaria, competente para, entre otras funciones, conocer el Plan de Formación de Mapfre (que contemplará las líneas establecidas por el Acuerdo Nacional de Formación Continua); seguir el Plan de Formación; plantear propuestas para la mejora de dicho Plan y de las acciones formativas; desarrollar las competencias atribuidas en materia de ascensos y promociones; pronunciarse sobre las propuestas que realice la Empresa respecto a la clasificación profesional tanto de los nuevos puestos de trabajo, como de la de aquéllos que, por haberse producido un significativo cambio de funciones, deban ser nuevamente valorados; pronunciarse sobre las solicitudes de revisión del personal en materia de clasificación profesional que sometan a su consideración; pronunciarse sobre

---

las personas contratadas en esta modalidad les será asignada por la empresa otra que, estando directamente relacionada con la actividad para la que se ha realizado el contrato, ejercerá las labores de tutoría. La empresa informará a los representantes de las personas trabajadoras sobre los tutores designados en cada contrato para la formación y el aprendizaje". Asimismo, en el art. 89, se compromete a "garantizar que las personas trabajadoras que asumen la responsabilidad de las tutorías disponen del perfil técnico y pedagógico necesario y adecuado para poder desarrollar sus funciones, así como dotarles de la dedicación horaria necesaria para dedicarse al alumnado persona trabajadora".

las carreras profesionales; plantear propuestas para la mejora de los sistemas establecidos en el convenio para el desarrollo profesional y "ser informada del número de becarios y becarias que desarrollen prácticas formativas en la Empresa"[1366].

En efecto, si bien es bastante frecuente que en la negociación colectiva se creen comisiones de formación[1367], no siempre se asocian a tales órganos funciones de tutela de los intereses del estudiante en proceso formativo. De ahí que resulten ejemplares las comisiones de formación creadas en algunos sectores de actividad, por ejemplo, en la industria del calzado, con competencias específicas en la materia que abarcan no solo el contrato de formación en alternancia sino también las situaciones de prácticas sin vínculo contractual, al contemplar los diferentes supuestos de formación dual[1368].

En segundo lugar, en el supuesto de diversos contratos vinculados a un único ciclo, certificado o itinerario, la empresa deberá trasladar a la representación legal de las personas trabajadoras toda la información de la que disponga al respecto de dichas contrataciones; y por último, las empresas que pretendan suscribir contratos formativos, podrán solicitar por escrito al servicio público de empleo competente, información relativa a si las personas a las que se pretende contratar han estado previamente contratadas bajo dicha modalidad y la duración de estas contrataciones. Dicha información deberá ser trasla-

---

1366 Art. 46 Convenio colectivo de Mapfre Grupo Asegurador (BOE 12 septiembre 2022).

1367 Sobre el particular me he pronunciado ampliamente en MARTÍNEZ BARROSO, Mª.R.: "Formación continua en la negociación colectiva. Algunos ejemplos de buenas prácticas", *Oñati Socio-legal Series, Vol. 14, núm. S1*, 2024. Puede consultarse en https://doi.org/10.35295/osls.iisl.2039

1368 Disp. Trans. 1ª Convenio colectivo de la industria del calzado (BOE 10 abril 2023).

dada a la representación legal de las personas trabajadoras y tendrá valor liberatorio a efectos de no exceder la duración máxima de este contrato.

7.- APÉNDICE BIBLIOGRÁFICO

ABRIL LLARRAÍNZAR, P.: *Reformas Laborales y de Seguridad Social (RDL 32/2021 y L 21/2021 y L 22/2021). Claves Prácticas,* Madrid (Francis Lefebvre), 2022.

APARICIO IGLESIAS, P.: *Análisis de la problemática surgida en la labor del Técnico Superior de Prevención de Riesgos Laborales en obras de construcción,* 2024. Tesis doctoral inédita. Castellón de la Plana: Universidad Jaume I. Disponible en: http://hdl.handle.net/10803/690756

ASQUERINO LAMPARERO, Mª.J.: "No es contrato (solo) para jóvenes: el contrato formativo en alternancia", *Iuslabor,* núm. 1, 2024.

BALLESTER LAGUNA, F.: *El derecho a la indemnización fin de contrato temporal. Estudio sistemático y unitario en el ámbito de la relación laboral común, las relaciones especiales de trabajo y otros contratos con peculiaridades,* Cizur Menor (Thomson Reuters/Aranzadi), 2022.

BARREIRO GONZÁLEZ, G.; CAVAS MARTÍNEZ, F. y FERNÁNDEZ DOMÍNGUEZ, J.J.: *Contratos laborales temporales. Guía legal, jurisprudencial y práctica,* Madrid (La Ley), 1993.

BERNAL SANTAMARÍA, F.: "La reforma laboral y el empleo de las personas con discapacidad: en especial, el contrato formativo en alternancia", *Iuslabor,* núm. 2, 2022.

CERVILLA GARZÓN, Mª.J.: "El avance hacia la menor temporalidad y la mayor capacidad formativa del nuevo contrato formativo", *Iuslabor,* núm. 1, 2022.

CES: Informe 1/2023: *La formación dual en España: situación y perspectivas.*

CORRÊA GOMES CARDIM, T. y REQUENA MONTES, O.: "Los contratos formativos y la formación profesional ante el teletrabajo subordinado", *Revista Internacional y Comparada de Relaciones Laborales y Derecho del Empleo,* Vol. 11, núm. 4, 2023.

COSTA REYES, A.: "La reforma de la contratación laboral temporal y formativa. Comentario a los supuestos del art. 15 y a las novedades del art. 11 del Estatuto de los Trabajadores tras el RD -Ley 32/2021", *Revista de Trabajo y Seguridad Social (CEF),* núm. 467, 2022.

ESTEBAN LEGARRETA, R.: "El contrato para la formación y el aprendizaje. Perspectiva crítica tras las últimas reformas", *Anuario IET de Trabajo y Relaciones Laborales,* Vol. 6, 2019.

FERNÁNDEZ MÁRQUEZ, O.: "Seis tesis generales sobre la reforma de los contratos formativos de 2022", *Labos,* Vol. 3, núm. 1, 2022. http://www.uc3m.es/labos.

FUNDACIÓN CIFE: *Nota de la Fundación CIFE ante una posible reforma de la Ley de Formación para el Empleo.* Junio de 2023.

GÁRATE CASTRO, J. "El nuevo régimen jurídico del contrato para la formación y el aprendizaje", *Actualidad Laboral,* núm. 8, 2012.

GARCÍA ROMERO, B. y SELMA PENALVA, A.: "Medidas para favorecer la empleabilidad de los trabajadores", en CAVAS MARTÍNEZ, F. (Coord.): *La reforma laboral de 2012,* Murcia (Laborum), 2012.

GARCÍA RUBIO, Mª.A.: "El trabajo a distancia en el RDL 28/2020: concepto y fuentes reguladoras", en AA.VV. (LÓPEZ BALAGUER, M., Dir.): *El trabajo a distancia en el RDL 28/2020,* Valencia (Tirant lo Blanch), 2021.

GARRIDO PÉREZ, E.: "El nuevo régimen jurídico de los contratos formativos tras el RDL 32/2021: La centralidad estructural y finalista de la formación", *Temas Laborales,* núm. 161, 2022.

GARRIGUES GIMÉNEZ, A. y FERNÁNDEZ-PEINADO MARTÍNEZ, A.: "Propuestas estratégicas para enfocar el tratamiento negocial de la igualdad de mujeres y hombres en el trabajo y el empleo, y la conciliación de la vida familiar y laboral en el contexto de la digitalización", en AA.VV. (BLASCO JOVER, C., Dir.): *Trabajo y digitalización: avances y retos para el diálogo social y la negociación colectiva,* Madrid (Tecnos), 2024.

GOGOERLICH PESET, J.Mª.: "La reforma de la contratación laboral", en AA.VV. (GOERLICH PESET, J.Mª.; MERCADER UGUINA, J.R. y DE LA PUEBLA PINILLA, A., Dirs.): *La reforma laboral de 2021. Un estudio del Real Decreto-Ley 32/2021,* Valencia (Tirant lo Blanch), 2022.

GUAMÁN HERNÁNDEZ, A.: "Desempleo juvenil y contratos formativos: la evolución de la precariedad de los jóvenes", en AA.VV. (GUAMÁN HERNÁNDEZ, A., Dir. y CORDERO GORDILLO, V., Coord.): *Temporalidad y precariedad del trabajo asalariado: ¿el fin de la estabilidad laboral?,* Albacete (Bomarzo), 2013.

LÓPEZ GANDÍA, J.: "Los contratos formativos tras la reforma laboral de 2021", *NET21,* núm. 8, 2022.

LÓPEZ TERRADA, E.: *Las modalidades de contratación en la reforma laboral de 2012,* Valencia (Tirant lo Blanch), 2012.

MARTÍNEZ BARROSO, Mª.R.: *Influencia de la edad en las relaciones laborales: acceso al empleo y protección social,* Cizur Menor (Thomson Reuters/ Aranzadi), 2018.

MARTÍNEZ BARROSO, Mª.R.: "El acceso de los aprendices al mercado de trabajo. Las nuevas y mejores oportunidades del contrato de formación en alternancia", *Revista Española de Derecho del Trabajo,* núm. 275, 2024.

MARTÍNEZ BARROSO, Mª.R.: "Formación continua en la negociación colectiva. Algunos ejemplos de buenas prácticas", *Oñati Socio-Legal Series, Vol. 14, núm. S1,* 2024 en https://doi.org/10.35295/osls.iisl.2039

MARTÍNEZ BARROSO, Mª.R.: "El papel de la formación en la transición digital: un análisis con perspectiva de género", en AA.VV. (FITA ORTEGA, F. y REQUENA MONTES, Ó., Dirs.): *La formación permanente en el ámbito laboral: cuestiones de actualidad,* Valencia (Tirant lo Blanch), 2024.

MELLA MÉNDEZ, L.: "Las prácticas no laborales en empresas para jóvenes titulados: un estudio de su régimen jurídico", *Revista General de Derecho del Trabajo y de la Seguridad Social (IUSTEL),* núm. 36, 2014.

MENÉNDEZ SABASTIÁN, P. y RODRÍGUEZ CARDO, I.: "El impacto de la nueva ordenación legal de la formación profesional en el Derecho del Trabajo: una primera aproximación", *Revista General de Derecho del Trabajo y de la Seguridad Social (IUSTEL)*", núm. 63, 2022.

MERCADER UGUINA, J.R.: "Medidas desesperadas de lucha contra el desempleo: el RD -ley 10/2011, de 26 de agosto y los ajustes al mismo por el RD -ley 14/2011, de 16 de septiembre", *Relaciones Laborales,* núm. 2, 2012.

MERCADER UGUINA, J.R. y MORENO SOLANA, A.: "La última reforma de los contratos formativos: un nuevo intento para potenciar su utilización y mejorar la formación de los jóvenes", *Trabajo, Persona, Derecho, Mercado,* Monográfico, 2022.

MONREAL BRINGSVAERD, E.: "El confuso panorama, tras la reforma, del contrato de formación en alternancia", en AA.VV. (THIBAULT ARANDA, J. y JURADO SEGOVIA, A., Dirs.).: *Interpretación, aplicación y desarrollo de la última reforma laboral,* Madrid (La Ley), 2023.

MORENO GENÉ, J.: "La nulidad de las cláusulas convencionales limitativas del número de contratos para la formación y el aprendizaje.

A propósito de la STS de 20 de noviembre de 2018", *Revista General de Derecho del Trabajo y de la Seguridad Social (IUSTEL),* núm. 52, 2019.

MORENO GENÉ, J. y ROMERO BURILLO, A.Mª.: "El nuevo contrato formativo: una apuesta decidida por la formación como mecanismo de inserción laboral", *Revista del Ministerio de Trabajo y Economía Social,* núm. 152, 2022.

MUÑOZ RUIZ, A.B.: "Buenas prácticas relativas a la formación dual en la negociación colectiva", *Revista de Información Laboral,* núm. 4, 2014.

PÉREZ ANAYA, R.Mª.: "Del contrato para la formación y el aprendizaje al contrato formativo en alternancia", *Trabajo y Derecho,* núm. 96, 2022.

PÉREZ DEL PRADO, D.: "La reforma laboral 2021 y el nuevo contrato formativo: ¿la propuesta definitiva?", *Revista Labos,* Vol. 3, núm. Extraordinario, 2022.

REQUENA MONTES, O.: "Argumentos en torno a la indemnización por fin de contrato predoctoral", *Revista Española de Derecho del Trabajo,* núm. 240, 2021.

ROJO TORRECILLA, E.: "Estudio de la reforma laboral de 2021 (III). Los renovados contratos formativos", *El Blog de Eduardo Rojo,* 4 de enero de 2022. http://www.eduardorojotorrecilla.es/.

ROQUETA BUJ, R.: "Reformas en el ámbito del personal al servicio de las Administraciones públicas", en AA.VV. (THIBAULT ARANDA, J. y JURADO SEGOVIA, A., Dirs.).: *Interpretación, aplicación y desarrollo de la última reforma laboral,* Madrid (La Ley), 2023.

SÁNCHEZ TRIGUEROS, C.: "Contrato de formación en alternancia", *VLex. Revista de Derecho Laboral,* 5 de marzo de 2022.

SELMA PENALVA, A.: "¿Cómo ha quedado el contrato para la formación tras las últimas reformas?, *Revista de Trabajo y Seguridad Social. CEF,* núms. 365-366, 2014.

TORRES GARCÍA B.: "La formación profesional del trabajador ante la digitalización del mercado de trabajo. Especial referencia a la formación del teletrabajador", *Revista General de Derecho del Trabajo y de la Seguridad Social (IUSTEL),* núm. 62, 2022.

VAQUERO GARCÍA, A.; CRUZ GONZÁLEZ, Mª.M. y SUÁREZ PORTO, V.Mª.: "Análisis económico de los contratos para la formación en España: ¿Qué podemos aprender de la experiencia comparada?", *Revista Justicia & Trabajo,* núm. Extraordinario, 2023.

VELA DÍAZ, R.: "La nueva regulación de los contratos formativos tras la reforma laboral: ¿Un impulso definitivo a esta fórmula contractual?", *Revista Internacional de Doctrina y Jurisprudencia,* Vol. 27, 2022.

VILA TIERNO, F.: *El contrato para la formación en el* trabajo, Pamplona (Aranzadi), Cuadernos Aranzadi Social, 2008.

Capítulo XII.

Empresas, medio ambiente y sostenibilidad en la Unión Europea: de la responsabilidad social corporativa a la información ambiental y la diligencia debida

DIONISIO FERNÁNDEZ DE GATTA SÁNCHEZ
Catedrático de Derecho Administrativo. Facultad de Derecho.
Universidad de Salamanca
Diplomado en Ciencias Ambientales.

1.- PROTECCIÓN DEL MEDIO AMBIENTE Y SOSTENIBILIDAD. EL PAPEL DE LAS EMPRESAS

A pesar de la pandemia del COVID-19 (2019-2023), de la invasión de Ucrania por Rusia (iniciada el 24 de febrero de 2022), de los salvajes ataques terroristas de Hamas contra Israel (perpetrados el 7 de octubre de 2023) y de la actual situación económico-energética, que están incidiendo muy negativamente en todo el mundo, continúa existiendo una preocupación general, pública y privada, en relación con las cuestiones relativas al medio ambiente, los recursos naturales y el desarrollo sostenible[1369]; aunque los problemas son antiguos y, a veces, el debate sobre el medio ambiente y el cambio climático se ha descontrolado, en particular en los últimos años[1370].

1369 En general, ver LOZANO CUTANDA, B., *Derecho Ambiental y Climático*, 2ª ed., Ed. Dykinson, Madrid, 2023, pp. 25-26; LOZANO CUTANDA, B. (Dir.), LAGO CANDEIRA, A., y LÓPEZ ÁLVAREZ, L. F., *Tratado de Derecho Ambiental*, Ed. Centro de Estudios Financieros (CEF), Madrid, 2014, pp. 17-20, y LOZANO CUTANDA, B., y ALLI TURRILLAS, J. C., *Administración y Legislación Ambiental*, 12ª ed., Ed. Dykinson, Madrid, 2022, pp. 131-132.
Sobre el significado del concepto del desarrollo sostenible y su trascendencia, vid. FERNÁNDEZ DE GATTA SÁNCHEZ, D., "Articulación y perspectivas del desarrollo sostenible en la Unión Europea", *Noticias de la Unión Europea*, nº 264/2007, págs. 35-60; "La política ambiental y sobre desarrollo sostenible en la Unión Europea: de sus orígenes a la estrategia de desarrollo y al Tratado de Lisboa", *Revista Aranzadi de Derecho Ambiental*, nº 13/2008, págs. 15-47, y "El régimen de sostenibilidad medioambiental", *Revista Jurídica de Castilla y León*, nº 25/2011, pp. 163-218.

1370 SHELLENBERGER, M., *No hay apocalipsis. Por qué el alarmismo medioambiental nos perjudica a todos*, Ed. Deusto, Barcelona, 2021; KOONIN, S. E., *El clima. No toda la culpa es nuestra*, Ed. La Esfera de los Libros, Madrid, 2023, y LEÓN PANAL, Á., *Historia del cambio climático*, Ed. Guadalmazán, Córdoba, 2023.

El impacto de las actividades humanas sobre el medio ambiente y los recursos naturales no es un fenómeno de nuestro tiempo, pues la relación entre los seres humanos y la naturaleza es una constante en la evolución de la Humanidad. En relación con el medio ambiente y los recursos naturales, el proceso de concienciación sobre su conservación y protección se inicia, en particular, en los años sesenta del pasado siglo, y para intentar atajarlo se han utilizado y se utilizan muchos instrumentos y técnicas, destacando especialmente las normas jurídicas, a partir de lo cual se justifica una intervención de los Poderes Públicos y surge, como es sabido, el Derecho Ambiental[1371].

El Derecho es, en efecto, respecto del medio ambiente, el instrumento para encauzar, dirigir y hacer efectivas las decisiones de la sociedad en relación con los problemas que plantea la relación entre ese mismo medio ambiente y el desarrollo económico y social[1372], así como en relación con las correspondientes medidas y acciones protectoras. Especialmente, debe resaltarse, sin duda, el Derecho Ambiental, que, con sus propios principios y reglas internas, puede considerarse como el sistema orgánico de normas que protege o tutela los sistemas

---

[1371] En general, ESTEVE PARDO, *Derecho del Medio* Ambiente, 5ª ed., Ed. Marcial Pons, Madrid, 2022; FERNÁNDEZ DE GATTA SÁNCHEZ, D., *Sistema Jurídico-Administrativo de Protección del Medio Ambiente,* 11ª ed., Ed. Ratio Legis, Salamanca, 2023; LOZANO CUTANDA, B., *Derecho Ambiental y Climático,* op. cit.; LOZANO CUTANDA, B. (Dir.), LAGO CANDEIRA, A., y LÓPEZ ÁLVAREZ, L. F., *Tratado de Derecho Ambiental,* cit.; LOZANO CUTANDA, B., y ALLI TURRILLAS, J. C., *Administración y Legislación Ambiental,* op. cit., y MEMENTO PRÁCTICO FRANCIS LEFEBVRE-LOZANO CUTANDA, B. (Coord.), y otros, *Medio Ambiente 2021-2022,* Ed. Francis Lefebvre, Madrid, 2020.

[1372] En general, FERNÁNDEZ RODRÍGUEZ, T. R.., *El medio ambiente urbano y las vecindades industriales,* Ed. Instituto de Estudios de Administración Local, Madrid, 1973, pp. 11-29, y "Derecho, medio ambiente y desarrollo", *Revista Española de Derecho Administrativo,* nº 24/1980, pp. 5-16.

naturales que hacen posible la vida (principalmente, el aire, el agua y el suelo), y siendo su finalidad prevenir y subsanar las perturbaciones que alteran los equilibrios naturales producidas por los seres humanos y sus actividades, individuales o colectivas; lo cual, se lleva a cabo mediante la regulación de estas actividades humanas, y sus consecuencias[1373].

La protección del medio ambiente en general, y más concretamente la de los recursos naturales, constituyen funciones públicas, previstas en los Ordenamientos democráticos, incluido el de la Unión Europea, con normalidad (en nuestro caso, especialmente, arts. 45-2º y 130-CE), al servicio de fines de interés general (art. 103-CE), cuyo despliegue efectivo se encomienda a todos los Poderes Públicos, pero principalmente a los correspondientes Gobiernos y a las Administraciones Públicas[1374].

Esta intervención ha de realizarse en todo momento asumiendo y respetando los derechos y libertades de los ciudadanos, así como las reglas esenciales de la sociedad, tales como el derecho de propiedad privada y la libertad de empresa; los cuales no solo no deben olvidarse en aras de la protección del

---

1373 MARTÍN MATEO, R., *Derecho Ambiental*, Ed. Instituto de Estudios de Administración Local, Madrid, 1977, pp. 63-88, y *Tratado de Derecho Ambiental*, Vol. I, Ed. Trivium, Madrid, 1991, pp. 80-91, y BETANCOR RODRÍGUEZ, A., *Derecho Ambiental*, Ed. La Ley (Grupo Wolters Kluwer), Las Rozas (Madrid), 2014, pp. 78-82.

1374 Sobre sus funciones y actividades, específicamente en el ámbito del medio ambiente y los recursos naturales, ver LOZANO CUTANDA, B., *Derecho Ambiental y Climático*, op. cit., pp. 102-106; LOZANO CUTANDA, B. (Dir.), LAGO CANDEIRA, A., y LÓPEZ ÁLVAREZ, L. F., *Tratado de Derecho Ambiental*, op. cit., pp. 217-226; LOZANO CUTANDA, B., y ALLI TURRILLAS, J. C., *Administración y Legislación Ambiental*, op. cit., pp. 158-162, y FERNÁNDEZ DE GATTA SÁNCHEZ, D., *Sistema Jurídico-Administrativo de Protección del Medio Ambiente*, op. cit., pp. 22-26.

medio ambiente como marco de la intervención pública, sino que deben seguir protegiéndose en las actividades de protección ambiental.

Aunque, como hemos señalado, el papel preponderante en la protección ambiental y de la naturaleza corresponde a los poderes públicos y especialmente a las Administraciones Públicas, no cabe duda que en la Unión Europea y en los modelos de sus Estados Miembros y de sus sociedades (y también en otros Estados democráticos, aunque con matices en cuanto a los niveles de intervención pública), también tienen una posición relevante los ciudadanos, individualmente (pues son los titulares de los derechos relacionados con los recursos naturales y el medio ambiente) o en organizaciones diversas, y las propias empresas, no sólo por ser objeto de un buen número de las obligaciones relativas a tal protección incluidas en los correspondientes Ordenamientos, sino porque también son los sujetos (aunque no exclusivamente) que pueden realizar acciones que deterioren el medio ambiente, siendo responsables de las mismas.

Por otra parte, y como justificación del proceso de juridificación de la protección ambiental mencionado, la valoración social de las cuestiones y problemas ambientales ha aumentado profundamente desde los años sesenta del siglo XX hasta la actualidad, ya en este siglo XXI, en general hacia posiciones de una mayor concienciación por la protección y calidad del medio ambiente.

Aunque no se puede hablar con carácter general, puede mantenerse que las empresas y las compañías industriales han evolucionado paralelamente a las inquietudes de la sociedad[1375]: desde posturas iniciales defensivas y negativas frente

---

[1375] En relación con los aspectos internos de las empresas relativos al medio ambiente, como la negociación colectiva, la prevención de

a las exigencias ambientales, se ha pasado con el tiempo a su aceptación y, actualmente (si bien, quizás, no de forma generalizada), a reconocerse la necesidad de una política empresarial activa y adecuada en materia ambiental, como requisito básico y esencial para la buena marcha y el éxito económico de la propia empresa[1376]. De una primera época, en que las empresas reaccionaron de manera negativa a los requerimientos ambientales exigidos por normas jurídicas, se ha pasado a la época actual (desde finales del siglo XX a la actualidad), en la que se asume que ya no se trata de imposiciones más o me-

---

riesgos laborales, y en general la sostenibilidad social, que no se estudian en este trabajo, ver RODRÍGUEZ ESCANCIANO, S., "Sostenibilidad ambiental y prevención de riesgos laborales: reflexiones sobre el sector de la construcción ecológica", *Revista del Ministerio de Trabajo, Migraciones y Seguridad Social*, nº 138/2018, pp. 219-262; ÁLVAREZ CUESTA, H., "Transición ecológica y empleos verdes: una visión desde la negociación colectiva", *Revista Gallega de Derecho Social*, nº 18/2023, pp. 9-40; MARTÍN HERNÁNDEZ, Mª. L., y SASTRE IBARRECHE, R., "Un nuevo espacio para la acción sindical: la defensa de medio ambiente", *Revista de Derecho Social*, nº 16/2001, pp. 59-92, y VALDEOLIVAS GARCÍA, Y., "El contenido social y laboral de la ESG: un comentario preliminar sobre la sostenibilidad social en la actividad económica y empresarial", en DE PAZ ARIAS, J. Mª., y DELGADO ARRABAL, Mª. L. (Dir.), y otros, *Estudios jurídico sobre sostenibilidad: cambio climático y criterios ESG en España y la Unión Europea*, Ed. Aranzadi-Despacho Pérez Llorca, Cizur Menor (Navarra), 2023, pp. 511-536.

1376 Sobre esta evolución medioambiental del mundo empresarial, ver BASELGA, I., "La empresa y el medio ambiente: realidades y perspectivas", y BERENGUER, E., "Reflexiones empresariales sobre el medio ambiente", *Círculo de Empresarios-Boletín*, nº 52/1990, pp. 15-30 y 31-40, respectivamente, y FERNÁNDEZ DE GATTA SÁNCHEZ, D., "La responsabilidad social corporativa en materia ambiental. Estado de la cuestión", *Boletín Económico de Información Comercial Española (BICE)*, nº 2824/2004, pp. 27-43. Asimismo, ver CÍRCULO DE EMPRESARIOS-VARIOS AUTORES, "Empresa y Medio Ambiente", *Boletín del Círculo de Empresarios*, nº 52/1990 (monográfico).

nos aceptadas, sino del convencimiento de que la sensibilidad empresarial hacia el medio ambiente y la sostenibilidad supone unos beneficios muy claros para las empresas, en general aumentando claramente su competitividad[1377]. Es decir, de la inicial y única finalidad de las empresas, la de obtener beneficios económico-financieros de ha pasado a la idea de que las empresas también tienen fines sociales que desempeñar[1378]

Entre los beneficios de esta mayor sensibilización ambiental de las empresas pueden destacarse los siguientes[1379]:

- reducción de los costes ambientales y, por consiguiente, de los costes generales de las empresas: la gestión y la optimización adecuada de los recursos naturales, y de otros factores, reduce los consumos de energía, agua y materias primas, la generación de residuos, etc.; asimismo, este objetivo se ve facilitado por la búsqueda e implantación de las mejores tecnologías disponibles y de tecnologías limpias;
- permite acceder a mercados más exigentes y restringidos por razones ambientales, diferenciándose activamente con respecto a sus competidores; aumentando, así, la actividad de la propia empresa;

1377 DEL BRIO GONZÁLEZ, J. A., y JUNQUERA CIMADEVILLA, B., *Medio ambiente y empresa: de la confrontación a la oportunidad*, Ed. Civitas, Madrid, 2001.

1378 OLCESE SANTONJA, A., *Teoría y práctica del buen gobierno corporativo*, Ed. Marcial Pons, Madrid, 2005, pp. 26-31.

1379 MURILLO LUNA, J. L., GARCÉS AYERBE, C., y RIVERA TORRES, P., "Estrategia empresarial y medio ambiente: opinión de un grupo de expertos", *Universia Business Review*, nº 4/2004, pp. 52-63, y SUÁREZ PERALES, I., GARCÉS AYERBE, C., y RIVERA TORRES, P., "Consecuencias de la proactividad innovadora en la gestión medioambiental", *Universia Business Review*, nº 57/2018, pp. 56-91.

- favorece nuevas oportunidades y actividades empresariales, mejorando ambientalmente los productos propios o acudiendo a la producción o reutilización de otros, o accediendo al mercado bursátil y a líneas de crédito específicas;
- mejora la imagen general de la empresa y su credibilidad frente a clientes, consumidores, competidores, Administraciones Públicas y opinión pública.
- ayuda y favorece a las empresas en el cumplimiento de la legislación ambiental y la adopción de medidas adecuadas a las políticas ambientales correspondientes, reduciendo las reclamaciones y denuncias, con el ahorro de costes derivados correspondientes;
- reduce los riesgos ambientales, más allá del cumplimiento legal, contribuyendo, así, a la reducción de costes de la empresa (p. ej., en materia de seguros);
- permite introducir mejoras técnicas y de funcionamiento en la propia empresa, facilitando la actividad empresarial y el acceso a ciertos contratos y actividades (p. ej., a los contratos públicos, al ser creciente la introducción de exigencias ambientales en los pliegos de condiciones correspondientes y en el procedimiento de adjudicación)[1380], y,
- en general, mejora las relaciones de las empresas con las Administraciones Públicas, en particular con las competentes en materia ambiental.

1380 FERNÁNDEZ DE GATTA SÁNCHEZ, D., "Aspectos estratégicos de la contratación pública", en VARIOS AUTORES, *Manual de contratación del sector público*, Ed. Thomson Reuters-Aranzadi, Cizur Mayor (Navarra), 2021, pp. 199-253.

Así pues, las empresas, en términos amplios, pueden considerarse como agentes económico-sociales de su tiempo, y, por ello, han asumido y adoptado actitudes y posiciones más respetuosas con el medio ambiente y los recursos naturales, que son las exigidas por las sociedades actuales[1381].

2.- LA RESPONSABILIDAD SOCIAL CORPORATIVA: CONCEPTOS E INICIATIVAS

2.1.-Referencias conceptuales

Las preocupaciones ambientales y, más en general, éticas de las empresas de acuerdo con las tendencias de las sociedades no son nuevas, pues se remontan a los primeros años del pasado siglo, si bien han tomado un destacable auge desde los años 90 del mismo siglo XX[1382]. En efecto, desde los años 90 del siglo XX surgen nuevas tendencias empresariales exigiendo determinadas conductas ya no sólo referidas a las cuestiones económico-financieras. Adaptándose a las exigencias de las

---

1381 DEL BRIO GONZÁLEZ, J. A., y JUNQUERA CIMADEVILLA, B., *Medio ambiente y empresa: de la confrontación a la oportunidad*, op. cit.; DEL BRÍO, J. A., y JUNQUERA CIMADEVILLA, B., "Competitividad y situación medioambiental de los centros productivos certificados en España", *Universia Business Review*, nº 4/2004, pp. 64-77, y FERNÁNDEZ DE GATTA SÁNCHEZ, D., "La responsabilidad social corporativa en materia ambiental. Estado de la cuestión", obra citada.

1382 THOMAS. R. M., "La ética empresarial y la responsabilidad social de la empresa en Europa", en VARIOS AUTORES, *El estado de la publicidad y el* corporate *en España y Latinoamérica. Informe anual 2002. La responsabilidad social de las empresas*, Ed. Pirámide, Madrid, 2002, y DE LA CUESTA GONZÁLEZ, M., y VALOR MARTÍNEZ, C., "Responsabilidad Social de la Empresa. Concepto, medición y desarrollo en España", *BICE*, nº 2755/2003, pp. 7-20.

sociedades respectivas, las nuevas iniciativas de comportamiento ético de las empresas se amplían a cuestiones sociales (no exclusivamente laborales) y ambientales, exigiéndose un comportamiento empresarial respetuoso en tales ámbitos. Se trataría, pues, de ocuparse de las condiciones de credibilidad social de la propia empresa y, por ello, de la confianza depositada en la misma por parte de todos los sujetos que forman parte de o están afectados por su actividad[1383].

Surge así el concepto de responsabilidad social corporativa cuyo elemento esencial destacable es asumir que la empresa tiene también obligaciones relativas a la sociedad, más allá de sus propietarios y accionistas[1384]. Admitir la responsabilidad social implica reconocer que la empresa tiene obligaciones que exceden del ámbito del mercado, y, hasta hace poco tiempo, del marco normativo, exigiéndose entonces su aceptación voluntaria, así como reconocer que la empresa no es un instrumento neutro al servicio de intereses privados, sino que es un agente económico-social que debe tender a conseguir objeti-

---

1383 GARCÍA-MARZÁ, D., *Ética empresarial: del diálogo a la confianza,* Ed. Trotta, Madrid, 2004.

1384 Desde el punto de vista de la sociedad, las empresas desempeñan actividades muy beneficiosas para esta, como son: crea trabajo, aporta bienes y servicios que son necesarios para la propia sociedad, los beneficios que genera aumentan el bienestar de esta y sirve, desde el punto de vista privado, al sostenimiento de la propia sociedad. Vid. OLCESE SANTONJA, A., *Teoría y práctica del buen gobierno corporativo,* op. cit., pp. 28-34. Asimismo, ver EMBID IRUJO, J. M., "Aproximación al significado jurídico de la responsabilidad social corporativa", *Revista de Derecho Mercantil,* nº 316/2020, págs. 1 y ss.; MORA RUIZ, M., "La responsabilidad social corporativa de contenido ambiental: marco jurídico y principales instrumentos", en REVUELTA PÉREZ, I. (Dir.), y otros, *Economía circular y responsabilidad social,* Ed. Thomson Reuters-Aranzadi, Cizur Menor (Navarra), 2021, pp. 17-48, y FERNÁNDEZ DE GATTA SÁNCHEZ, D., "La responsabilidad social corporativa en materia ambiental. Estado de la cuestión", obra citada.

vos y metas en tales ámbitos[1385] (aunque esta idea puede llevar a un intervencionismo público excesivo sobre el derecho de la propiedad y la libertad de empresa, no aceptado por el Ordenamiento constitucional). En relación con el medio ambiente, y teniendo en cuenta la situación y preocupación generalizada ya señalada, parece adecuado que la empresa no pueda desdeñar su responsabilidad en la nueva dirección que supone un desarrollo económico y social sostenible. Las empresas deben saber responder a esta conciencia ambiental, que se ha convertido en uno de los elementos esenciales de su legitimidad o credibilidad social. La consideración ambiental de las decisiones empresariales es, actualmente, un hecho económico, un elemento de la cuenta de resultados de la empresa; no hablándose ya de externalidades para referirse a las consecuencias ambientales de la actividad empresarial.

No obstante, aun admitiendo las ideas anteriores, en sus procesos iniciales aparecieron varios conceptos, aunque se aceptará mayoritariamente el de responsabilidad social corporativa[1386]. Así, en primer lugar, la Unión Europea utiliza el concepto de responsabilidad social corporativa para referirse a la integración voluntaria, por parte de las empresas, de las

---

1385 FRANCÉS, P., BORREGO, A., y VELAYOS, C., *Códigos éticos en los negocios*, Ed. Pirámide, Madrid, 2003.

1386 BENBENISTE, S., "El alcance del concepto de la Responsabilidad Social Corporativa de acuerdo a los Organismos Internacionales promotores de la misma", doc. del Programa de Doctorado "PHD in Management Sciences", ESADE, 22 de abril de 2002 (doc. original); ESADE, "Responsabilidad Social de la Empresa", *Dossier Guíame*, nº 5/2004; FERNÁNDEZ DE GATTA SÁNCHEZ, D., "La responsabilidad social corporativa en materia ambiental. Estado de la cuestión", obra citada; LOZANO. J. M., y otros, *Los gobiernos y la responsabilidad social de las empresas. Políticas públicas más allá de la regulación y la voluntariedad*, Ed. Granica, Barcelona, 2005, pp. 49-52, 85-104 y 247-252, y OLCESE SANTONJA, A., *Teoría y práctica del buen gobierno corporativo*, op. cit., pp. 31-34.

preocupaciones sociales y medioambientales en sus operaciones comerciales y en sus relaciones son sus interlocutores o partes interesadas (*stakeholders*), y teniendo en cuenta también los aspectos económico-financieros; en general, se refiere a las acciones de las empresas que van más allá de sus obligaciones jurídicas hacia la sociedad y el medio ambiente.

Por su parte, Naciones Unidas maneja el concepto de *Global compact* o Pacto Mundial, en español, impulsando la adopción de una serie de principios y valores compartidos que den rostro humano al mercado mundial, y promoviendo la construcción de los pilares social y ambiental necesarios para mantener la nueva economía global. Esos principios, a los que nos referiremos más adelante, integran el contenido de la responsabilidad de la empresa.

A continuación, la *Global reporting initiative*, impulsada por CERES (*Coalition for Enrironmentally Responsable Economies*) y el Programa de Naciones Unidas para el Medio Ambiente (PNUMA), tiene por objetivo principal el desarrollo de informes o memorias corporativas de sostenibilidad armonizadas (incluyendo aspectos sociales, económicos y ambientales); fomentando, así, que la información sobre cuestiones sociales y ambientales se sitúe al mismo nivel que la información económico-financiera, contribuyendo al desarrollo sostenible.

Seguidamente, la Organización para la Cooperación y el Desarrollo Económico (OCDE) adoptó unas Directrices para Empresas Multinacionales, para, entre otros objetivos, potenciar la contribución de tales empresas al desarrollo sostenible a fin de garantizar la coherencia entre los objetivos sociales, económicos y ambientales.

El Consejo Mundial de Empresas para el Desarrollo Sostenible (*World Business Council on Sustainable Development*) utiliza el concepto de responsabilidad social corporativa, definiéndola como el compromiso de las empresas de contribuir al desarrollo económico sostenible, trabajado con los empleados, sus familias, la comunidad local y la sociedad en general para mejorar su calidad de vida.

Finalmente, en España, la Fundación Empresa y Sociedad (socio de *Corporate Social Responsability Europe*, CSR Europe) define la responsabilidad social corporativa como el trabajo de una empresa de tal forma que excede las expectativas generales que la sociedad tiene respecto a las mismas, incluyendo una serie completa de políticas, prácticas y programas que están integrados en todas las operaciones de la propia empresa.

2.2.-Iniciativas e instrumentos

Las iniciativas e instrumentos para hacer operativa esta filosofía de la responsabilidad social corporativa han sido variadas[1387], desde los inicios de estos procesos de concienciación práctica de las empresas en materia ambiental y sobre sostenibilidad. Así, a nivel mundial, el Pacto Mundial sobre Responsabilidad Social (*Global compact*) de las Naciones Unidas[1388], propuesto por su Secretario General en el Foro Económico Mundial de Davos (Suiza), celebrado el 31 de enero de 1999, y lanzado operativamente en julio de 2000, con el objetivo de impulsar "*la adopción de principios y valores compartidos que den un rostro humano al mercado mundial*", promoviendo la construcción de los pilares social y ambiental necesarios para mantener la nueva economía global. Este Pacto supone un acuerdo voluntario, un verdadero compromiso ético, al que pueden adherirse las empresas de todo el mundo, instando a adoptar nueve principios universales sobre derechos humanos, normas labo-

---

[1387] En relación con estas, ver FERNÁNDEZ DE GATTA SÁNCHEZ, D., "La responsabilidad social corporativa en materia ambiental. Estado de la cuestión", obra citada.

[1388] Su enlace es: https://www.pactomundial.org/que-puedes-hacer-tu/diez-principios/

rales y medio ambiente; siendo añadido un décimo principio sobre corrupción en 2004. En relación con el medio ambiente, el Pacto pide apoyo a las empresas para aplicar el principio de precaución respecto a los problemas ambientales, la adopción de iniciativas de mayor responsabilidad ambiental y promover el desarrollo y la difusión de tecnologías respetuosas con el medio ambiente.

Por otra parte, La responsabilidad social corporativa tuvo una cierta importancia en los debates y documentos de la Conferencia de Naciones Unidas sobre Desarrollo Sostenible, celebrada en Johannesburgo en 2002. Así, el 1 de mayo de 2002, en la reunión preparatoria de la Cumbre, celebrada en Bali (Indonesia), se presentó un "Documento de dialogo presentado por empresas e industrias" (A/CONF. 199/PC/18/Add.7), para integrar en la discusión un análisis constructivo de los logros de la comunidad empresarial mundial y el papel a desempeñar para aportar soluciones relacionadas con el desarrollo sostenible, propiciando asociaciones e iniciativas tipo 2, en el ámbito de la acción empresarial a favor del desarrollo sostenible.

La Cumbre Mundial celebró, el 1 de septiembre de 2002, el día de las empresas, destacando el interés de algunas empresas en asumir los nuevos valores sociales y ambientales; planteándose el debate entre la promoción de un marco normativo regulador de la responsabilidad social corporativa o su innecesaridad, prefiriéndose los acuerdos voluntarios de las empresas asumiendo esta filosofía.

En efecto, la Declaración Johannesburgo sobre Desarrollo Sostenible, de 4 de septiembre de 2002, señala que el sector privado (incluidas las grandes empresas y las pequeñas) tiene el deber de contribuir a la evolución de comunidades y sociedades equitativas y sostenibles (Principio 24), y que las empresas del sector privado deben cumplir la obligación de rendir cuentas, en un entorno reglamentario, transparente y estable (Principio 26). Por su parte, el Plan de Acción aprobado en la

Cumbre Mundial hace un llamamiento al mundo empresarial a tomar medidas voluntarias que mejoren su impacto social y medioambiental, mediante sistemas de gestión ambiental, códigos de conducta, certificaciones y comunicación pública de los aspectos sociales y ambientales (teniendo en cuenta las iniciativas mencionadas de ISO y GRI). El Plan también incluye la necesidad de promover el intercambio de buenas prácticas en materia de sostenibilidad, el diálogo con los interlocutores y agentes, la incorporación de criterios de sostenibilidad en la intermediación financiera, sin descartar las regulaciones públicas.

La Organización de Cooperación y Desarrollo Económico (OCDE) elaboró una primera versión de unas Líneas Directrices para Empresas Multinacionales en 1976, siendo revisadas por última vez en 2023[1389]. Estas Directrices son recomendaciones dirigidas a las empresas multinacionales, que enuncian principios y normas voluntarias para desarrollar una conducta empresarial responsable compatible con las legislaciones aplicables. Entre sus finalidades se incluye la relativa a potenciar la contribución de estas empresas al desarrollo sostenible, que se reflejan en varias recomendaciones en la materia (mantener un sistema de gestión ambiental; aportar a los ciudadanos y trabajadores información sobre los efectos ambientales de la actividad empresarial; desarrollar actividades de consultas y relaciones con las comunidades afectadas por la empresa; evaluar y tener en cuenta en la toma de decisiones los impactos previsibles en el medio ambiente, entre otras). Con ellas, las empresas multinacionales tienen la oportunidad de poner en marcha políticas de prácticas ejemplares encaminadas al desarrollo sostenible que persigan garantizar una coherencia entre los objetivos sociales, económicos y ambientales.

[1389] OCDE, *Líneas Directrices de la OCDE para Empresas Multinacionales sobre Conducta Empresarial Responsable*, París, 2023 [https://doi.org/10.1787/7abea681-es].

El Consejo Mundial de Empresas para el Desarrollo Sostenible-*World Business Council on Sustainable Development*[1390] es una red mundial de empresas promovida por el empresario suizo Stephan SCHMIDHEINY antes de la Conferencia de Naciones Unidas de Río de Janeiro en 1992. Considera que la responsabilidad social corporativa es un elemento esencial para un futuro sostenible, por lo que, desde 1997, ofrece una perspectiva empresarial al debate promovido, ofreciendo una serie de diálogos con las partes interesadas o interlocutores, en distintos lugares. La iniciativa más característica del WBCSD es la promoción de la triple cuenta de resultados (control de los resultados económico-financieros, ambientales y sociales) y de la ecoeficiencia empresarial; entendiendo que ambas cuestiones implican un cambio radical de las empresas. Entre los instrumentos del WBCSD es destacable la obra "Medid la ecoeficiencia. Una guía para memorias de gestión de las compañías", publicada inicialmente en 2000, en la que se propone un marco común de medida sobre la eficiencia ambiental de las empresas, incluyendo referencias a los derechos humanos, los derechos laborales, la protección ambiental, la participación en la comunidad y las relaciones con los proveedores; destacando especialmente su utilidad para medir y gestionar la eficiencia con la que se utilizan los recursos naturales para producir bienes y servicios.

Una de las ideas esenciales de la responsabilidad social corporativa es la transparencia de las empresas hacia sus interlocutores y la sociedad en relación, concretamente en nuestro caso, con sus actividades que inciden en la sostenibilidad y en el medio ambiente; la rendición de cuentas (*accountability*, en el mundo anglosajón) en relación con estas materias, que se traduce, al menos (más adelante, sin embargo, veremos que actualmente se ha avanzado hacia otros objetivos, como

---

[1390] Su enlace es: https://www.wbcsd.org/

la diligencia debida) en ciertas obligaciones de información pública (para los propietarios, accionistas, interlocutores y la sociedad en general) sobre materias no financieras, mediante la elaboración de memorias y otros documentos en materia de sostenibilidad y medio ambiente, entre otros ámbitos[1391]

En relación con este ámbito, debe mencionarse la importancia de *Global Reporting Initiative* (Iniciativa de Información Global)[1392], pues la gran mayoría de las empresas siguen sus guías y estándares para la presentación de la información no financiera, exigida incluso legalmente en muchos países. La iniciativa *GRI* fue constituida en 1997, en la ciudad de Boston (Massachusetts, USA), por *Coalition for Environmentally Responsible Economies* (CERES-Coalición para las Economías Ambientalmente Responsables, fundada en 1989) y el Programa de Naciones Unidas para el Medio Ambiente (PNUMA), a raíz del accidente ambiental del petrolero *Exxon Valdez* en Alaska, pues generó que la sociedad comenzara a exigir a las empresas una mayor transparencia en asuntos de sostenibilidad. Desde el 4 de abril de 2002, *GRI* es una institución internacional independiente, dotada de estructura propia, que forma parte de Naciones Unidas como centro colaborador del PNUMA, y cuya Secretaría permanente tiene sede en Ámsterdam (Holanda).

El principal objetivo de *GRI* es el desarrollo de informes o memorias corporativas de sostenibilidad (incluyendo aspectos ambientales, sociales y económicos) armonizadas, e impulsando la información sobre cuestiones sociales y ambientales al mismo nivel que la información financiera.

[1391] En general, DINARÉS, M., LOZANO, J. Mª., y VILANOVA, M., "*Accountability*. Comunicación y *reporting* en el ámbito de la RSE", *Cuadernos FORÉTICA*, nº 6/2006.

[1392] Su enlace es: https://www.globalreporting.org/

Para el cumplimiento de su misión, *GRI* elabora, difunde y promueve una guía para la elaboración de memorias de sostenibilidad sobre el desempeño económico, ambiental y social de la empresa, que incluye varios estándares, aplicables globalmente y de forma voluntaria por las organizaciones-empresas que deseen informar sobre los aspectos económicos, ambientales y sociales de sus actividades, productos y servicios; siendo, por tanto, su objetivo ayudar a las empresas y a sus interlocutores a describir y articular mejor su contribución global al desarrollo sostenible.

Después de las primeras reuniones organizativas de *GRI*, entre 1997 y 1999, en marzo de este año se publicó un primer borrador de la guía, que sería aprobado en junio de 2000 (GRI 1), que proporcionaron el primer marco global para la elaboración de informes de sostenibilidad; posteriormente, la guía ha tenido un proceso de revisión periódico, de forma transparente y participada, que culminaría con su nueva versión, en septiembre de 2002 (GRI 2), presentada formalmente en la Cumbre Mundial de Johannesburgo sobre Desarrollo Sostenible, y después se elaboraron varias versiones de la guía en 2006 (GRI 3), 2013 (GRI 4), y 2016 (GRI 5), en que se pasó de proporcionar directrices a establecer los primeros estándares globales (estándares GRI) para la presentación de informes de sostenibilidad; normas que continúan actualizándose, incluyendo nuevos estándares temáticos, algunos de 2024[1393].

Los estándares GRI ayudan a las organizaciones-empresas a comprender sus impactos en la economía, el medio ambiente y la sociedad, incluidos los relacionados con los derechos humanos, ya que constituyen las mejores prácticas internacionales en cada materia, con la finalidad de aumentar la ren-

---

[1393] Ver el enlace: https://www.globalreporting.org/how-to-use-the-gri-standards/gri-standards-spanish-translations/

dición de cuentas y la transparencia sobre su contribución, tanto positiva como negativa, en su caso, al desarrollo sostenible. Constituyen un sistema modular interrelacionados. El proceso de presentación de informes toma como base tres series de estándares: los estándares universales GRI, que se aplican a todas las organizaciones; los estándares sectoriales GRI, que se aplican a sectores concretos, y los estándares temáticos GRI, que incluyen contenidos pertinentes para un tema determinado. Su uso para determinar los temas materiales adecuados ayuda a las organizaciones-empresas a lograr un desarrollo sostenible.

Los estándares GRI 1 a 3 se refieren a Fundamentos, que es el punto de partida de todos los informes y una guía detallada sobre cómo utilizarlos, a Contenidos generales y a Temas materiales, relativos a la empresa-organización y a sus aspectos sustantivos. A continuación, los GRI 11 a 14 hacen referencia a sectores concretos (petróleo y gas, carbón, agricultura y minería). El GRI 101, de 2024, se refiere a biodiversidad. Los estándares GRI 201 a 207 se refieren a los aspectos económicos de la empresa (desempeño económico, mercado, impactos indirectos, anticorrupción, competencia, fiscalidad, etc.). Los aspectos medioambientales se incluyen en los estándares GRI 301 a 308, relativos a materiales energía, agua y efluentes, biodiversidad, emisiones, residuos y evaluación ambiental de proveedores. Finalmente, los aspectos sociales y laborales se tratan en los GRI 401 a 418 (empleo, relaciones trabajador-empresa, salud y seguridad, diversidad e igualdad de oportunidades, no discriminación, comunidades locales y política pública).

Las empresas-organizaciones pueden utilizar los estándares GRI para preparar su informe de sostenibilidad, o utilizar los estándares seleccionados, o partes de su contenido, para divulgar información para usuarios o fines específicos, p. ej., los impactos del cambio climático para inversores y consumidores.

3.- LA RESPONSABILIDAD SOCIAL DE LAS EMPRESAS EN LA UNIÓN EUROPEA: ACCIONES INICIALES Y EVOLUCIÓN

En la Unión Europea[1394], se utiliza el concepto de responsabilidad social de las empresas para referirse al proceso mediante el cual las empresas deciden voluntariamente contribuir al logro de una sociedad mejor y un medio ambiente más limpio. Las empresas entienden que tal responsabilidad social, en el contexto económico correspondiente, puede tener un valor económico directo, pues, aunque la responsabilidad principal de las empresas consiste en generar beneficios, son conscientes de que pueden contribuir al logro de objetivos económicos, sociales y ambientales, integrando esta responsabilidad como estrategia de inversión en el núcleo de su actividad empresarial.

Sin perjuicio de otros antecedentes, el Consejo Europeo de Lisboa, celebrado los días 23 y 24 de marzo de 2000, estableció como objetivo de la UE para la próxima década "*convertirse en la economía basada en el conocimiento más competitiva y dinámica del mundo, capaz de crecer económicamente de manera sostenible con más y mejores empleos y con mayor cohesión social*", y, sobre la base de este objetivo, el Consejo Europeo hizo un llamamiento especial al "*sentido de responsabilidad social de las empresas con respecto a las prácticas idóneas en relación con la formación continua, la organización del trabajo, la igualdad de oportunidades, la integración social y el desarrollo sostenible*", como uno de los contenidos prácticos de la nueva estrategia económico-social de la Unión Europea. El inicio del debate y proceso de acción europeos en esta

---

1394 Sobre esta primera parte de la evolución de la política de la UE, ver LOZANO. J. M., y otros, *Los gobiernos y la responsabilidad social de las empresas. Políticas públicas más allá de la regulación y la voluntariedad*, op. cit., pp. 15-17, 85-104 y 247-252, y FERNÁNDEZ DE GATTA SÁNCHEZ, D., "La responsabilidad social corporativa en materia ambiental. Estado de la cuestión", obra citada.

materia se produjo en el Consejo Europeo de Santa María da Feira (Portugal), celebrado los días 19 y 20 de junio de 2000, como parte del marco global para la política de empresa, que estaba en preparación. La Agenda Social Europea de la Comisión, aprobada por el Consejo Europeo de Niza, en celebrado los días 7 a 10 de diciembre de 2000, insistió en la importancia que la responsabilidad social de las empresas puede desempeñar en la futura economía.

El Consejo Europeo de Estocolmo, de 23 y 24 de marzo de 2001, acogió favorablemente las iniciativas tomadas por el sector empresarial para fomentar la responsabilidad social de las empresas, y tomó nota de la Comisión ha anunciado que se propone presentar en junio de 2001 un Libro Verde sobre dicha cuestión y fomentar un amplio cambio de impresiones con vistas a apoyar otras iniciativas en dicho ámbito.

Seguidamente, se aprobó la Estrategia de la Unión Europea para un Desarrollo Sostenible, el 15 de mayo de 2001, que hizo hincapié en la importancia de la responsabilidad de las empresas, y destacó el papel de las actuaciones públicas para establecer un marco por el que las empresas deban integrar consideraciones ambientales y sociales en sus actividades. Asimismo, se invita a las empresas que cuenten con más de 500 trabajadores y que coticen en Bolsa a que elaboren el denominado "*triple balance*", incluyendo los aspectos económicos, sociales y ambientales.

En este contexto, la Comisión elaboró el Libro Verde "Fomentar un Marco Europeo para la Responsabilidad Social de las Empresas" [COM (2001) 366 final, Bruselas, 18.7.2001], partiendo del concepto de responsabilidad social, mencionado, entiende que la misma se manifiesta en una responsabilidad interna, en la que se incluyen aspectos de gestión de recursos humanos, salud y seguridad en el trabajo, adaptaciones a los cambios y gestión del impacto ambiental y de los recursos naturales. En relación con este último aspecto, el Libro Verde entiende que la disminución de la contaminación, consumo de recursos naturales, gastos energéticos o de la generación de residuos puede redundar para las empresas en un aumento de rentabilidad y competitividad; recordando, para conseguirlo, las medidas incluidas en el Sexto Programa Ambiental, y haciendo expresa referencia al Sistema Comunitario de Gestión y Auditorías Ambientales. Además, el documento prevé cuestiones de la dimensión externa de la responsabilidad social de las empresas, como socios, proveedores y consumidores, comunidades locales, derechos humanos y los problemas ecológicos mundiales, recordando algunas medidas preparadas para la Cumbre Mundial de Johannesburgo. El enfoque global de la responsabilidad social de las empresas, según el Libro Verde, ha de incluir la gestión integrada de la misma, la elaboración y publicación de informes y auditorías sobre responsabilidad social (mencionando algunas iniciativas ya señaladas, como las del conocido *Global Reporting Initiative-GRI*), la calidad en el trabajo, las etiquetas sociales y ecológicas o las inversiones socialmente responsables. Este Libro Verde fue acogido favorablemente por el Consejo, mediante Resolución de 3 de diciembre de 2001 (DOCE C 86, 10.4.2002).

Como resultado del proceso anterior, la Comisión adoptó la Comunicación titulada "La Responsabilidad Social de las Empresas: una contribución empresarial al desarrollo sostenible" [COM (2002) 347 final, Bruselas, 2.7.2002], que parte de considerar la dimensión global de la responsabilidad social de las empresas, al destacar su perspectiva mundial, y mencionar los desafíos que plantea (falta de información, ausencia de consenso, falta de transparencia, etc.). El texto estima que es necesario un marco europeo en esta materia, que incluya unos principios de la acción comunitaria (naturaleza voluntaria; prácticas creíbles y transparentes; enfoque equilibrado de los elementos integrantes; focalización de las actividades; atención a las PYMES; apoyo a los acuerdos internacionales en la materia) y que se integrará por estas acciones e iniciativas:

dar a conocer la estrategia y facilitar el intercambio de experiencias y de buenas prácticas; promover la convergencia y la transparencia de las prácticas y de los instrumentos previstos en la estrategia (incluyendo códigos de conducta; normas de gestión, con expresa referencia al SGMA; elaboración de informes; medición y validación de los mismos, con referencias al triple balance y a las acciones de *GRI*; etiquetas y fomento de la inversión socialmente responsable); creación de un Foro Multilateral Europeo en esta materia, y, finalmente, la integración de la responsabilidad social de las empresas en todas las políticas comunitarias, incluyendo una mención expresa a la política ambiental (destacando, nuevamente, el SGMA y otras iniciativas en la misma dirección).

El Consejo de la Unión Europea, mediante Resolución, de 6 de febrero de 2003, relativa a la Responsabilidad Social de las Empresas (DOUE C 39, 18.2.2003), acoge favorablemente la Comunicación de la Comisión citada; realizando las siguientes consideraciones (destacables): el reconocimiento de la naturaleza voluntaria de la RSE; un planteamiento amplio de la RSE que incluya sus aspectos económico, social y ambiental, así como los intereses de los consumidores; atender a las especificidades de las PYMES; destaca que la RSE constituye un comportamiento por parte de las empresas que supera sus obligaciones legales; las empresas deberían abordar no sólo los aspectos externos de la RSE, sino también los aspectos internos como la salud y seguridad en el trabajo y la gestión de los recursos humanos; acoge favorablemente la propuesta de creación de un Foro Multilateral sobre la RSE a escala de la Unión Europea, implicando a los nuevos Estados Miembros; que los Estados Miembros fomenten la RSE a escala nacional, el diálogo social, y que los Estados Miembros incorporen la RSE a sus políticas nacionales e incorporen la misma a sus Administraciones Públicas.

En este mismo sentido se ha manifestado la Resolución del Comité Consultivo del Espacio Económico Europeo, de 26 de junio de 2002, sobre "Gobernanza y Responsabilidad Social de las Empresas en un mundo globalizado" (DOUE C 55, 13. 3. 2003), que apoya y asume las iniciativas de la Comisión señaladas. Asimismo, en la misma línea de integrar los aspectos ambientales en la actividad de la empresa, debe citarse el Libro Verde "Función, posición y responsabilidad civil de auditor legal en la Unión Europea" (DOCE C 321, 28.10.1996), que prevé su intervención general respecto a "*la actuación responsable de la sociedad en temas medioambientales y sociales*", y la Recomendación de la Comisión 2001/453/ CE, de 30 de Mayo de 2001, sobre Reconocimiento, medición y publicación de las cuestiones medioambientales en las cuentas anuales y los informes anuales de las empresas (DOCE L 156, 13.6.2001).

Posteriormente, la Unión Europea, fruto del Libro Verde de 2001 y de la Comunicación de 2002, ya citadas, lanzó, en octubre de 2002, un Foro Europeo *Multistakholder* sobre Responsabilidad Social Corporativa[1395], en el que están representados los agentes sociales implicados, que ha sido el instrumento de la UE para difundir su metodología de trabajo en esta materia y cuyas conclusiones orientarán la estrategia europea en la materia, y patrocinó la celebración de conferencias y encuentros de promoción[1396], o la promoción de etiquetas específicas y otros instrumentos similares. Fruto del trabajo realizado, el 29 de junio de 2004, se publicó el informe "Foro Europeo Multistakeholder sobre RSE. Resultados y recomendaciones finales".

1395 Sobre el mismo, y sus actividades, ver EUROPEAN COMMISSION, *EU Multi-Stakeholder Forum on Corporate Social Responsibility*, Office for Official Publications of the European Communities, Luxembourg, 2003.

1396 Por ejemplo, la Conferencia sobre Mejores Prácticas Empresariales sobre RSC, celebrada en Bruselas en mayo de 2001, y la I Conferencia Europea sobre la Triple Cuenta de Resultados, celebrada en Lisboa, en esa misma fecha.

Además, se incluyeron medidas relacionadas con la responsabilidad social corporativa de diversos textos y documentos[1397].

De acuerdo con el trabajo realizado y los años de debate y consulta públicos con todos los interesados, en particular en el marco del Foro multilateral europeo sobre la RSE, que presentó su informe final en 2004, la Comisión avanzó en la evolución de esta política sobre sostenibilidad empresarial al presentar el 22 de marzo de 2006 la Comunicación "Poner en práctica la asociación para el crecimiento y el empleo: Hacer de Europa un polo de excelencia de la responsabilidad social de las empresas" [COM (2006) 136 final, Bruselas. Recordando la definición de la responsabilidad social de las empresas o corporativa del Libro Verde de 2001, la Comunicación se inicia constatando que mediante esta, empresas de todos los tamaños, en cooperación con sus interlocutores, pueden ayudar a conciliar las ambiciones económicas, sociales y ambientales, y que la misma se ha convertido en un concepto cada vez más importante, tanto en el mundo como dentro de la UE, y forma parte del debate en torno a la globalización, la competitividad

---

1397 Así, en la Estrategia de Desarrollo Sostenible, aprobada en junio de 2001, que establece la publicación obligatoria para empresas que cuenten con más de 500 trabajadores de los resultados económicos, ambientales y sociales en sus informes anuales, y en los Programas Ambientales de la época, como, p.ej., el Quinto Programa, 1993-2000, aprobado en 1993 y revisado en 1998, prevé, entre otras medias, la promoción de la contabilidad ambiental o la aplicación del concepto de responsabilidad ambiental, y el Sexto Programa Ambiental, 2001/2002-2012, aprobado en 2002, prevé una parte sobre el mercado y el medio ambiente, se estima esencial trabajar junto con las empresas, utilizando, entre otros, instrumentos como las auditorías ambientales o los informes sobre el desarrollo sostenible, y citando expresamente la iniciativa *GRI*, o en materia de contabilidad empresarial sobre medio ambiente (así, Recomendación de la Comisión 2001/453/CE, de 30 de Mayo de 2001, DOCE L 156, 13. 6. 2001).

y la sostenibilidad; además, en Europa, fomentarla refleja la necesidad de defender valores comunes y aumentar el sentido de la solidaridad y la cohesión.

Con esta Comunicación, la Comisión quiere dar una mayor visibilidad política a la RSE, reconocer lo que las empresas europeas ya hacen en este ámbito y animarlas a hacer más, y, dado que la misma se basa sobre todo en un comportamiento empresarial voluntario, y reconociendo que las empresas son sus protagonistas, ha decidido que puede lograr mejor sus objetivos si colabora más estrechamente con las empresas europeas, por lo que muestra su apoyo a la creación de una Alianza Europea para la RSE, que estará abierta a las empresas europeas y a las empresas de todos los tamaños, siendo la cobertura política para las iniciativas en la materia, nuevas o existentes, de las grandes empresas, las PYME y sus interlocutores, y no es un instrumento jurídico ni nada que deban firmar las empresas, la Comisión o cualquier autoridad pública, sino un proceso político para incrementar la práctica de la responsabilidad social corporativa entre las empresas europeas.

Conforme con lo anterior, y con otros textos y acuerdos de las instituciones europeas, las medidas propuestas para fomentar la extensión de las prácticas de la responsabilidad social de las empresas, en el marco de la Alianza señalada, se centran en ocho ámbitos de acción prioritarios: el aumento de la sensibilización e intercambio de las mejores prácticas, el apoyo a iniciativas multilaterales (principalmente a través del Foro creado), la cooperación con los Estados Miembros en esta materia, aumentar y mejorar la información de los consumidores y la transparencia, así como la investigación y la educación, poner en marcha un enfoque específico para estimular la responsabilidad social corporativa entre las PYME, y fomentar la dimensión internacional de la RSE en el mundo, en línea de otros textos e iniciativas de ese ámbito, ya citadas (como el Pacto Mundial o las directrices de la OCDE).

El Parlamento Europeo, mediante la resolución de 13 de marzo de 2007 sobre "La responsabilidad social de las empresas: una nueva asociación" [P6_TA (2007) 0062], que celebra el texto anterior, con algunos matices.

Esta Comunicación y las iniciativas presentadas en su marco propiciarán que la Comisión comience la etapa actual en esta materia, con la presentación de documentos estratégicos y normas muy importantes para los avances del desarrollo sostenible en la Unión Europea, tal como habían pedido el Consejo y el Parlamento Europeo[1398].

4.-LAS ESTRATEGIAS DE LA POLÍTICA ACTUAL DE LA UNIÓN EUROPEA SOBRE LA RESPONSABILIDAD SOCIAL Y LA SOSTENIBILIDAD DE LAS EMPRESAS

El marco actual de la Unión Europea sobre la responsabilidad social y la sostenibilidad de las empresas tiene su origen específico en la estrategia sobre responsabilidad social corporativa de 2011, así como en algún otro texto complementario, y asimismo en los textos estratégicos relativos a la política ambiental común y al desarrollo sostenible y la sostenibilidad de las empresas (principalmente, la Acción por la sostenibilidad de 2016, el Pacto Verde Europeo de 2019 y el Octavo Programa Ambiental de 2022). A nivel normativo, la UE ha aprobado normas y ha puesto en marcha algunos instrumentos y herramientas para regular y fomentar los comportamientos sociales

1398 Ver los Consejos de Medio Ambiente de 5 de diciembre de 2008 y de 20 de diciembre de 2010, el Consejo de Asuntos Exteriores de 14 de junio de 2010, y las Resoluciones del Parlamento Europeo de 13 de marzo de 2007 [P6_TA (2007) 0062], citada, y de 8 de junio de 2011 [P7_TA (2011) 0260].

y ambientales de las empresas[1399]. Sin embargo, a nivel normativo, la Unión Europea ha regulado dos ámbitos significativos para la sostenibilidad de las empresas (aunque también se relacionan con otros aspectos, como los derechos humanos y los aspectos sociales y laborales), como son las obligaciones relativas a la información no financiera o sobre cuestiones ambientales y sostenibilidad, desde 2013, y la obligación de las empresas de mantener la diligencia debida en relación con el medio ambiente, y otras cuestiones[1400].

4.1.- La estrategia sobre responsabilidad social de las empresas de 2011

La necesidad de avanzar y desarrollar la política europea sobre responsabilidad social de las empresas se plantea claramente, además de por el Consejo y el Parlamento Europeo, como hemos señalado, en la importante Comunicación de la Comisión "Europa 2020: Una estrategia para un crecimiento inteligente, sostenible e integrador" [COM(2010) 2020 final, Bruselas, 3.3.2010], en la que se asume un compromiso para renovar la estrategia de la UE para promover la responsabilidad social de las empresas, y se reiteró en la Comunicación de la Comisión "Una política industrial integrada para la era de la globalización. Poner la competitividad y la sostenibilidad en el punto de mira" [COM (2010) 614 final, Bruselas, 28.10.2010], al considerarse que puede contribuir a la competitividad y al

---

1399 Las medidas, herramientas y estudios de apoyo pueden verse en el enlace: https://single-market-economy.ec.europa.eu/industry/sustainability/corporate-sustainability-and-responsibility/supporting-measures-tools-and-studies_en?prefLang=es

1400 El Consejo de la UE resalta estos dos ámbitos normativos en su enlace sobre la sostenibilidad de las empresas: https://www.consilium.europa.eu/es/policies/corporate-sustainability/

rendimiento sostenible de la industria europea, y ayuda a reforzar la confianza en las empresas, lo que se considera importante para la creación de un entorno empresarial en el que la industria pueda prosperar, en particular después de la crisis financiera de 2007. Es más, a pesar de algunos avances, la Comisión estimó que sigue habiendo importantes retos pendientes, y , además, en esta época, muchas empresas aún no habían integrado plenamente las preocupaciones sociales y medioambientales en su estrategia empresarial ni en sus operaciones.

Por otra parte, desde el punto de vista de la sostenibilidad, se adoptó la Estrategia Revisada de la Unión Europea para un Desarrollo Sostenible de 26 de junio de 2006 (doc. 10917/06), que ratifica el compromiso de la Unión con el desarrollo sostenible, y establece una estrategia única y coherente sobre la manera en que la Unión asumirá más eficazmente su compromiso a largo plazo de responder a los retos que plantea el desarrollo sostenible, y en la que, obviamente, encaja con todo el sentido la renovación de la política europea en materia de responsabilidad social de las empresas.

Y, en efecto, de acuerdo con estas ideas, la Comisión adoptó la "Estrategia renovada de la UE para 2011-2014 sobre la responsabilidad social de las empresas" [COM (2011) 681 final, Bruselas, 25.10.2011], que se inicia asumiendo un concepto más amplio (y, quizás, menos preciso) de la responsabilidad social corporativa: la responsabilidad de las empresas por su impacto en la sociedad; precisando, como condiciones, que el respeto de la legislación aplicable y de los convenios colectivos entre los interlocutores sociales es un requisito previo al cumplimiento de dicha responsabilidad, y que, para asumir plenamente su responsabilidad social, las empresas deberían aplicar, en estrecha colaboración con las partes interesadas, un proceso destinado a integrar las preocupaciones sociales, medioambientales y éticas, el respeto de los derechos humanos y las preocupaciones de los consumidores en sus operaciones empresariales y en su estrategia básica, con la finalidad de maximizar la creación de valor compartido para sus propietarios/accionistas y para las demás partes interesadas y la sociedad en sentido amplio, así como identificar, prevenir y atenuar sus posibles consecuencias adversas.

Se considera que la misma abarca, como mínimo, los derechos humanos, las prácticas de trabajo y de empleo (como la formación, la diversidad, la igualdad de género y la salud y el bienestar de los trabajadores), las cuestiones medioambientales (como la biodiversidad, el cambio climático, el uso eficiente de los recursos, la evaluación del ciclo de vida y la prevención de la contaminación) y la lucha contra el fraude y la corrupción; así como la participación de las comunidades locales, el desarrollo e integración de las personas con discapacidad y los intereses de los consumidores, incluida la intimidad.

A continuación, la nueva Estrategia contiene un programa de acción para el periodo 2011-2014, con estos ejes: mejora de la visibilidad de la responsabilidad de las empresas y difusión de buenas prácticas; mejora y seguimiento de la confianza en las empresas; mejora de los procesos de autorregulación y corregulación; mejora de la recompensa que supone la responsabilidad social corporativa en el mercado (con referencias al consumo, la contratación pública y la inversión); mejora de la divulgación de información de carácter social y medioambiental por parte de las empresas; mayor integración de la responsabilidad social en la educación, la formación y la investigación; insistencia en la importancia de las políticas nacionales y subnacionales en esta materia, y finalmente mejora de la armonización de los enfoques europeo y mundial sobre esta responsabilidad (incluyendo una mayor atención a los principios y directrices sobre la misma reconocidos internacionalmente; la aplicación de los Principios rectores de Naciones Unidas sobre empresas y derechos humanos y la puesta de relieve de esta responsabilidad en las relaciones de la UE con otros países y regiones del mundo).

4.2.- La acción europea para la sostenibilidad de 2016 y de 2019 y las empresas

En relación con la sostenibilidad, la UE puso en marcha una estrategia de desarrollo sostenible en 2001[COM (2001) 264 final], que fue revisada de una forma más ambiciosa en 2006 [Consejo Europeo, doc. 10917/06], y con un informe sobre la anterior en 2009 [COM (2009) 400]. Además, desde 2010, el desarrollo sostenible está integrado en la Estrategia Europa 2020, citada, principalmente en el eje sobre el crecimiento sostenible.

En esta misma política de acción, la Comisión aprobó el 22 de noviembre de 2016 la Comunicación "Próximas etapas para un futuro europeo sostenible. Acción europea para la sostenibilidad" [COM (2016) 739 final, Estrasburgo], cuya finalidad es plantear los próximos pasos para un futuro europeo sostenible en el contexto de la aprobación de la Agenda 2030 de Naciones Unidas el 25 de septiembre de 2015 (que, quizás excesivamente, considera el nuevo marco global para el desarrollo sostenible).

La propuesta de la Comisión incluye acciones relativas a la elaboración de las políticas europeas que contribuyen a los objetivos de desarrollo sostenible (repasando las medidas realizadas para avanzar en el cumplimiento de los 17 objetivos de desarrollo sostenible de la Agenda, algunas de las cuales van más allá que la Agenda, y entre las que hay algunas relacionadas estrechamente con las responsabilidad social de las empresas), a la contribución de las diez prioridades de la Comisión, de entonces, a la Agenda 2030 (cuya prioridad nº 5 sobre "Una Unión Económica y Monetaria más profunda y más justa" destaca que la acción de la UE en materia de responsabilidad social de las empresas y conducta empresarial responsable (concepto más utilizado por la OCDE) anima al sector privado a contribuir al logro de objetivos sociales y medioambientales, fomentando un crecimiento equitativo y sostenible y la protección de los derechos sociales, y comprometiéndose a intensificar sus esfuerzos en materia de conducta empresarial responsable, centrándose en medidas concretas, en el marco de la Estrategia de 2011, ya mencionada) y a la consideración de la Unión Europea como actor mundial comprometido a promover la Agenda 2030; finalizando con algunas medidas concretas de aplicación de la Agenda en la actividad de la UE en materia de gobernanza, de financiación y de medición de los progresos a nivel europeo y de los Estados Miembros.

Asimismo, y en este mismo proceso de avance hacia la sostenibilidad, de acuerdo con lo señalado por el Consejo Europeo celebrado en octubre de 2018, la Comisión presentó el 30 de enero de 2019 el documento de reflexión "Hacia una Europa sostenible en 2030" [COM (2019) 22 final, Bruselas, 30.1.2019], con la finalidad de allanar el proceso para adoptar una estrategia en la materia, incluyendo materias y acciones muy cercanas con la responsabilidad social de las empresas, como las financieras, y mencionándola directamente entre ellas. Por su parte, el Consejo de la Unión Europea adoptó, el 9 de abril de 2019, unas conclusiones sobre la aplicación de la Agenda 2030 de Naciones Unidas, y en el marco del documento anterior, en las que resalta la importancia fundamental del desarrollo sostenible y el interés por mantener una posición de liderazgo en este ámbito, por lo que acoge satisfactoriamente el documento de reflexión señalado y resalta algunas de las ideas y medidas propuestas para avanzar en este proceso.

4.3.- El Pacto Verde Europeo de 2019 y el VIII Programa Ambiental de 2022 como ejes de la política europea sobre medio ambiente y sostenibilidad.

En el largo proceso evolutivo de la política ambiental y de sostenibilidad de la Unión, constituyen actualmente un hito muy importante el Pacto Verde Europeo de 2019 y el VIII Programa Ambiental de 2022, al ser los ejes de esta.

El Pacto Verde Europeo, adoptado a finales de 2019 [COM (2019) 640 final, Bruselas, 11.12.2019][1401], aunque coincidió con el inicio de la pandemia del COVID-19, con lo que esto significó negativamente para su aplicación, constituye sin duda el proyecto de política medioambiental y sobre sostenibilidad más ambicioso de la historia europea, enmarcándose perfectamente en la "Nueva Agenda Estratégica 2019-2024", adoptada por el Consejo Europeo de 20 de junio de 2019 [doc. EUCO 9/19, Bruselas, 20.6.2019], con la finalidad de construir una Europa climáticamente neutra, ecológica, justa y social, ofreciendo, entre otras cuestiones, una oportunidad real para la modernización de Europa y colocarla en la vanguardia mundial de una economía ecológica, para lo que se mencionan varias acciones (inversiones, economía circular, energía sostenible, medidas sociales, etc.).

Los ejes del Pacto Verde son: 1) Transformación de la economía de la UE para avanzar hacia un futuro sostenible, con una relación algo más lejana con la responsabilidad social de las empresas (aunque son acciones que en mayor o menor me-

---

1401 FERNÁNDEZ DE GATTA SÁNCHEZ, D., "El ambicioso Pacto Verde Europeo", *Actualidad Jurídica Ambiental*, nº 101, 12 de mayo de 2020, 31 págs. [https://www.actualidadjuridicaambiental.com/wp-content/uploads/2020/05/2020_05_12_Fdez-Gatta-Pacto-Verde-Europeo.pdf]; CENTENO HUERTA, S., DEL SAZ-OROZCO MONSALVE, J., y CARAZO NÚÑEZ, c., "El Pacto Verde Europeo: la transformación del marco regulatorio de la Unión Europea para lograr una sostenibilidad competitiva de la economía", en DE PAZ ARIAS, J. Mª., y DELGADO ARRABAL, Mª. L. (Dir.), y otros, *Estudios jurídico sobre sostenibilidad: cambio climático y criterios ESG en España y la Unión Europea*, Ed. Aranzadi-Despacho Pérez Llorca, Cizur Menor (Navarra), 2023, pp. 53-98, y DE SADELEER, N., "Balance moderado del Pacto Verde Europeo: ¿vaso medio vacío o medio lleno?", Actualidad Jurídica Ambiental, nº 146, 5 de junio de 2024, 25 págs. [https://www.actualidadjuridicaambiental.com/wp-content/uploads/2024/06/2024-06-05-Sadeleer-Pacto-Verde-Europeo.pdf].

dida tienen una relación recíproca con las empresas), ya que implica la configuración de una serie de políticas profundamente transformadoras y la integración de la sostenibilidad en todas las políticas de la UE (incluyendo acciones en materia de acción climática, suministro de energía, una economía limpia y circular, uso eficiente de la energía y los recursos en la construcción y renovación de edificios, movilidad sostenible, de la granja a la mesa, preservación y restablecimiento de los ecosistemas y la biodiversidad y aspirar a una contaminación cero para un entorno sin sustancias tóxicas). 2) Integración de la sostenibilidad en todas las políticas de la UE, con acciones que tienen una relación más directa con la responsabilidad social y la sostenibilidad de las empresas, tales como avanzar hacia unas finanzas e inversiones ecológicas y una transición justa garantizada, previendo en relación con el sector privado una estrategia renovada de finanzas sostenibles, para lo que, primero, la UE debe clasificar las actividades sostenibles desde el punto de vista medioambiental y después integrarse la sostenibilidad en la gobernanza empresarial, y que las empresas divulguen más datos sobre clima y medio ambiente, y, entre otras cuestiones, garantizar una gestión adecuada de los riesgos medioambientales y reducir los gastos de transición y mitigación; ecologización de los presupuestos nacionales y emisión de las señales de precios correctas; movilización de la investigación y fomento de la innovación; activación de la enseñanza y la formación, y establecer un mandamiento verde: "no ocasionarás daños"[1402]. 3) La Unión Europea como líder mundial en materia ambien-

[1402] Las obligaciones de las empresas en materia de información sobre sostenibilidad y en materia de diligencia derivan de este objetivo del Pacto Verde. Ver CENTENO HUERTA, S., DEL SAZ-OROZCO MONSALVE, J., y CARAZO NÚÑEZ, c., "El Pacto Verde Europeo: la transformación del marco regulatorio de la Unión Europea para lograr una sostenibilidad competitiva de la economía", en DE PAZ ARIAS, J. Mª., y DELGADO ARRABAL, Mª. L. (Dir.), y otros, *Estudios*

tal y sobre sostenibilidad. Finaliza el Pacto Verde con la idea de poner en marcha un pacto europeo por el clima, a través de acciones e instrumentos de interacción con los ciudadanos.

Por otra parte, y continuado la práctica consolidada en el tiempo de elaborar programas generales de acción como instrumentos esenciales de la Política Ambiental, el nuevo Programa Ambiental se aprobó mediante la Decisión (UE) 2022/591, de 6 de abril de 2022 (DOUE L 114, 12.4.2022), sobre el VIII Programa General de Acción de la Unión en materia de Medio Ambiente para los años 2021 a 2030, y más allá hasta 2050[1403], continua las acciones del VII Programa y está estrechamente vinculado al Pacto Verde Europeo de 2019 y a los avances de la Unión en materia de desarrollo sostenible. El VIII Programa incluye unos objetivos concretos y las condiciones necesarias para progresar en ellos, así como un novedoso marco de seguimiento y evaluación.

El nuevo Programa Ambiental establece seis objetivos prioritarios temáticos interrelacionados para el período que finaliza el 31 de diciembre de 2030: 1) la reducción rápida y predecible de las emisiones de gases de efecto invernadero y alcanzar el objetivo de reducción de las emisiones de gases de efecto invernadero para 2030; 2) el progreso continuo en el aumento y la integración transversal de la capacidad de adaptación al cambio climático; 3) la evolución hacia una economía del bienestar que devuelva al planeta más de lo que toma de él, y el aceleramiento de la transición hacia una economía circular no tóxica; 4) la consecución del objetivo de contaminación cero a fin de lograr un entorno sin sustancias tóxicas; 5) la

---

jurídico sobre sostenibilidad: cambio climático y criterios ESG en España y la Unión Europea, cit., pp. 63-68.

1403 FERNÁNDEZ DE GATTA SÁNCHEZ, D., "El VIII Programa Ambiental de la Unión Europea de 6 de abril de 2022", *Diario La Ley (Grupo Wolters Kluwer)*, nº 10083, 6 de junio de 2022, 26 págs.

protección, conservación y recuperación de la biodiversidad, y 6) el fomento de los aspectos medioambientales de la sostenibilidad. Objetivos que tiene una relación algo lejana con la responsabilidad social corporativa, aunque la relación recíproca es clara, en mayor o menor medida.

Para la consecución de los objetivos prioritarios anteriores, se establecen condiciones favorecedoras de los mismos (concretamente, 34), requiriendo que la Comisión, los Estados Miembros, las autoridades regionales y locales y las partes interesadas, según corresponda, realicen ciertas acciones, algunas relacionadas con la responsabilidad social de las empresas, tales como movilizar un amplio apoyo de la sociedad civil, trabajando junto a las empresas, en particular las pequeñas y medianas empresas, los interlocutores sociales, los ciudadanos, las comunidades y otras partes interesadas, y contribuir a ayudar a la sociedad civil, a las autoridades públicas, a los ciudadanos y a las comunidades, a los interlocutores sociales y al sector privado a identificar los riesgos climáticos y medioambientales, en la evaluación de su impacto y en la adopción de medidas para prevenir, mitigar y adaptarse a dichos riesgos, y fomenten su compromiso en la eliminación de las lagunas de conocimientos.

5.- LAS PRINCIPALES NORMAS DE LA UNIÓN EUROPEA SOBRE LA RESPONSABILIDAD SOCIAL Y LA SOSTENIBILIDAD DE LAS EMPRESA

La Unión Europea lleva décadas tomando decisiones y realizando acciones hacia el desarrollo sostenible, formalmente desde el V Programa Ambiental de 1993 y a nivel general desde la Estrategia de 2001, que tenían como destinatarios principales a los Estados Miembros con la finalidad de poner en marcha las correspondientes políticas públicas sostenibles. Sin embargo, la sostenibilidad también se predica, y al final se le exige, del sector privado, en particular de las empresas, cuyo compromiso y pautas de comportamiento son imprescindibles para avanzar en dicho proceso, y, además, como ya hemos señalado, tal integración y asunción implica importantes deben beneficios para las propias empresas.

Sin perjuicio de otras medidas y acciones, existen dos grupos de normas de la Unión Europea que destacan en este proceso[1404] para incorporar la sostenibilidad en las empresas y en su actividad, como son las relativas a la regulación de la información sobre sostenibilidad y a la diligencia debida que las mismas deben llevar a cabo en su actividad[1405].

5.1.- El régimen europeo de la información sobre sostenibilidad: de la información no financiera al informe de sostenibilidad

Las empresas, en general, deben hacer pública una información variada sobre diversos aspectos de su actividad, de acuerdo con la legislación aplicable en el momento correspondiente[1406]. Inicialmente, en la historia, esta información que debían

---

1404 El enlace electrónico sobre sostenibilidad de las empresas del Consejo Europeo y del Consejo de la Unión Europea destaca precisamente estos dos grupos de normas en esta materia. Ver: https://www.consilium.europa.eu/es/policies/corporate-sustainability/

1405 MARÍN, S., y ORTIZ, E., "Claves europeas para la armonización de la Información no Financiera o en materia de Sostenibilidad", *Revista de Contabilidad y Dirección*, nº. 33/2022 (Ejemplar dedicado a: *Información y gestión ESG*), pp. 69-83.

1406 DE PAZ ARIAS, J. Mª., y GIL-CASARES, B., "Los deberes de información no financiera en relación con los aspectos de sostenibilidad. La transición del estado de información no financiera al informe de sostenibilidad y la información a divulgar al amparo del Reglamento de Taxonomía", en DE PAZ ARIAS, J. Mª., y DELGADO ARRABAL, Mª. L. (Dir.), y otros, *Estudios jurídico sobre sostenibilidad: cambio climático y criterios ESG en España y la Unión Europea*, cit., pp. 205-232 (la referencia en pp. 205-207), MARÍN HERNÁNDEZ, S., y SUBIRATS

publicar era exclusivamente de carácter financiero (desde las cuentas anuales hasta compleja información financiera periódica, según las circunstancias y el tamaño de las propias empresas), ya que esta era, y es, muy importante para los propietarios, directivos y accionistas de la propia empresa, para sus clientes y proveedores, para los posibles inversores en la propia empresa, para otras empresas y, entre otros sujetos, para las Administraciones Públicas.

Sin embargo, a lo largo del tiempo, al menos en los Estados Miembros de la UE, la información que las empresas deben hacer pública ha ido variando, y ampliándose, en función de diversas circunstancias e intereses. Esto es precisamente lo que ha ocurrido con la publicación de la información corporativa no financiera, pues, conforme se ha ido asentando en las sociedades la filosofía del desarrollo sostenible, incluyendo a las empresas, se ha ampliado la obligación de hacer pública la información relativa a la responsabilidad social, inicialmente, y sobre sostenibilidad, actualmente[1407].

Y esta evolución es asimismo bien clara en la actividad normativa de la propia Unión Europea, con la consiguiente obligación de los Estados Miembros de incorporar tales exigencias para las empresas en los Ordenamientos internos[1408], en el marco de las competencias sobre coordinación y armonización

---

ALCOVERRO, J. (coords.), y otros, *Memento-Dossier Francis Lefebvre Sostenibilidad*, Ed. Lefebvre-El Derecho-Colegio General de Economistas de España, Madrid, 2023, pp. 13-14

1407 MARTÍ MOYA, V., "El incesante proceso de positivización de la responsabilidad social en la UE: de la información no financiera al informe de sostenibilidad", *La Ley Mercantil*, nº 93/2022.

1408 DE PAZ ARIAS, J. Mª., y GIL-CASARES, B., "Los deberes de información no financiera en relación con los aspectos de sostenibilidad. La transición del estado de información no financiera al informe de sostenibilidad y la información a divulgar al amparo del Reglamento de Taxonomía", obra citada, pp. 207-212.

de la estructura y contenido de las cuentas anuales y estados financieros de las empresas, y otros informes, y su publicidad, reguladas desde 1978 hasta 1991.

Sin perjuicio de algún otro precedente anterior, la primera referencia a la inclusión de algún dato medioambiental en la información sobre las cuentas anuales, los estados financieros consolidados, y los informes de gestión anual y consolidado, de las empresas se produce, aunque sin valor jurídico, en la Recomendación 2001/453/CE, de la Comisión, de 30 de mayo de 2001, relativa al reconocimiento, la medición y la publicación de las cuestiones medioambientales en las cuentas anuales y los informes anuales de las empresas (DOCE L 156, 13.6.2001).

Seguidamente, y ya con valor jurídico, se incluirá esa obligación de las empresas en la Directiva 2003/51/CE, de 18 de junio de 2003 (DOUE L 178, 17.7.2003), que modifica otras anteriores, citadas, sobre las cuentas anuales y consolidadas de determinadas formas de sociedades, bancos y otras entidades financieras y empresas de seguros. En efecto, en plena consonancia con el Libro Verde de 2001 y la Comunicación de 2002 sobre responsabilidad social de las empresas, así como con algún otro documento ambiental, la exposición de motivos de la Directiva afirma que, con la finalidad de reforzar los requisitos de los informes anual y consolidado de gestión para conseguir una imagen fiel de la empresa, "[l]*a información no debe limitarse a los aspectos financieros de los negocios de la sociedad. Es de esperar que, cuando proceda, esto permita el análisis de los aspectos medioambientales y sociales necesarios para la comprensión de la evolución, el rendimiento y la situación de la empresa*", pero, con buen criterio, continua la exposición de motivos señalado que, "*habida cuenta de la carga que puede representar para las empresas cuya dimensión se encuentre por debajo de ciertos límites, los Estados miembros podrán optar por dispensar de la obligación de facilitar información de carácter no financiero en el informe anual de gestión de tales empresas*". Sobre esta base, se modifica el art. 46 de la Directiva de 1978, que ahora exige que, "[e]*n la medida necesaria para la comprensión de la evolución, los resultados o la situación de la sociedad, este análisis* [del informe anual de gestión] *incluirá tanto indicadores clave de resultados financieros como, cuando proceda, no financieros, que sean pertinentes respecto de la actividad empresarial concreta, incluida información sobre cuestiones relativas al medio ambiente y al personal*". Asimismo, se incluye una obligación idéntica respecto al informe consolidado de gestión, modificando una Directiva de 1983.

En esta evolución, a continuación, la ya mencionada Estrategia renovada de la UE para 2011-2014 sobre la responsabilidad social de las empresas, aprobada en 2011, en la parte dedicada a mejora de la visibilidad de la responsabilidad social de las empresas y difusión de buenas prácticas, prevé, entre otras acciones, medidas para mejorar la divulgación de información de carácter social y medioambiental por parte de las empresas, incluyendo el anuncio de la Comisión de que presentará una propuesta legislativa sobre la transparencia de la información social y medioambiental que dan las empresas en todos los sectores, así como informes de evaluación de impacto de la información no financiera, que se publicará en 2011, y de la propia propuesta de Directiva, publicado en 2012[1409]. Además, el Parlamento Europeo aprobó dos resoluciones de 6 de febrero de 2013 sobre responsabilidad social de las empresas, en las que reconocía la importancia de que las empresas divulguen información sobre la sostenibilidad, como pueden ser los factores sociales y medioambientales, con el fin de identificar riesgos para la sostenibilidad y aumentar la confianza de los inversores y los consumidores.

De acuerdo con los documentos anteriores, un paso más en la evolución de la exigencia de la información ambiental a las empresas lo dará la Directiva 2013/34/UE, de 26 de junio de

---

1409 MARÍN HERNÁNDEZ, S., y SUBIRATS ALCOVERRO, J. (coords.), y otros, *Memento-Dossier Francis Lefebvre Sostenibilidad*, op. cit., pp. 31-32.

2013 (L 182, 29.9.2013), sobre los estados financieros anuales, los estados financieros consolidados y otros informes afines de ciertos tipos de empresas, agrupa, con modificaciones, en un solo texto las Directivas mencionadas de 1978 y 1983, que son derogadas, y cuya finalidad es, teniendo en cuenta su tamaño, eliminar formalidades y exigencias contables principalmente a las pequeñas y medianas empresas, al considerarlas demasiado gravosas. No obstante, la exposición de motivos de la Directiva considera que la información no se limitará a los aspectos financieros de las operaciones de la empresa, sino que deben analizarse los aspectos medioambientales y sociales de su actividad que resulten necesarios para comprender su evolución, resultados y situación, por lo que, en sus arts. 19 y 29, mantiene la redacción de la Directiva de 1978, modificada, en relación a la inclusión de datos medioambientales en los informes de gestión y de gestión consolidad de las empresas.

Poco más de un año después, se publicará la Directiva 2014/95/UE, de 22 de octubre de 2014 (DOUE L 330, 15.11.2014), por la que se modifica la Directiva anterior en lo que respecta a la divulgación de información no financiera e información sobre diversidad por parte de determinadas grandes empresas y determinados grupos[1410], cuya finalidad, de acuerdo con la Estrategia de 2011, es mejorar la divulgación de información medioambiental y social por parte de las empresas. La exposición de motivos de la Directiva parte de considerar, siguiendo al Parlamento Europeo, que la divulgación

[1410] Sobre esta Directiva, ver DE PAZ ARIAS, J. Mª., y GIL-CASARES, B., "Los deberes de información no financiera en relación con los aspectos de sostenibilidad. La transición del estado de información no financiera al informe de sostenibilidad y la información a divulgar al amparo del Reglamento de Taxonomía", obra citada, pp. 208-215, y MARÍN HERNÁNDEZ, S., y SUBIRATS ALCOVERRO, J. (coords.), y otros, *Memento-Dossier Francis Lefebvre Sostenibilidad*, op. cit., pp. 33-35.

de información no financiera de las empresas resulta esencial para la gestión de la transición hacia una economía mundial sostenible que combine la rentabilidad a largo plazo con la justicia social y la protección del medio ambiente, ya que, en este contexto, contribuye a medir, supervisar y gestionar el rendimiento de las empresas y su impacto en la sociedad. Por otra parte, considera, asimismo, que la misma es importante para los intereses de las empresas, los accionistas y las demás partes interesadas, debiendo ofrecer una imagen fiel y completa de sus políticas, resultados y riesgos, por lo que se considera necesario establecer determinados requisitos legales mínimos acerca del alcance de la información que las empresas deben poner a disposición del público y de las autoridades en la Unión. Con el fin de mejorar la coherencia y la comparabilidad de la información no financiera divulgada en la Unión, se considera que algunas grandes empresas (que cuenten con más de 500 empleados) deben preparar un estado no financiero que contenga información relativa por lo menos a cuestiones medioambientales y sociales, así como relativas al personal, al respeto de los derechos humanos y a la lucha contra la corrupción y el soborno.

Lo cual va a suponer, pues, que por primera vez se prevea un contenido mínimo del estado no financiero de las empresas, que será divulgado; siendo un avance destacable en la integración del medio ambiente en las empresas; y además, por lo que señalaremos más adelante, ya se hace una mención a la diligencia debida que las empresas deben llevar a cabo en relación con las materias referidas, entre otras al medio ambiente, como sabemos.

Conforme con estas ideas, se añade en la Directiva 2013/34/UE un nuevo art. 19 bis, relativo al "Estado no financiero", que obliga a las grandes empresas (con más 500 empleados) a incluir en el informe de gestión un estado no financiero que contenga información, en la medida en que resulte necesaria para comprender la evolución, los resultados y la situación de la empresa, y el impacto de su actividad, relativa, como mínimo, a cuestiones medioambientales y sociales, así como relativas al personal, al respeto de los derechos humanos y a la lucha contra la corrupción y el soborno (incluyendo una breve descripción del modelo de negocio; una descripción de las políticas que aplica la empresa en relación con las materias anteriores, con los procedimientos de diligencia debida aplicados, y los resultados de tales políticas; los principales riesgos relacionados con esas cuestiones vinculados a las actividades de las empresas, y como los gestionan, e indicadores clave de resultados no financieros, que resulten pertinentes respecto a la actividad empresarial concreta; además, se prevé que, si la empresa no aplica ninguna política sobre tales cuestiones, ofrecerá una explicación clara y precisa al respecto). Además, se prevé, como instrumento garantizador, que el auditor ha de comprobar si la empresa ha facilitado el estado financiero señalado. Un régimen y unas exigencias similares prevé el art. 29 bis, relativo al "Estado no financiero consolidado", para las empresas matrices de un gran grupo.

Para completar la divulgación de la información requerida en ambos estados, la Directiva permite flexibilidad en cuanto a los marcos normativos y estándares de referencia, al permitir que las empresas puedan basarse en marcos normativos nacionales, de la Unión o internacionales, debiendo especificar en qué marcos se han basado.

En este sentido, la Directiva de 2014 estableció que la Comisión prepararía unas directrices no vinculantes sobre la metodología aplicable a la presentación de información no financiera, que incluyan unos indicadores clave de resultados no financieros, de carácter general y sectorial, con el fin de facilitar la divulgación pertinente, útil y comparable de información no financiera por parte de las empresas.

En cumplimiento de esta previsión la Comisión publicó las "Directrices sobre la presentación de informes no financieros

(Metodología para la presentación de información no financiera)" en 2017 (DOUE C 215, 5.7.2017), cuya finalidad de ayudar a las sociedades a las que se aplica la Directiva a divulgar información no financiera de manera pertinente, útil, coherente y más comparable; si bien las directrices no son vinculantes no establecen nuevas obligaciones jurídicas, no constituyen una norma técnica, y no debe alegarse la conformidad de dichos estados no financieros con las mismas. El documento establece unos principios en la materia (divulgación de la información significativa; información fiel, equilibrada y comprensible, y completa pero concisa, etc.), para seguidamente establecer las directrices de divulgación de la información siguiendo los ámbitos establecidos por la Directiva (modelo de negocio, políticas y diligencia debida, resultados e indicadores y riesgos y su gestión). Posteriormente, conforme con la evolución de la política ambiental y de acción sobre el clima europeas, y como complemento a las anteriores, en 2019 la Comisión adoptó las "Directrices sobre la presentación de informes no financieros: Suplemento sobre la información relacionada con el clima" (DOUE C 209, 20.6.2019), sobre la base de tener en cuenta tanto la incidencia del cambio climático en la empresa como la de esta en el clima.

De acuerdo con la Directiva de 2014, la Comisión aprobó un informe sobre las cláusulas de revisión de las Directivas 2013/34/UE, 2014/95/UE y 2013/50/EU [COM (2021) 199 final, Bruselas, 21.4.2021; teniendo el cuenta el documento de los Servicios de la Comisión de la misma fecha, SWD (2021) 81 final], en el que mostró una serie de preocupaciones en lo que respecta, entre otras cuestiones, a la aplicación de la información no financiera, al estimar una utilidad limitada de la divulgación de esta (debido, entre otras a estas razones: dificultad de encontrar la pertinencia de la información requerida, comparabilidad limitada, ausencia de verificación de la información, problemas derivados de incorporar esta información en el informe de gestión y variedad de los marcos de esa información permitidos) y que algunas prácticas nacionales pueden no ser tan eficaces como se pretende, y también resalta las repercusiones negativas de las normas nacionales divergentes.

Seguidamente, y en el marco de la nueva filosofía del Pacto Verde Europeo, la Comisión aprobó el "Plan de Acción: Financiar el crecimiento sostenible" [COM (2018) 97 final, Bruselas, 8.3.2018], que será ampliado mediante la "Estrategia para financiar la transición a una economía sostenible" [COM (2021) 390 final, Estrasburgo, 6.7.2021], y cuyos pilares de acción son[1411]: el sistema de clasificación-taxonomía de las actividades sostenibles[1412], el marco de divulgación para las empresas (en el que se integra la nueva Directiva que mencionaremos seguidamente) y los instrumentos de inversión, incluidos índices de referencia, normas y etiquetas[1413].

1411 Sobre estos pilares, ver GONZÁLEZ GARCÍA, L. Mª., "Divulgación de información de las entidades aseguradoras y reaseguradoras sobre alienación de su actividad con los objetivos de la Taxonomía Europea", en DE PAZ ARIAS, J. Mª., y DELGADO ARRABAL, Mª. L. (Dir.), y otros, *Estudios jurídico sobre sostenibilidad: cambio climático y criterios ESG en España y la Unión Europea,* cit., pp. 233-289 (la referencia en pp. 233-241).

1412 En este punto, debe resaltarse el Reglamento (UE) 2020/852, de 18 de junio de 2020, relativo al establecimiento de un marco para facilitar las inversiones sostenibles-Reglamento de Taxonomía Europea (DOUE L 198, 22.6.2020), y sus Reglamentos delegados. Sobre ese Reglamento, ver DE PAZ ARIAS, J. Mª., "Una primera aproximación a algunas cuestiones jurídicas planteadas por la interpretación del Reglamento de Taxonomía Europea", y JIMÉNEZ MANCHA, I., "Artículo 18 del Reglamento de Taxonomía Europea: Las garantías mínimas exigibles para que una inversión pueda cualificar como alineada con la Taxonomía", en DE PAZ ARIAS, J. Mª., y DELGADO ARRABAL, Mª. L. (Dir.), y otros, *Estudios jurídico sobre sostenibilidad: cambio climático y criterios ESG en España y la Unión Europea,* cit., pp. 167-202 y 497-510.

1413 En este pilar, pueden mencionarse el Reglamento sobre los índices de referencia de transición climática de 2019 y el Reglamento sobre los bonos verdes europeos de 2023.

Conforme con esta profundización de la filosofía sobre sostenibilidad, en especial el segundo pilar, se aprobó la nueva Directiva (UE) 2022/2464, de 14 de diciembre de 2022 (DOUE L 322, 16.12.2022), por la que se modifica las Directivas anteriores, por lo que respecta a la presentación de información sobre sostenibilidad por parte de las empresas[1414], que, al considerarse (párrafo 8 de la exposición de motivos) que el término "información no financiera" es inexacto (porque implica que la información en cuestión carece de relevancia financiera; aunque actualmente, debe resaltarse que dicha información tiene cada vez más relevancia financiera), realiza un primer cambio significativo en esta materia al introducir el concepto de "información sobre sostenibilidad". En este sentido, se modifican los arts. 19 bis y 29 bis de la Directiva de 2014 introduciendo el nuevo concepto y establece con mayor minuciosidad el tipo de información sobre sostenibilidad que deben divulgar ahora las grandes empresas o pequeñas y medianas empresas (para

---

[1414] Sobre la elaboración de esta Directiva, ver RODRÍGUEZ ALCOCER, L. M., "El proceso de aprobación de la directiva de Información Corporativa en Materia de Sostenibilidad (*Corporate Reporting Sustainability Directive* o CSRD)", *Técnica Contable y Financiera,* nº 55/2022 (Ejemplar dedicado a: *Dossier auditoría 2022*), pp. 110-120.
Sobre la propia Directiva, ver DE PAZ ARIAS, J. Mª., y GIL-CASARES, B., "Los deberes de información no financiera en relación con los aspectos de sostenibilidad. La transición del estado de información no financiera al informe de sostenibilidad y la información a divulgar al amparo del Reglamento de Taxonomía", obra citada, pp. 215-223; MARÍN HERNÁNDEZ, S., y SUBIRATS ALCOVERRO, J. (coords.), y otros, *Memento-Dossier Francis Lefebvre Sostenibilidad,* op. cit., pp. 35-49, y CANDELARIO MACÍAS, Mª. I., "Cruces y límites entre la información sobre sostenibilidad de las empresas y el secreto empresarial", *Revista CEF Legal,* nº 281/2024, pp. 37-74.

las que se prevén normas más sencillas, e incluso una posible exención)[1415], a excepción de las microempresas.

De acuerdo con la modificación realizada de dichos artículos, las empresas deben proporcionar información sobre las siguientes cuestiones: una breve descripción del modelo de negocio y la estrategia de la empresa (incluyendo la resiliencia del modelo de negocio y la estrategia de la empresa frente a los riesgos relacionados con las cuestiones de sostenibilidad; oportunidades para la empresa derivadas de las cuestiones de sostenibilidad; planes de la empresa, incluidas las medidas de aplicación y los planes financieros y de inversión, para garantizar que su modelo de negocio y su estrategia sean compatibles con la transición hacia una economía sostenible y con la limitación del calentamiento global a 1,5°C; forma en que el modelo de negocio y la estrategia de la empresa tienen en cuenta, entre otras, el impacto de esta en las cuestiones de sostenibilidad; el modo de aplicación de la estrategia de la empresa en relación con las cuestiones de sostenibilidad); una descripción de los objetivos con horizonte temporal relativos a las cuestiones de sostenibilidad que haya fijado la empresa, entre ellos los relativos a la reducción de emisiones de gases de efecto invernadero; una descripción de la función de los órganos de administración, dirección y supervisión en lo que respecta a las cuestiones de sostenibilidad; una descripción de las políticas de la empresa en relación con las cuestiones de sostenibilidad; información sobre la existencia de sistemas de incentivos ligados a cuestiones de sostenibilidad y ofrecidos a los miembros de los órganos de administración, dirección y supervisión; una descripción del procedimiento de diligencia debida aplicado

---

1415 Los criterios y la información de las pequeñas y medianas empresas para divulgar pueden verse con detalle en MARÍN HERNÁNDEZ, S., y SUBIRATS ALCOVERRO, J. (coords.), y otros, *Memento-Dossier Francis Lefebvre Sostenibilidad*, op. cit., pp. 422-450.

por la empresa en relación con las materias de sostenibilidad y los principales efectos negativos reales o potenciales relacionados con las propias actividades de la empresa, así como las medidas para prevenir, mitigar, subsanar o poner fin a estos; una descripción de los principales riesgos para la empresa relacionados con las cuestiones de sostenibilidad, y los indicadores pertinentes relativos a las cuestiones anteriores.

Por otra parte, el nuevo art. 29 bis regula la presentación de información consolidada sobre sostenibilidad, siguiendo el modelo previsto en el art. 19 bis, también estableciendo más minuciosamente el régimen de esta información de las sociedades matrices de un grupo grande.

A continuación, y es una novedad muy destacable, el nuevo art. 29 ter establece normas de presentación de información sobre sostenibilidad (a realizar en formato electrónico único, ex art. 29 quinquies), cuya adopción se remite a actos delegados de la Comisión (y que tendrán en cuenta las iniciativas mundiales de normalización en estas materias), si bien se establecen ya algunas precisiones, tales como que se garantizará la calidad de la información comunicada, exigiendo que sea comprensible, pertinente, verificable, comparable y expuesta de manera, y que se evitará imponer una carga administrativa desproporcionada a las empresas, en particular teniendo en cuenta, en la medida de lo posible, el trabajo de las iniciativas mundiales de normalización de la presentación de información sobre sostenibilidad, y que, en la misma, se atenderá a factores medioambientales (en concreto, mitigación y adaptación del cambio climático, aguas y recursos marinos, uso de recursos y economía circular, contaminación y biodiversidad y ecosistemas), factores sociales y derechos humanos (tales como, igualdad de trato y de oportunidades, condiciones de trabajo en sentido amplio y respeto de los derechos humanos, las libertades fundamentales, los principios democráticos y varios pactos y normas internacionales y europeos) y finalmente factores de gobernanza (funciones de los distintos órganos en materia de sostenibilidad y conocimientos de quienes los ocupen; sistemas internos de control y de gestión de riesgos; ética y cultura empresariales, incluida la lucha contra la corrupción; actividades y compromisos de la empresa relacionados con ejercer influencia política, incluidas sus actividades de presión, y la gestión y la calidad de las relaciones con los clientes, proveedores y comunidades afectadas por las actividades de la empresa)[1416]. Siguiendo el modelo anterior, pero más sencillas, el art. 29 quater establece las normas de presentación de información sobre sostenibilidad para las pequeñas y medianas empresas. Como complemento necesario, se inició un proceso para determinar los estándares unificados de la información sobre sostenibilidad, con carácter obligatorio, para lo cual la Comisión encomendó tal trabajo al denominado Grupo Consultivo Europeo en Materia de Información Financiera (EFRAG en sus siglas en inglés), que ha afianzado los criterios ESG (en materia ambiental, social y de gobernanza); estándares unificados que finalmente fueron aprobados mediante el Reglamento Delegado (UE) 2023/2772, de la Comisión, de 31 de julio de 2023 (DOUE L 2023/2772, 22.12.2023, con nada menos que 284 págs.)[1417]. Por otra parte, se mantiene, con alguna modificación, el régimen de auditoría y verificación de la presentación de información sobre sostenibilidad establecido en la Directiva de 2013 (art. 34).

1416 Estos factores se plasman en los conocidos informes y criterios ESG, que corresponden a los términos en inglés *environmental, social and governance*-medio ambiente, social y gobernanza, o en español informes y criterios ASG: ambiental, social y gobernanza. De forma muy detallada explican estos criterios y su plasmación en la información a divulgar MARÍN HERNÁNDEZ, S., y SUBIRATS ALCOVERRO, J. (coords.), y otros, *Memento-Dossier Francis Lefebvre Sostenibilidad*, op. cit., pp. 107-244, 245-364 y 365-406 respectivamente.

1417 Sobre su elaboración, vid. MARÍN HERNÁNDEZ, S., y SUBIRATS ALCOVERRO, J. (coords.), y otros, *Memento-Dossier Francis Lefebvre Sostenibilidad*, op. cit., pp. 43-49.

Finalmente, entre las cuestiones más destacables, se establece el régimen de la presentación de informes de sostenibilidad relativos a empresas de terceros países (art. 40 bis a 40 40 quinquies), y se modifican las normas relativas a la auditoría legal de las cuentas anuales y consolidadas y a la verificación de la presentación de información anual y consolidada sobre sostenibilidad[1418].

Seguidamente, la Directiva de 2013 se modificó además, en materias diversas, mediante la Directiva (UE) 2023/2864, de 13 de diciembre de 2023 (DOUE L 2023/2864, 20.12.2023), en lo que respecta al establecimiento y el funcionamiento del punto de acceso único europeo, mediante la Directiva Delegada (UE) 2023/2775, de 17 de octubre de 2023 (DOUE L 2023/2775, 21.12.2023), en lo que respecta al ajuste de los criterios de tamaño de las empresas o grupos de tamaño micro, pequeño, mediano y grande, y mediante la Directiva (UE) 2024/1306, de 29 de abril de 2024 (DOUE L 2024/1306, 8.5.2024), en relación con los plazos de adopción de normas de presentación de información sobre sostenibilidad para determinados sectores y para determinadas empresas de terceros países.

Ciertamente, como hemos visto, la evolución de las exigencias de la Unión Europea a las empresas en materia de sostenibilidad ha ido aumentando con el paso del tiempo, conforme con la sensibilización ambiental creciente en la sociedad europea, contribuyendo así a potenciar los beneficios señalados para las empresas por hacer pública esta información sobre sostenibilidad (y sobre todo, por realizar las actividades medioambientales subyacentes, y que se plasman en la información divulgada), pero asimismo debe resaltarse la creciente

---

[1418] Sobre el desarrollo de la verificación de los informes de sostenibilidad, ver con detalle MARÍN HERNÁNDEZ, S., y SUBIRATS ALCOVERRO, J. (coords.), y otros, *Memento-Dossier Francis Lefebvre Sostenibilidad*, op. cit., pp. 461-482.

complejidad y complicación para las propias empresas en relación con algunas de los conceptos y actividades que se incluyen en dicha información a divulgar, ya que dicha intervención pública sobre las empresas privadas llevada a cabo de manera rígida puede provocar problemas a las propias empresas[1419].

5.2.-El marco normativo europeo de la diligencia debida de las empresas sobre sostenibilidad

La segunda novedad destacable de la relación de las empresas con el medio ambiente y la sostenibilidad es la regulación jurídica de la diligencia debida de estas en ambas materias (y alguna más, en la actualidad), prevista, y regulada con amplitud en la Unión Europea en 2024.

Este concepto y su significado jurídico, ciertamente, no son nuevos, pero desde hace algún tiempo se ha comenzado a utilizar de manera ordinaria en el mundo empresarial, precisamente en la relación empresa y medio ambiente-sostenibilidad.

En efecto, el concepto de debida diligencia (que, por cierto, es inherente al ser humano, como ser racional) se utilizó formalmente desde al menos mediados del siglo XV en el sentido equivalente a realizar el esfuerzo necesario en relación con una acción o actividad, en principio de una persona física. Más tarde, comenzará a tener un significado jurídico concreto, al

---

[1419] Aunque no es posible traer totalmente los ejemplos estadounidenses a la actividad de la Unión Europea, la aplicación rígida de estas agendas sobre sostenibilidad y diversidad en empresas tan conocidas como John Deere, Harley-Davidson y Jack Daniel's ha provocado las protestas y la oposición de sus clientes y proveedores. Ver los siguientes enlaces, entre otros: https://www.hrdive.com/news/jack-daniels-dei-cuts/725481/ y https://seekingalpha.com/news/4138142-harley-davidson-review-dei-policies-following-fallout-activist-campaign

referirse, con claro contenido moral, al cuidado y precaución que una persona normal y razonable debe tener para evitar daños u otros efectos no queridos a otras personas o a sus propiedades, y, además, en la época de surgimiento y desarrollo del comercio moderno, después de la Revolución industrial, con las primeras normas referidas a las obligaciones y las transacciones comerciales, se aplicara el concepto a las mismas; concepción inicial esta, con antecedentes en el Derecho romano, que es visible en el art. 1094, entre otros, de nuestro venerable Código Civil de 1889, al prescribir que "*el obligado a dar alguna cosa lo está también a conservarla con la diligencia propia de un buen padre de familia*", e incluso con posibilidad de suponer una exclusión de la responsabilidad (ex art. 1903 del mismo Código Civil); aunque es verdad que pronto se distinguirá, para hacerla más exigente, entre esta diligencia de padre de familia y la del profesional, precisamente por el hecho de serlo (así, en los dos párrafos del art. 1104 del Código Civil)[1420].

Posteriormente, ya en el siglo XX, la concepción de la diligencia debida aparece en el contexto empresarial, para referirse a las acciones e investigación que realiza una empresa antes de participar en transacciones, acuerdos o compromisos. Concretamente, como muchos otros conceptos en materia financiera y medioambiental, en Estados Unidos, específicamente en la *Securities Act of 1933* (Ley de Valores de 1933), promulgada después de la crisis económico-financiera de 1929 por el Congreso, el 27 de mayo de 1933, y que es la primera legislación federal que reguló la oferta y venta de valores, en base a la cláusula constitucional de comercio interestatal. Conforme con su art. 11-b-3, se podía eludir la responsabilidad por una declaración falsa de un hecho importante si, después de

[1420] Con detalle, ver RAMOS HERRANZ, I., "El estándar mercantil de diligencia: El ordenado empresario", *Anuario de Derecho Civil 2006*, fasc. 1, pp. 195-225.

una investigación razonable (a la que posteriormente se denominaría diligencia debida), tenía motivos prudentes para creer, y creyó en ese momento, la veracidad de la declaración correspondiente, en el ámbito de ese comercio de valores, y fue inmediatamente utilizado por los corredores de bolsa en relación con algunas de sus actuaciones[1421]. Con el tiempo, la concepción de la diligencia de vida se ha extendido con normalidad a todo el ámbito económico-financiero, y en la actualidad se han añadido a la concepción de la diligencia debida, además de la sostenibilidad, los objetivos sociales y el respeto a los derechos humanos[1422].

1421 Concretamente, si los corredores de bolsa ejercían la debida diligencia-cuidado requerido en sus investigaciones sobre la empresa cuyo capital se estuviera vendiendo, y si revelaban a los inversionistas la información que encontraran, no serían considerados responsables por la no divulgación de la información que no se descubrió en el proceso de esa investigación. Posteriormente, el concepto y el proceso señalado se aplicará a las sectores económico-financieros. En general, sobre la diligencia debida en el derecho estadounidense, vid GILLMAN, L. F., *Due Diligence: A Strategic and Financial Approach*, 2nd ed., LexisNexis, Durban (South Africa), 2010.

1422 El necesario respeto y atención a los derechos humanos por las empresas, en especial las más grandes, aunque tiene antecedentes, incluso normativos, anteriores (p. ej., a nivel internacional, las Líneas Directrices de la OCDE para Empresas Multinacionales y los Principios Rectores de las Naciones Unidas sobre las Empresas y los Derechos Humanos, ambos de 2011), tuvo un punto de inflexión definitivo con el derrumbe del edificio Rana Plaza (Daca, Bangladesh) el 24 de abril de 2013, que albergaba talleres textiles y un banco, en el que murieron más de mil personas y casi 2.500 resultaron heridas, al no desalojarse el edificio después de aparecer grandes grietas el día anterior; posteriormente, se firmaría un acuerdo de prevención, incluyendo mejoras de las condiciones de trabajo, firmado por algunas de las más grandes empresas textiles del mundo (tales como H&M, Inditex, Marks & Spencer, Primark, El Corte Inglés, Mango, Carrefour o Helly Hansen). Vid. AYRES, A., "A Guide To The Rana Plaza Tragedy, And Its Implications,

Seguidamente, el contenido material de la diligencia debida se ha comenzado a utilizar en el Derecho Penal; concretamente, en relación con el reconocimiento, no sin polémica, de la responsabilidad penal de las personas jurídicas, de las empresas, como en nuestro Código Penal de 1995, en su art. 31 bis y 31 quater, según la reforma de 2015, que exime de responsabilidad penal derivada de acciones delictivas si la empresa tiene implantado, antes de su comisión, medidas de vigilancia y control idóneas para prevenir delitos de la misma naturaleza o para reducir de forma significativa el riesgo de su comisión (los denominados programas de *compliance*-cumplimiento) o si la gestión del modelo de prevención implantado se encomienda a un órgano de la empresa con poderes autónomos de iniciativa y control, o que atenúa esa responsabilidad si se implanta ese modelo de prevención efectivo después de cometerse el delito, pero antes de la fase procesal del juicio oral del procedimiento correspondiente o se el programa señalado se ha implantado parcialmente[1423].

Finalmente, por un lado, el concepto de diligencia debida, y su significado (el cuidado, la precaución y la prevención en la actividad empresarial en relación con el cumplimiento de

---

In Bangladesh", *Forbes*, Apr 24, 2014 [https://www.forbes.com/sites/alyssaayres/2014/04/24/a-guide-to-the-rana-plaza-tragedy-and-its-implications-in-bangladesh/#31e220642c50]. Fruto de la sensibilización generada, de aprobarían leyes específicas, como en Reino Unido, con su *Moder Slavery Act* de 2015, y en Francia, con su *Loi 2016-1691 du 9 décembre 2016 relative à la transparence, à la lutte contre la corruption et à la modernisation de la vie économique.*

1423 MEILÁN IGLESIAS, G., y BARTOLOMÉ PÍ, A., "*Compliance* penal y sostenibilidad: una breve aproximación a la propuesta de directiva sobre la diligencia debida de las empresas en materia de sostenibilidad y derechos humanos", en DE PAZ ARIAS, J. Mª., y DELGADO ARRABAL, Mª. L. (Dir.), y otros, *Estudios jurídico sobre sostenibilidad: cambio climático y criterios ESG en España y la Unión Europea*, cit., pp. 429-444.

determinados fines y objetivos), se ha integrado con normalidad en las exigencias a esa nueva empresa con responsabilidad ambiental, social y en materia de gobernanza, y, por otro lado, porque contribuye a completar el papel y la utilidad de las empresas en la consecución de los objetivos de sostenibilidad, asumidos por muchos Estados, la mayoría democráticos, por las correspondientes sociedades, y, como veremos, por la Unión Europea, aunque con debates, y no siempre pacíficos.

En la Unión Europea, si bien la diligencia debida y su significado se han regulado en 2024, según veremos, la filosofía de la concepción y su aplicación con algún procedimiento concreto son bastante anteriores en el tiempo, al acogerse e implantarse a nivel sectorial.

El antecedente del modelo de diligencia debida en la Unión europea es el Reglamento (CE) nº 2368/2002, de 20 de diciembre de 2002, por el que se aplica el sistema de certificación del proceso de Kimberley para el comercio internacional de diamantes en bruto (DOCE L 358, 31.12.2002), que estableció un procedimiento para evitar que los diamantes conflictivos entrasen en el mercado europeo de diamantes y garantizar que no se estaban financiando guerras ni abusos de los derechos humanos con sus compras.

No obstante, posteriormente, la Unión Europea establecerá ya procedimientos formales de diligencia debida en algunos sectores concretos. As, en efecto, en el sector de la madera, el VI Programa Ambiental de 2002 previó, como actuación prioritaria, estudiar las posibilidades de adoptar medidas activas de prevención y lucha contra la comercialización de madera aprovechada ilegalmente, lo que se ratificó en otros textos posteriores, y en su marco se adoptaría el Reglamento (UE) nº 995/2010, de 20 de octubre de 2010, por el que se establecen las obligaciones de los agentes que comercializan madera y productos de la madera (DOUE L 295, 12.11.2010), que, junto a la normativa de desarrollo, obligaba a los agentes y empresas que ponen por primera vez en el mercado de la Unión Europea madera o productos de madera a ejecutar un sistema de diligencia debida que asegurara el origen legal de la madera que ponen en el mercado interior.

De una forma similar, la exigencia de la diligencia debida, y su procedimiento de aplicación, se implantó por la Unión Europea en el sector de las materias primas y los minerales, teniendo en cuenta el ejemplo estadounidense[1424]. Así, previamente a la ley estadounidense de 2010, en la Comunicación de 4 de noviembre de 2008, sobre "La iniciativa de las materias primas: cubrir las necesidades fundamentales en Europa para generar crecimiento y empleo", la Comisión ya reconoció que la garantía de un acceso fiable y sin distorsiones a las materias primas constituye un factor importante para la competitividad de la Unión, y en 2011 y 2012 anunció su intención de explorar el modo de incrementar la transparencia a lo largo de la cadena de suministro, incluidos los aspectos de la diligencia debida, y se comprometió a una mayor utilización de los textos en la materia de la OCDE. En este marco, se aprobaría el Reglamento (UE) 2017/821, de 17 de mayo de 2017, por el que se establecen obligaciones en materia de diligencia debida en la cadena de suministro por lo que respecta a los importadores de la Unión de estaño, tantalio y wolframio, sus minerales y

---

1424 Concretamente, la importante *Sec. 1502-Conflict Minerals-Dodd-Frank Wall Street Reform and Consumer Protection Act of 2010* (Public Law 111-203-July 21, 2010-124 Stat. 2213), que obligó a los proveedores de las empresas que cotizan en las Bolsas de Valores estadounidenses a revelar anualmente información sobre el uso de minerales de conflicto en sus productos; considerándose minerales de conflicto las materias primas que directa o indirectamente financian un conflicto armado o dan lugar a violaciones de los derechos humanos o laborales, y refiriéndose específicamente al estaño, tántalo, tungsteno, oro y sus derivados originados en la República Democrática del Congo y los países vecinos.

oro originarios de zonas de conflicto o de alto riesgo (DOUE L 130, 19.5.2017), que establece un sistema de diligencia debida en la cadena de suministro de las empresas, como un proceso continuo, proactivo y reactivo, y a través del cual los agentes económicos supervisan y administran sus compraventas con el fin de garantizar que no contribuyan a conflictos o a los efectos negativos de estos; concretamente, se aplica a los importadores de la UE de estaño, tantalio, wolframio y oro que superen los umbrales establecidos, y se establece que los mismos importadores deben comprobar las mercancías que compran para garantizar que su modo de producción no financie conflictos u otras prácticas ilegales relacionadas.

Asimismo, se introdujo un proceso de diligencia debida por el Reglamento (UE) 2023/1115, de 31 de mayo de 2023, relativo a la comercialización en el mercado de la Unión y a la exportación desde la Unión de determinadas materias primas y productos asociados a la deforestación y la degradación forestal (DOUE L 150, 9.6.2023), que establece normas relativas a la introducción y comercialización en el mercado de la Unión, así como a la exportación desde la Unión, de los productos (enumerados en el anexo I), que contengan o se hayan alimentado o se hayan elaborado utilizando las materias primas pertinentes, concretamente, ganado bovino, cacao, café, palma aceitera, caucho, soja y madera, con el fin de reducir al mínimo la contribución de la Unión a la deforestación y la degradación forestal en todo el mundo y así contribuir a reducir la deforestación mundial, y reducir la contribución de la UE a las emisiones de gases de efecto invernadero y a la pérdida de biodiversidad mundial. Entre las medidas previstas para cumplir estos objetivos, se introduce un proceso de diligencia debida. Así, en efecto, el Reglamento prohíbe introducir en el mercado, comercializar y exportar las materias primas y productos mencionados, excepto si se cumplen todas las condiciones siguientes: que estén libres de deforestación; que hayan sido producidos de conformidad con la legislación pertinente del país de producción, y que estén amparados por una declaración de diligencia debida. A continuación, se establece que, antes de introducir en el mercado los productos señalados o antes de exportarlos, los operadores ejercerán la diligencia debida con respecto a todos los productos mencionados suministrados por cada proveedor, con la finalidad de demostrar el cumplimiento de las condiciones anteriores, que incluirá la recopilación de la información, los datos y los documentos necesarios para cumplir los requisitos previstos, las medidas de evaluación del riesgo establecidas y las medidas de reducción del riesgo contempladas en el Reglamento; debiendo presentar los operadores una declaración de diligencia debida, cuyo contenido y modelo se prevé en el anexo II (entre otros, los datos del operador y de las materias primas y productos pertinentes, el país de producción y geolocalización de las parcelas de terreno en las que se produjeron las materias y el compromiso del ejercicio de la diligencia debida)[1425].

Teniendo en cuenta estos precedentes sectoriales, algunas normas horizontales o parciales de los Estados Miembros sobre estas materias (como, p. ej., Francia en 2017 y Alemania en 2021, y Países Bajos sobre el trabajo infantil en 2019)[1426],

---

1425 Aunque, desde el punto de vista de la política ambiental de la UE la norma es impecable, algunos empresarios de países terceros no están muy de acuerdo con el nuevo Reglamento, como los productores de café de Honduras que advierten de que esta normativa de la UE puede limitar el acceso al mercado europeo al 70% de los agricultores. Ver el enlace: https://www.libremercado.com/2024-09-04/menos-cafe-y-mas-caro-las-importaciones-peligran-gracias-a-la-ley-antideforestacion-de-la-ue-7160175/

1426 En efecto, en la época en que se presenta la propuesta de Directiva, en 2022, Francia (*Loin° 2017-399 du 27 mars 2017 relative au devoir de vigilancee des sociétés mères et des entreprises donneuses d'ordre*, 2017) y Alemania (Ley de debida diligencia en la cadena de suministro-*Sorgfaltspflichtengesetz*, 16 de julio de 2021) ya habían aprobado una ley horizontal de diligencia debida, otros Estados, como Bélgica, los

los textos internacionales citados y otros europeos internos, la Unión Europea iniciará el proceso de elaboración y adopción, en su caso, de una Directiva horizontal sobre diligencia debida en materia de sostenibilidad, concretamente incluyendo medio ambiente y derechos humanos.

Por otra parte, esa propuesta de Directiva enlaza, asimismo, con la filosofía de la UE sobre responsabilidad social y sostenibilidad de las empresas, así como con las normas europeas sobre información no financiera y sobre sostenibilidad, ya analizadas. Así, efectivamente, se mencionan los ámbitos del medio ambiente y de los derechos humanos, como ya hemos analizado, en los documentos estratégicos de la UE sobre responsabilidad social y sostenibilidad de las empresas, y más específicamente se hace referencia a la diligencia debida en alguno de los textos concretos y normas sobre información no financiera y sobre sostenibilidad de las empresas. Así, las directrices adoptadas por la Comisión en 2017 sobre la presentación de informes no financieros (DOUE C215, 5.7.2017), ya mencionadas, conforme con la Directiva de 2014, al modificar la original de 2013, que estableció que el estado no financiero debe contener información que incluya, entre otras cuestiones, una descripción de las políticas que aplica la empresa en relación con dichas cuestiones (medio ambiente, aspectos sociales y sobre derechos humanos, y sobre gobernanza), que integre los procedimientos de diligencia debida aplicados; cuestión que explican y desarrollan las directrices.

Por otra parte, en este mismo sentido, más importante es la mención a la diligencia debida en reforma de la Directiva de 2013 llevada a cabo por la Directiva (UE) 2022/2464, de 14 de diciembre de 2022, ya analizada, pues, al regular la presenta-

---

Países Bajos, Luxemburgo y Suecia, tenían previsto hacerlo, y Países Bajos había aprobado una ley específica sobre el trabajo infantil (*Wet zorgplicht kinderarbeidm*, 2019).

ción de la información sobre sostenibilidad a integrar en los informes de gestión de las empresas, y de gestión consolidado de los grupos de empresas, se prevé (arts. 19 bis y 29 bis de la Directiva de 2013, modificada) que se incluya una descripción del procedimiento de diligencia debida aplicado por la empresa en relación con las cuestiones de sostenibilidad, y, en su caso, en consonancia con los requisitos de la Unión de que las empresas lleven a cabo un procedimiento de diligencia debida, así como los principales efectos negativos reales o potenciales relacionados con las propias actividades de la empresa y con su cadena de valor, incluidos sus productos y servicios, sus relaciones comerciales y su cadena de suministro, y, entre otros ámbitos, las medidas adoptadas para detectar y vigilar dichos efectos y otros efectos negativos que se exija a la empresa detectar con arreglo a otros requisitos de la Unión de llevar a cabo un procedimiento de diligencia debida.

Asimismo, es destacable la Resolución del Parlamento Europeo, de 10 de marzo de 2021, con recomendaciones destinadas a la Comisión sobre diligencia debida de las empresas y responsabilidad corporativa [P9_TA (2021) 0073], que continuaba otras resoluciones de 2020, e incluso unas conclusiones del Consejo de la UE, abogando por la diligencia debida en la actividad empresarial consideró que las normas voluntarias en materia de diligencia debida presentan limitaciones y no han logrado avances significativos para prevenir del menoscabo de los derechos humanos y del medio ambiente, ni para permitir el acceso a la justicia, por lo que la Unión debe adoptar con urgencia requisitos vinculantes para que las empresas identifiquen, evalúen, prevengan, detengan, mitiguen, supervisen, comuniquen, tengan en cuenta, aborden y corrijan los impactos adversos potenciales o efectivos sobre los derechos humanos, el medio ambiente y la buena gobernanza en su cadena de valor

En contexto, la Comisión adoptó, el 23 de febrero de 2022, la propuesta de Directiva sobre diligencia debida de las empresas en materia de sostenibilidad [COM (2022) 71 final,

Bruselas][1427], sobre la base del Pacto Verde Europeo y la legislación ambiental, y los textos y documentos sobre derechos humanos y del niño, y sobre la gobernanza empresarial sostenible, incluyendo la información no financiera y sobre sostenibilidad, como veremos. La propuesta considera que el comportamiento de las empresas de todos los sectores de la economía es fundamental para tener éxito en la transición de la Unión hacia una economía climáticamente neutra y ecológica de acuerdo con el Pacto Verde Europeo y los Objetivos de Desarrollo Sostenible de las Naciones Unidas, incluidos los relacionados con los derechos humanos y con el medio ambiente. Por esto, y dado el número considerable de sus proveedores en la Unión y en terceros países y la complejidad general de las cadenas de valor, las empresas de la UE pueden tener dificultades para identificar y mitigar los riesgos en sus cadenas de valor relacionados con el respeto de los derechos humanos o las repercu-

---

[1427] GUAMÁN HERNÁNDEZ, A., "La Unión Europea y la diligencia debida contexto, propuestas y razones para el paso del *soft* al *hard law*", en ZAMORA CABOT, F. J., SALES PALLARÉS, L., MARULLO, Mª Ch. (dirs.), y otros, *La lucha en clave judicial frente al cambio climático,* Ed. Thomson Reuters-Aranzadi, Cizur Menor (Navarra), 2022; PINILLOS, A. A., y PLANAS, F, "Propuesta de Directiva de Diligencia Debida de la UE: de las limitaciones del *soft law,* a las obligaciones del *hard law*", EY-Ernst & Young, 17 de marzo de 2022 [https://www.ey.com/es_es/rethinking-sustainability/propuesta-de-directiva-de-diligencia-debida-de-la-ue]; PERIBÁÑEZ BLASCO, E., "Nuevas obligaciones de la empresa sobre diligencia debida y reporte en derechos humanos (en la Unión Europea)", *Revista Aequitas,* nº 23/2024, pp. 570-641; DELGADO ARRABAL, Mª. L., "La propuesta de Directiva de diligencia debida medioambiental y de derechos humanos en las cadenas de suministro", en DE PAZ ARIAS, J. Mª., y DELGADO ARRABAL, Mª. L. (Dir.), y otros, *Estudios jurídico sobre sostenibilidad: cambio climático y criterios ESG en España y la Unión Europea,* cit., pp. 447-496, y MARÍN HERNÁNDEZ, S., y SUBIRATS ALCOVERRO, J. (coords.), y otros, *Memento-Dossier Francis Lefebvre Sostenibilidad,* op. cit., pp. 451-460.

siones medioambientales, por lo que la identificación de estos efectos adversos en las cadenas de valor se considera que será más fácil si más empresas ejercen la diligencia debida y, por tanto, se dispone de más datos sobre los efectos adversos sobre los derechos humanos y el medio ambiente.

Estimando que una norma de la UE en materia de diligencia debida de las empresas promovería el respeto de los derechos humanos y la protección del medio ambiente, crearía una igualdad de condiciones para las empresas dentro de la Unión y evitaría la fragmentación derivada de la actuación de los Estados Miembros por sí solos, y que también incluiría a las empresas de terceros países que operan en el mercado europeo, la propuesta de Directiva establece un marco horizontal para fomentar la contribución de las empresas que operan en el mercado único al respeto de los derechos humanos y del medio ambiente en sus propias operaciones y a través de sus cadenas de valor, identificando, previniendo, mitigando y dando cuenta de sus efectos adversos sobre los derechos humanos y el medio ambiente, y contando con una gobernanza, sistemas de gestión y medidas adecuados para este fin.

Después de no pocos debates y problemas en su tramitación, finalmente se aprobó la Directiva (UE) 2024/1760, de 13 de junio de 2024, sobre diligencia debida de las empresas en materia de sostenibilidad (DOUE L 2025/1760, 5.7.2024)[1428], que

---

[1428] TAPIA HERMIDA, A. J., "Decálogo europeo de la diligencia debida de las empresas en materia de sostenibilidad", *Diario La Ley (Grupo Karnov)*, nº 10248/2023, y "La Directiva (UE) 2024/1760, de 13 de junio de 2024, sobre diligencia debida de las empresas en materia de sostenibilidad (1): aspectos generales; (2): bases estructurales y funcionales, y (3): responsabilidades administrativas y civiles derivadas de su incumplimiento", *El Blog de Alberto J. Tapia Hermida*, 8, 9 y 10 de julio de 2024 [https://ajtapia.com/2024/07/la-directiva-ue-2024-1760-de-13-de-junio-de-2024-sobre-diligencia-debida-de-las-empresas-en-materia-de-sostenibilidad-1-aspectos-generales/ y ss.], se basa en los Tratados europeos (según los cdos. 1 y 2 en los arts. 2 y 191-TFUE, y en la Carta de Derechos Fundamentales de la UE, pero jurídicamente se basa en los arts. 50 y 114, sobre el mercado interior, lo cual no parece suficiente para avalar el intervencionismo público sobre las empresas privadas que permite y promueve), en algunos textos internacionales de la ONU y la OCDE, ya mencionados, y en varias normas y textos de la propia UE en materia de medio ambiente, sin mencionarse, sin embargo (lo cual sorprende, pues así la larguísima exposición de motivos, con nada menos que 99 considerandos, hubiera quedado más completa), ningún texto estratégico relativo a la sostenibilidad de las empresas, aunque algunas de las normas en esta materia citadas antes sí se incluyen.

La Directiva (cdo. 16) tiene por objeto garantizar que las empresas que operan en el mercado interior contribuyan al desarrollo sostenible y a la transición hacia la sostenibilidad de las economías y las sociedades mediante la detección y, cuando sea necesario, priorización, prevención, mitigación, eliminación, minimización y reparación de los efectos adversos reales o potenciales para los derechos humanos y el medio ambiente relacionados con las propias operaciones de las empresas, las operaciones de sus filiales y sus socios comerciales en las cadenas de actividades de las empresas, así como garantizando que los afectados por el incumplimiento de este deber tengan acceso a la justicia y a vías de recurso.

La Directiva (art. 2) y, por tanto, las obligaciones y requisitos de diligencia debida previstos no se aplican a todas las empresas constituidas con arreglo al Derecho de un Estado Miembro, sino únicamente a grandes empresas (que, como regla, tengan una media de más de 1.000 empleados y un volumen

---

y SERRANO ESTEBAN, A. I., "Análisis de la Directiva sobre Diligencia Debida de las empresas en materia de sostenibilidad (CSDDD) de 24 de abril de 2024", *Revista Aranzadi Doctrinal*, nº 7/2024.

de negocios mundial neto superior a 450 millones de euros; aunque el precepto los precisa y matiza según diversas circunstancias, como, p. ej., que a las empresas constituidas según la legislación de un país tercero no se les aplica el requisito de los empleados).

Formalmente, la Directiva (art. 1) establece normas sobre:

- las obligaciones que incumben a las empresas en relación con los efectos adversos, reales y potenciales, para los derechos humanos y el medio ambiente de sus propias operaciones, de las operaciones de sus filiales y de las operaciones efectuadas por sus socios comerciales en las cadenas de actividades de dichas empresas (concepto que sustituye al de cadenas de valor ya que éstas no siempre era fácil identificarlas completamente);
- la responsabilidad que se deriva del incumplimiento de las obligaciones anteriores, y
- la obligación de las empresas de adoptar y llevar a efecto un plan de transición para la mitigación del cambio climático que tenga por objeto garantizar, poniendo todos los medios para ello, la compatibilidad del modelo de negocio y de la estrategia de la empresa con la transición a una economía sostenible y con la limitación del calentamiento global a 1,5°C de acuerdo con el Acuerdo de París de 2015.

En relación con su aplicación, se prevé (art. 2-2° y 3°) que la propia Directiva no podrá constituir una causa de disminución del nivel de protección de los derechos humanos, laborales y sociales, del medio ambiente o del clima establecido por el Derecho de los Estados Miembros o por los convenios colectivos aplicables en el momento de su adopción, y que la misma se entenderá sin perjuicio de las obligaciones en materia de derechos humanos, laborales y sociales, y protección del medio ambiente y lucha contra el cambio climático que se establecen en otras normas de la Unión, y se prevé que, si alguna disposición de la Directiva entrase en conflicto con una norma europea que persiga los mismos objetivos y establezca obligaciones más amplias o más específicas, la disposición de esa otra norma prevalecerá en el ámbito del conflicto y se aplicará a esas obligaciones específicas. No obstante, en relación con el nivel de armonización, se establece (art. 4) que los Estados Miembros no introducirán en su Ordenamiento disposiciones que prevean obligaciones de diligencia debida en materia de derechos humanos y medio ambiente que difieran de las previstas (concretamente, en los arts. 8-1° y 2°, 10-1°, y 11-1°, que veremos inmediatamente), y se permite que los Estados Miembros introduzcan disposiciones más estrictas, que difieran de estas últimas, o más específicas en cuanto al objetivo o al ámbito de aplicación, con el fin de alcanzar un nivel diferente de protección de los derechos humanos, laborales y sociales, el medio ambiente o el clima.

A continuación, y es su parte central y esencial, la nueva Directiva prescribe (art. 5) que los Estados Miembros velarán por que las empresas actúen, en materia de derechos humanos y medio ambiente, con diligencia debida basada en el riesgo conforme a los arts. 7 a 16, a través de las acciones siguientes:

- integración de la diligencia debida en sus políticas y sus sistemas de gestión de riesgos;
- detección y evaluación de los efectos adversos reales o potenciales, y, cuando sea necesario, priorización de los efectos adversos reales y potenciales;
- prevención y mitigación de los efectos adversos potenciales, eliminación de los efectos adversos reales y minimización de su alcance;
- reparación de los efectos adversos reales;
- desarrollo de una colaboración constructiva con las partes interesadas;

- establecimiento y mantenimiento de un mecanismo de notificación y un procedimiento de reclamación; y
- comunicación pública sobre diligencia debida.

De acuerdo con este modelo (art, 7), en primer lugar, los Estados Miembros deben velar por que las empresas integren la diligencia debida en todas sus políticas y en sus sistemas de gestión de riesgos y que cuenten con una política de diligencia debida basada en el riesgo, que se elaborará previa consulta a los empleados de la empresa y sus representantes y que se actualizara debidamente; la cual constará de los siguientes elementos:

- una descripción del enfoque aplicado por la empresa, incluso a largo plazo, a la diligencia debida;
- un código de conducta con las normas y principios que deben seguirse en toda la empresa y sus filiales, así como los socios comerciales directos o indirectos de la empresa, y
- una descripción de los procesos establecidos para integrar la diligencia debida en las políticas de la empresa y aplicarla, incluidas las medidas del código de conducta.

A continuación, los Estados miembros se asegurarán de que las empresas adoptan las medidas adecuadas para detectar y evaluar los efectos adversos reales y potenciales que se deriven de sus propias operaciones o de las de sus filiales y, cuando tengan relación con sus cadenas de actividades, de sus socios comerciales (art. 8). Para ello, las empresas procederán a inventariar sus propias operaciones, las de sus filiales y hasta las de sus socios comerciales, para determinar ámbitos generales en los que es más probable que se produzcan efectos adversos y más graves, y, sobre la base del inventario deberán realizar una evaluación en profundidad de sus propias operaciones, las de sus filiales y hasta las de sus socios comerciales en esos ámbitos mencionados. Por otra parte, en relación con estos efectos, el art. 9 establece que, cuando no sea posible prevenir, mitigar, eliminar o minimizar al mismo tiempo y en toda su extensión todos los efectos adversos detectados, las empresas deberán dar prioridad a los efectos adversos detectados; priorización que se basará en la gravedad y la probabilidad de estos efectos.

Además, se prevé (art. 10) que las empresas deberán adoptar medidas adecuadas para prevenir o, cuando la prevención no sea posible o no lo sea de forma inmediata, mitigar suficientemente los efectos adversos potenciales que se hayan detectado o que deberían haberse detectado conforme a los preceptos anteriores. Para determinar esas medidas, se tendrá en cuenta si los efectos adversos potenciales podrían ser causados únicamente por la empresa o juntamente con una filial o un socio comercial, o únicamente por este último; si esos efectos podrían producirse en las operaciones de una filial, un socio comercial directo o un socio comercial indirecto, y la capacidad de la empresa para influir en el socio comercial que pudiera ser causante, ya sea individual o conjuntamente, del efecto adverso potencial.

Asimismo, aunque de forma poco clara (a pesar de ser exigencias importantes), se establece que "*cuando corresponda*", se exigirá a las empresas que adopten medidas adecuadas, tales como: la elaboración de un plan de acción preventiva (con plazos, medidas, indicadores, etc.); recabar a los socios comerciales directos garantías (con medidas de comprobación del cumplimiento) que avalen el cumplimiento del código de conducta y en su caso el plan de acción preventiva; realizar inversiones financieras o no financieras, y ajustes o mejoras necesarios; modificar o mejorar el plan de negocio de las empresa, sus estrategias y operaciones; apoyar a los socios que sean pymes o colaborar con otras entidades para aumentar la capacidad de la empresa en este ámbito. Pero, es más, si los efectos adversos potenciales no de pudieran impedir o mitigar con las medidas señaladas, la Directiva prevé que la empresa estará obligada a abstenerse de entablar nuevas relaciones o ampliar las existentes con el socio comercial en cuyas actividad han surgido los efectos señalados, y, como último recurso, adoptará y ejecutará sin demora un plan de acción preventiva mejorado para los efectos adversos específicos, incluyendo la suspensión temporal de las relaciones, o, si no existen expectativas razonables del éxitos de estas medidas, nada menos, "*poner fin a la relación comercial con respecto con respecto a las actividades en cuestión si los efectos adversos potenciales son graves*", aunque antes de adoptar estas drásticas decisiones, al menos, se prevé la realización por la empresa de una evaluación razonable de la situación.

Seguidamente (arts. 11 y 12), las empresas deberán adoptar las medidas adecuadas para eliminar los efectos adversos reales que se hayan detectado, o que deberían haberse detectado, de acuerdo con el modelo de actuación regulado, para lo cual se han de tener en cuenta y se adoptarán medidas similares a los casos de efectos adversos potenciales, así como medidas para reparar un efecto adverso real que haya causado por sí misma o conjuntamente.

Como complemento al modelo de diligencia debida establecido, los Estados Miembros velarán por que las empresas lleven a cabo evaluaciones periódicas de sus propias operaciones y medidas, de las de sus filiales y, cuando estén relacionadas con la cadena de actividades de la empresa, de las de sus socios comerciales, con el fin de evaluar su aplicación y supervisar la adecuación y eficacia de las actividades de detección, prevención, mitigación, eliminación y minimización del alcance de los efectos adversos (art. 15).

Por otra parte, también se prevé (art. 22) que las empresas adopten y pongan en práctica un plan de transición para la mitigación del cambio climático, encaminado a garantizar que, mediante sus mejores esfuerzos, su modelo de negocio y su estrategia sean compatibles con la transición hacia una economía sostenible y con la limitación del calentamiento global a 1,5° C, conforme con el Acuerdo de París y con la legislación europea en la materia, y se establece con detalle su contenido (objetivos para 2030 y por etapas de cinco años hasta 2050, descripción de las palancas de descarbonización y de las acciones clave para cumplirlos, cuantificación y explicación de las inversiones y la financiación para apoyar el plan señalado y una descripción de la gobernanza del plan). Obligación que se entiende cumplida si la empresa ha notificado ya su adopción de acuerdo con la Directiva sobre información de sostenibilidad.

Además de las importantes exigencias anteriores, por un lado, se regula (arts. 13) la colaboración constructiva con las partes interesadas, por la cual las empresas deben tomar medidas adecuadas para colaborar de forma efectiva con las partes interesadas, en relación con las cuestiones anteriores, estableciéndose un sistema solicitud de información (sin perjuicio de la normativa sobre secretos comerciales y empresariales) y de consultas constructivas entre ambas partes en el proceso de diligencia debida, y previendo también la consulta de la empresa con expertos.

Por otro lado, se prevé (art. 14) un inédito mecanismo de notificación y procedimiento de reclamación, mediante el cual las personas y entidades interesadas, que se señalan, puedan presentar reclamaciones ante ellas cuando dichas personas o entidades alberguen inquietudes legítimas en cuanto a los efectos adversos, reales o potenciales con respecto a las propias operaciones de las empresas, las operaciones de sus filiales o las operaciones de sus socios comerciales en las cadenas de actividades de las empresas.

A efectos de este procedimiento, se consideran partes interesadas a: las personas físicas o jurídicas que se vean afectadas o que tengan motivos fundados para pensar que podrían verse afectadas por un efecto adverso, y sus representantes legítimos, como organizaciones de la sociedad civil y defensores de los derechos humanos; los sindicatos y otros representantes de los trabajadores que representen a las personas físicas que trabajen en la cadena de actividades de que se trate, y las organizaciones de la sociedad civil activas y con experiencia en los ámbitos relacionados con el efecto adverso para el medio ambiente que sea objeto de la reclamación.

En este procedimiento, prescribe la Directiva que los Estados Miembros se asegurarán de que los reclamantes tengan derecho a solicitar que la empresa de seguimiento adecuado a la reclamación, a reunirse con representantes de la empresa al nivel apropiado y a ser informados de las razones por la empresa de las razones por las que su reclamación ha sido considerada fundada o infundada, y en el primer caso les informen sobre los pasos y medidas adoptadas o que se vayan a adoptar. Asimismo, se prevé que el mecanismo de presentación de la reclamación sea accesible, que las mismas puedan realizarse de forma anónima o confidencial; evitándose cualquier forma de represalia para los reclamantes y debiendo asegurarse la confidencialidad de su identidad.

Las empresas deben informar de los aspectos regulados por la Directiva mediante la publicación en su sitio web de una declaración anual, cuyo contenido será regulado por la Comisión, teniendo en cuenta la regulación de la información sobre sostenibilidad, ya analizada, y que tal información sea accesible a través del punto de acceso único europeo, establecido en 2023 (arts. 16 y 17).

Con la finalidad de apoyar a las empresas y a las autoridades de los Estados Miembros en cuanto al cumplimiento de las obligaciones previstas para las primeras, la Comisión aprobará orientaciones sobre cláusulas contractuales tipo voluntarias, directrices, p. ej., de carácter general y para sectores específicos o efectos adversos específicos, y otras medidas de acompañamiento, y creará un servicio de ayuda único (arts. 18 a 21).

La Directiva sobre diligencia debida establece (arts. 24 y 25) la obligación de los Estados Miembros de designar una o varias autoridades encargadas de controlar el cumplimiento de las obligaciones establecidas, que tengan las competencias y los recursos adecuados para desempeñar esas funciones, incluyendo la facultad de exigir a las empresas que proporcionen información y llevar a cabo las investigaciones requeridas (de oficio o requeridas), inspecciones y supervisen la elaboración del plan sobre el cambio climático, señalado. Estas autoridades de control tendrán, como mínimo, competencias para ordenar que la empresa cese las infracciones previstas (por el Derecho nacional relacionado con la Directiva, como veremos), que se abstenga de toda repetición de esa conducta y que, en su caso, efectúe una reparación proporcionada a la infracción y necesaria para ponerle fin; para imponer las sanciones previstas y para adoptar medidas provisionales en caso de riesgo inminente de daño grave e irreparable. En todo caso, se garantiza que toda persona física o jurídica tenga derecho a un recurso judicial efectivo contra cualquier decisión jurídicamente vinculante de una autoridad de control que le afecte, de conformidad con el Derecho nacional. Las decisiones de las autoridades de control respecto al cumplimiento por parte de una empresa de las disposiciones relativas a esta Directiva se entenderán sin perjuicio de la responsabilidad civil de la empresa en cuestión (que se prevé en el art. 29). La Comisión creará un Red Europea de Autoridades de Control (art. 28).

Además, se prevé (art. 26) que toda persona física o jurídica tiene derecho a exponer sus inquietudes fundadas, a través de canales de fácil acceso, a cualquier autoridad de control cuando tenga motivos para pensar, a partir de circunstancias objetivas, que una empresa está incumpliendo las disposiciones nacionales relacionadas con la Directiva; inquietudes fundadas que serán evaluadas por las autoridades de control en un plazo adecuado y, cuando corresponda, ejercer las competencias señaladas.

Como hemos señalado, la Directiva prevé (art. 27) que los Estados Miembros establezcan el régimen de sanciones, incluidas sanciones pecuniarias, aplicable a cualquier infracción de las disposiciones de Derecho nacional adoptadas al amparo de la presente Directiva y adoptarán todas las medidas necesarias para garantizar su ejecución; sanciones que deberán ser efectivas, proporcionadas y disuasorias, y estableciéndose las condiciones y requisitos para su imposición (naturaleza, gravedad y duración de la infracción, inversiones realizadas, infracciones previas cometidas, beneficios económicos obtenidos, etc.).

Además, la Directiva regula la responsabilidad civil de las empresas y derecho a una indemnización íntegra (art. 29)[1429], estableciendo que una empresa pueda ser considerada responsable de los daños causados a una persona física o jurídica, siempre que la empresa haya incumplido, de forma deliberada o por negligencia, las obligaciones establecidas en los arts. 10 y 11, cuando el derecho, la prohibición o la obligación enumerados en el anexo de la Directiva (en materia de derechos humanos y medio ambiente) tengan por objeto proteger a la persona física o jurídica, y cuando, como consecuencia del incumplimiento anterior, se haya causado un daño a los intereses jurídicos de la persona física o jurídica protegidos. Cuando una empresa sea considerada responsable, según lo anterior, se prevé que una persona física o jurídica tendrá derecho a una indemnización íntegra por los daños sufridos; indemnización que no conllevará una compensación excesiva, ya sea mediante indemnizaciones punitivas, múltiples o de otro tipo. Además, se regulan diversos aspectos relativos a la interposición de demandas por daños y perjuicios (prescripción, etc.), las costas procesales, medidas de cesación, autorizar a un sindicato, una organización no gubernamental en el ámbito de los derechos humanos o el medio ambiente u otra organización no guber-

---

1429 GRAS SAGRERA, J., BERNAUS JOVELL, M., "La responsabilidad civil de los administradores sociales por incumplimiento del deber de diligencia en materia de criterios de sostenibilidad", en DE PAZ ARIAS, J. Mª., y DELGADO ARRABAL, Mª. L. (Dir.), y otros, *Estudios jurídico sobre sostenibilidad: cambio climático y criterios ESG en España y la Unión Europea*, cit., pp. 539-560.

namental y otras a que interpongan demandas para hacer valer los derechos de la parte presuntamente perjudicada, sin perjuicio de las normas nacionales de procedimiento civil, etc.

Por otra parte, los Estados Miembros velarán por que el cumplimiento de las obligaciones derivadas de las disposiciones de Derecho nacional por las que se transpone la Directiva, o su aplicación voluntaria, se considere un aspecto medioambiental o social que los poderes adjudicadores pueden, de conformidad con las Directivas sobre contratación pública de 2014, tener en cuenta como parte de los criterios de adjudicación de los contratos públicos y los contratos de concesión, y como condición medioambiental o social que los poderes adjudicadores pueden, de conformidad con dichas Directivas, establecer en relación con la ejecución de dichos contratos (art. 31).

Sin perjuicio de otras disposiciones, la Directiva finaliza regulando la adopción de actos delegados, su propia revisión y la presentación de informes de cumplimiento, su trasposición y entrada en vigor (arts. 34 a 39).

Finalmente, la Directiva incorpora un anexo clave, en el que se incluyen, a efectos de lo previsto en los correspondientes preceptos, los derechos y prohibiciones incluidos en instrumentos internacionales sobre derechos humanos (p. ej., el derecho a la vida, la prohibición de la tortura y los tratos crueles, la prohibición de injerencias en la libertad de pensamiento, de conciencia y de religión, el derecho a disfrutar de condiciones de trabajo equitativas y satisfactorias, etc.), los instrumentos sobre derechos humanos y libertades fundamentales y las prohibiciones y obligaciones incluidas en instrumentos medioambientales (p. ej., evitar o reducir al mínimo los efectos adversos para la diversidad biológica y para los bienes considerados como patrimonio natural, la prohibición del uso de mercurio o sus compuestos, la prohibición de exportar desechos peligrosos u otros, la prohibición de producir y utilizar determinadas sustancias químicas o la obligación de prevenir la contaminación por los buques); aunque debe señalarse que son muchos los Tratados internacionales incluidos, y en muchos casos, en relación con las obligaciones de las empresas, son poco claros y de difícil aplicación a estas, y otras menciones de esos textos es dudoso que puedan ser aplicados a las relaciones entre empresas privadas y particulares, y en otros casos pueden incidir en terceros Estados, con lo que aumenta la inseguridad jurídica.

Esta nueva Directiva, ciertamente, constituye un avance muy destacable de la política ambiental de la Unión Europea (y en también en relación con los derechos humanos), al incluir, y exigir, obligaciones importantes de las empresas en materia medioambiental. Sin embargo, el texto avala un profundo intervencionismo público sobre las empresas, sobre el sector privado en suma, con previsiones, redactadas con poca precisión (dicho sea de paso), que exceden de las prescripciones del Ordenamiento europeo. En efecto, la Directiva, con carácter general, incluye obligaciones más estrictas que las establecidas en la legislación europea sectorial, p. ej., en materia de control integrado de la contaminación-emisiones industriales y de los correspondientes ámbitos (aguas, aire, etc.); exceso que también se produce en la regulación de la eliminación y reparación de los denominados efectos adversos reales de la empresa en relación con la legislación sobre responsabilidad medioambiental, y tampoco se atiene al Derecho Ambiental europeo la previsión del sistema de acceso a la información ambiental de la empresa (privada), al no estar prevista en la legislación que la regula, exclusivamente en relación con los Poderes Públicos, ni la regulación en la Directiva de la responsabilidad civil de las empresas y el derecho a una indemnización, que excede de la normativa europea sobre responsabilidad medioambiental.

La Directiva, sin perjuicio de algunos aspectos muy positivos, es fiel reflejo del denominado "*tsunami regulatorio*", e intervencionista, al que apunta la Unión Europea desde hace algún tiempo, que, como se ha señalado, está provocando una avalancha regulatoria en materia de sostenibilidad de tal magnitud que va a provocar un cambio sistémico en la manera de gestionar las empresas en Europa[1430], en particular en relación con algunas cuestiones concretas (gestión de madera, materias primas, diamantes, café, cacao, ganado bovino, etc.), si bien ahora ese proceso intervencionista público se hace con carácter general y transversal con el concepto (muy amplio) de diligencia debida, y el proceso de su plasmación en ámbitos ya de por sí muy extensos, como la sostenibilidad (incluyendo medio ambiente, aspectos sociales y derechos humanos y gobernanza). Y lo más importante, los efectos de estas nuevas obligaciones y cargas administrativas de las empresas sujetas a la Directiva pueden provocar problemas de competitividad empresarial, en particular a nivel global., y, por otra parte, generarán sin duda un aumento de la litigiosidad en relación a su cumplimiento, o no.

Finalmente, la Directiva (UE) 2025/794, de 14 de abril de 2025 (DOUE L, 16.4.2025), ha ampliado los plazos establecidos para que las empresas remitan la información requerida.

1430 CASTILLA VIDA, A., ANDREU PINILLOS, A., GARCÍA TEJERINA, I., y GARCÍA VALERA, A., "Sostenibilidad. El *Tsunami* regulatorio que viene" I, II y III, *EY (Ernst & Young)*, abril 2021, junio 2022 y marzo 2024 [https://www.ey.com/es_es]; DELGADO ARRABAL, Mª. L., "La propuesta de Directiva de diligencia debida medioambiental y de derechos humanos en las cadenas de suministro", en DE PAZ ARIAS, J. Mª., y DELGADO ARRABAL, Mª. L. (Dir.), y otros, *Estudios jurídico sobre sostenibilidad: cambio climático y criterios ESG en España y la Unión Europea*, cit., pp. 489-495, y FANJUL, E., *Obligaciones de Debida Diligencia en cuestiones de sostenibilidad en el marco de la Unión Europea: la perspectiva empresarial*, Ed. Fundación Universitaria San Pablo CEU, Madrid, 2023.

Capítulo XIII.

La movilidad sostenible como objetivo a nivel internacional, europeo y nacional

MIGUEL ÁNGEL GONZÁLEZ IGLESIAS
Prof. Titular del Área de Derecho Administrativo
Universidad de Salamanca

1.- INTRODUCCIÓN

La movilidad y el transporte, este como soporte o instrumento que posibilita su realización efectiva, juegan actualmente un papel esencial para todos nosotros al constituirse en factores clave que facilitan nuestra vida económica y social. En efecto, sin la interconexión de ambos resultaría muy difícil el desplazamiento a los centros de trabajo, la visita a nuestros familiares y amistades o hacer turismo, así como garantizar el suministro de las cadenas de abastecimiento de bienes y servicios[1431].

1431 Con la pandemia del COVID-19 se confirmó que, para sortear cualquier crisis, resulta fundamental preservar las cadenas de suministro

Ahora bien, aunque la movilidad y el transporte nos aportan indudables beneficios, también originan importantes efectos negativos; entre ellos: la congestión, las emisiones de GEI, la contaminación atmosférica, acústica y del agua, los accidentes de tráfico y la pérdida de biodiversidad, todo lo cual repercute en nuestra salud y bienestar. Por ello, cualquier política de movilidad y de transporte que se proyecte y apruebe por parte de las instituciones y administraciones públicas debe tener como eje central a las personas pues aquellas incidirán en su salud, en su bienestar y en su calidad de vida, además de que sirvan y ayuden a la consecución de otros objetivos importantes, tales como la protección del medio ambiente y la lucha contra el cambio climático.

De esta manera, la movilidad, entendida genéricamente como la capacidad y libertad de desplazarse, debería ser un derecho de todos los ciudadanos[1432]; un derecho cuyo ejercicio y disfrute debería ser disponible, accesible y asequible; es decir, ser económicamente viable y al alcance de todas las personas[1433].

a través de los sistemas de transporte existentes. Así se reconoce en la Comunicación de la Comisión al Parlamento Europeo, al Consejo, al Comité Económico y Social Europeo y al Comité de las Regiones, titulada: "Estrategia de Movilidad sostenible e inteligente: encauzar el transporte europeo de cara al futuro"; COM (2020) 789 final, de 9 de diciembre de 2020, p.1.

1432 A favor del reconocimiento de este nuevo derecho a la movilidad sostenible se postula CASTRO LÓPEZ, Mª del P., "La movilidad sostenible, ¿un nuevo derecho?"; en: GONZÁLEZ RÍOS, Isabel y ÁVILA RODRÍGUEZ, Carmen María (Dirs.), Transición Energética y Digital Justa en el Ámbito de los Transportes, Aranzadi, Navarra, 2023, pp.123 a 161.

1433 Ver Comunicación de la Comisión titulada: "Estrategia de movilidad sostenible e inteligente: encauzar el transporte europeo de cara al futuro"; COM (2020) 789 final, de 9 de diciembre de 2020, p.2.

Ahora bien, la movilidad y el sector del transporte están atravesando una época de profundos cambios para dar respuesta efectiva y eficiente a los problemas actuales: en particular, el relativo a su sostenibilidad y el de la reducción significativa de sus emisiones para luchar contra el cambio climático. Y para afrontarlos con éxito se debería apostar por la "ecologización" de la movilidad y del transporte lo que implica que su estructura debería basarse en un sistema de transporte multimodal, tanto de pasajeros como de mercancías, eficiente e interconectado, que esté reforzado por una red de trenes de alta velocidad asequibles, por abundantes infraestructuras de recarga y repostaje para vehículos de emisión cero y una oferta de combustibles renovables e hipocarbónicos, así como por una movilidad inteligente, más limpia y activa en ciudades más ecológicas que contribuyan al buen estado de la salud y el bienestar de sus ciudadanos[1434].

1434 A esta ecologización de la movilidad y el sector del transporte se alude ya en la Comunicación de la Comisión: "Estrategia de movilidad sostenible e inteligente: encauzar el transporte europeo de cara al futuro"; COM (2020) 789 final, de 9 de diciembre de 2020, p. 2. Recordar que la 28ª Conferencia de las Partes de la Convención Marco de las Naciones Unidas sobre el Cambio Climático, celebrada en Dubai (Emiratos Árabes Unidos), del 30 de noviembre al 12 de diciembre de 2023, ha hecho un llamamiento a alejarse de los combustibles fósiles. Disponible en https://www.un.org/es/climatechange/cop28.

También, sobre la ecologización de la movilidad: ÁVILA RODRIGUEZ, Carmen María: "Marco programático y normativo del sistema de transporte a partir del Pacto Verde Europeo y su desarrollo en España: hacia la movilidad sostenible, segura y conectada", en GONZÁLEZ RÍOS, Isabel y ÁVILA RODRÍGUEZ, Carmen María (Dirs.). Transición Energética y Digital Justa en el Ámbito de los Transportes, Aranzadi, 2023, p. 41 y FORTES MARTÍN, Antonio: Los desplazamientos sostenibles en el derecho a la ciudad, Iustel Publicaciones, 2021.

En efecto, aunque es en las ciudades donde se sufren más directamente los impactos negativos de la movilidad y del transporte -congestión, accidentes, mala calidad del aire, ruido, etc.-, también es cierto que, mediante la adecuada planificación de la movilidad, surgen distintas alternativas a la utilización del vehículo privado, lo que permite tanto reducir las emisiones como lograr desplazamientos más rápidos –por ejemplo, promoviendo la movilidad activa: a pie o en bicicleta, junto con el uso del transporte público-. En definitiva, ello exigirá una importante transformación que brindará más oportunidades para la mejora de nuestra calidad de vida, para que la industria se modernice, para que se creen nuevos puestos de trabajo, para que se desarrollen nuevos productos y servicios y se refuerce la competitividad.

En todo caso, hemos de ser conscientes que la movilidad y el sector del transporte es un sistema complejo que se basa en la interacción de infraestructuras, vehículos, tecnologías de la información, normas y comportamientos que han de apostar por una visión común de cambio[1435].

Por último, existen algunas disposiciones normativas y, sobre todo, un amplio abanico de planes y estrategias a nivel internacional, europeo y nacional que reconocen y apuestan por la movilidad sostenible, a los que se prestará la atención oportuna; si bien, con carácter previo, deberá apuntalarse,

---

1435 Todo ello permitirá transformar el transporte y hacerlo más eficiente, limpio, seguro y fiable no se podrá lograr sólo a través de un pequeño número de intervenciones seleccionadas. Todos estos elementos deben formar parte de una visión común de cambio. Sobre ello, me remito al Informe del Parlamento Europeo sobre la aplicación del Libro Blanco de 2011 sobre el transporte: hacer balance y avanzar hacia una movilidad sostenible, de 29 de julio de 2015 (2015/2005 (INI)) A8-0246/2015.

delimitarse y definirse qué se entiende por movilidad sostenible actualmente.

2.- CONCEPTO DE MOVILIDAD SOSTENIBLE.

Desde el punto de vista jurídico la búsqueda de un concepto de movilidad sostenible no es una cuestión sencilla. Así es, su noción se dificulta, primero, por la utilización de dos términos: movilidad y transporte, como asimilables o sinónimos cuando no lo son; y, segundo, porque a la movilidad se le han ido añadiendo otros adjetivos -tales como: inteligente, inclusiva, etc.- lo cual no ayuda a la delimitación correcta y concreta del término[1436].

En primer lugar, debe tenerse presente que el concepto de movilidad sostenible es más amplio que el concepto de transporte, y, también que, aunque el transporte no es sinónimo de movilidad, sí es uno de los soportes o instrumentos que facilita o posibilita la movilidad.

En efecto, el transporte sería aquella "actividad económica que tiene por objeto el servicio de traslado o desplazamiento de personas y/o mercancías"[1437]; mientras que el concepto de movilidad sostenible es más amplio que la actividad de ordenación exclusiva del transporte, dado que el mismo no sólo se circunscribe a la regulación del tráfico y los desplazamientos, sino que incluye "las cuestiones específicas de la planificación y gestión de las diferentes infraestructuras y medios de transportes

---

[1436] Sobre ello, CASTRO LÓPEZ, María del Pilar: "La movilidad sostenible, ¿un nuevo derecho?; en GONZÁLEZ RÍOS, Isabel y ÁVILA RODRÍGUEZ, Carmen María (Dirs.): Transición Energética y Digital Justa en el Ámbito de los Transportes, Aranzadi, 2023, p. 135.

[1437] Así, FORTES MARTÍN, Antonio: Los desplazamientos sostenibles en el derecho a la ciudad; Iustel, 2021, p.37.

y movilidad, de accesibilidad a los servicios públicos, de control de la contaminación atmosférica y acústica derivada del uso de vehículos de motor, de ahorro y de eficiencia energética"[1438]. Estamos, pues, ante un concepto "multifactorial, sinérgico y necesariamente transversal en cuanto a sus componentes y materialización"[1439].

Más sencillamente, el concepto de movilidad sostenible[1440] englobaría el conjunto de procesos y acciones orientados al

---

1438 Así, MELLADO RUIZ, Lorenzo: "Transporte y movilidad sostenible", en GONZÁLEZ RÍOS, Isabel (Dir.) Estudios jurídicos hispano-lusos de los servicios en red (energía, telecomunicaciones y transportes) y su incidencia en los espacios naturales protegido; Dykinson, Madrid, 2015, p. 156.

1439 MELLADO RUIZ, Lorenzo: "Marco regulador de la movilidad urbana sostenible en el ámbito local" en FORTES MARTÍN, Antonio (Dir.) Movilidad Urbana Sostenible y acción administrativa. Perspectiva social, estrategias jurídicas y políticas públicas de movilidad en el ámbito urbano, Thomson Reuters Aranzadi, 2019, p.156.

1440 Que extraemos o deducimos tanto del anexo I de la Estrategia Española de Movilidad Sostenible de 2009 (disponible en: https://www.miteco.gob.es/es/calidad-y-evaluacion-ambiental/participacion-publica/estrategia_esp_movilidad.html.), como de los arts. 99 y 100 de la Ley 2/2011, de 4 de marzo, de Economía Sostenible (BOE nº 55, de 5 de marzo de 2011) y del art. 2.1, letra m) del Proyecto de Ley de Movilidad Sostenible de 23 de febrero de 2024 (Proyecto de Ley 121/000009, de 23 de febrero de 2024, que se encuentra disponible en: https://www.congreso.es/public_oficiales/L15/CONG/BOCG/A/BOCG-15-A-9-1.PDF). Si bien es cierto que, como apunta CASTRO LÓPEZ, el concepto aportado por el Proyecto de Ley de Movilidad Sostenible es más amplio que el previsto por la Estrategia de Movilidad Sostenible de 2009, que reconoce como rasgos esenciales del concepto de movilidad sostenible, primero, la exigencia de satisfacer las necesidades de desplazamientos en un tiempo y con un coste razonables para el conjunto de la sociedad apuntalado en un sistema de transportes seguro y eficaz; y, segundo, la reducción de los impactos negativos del transporte sobre el medio ambiente y la salud. También se hace referencia, en el concepto, a la equidad y a la

desplazamiento de personas y bienes en el territorio para acceder a las actividades y servicios, con un coste económicamente razonable y que minimiza los efectos negativos sobre el entorno, sobre el medio ambiente y sobre la calidad de vida de las personas.

Por otra parte, también aludíamos a la dificultad que representa para dar un concepto de movilidad sostenible el hecho de que aparezca rodeada junto a otros adjetivos (inteligente, inclusiva, accesible etc.) que pueden terminar por difuminar su verdadera esencia. Pues bien, consideramos que todos estos adjetivos son meros atributos, complementos o instrumentos que ayudan a la consecución de la movilidad sostenible. El recurso a las nuevas tecnologías para facilitar la movilidad en las ciudades es útil y necesario actualmente, pero es un mero instrumento para conseguir esa movilidad sostenible[1441]. También la movilidad sostenible ha de ser inclusiva, pero es que la movilidad, para ser sostenible, debe de integrar a todos los ciudadanos, con independencia de sus condiciones y circunstancias.

Para concluir, debe advertirse que aunque el concepto de movilidad sostenible no se constriñe exclusivamente al ámbito urbano, lo cierto es que es en las ciudades donde, particularmente, se sufren los impactos negativos derivados de la congestión generada por los automóviles propulsados por combustibles fósiles. Por ello, no debe sorprendernos que las políticas de movilidad hayan ido dirigidas, en gran medida, a intentar solucionar o paliar los graves problemas de ruido, de calidad del aire o de salud, tanto en las ciudades como en los ámbitos metropolitanos.

---

inclusividad como elementos esenciales de la movilidad sostenible. Sobre ello, CASTRO LÓPEZ, María del Pilar; op. cit., pp.137-138.

1441 Sobre ello, MORA RUIZ, Manuela (Dir^{a}.): Smart Cities, Innovación Social y Jurídica o el reto de la transición ecológica, Tirant lo Blanch, Valencia, 2021.

3.- EL CONTEXTO INTERNACIONAL, EUROPEO Y NACIONAL EN MATERIA DE MOVILIDAD SOSTENIBLE

Actualmente, por su carácter transversal, se ha apostado por la aprobación de múltiples documentos, planes y estrategias con el objetivo de alcanzar esa movilidad sostenible, dada la importancia que dicha meta ha alcanzado en el ámbito de las distintas políticas públicas (medio ambiente, transporte, infraestructuras, lucha contra el cambio climático, digitalización, etc.). Por todo ello, a continuación, se expondrán los planes y estrategias más relevantes que se han adoptado a nivel internacional, europeo y nacional para alcanzar esa movilidad sostenible, pero diferenciando aquellos que específicamente tratan la movilidad y el transporte para hacerlos más sostenibles de los que van dirigidos a mitigar los efectos del cambio climático a través de la reducción de GEI provocados por esa misma movilidad y transporte.

3.1. El marco facilitador de las Naciones Unidas sobre la movilidad sostenible: la Agenda 2030, los ODS y la Nueva Agenda Urbana

Aunque las Naciones Unidas no han aprobado ninguna iniciativa específica para la consecución de la movilidad sostenible ni ésta se halla expresamente contemplada en la Agenda 2030 ni en sus diecisiete ODS aprobados en el año 2015[1442]; sí es cierto que la movilidad sostenible es un objetivo de carác-

---

1442 Mediante Resolución A/RES/70/1 "Transformar nuestro mundo: la Agenda 2030 para el Desarrollo Sostenible", adoptada por la Asamblea General de Naciones Unidas el 25 de septiembre de 2015. https://documents-dds-ny.un.org/doc/UNDOC/GEN/N15/291/93/PDF/N1529193.pdf?OpenElement.
Una postura crítica a esa no inclusión de la movilidad sostenible entre los ODS la encontramos en ESPAÑA PÉREZ, José Alberto; op.cit, 2022, pp. 102-103.

ter transversal que tiene íntima conexión con algunos de los ODS. En particular, el Objetivo 3: Garantizar una vida sana y promover el bienestar de todos a todas las edades y el Objetivo 13: Adoptar medidas urgentes para combatir el climático y sus efectos; y, muy especialmente, con el Objetivo 11: Lograr que las ciudades y los asentamientos humanos sean inclusivos, seguros, resilientes y sostenibles.

Pues bien, para alcanzar ese ODS 11 debería apostarse por el cambio de los actuales modelos de ciudad y de su movilidad, señalando el año 2030 como horizonte que permita proporcionar el acceso a sistemas de transporte justos, seguros, asequibles, accesibles y sostenibles para todos[1443]. En este sentido, sería recomendable realizar fuertes inversiones en el transporte público, el reforzamiento de las formas de movilidad no carbónicas, el desarrollo de la movilidad eléctrica y la movilidad compartida, persiguiendo que nuestros sistemas de movilidad sean más sostenibles, eficientes y equitativamente accesibles para todos. En definitiva, para hacer de nuestras ciudades lugares más sostenibles, es crucial garantizar el acceso a la movilidad sostenible; pasando a considerar a la movilidad como una poderosa herramienta que brinda oportunidades, tanto económicas, sociales y medioambientales a la población de nuestras ciudades[1444].

Precisamente, como acelerador del cumplimiento de ese ODS 11, fue aprobada la *Nueva Agenda Urbana (*NAU), en la Conferencia de las Naciones Unidas sobre la Vivienda y el Desarrollo Urbano Sostenible (Hábitat III), celebrada en Quito,

---

1443 Sobre ello, me remito a III Observatorio de la Movilidad Sostenible: "La Movilidad Sostenible del futuro y el impacto sobre los ODS", Fundación iberCaja, 2022, p. 18.

1444 Sobre este aspecto, III Observatorio de la Movilidad Sostenible: "La Movilidad Sostenible del futuro y el impacto sobre los ODS", Fundación iberCaja, 2022, p. 19.

Ecuador, el 20 de octubre de 2016 , obteniendo el refrendo de la Asamblea General de las Naciones Unidas el 23 de diciembre de 2016[1445]. La NAU contiene, en realidad, un conjunto de recomendaciones, orientaciones e ideas programáticas que proporcionan un marco integral para guiar la urbanización en todo el mundo, para lograr un futuro mejor y más sostenible. Es el intento global más reciente que apuesta por la creación de asentamientos urbanos compactos, donde todos los residentes tengan acceso a un buen transporte y estén cerca de la actividad económica y el empleo[1446].

En lo que respecta a la movilidad y el transporte, la NAU apuesta por la integración de los planes movilidad y transporte en los planes urbanos generales; por la planificación adecuada del transporte urbano de mercancías; así como por la promoción de una amplia gama de opciones de transporte, recomendando el transporte público accesible y sostenible y el desarrollo de opciones no motorizadas[1447]. Además, la NAU apuesta por las plataformas digitales y la tecnología para generar ciudades inteligentes que utilizan la información para producir, entre otras cuestiones, una movilidad inteligente mediante la creación de sistemas de transporte inteligente y transporte público multimodal interoperable y eficiente[1448]. Por último, en el ámbito de la conectividad, la NAU resalta que la movilidad

1445 Naciones Unidas, Nueva Agenda Urbana, A/RES/71/256*; disponible en www.habitat3.org

1446 ONU: La Nueva Agenda Urbana Ilustrada, ONU HABITAT, POR UN MEJOR FUTURO URBANO, 2020, p.155.

1447 ONU: La Nueva Agenda Urbana Ilustrada, ONU HABITAT, POR UN MEJOR FUTURO URBANO, 2020, p. 92.

1448 ONU: La Nueva Agenda Urbana Ilustrada, ONU HABITAT, POR UN MEJOR FUTURO URBANO, 2020, p. 91.

y el transporte facilitaran las necesarias conexiones entre las zonas urbanas y rurales[1449].

3.2. La propuesta de la Unión Europea para alcanzar la movilidad sostenible

En la UE la ausencia de un título competencial específico en materia de movilidad sostenible ha llevado a que se haya buscado la consecución de dicho objetivo desde otros ámbitos conexos al mismo tales como el urbano, el de los transportes, el del cambio climático o el de la calidad del aire o la energía[1450], todo ello enmarcado en la necesaria protección del medio ambiente y la reducción de gases de efecto invernadero. En este sentido, la UE ha llevado a cabo una prolífica actividad aprobando numerosas comunicaciones, estrategias, planes y libros, tanto blancos como verdes, a los que haremos referencia, por un orden cronológico.

Así, en primer término y conectada con el ámbito urbano, la Comisión de las Comunidades Europeas presentó, en el año 2007, *el Libro Verde: "Hacia una nueva cultura de la movilidad urbana"*[1451], con el que se propone una estrategia europea de movilidad urbana, que mejorará la calidad de vida de los ciudadanos y respetará el medio ambiente, cimentada sobre los cinco aspectos siguientes:

1449 ONU: La Nueva Agenda Urbana Ilustrada, ONU HABITAT, POR UN MEJOR FUTURO URBANO, 2020, p. 92.

1450 Sobre ello GILES CARNERO, Rosa María.: "La acción de la Unión Europea para la promoción de la movilidad urbana sostenible en Europa" en FORTES MARTÍN, Antonio (Dir.) Movilidad urbana sostenible y acción administrativa. Perspectiva social, estrategias jurídicas y políticas públicas de movilidad en el medio urbano; Navarra: Thomson Aranzadi, 2019, pp. 125-153.

1451 Bruselas, 25 de septiembre de 2007 COM (2007) 551 final.

1.- Hay que generar ciudades con una circulación fluida, promoviendo opciones distintas al automóvil privado, tales como la marcha a pie, la bicicleta, el uso del transporte colectivo o de las motocicletas y ciclomotores.

2.- Debería apostarse por ciudades con una movilidad más ecológica, fomentando tanto la ampliación y modernización del transporte público urbano limpio (trolebuses, tranvías, metro, etc.) como la investigación en los combustibles alternativos (biocarburantes, hidrógeno, etc.) e incentivando la compra de esos vehículos limpios mediante la contratación pública ecológica.

3.- Debería potenciarse el transporte urbano inteligente, mediante la utilización de sistemas inteligentes de transporte para la gestión eficaz de la movilidad urbana.

4.- Debería facilitarse un transporte urbano accesible en el que todas las personas y empresas tengan acceso al sistema de movilidad urbana, promoviendo conexiones eficaces entre todos los modos y medios de transporte.

5.- Por último, debería fomentarse un transporte urbano seguro, lo que exige que la infraestructura esté bien planificada y ejecutada.

Cronológicamente hablando, el siguiente paso dado por la Comisión fue la elaboración, en el año 2011, del *Libro Blanco*: *"Hoja de ruta hacia un espacio único europeo de transporte: por una política de transportes competitiva y sostenible"*[1452]. Dicho Libro

[1452] Bruselas, 28 de marzo de 2011 COM (2011) 144 final.
Conviene tener presente que, desde su creación (1957), la Comunidad Europea se dotó de una política común de transportes, para establecer medidas en el transporte terrestre (carretera y ferrocarril) y por mar (fluvial y marítimo). En los años 70, la política de transportes se amplió al transporte aéreo. El Tratado de la Unión Europea de Maastricht (1992) recogió nuevos objetivos para la política de transportes: la seguridad en el transporte, la red transeuropea y

Blanco propone una estrategia global, una hoja de ruta "Transportes 2050" mediante la instauración de un sistema de transportes competitivo y sostenible que favorezca la movilidad[1453],

---

la protección del entorno. Por su parte, el objetivo genérico de la actual política de transportes es garantizar la movilidad de personas y mercancías en el mercado interior europeo y también desde y hacia terceros países, así como aprovechar al máximo los dispositivos técnicos y de organización para facilitar el transporte de personas y de mercancías, respetando el medio ambiente. Estos objetivos han de conseguirse mediante la mejora de la seguridad, la reducción del ruido y la contaminación y la promoción de la protección del medio ambiente. No debe olvidarse que la política de transportes tiene un papel fundamental en el fortalecimiento de la cohesión económica y social de la UE, dado que contribuye a la reducción de las disparidades regionales al mejorar el acceso a las regiones insulares y periféricas, además de provocar un efecto positivo para la creación de puestos de trabajo -al fomentar las inversiones en infraestructuras de transporte- y favorece la movilidad de los trabajadores. Sobre todo ello, ver ÁVILA RODRÍGUEZ, Carmen María: "Aspectos jurídicos introductorios y políticas europeas sobre transportes", en GONZÁLEZ RÍOS, Isabel (Dir.ª): Estudios jurídicos hispano-lusos de los servicios en red (energía, telecomunicaciones y transportes) y su incidencia en los espacios naturales protegidos; Dykinson, 2015, pp. 431 y 432.

1453 Dicho Libro Blanco nos ofrece su visión para alcanzar dicho sistema de transporte competitivo y sostenible, que gira sobre tres aspectos: primero, debe apostarse por el desarrollo y utilización de nuevos combustibles y sistemas de propulsión hipocarbónicos, proponiéndose la reducción a la mitad del uso de automóviles de propulsión convencional en el transporte urbano en 2030 y su progresiva eliminación en las ciudades para 2050; segundo, debe optimizarse el rendimiento de las cadenas logísticas multimodales, incrementando el uso de modos más eficientes desde el punto de vista energético; y, tercero, debe procurarse aumentar la eficiencia del transporte y del uso de la infraestructura con sistemas de información y con incentivos basados en el mercado, promoviendo, para 2020, el establecimiento del marco para un sistema europeo de información, gestión y pago de los transportes multimodales y el avanzar hacia la aplica-

que reduzca considerablemente la dependencia de Europa con respecto a las importaciones de petróleo y que disminuya las emisiones de carbono ligadas al transporte hasta 2050[1454]. En realidad, la importancia del Libro Blanco se refleja en el hecho de que ha marcado la agenda política europea en la materia, dado que muchos planes y estrategias presentados posteriormente toman como punto de partida dicho documento[1455].

En este sentido, con el propósito de reducir drásticamente la contaminación en el transporte -dado que el transporte representa, al menos, un cuarto de las emisiones de GEI en Europa y es la principal causa de contaminación de las ciudades-, el siguiente paso dado por la Comisión Europea fue la aprobación, en el año 2016, de la *Estrategia europea a favor de la movilidad de bajas emisiones*[1456], para poder cumplir con los compromisos asumidos en el Acuerdo de París sobre el cam-

---

ción plena de los principios del "usuario pagador" y de "quien contamina paga". Ahora bien, la Comisión en el propio Libro Blanco es consciente de que quedan cosas por hacer, dado que la aplicación de esta visión exige un marco eficiente para los usuarios y operadores de transportes, una implantación rápida de nuevas tecnologías y el desarrollo de infraestructuras adecuadas.

1454 Así, el sector del transporte ha de realizar una reducción de al menos el 60% de gases de efecto invernadero (GEI) con respecto a los niveles de 1990 -esto correspondería a reducciones de emisiones de cerca del 70% por debajo de los niveles de 2008. Para 2030, el objetivo para el transporte será la reducción de las emisiones de GEI a cerca del 20% por debajo de su nivel en 2008. COM (2011) 144 final, pp. 3 y 4.

1455 Sobre ello, ESPAÑA PÉREZ, José Alberto; op. cit., p. 107.

1456 Bruselas, 20 de julio de 2016 COM (2016) 501 final. Así lo reconoce expresamente dicha Estrategia en su Introducción: "El objetivo es claro: a mitad de siglo, las emisiones de gases de efecto invernadero procedentes del transporte tendrán que haberse situado, como mínimo, un 60% por debajo de las de 1990 y estar claramente encaminadas a alcanzar el nivel de cero emisiones. Es necesario reducir

bio climático de 2015. Para lograrlo, dicha Estrategia recoge toda una serie de medidas interesantes, aunque poco concretas y escasamente planificadas[1457], que, a grandes rasgos, serían las siguientes:

1ª.- Una mayor eficiencia del sistema de transportes, apostando por las ventajas que ofrecen las nuevas tecnologías para lograr una movilidad inteligente; apoyando la integración multimodal entre todos los modos y medios de transporte, así como el seguir avanzando hacia unos precios justos y eficientes con la implantación de sistemas de tarificación vial basados en los kilómetros reales recorridos que puedan reflejar mejor los principios de "quien contamina paga" y del "usuario pagador".

2ª.- Energías alternativas de bajas emisiones para el transporte. Es necesario impulsar las energías alternativas de bajas emisiones y promover el desarrollo de biocombustibles avanzados, así como las necesarias infraestructuras de recarga de los mismos[1458].

3ª.- Utilización de vehículos de bajas emisiones o de emisión cero, lo cual requiere del compromiso de instituciones públicas, fabricantes y usuarios.

Por otra parte, también en el año 2016, la Comisión Europea aprobó *la Estrategia europea sobre los sistemas de transporte inteligentes cooperativos, un hito hacia la movilidad cooperativa, co-*

---

drásticamente y sin demora las emisiones de contaminantes atmosféricos procedentes del transporte, nocivas para nuestra salud".

1457 Sobre este parecer, ESPAÑA PÉREZ, José Alberto, op. cit., p.108.

1458 Respecto al papel de las energías renovables en la movilidad y el transporte, ver GALÁN VIOQUE. Roberto: "Retos de eficiencia energética relativos al transporte y a la movilidad" en GONZÁLEZ RÍOS, Isabel y GALÁN VIOQUE, Roberto. Derecho de las energías renovables y la eficiencia energética en el horizonte 2020, Navarra, Thomson Reuters Aranzadi, 2017, pp. 69-95.

nectada y automatizada[1459], que demanda el que se introduzcan sin demora en la UE servicios de sistemas inteligentes de transporte (SIT) cooperativos interoperables[1460], apostando por una movilidad plenamente conectada y automatizada, ya que los vehículos cooperativos, conectados[1461] y automatizados[1462] pueden potenciar la competitividad de la industria

---

1459 Bruselas, 30 de noviembre de 2016 COM (2016) 0766 final.

1460 Los Sistemas Inteligentes de Transporte (SIT) hacen posible la integración de las TIC con los vehículos y las infraestructuras de transporte, pues, a través de la compartición de datos, puede obtenerse información sobre las redes de transporte, se obtiene mayor seguridad y se reducen los impactos ambientales. Pues bien, los SIT Cooperativos suponen el dar un paso adelante en esta tecnología dado que el intercambio de información se produce en tiempo real, a través de aplicaciones y servicios más avanzados que suponen una automatización del sector.

1461 Los vehículos conectados emplean tecnologías de los STI Cooperativos que permiten a todos los vehículos comunicarse con los demás vehículos, con las señales de tráfico y también con las infraestructuras permanentes, tanto las instaladas en los márgenes de las carreteras como las infraestructuras horizontales, así como con otros usuarios en la vía pública; sin perder de vista su potencial para reducir los accidentes de carretera que se deben a errores humanos ni su potencial como apoyo necesario a los sistemas de asistencia a la conducción. Ahora bien, ello exige que se adopten las cautelas oportunas, pues las infraestructuras han de cumplir ciertos requisitos para garantizar que los sistemas puedan operar de manera segura y eficaz.

1462 Los vehículos automatizados con capaces de funcionar y maniobrar de forma autónoma en situaciones de tráfico real y en los que uno o más de los principales controles de la conducción (dirección, aceleración, frenado) permanecen automatizados durante un periodo prolongado. Por ello, resulta necesario, primero, el que se incorporen sistemas de salvaguardia durante la fase transitoria en que coexistan vehículos conectados y automatizados con vehículos tradicionales no conectados para no poner en peligro la seguridad vial y, segundo, que determinados sistemas de asistencia a la conducción

europea, aportar más fluidez y seguridad al transporte, reducir la congestión, el consumo de energía y las emisiones, así como mejorar la interconexión entre los distintos medios de transporte. Todo ello obliga a la adopción de ciertas garantías tales como la necesidad de que estos SIT Cooperativos han de aplicar la legislación de la UE sobre la protección de la intimidad y de los datos, pues estos han de emplearse exclusivamente para los fines de los SIT Cooperativos y no se conserven o utilicen para otras finalidades; o la importancia de aplicar unos niveles elevados de ciberseguridad para impedir la piratería informática y los ciberataques en toda la UE habida cuenta del carácter crítico de la seguridad en las comunicaciones de los SIT Cooperativos.

En lo que respecta a la movilidad y el ámbito urbano, el siguiente documento de referencia obligada es el de la *Agenda Urbana de la Unión Europea* que se puso en funcionamiento a partir del Pacto de Ámsterdam, aprobado en la reunión informal de Ministros de Desarrollo Urbano de la UE, celebrada el 30 de mayo de 2016[1463]. Dicha Agenda pretende ser un conjun-

---

deberán ser objeto de un mayor desarrollo e instalarse de forma obligatoria.

1463 EUROPEAN COMISSION (30 de mayo de 2016). Urban Agenda for the EU Pact of Amsterdam. Documento disponible en https://ec.europa.eu/regional_policy/sources/policy/themes/urban-developement/agenda/pact-of-amsterdam.pdf.
Aunque, en realidad, no existe una base jurídica para las políticas urbanas en los Tratados de la UE, es innegable que las diferentes políticas sectoriales comunitarias (medio ambiente, calidad del aire, etc) tienen, a través de los diferentes Reglamentos o Directivas aprobadas, un impacto directo sobre las ciudades europeas. En este sentido, la política urbana de la UE se basa en el llamado "Acervo Urbano" (Urban Acquis), que refleja el entendimiento común del desarrollo urbano en Europa a lo largo de los años y que se describe en los diferentes documentos que se han ido aprobando en las sucesivas Presidencias, tales como la Carta de Leipzig (2007), la

to coherente de orientaciones o recomendaciones destinadas a desarrollar el potencial pleno de las zonas urbanas e impulsar su contribución a la consecución de los objetivos comunes a escala nacional y de la UE. Pues bien, entre sus bloques temáticos se encuentra el de la movilidad urbana, apostando por su sostenibilidad a través de sistemas de transporte público eficientes y una buena conectividad; favoreciendo la movilidad activa (desplazamientos a pie o en bicicleta) y garantizando una buena accesibilidad para los residentes y los que se desplazan a la ciudad para trabajar. En realidad, la Agenda sólo prevé una serie de aspectos genéricos y meras indicaciones que habrán de ser tenidos en consideración cuando la UE y los Estados miembros adopten actuaciones concretas relativas a las políticas urbanas y la movilidad.

Por otra parte, con el objetivo de sentar unas bases industriales competitivas, necesarias para un liderazgo de la UE en la doble transición ecológica y digital conducente a su neutralidad climática para 2050, la Comisión, en el año 2020, aprobó la *Estrategia Industrial Europea*[1464], que resultó sobrevenidamente incompleta por el COVID-19. Por ello, la propia Comisión presentó, en el año 2021, una *actualización de esa Nueva Estrategia Industrial 2020*, bajo el lema: "Construyendo un mercado único más fuerte para la recuperación de Europa"[1465]. La Comisión, basándose en la relevancia económica y tecnológica de la UE, así como en su potencial contribución a la descarbonización, digitalización y resiliencia de su economía, identifica catorce

---

Declaración de Marsella (2008), la Declaración de Toledo (2010), la Declaración de Riga (2015), el Pacto de Ámsterdam (2016) y la Declaración de Bucarest (2019). Sobre ello, DE SANTIAGO RODRÍGUEZ, Eduardo: "El Pacto de Ámsterdam y la Agenda Urbana de la Unión Europea". Ciudad y Territorio. Estudios Territoriales, Madrid. Ministerio de Fomento, 2017, pp. 151-161.

[1464] Bruselas, 10 de marzo de 2020; COM/2020/102.

[1465] Bruselas, 5 de mayo de 2021; COM /2021/350.

ecosistemas industriales, representativos de aproximadamente las tres cuartas partes de la actividad económica europea, entre los que se encuentra el de la movilidad sostenible e inteligente (movilidad/transporte/automoción), incidiendo en el desarrollo de la industria automovilística y ferroviaria, en los combustibles alternativos y en la movilidad inteligente y conectada como elementos clave para su consecución y apostando por la investigación e innovación en el sector del transporte para que el mismo sea realmente competitivo. En realidad, no deja de ser un punto de partida que remite a la Estrategia Europea de movilidad sostenible e inteligente para todo lo relacionado con la misma.

Precisamente, un salto cualitativo importante de planteamiento en la UE, con respecto a la movilidad y al transporte, es el que representa *la Estrategia de movilidad sostenible e inteligente: encauzar el transporte europeo de cara al futuro*[1466], ya que se abandona la perspectiva de apostar por los cambios progresivos en favor de una transformación radical, que se apoyaría en tres pilares básicos:

Primero: la Estrategia considera que es preciso aprovechar la recuperación de la crisis causada por la pandemia del COVID-19 para acelerar la modernización y la digitalización de todo el sistema de la movilidad y el transporte, sobre la base de avances tecnológicos de vanguardia que proporcionen una

---

[1466] Bruselas, 9 de octubre de 2020; COM (2020) 789 final. Hay que recordar que ya la Comisión Europea, en el año 2017, impulsó el programa Europa en Movimiento (*Europe on the Move*) que abarcaba todo un conjunto de medidas con el objetivo de modernizar la movilidad y el transporte. Muchas de sus medidas, en materia de digitalización y sostenibilidad -utilización de energías limpias- iban encaminadas a la consecución de una mayor seguridad, la reducción de emisiones de gases de efecto invernadero o de contaminación del aire, etc. Se encuentran reflejadas en esta Estrategia de movilidad sostenible e inteligente.

conectividad fluida, segura y protegida a todos los ciudadanos, lo que exige una apuesta decidida por la investigación e innovación en el sector.

Segundo: debe garantizarse que nuestro sistema de transporte sea verdaderamente resiliente frente a futuras crisis. Para ello, la realización efectiva del espacio único europeo de transporte, contemplado en el Libro Blanco de 2011, será una de las piedras angulares de la política europea de transporte para promover la cohesión, reducir las disparidades regionales y mejorar la conectividad y el acceso al mercado interior de todas las regiones.

Tercero: debe apostarse por la ecologización de la movilidad. Así, la movilidad deberá basarse en un sistema de transporte multimodal, tanto de pasajeros como de mercancías, eficiente e interconectado, que esté reforzado por una red de trenes de alta velocidad asequibles, por abundantes infraestructuras de recarga y repostaje y por una oferta de combustibles renovables e hipocarbónicos, así como por una movilidad más limpia y activa en las ciudades. Por ello, se debe apostar por aumentar la cuota modal del transporte colectivo y los traslados a pie y en bicicleta[1467], así como la movilidad automatizada, conectada y multimodal, pues ello reducirá significativamente la contaminación y congestión causadas por el transporte, especialmente en las ciudades, y mejorará la salud y el bienestar de las personas.

1467 Recientemente, la Comisión ha aprobado la Declaración Europea Sobre el Uso de la Bicicleta -DOUE C/2024/2377, de 3 de abril de 2024- reconociendo al ciclismo como medio de transporte sostenible, accesible, inclusivo, asequible y saludable. De este modo, se pretende impulsar el ciclismo en todos los Estados miembros, creando redes de ciclistas seguras en las ciudades, la mejora de las conexiones con el transporte público y el despliegue de puntos de recarga para bicicletas eléctricas.

En resumen, la Comisión presenta, en esta Estrategia, todo un conjunto exhaustivo de medidas con el fin de situar a la UE en la senda para la creación del sistema de movilidad sostenible, inteligente y resiliente del futuro.

En otro orden de cosas, la apuesta por la movilidad sostenible exige, por parte de las instituciones comunitarias, el que se aprueben toda una serie de instrumentos, tanto de inversión como financieros, que faciliten y permitan su consecución.

Desde el punto de vista de la inversión, nos encontramos con el nuevo programa marco de investigación e innovación (I+I) de la UE para el período 2021-2027: *Horizonte Europa*[1468], que, con un presupuesto de 95.517 millones (en precios corrientes) ayudará a la UE a realizar la transición hacia un futuro próspero y sostenible. Dicho presupuesto, servirá para financiar, entre otras líneas de investigación, todo lo que tiene que ver con la movilidad. En concreto, dentro del pilar 2 (desafíos globales y competitividad europea), el Clúster 5, lleva por rúbrica: "Clima, energía y movilidad", destinado a apoyar las investigaciones que apunten hacia la sostenibilidad de todos los medios de transporte mediante la financiación de proyectos orientados a la competitividad industrial en el transporte; el transporte y movilidad limpias, seguras y accesibles; así como la movilidad inteligente.

En el ámbito financiero, en el marco del *Plan de Recuperación para Europa: NextGenerationEU*[1469], el *Mecanismo Europeo de*

1468 EUROPEAN COMMISSION (19 de marzo de 2019) *Horizon Europe. Strtategic Plan 2021-2024*. Disponible en: https://op.europa.eu/en/web/eu-law-and-publications/publication-detail/-/publication/3c6ffd74-8ac3-11eb-b85c-01aa75ed71a1.

1469 Aprobado por el Consejo Europeo de 21 de junio de 2020. Disponible en: https://ec.europa.eu/info/strategy/recovery-plan-europe_es.

Recuperación y Resiliencia (MRR)[1470], dotado con 672.500 millones de euros, apoyará a los Estados miembros, mediante transferencias directas y préstamos, para que acometan las reformas pertinentes con el fin de abordar las transiciones ecológica y digital[1471]. En este sentido, se programan importantes inversiones orientadas a la financiación de infraestructuras digitales, energéticas y de transporte para conseguir una movilidad sostenible. Para poder acogerse al MRR, los Estados miembros deben aprobar sus Planes nacionales de recuperación y resiliencia en los que se definirán los programas de actuación específicos.

[1470] Reglamento (UE) 2021/241 del Parlamento Europeo y del Consejo, de 12 de febrero de 2021, por el que se establece el Mecanismo de Recuperación y Resiliencia, DOUE de 18 de febrero de 2021.

[1471] En este ámbito, como elemento central de la respuesta europea al desafío de la transformación digital, fue aprobado el programa *Europa Digital* 2021-2027 -Reglamento (UE) 2021/694 del Parlamento Europeo y del Consejo de 29 de abril de 2021 por el que se establece el Programa Europa Digital y por el que se deroga la Decisión (UE) 2015/2240, DOUE, de 11 de mayo de 2021-. Este nuevo programa de financiación se centra en llevar la tecnología digital a las empresas, los ciudadanos y las administraciones públicas. Con un presupuesto global previsto de 7.500 millones de euros (a precios corrientes) su objetivo es dar forma a la transformación digital de la sociedad y la economía europeas. Específicamente, a través de su Objetivo Específico 5, que lleva por título: "Despliegue, mejor uso de las capacidades digitales e interoperabilidad", se aspira a maximizar el uso y el acceso a las tecnologías digitales en la sociedad y en la economía a través de acciones dirigidas, particularmente en el ámbito del transporte, la energía y el medio ambiente, apostando por el despliegue de soluciones descentralizadas e infraestructuras necesarias para las aplicaciones digitales a gran escala (ciudades o áreas rurales inteligentes, políticas de transporte, de energía y de medioambiente).

Por último, el *Mecanismo "Conectar Europa"* 2021-2027[1472] persigue acelerar la inversión en infraestructuras modernas y multimodales de alto rendimiento en sus sectores digital, del transporte y de la energía que contribuyan a la interconexión y la integración de todos los territorios de la UE. Para ello, se promueven las inversiones en todos los modos de transporte con el fin de garantizar una movilidad inteligente, interoperable, sostenible, multimodal, integradora, accesible y segura en la UE. Y hace una clara apuesta por los vehículos automatizados y los sistemas de conectividad avanzados, así como por la utilización de combustibles alternativos para propiciar la descarbonización de todos los modos de transporte. Además, las acciones que contribuyan al desarrollo de proyectos de interés común en el sector del transporte y sean financiadas por el MCE deben basarse en la complementariedad de todos los modos de transporte para proporcionar redes eficientes, interconectadas y multimodales.

3.3. El objetivo de la movilidad sostenible en el ámbito español

En nuestro país, si bien las políticas de movilidad sostenible y la de infraestructuras de transporte se han venido contemplando separadamente a través de diferentes planes y estrategias que trataban específicamente dichas materias, dicho planteamiento ha sido abandonado con la aprobación de la Estrategia de Movilidad, Segura, Sostenible y Conectada que contempla la movilidad en su conjunto. Por otra parte, también pueden identificarse otra serie de planes sectoriales (Agenda Urbana,

---

1472 Reglamento (UE) 2021/1153 del Parlamento Europeo y del Consejo, de 7 de julio de 2021, por el que se establece el Mecanismo "Conectar Europa" y se derogan los Reglamentos (UE) nº 1316/2013 y (UE) nº 283/2014, DOUE de 14 de julio de 2021.

Plan de impulso a la Industria de la Automoción) que influyen sobre la movilidad y el transporte sostenible.

En primer lugar, en materia de movilidad y transporte, debe aludirse *al Plan de Infraestructuras, Transporte y Vivienda -PITVI- (2012-2024)*[1473] que además de hacer un diagnóstico del sistema actual de transporte español elabora una prospectiva de su evolución apostando por su intermodalidad (desde el punto de vista aéreo, terrestre y marítimo terrestre) y por la movilidad sostenible, accesible y segura. Así pues, pretende avanzar hacia la consecución de un modelo de transporte integrado, intermodal, eficaz y sostenible, puesto al servicio del crecimiento económico y la creación de empleo que, además, sea garantía de equidad y cohesión territorial. Para el PITVI las ciudades, además de actuar como nodos fundamentales de las redes de transporte, concentran a la población y la actividad económica, por lo que resulta primordial dotarlas de un sistema de transporte eficiente y sostenible. Por ello, fomenta el transporte público urbano y metropolitano sostenible, y apuesta por modos de transporte más limpios y eficientes, fundamentalmente los no motorizados (bicicleta y marcha a pie).

En otro orden de cosas, la relevancia de la automoción, como sector clave en la economía española[1474] y en la consecución de la movilidad sostenible, ha sido objeto de especial atención a través del *Plan de Impulso de la cadena de valor de la indus-*

[1473] GOBIERNO DE ESPAÑA. Ministerio de Fomento (2012). Disponible en: https://www.mitma.gob.es/recursos_mfom/pdf/E35B8D33-F3B6-4695-90912-C22229966FAO/130944/PITVI20122024.pdf.

[1474] La automoción representa el 10% del PIB, el 19% del total de las exportaciones y emplea a 650.000 personas de manera directa y a 2 millones de trabajadores si también se tiene en cuenta el empleo indirecto, según datos disponibles en http://www.lamoncloa.gob.es/presidente/actividades/Paginas/2020/150620-sanchez-automocion-aspx.

tria de la automoción: hacia una movilidad sostenible y conectada[1475], que, enmarcado en el contexto de la reconstrucción económica y social tras la pandemia (cuenta con un presupuesto total de 3.750 millones de euros), reconoce que en el camino hacia la "nueva normalidad", la movilidad es uno de los grandes desafíos. En este sentido, el plan cuenta con un amplio abanico de medidas con el objetivo de promover una movilidad segura y sostenible en un contexto de cambios asociados a la descarbonización y a la transformación digital. Específicamente, una de sus medidas estrella apunta a la renovación del parque automovilístico español, debido a su antigüedad, con el objetivo de acelerar la reducción de su emisiones y facilitar su sustitución por vehículos más limpios mediante la utilización del Plan MOVES -programa de impulso a la movilidad eléctrica y sostenible- para la adquisición de vehículos de energía alternativas (incluyendo vehículos eléctricos[1476] y vehículos de transporte pesado de mercancías de gas natural), así como facilitar el despliegue de las infraestructuras de recarga del vehículo eléctrico o sistemas de bicicleta eléctrica compartida.

Por otra parte, en lo que respecta a la movilidad y al ámbito urbano, la referencia debe ser la *Agenda Urbana Española*, de 22

1475 GOBIERNO DE ESPAÑA, 16 de junio de 2020. Disponible en: https://www.lamoncloa.gobierno.es/serviciosdeprensa/notasprensa/transportes/Documents/2020/15062020_PlanAutomocion2.pdf.

1476 En este sentido, en virtud del Real Decreto-ley 4/2024, de 26 de junio, por el que se prorrogan determinadas medidas para afrontar las consecuencias económicas y sociales derivadas de los conflictos en Ucrania y Oriente Próximo y se adoptan medidas urgentes en materia fiscal, energética y social (BOE, nº 155, de 27 de junio de 2024), y para impulsar la movilidad eléctrica en nuestro país, se prorroga la vigencia del programa de ayudas MOVES III -regulado por Real Decreto 266/2021, de 13 de abril- hasta el 31 de diciembre de 2024, habilitando una dotación de 200 millones de euros extra a los fondos ya previstos en el Plan de Recuperación, Transformación y Resiliencia.

de febrero de 2019[1477] que plenamente alineada con los compromisos internacionales que España ha ido asumiendo[1478] es el documento de carácter estratégico, no normativo, que pretende constituirse en el marco de referencia para las áreas urbanas. En concreto, entre sus objetivos de primer nivel, se encuentra el de "favorecer la proximidad y la movilidad sostenible", propugnando un cambio de paradigma en la planificación urbana, al apostarse por las ciudades compactas que favorezcan la proximidad a las actividades, servicios, ocio y centros de trabajo. En este sentido, la movilidad constituye un elemento clave para la planificación de las ciudades, pues los sistemas de transporte influyen decisivamente en las pautas de desarrollo urbano y en la calidad de vida de los ciudadanos. Por ello, en la actualidad, las ciudades y los entornos metropolitanos necesitan modelos de movilidad inteligentes, que reduzcan las desigualdades entre territorios y grupos sociales y que se doten de sistemas de transporte sostenibles que favorezcan un medio ambiente saludable, una buena calidad del aire y el bienestar de sus habitantes. Y, entre las líneas de actuación para alcanzar modos de transporte sostenible se citan: la adopción de medidas a través de planes de movilidad urbana sostenible que permitan reducir los viajes en vehículos privado; fomentar los sistemas de transporte público y mejorar la calidad de los desplazamientos peatonales; diseñar intercambiadores de transporte que actúen como nodos de transferen-

---

[1477] GOBIERNO DE ESPAÑA. Documento disponible en el enlace https://apps.fomento.gob.es/CVP/handlers/pdfhandler.ashx?idpub=BAW061. Sobre ella, DE LA CRUZ MERA, Ángela: "La Agenda Urbana Española". Ciudad y Territorio, Estudios Territoriales, Vol. LI, nº 202, invierno 2019, pp. 675-686.

[1478] Sobre ello, HERNÁNDEZ-PARTAL, Sonia y DE SANTIAGO RODRÍGUEZ, Eduardo: "Las sinergias entre la Agenda Urbana Española y otras Agendas y Estrategias". Ciudad y Territorio, Estudios Territoriales, Vol. LI, nº 202, invierno 2019, pp. 835-846.

cia entre viajes interurbanos y urbanos; ubicar aparcamientos de disuasión; favorecer el uso de energías alternativas implantando puntos de recarga de coches eléctricos; potenciar la movilidad ciclista y garantizar la accesibilidad universal en todos los sistemas de transporte.

También conectada con la Agenda Urbana Española y alineada con los compromisos internacionales de nuestro país (como los ODS y el Acuerdo de París) se encuentra la *Estrategia de Movilidad segura, sostenible y conectada* 2030[1479], aprobada por el gobierno el 10 de diciembre de 2021, para guiar las actuaciones en materia de movilidad, infraestructuras y transportes en los próximos diez años. Mediante dicha Estrategia se quiere dar respuesta a los retos que la movilidad y el transporte plantean en el siglo XXI -entre ellos, el de la necesidad de descarbonizar la economía y dar respuesta al cambio climático-. En realidad, la misión de la Estrategia es hacer de la movilidad un derecho, un elemento de cohesión social y de crecimiento económico, apoyándose, como su propio nombre indica, en tres principios básicos:

- La Seguridad; englobaría tanto la seguridad en los desplazamientos y en las infraestructuras para reducir la siniestralidad; la seguridad operacional, la seguridad en casos de emergencia y crisis, la seguridad contra actos ilícitos y la ciberseguridad.
- La Sostenibilidad; minimizando la contribución del transporte a las emisiones contaminantes priorizando la movilidad activa, fomentando los modos limpios que utilizan energías renovables, el transporte público y la multimodalidad y aprovechando las ventajas que aporta la digitalización.

1479 GOBIERNO DE ESPAÑA. Ministerio de Transportes, Movilidad y Agenda Urbana -10 de diciembre de 2021-. Disponible en: https://esmovilidad.mitma.es.

- La Conectividad; aprovechando las ventajas que ofrece la digitalización y los avances tecnológicos para mejorar la conectividad con Europa y el mundo y apostando por la conectividad multimodal entre todos los medios de transporte.

En definitiva, se apuesta por un concepto más amplio de movilidad que engloba no sólo el desplazamiento de personas o bienes, sino también todos aquellos condicionantes, necesidades, motivaciones y percepciones de los individuos, situando al ciudadano y al usuario en el centro de todo el sistema.

En cuanto al ámbito de la inversión y financiación para alcanzar esa movilidad sostenible, debe resaltarse que, en el marco de la iniciativa *Next Generation EU*, el *MRR* asigna a España un total aproximado de 160.000 millones de euros, entre préstamos y transferencias, hasta 2026 para acelerar las transiciones ecológica y digital. Para hacer uso de esos fondos, mediante Acuerdo del Consejo de Ministros, de 27 de abril de 2021, se aprobó el *Plan de Recuperación, Transformación y Resiliencia*[1480], que detalla un ambicioso programa de reformas e inversiones para conseguirlas. En concreto, entre sus cuatro ejes transversales (la transición ecológica, la transformación digital, la cohesión social y territorial y la igualdad de género), sus diez políticas palanca y treinta componentes se encuentra el de la movilidad sostenible.

Más específicamente, el componente 1, bajo la rúbrica: "Plan de choque de movilidad sostenible, segura y conectada en entornos urbanos y metropolitanos", va dirigido a la generación de entornos urbanos más accesibles e inclusivos, respirables y sostenibles, inteligentes y dinámicos, que persiguen im-

---

1480 GOBIERNO DE ESPAÑA. Disponible en https://www.lamoncloa.gob.es/temas/fondos-recuperacion/Documents/30042021-Plan_Recuperacion_%20Transformacion_%20Resiliencia.pdf.

pulsar la descarbonización de la movilidad urbana y la mejora de la calidad del aire, así como la potenciación y optimización del transporte urbano y metropolitano. Y, el componente 6, bajo el título: "Movilidad sostenible, segura y conectada", en línea con la Estrategia que lleva el mismo nombre, persigue la consecución de, entre otros, los siguientes objetivos: avanzar en el desarrollo de los corredores europeos como principales ejes vertebradores de nuestra movilidad, haciendo nuestra red nacional de transporte más interoperable y contribuir a reducir su huella de carbono a través del impulso de modos de transporte sostenibles mediante el empleo de fuentes de energía limpias; mejorar la logística y la intermodalidad mediante el desarrollo y modernización de terminales logísticas; digitalización y sostenibilidad del transporte de mercancías a través del impulso de su digitalización y de su descarbonización; y la mejora de la eficiencia energética de las infraestructuras de transporte[1481].

Por último, el Gobierno presentó un "nuevo" Proyecto de Ley de Movilidad Sostenible, el 23 de febrero de 2024[1482] que pretende convertirse en el marco normativo que permitirá a

---

1481 En este contexto, debe señalarse que fue aprobada la Adenda al Plan de Recuperación, Transformación y Resiliencia- por Resolución de 6 de junio de 2023, se publica el Acuerdo del Consejo de Ministros de 6 de junio de 2023, aprobando dicha Adenda: BOE, nº 135, de 7 de junio de 2023- que da continuidad a este proceso de recuperación y transformación de la economía española con la idea clara de reforzar la autonomía estratégica de España y Europa, entre otros, en el ámbito energético, tecnológico y digital. Con esta meta, las reformas e inversiones que se detallan en dicha Adenda se dirigen, entre otras cuestiones, a impulsar la movilidad sostenible y a mejorar el sistema de planificación de las inversiones en infraestructuras de transporte.

1482 En realidad, el Gobierno ha dado luz verde al mismo texto que ya había sido validado en diciembre de 2022, pero que quedó sin efecto al disolverse las Cámaras debido a la convocatoria de las elec-

las Administraciones públicas satisfacer las necesidades de movilidad y transporte de los ciudadanos, así como enfrentar los desafíos del siglo XXI: la sostenibilidad, la digitalización y la cohesión social y territorial[1483]. En esencia, el marco regulador de la movilidad en nuestro país descansa sobre cuatro pilares esenciales:

1º.- Por vez primera se reconoce a la movilidad como un derecho social y como un elemento de cohesión social que contribuye a alcanzar el Estado del Bienestar. Por ello, la movilidad debe ser accesible e inclusiva y debe ofrecer soluciones para todas las personas, sin olvidar a las que residen en zonas rurales.

2º.- La movilidad ha de ser limpia y saludable. Dado que el transporte es el responsable del 29% de las emisiones de GEI en nuestro país, se considera urgente avanzar hacia la descarbonización del sector promoviendo la movilidad activa -caminar, andar en bicicleta- y un transporte público colectivo accesible y asequible para todos.

3º.- Un sistema digital e innovador. De hecho, la ley contempla la creación del Espacio de Datos Integrado de Movilidad (EDIM), donde empresas de transporte, gestores de infraestructura y administraciones compartirán sus datos para optimizar la toma de decisiones de todos los actores al planificar

---

ciones generales. Es el siguiente: 121/000009: Proyecto de Ley de Movilidad Sostenible (121/000009), de 23 de febrero de 2024.

1483 Como señala el art. 1, apartado 2 de dicho Proyecto de Ley, en particular, esta ley pretende, entre otras cuestiones: establecer los principios generales que permitan el desarrollo de un sistema integrado de movilidad para todos los ciudadanos, seguro, sostenible, accesible, inclusivo y digitalizado, a un coste razonable para el usuario y el conjunto de la sociedad; así como facilitar la existencia de un sistema de transportes multimodal de mercancías y logística eficiente, sostenible y resiliente.

la ejecución de nuevas infraestructuras y la implementación de nuevos servicios.

4º.- Por último, el proyecto de ley pretende que se mejore la calidad de las decisiones de inversión y gasto en transporte y movilidad al servicio de los ciudadanos.

4.- LA NECESIDAD DE LA DESCARBONIZACIÓN PARA ALCANZAR LA MOVILIDAD SOSTENIBLE A NIVEL GLOBAL, EUROPEO Y ESPAÑOL

En el año 2015 se adoptó el *Acuerdo de París*[1484] proporcionando un marco duradero que dirigirá el esfuerzo global durante las próximas décadas al fin de alcanzar un mundo con emisiones cero[1485]. En efecto, entre sus objetivos a largo plazo para promover la transición hacia una economía baja en emisiones para todas las naciones, destaca el de la reducción sustancial de las emisiones de gases de efecto invernadero para limitar el aumento de la temperatura global en este siglo a 2ºC y esforzarse para limitar este aumento a 1,5ºC. Pues bien, aunque dicho Acuerdo no menciona a la movilidad o al transporte expresa-

---

1484 Para abordar el cambio climático y sus impactos negativos, los líderes mundiales en la Conferencia de las Naciones Unidas sobre el Cambio Climático (COP 21), celebrada en París, realizaron un avance significativo, el 12 de diciembre de 2015 aprobando el Acuerdo de París, que es un tratado internacional legalmente vinculante, que entró en vigor el 4 de noviembre de 2016. Disponible en (FCCC/CP/2015/10/Add.1) https://unfccc.int/resource/docs/2015/cop21/spa/l09s.pdf

1485 Así, SARASÍBAR IRIARTE, M.: "Energías renovables y cambio climático: un binomio condenado a entenderse", en GONZÁLEZ RÍOS, Isabel y GALÁN VIOQUE, Roberto, Derecho de las energías renovables y la eficiencia energética en el horizonte 2020; Thomson Reuters Aranzadi, 2017, pp. 515-518.

mente resulta innegable la relevancia que los mismos juegan para poder reducir las emisiones de gases contaminantes[1486].

Por su parte, la UE ha hecho una apuesta firme por aplicar el Acuerdo de París y ha redoblado sus esfuerzos en la lucha contra el cambio climático.

Así, en primer lugar, mediante la *Estrategia a Largo Plazo para 2050*[1487], la UE aporta su visión para conseguir un modelo económico más sostenible, eficiente y neutro climáticamente para cumplir con el objetivo marcado en el Acuerdo de París. En este sentido, aboga por una movilidad limpia, segura y conectada, especialmente en las zonas urbanas, persiguiendo la descarbonización mediante el recurso, entre otros, de los vehículos eléctricos, así como la promoción de la investigación en combustibles hipocarbónicos o los motores de hidrógeno.

En segundo término, la Comisión, en su Comunicación de 11 de diciembre de 2019, titulada "*El Pacto Verde Europeo*"[1488]

1486 Según datos aportados por el documento: la Nueva Agenda Urbana Ilustrada, actualmente, el sector del transporte es el que aporta el mayor consumo de energía en el 40% de los países del mundo. Actualmente, el sector aporta el 23% de las emisiones de GEI relacionadas con la energía a nivel mundial. La Nueva Agenda Urbana Ilustrada, Programa de las Naciones Unidas para los Asentamientos Humanos (ONU-Habitat) 2020, pp. 92-94.

1487 Comunicación de la Comisión al Parlamento Europeo, al Consejo, al Comité Económico y Social Europeo, al Comité de las Regiones y al Banco Europeo de Inversiones: Un planeta limpio para todos. La visión estratégica europea a largo plazo de una economía próspera, moderna, competitiva y climáticamente neutra COM (2018) 773 final, de 28 de noviembre de 2018.

1488 COMISIÓN EUROPEA. COM/2019/640 final, de 11 de diciembre de 2019. Sobre el Pacto Verde Europeo me remito a FERNÁNDEZ DE GATTA SÁNCHEZ, Dioniso: "El ambicioso Pacto Verde Europeo", Actualidad Jurídica Ambiental, núm. 101 (mayo), 2020, pp. 78-109; y ÁVILA RODRÍGUEZ, Carmen María: "Marco programáti-

estableció una nueva estrategia de crecimiento para conseguir que la economía y la sociedad europea sean neutras climáticamente en el año 2050. Este Pacto Verde, entre otros ámbitos, se refiere a la movilidad y al transporte apuntando hacia su neutralidad climática o la eliminación de su contaminación, mediante la eliminación de la subvención a los combustibles fósiles o imponiendo criterios restrictivos a los vehículos con motor de combustión. A su vez, se potencia la investigación, producción y utilización de los combustibles sostenibles y alternativos, apoyando el despliegue de estaciones públicas de recarga y repostaje para las zonas menos pobladas o los viajes de largo recorrido.

Más específicamente, para convertir el compromiso político de alcanzar dicha neutralidad climática en una obligación jurídica, el 30 de junio de 2021, fue aprobada la conocida como "*Ley Europea del Clima*"[1489] que adopta el objetivo establecido en el Pacto Verde Europeo de que la economía y la sociedad europea sean neutras en carbono en 2050. Así, para lograrlo, estima, entre otras cuestiones, que será necesario reducir las emisiones generadas por el sector del transporte en un 90%. Con carácter previo, para lograr dicha meta, el objetivo climático vinculante de la Unión para 2030 consistirá en una reducción interna de las emisiones netas de gases de efecto invernadero de, al menos, un 55% con respecto a los niveles de 1990 (art.

---

co y normativo del sistema de transporte y la movilidad sostenible a partir del Pacto Verde Europeo y su desarrollo en España: hacia la movilidad sostenible, segura y conectada", en GONZÁLEZ RÍOS, Isabel y ÁVILA RODRÍGUEZ, Carmen María. Transición energética y digital, op. cit., pp. 33-40.

1489 Reglamento (UE) 2021/1119 del Parlamento Europeo y el Consejo, de 30 de junio de 2021, por el que se establece el marco para alcanzar la neutralidad climática y por el que se modifican los Reglamentos (CE) nº 401/2009 y (UE) 2018/1999. DOUE, de 9 de julio de 2021.

4). Para conseguir dicho objetivo, en el contexto de la invasión rusa a Ucrania y en el marco del quinto paquete energético de la UE, tuvo lugar la aprobación tanto del *paquete de medidas Objetivo 55* (*Fit for 55*, por sus siglas en inglés), el 14 de julio de 2021, como conjunto de propuestas relacionadas y complementarias encaminadas a revisar y actualizar la legislación para garantizar que las políticas de la UE se ajustan a los objetivos climáticamente acordados[1490], como *el Plan REPowerEU,* el 17

[1490] Relacionados con la movilidad y el transporte, podemos citar, entre otras, la creación de un Fondo Social para el Clima -Reglamento (UE) 2023/955 del Parlamento Europeo y el Consejo, de 10 de mayo de 2023 por el que se establece un Fondo Social para el Clima y se modifica el Reglamento (UE) 2021/1060- que comenzará a funcionar en 2026 y se extenderá hasta 2032, que se destinará principalmente a hogares vulnerables, microempresas o usuarios vulnerables del transporte, debiendo cada país presentar un Plan Social para el Clima que, en el ámbito del transporte, financiará medidas que potencien la movilidad y el transporte de emisiones cero y bajas emisiones, o que contribuyan a mitigar el impacto del coste de los combustibles fósiles en los más vulnerables; o la Estrategia Europea del hidrógeno -COM (2020) 301 final- que erige al hidrógeno como elemento esencial para la consecución de la neutralidad climática en 2050 y la implementación del Acuerdo de París; o, la Directiva (UE) 2023/2413 del Parlamento Europeo y del Consejo, de 18 de octubre de 2023, por la que se modifican la Directiva (UE) 2018/2001, el Reglamento (UE) 2018/1999 y la Directiva 98/70/CE en lo que respecta a la promoción de la energía procedente de fuentes renovables y se deroga la Directiva (UE) 2015/652 del Consejo -DOUE, L, de 31 de octubre de 2023-, que asume el compromiso de aumentar la cuota de energías renovables en el consumo total de energía de la UE hasta el 42,5 % de aquí a 2030, con un complemento indicativo adicional del 2,5 % que permitirá alcanzar el objetivo del 45%. Así, todos los Estados miembros se vinculan a este común objetivo, desde todos los sectores, entre ellos, la movilidad y el transporte. En el transporte, los Estados miembros podrán elegir entre: un objetivo vinculante de reducción del 14,5% de la intensidad de GEI en el transporte mediante el uso de energías renovables de aquí a 2030;

de mayo de 2022[1491] cuyo objetivo es reducir rápidamente la dependencia europea de los combustibles fósiles rusos acelerando la transición justa hacia una energía limpia. Concretamente, sobre el transporte se pretende: aumentar la cuota de vehículos de emisión cero en el parque automovilístico público y empresarial; la expansión rápida de los combustibles alternativos u otras iniciativas que apoyen la movilidad ecológica, así como la ecologización del transporte de mercancías.

Además, en diciembre de 2021, la UE presentó el *Nuevo Marco de Movilidad* [1492] que incluye toda una serie de orientaciones sobre cómo se pueden reducir las emisiones y mejorar la movilidad en las ciudades, proponiendo, entre otras, las siguientes acciones: reforzar el papel de las ciudades y sus áreas de influencia en la red transeuropea de transporte (RTE-T); reforzar el papel de los planes de movilidad urbana sostenible (PMUS) y planes de gestión de la movilidad; aumentar el atractivo del transporte colectivo mediante la digitalización y la multimodalidad; desarrollar el potencial de la movilidad activa; y fomentar la digitalización, innovación y nuevos servicios de movilidad.

---

o una cuota vinculante de al menos un 29% de energías renovables dentro del consumo de energía final en el sector del transporte de aquí a 2030. Además, se establece un subobjetivo combinado vinculante del 5,5% para los biocombustibles avanzados y los combustibles renovables de origen no biológico, principalmente basados en el hidrógeno. Dentro de este objetivo, existe un requisito mínimo del 1% de combustibles renovables de origen no biológico en la cuota de energías renovables suministradas al sector del transporte en 2030

1491 Que se encuentra disponible en la página web: https://eur-lex.europa.eu/legal-content/ES/TXT/HTML/?uri=CELEX:52022DCO230&from=EN.

1492 Comisión Europea: El Nuevo Marco de Movilidad Urbana de la Unión Europea COM (2021) 811 final.

En España, siguiendo el camino iniciado tanto a escala global como europea, el Consejo de Ministros adoptó, el 21 de enero de 2020, la *Declaración ante la Emergencia Climática*[1493] en la que se compromete a adoptar 30 líneas de acción prioritarias para combatir el cambio climático con políticas transversales, entre las que destaca el fomento de medidas para alcanzar una movilidad sostenible, intermodal y conectada.

Pues bien, la primera de las acciones fue la aprobación de la *Ley 7/2021, de 20 de mayo, de cambio climático y transición energética*[1494] que tiene por objetivos, entre otros, el asegurar el cumplimiento de los objetivos del Acuerdo de París y el de facilitar la descarbonización de la economía española, así como la implantación de un modelo de desarrollo sostenible que genere empleo y contribuya a la reducción de las desigualdades.

En esta Ley se establecen los objetivos mínimos nacionales para el año 2030. Entre ellos, se encuentra el de la reducción en el año 2030 de las emisiones de GEI del conjunto de la economía española en, al menos, un 23% respecto al año 1990; alcanzar en el año 2030 una penetración de energías de origen renovable en el consumo de energía final de, al menos un 42%; y alcanzar en el año 2030 un sistema eléctrico con, al menos, un 74% de generación a partir de energías de origen renovable. Para el logro de estos objetivos, a lo largo de la Ley se plantean diferentes medidas, que se concretan, fundamentalmente, en tres herramientas claves para su desarrollo:

- *El Plan Nacional Integrado de Energía y Clima 2021-2030* (PNIEC)[1495], enfocado a lograr la neutralidad climática

---

1493 Declaración que se encuentra disponible en: https://www.miteco.gob.es/content/dam/miteco/es/prensa/declaracionemergenciaclimatica_tcm30-506551.pdf

1494 BOE nº 121, de 21 de mayo de 2021.

1495 https://www.miteco.gob.es/content/dam/miteco/images/es/pnieccompleto_tcm30-508410.pdf.

en 2050. El PNIEC define todas las políticas y medidas para lograr la reducción de emisiones de GEI en un 23% en 2030 respecto a 1990. Prevé que, en 2023, en las ciudades de más de 50.000 habitantes deberán delimitarse zonas de bajas emisiones donde no podrán circular vehículos que sean muy contaminantes. Y, como medio para conseguir la descarbonización del transporte se apuesta por las energías renovables. Así, se estima que, en 2030, el 28% de los vehículos será eléctrico[1496] o utilizará biocarburantes; que, en 2040, los turismos y vehículos comerciales sean de cero emisiones y se fomenta el desarrollo de los biocarburantes.

- *La Estrategia de Descarbonización a Largo Plazo*[1497] diseña el camino y las líneas de trabajo necesarias en cada sector para lograr la descarbonización de la economía. Para la movilidad y el transporte, se estima una reducción de las emisiones de más de un 30% para 2030. Para ello, la Estrategia considera necesario trabajar en la eficiencia energética, la electrificación, los combustibles alternativos, la digitalización e innovación y una adecuada planificación urbanística.
- *La Estrategia de Transición Justa*[1498] es el instrumento dirigido a garantizar a trabajadores y territorios afectados por la transición hacia una economía baja en carbono un tra-

---

1496 Sobre ello, ver: GUTIÉRREZ DAVID, María Estrella y ACOSTA GALLO, Pablo: "Movilidad urbana y descarbonización: Estrategias de despliegue de infraestructuras de recarga del vehículo eléctrico". Políticas Locales de Clima y Energía: Teoría y Práctica. INAP, Colección: Administración Local y Autonómica, Madrid, 2018, pp. 546-582.

1497 https://www.miteco.gob.es/es/ministerio/marco-estrategico-energia-clima.html.

1498 Disponible en: https://www.transicionjusta.gob.es/es-es/Paginas/La_Transicion_Justa/La-estrategia-de-transici%c3%b3n-justa.aspx

tamiento equitativo y solidario para que no se produzcan impactos negativos sobre el empleo ni la despoblación.

En resumen, los diferentes instrumentos normativos y regulatorios, tanto en el ámbito nacional, europeo e internacional, buscan lograr la neutralidad climática en el año 2050. A la hora de abordar este desafío con éxito deben reducirse las emisiones de GEI en el sector del transporte, mediante su descarbonización, reduciendo la demanda de movilidad y apostando por vehículos de emisión cero o bajas emisiones[1499], así como por los biocombustibles y abundantes infraestructuras de recarga; es decir, apostar por modos, medios y fuentes de energía más eficientes y sostenibles[1500].

1499 En este sentido, debe señalarse que el Consejo de Ministros, a propuesta del Ministerio para la Transición Ecológica y el Reto Demográfico, aprobó el HYPERLINK "https://www.boe.es/boe/dias/2021/04/14/pdfs/BOE-A-2021-5869.pdf"Real Decreto 266/2021, de 13 de abril, por el que se aprueba la concesión directa de ayudas a las comunidades autónomas y a las ciudades de Ceuta y Melilla para la ejecución de programas de incentivos ligados a la movilidad eléctrica (MOVES III) en el marco del Plan de Recuperación, Transformación y Resiliencia Europeo, que fue dotado inicialmente con un presupuesto de 400 millones de euros, y que se amplió, posteriormente, hasta 1.200 millones. Pues bien, dicho presupuesto, que se dirige a incentivar la movilidad eléctrica y, particularmente, la compra de vehículos eléctricos y el despliegue de infraestructura de recarga para estos vehículos, se ha visto ampliado en 200 millones de los Presupuestos Generales del Estado mediante el Real Decreto-ley 4/2024, de 26 de junio, y con 150 millones del Plan de Recuperación, Transformación y Resiliencia, gestionado por el IDAE, totalizando en el momento actual un presupuesto destinado al Programa de 1.550 M€. Sobre ello, me remito a https://www.idae.es/ayudas-y-financiacion/para-movilidad-y-vehiculos/programa-moves-iii

1500 A ello se hace referencia en el informe del Observatorio del Transporte y Logística en España: La descarbonización del transporte; julio de 2023, p. 50.

5.- BIBLIOGRAFÍA

ÁVILA RODRIGUEZ, Carmen María: "Marco programático y normativo del sistema de transporte a partir del Pacto Verde Europeo y su desarrollo en España: hacia la movilidad sostenible, segura y conectada", en GONZÁLEZ RÍOS, I. y ÁVILA RODRÍGUEZ, C. Mª. (Dirs.) Transición Energética y Digital Justa en el Ámbito de los Transportes, Aranzadi, 2023, p. 41.

ÁVILA RODRÍGUEZ, Carmen María: "Aspectos jurídicos introductorios y políticas europeas sobre transportes", en GONZÁLEZ RÍOS, I. (Dir.ª): Estudios jurídicos hispano-lusos de los servicios en red (energía, telecomunicaciones y transportes) y su incidencia en los espacios naturales protegidos; Dykinson, 2015.

CASTRO LÓPEZ, María del Pilar, "La movilidad sostenible, ¿un nuevo derecho?"; en Transición Energética y Digital Justa en el Ámbito de los Transportes; GONZÁLEZ RÍOS, Isabel y ÁVILA RODRÍGUEZ, Carmen María (Dirs.). Transición Energética y Digital Justa en el Ámbito de los Transportes, Aranzadi, 2023.

DE LA CRUZ MERA, Ángela: "La Agenda Urbana Española". Ciudad y Territorio, Estudios Territoriales, Vol. LI, nº 202, invierno 2019.

ESPAÑA PÉREZ, José Alberto: Desafíos regulatorios de la movilidad sostenible y su digitalización; Thomson Reuters Aranzadi, 2022.

FERNÁNDEZ DE GATTA SÁNCHEZ, Dionisio: "El ambicioso Pacto Verde Europeo", Actualidad Jurídica Ambiental, núm. 101 (mayo), 2020

FORTES MARTÍN, Antonio: "Los desplazamientos sostenibles en el derecho a la ciudad", Iustel Publicaciones, 2021.

GALÁN VIOQUE. Roberto: "Retos de eficiencia energética relativos al transporte y a la movilidad" en GONZÁLEZ RÍOS, Isabel y GALÁN VIOQUE, Roberto. Derecho de las energías renovables y la eficiencia energética en el horizonte 2020, Navarra, Thomson Reuters Aranzadi.

GILES CARNERO, Rosa María: "La acción de la Unión Europea para la promoción de la movilidad urbana sostenible en Europa" en FORTES MARTÍN, Antonio (Dir.) Movilidad urbana sostenible y acción administrativa. Perspectiva social, estrategias jurídicas y políticas públicas de movilidad en el medio urbano; Navarra: Thomson Aranzadi, 2019.

GUTIÉRREZ DAVID, María Estrella y ACOSTA GALLO, Pablo: "Movilidad urbana y descarbonización: Estrategias de despliegue de infraestructuras de recarga del vehículo eléctrico". Políticas Locales de

Clima y Energía: Teoría y Práctica. INAP, Colección: Administración Local y Autonómica, Madrid, 2018.

HERNÁNDEZ-PARTAL, Sonia y DE SANTIAGO RODRÍGUEZ, Eduardo: "Las sinergias entre la Agenda Urbana Española y otras Agendas y Estrategias", Ciudad y Territorio, Estudios Territoriales, Vol. LI, nº 202, invierno 2019.

MELLADO RUIZ, Lorenzo: "Transporte y movilidad sostenible", en GONZÁLEZ RÍOS, Isabel (Dirª.) Estudios jurídicos hispano-lusos de los servicios en red (energía, telecomunicaciones y transportes) y su incidencia en los espacios naturales protegido; Dykinson, 2015.

MELLADO RUIZ, Lorenzo: "Marco regulador de la movilidad urbana sostenible en el ámbito local" en FORTES MARTÍN, A. (Dir.) Movilidad Urbana Sostenible y acción administrativa. Perspectiva social, estrategias jurídicas y políticas públicas de movilidad en el ámbito urbano, Thomson Reuters Aranzadi, 2019.

MORA RUIZ, Manuela (Dirª.): Smart Cities, Innovación Social y Jurídica o el reto de la transición ecológica, Tirant lo Blanch, Valencia, 2021.

DE SANTIAGO RODRÍGUEZ, Eduardo: "El Pacto de Ámsterdam y la Agenda Urbana de la Unión Europea". Ciudad y Territorio. Estudios Territoriales, Madrid. Ministerio de Fomento, 2017.

SARASÍBAR IRIARTE, Miren: "Energías renovables y cambio climático: un binomio condenado a entenderse", en GONZÁLEZ RÍOS, I. y GALÁN VIOQUE, R., Derecho de las energías renovables y la eficiencia energética en el horizonte 2020; Thomson Reuters Aranzadi, 2017.

Capítulo XIV.

Prevención de riesgos laborales y tecnología en los convenios estatales

CRISTINA GONZÁLEZ VIDALES
Ayudante doctora de Derecho del Trabajo y la Seguridad Social

1. INTRODUCCIÓN

En los últimos años, la sociedad, las empresas y el entorno laboral han atravesado transformaciones profundas, impulsadas por el desarrollo y la aplicación de las tecnologías de la información y la comunicación, las cuales evolucionan rápida y constantemente. Los cambios experimentados han dado lugar a una sociedad digital y a la denominada Industria 5.0, redefiniendo la forma en que interactuamos y operamos a nivel social y económico.

Así, como reconocen algunos textos convencionales, el auge de las nuevas tecnologías de la información y comunicación, los procesos de automatización y globalización suponen un reto y un cambio de paradigma en todos los ámbitos y, especialmente, en el de las relaciones laborales[1501].

La digitalización no solo ha revolucionado sectores clave como la economía, la educación, la sanidad o la industria, sino que también plantea desafíos importantes en ellos. En el ámbito laboral, ha supuesto un impacto significativo en el empleo, en las condiciones profesionales y la seguridad y salud de los trabajadores[1502].

La creciente dependencia de tecnologías como el internet de las cosas, el Big Data, la inteligencia artificial y la robótica demanda una revisión constante del marco normativo. Así, la legislación reciente —laboral o no— subrayan la necesidad de abordar la dimensión digital en cualquier regulación, tanto por su impacto positivo como por los riesgos que conlleva[1503].

Los agentes sociales, sabedores de tan importante cuestión, han incorporado paulatinamente a los convenios colectivos diferentes cláusulas que afrontan y ordenan la problemática, entre las que se hallan previsiones relativas a el teletrabajo, la

---

1501 Sirva como ejemplo, art. 84 III CC del Grupo Acciona Energía (BOE núm. 123, de 21 de mayo de 2024); art. 169 III CC de Telefónica de España, S.A.U.; Telefónica Móviles España, S.A.U. y Telefónica Soluciones de Informática y Comunicaciones, S.A.U. (BOE núm. 52, de 28 de febrero de 2024); art. 8 VIII CC de Iberdrola Grupo (BOE núm. 52, de 2 de marzo de 2021); art. 128 V CC marco del Grupo Endesa (BOE núm. 169, de 17 de junio de 2020).

1502 Para una mayor profundización en el tema AGRA VIFORCOS, B. y GONZÁLEZ VIDALES, C.: "Las nuevas tecnologías en la negociación colectiva, especial referencia a la automatización de los procesos" en AA.VV. (FERNÁNDEZ DOMÍNGUEZ, J. J. Dir.): *Nuevos escenarios y nuevos contenidos de la negociación colectiva*, Ministerio de Trabajo y Economía Social (Madrid), 2020, págs. 550-559.

1503 CEPAL: *Tecnologías digitales para un nuevo futuro (LC/TS.2021/43)*, Naciones Unidas (Santiago), 2021, págs. 49 y ss.

desconexión, la formación continua o la capacitación en prevención asociada a la tecnología y la seguridad y salud.

Se puede adelantar de la lectura de los convenios colectivos un panorama digno de una doble consideración: por un lado, positiva, pues muchos textos incluyen algunas referencias a las nuevas tecnologías, su posible impacto en el ámbito laboral y el derecho a la desconexión; por otro, negativa, en tanto que la mayoría las previsiones se limitan a cláusulas generales o a la reproducción literal de las normas sin llegar a profundizar en la cuestión.

2. PROTECCIÓN FRENTE AL USO DE LA TECNOLOGÍA

Como se ha puesto de manifiesto, la incorporación de las nuevas tecnologías al mundo del trabajo ha facilitado el desempeño de las actividades, ha aumentado la eficiencia y simplificado numerosas tareas. No obstante, este avance también trae consigo responsabilidades para los trabajadores, quienes deben hacer un uso adecuado de estas herramientas, y para las empresas, responsables de regular su aplicación mediante directrices que prevengan abusos y mitiguen los riesgos asociados. En este contexto, los agentes sociales están llamados a desarrollar cláusulas convencionales que aborden, entre otros aspectos, la protección de la seguridad y salud, el derecho a la desconexión digital y la regulación del teletrabajo, con el objetivo de crear un entorno laboral equilibrado, donde la tecnología contribuya al bienestar de todos los empleados sin afectar a su salud[1504].

[1504] AMAADACHOU KADDUR, F.: "Tecnología y Convenios Colectivos", en AA.VV. (GUINDO MORALES, S. y ORTEGA LOZANO, P. G. coords.): *El desafío tecnológico en el Derecho del Trabajo en la era de la cuarta revolución industrial*, Barcelona (Atelier), 2023, págs. 32 y ss.

2.1. Consideraciones generales

En la actualidad, las personas trabajadoras cuentan con una serie de recursos informáticos, herramientas digitales y diversos dispositivos que facilitan enormemente la realización de su actividad laboral, pero, simultáneamente, conllevan una responsabilidad en su buen uso y aplicación diaria.

Los agentes sociales, a tal fin, han establecido diferentes directrices y acciones de control y corrección sobre la buena utilización de las nuevas tecnologías, para, por un lado, prevenir las prácticas abusivas en el uso particular de los medios informáticos; y, por otro, evitar los riesgos para la seguridad y salud derivados del uso de dispositivos y herramientas digitales.

En lo referente al primer aspecto, prohíben la utilización de las herramientas corporativas para fines propios o el uso ilícito[1505] o perjudicial de las mismas, enumerando una serie de conductas reprochables como, por ejemplo, falsificar mensajes, enviar correos o imágenes ofensivas, inapropiadas o discriminatorias, así como cualquier acto que viole alguna ley o norma[1506].

1505 Anexo VII 10 II CC de Nortegas (BOE núm. 28, de 1 de febrero de 2024); art. 15 CC del Grupo AXA (BOE núm. 304, de 21 de diciembre de 2023); art. 7 CC de Al Air Liquide España, S.A., y Air Liquide Ibérica de Gases, S.L.U. (BOE núm. 290, de 5 de diciembre de 2023); art. 15 X Acuerdo Marco del Grupo Repsol (BOE núm. 45, de 22 de febrero de 2023); art. 77 III CC de la Asociación para la Gestión de la Integración Social (BOE núm. 165, de 12 de julio de 2023); art 85 III CC del Grupo Acciona Energía (BOE núm. 123, de 21 de mayo de 2024).

1506 Art. 168 III CC de Telefónica de España, S.A.U.; Telefónica Móviles España, S.A.U. y Telefónica Soluciones de Informática y Comunicaciones, S.A.U. (BOE núm. 52, de 28 de febrero de 2024); art. 52 CC de empresas de Televisiones Locales y Autonómicas de Castilla y León (BOCYL núm. 136, de 17 de julio de 2023); art. 129 V CC marco del Grupo Endesa (BOE núm. 169, de 17 de junio de 2020).

En cuanto al último punto, relativo a la seguridad y salud, el compromiso de las empresas se orienta a gestionar e integrar la prevención a través de toda la línea jerárquica de la organización, asumiendo la empresa la responsabilidad indelegable de la planificación y el cumplimiento de las acciones preventivas[1507], como el asesoramiento y la colaboración del servicio mancomunado de prevención[1508] o, en su caso, el servicio de prevención ajeno[1509].

1507 Art. 11 CC del Grupo Marítima Dávila (BOE núm. 108, de 6 de mayo de 2022); art. 75 VII CC general de ámbito nacional del sector de aparcamientos y garajes (BOE núm. 120, de 17 de mayo de 2024)

1508 Art. 169 III CC de Telefónica de España, S.A.U.; Telefónica Móviles España, S.A.U. y Telefónica Soluciones de Informática y Comunicaciones, S.A.U. (BOE núm. 52, de 28 de febrero de 2024); art. 55 III CC de Bureau Veritas Inspección y Testing, S.L.U. y Bureau Veritas Solutions Iberia, S.L.U. (BOE núm. 74, de 25 de marzo de 2024); art. 60 II CC de Nortegas (BOE núm. 28, de 1 de febrero de 2024); art. 39 IV CC de las empresas integradas en la unidad de negocio de Abertis Autopistas España (UNaAE) (BOE núm. 310, de 28 de diciembre de 2023); art. 47 CC del Grupo Asegurador Reale (BOE núm. 259, de 30 de octubre de 2023); art. 34 VI CC para el grupo Maxam (BOE núm. 77, de 31 de marzo de 2023); art. 63 III CC del grupo Naturgy (BOE núm. 47, de 24 de febrero de 2023); art. 33 X Acuerdo Marco del Grupo Repsol (BOE núm. 45, de 22 de febrero de 2023); art. 110 CC marco del Grupo Endesa (BOE núm. 169, de 17 de junio de 2020); art. 100 VIII CC de Iberdrola Grupo (BOE núm. 52, de 2 de marzo de 2021).

1509 Art. 44 II CC del Grupo Parcial Cepsa (BOE núm. 52, de 28 de febrero de 2024); art. 62. V CC del Grupo de Empresas Groundforce (BOE núm. 8, de 9 de enero de 2024); art. 55 CC del grupo Redexis Gas (BOE núm. 215, de 7 de septiembre de 2022); art. 36 CC de Radio Popular, S.A. (BOE núm. 177, de 25 de julio de 2022); art. 53 VII CC de Supermercados Grupo Eroski (BOE núm. 101, de 28 de abril de 2022); art. 88 CC de Ferrovial Servicios, S.A., y los trabajadores adscritos al servicio de restauración y atención a bordo de los trenes (BOE núm. 23, de 26 de enero de 2018); art. 29 VII CC estatal para la acuicultura (BOE núm. 108, de 3 de mayo de 2024); art. 65

La ambición de determinados convenios por implantar la prevención en la empresa alcanza a los contratistas y subcontratistas, quienes, mediante un plan de actuación dirigido a las empresas incluidas en el ámbito de aplicación del acuerdo o a través de la extensión de la política preventiva de la organización firmante, buscan obtener el nivel más alto posible de seguridad, a fin de que todos los actores involucrados en la compañía estén protegidos frente a los posibles peligros[1510].

Sin embargo, para lograr los más altos estándares de protección es necesaria la colaboración activa de todas las personas trabajadoras, mediante la formación adecuada en prevención de riesgos, el cumplimiento de las normas tanto internas como las establecidas en la legislación vigente y la participación e información a través de las organizaciones sindicales[1511].

VII CC de industrias de ferralla 2023-2024 (BOE núm. 41, de 16 de febrero de 2024); art. 57 V CC estatal de instalaciones deportivas y gimnasios (BOE núm. 23, de 26 de enero de 2024).

1510 Art. 33 X Acuerdo Marco del Grupo Repsol (BOE núm. 45, de 22 de febrero de 2023); art 36 CC de Radio Popular, S.A. (BOE núm. 177, de 25 de julio de 2022); art. 100 VIII CC de Iberdrola Grupo (BOE núm. 52, de 2 de marzo de 2021).

1511 Art. 169 III CC de Telefónica de España, S.A.U.; Telefónica Móviles España, S.A.U. y Telefónica Soluciones de Informática y Comunicaciones, S.A.U. (BOE núm. 52, de 28 de febrero de 2024); art. 62. V CC del Grupo de Empresas Groundforce (BOE núm. 8, de 9 de enero de 2024); art. 39 IV CC de las empresas integradas en la unidad de negocio de Abertis Autopistas España (UNaAE) (BOE núm. 310, de 28 de diciembre de 2023); anexo 19 CC marco del Grupo Endesa (BOE núm. 169, de 17 de junio de 2020); art. 32 CC de Ferrovial Servicios, S.A., y los trabajadores adscritos al servicio de restauración y atención a bordo de los trenes (BOE núm. 23, de 26 de enero de 2018); art. 100 VIII CC de Iberdrola Grupo (BOE núm. 52, de 2 de marzo de 2021); art. 65 VII CC de industrias de ferralla 2023-2024 (BOE núm. 41, de 16 de febrero de 2024).

2.2. Derecho a la desconexión como elemento de prevención

La revolución digital, el auge de las nuevas tecnologías de la información y comunicación, los procesos de automatización y la globalización suponen un reto y un cambio de paradigma en todos los ámbitos, especialmente, en el de las relaciones laborales. La implementación de las innovaciones digitales en el contexto laboral debería resultar beneficiosa y, de hecho, así lo evidencian las múltiples ventajas que supone, por ejemplo, en el incremento de la eficiencia y productividad o la mejora de la flexibilidad. Sin embargo, también se han evidenciado ciertos inconvenientes, como el riesgo de una conectividad permanente y la sobrecarga de información, a los que es necesario prestar atención y poner soluciones adecuadas[1512].

En este contexto, el derecho a la desconexión digital se configura como una herramienta fundamental para prevenir los peligros derivados de la exposición a los dispositivos tecnológicos, limitando el uso de éstas durante el tiempo de descanso, los días festivos y las vacaciones de las personas trabajadoras[1513].

1512 GONZÁLEZ VIDALES, C.: "Tecnologías digitales y prevención de riesgos laborales. A propósito de la guía de la Agencia Europea 2023/2027", *Unión Europea Aranzadi*, núm. 7, 2024, págs. 74 y ss.

1513 Art. 68 II CC del Grupo Parcial Cepsa (BOE núm. 52, de 28 de febrero de 2024); anexo V art. 2.10 III CC de Telefónica de España, S.A.U.; Telefónica Móviles España, S.A.U. y Telefónica Soluciones de Informática y Comunicaciones, S.A.U. (BOE núm. 52, de 28 de febrero de 2024); art. 28 bis VIII CC sectorial estatal de cadenas de tiendas de conveniencia (BOE núm. 133, de 1 de junio de 2024); art. 55 VII CC estatal para la acuicultura (BOE núm. 108, de 3 de mayo de 2024); art 29 V CC estatal de instalaciones deportivas y gimnasios (BOE núm. 23, de 26 de enero de 2024); art. 11 CC de empresas de mediación de seguros privados (BOE núm. 273, de 15 de noviembre de 2023); art. 16 bis II CC del Grupo de Empresas Carriere (BOE núm. 267, de 8 de noviembre de 2023); art. 113 IX CC estatal del corcho (BOE núm. 214, de 7 de septiembre de

Las mentadas previsiones contribuyen a mantener la salud, especialmente en lo relativo al estrés tecnológico, al tiempo que mejoran el clima laboral, la calidad del trabajo y la conciliación de la vida personal y laboral[1514].

Los convenios colectivos estudiados, a fin de regularlo, se comprometen a respetar e impulsar este principio en el ámbito laboral[1515], cumpliendo con lo dispuesto tanto en la Ley Orgánica 3/2018, de 5 de diciembre, de Protección de Datos Personales y garantía de los derechos digitales[1516], como en el Real Decreto Legislativo 2/2015, de 23 de octubre, por el

---

2023); art. 35 CC para los establecimientos financieros de crédito (BOE núm. 172, de 17 de julio de 2024); art 21 CC Grupo Supermercados Carrefour (BOE núm. 141, de 14 de junio de 2023); art. 10 CC general de ámbito estatal para el sector de entidades de seguros, reaseguros y mutuas colaboradoras con la Seguridad Social (BOE núm. 310, de 27 de diciembre de 2021); art. 21 CC del Grupo Cetelem (BOE núm. 77, de 31 de marzo de 2023); art. 17 Acuerdo marco del grupo FerroAtlántica en España (BOE núm. 268, de 8 de noviembre de 2022).

1514 Art. 68 II CC del Grupo Parcial Cepsa (BOE núm. 52, de 28 de febrero de 2024); art. 35 CC para los establecimientos financieros de crédito (BOE núm. 172, de 17 de julio de 2024); cláusula 14 III CC del Grupo Renfe (BOE núm. 171, de 19 de julio de 2023); art. 10 CC general de ámbito estatal para el sector de entidades de seguros, reaseguros y mutuas colaboradoras con la Seguridad Social (BOE núm. 310, de 27 de diciembre de 2021)

1515 Art. 40 CC de Zurich Insurance, P.L.C., Sucursal en España; Zurich Vida, Compañía de Seguros y Reaseguros, S.A.; y Zurich Services A.I.E. (BOE núm. 93, de 19 de abril de 2023); art. 21 XXIII CC de contratas ferroviarias (BOE núm. 154, de 28 de junio de 2022); art. 34 III CC del grupo Naturgy (BOE núm. 47, de 24 de febrero de 2023); DA tercera V CC de Cash Converters, S.L., y sociedades vinculadas (BOE núm. 309, de 26 de diciembre de 2022)

1516 Anexo VII aprt. 13 II CC de Nortegas (BOE núm. 28, de 1 de febrero de 2024); art. 11 CC de empresas de mediación de seguros privados (BOE núm. 273, de 15 de noviembre de 2023)

que se aprueba el texto refundido de la Ley del Estatuto de los Trabajadores[1517].

No obstante, las normas paccionadas no solo se quedan en el respeto a las leyes, sino que promueven disposiciones más concretas, las cuales reconocen y formalizan el derecho de no atender dispositivos digitales, tales como teléfonos móviles, tabletas, aplicaciones móviles, correos electrónicos y mensajes fuera de la jornada de trabajo[1518]. Asimismo, prohíben que los

---

1517 Art. 84 III CC del Grupo Acciona Energía (BOE núm. 123, de 21 de mayo de 2024); art. 68 II CC del Grupo Parcial Cepsa (BOE núm. 52, de 28 de febrero de 2024); anexo XIII III CC de Telefónica de España, S.A.U.; Telefónica Móviles España, S.A.U. y Telefónica So luciones de Informática y Comunicaciones, S.A.U. (BOE núm. 52, de 28 de febrero de 2024); art. 28 bis VIII CC sectorial estatal de cadenas de tiendas de conveniencia (BOE núm. 133, de 1 de junio de 2024); art. 55 VII CC estatal para la acuicultura (BOE núm. 108, de 3 de mayo de 2024); art. 12 CC del Grupo ISRG (BOE núm. 187, de 7 de agosto de 2023); art. 10 CC general de ámbito estatal para el sector de entidades de seguros, reaseguros y mutuas colaboradoras con la Seguridad Social (BOE núm. 310, de 27 sde diciembre de 2021); art. 73 V CC del grupo de empresas Distribuidora Internacional de Alimentación, S.A., y Día Retail España, S.A.U. (BOE núm. 77, de 31 de marzo de 2023); DF octava VIII CC de Iberdrola Grupo (BOE núm. 52, de 2 de marzo de 2021); art. 31 II CC del Grupo Vodafone España (BOE núm. 34, de 9 de febrero de 2021).

1518 Art. 55 VII CC estatal para la acuicultura (BOE núm. 108, de 3 de mayo de 2024); art 29 V CC estatal de instalaciones deportivas y gimnasios (BOE núm. 23, de 26 de enero de 2024); art. 11 CC de empresas de mediación de seguros privados (BOE núm. 273, de 15 de noviembre de 2023); art. 16 bis II CC del Grupo de Empresas Carriere (BOE núm. 267, de 8 de noviembre de 2023); art. 35 CC para los establecimientos financieros de crédito (BOE núm. 172, de 17 de julio de 2024); art 21 CC Grupo Supermercados Carrefour (BOE núm. 141, de 14 de junio de 2023); DA tercera V CC de Cash Converters, S.L., y sociedades vinculadas (BOE núm. 309, de 26 de diciembre de 2022); art. 46 CC marco del Grupo Endesa (BOE núm.

superiores, o cualquier remitente, pueda exigir respuesta en tales circunstancias[1519], asumiendo el receptor que la contestación puede esperar a la jornada laboral siguiente[1520].

Con todo, existen excepciones en casos de fuerza mayor, cuando pueda concurrir un riesgo grave para una persona o un posible perjuicio empresarial que requiera de una acción urgente e inmediata[1521]. Sin embargo, ciertos convenios no

169, de 17 de junio de 2020); DA décima XVIII CC de Petróleos del Norte, S.A. (Petronor) (BOE núm. 85, de 6 de abril de 2024).

1519 Art. 68 II CC del Grupo Parcial Cepsa (BOE núm. 52, de 28 de febrero de 2024).

1520 Anexo VIII III CC de Telefónica de España, S.A.U.; Telefónica Móviles España, S.A.U. y Telefónica Soluciones de Informática y Comunicaciones, S.A.U. (BOE núm. 52, de 28 de febrero de 2024); DF octava VIII CC de Iberdrola Grupo (BOE núm. 52, de 2 de marzo de 2021); art. 78 III CC de la Asociación para la Gestión de la Integración Social (BOE núm. 165, de 12 de julio de 2023); art. 31 II CC del Grupo Vodafone España (BOE núm. 34, de 9 de febrero de 2021).

1521 Art. 68 II CC del Grupo Parcial Cepsa (BOE núm. 52, de 28 de febrero de 2024); anexo VIII III CC de Telefónica de España, S.A.U.; Telefónica Móviles España, S.A.U. y Telefónica Soluciones de Informática y Comunicaciones, S.A.U. (BOE núm. 52, de 28 de febrero de 2024); art 29 V CC estatal de instalaciones deportivas y gimnasios (BOE núm. 23, de 26 de enero de 2024); art. 11 CC de empresas de mediación de seguros privados (BOE núm. 273, de 15 de noviembre de 2023); art. 16 bis II CC del Grupo de Empresas Carriere (BOE núm. 267, de 8 de noviembre de 2023); art. 35 CC para los establecimientos financieros de crédito (BOE núm. 172, de 17 de julio de 2024); art. 12 CC del Grupo ISRG (BOE núm. 187, de 7 de agosto de 2023); art 21 CC Grupo Supermercados Carrefour (BOE núm. 141, de 14 de junio de 2023); art. 73 V CC del grupo de empresas Distribuidora Internacional de Alimentación, S.A., y Día Retail España, S.A.U. (BOE núm. 77, de 31 de marzo de 2023); DA tercera V CC de Cash Converters, S.L., y sociedades vinculadas (BOE núm. 309, de 26 de diciembre de 2022); art. 13 CC de las empresas de Seguros Catalana Occidente, Sociedad Anónima Unipersonal de Seguros y Reaseguros, Bilbao Compañía Anónima de Seguros y Rease-

concretan las situaciones o las mantienen demasiado abiertas, dejando su interpretación en manos de la empresa o del superior jerárquico, lo que dificulta que el trabajador pueda desconectarse plenamente, pues para estar informado de cualquier urgencia, inevitablemente, deberá revisar sus dispositivos fuera del horario laboral. Algunos textos consultados solucionan esta problemática al determinar que el teléfono será el medio de contacto preferente[1522], aliviando, en cierto modo, la presión de consultar regularmente las herramientas puestas a disposición, ya que recibirá una llamada si fuera necesario. Ahora bien, la persona trabajadora tiene plena disponibilidad para conectarse[1523] o realizar comunicaciones fuera del horario[1524],

guros, Sociedad Anónima Unipersonal y Grupo Catalana Occidente Tecnología y Servicios, Agrupación de Interés Económico, Plus Ultra Seguros Generales y Vida, Sociedad Anónima Unipersonal de Seguros y Reaseguros, Sociedad Unipersonal, Grupo Catalana Occidente, Sociedad Anónima y Grupo Catalana Occidente Gestión de Activos, Sociedad Anónima Unipersonal S.G.I.I.C. Grupo Catalana Occidente Activos Inmobiliarios, Sociedad Limitada, Grupo Catalana Occidente Gestora de Pensiones EGFP, Sociedad Anónima Unipersonal, Grupo Catalana Occidente Reaseguros, Sociedad Anónima Unipersonal (BOE núm. 177, de 25 de julio de 2022); DF octava VIII CC de Iberdrola Grupo (BOE núm. 52, de 2 de marzo de 2021); art. 78 III CC de la Asociación para la Gestión de la Integración Social (BOE núm. 165, de 12 de julio de 2023).

1522 Anexo VIII III CC de Bureau Veritas Inspección y Testing, S.L.U. y Bureau Veritas Solutions Iberia, S.L.U. (BOE núm. 74, de 25 de marzo de 2024).

1523 Art. 68 II CC del Grupo Parcial Cepsa (BOE núm. 52, de 28 de febrero de 2024).

1524 Anexo XIII III CC de Bureau Veritas Inspección y Testing, S.L.U. y Bureau Veritas Solutions Iberia, S.L.U. (BOE núm. 74, de 25 de marzo de 2024); art. 11 CC de empresas de mediación de seguros privados (BOE núm. 273, de 15 de noviembre de 2023).

quedando exonerada la parte empresarial de toda responsabilidad en el supuesto de hacerlo de manera voluntaria[1525].

Por otra parte, destacan las disposiciones encaminadas a garantizar el uso efectivo del mentado derecho, a fin de que aquellas personas que lo ejerzan no se vean afectadas por ningún trato diferenciado o sanción disciplinaria que les perjudique en las evaluaciones de desempeño o en el desarrollo de su carrera profesional[1526]. Al tiempo, las normas paccionadas más concienciadas con la protección de las plantillas cuentan con protocolos, reglamentos, políticas o acuerdos propios sobre desconexión[1527], aunque en ocasiones estos no están incluidos en los convenios colectivos, quedando en el seno de la empresa[1528] y sin posibilidad de ser consultados externamente.

1525 Art. 68 II CC del Grupo Parcial Cepsa (BOE núm. 52, de 28 de febrero de 2024); anexo XIII III CC de Bureau Veritas Inspección y Testing, S.L.U. y Bureau Veritas Solutions Iberia, S.L.U. (BOE núm. 74, de 25 de marzo de 2024); art. 11 CC de empresas de mediación de seguros privados (BOE núm. 273, de 15 de noviembre de 2023).

1526 Art. 68 II CC del Grupo Parcial Cepsa (BOE núm. 52, de 28 de febrero de 2024); anexo XIII III CC de Bureau Veritas Inspección y Testing, S.L.U. y Bureau Veritas Solutions Iberia, S.L.U. (BOE núm. 74, de 25 de marzo de 2024); art. 35 CC para los establecimientos financieros de crédito (BOE núm. 172, de 17 de julio de 2024); art. 12 CC del Grupo ISRG (BOE núm. 187, de 7 de agosto de 2023); art. 73 V CC del grupo de empresas Distribuidora Internacional de Alimentación, S.A., y Día Retail España, S.A.U. (BOE núm. 77, de 31 de marzo de 2023).

1527 VII CC del grupo Generali España (BOE núm. 277, de 18 de noviembre de 2022); III CC de Telefónica de España, S.A.U; Telefónica Móviles España, S.A.U y Telefónica Soluciones de Informática y Comunicaciones, S.A.U. (BOE núm. 52, de 28 de febrero de 2024); CC de empresas vinculadas Bolsas y Mercados Españoles (BOE núm. 207, de 27 de agosto de 2024); CC del grupo Redexis Gas (BOE núm. 215, de 7 de septiembre de 2022).

1528 Art. 21 CC del Grupo Cetelem (BOE núm. 77, de 31 de marzo de 2023); DA primera CC de Mapfre Grupo Asegurador (BOE núm.

Un ejemplo de protocolo incluido en el convenio es el Grupo Generali, el cual ha implementado diversas medidas para garantizar el derecho a no estar permanentemente conectados, con especial atención a quienes interactúan con clientes o proveedores de zonas horarias distintas a la de España. También contiene una encuesta de riesgos psicosociales donde se realizan preguntas específicas sobre la desconexión, con el fin de evaluar su impacto en la salud laboral y prevenir la fatiga tecnológica y el estrés. El acuerdo se compromete a promover acciones formativas y de sensibilización para los *managers*, máximos responsables del cumplimiento de esta obligación, dentro de sus equipos. El acuerdo también garantiza que su ejercicio no afectará negativamente en la evaluación o la progresión profesional de los trabajadores.

En un sentido similar, la política interna del Grupo de Telefónica asegura el respeto al tiempo de descanso y la vida personal de los trabajadores, recordándoles su derecho a no responder comunicaciones fuera del horario laboral, salvo en casos de urgencia. Este protocolo insta a organizar reuniones y formaciones dentro del horario para no afectar al tiempo personal. Por otra parte, exime de responsabilidad disciplinaria a quienes lo ejerzan, sin repercusiones negativas en su carrera. Además, Telefónica prevé fomentar la sensibilización y el uso

---

219, de 12 de septiembre de 2022); DT segunda CC de Airbus Defence and Space, S.A.U., Airbus Operations, S.L., y Airbus Helicopters España, S.A. (BOE núm. 108, de 6 de mayo de 2022); art. 30 CC de Air Nostrum Engineering and Maintenance Operations, S.L.U. (BOE núm. 117, de 14 de mayo de 2024); art. 47 CC de BT Global ICT Business Spain, S.L.U. (BOE núm. 148, de 19 de junio de 2024); DA quinta IV CC de la Fundación Bancaria Caixa d'Estalvis i Pensions de Barcelona «La Caixa» (BOE núm. 138, de 7 de junio de 2024); art. 38 CC del Grupo Allianz (BOE núm. 154, de 29 de junio de 2023).

responsable de la tecnología, bajo la supervisión del grupo de trabajo paritario[1529].

Otro ejemplo significativo es el acuerdo previsto en el convenio de Bolsas y Mercados Españoles, el cual garantiza que los trabajadores puedan desconectarse al finalizar su jornada laboral, permitiéndoles no responder comunicaciones hasta el día siguiente, salvo en situaciones urgentes o de necesidad empresarial significativa. El documento regula los horarios de reuniones para facilitar la conciliación, fomenta la sensibilización y formación en el uso responsable de la tecnología, y asegura que el ejercicio del derecho no afectará negativamente a las evaluaciones ni implicará sanción alguna.

Cabe hacer una última mención al convenio del grupo Redexis Gas, el cual pese a contar con un reglamento específico en la materia, las previsiones sobre desconexión se hallan dispersas en diferentes artículos, quedando como guía, entre otros, sobre el ámbito de aplicación, el procedimiento de control y supervisión de los dispositivos puestos a disposición de la persona trabajadora.

Finalmente, la importancia del derecho aparece reflejada, en unos pocos casos, en la constitución de una Comisión de Desconexión Digital, encargada de alcanzar acuerdos sobre la materia[1530]. Entre sus objetivos se encuentran la implementación de buenas prácticas, reglas de buena conducta y propuestas pedagógicas que resalten la relevancia de la desconexión, así como definir las obligaciones y los derechos de las personas

---

[1529] En un sentido similar se pronuncia el anexo 4 "Política reguladora del derecho a la desconexión" del CC de Teleinformática y Comunicaciones, S.A. (BOE núm. 148, de 19 de junio de 2024).

[1530] DA cuarta V CC del Grupo de Empresas Groundforce (BOE núm. 8, de 9 de enero de 2024).

trabajadoras y las empresas[1531] o desarrollar los protocolos, antes mencionados.

2.3. Medidas de prevención en el trabajo a distancia

Las tecnologías de la información y de la comunicación permiten la realización de la actividad laboral fuera de las instalaciones de la Empresa, lo que lleva aparejado, por un lado, determinadas ventajas como, por ejemplo, la reducción de los costes en los desplazamientos y los accidentes *in itinere* o la flexibilidad organizativa; por otro, ciertos aspectos negativos relacionados con la organización y la protección del trabajo[1532].

En cuanto a los principales riesgos, aunque no los únicos, se encontrarían, por un lado, los psicosociales asociados al aislamiento de la persona, la hiperconectividad o la difuminación de la línea entre el ámbito laboral y el personal; por otro, aquellos derivados de posturas inadecuadas y el uso prolongado de equipos informáticos en espacios no apropiados[1533].

A fin de dar una solución satisfactoria, la negociación colectiva, como el instrumento adecuado para completar los vacíos

---

[1531] Art. 26 III CC de Bureau Veritas Inspección y Testing, S.L.U. y Bureau Veritas Solutions Iberia, S.L.U. (BOE núm. 74, de 25 de marzo de 2024).

[1532] Como reconoce FERNÁNDEZ AVILÉS, J. A.: "La Nueva Ordenación Jurídica del Teletrabajo en España (Una Visión de Conjunto), en AA. VV. (DURÁN BERNARDINO, M. Dir. y VIDA FERNÁNDEZ, R. Coord.): *Teletrabajo y Conciliación de la Vida Laboral, Familiar y Personal en Clave de Género*, Dykinson (Madrid), 2022, págs. 13 y ss.; y reiteran los art. 21 VIII CC de Iberdrola Grupo (BOE núm. 52, de 2 de marzo de 2021); anexo 8 CC de Siemens Energy, S.A. (BOE núm. 128, de 27 de mayo de 2024).

[1533] TORRES GARCÍA, B.: *La prevención de riesgos laborales en el trabajo a distancia y el teletrabajo*, Aranzadi (Pamplona), 2024, págs. 220 y ss.

dejados por la norma —no en vano la Ley 10/2021, de trabajo a distancia, realiza diferentes llamadas en este sentido y la Ley 31/1995, de Prevención de Riesgos Laborales, reconoce al fruto de esta como fuente válida de reglamentación en la materia[1534]—, regula los criterios enumerados a renglón seguido.

Aunque, las cláusulas en su mayoría no son de gran originalidad, permiten clarificar algunas cuestiones en la materia y, a su vez, elevar la protección de las plantillas, recordando que, en la evaluación de riesgos y la planificación de la actividad preventiva del trabajo a distancia, se deben tener en cuenta los peligros característicos de esta modalidad de trabajo, poniendo especial atención en los factores psicosociales, ergonómicos y organizativos[1535] y, en particular, la distribución de la jornada, los tiempos de disponibilidad y la garantía de los descansos y desconexiones durante la jornada[1536], contribuyendo con ello a separar la vida laboral de la personal y familiar, además de a la desconexión.

Así las cosas, los agentes sociales, conscientes de la problemática, señalan la necesidad de adoptar medidas para prevenir, entre otros aspectos, el aislamiento de la persona teletrabajadora en relación con el resto de la plantilla[1537], mediante

---

1534 MONTESDEOCA SUÁREZ, A.: *La garantía del derecho a la seguridad y salud en el teletrabajo*, Tirant lo Blanch (Valencia), 2024, págs. 220 y ss.

1535 Art. 68 II CC del Grupo Parcial Cepsa (BOE núm. 52, de 28 de febrero de 2024); anexo 8 CC de Siemens Energy, S.A. (BOE núm. 128, de 27 de mayo de 2024).

1536 Anexo V III CC de Telefónica de España, S.A.U.; Telefónica Móviles España, S.A.U. y Telefónica Soluciones de Informática y Comunicaciones, S.A.U. (BOE núm. 52, de 28 de febrero de 2024).

1537 Art. 44.2 VIII CC de Bureau Veritas Inspección y Testing, S.L.U. y Bureau Veritas Solutions Iberia, S.L.U. (BOE núm. 74, de 25 de marzo de 2024).

disposiciones concretas para mantener el vínculo presencial con su unidad de trabajo y con la empresa[1538].

Las acciones previstas consisten en implantar un régimen de jornadas a distancia combinado con el presencial. En este contexto, los convenios limitan la prestación laboral en el domicilio a un porcentaje semanal o a determinados días, siendo variopintas las posibilidades, por ejemplo, algunos acuerdos disponen que el trabajador puede estar en teletrabajo un 40% de su jornada semanal —adaptable en función de las circunstancias organizativas específicas—y siempre en días completos[1539]; otros recogen que el porcentaje se negociará y fijará en el acuerdo entre la empresa y la persona trabajadora[1540]; ciertos textos establecen, como norma general, dos días de teletrabajo a la semana[1541]; y existen acuerdos que prevén trabajar de forma presencial al menos dos días a la semana, pero en promedio mensual o anual, con la posibilidad de reducir el número de días en casos excepcionales y debidamente autorizados[1542].

1538 Art. 14 CC para las cajas y entidades financieras de ahorro para el período 2024-2026 (BOE núm. 137, de 6 de junio de 2024).

1539 Art. 68 II CC del Grupo Parcial Cepsa (BOE núm. 52, de 28 de febrero de 2024).

1540 Anexo V III CC de Telefónica de España, S.A.U.; Telefónica Móviles España, S.A.U. y Telefónica Soluciones de Informática y Comunicaciones, S.A.U. (BOE núm. 52, de 28 de febrero de 2024).

1541 Anexo V III CC de Telefónica de España, S.A.U.; Telefónica Móviles España, S.A.U. y Telefónica Soluciones de Informática y Comunicaciones, S.A.U. (BOE núm. 52, de 28 de febrero de 2024; art. 19 CC del Grupo Asegurador Reale (BOE núm. 259, de 27 de agosto de 2024); art. 21 VIII CC de Iberdrola Grupo (BOE núm. 52, de 2 de marzo de 2021); DA sexta IV CC de la Fundación Bancaria Caixa d'Estalvis i Pensions de Barcelona «La Caixa» (BOE núm. 138, de 7 de junio de 2024); anexo 2 CC de Teleinformática y Comunicaciones, S.A. (BOE núm. 148, de 19 de junio de 2024).

1542 Anexo 8 CC de Siemens Energy, S.A. (BOE núm. 128, de 27 de mayo de 2024).

La diversidad de propuestas es tal, que, dentro del mismo documento, se incluyen opciones como teletrabajar uno, dos o tres días a la semana; realizar un 20% de la jornada diaria en remoto; teletrabajar dos tardes a la semana junto con toda la jornada del viernes; o una modalidad flexible que permite un mínimo de 40% de presencia física en el centro de trabajo semanalmente y hasta un 60%, ajustable según las circunstancias y preferentemente en días completos sin asignación de días fijos[1543].

Sin embargo, el desarrollo de la actividad laboral en línea desde el domicilio, según los textos analizados, solo será posible cuando el espacio destinado a la prestación de servicios cumpla con las exigencias de seguridad y salud[1544]. A fin de determinar la idoneidad de este, se recabarán una serie de datos, los cuales serán obtenidos mediante un método de recopilación de la información que debe ofrecer la máxima confianza en cuanto a los resultados, siendo la persona trabajadora la encargada de facilitarlos siguiendo las instrucciones del servicio de prevención[1545]. La empresa pondrá a disposición del empleado los denominados cuestionarios de autoevaluación[1546], cues-

---

1543 Art. 13.2 VIII CC de Repsol, S.A. (BOE núm. 77, de 31 de marzo de 2023).

1544 Art. 44.4 VIII CC de Bureau Veritas Inspección y Testing, S.L.U. y Bureau Veritas Solutions Iberia, S.L.U. (BOE núm. 74, de 25 de marzo de 2024); Art. 68 II CC del Grupo Parcial Cepsa (BOE núm. 52, de 28 de febrero de 2024); anexo V III CC de Telefónica de España, S.A.U.; Telefónica Móviles España, S.A.U. y Telefónica Soluciones de Informática y Comunicaciones, S.A.U. (BOE núm. 52, de 28 de febrero de 2024); art. 13.3 VIII CC de Repsol, S.A. (BOE núm. 77, de 31 de marzo de 2023); anexo 8 CC de Siemens Energy, S.A. (BOE núm. 128, de 27 de mayo de 2024).

1545 Art. 68 II CC del Grupo Parcial Cepsa (BOE núm. 52, de 28 de febrero de 2024).

1546 Anexo V III CC de Telefónica de España, S.A.U.; Telefónica Móviles España, S.A.U. y Telefónica Soluciones de Informática y Co-

tionarios telemáticos[1547] o una declaración responsable[1548], los cuales facilitarán la recolección de estos y permitirán adoptar las medidas de protección necesarias.

Tras este paso previo, las evaluaciones de riesgos serán las encargadas de verificar la adecuación del área, y dada la singularidad del lugar de trabajo, como norma general, quedarán limitadas al espacio habilitado para la prestación de servicios, sin extenderse al resto de zonas de la vivienda o del lugar elegido para el desarrollo de esta modalidad de prestación de servicios[1549].

---

municaciones, S.A.U. (BOE núm. 52, de 28 de febrero de 2024); anexo 8 CC de Siemens Energy, S.A. (BOE núm. 128, de 27 de mayo de 2024).

1547 Anexo II aprt. 8 CC de empresas vinculadas Bolsas y Mercados Españoles (BOE núm. 207, de 27 de agosto de 2024).

1548 Art. 12 CC de Seguros Catalana Occidente, Sociedad Anónima Unipersonal de Seguros y Reaseguros; Bilbao Compañía Anónima de Seguros y Reaseguros, Sociedad Anónima Unipersonal; Grupo Catalana Occidente Tecnología y Servicios, Agrupación de Interés Económico; Plus Ultra Seguros Generales y Vida, Sociedad Anónima Unipersonal de Seguros y Reaseguros, Sociedad Unipersonal; Grupo Catalana Occidente, Sociedad Anónima; Grupo Catalana Occidente Gestión de Activos, Sociedad Anónima Unipersonal SGIIC; Grupo Catalana Occidente Activos Inmobiliarios, Sociedad Limitada; Grupo Catalana Occidente Gestora de Pensiones EGFP, Sociedad Anónima Unipersonal; y Grupo Catalana Occidente Reaseguros, Sociedad Anónima Unipersonal (BOE núm. 177, de 25 de julio de 2022).

1549 Art. 68 II CC del Grupo Parcial Cepsa (BOE núm. 52, de 28 de febrero de 2024); anexo V III CC de Telefónica de España, S.A.U.; Telefónica Móviles España, S.A.U. y Telefónica Soluciones de Informática y Comunicaciones, S.A.U. (BOE núm. 52, de 28 de febrero de 2024); anexo 8 CC de Siemens Energy, S.A. (BOE núm. 128, de 27 de mayo de 2024).

Para asegurar el cumplimiento de todo lo anterior, los convenios colectivos prevén la posibilidad de acceder al hogar de la persona en remoto a fin de verificar la correcta aplicación de las normas en materia de salud y seguridad, únicamente previa notificación por escrito al interesado y, siempre, con su consentimiento[1550]. Si no se concediera el permiso, la actividad preventiva se realizará basándose en la información proporcionada por la persona trabajadora, según las instrucciones del servicio de prevención, el cual acreditará que se cumplen las condiciones preventivas, o no, en cuyo supuesto podrá rescindir el acuerdo de teletrabajo[1551].

1550 Art. 44.4 VIII CC de Bureau Veritas Inspección y Testing, S.L.U. y Bureau Veritas Solutions Iberia, S.L.U. (BOE núm. 74, de 25 de marzo de 2024); art. 12 CC de Seguros Catalana Occidente, Sociedad Anónima Unipersonal de Seguros y Reaseguros; Bilbao Compañía Anónima de Seguros y Reaseguros, Sociedad Anónima Unipersonal; Grupo Catalana Occidente Tecnología y Servicios, Agrupación de Interés Económico; Plus Ultra Seguros Generales y Vida, Sociedad Anónima Unipersonal de Seguros y Reaseguros, Sociedad Unipersonal; Grupo Catalana Occidente, Sociedad Anónima; Grupo Catalana Occidente Gestión de Activos, Sociedad Anónima Unipersonal SGIIC; Grupo Catalana Occidente Activos Inmobiliarios, Sociedad Limitada; Grupo Catalana Occidente Gestora de Pensiones EGFP, Sociedad Anónima Unipersonal; y Grupo Catalana Occidente Reaseguros, Sociedad Anónima Unipersonal (BOE núm. 177, de 25 de julio de 2022).

1551 art. 12 CC de Seguros Catalana Occidente, Sociedad Anónima Unipersonal de Seguros y Reaseguros; Bilbao Compañía Anónima de Seguros y Reaseguros, Sociedad Anónima Unipersonal; Grupo Catalana Occidente Tecnología y Servicios, Agrupación de Interés Económico; Plus Ultra Seguros Generales y Vida, Sociedad Anónima Unipersonal de Seguros y Reaseguros, Sociedad Unipersonal; Grupo Catalana Occidente, Sociedad Anónima; Grupo Catalana Occidente Gestión de Activos, Sociedad Anónima Unipersonal SGIIC; Grupo Catalana Occidente Activos Inmobiliarios, Sociedad Limitada; Grupo Catalana Occidente Gestora de Pensiones EGFP, Sociedad Anónima Unipersonal; y Grupo Catalana Occidente Rea-

Por otra parte, iniciada y evaluada esta modalidad laboral, determinados convenios, acertadamente, obligan al sujeto en teletrabajo a mantener en condiciones óptimas de seguridad y salud el área donde se realiza la prestación[1552], advirtiendo sobre la necesidad de comunicar a la empresa cualquier modificación realizada, a fin de reevaluar los posibles riesgos y adoptar las medidas adecuadas al efecto[1553].

En este contexto, cabe destacar, la existencia de ciertos convenios que van más allá de las anteriores disposiciones y recogen entre su redacción cláusulas más específicas para proteger la salud de las personas que prestan servicios en remoto.

Por un lado, el acuerdo de Bolsas y Mercados Españoles incluye una guía, en la cual se establece de manera exhaustiva recomendaciones generales para la prevención de riesgos derivados del desarrollo del teletrabajo. En ella se describen medidas heterogéneas tales como, practicar ejercicios para prevenir la fatiga visual; mantener el espacio seguro con sugerencias como ordenar el puesto, asegurarse de que los enchufes y clavijas dispongan de toma tierra; no exceder el número de horas de trabajo para evitar sobrecargas; realizar pausas planificadas; proyectar reuniones periódicas con los miembros de la empresa

---

seguros, Sociedad Anónima Unipersonal (BOE núm. 177, de 25 de julio de 2022); anexo 8 CC de Siemens Energy, S.A. (BOE núm. 128, de 27 de mayo de 2024).

1552 Art. 68 II CC del Grupo Parcial Cepsa (BOE núm. 52, de 28 de febrero de 2024); anexo V III CC de Telefónica de España, S.A.U.; Telefónica Móviles España, S.A.U. y Telefónica Soluciones de Informática y Comunicaciones, S.A.U. (BOE núm. 52, de 28 de febrero de 2024).

1553 Art. 68 II CC del Grupo Parcial Cepsa (BOE núm. 52, de 28 de febrero de 2024); Anexo II apart. 8 CC de empresas vinculadas Bolsas y Mercados Españoles (BOE núm. 207, de 27 de agosto de 2024); anexo 8 CC de Siemens Energy, S.A. (BOE núm. 128, de 27 de mayo de 2024).

para fomentar el sentido de pertenencia a la organización; separar el ámbito familiar del laboral, aislando la zona de trabajo; y, finalmente, mantener una buena higiene postural para lo que se proporciona un listado con instrucciones concretas[1554].

Por otro lado, un ejemplo simplificado de la guía anterior y acotado a la ergonomía se puede encontrar en el convenio de Teleinformática y Comunicaciones, S.A., el cual ordena algunas pautas para la protección de los teletrabajadores como, por ejemplo, que, el puesto de trabajo debe contar con dimensiones suficientes para facilitar cambios de postura; la pantalla debe permitir ajustar el brillo y el contraste y situarse a una altura que coincida con la línea de visión horizontal del usuario; el portacopias tendrá que ubicarse a la misma altura de la pantalla para evitar posturas incorrectas; la mesa poseerá el espacio suficiente delante del teclado para apoyar los brazos y evitar la fatiga; finalmente, el asiento será giratorio y ajustable[1555].

3. LA FORMACIÓN COMO ELEMENTO FUNDAMENTAL DE LA PREVENCIÓN EN LA NEGOCIACIÓN COLECTIVA

La formación es un mecanismo esencial en la prevención dentro de la negociación colectiva al transformar a la persona trabajadora en un sujeto activo de las medidas preventivas. Este enfoque no solo garantiza que los trabajadores reciban la capacitación adecuada para desempeñar sus funciones de manera segura, sino que también los habilita para participar en la toma de decisiones relacionadas con la prevención en la

[1554] Anexo VII. 1 CC de empresas vinculadas Bolsas y Mercados Españoles (BOE núm. 207, de 27 de agosto de 2024).

[1555] Anexo 2 Acuerdo de Teletrabajo TELYCO CC de Teleinformática y Comunicaciones, S.A. (BOE núm. 148, de 19 de junio de 2024).

empresa. De este modo, se abandona la concepción tradicional del trabajador como receptor pasivo de medidas de protección, consolidando su rol proactivo en el desarrollo de la cultura preventiva. Además, se vincula a los derechos y deberes de seguridad y salud reconocidos en el artículo 40.2 de la Constitución Española, que obliga a los poderes públicos a promover la seguridad y salud laboral como un objetivo básico. Por tanto, no solo cumple con un deber legal derivado de la Ley de Prevención de Riesgos Laborales, sino que también se constituye como uno de los medios más eficaces para garantizar la implementación de los derechos preventivos en el marco de la negociación colectiva, consolidando una estructura de derechos y deberes equilibrada y efectiva[1556].

3.1. Disposiciones generales

Es tal la importancia atribuida a esta materia que no son pocos los textos que dedican un capítulo al conocimiento o aprendizaje[1557]. En ellos se pone de manifiesto que la política

---

1556 POQUET CATALÁ, R.: "A vueltas con la formación en materia de prevención de riesgos laborales de las personas trabajadoras: aspectos críticos", *Lan Harremanak: Revista de relaciones Laborales*, núm. 49, 2023, págs. 74-75.

1557 Entre un amplio listado los siguientes: capítulo V CC del Grupo Acciona Energía (BOE núm. 123, de 21 de mayo de 2024); capítulo VIII III CC de Telefónica de España, S.A.U.; Telefónica Móviles España, S.A.U. y Telefónica Soluciones de Informática y Comunicaciones, S.A.U. (BOE núm. 52, de 28 de febrero de 2024); capítulo VIII CC de Bureau Veritas Inspección y Testing, S.L.U. y Bureau Veritas Solutions Iberia, S.L.U. (BOE núm. 74, de 25 de marzo de 2024); capítuloVII CC del Grupo Parcial Cepsa (BOE núm. 52, de 28 de febrero de 2024); capítulo IV CC para las cajas y entidades financieras de ahorro para el período 2024-2026 (BOE núm. 137, de 6 de junio de 2024); capítulo VIII II CC del Grupo Vodafone España (BOE núm. 34, de 9 de febrero de 2021); capítulo V CC de

de formación, además de ser un instrumento estratégico, permite contar con personas trabajadoras cualificadas y actualizadas permanentemente frente a los cambios tecnológicos[1558].

Los negociadores, conscientes de la relevancia de esta, la consideran, sin lugar a dudas, una herramienta transcendental para que las empresas y las personas empleadas puedan adaptarse a los requerimientos de cada momento, así como adecuarse a un entorno social sometido a cambios constantes[1559].

Teleinformática y Comunicaciones, S.A. (BOE núm. 148, de 19 de junio de 2024); capítulo V VIII CC de Santa Bárbara Sistemas, S.A. (BOE núm. 47, de 22 de febrero de 2024); capítulo X XVIII CC de Petróleos del Norte, S.A. (Petronor) (BOE núm. 85, de 6 de abril de 2024); capítulo V CC de Mapfre Grupo Asegurador (BOE núm. 219, de 12 de septiembre de 2022); capítulo 3 III CC de la Asociación para la Gestión de la Integración Social (BOE núm. 165, de 12 de julio de 2023).

1558 Art. 40 CC del Grupo Parcial Cepsa (BOE núm. 52, de 28 de febrero de 2024); art. 15 CC de Bureau Veritas Inspección y Testing, S.L.U. y Bureau Veritas Solutions Iberia, S.L.U. (BOE núm. 74, de 25 de marzo de 2024); art. 43 XXV CC estatal de oficinas de farmacia (BOE núm. 311, de 28 de diciembre de 2022).

1559 Art. 24 CC del Grupo Acciona Energía (BOE núm. 123, de 21 de mayo de 2024); art. 40 III CC de Telefónica de España, S.A.U.; Telefónica Móviles España, S.A.U. y Telefónica Soluciones de Informática y Comunicaciones, S.A.U. (BOE núm. 52, de 28 de febrero de 2024); art. 16 CC de Al Air Liquide España, S.A., y Air Liquide Ibérica de Gases, S.L.U. (BOE núm. 290, de 5 de diciembre de 2023); DT segunda CC estatal de artes gráficas, manipulados de papel, manipulados de cartón, editoriales e industrias auxiliares (BOE núm. 245, de 13 de octubre de 2023); art. 15 CC del Grupo Asegurador Reale (BOE núm. 259, de 30 de octubre de 2023); art. 13 Acuerdo marco del grupo FerroAtlántica en España (BOE núm. 268, de 8 de noviembre de 2022); art. 11 XII CC de Red Eléctrica de España, S.A.U. (BOE núm. 228, de 23 de septiembre de 2023); art. 11 CC del Grupo Allianz (BOE núm. 154, de 29 de junio de 2023); art. 32 VIII CC de Iberdrola Grupo (BOE núm. 52, de 2 de marzo de 2021).

En muchos casos, las partes firmantes asumen el compromiso de potenciar la formación[1560] para garantizar el permanente ajuste profesional de la plantilla a las necesidades de la empresa, su entorno y los cambios organizativos, productivos y tecnológicos[1561].

Algunos convenios destacan que la capacitación debe abarcar todos los aspectos de la vida laboral de los profesionales, lo que comprende el adiestramiento inicial al ingreso, el perfeccionamiento profesional —entendido como el proceso de aprendizaje de nuevas habilidades— y, finalmente, la formación para el reciclaje, destinada a facilitar la adaptación rápida y efectiva de la plantilla a los requerimientos de nuevas funcionalidades o avances tecnológicos[1562].

1560 Capítulo XI VII CC de industrias de ferralla 2023-2024 (BOE núm. 41, de 16 de febrero de 2024); capítulo VIII IX CC estatal del corcho (BOE núm. 214, de 7 de septiembre de 2023); capítulo XIV VIII CC general del sector de derivados del cemento (BOE núm. 167, de 14 de julio de 2023).

1561 Art. 24 CC del Grupo Acciona Energía (BOE núm. 123, de 21 de mayo de 2024); art. 40 III CC de Telefónica de España, S.A.U.; Telefónica Móviles España, S.A.U. y Telefónica Soluciones de Informática y Comunicaciones, S.A.U. (BOE núm. 52, de 28 de febrero de 2024); art. 43 XIV CC de ámbito estatal para los centros de educación universitaria e investigación (BOE núm. 128, de 27 de mayo de 2024).

1562 Art. 40 III CC de Telefónica de España, S.A.U.; Telefónica Móviles España, S.A.U. y Telefónica Soluciones de Informática y Comunicaciones, S.A.U. (BOE núm. 52, de 28 de febrero de 2024); art. 35 IV CC del Grupo Enagás (BOE núm. 101, de 25 de abril de 2024); art. 113 VII CC de industrias de ferralla 2023-2024 (BOE núm. 41, de 16 de febrero de 2024); art. 21 V CC del Grupo de Empresas Groundforce (BOE núm. 8, de 9 de enero de 2024); DT tercera IV CC de las empresas integradas en la unidad de negocio de Abertis Autopistas España (UNaAE) (BOE núm. 310, de 28 de diciembre de 2023); art. 31 CC de empresas de mediación de seguros privados (BOE núm. 273, de 15 de noviembre de 2023); art. 43 XXV CC es-

Es más, los agentes sociales, en ocasiones, establecen que, "aprovechando los medios y facilidades que la empresa pone a disposición" de todos los empleados, estos tienen la obligación de actualizar y adecuar sus conocimientos a las innovaciones tecnológicas que operan en sus puestos de trabajo[1563]. Los más estrictos consideran el incumplimiento de no acudir a los cursos previstos constitutivo de sanción —en diferentes grados—[1564], incluyendo la calificación de falta leve, grave o muy grave , dependiendo de la reincidencia, por la "inasistencia a estas acciones vinculadas al desarrollo del puesto de trabajo y programadas por la empresa a los que la persona empleada hubiera sido convocada, sin que mediara la debida justificación y sin que la persona comunicara con la debida antelación la imposibilidad de acceder a la acción correspondiente"[1565].

---

tatal de oficinas de farmacia (BOE núm. 311, de 28 de diciembre de 2022); art. 43); CC de empresas vinculadas Bolsas y Mercados Españoles (BOE núm. 207, de 27 de agosto de 2024); art. 54 CC de Radio Popular, S.A. (BOE núm. 177, de 25 de julio de 2022); art. 45 CC de Air Nostrum Engineering and Maintenance Operations, S.L.U. (BOE núm. 117, de 14 de mayo de 2024); art. 18 CC de Teleinformática y Comunicaciones, S.A. (BOE núm. 148, de 19 de junio de 2024).

1563 Art. 10 CC para las cajas y entidades financieras de ahorro para el período 2024-2026 (BOE núm. 137, de 6 de junio de 2024); art. 15 CC de Bureau Veritas Inspección y Testing, S.L.U. y Bureau Veritas Solutions Iberia, S.L.U. (BOE núm. 74, de 25 de marzo de 2024); art. 18 CC de Teleinformática y Comunicaciones, S.A. (BOE núm. 148, de 19 de junio de 2024); art. 45 CC de Air Nostrum Engineering and Maintenance Operations, S.L.U. (BOE núm. 117, de 14 de mayo de 2024).

1564 Art. 49.2 CC de Bureau Veritas Inspección y Testing, S.L.U. y Bureau Veritas Solutions Iberia, S.L.U. (BOE núm. 74, de 25 de marzo de 2024); art 72 CC de empresas de mediación de seguros privados (BOE núm. 273, de 15 de noviembre de 2023).

1565 Art. 71 CC del Grupo Parcial Cepsa (BOE núm. 52, de 28 de febrero de 2024).

La formación en materia de seguridad y salud constituye uno de los pilares fundamentales de la prevención de riesgos laborales, por lo que las empresas se comprometen, en muchos de los textos consultados, a garantizar una formación teórica y práctica, suficiente y adecuada extensible a todas las personas trabajadoras[1566]. La capacitación será clave en dos etapas concretas, en el momento de la contratación y cuando se produzcan cambios en las funciones que desempeñe o en los equipos de trabajo o se introduzcan nuevas tecnologías[1567], por ese motivo los agentes

---

1566 Art. 67 III CC del Grupo Acciona Energía (BOE núm. 123, de 21 de mayo de 2024); art. 10 CC para las cajas y entidades financieras de ahorro para el período 2024-2026 (BOE núm. 137, de 6 de junio de 2024); art. 55 CC de Bureau Veritas Inspección y Testing, S.L.U. y Bureau Veritas Solutions Iberia, S.L.U. (BOE núm. 74, de 25 de marzo de 2024); art 50 II CC del Grupo Parcial Cepsa (BOE núm. 52, de 28 de febrero de 2024); art 58 V CC del grupo de empresas Distribuidora Internacional de Alimentación, S.A. y Día Retail España, S.A.U. (BOE núm. 77, de 31 de marzo de 2023); art. 66 III CC del grupo Naturgy (BOE núm. 47, de 24 de febrero de 2023); art. 39 X Acuerdo Marco del Grupo Repsol (BOE núm. 45, de 22 de febrero de 2023); art 27 CC de Bellota Herramientas, S.L.U. y Bellota Agrisolutions, S.L.U. (BOE núm. 22, de 26 de enero de 2023); art. 53 VII CC de Supermercados Grupo Eroski (BOE núm. 101, de 28 de abril de 2022); art. 46.1 VIII CC de Repsol, S.A. (BOE núm. 77, de 31 de marzo de 2023); art. 48 CC de Ilunion Accesibilidad, S.A.U. (BOE núm. 15, de 17 de enero de 2024).

1567 Art. 55 III Convenio colectivo de Bureau Veritas Inspección y Testing, SLU y Bureau Veritas Solutions Iberia, SLU; art.11 IX CC del Grupo Prisa Radio (BOE núm. 73, de 23 de marzo de 2024); art. 43 XIV CC de ámbito estatal para los centros de educación universitaria e investigación (BOE núm. 128, de 27 de mayo de 2024); art. 55.7 CC de Bureau Veritas Inspección y Testing, S.L.U. y Bureau Veritas Solutions Iberia, S.L.U. (BOE núm. 74, de 25 de marzo de 2024); art. 67 III CC del Grupo Acciona Energía (BOE núm. 123, de 21 de mayo de 2024); art 50 II CC del Grupo Parcial Cepsa (BOE núm. 52, de 28 de febrero de 2024); art 58 V CC del grupo de empresas Distribuidora Internacional de Alimentación,

sociales establecen la obligación de asistir a la misma y prestar la debida atención para asimilar los conceptos[1568].

Cabe destacar, finalmente, que la formación, como se infiere de los textos legales y convencionales, debe complementarse con una adecuada información de los riesgos. Por ello, las partes firmantes de los acuerdos se comprometen a que los empleados sean informados de todos los peligros presentes en sus puestos de trabajo que puedan afectar a la salud, la seguridad o, incluso, a la de terceros[1569].

3. 2. Formación en prevención de riesgos: especial referencia a la desconexión y el teletrabajo

---

S.A. y Día Retail España, S.A.U. (BOE núm. 77, de 31 de marzo de 2023); art. 66 III CC del grupo Naturgy (BOE núm. 47, de 24 de febrero de 2023); art 27 CC de Bellota Herramientas, S.L.U. y Bellota Agrisolutions, S.L.U. (BOE núm. 22, de 26 de enero de 2023); art. 53 VII CC de Supermercados Grupo Eroski (BOE núm. 101, de 28 de abril de 2022).

1568 Art. 67 III CC del Grupo Acciona Energía (BOE núm. 123, de 21 de mayo de 2024); Art. 55.7 III CC de Bureau Veritas Inspección y Testing, S.L.U. y Bureau Veritas Solutions Iberia, S.L.U. (BOE núm. 74, de 25 de marzo de 2024).

1569 Art. 67 III CC del Grupo Acciona Energía (BOE núm. 123, de 21 de mayo de 2024); art. 65 VII CC de industrias de ferralla 2023-2024 (BOE núm. 41, de 16 de febrero de 2024); art. 13 CC del Grupo AXA (BOE núm. 304, de 21 de diciembre de 2023); art. 70 VIII CC general del sector de derivados del cemento (BOE núm. 167, de 14 de julio de 2023); art. 64 XXIII CC de contratas ferroviarias (BOE núm. 154, de 28 de junio de 2022); art. 66 III CC del grupo Naturgy (BOE núm. 47, de 24 de febrero de 2023); art. 53 VII CC del grupo Generali España (BOE núm. 277, de 18 de noviembre de 2022); art 8 CC del grupo Redexis Gas (BOE núm. 215, de 7 de septiembre de 2022); art 140 VII CC general del sector de la construcción (BOE núm. 228, de 23 de septiembre de 2023); art. 24 V CC marco del Grupo Endesa (BOE núm. 169, de 17 de junio de 2020); art. 100 CC de Iberdrola Grupo (BOE núm. 52, de 2 de marzo de 2021).

Las nuevas tecnologías han incidido significativamente en la negociación colectiva, y cada vez son más los convenios que incluyen cláusulas concretas destinadas a regular diversos aspectos, tales como las medidas preventivas mencionadas *supra* o la formación específica sobre el derecho a la desconexión o el trabajo a distancia, analizados a renglón seguido.

En relación con el primero, las normas paccionadas prevén llevar a cabo acciones de formación y de sensibilización sobre la protección y el respeto del derecho a la desconexión digital y laboral, así como sobre el uso razonable y adecuado de las TIC[1570] y las herramientas tecnológicas, a fin de evitar el riesgo de fatiga o sobrecarga informática[1571]. La necesaria protección de este derecho, teniendo en cuenta las circunstancias, tanto laborales como personales de todas las personas trabajadoras, se garantiza poniendo a su disposición toda la información y formación que necesiten para la comprensión y posterior apli-

---

1570 Art. 113 IX CC estatal del corcho (BOE núm. 214, de 7 de septiembre de 2023); art 21 CC Grupo Supermercados Carrefour (BOE núm. 141, de 14 de junio de 2023); art. 21 CC del Grupo Cetelem (BOE núm. 77, de 31 de marzo de 2023); art. 17 Acuerdo marco del grupo FerroAtlántica en España (BOE núm. 268, de 8 de noviembre de 2022); art. 15 CC para las cajas y entidades financieras de ahorro para el período 2024-2026 (BOE núm. 137, de 6 de junio de 2024); art. 18 bis VIII CC sectorial estatal de cadenas de tiendas de conveniencia (BOE núm. 133, de 1 de junio de 2024); art. 68 II CC del Grupo Parcial Cepsa (BOE núm. 52, de 28 de febrero de 2024); anexo V VII CC del grupo Generali España (BOE núm. 277, de 18 de noviembre de 2022); art 41 CC del grupo Redexis Gas (BOE núm. 215, de 7 de septiembre de 2022).

1571 Art. 68 II CC del Grupo Parcial Cepsa (BOE núm. 52, de 28 de febrero de 2024); anexo V VII CC del grupo Generali España (BOE núm. 277, de 18 de noviembre de 2022); art. 17 Acuerdo marco del grupo FerroAtlántica en España (BOE núm. 268, de 8 de noviembre de 2022); art 41 CC del grupo Redexis Gas (BOE núm. 215, de 7 de septiembre de 2022).

cación de las mencionadas medidas protectoras del derecho a la desconexión digital[1572]. La responsabilidad de fomentar y educar —mediante la práctica responsable de las tecnologías y con el propósito de dar cumplimiento al derecho a la desconexión digital— recae sobre el encargado del equipo o los superiores jerárquicos[1573].

Igual de importante es la capacitación para el teletrabajo y así se refleja en los convenios seleccionados, los cuales precisan que las personas trabajadoras recibirán una formación adecuada y específica[1574], cuyos objetivos sean la efectiva adecuación

---

[1572] Anexo XIII III CC de Telefónica de España, S.A.U.; Telefónica Móviles España, S.A.U. y Telefónica Soluciones de Informática y Comunicaciones, S.A.U. (BOE núm. 52, de 28 de febrero de 2024); anexo 4 CC de Teleinformática y Comunicaciones, S.A. (BOE núm. 148, de 19 de junio de 2024); anexo XIII III CC del Grupo Acciona Energía (BOE núm. 123, de 21 de mayo de 2024); Art. 55.7 III CC de Bureau Veritas Inspección y Testing, S.L.U. y Bureau Veritas Solutions Iberia, S.L.U. (BOE núm. 74, de 25 de marzo de 2024); art. 113 IX CC estatal del corcho (BOE núm. 214, de 7 de septiembre de 2023); art. 15 CC para las cajas y entidades financieras de ahorro para el período 2024-2026 (BOE núm. 137, de 6 de junio de 2024); art. 68 68 II CC del Grupo Parcial Cepsa (BOE núm. 52, de 28 de febrero de 2024).

[1573] Anexo XIII III CC de Telefónica de España, S.A.U.; Telefónica Móviles España, S.A.U. y Telefónica Soluciones de Informática y Comunicaciones, S.A.U. (BOE núm. 52, de 28 de febrero de 2024); anexo 4 CC de Teleinformática y Comunicaciones, S.A. (BOE núm. 148, de 19 de junio de 2024); anexo XIII III CC del Grupo Acciona Energía (BOE núm. 123, de 21 de mayo de 2024); Art. 55.7 III CC de Bureau Veritas Inspección y Testing, S.L.U. y Bureau Veritas Solutions Iberia, S.L.U. (BOE núm. 74, de 25 de marzo de 2024).

[1574] Anexo 2 CC de Teleinformática y Comunicaciones, S.A. (BOE núm. 148, de 19 de junio de 2024).

al trabajo a distancia y el óptimo desempeño profesional en esta modalidad laboral [1575].

En ciertos casos, las personas trabajadoras, como condición inherente a la aceptación de la prestación de servicios en régimen de trabajo a distancia, estarán obligadas a realizar y cumplir con la formación en materia de prevención de riesgos laborales que la compañía establezca al efecto en cada momento[1576], la negativa a la realización o seguimiento de esta formación será causa inmediata para la finalización del régimen de teletrabajo y reversión a la modalidad presencial[1577].

1575 Anexo 8 CC de Siemens Energy, S.A. (BOE núm. 128, de 27 de mayo de 2024); anexo V III CC de Telefónica de España, S.A.U.; Telefónica Móviles España, S.A.U. y Telefónica Soluciones de Informática y Comunicaciones, S.A.U. (BOE núm. 52, de 28 de febrero de 2024); art. 19 CC del Grupo Asegurador Reale (BOE núm. 259, de 30 de octubre de 2023); art. 35.4 CC para los establecimientos financieros de crédito (BOE núm. 172, de 17 de julio de 2024); art. 12 CC de las empresas de Seguros Catalana Occidente, Sociedad Anónima Unipersonal de Seguros y Reaseguros, Bilbao Compañía Anónima de Seguros y Reaseguros, Sociedad Anónima Unipersonal y Grupo Catalana Occidente Tecnología y Servicios, Agrupación de Interés Económico, Plus Ultra Seguros Generales y Vida, Sociedad Anónima Unipersonal de Seguros y Reaseguros, Sociedad Unipersonal, Grupo Catalana Occidente, Sociedad Anónima y Grupo Catalana Occidente Gestión de Activos, Sociedad Anónima Unipersonal S.G.I.I.C. Grupo Catalana Occidente Activos Inmobiliarios, Sociedad Limitada, Grupo Catalana Occidente Gestora de Pensiones EGFP, Sociedad Anónima Unipersonal, Grupo Catalana Occidente Reaseguros, Sociedad Anónima Unipersonal (BOE núm. 177, de 25 de julio de 2022).

1576 Anexo V CC del grupo Redexis Gas (BOE núm. 215, de 7 de septiembre de 2022); art. 13 VIII CC de Repsol, S.A. (BOE núm. 77, de 31 de marzo de 2023); anexo 8 CC de Siemens Energy, S.A. (BOE núm. 128, de 27 de mayo de 2024).

1577 Anexo VII aprt. 8 CC de empresas vinculadas Bolsas y Mercados Españoles (BOE núm. 207, de 27 de agosto de 2024); Anexo V III CC

Asimismo, con carácter previo al comienzo del trabajo en remoto, unos pocos textos consultados obligan al solicitante a realizar cursos de prevención de riesgos laborales en materia de pantallas de visualización de datos on line[1578]. Esta capacitación, según aclaran los convenios, es complementaria y no excluye la formación en prevención definida en la evaluación de riesgos de los puestos de trabajo[1579].

4.- BUENAS PRÁCTICAS PREVENTIVAS

Tras el estudio de los textos, cabe destacar que, aunque se ha identificado un número significativo de convenios que aluden a las buenas prácticas en materia de seguridad y salud laboral[1580], son pocos los que las enumeran de manera explícita.

---

de Telefónica de España, S.A.U.; Telefónica Móviles España, S.A.U. y Telefónica Soluciones de Informática y Comunicaciones, S.A.U. (BOE núm. 52, de 28 de febrero de 2024); art. 15 CC estatal de artes gráficas, manipulados de papel, manipulados de cartón, editoriales e industrias auxiliares (BOE núm. 245, de 13 de octubre de 2023); art. 19 CC del Grupo Asegurador Reale (BOE núm. 259, de 30 de octubre de 2023); anexo VII III CC del grupo Naturgy (BOE núm. 47, de 24 de febrero de 2023).

1578 Art. 44 III CC de Bureau Veritas Inspección y Testing, S.L.U. y Bureau Veritas Solutions Iberia, S.L.U. (BOE núm. 74, de 25 de marzo de 2024).

1579 Anexo VII III CC del grupo Naturgy (BOE núm. 47, de 24 de febrero de 2023).

1580 Art. 26 7 III CC de Bureau Veritas Inspección y Testing, S.L.U. y Bureau Veritas Solutions Iberia, S.L.U. (BOE núm. 74, de 25 de marzo de 2024); art. 45 II CC del Grupo Parcial Cepsa (BOE núm. 52, de 28 de febrero de 2024); arts. 181, 187, 189, 1992, 194, 197 y 199 VII CC general del sector de la construcción (BOE núm. 228, de 23 de septiembre de 2023); anexo VII III CC del grupo Naturgy (BOE núm. 47, de 24 de febrero de 2023); art. 19 VII CC del grupo Generali España (BOE núm. 277, de 18 de noviembre de 2022); art. 33

Aquellos que incluyen en su redacción un listado de medidas al respecto se centran, en su totalidad, en la desconexión digital, pudiendo sintetizarse y agruparse de la manera que sigue[1581].

A) En lo referente a la gestión de las comunicaciones, se deberá:

- Procurar que las comunicaciones se envíen exclusivamente a las personas implicadas y con el contenido imprescindible, simplificando la información.
- Promover la configuración de la opción de envío retardado en los correos electrónicos para que se realicen dentro del horario laboral.
- Programar respuestas automáticas durante los periodos de ausencia, indicando la fecha de inicio y fin y los datos de contacto alternativos.
- Evitar solicitudes de respuesta a correos electrónicos y llamadas telefónicas fuera del horario laboral, salvo en casos de fuerza mayor o circunstancias excepcionales.

CC del grupo Bebidas Naturales (BOE núm. 187, de 5 de agosto de 2022); art. 53 VII CC de Supermercados Grupo Eroski (BOE núm. 101, de 28 de abril de 2022); art. 70 III CC del Grupo Acciona Energía (BOE núm. 123, de 21 de mayo de 2024); DA quinta XVII CC de la Organización Nacional de Ciegos y su personal (BOE núm. 294, de 8 de diciembre de 2022).

1581 Siguiendo las medidas previstas en los, art. 14 CC para las cajas y entidades financieras de ahorro para el período 2024-2026 (BOE núm. 137, de 6 de junio de 2024); art. 68 II CC del Grupo Parcial Cepsa (BOE núm. 52, de 28 de febrero de 2024); art. 16 bis II CC del Grupo de Empresas Carriere (BOE núm. 267, de 8 de noviembre de 2023); art 21 CC Grupo Supermercados Carrefour (BOE núm. 141, de 14 de junio de 2023); anexo VI CC de empresas vinculadas Bolsas y Mercados Españoles (BOE núm. 207, de 27 de agosto de 2024); DF octava VIII CC de Iberdrola Grupo (BOE núm. 52, de 2 de marzo de 2021); art. 35 CC para los establecimientos financieros de crédito (BOE núm. 172, de 17 de julio de 2024).

B) Para la organización de reuniones y convocatorias, será conveniente:

- Limitar las convocatorias de formación, reuniones, videoconferencias y presentaciones fuera de la jornada laboral.
- Garantizar que las reuniones se celebren, en la medida de lo posible, dentro del horario laboral.
- Anticipar las convocatorias de reuniones con un mínimo de 48 horas y especificar hora de inicio, hora de finalización y documentación relevante para optimizar su desarrollo.
- Evitar reuniones después de las 19:00, en días no laborables, festivos, vísperas de festivos, agosto o semanas festivas locales, siempre que sea posible.
- Facilitar la asistencia remota mediante videoconferencias o herramientas digitales para reducir desplazamientos innecesarios.
- Si es imprescindible realizar reuniones fuera de la jornada laboral, la asistencia será voluntaria y considerada tiempo efectivo de trabajo.

C) En lo relativo a la protección del derecho a la desconexión digital, se ha de:

- Garantizar la desconexión digital una vez finalizada la jornada laboral, incluyendo periodos de vacaciones, permisos y días de convenio.
- Excluir de la desconexión digital únicamente situaciones excepcionales de urgencia justificada, fuerza mayor o riesgo significativo para la empresa.
- Formar y sensibilizar a los trabajadores sobre la importancia del respeto al derecho a la desconexión digital y al uso adecuado de las tecnologías.

- Establecer comisiones de seguimiento para velar por el cumplimiento de las políticas de desconexión digital.

D) Sobre el uso racional del tiempo de trabajo, es aconsejable:

- Impulsar la racionalización del tiempo dedicado a reuniones y actividades laborales, respetando la conciliación entre la vida personal y laboral.
- Fomentar la eliminación del presentismo laboral y priorizar una cultura orientada a resultados.
- Establecer horarios racionales para la convocatoria de reuniones.

Como se ha podido comprobar, no son pocos los convenios que recogen recomendaciones a fin de implementar buenas prácticas en sus empresas. No obstante, existe aún un amplio margen para avanzar en la regulación de esta materia mediante la negociación colectiva, que, escapando de referencias genéricas o meras reproducciones de la norma legal, permita contribuir a la actividad preventiva.

5. BIBLIOGRAFÍA

AGRA VIFORCOS, B. y GONZÁLEZ VIDALES, C.: "Las nuevas tecnologías en la negociación colectiva, especial referencia a la automatización de los procesos" en AA.VV. (FERNÁNDEZ DOMÍNGUEZ, J. J. Dir.): *Nuevos escenarios y nuevos contenidos de la negociación colectiva*, Ministerio de Trabajo y Economía Social (Madrid), 2020.

AMAADACHOU KADDUR, F.: "Tecnología y Convenios Colectivos", en AA.VV. (GUINDO MORALES, S. y ORTEGA LOZANO, P. G. Coords.): *El desafío tecnológico en el Derecho del Trabajo en la era de la cuarta revolución industrial*, Barcelona (Atelier), 2023.

CEPAL: *Tecnologías digitales para un nuevo futuro (LC/TS.2021/43)*, Naciones Unidas (Santiago), 2021

FERNÁNDEZ AVILÉS, J. A.: "La Nueva Ordenación Jurídica del Teletrabajo en España (Una Visión de Conjunto), en AA. VV. (DURÁN BERNARDINO, M. Dir. y VIDA FERNÁNDEZ, R. Coord.): *Teletrabajo y Conciliación de la Vida Laboral, Familiar y Personal en Clave de Género,* Dykinson (Madrid), 2022.

GONZÁLEZ VIDALES, C.: "Tecnologías digitales y prevención de riesgos laborales. A propósito de la guía de la Agencia Europea 2023/2027", *Unión Europea Aranzadi,* núm. 7, 2024.

POQUET CATALÁ, R.: "A vueltas con la formación en materia de prevención de riesgos laborales de las personas trabajadoras: aspectos críticos", *Lan Harremanak: Revista de relaciones Laborales,* núm. 49, 2023.

TORRES GARCÍA, B.: *La prevención de riesgos laborales en el trabajo a distancia y el teletrabajo,* Aranzadi (Pamplona), 2024.

Capítulo XV.

Causas técnicas y reestructuración de empresas: gestión algorítmica como motor de cambio e implicaciones en la negociación colectiva

ANA CASTRO FRANCO
Doctora FPU, Ministerio de Ciencia, Innovación y Universidades
Universidad de León

1. LA PÉRDIDA DE PUESTOS DE TRABAJO A CAUSA DE LA AUTOMATIZACIÓN

Los debates desde hacer varios años sobre la Inteligencia Artificial y el empleo se han centrado en dos posiciones totalmente opuestas: de un lado, los pesimistas, que auguran un desempleo generalizado; de otro, los pesimistas que conciben las nuevas tecnologías como un medio para aliviar a los trabajadores de tareas tediosas y donde el incremento de la productividad redundará en beneficio de las empresas. Una visión intermedia reconoce que la mayoría de los puestos de trabajo no desaparecerán, ya que hay límites a los que la IA puede contribuir de manera positiva, pero también habrá algunas pérdidas, con las consecuencias adversas para los empleados. Las controversias actuales recuerdan a las de principios del siglo XX, con la introducción de las cadenas de montaje móvil, o las décadas de 1950 y 1960, a resultas de las primeras computadoras centrales. Sin embargo, la diferencia sustancial viene dada por el tipo y número de puestos de trabajo afectados, pues los modelos de aprendizaje automático han comenzado a interactuar con el público, demostrando sus fortalezas y debilidades en el uso diario.

Las capacidades actuales y el potencial de la IA generativa son fundamentales para comprender el futuro del mercado de trabajo. Frente a quienes creen que estas máquinas son "loros estocásticos" incapaces de producir contenido inédito, con costos informáticos insostenibles —que a su vez erigen barreras de entrada— y riesgos medioambientales y sociales[1582], parece más acertado defender que los últimos modelos pueden llevar a cabo tareas difíciles que abarcan las matemáticas, la codificación, la medicina o el derecho, y ofrecen respuestas que exigen cierto razonamiento. Estos sistemas aprenden con más rapidez que las personas y acometen en cuestión de días, por ejemplo, la revisión de unos documentos legales, pero también hay empresarios que incorporan en sus procesos productivos robots o máquinas inteligentes.

Las visiones catastrofistas en materia de destrucción de empleo, en las que imperaba una visión de un mundo totalmente automatizado con amplios porcentajes de la población

---

1582 Bender, E.M. *et al.*: "On the Dangers of Stochastic Parrots: Can Language Models Be Too Big?", en *Proceedings of the 2021 ACM Conference on Fairness, Accountability, and Transparency (FAccT '21)*, New York (Association for Computing Machinery), 2021, págs. 616 y 619.

sin posibilidad alguna de trabajar, han dado paso a opiniones más moderadas. Recientemente predominan la idea de que la Inteligencia Artificial desplazará a las personas del mercado laboral, la creencia de que su efecto no será tan grave y la defensa, incluso, de que generará más empleos de los que destruya. Estos nichos requerirán un nivel de formación muy elevado, particularmente en el diseño de tecnologías, tanto desde la perspectiva técnica como en términos humanístico-sociales[1583].

Las ocupaciones con tareas rutinarias, de baja cualificación y escasa interacción social corren mayor riesgo de automatización y, por ende, de pérdida de puestos de trabajo. El mayor índice de sustitución se generará en las labores más mecánicas, administrativas y con producción muy controlable o localizable. Ahora bien, otras automatizaciones afectarán de manera desproporcionada a los trabajadores medianamente cualificados[1584]. Aun cuando las profesiones con los salarios y requerimientos de habilidades más altos tienen menor potencial de automatización, existen muchas variaciones que afectan a dicha correlación, ya que todos los oficios tienen cierto potencial de automatización. Solo un pequeño porcentaje de los empleos pueden automatizarse totalmente si se adaptan las tecnologías actuales, pero sí es posible mecanizar algunas de las actividades casi todos ellos.

La demanda cada vez mayor de profesiones relacionadas con las nuevas tecnologías (ingenieros especializados en robótica, expertos en *edge computing* o gerentes de equipos hombre-máquina) está conduciendo a la polarización del mercado la-

---

1583 SÁINZ, M. *et al.*: *Mujeres y digitalización. De las brechas a los algoritmos*, Madrid (Instituto de la Mujer y Ministerio de Igualdad), 2020, pág. 45.

1584 AUTOR, D.H: "Why are there still so many jobs? The history and future of workplace automation," *Journal of Economic Perspectives*, Vol. 29, núm. 3, 2015, págs. 1 y 11 (versión online).

boral[1585]. Ninguna duda cabe y resulta oportuno hablar de un cambio en los perfiles laborales, por cuanto humanos y máquinas trabajarán juntos. Entre las ventajas cabe citar el aumento de productividad y empleos más gratificantes para los trabajadores, que dejarán de hacer las tareas más penosas y exigentes físicamente. La robótica ha logrado importantes avances en la prevención y eliminación de los riesgos ergonómicos, la reducción de la exposición a sustancias tóxicas, la utilización de maquinaria peligrosa o la disminución de ciertos riesgos psicosociales mediante el uso de software de interfaz.

En efecto, la incorporación de las nuevas tecnologías, en sus múltiples facetas, ha permitido una clara evolución de la sociedad, las empresas y las relaciones entre estas, hacia el exterior con los proveedores, accionistas o instituciones, y hacia el interior con las personas trabajadoras. Sin duda, la gestión durante la pandemia provocada por el COVID-19 permitió adquirir importantes enseñanzas sobre la aplicación de nuevas formas de trabajo y supuso un salto cualitativo en cuanto a la extensión de las nuevas tecnologías a las profesiones, propiciando así unas condiciones que aconsejaron avanzar de manera estructural en la plena regulación de esta modalidad de prestación de servicios. La tecnología permitió durante las fases más duras de la crisis sanitaria asegurar cierto mantenimiento de la actividad productiva, gracias a las relaciones de trabajo a distancia.

En ese contexto, la dirección de la empresa y la representación de las personas trabajadoras, a través de la negociación colectiva, tomaron consciencia de la imprescindible potenciación del uso de las nuevas herramientas propias de la actual evolución tecnológica, considerando necesario continuar impulsando novedosas formas de la organización y prestación del

---

1585 FUNDACIÓN TELEFÓNICA, "Sociedad Digital en España", 2018, disponible en: https://www.fundaciontelefonica.com/noticias/sociedad-de-la-informacion-presentacion-2018/

trabajo en la empresa, basada en aspectos como la confianza y la responsabilidad. Los avances de la tecnología digital deben traer consigo grandes ventajas como una mayor flexibilidad en la gestión de los tiempos de trabajo, capacidad de autoorganización, autonomía en la gestión y mejora en las posibilidades de conciliación de la vida profesional, personal y familiar, que favorezcan un mayor compromiso, implicación y motivación de los trabajadores, convirtiendo las nuevas formas de trabajar en un elemento estratégico para las compañías.

2. LA NEGOCIACIÓN COLECTIVA EN EL PROCESO DE TRANSICIÓN DIGITAL

El proceso de digitalización de la economía y del trabajo ha transformado las fórmulas organizativas y productivas de las empresas, el contenido de la prestación laboral y la forma de exteriorizar el ejercicio de los poderes empresariales de dirección, organización y vigilancia y control de la actividad laboral. El ritmo y alcance de la automatización y su impacto en los trabajadores variará dependiendo de las actividades, profesiones, salarios y niveles de habilidad. Las nuevas tecnologías entrañan riesgos para la efectividad de los derechos laborales tanto individuales como colectivos.

La negociación entre los interlocutores sociales deviene fundamental para gestionar con garantías el proceso de transición, pues fomentan la redistribución y la capacitación en lugar acudir a recortes del personal. El Convenio sobre la terminación de la relación de trabajo, 1982 (núm. 158) incluye disposiciones sobre la extinción de vínculos contractuales por razones tecnológicas. En los casos de despidos colectivos la Directiva 98/59/CE del Consejo, de 20 de julio de 1998, propugna requisitos procesales específicos como la obligación de información y consultas, la notificación a la autoridad competente o la adopción de medidas tendentes a evitar o reducir las extinciones y de atenuar sus consecuencias. Los criterios de selección de las personas afectadas por la terminación, la prioridad de permanencia de ciertos trabajadores, así como la preferencia de reingreso, son algunas de las materias donde el diálogo social desempeña un papel esencial. El objetivo último consiste en minimizar las externalidades negativas de la extinción, así como internalizar mejor el costo de los despidos y equilibrar los intereses de los trabajadores, los empleadores y la sociedad en general[1586].

Dos cuestiones a ponderar con tiento vienen dadas por la pérdida de control humano sobre la toma de decisiones en materia de gestión de los recursos humanos y productivos de las empresas habida cuenta de la expansión imparable de algoritmos y sistemas de Inteligencia Artificial, así como por la reproducción de sesgos que pueden derivar en auténticas discriminaciones por razón de género, edad, discapacidad, ubicación geográfica, nivel educativo o estatus socioeconómico.

El diálogo social es útil para diseñar medidas de protección social y desarrollo de habilidades digitales que puedan ayudar a paliar los efectos adversos de la automatización. Un desafío de la hiperconectividad es garantizar que el despliegue de las redes se realice de una manera inclusiva, sin dejar a nadie atrás. No se trata únicamente de acceder a servicios y productos TIC, sino también de eliminar las brechas digitales e impulsar canales de reciclaje y recualificación para las personas trabajadoras en orden a mantener su empleo.

El Grupo de expertos de alto nivel sobre el impacto de la transformación digital en los mercados laborales de la Unión Europea ya sugería en 2019 la creación de cuentas personales

---

1586 GMYREK, P.; BERG, J. y BESCOND, D.: *Generative AI and jobs: A global analysis of potential effects on job quantity and quality*, ILO Working Paper 96, Genova (ILO), 2023, págs. 38 y 39.

de aprendizaje de habilidades digitales a fin de que las personas trabajadoras adquieran destrezas relevantes a lo largo de su trayectoria profesional; la ampliación de la orientación profesional y el diseño de entornos de aprendizaje innovadores que permitan seguir activamente la formación pertinente; y el apoyo a los servicios públicos de empleo, las oficinas de colocación o las agencias de trabajo temporal, en aras de reducir las brechas estructurales de habilidades, especialmente para las mujeres en los campos STEM, los trabajadores con poca capacitación y los empleados cuyos puestos de trabajo corren el riesgo de ser automatizados[1587].

Así pues, urge revitalizar el diálogo social con intervenciones que aseguren la optimización de las oportunidades y la remoción de los riesgos derivados de la implementación de las nuevas tecnologías en el lugar de trabajo. Del art. 85.1 ET se deriva la habilitación genérica de la negociación colectiva para intervenir sobre cualquier cuestión que afecte a los intereses de índole económica, laboral, y sindical de las partes, nuevas tecnologías incluidas. El art. 91 de la Ley Orgánica 3/2018, de 5 de diciembre, reconoce que los convenios colectivos podrán establecer garantías adicionales de los derechos y libertades relacionados con la salvaguarda de derechos digitales en el ámbito laboral. La pandemia dio lugar a una amalgama de norma dirigidas a preservar la continuidad de la actividad productiva y la protección del empleo en un contexto global signado por las restricciones de movilidad y el confinamiento. La expansión del trabajo a distancia en diversos sectores se refleja en la entrada en vigor de la Ley 10/2021, de 9 de julio, de cuyo contenido se extrae una clara voluntad legislativa de potenciar la negociación colectiva en esta materia. Al tiempo, destaca la

1587 COMISIÓN EUROPEA: *The Impact of the Digital Transformation on EU Labour Markets*, Luxemburgo (Publications Office of the European Union), 2019, pág. 12.

Ley 12/2021, de 28 de septiembre, para garantizar los derechos laborales de las personas dedicadas al reparto en el ámbito de plataformas digitales, pues introduce la presunción de laboralidad de la prestación de servicios y garantiza a los representantes de los trabajadores el derecho a ser informados de los parámetros, reglas e instrucciones en los que se basan los algoritmos o sistemas de Inteligencia Artificial en la toma de decisiones que afecten a las condiciones de trabajo, el acceso y mantenimiento del empleo.

La reforma laboral de 2021 incide en la regulación de las relaciones individuales, sirvan de ejemplo los mecanismos de flexibilidad interna, y en las relaciones colectivas, en tanto los agentes sociales obtuvieron un reequilibrio en el funcionamiento de la concertación y el diálogo social. La negociación colectiva deja de ser solo un instrumento de mera ratificación de decisiones empresariales unilaterales que modifican las condiciones de trabajo, para también mejorar y concretar cuanto regula la ley.

3. LA GESTIÓN ALGORÍTMICA DEL TRABAJO: DERECHOS Y OBLIGACIONES RECONOCIDOS POR LOS INTERLOCUTORES SOCIALES

Los algoritmos permiten gestionar una parte intrínseca de la relación laboral mediante la toma de decisiones automatizadas en materias como la contratación, la organización del tiempo de trabajo (asignación automática de turnos o tareas), el control y vigilancia de la actividad, la promoción profesional, el cálculo del desempeño, la aplicación de régimen disciplinario, la determinación de la retribución salarial o la valoración de un despido. Las preocupaciones sobre la integración de la IA en el lugar de trabajo se han centrado en que los trabajos humanos se asignan, optimizan y evalúan a través de algoritmos y rastreo de datos[1588]. La gestión algorítmica es una característica definitoria de las plataformas digitales de trabajo, pero lejos de quedar circunscrita a este ámbito también se aplica en sectores de almacenamiento y logística, la banca, los seguros, la atención al cliente o los servicios sociales.

El Reglamento (UE) 2024/1689 del Parlamento Europeo y del Consejo, de 13 de junio de 2024, por el que se establecen normas armonizadas en materia de Inteligencia Artificial define Sistema de Inteligencia Artificial como aquel que opera con elementos de autonomía y que, basándose en datos y entradas obtenidos de humanos o máquinas, infiere como alcanzar unos objetivos propuestos, usando para ello técnicas basadas en el aprendizaje-máquina o en lógica y conocimiento, y genera como salida contenidos, predicciones, recomendaciones o decisiones que influyen en el entorno con el que el sistema interactúa.

La definición se sustenta en las principales características de los sistemas de IA que los distinguen de los sistemas de software o los planteamientos de programación tradicionales, sin incluir los sistemas basados en las normas definidas únicamente por personas físicas para ejecutar automáticamente operaciones. La capacidad de inferencia propia de la IA se refiere al proceso de obtención de resultados de salida, como predicciones, contenidos, recomendaciones o decisiones, que puede influir en entornos físicos y virtuales, y a la posibilidad de deducir modelos y/o algoritmos, a partir de información de entrada o datos. Las técnicas que permiten la inferencia incluyen estrategias de aprendizaje automático que aprenden de

---

[1588] Lee, M.K; Kusbit, D.; Metsky, E. y Dabbish, L.: "Working with Machines: The Impact of Algorithmic and Data-Driven Management on Human Workers", en *Proceedings of the 33rd Annual ACM Conference on Human Factors in Computing* Systems (CHI '15), New York (Association for Computing Machinery), 2015, pág. 1604.

los datos cómo alcanzar determinados objetivos y estrategias basadas en la lógica y el conocimiento que infieren a partir de conocimientos codificados o de una representación simbólica de la tarea que debe resolverse. Los sistemas de IA pueden utilizarse de manera independiente o como componentes de un producto, con independencia de si el sistema forma parte físicamente del producto (integrado) o contribuye a la funcionalidad del producto sin formar parte de él (no integrado).

Cada vez más compañías delegan parte de las responsabilidades tradicionalmente asociadas al empleador en estas soluciones informáticas, renunciando a aplicar el factor humano en la gestión de la prestación laboral, lo que implica riesgos para los derechos y libertades de las personas trabajadoras relacionados con la privacidad, la protección de datos personales, la igualdad y no discriminación o la seguridad y salud laboral. Si bien prometen eficiencia, precisión y objetividad, estas tecnologías pueden exacerbar los prejuicios y las desigualdades sociales y crear nuevas formas de exclusión. En este sentido, la sentencia del Tribunal Ordinario de Bolonia, de 31 de diciembre de 2020, resuelve una demanda interpuesta por varios sindicatos contra Deliveroo Italia SRL a causa de la discriminación en las condiciones de acceso a la reserva de las franjas horarias de trabajo[1589]. Las condiciones de puntuación de los riders constituyen una discriminación indirecta, pues la norma —y no el algoritmo, que solamente ejecuta— no tiene en cuenta determinadas causas de ausencia justificada, como la enfermedad o la asistencia u organización de una huelga[1590].

[1589] Sentencia del Tribunal Ordinario de Bolonia de 31 de diciembre de 2020 (N. R.G. 2949/2019).

[1590] CASTILLO PARRILLA, J.A.: "Sentencia del Tribunal Ordinario de Bolonia de 31 de diciembre de 2020 (Caso Deliveroo) ¿Discriminación algorítmica o discriminación a través de un algoritmo?", *Derecho Digital e Innovación, Digital Law and Innovation Review*, núm. 7, 2020.

Eliminar los efectos de la conducta discriminatoria implica introducir cambios en los parámetros de funcionamiento del llamado algoritmo Frank.

Asimismo, la sentencia de 5 de febrero de 2020 dictada por la Corte de Distrito de La Haya sobre el Sistema de Indicación de Riesgos (SyRI) entiende que es lícito utilizar este tipo de instrumentos cuando concurra un interés público que lo justifique y se adopten las medidas necesarias para garantizar la mínima injerencia en la privacidad[1591]. Ahora bien, SyRI no ofrece garantías suficientes como para considerar que respeta el juicio de proporcionalidad que debe superar toda injerencia en la privacidad. La Corte da un gran peso al principio de transparencia, en tanto no hay ninguna clase de información sobre como ciertos datos pueden derivar en un incremento del riesgo ni sobre el modelo algorítmico empleado por la herramienta.

El Reglamento vino a establecer una jerarquía de riesgos en función del uso de la IA y sobre las categorías detectadas, establece una serie de obligaciones. El objetivo viene dado por establecer normas comunes para los sistemas de IA de alto riesgo para garantizar un nivel elevado y coherente de protección en consonancia con la Carta de los Derechos Fundamentales de la Unión Europea, los compromisos de la Unión en materia de comercio internacional, la Declaración Europea sobre los Derechos y Principios Digitales para la Década Digital y las Directrices éticas del Grupo independiente de expertos de alto nivel sobre Inteligencia Artificial.

1591 LAZCOZ MORATINOS, G. y CASTILLO PARRILLA, J.A.: "Valoración algorítmica ante los derechos humanos y el Reglamento General de Protección de Datos: el caso SyRI", *Revista Chilena de Derecho y Tecnología,* núm. 1, 2020, pág. 217.

En primer lugar, identifica un conjunto de familias de sistemas de IA que pueden considerarse de alto riesgo si su salida es relevante respecto a una acción o decisión que pueda presentar un riesgo a la salud, la seguridad o los derechos fundamentales, como aquellos de identificación biométrica, de protección de infraestructuras críticas, de selección y promoción de personal, de utilización en fronteras, o los usados por las Fuerzas y Cuerpos de Seguridad del Estado o la Administración de Justicia, entre otros. Segundo, existen productos regulados por normativa armonizada de la Unión Europea y sujetos a evaluación de conformidad. Entre estos productos se encuentran los dispositivos médicos, los trenes o la maquinaria. Un sistema IA que constituya uno de estos productos, o constituya un componente de seguridad de uno de estos productos, quedará sujeto a la correspondiente normativa armonizadora.

Por cuanto aquí interesa, el anexo III menciona expresamente como sistemas de alto riesgo a los destinados a ser utilizados para la contratación o la selección de personas físicas, en particular para publicar anuncios de empleo específicos, analizar y filtrar las solicitudes de empleo y evaluar a los candidatos; así como los empleados para tomar decisiones que afecten a las condiciones de las relaciones de índole laboral o a la promoción o rescisión de los vínculos contractuales, para la asignación de tareas a partir de comportamientos individuales o rasgos o características personales o para supervisar y evaluar el rendimiento y el comportamiento de las personas en el marco de dichas relaciones.

Los proveedores de sistemas de alto riesgo deben cumplir una serie de exigencias: contar con un sistema de gestión de riesgos para el sistema de IA de alto riesgo; establecer una gobernanza y gestión de los datos de entrenamiento y prueba, asegurando buenas prácticas en su diseño, recolección y preparación, asegurando su relevancia y corrección y sus apropiadas propiedades estadísticas, evitando sesgos que afecten negativamente a las personas; acompañar los sistema de documentación técnica actualizada, que demuestre el cumplimiento de los requisitos; tomar automáticamente registros de actividad del sistema; aportar información a los usuarios sobre las capacidades del sistema, sus requisitos de equipamiento, su ámbito de aplicación, su nivel de precisión, las condiciones de utilización que pueden implicar riesgos, los sistemas para supervisión humana, etc.; permitir la supervisión de los sistemas por personas durante su uso para minimizar los riesgos y la monitorización por parte de los usuarios; verificar la salida por una persona física, posiblemente dos, en caso de identificación biométrica remota; proporcionar un nivel adecuado de precisión, robustez y ciberseguridad, a declarar en la documentación que los acompaña; diseñar los sistemas con tolerancia a errores o inconsistencias en su interacción con su entorno; incorporar medidas de ciberseguridad apropiadas y proporcionadas a sus circunstancias, en particular de protección contra la manipulación de los datos de entrenamiento.

El sistema de gestión de riesgos es un proceso iterativo, continuo, planificado y ejecutado durante todo el ciclo de vida de la IA de alto riesgo, que requerirá revisiones y actualizaciones sistemáticas periódicas. Las tecnologías de alto riesgo que utilizan técnicas que implican el entrenamiento de modelos de IA con datos se desarrollarán a partir de conjuntos de datos de entrenamiento, validación y prueba que cumplan los criterios de calidad. Estos conjuntos de datos se someterán a prácticas de gobernanza y gestión de datos adecuadas para la finalidad prevista y se centrarán, en particular, en las decisiones pertinentes relativas al diseño; los procesos de recogida de datos y el origen de los datos y, en el caso de los datos personales, la finalidad original de la recogida de datos; las operaciones de tratamiento oportunas para la preparación de los datos; la formulación de supuestos; una valoración de la disponibilidad, la cantidad y la adecuación de los conjuntos de datos necesarios; el examen atendiendo a posibles sesgos; las medidas adecuadas para detectar, prevenir y mitigar posibles sesgos; la detección de lagunas o deficiencias pertinentes en los datos y la forma de subsanarlas.

La documentación técnica se elaborará antes de la introducción en el mercado o puesta en servicio, se mantendrá actualizada y se redactará de modo que demuestre que la IA cumple los requisitos. Las pymes podrán facilitar los elementos de la documentación de manera simplificada. Cuando se introduzca o se ponga en servicio un sistema asociado a un producto que entre en el ámbito de aplicación de los actos legislativos de armonización de la Unión, se elaborará un único conjunto de documentos técnicos que contenga toda la información mencionada en el Reglamento y la exigida en dichos actos legislativos. Para garantizar un nivel de trazabilidad del funcionamiento que resulte adecuado para la finalidad prevista, los sistemas posibilitaran técnicamente el registro automático de acontecimientos (archivos de registro) a lo largo de todo su ciclo de vida.

Asimismo, la IA se diseñará y desarrollará de modo que funcione con un nivel de transparencia suficiente para que los responsables del despliegue interpreten y usen correctamente sus resultados de salida. Las tecnologías de alto riesgo irán acompañadas de las instrucciones de uso correspondientes, las cuales incluirán información concisa, completa, correcta y clara que sea pertinente, accesible y comprensible para los responsables del despliegue. Las instrucciones de uso contendrán, como mínimo, la identidad y los datos de contacto del proveedor y, en su caso, de su representante autorizado; las características, capacidades y limitaciones del funcionamiento; los cambios en el sistema y su funcionamiento predeterminados por el proveedor en el momento de efectuar la evaluación de la conformidad inicial; las medidas de supervisión humana; los recursos informáticos y de hardware necesarios, la vida útil prevista del sistema y las medidas de mantenimiento y cuidado necesarias, también en lo que respecta a las actualizaciones del software; y, cuando proceda, una descripción de los mecanismos incluidos en el sistema que permita a los responsables del despliegue recabar, almacenar e interpretar correctamente los archivos de registro.

Hay tres tipos de opacidad relacionada con los algoritmos, a saber: técnica, epistemológica e intencionada. En la opacidad técnica el uso de lenguaje computacional dificulta la comprensión generalizada del funcionamiento del algoritmo. La opacidad epistemológica, más conocida como *black box* o de caja negra, está caracterizada por la imposibilidad de comprender o conocer el funcionamiento interno del sistema. La falta de visibilidad sobre cómo estos algoritmos —a menudo asociados con técnicas avanzadas como el *deep learning*— procesan datos y generan resultados plantea desafíos significativos en términos de explicabilidad, transparencia y responsabilidad, pues no es factible trazar un recorrido completo desde la introducción de los inputs hasta la producción de los datos procesados. La opacidad intencionada se refiere a cuantos algoritmos no son obras de propiedad intelectual ni industrial y son relegados a secretos comerciales. Resulta esencial garantizar un nivel mínimo de transparencia técnica e intencionada y articular un sistema de responsabilidad civil objetiva en aras de evitar que las empresas se escuden en la opacidad epistemológica. La eventual patentabilidad de algoritmos se considera una forma económicamente rentable de impulsar su transparencia[1592]. La Estrategia Nacional de Inteligencia Artificial en España recoge el deber de trazabilidad, orientado a asegurar que las decisio-

---

1592 CASTILLO PARRILLA, J.A. *et al*: "Comentarios y propuestas de modificación a la Carta de Derecho Digitales", *Grupo de trabajo Área de Privacidad y Derechos OdiseIA, Observatorio del Impacto Social y Ético de la Inteligencia Artificial*, diciembre de 2020, disponible en: https://www.dropbox.com/scl/fi/gguvg5ruy971mxdorz9yj/consultaOdiseIAv6.pdf?rlkey=7s22yz55m4yy0nf44awm7zyq0&e=1&dl=0

nes ejecutadas por sistemas algorítmicos puedan ser auditadas, evaluadas y explicadas por las personas responsables[1593].

Los sistemas de IA de alto riesgo se diseñarán y desarrollarán de modo que puedan ser vigilados de manera efectiva por personas físicas durante el periodo que estén en uso, siendo oportuno dotarlos de herramientas de interfaz humano-máquina. La supervisión humana estará orientada a prevenir o reducir al mínimo los riesgos cuando se utiliza una IA conforme a su finalidad prevista o cuando se le da un uso indebido razonablemente previsible. Las medidas de supervisión serán proporcionales a los riesgos, al nivel de autonomía y al contexto de uso del sistema. El proveedor del sistema debe definir las medidas adecuadas de supervisión humana antes de su introducción en el mercado o puesta en servicio. Cuando proceda, se garantizará, en concreto, que el sistema esté sujeto a limitaciones operativas incorporadas en el propio sistema que este no pueda desactivar, que responda al operador humano y que las personas físicas a quienes se haya encomendado la supervisión posean las competencias, la formación y la autoridad necesarias para desempeñar esa función.

La IA se ofrecerá de tal modo que las personas a quienes se encomiende la supervisión puedan entender adecuadamente las capacidades y limitaciones pertinentes del sistema y vigilar debidamente su funcionamiento; ser conscientes de la tendencia a confiar automáticamente o en exceso en los resultados de salida (sesgo de automatización); interpretar correctamente los resultados de salida; decidir, en cualquier situación concreta, no utilizar el sistema o descartar, invalidar o revertir los

---

1593 MINISTERIO DE ASUNTOS ECONÓMICOS Y TRANSFORMACIÓN DIGITAL: "Estrategia Nacional de Inteligencia Artificial", noviembre 2020, disponible en: https://www.lamoncloa.gob.es/presidente/actividades/Documents/2020/ENIA2B.pdf

resultados de salida; e intervenir en el funcionamiento o interrumpir el sistema de forma segura.

Asimismo, se ha de garantizar un nivel adecuado de precisión, solidez y ciberseguridad durante todo el ciclo de vida. En las instrucciones de uso que acompañen a la IA se indicaran los niveles de precisión, así como los parámetros de medición. La solidez puede lograse mediante soluciones de redundancia técnica (copias de seguridad o planes de prevención contra fallos). Si un sistema continúa aprendiendo tras su introducción en el mercado o puesta en servicio se desarrollarán de forma que elimine o reduzca el riesgo de que los resultados de salida que pueden estar sesgados influyan en la información de entrada de futuras operaciones, asegurando que dichos bucles de retroalimentación se subsanen debidamente. Entre las soluciones técnicas encaminadas a subsanar vulnerabilidades específicas figurarán medidas para prevenir, detectar, combatir, resolver y controlar el envenenamiento de datos o de modelos, la evasión de modelos, los ataques a la confidencialidad o los defectos en el modelo.

A nivel interno, el Ministerio de Trabajo detalla a través de una guía sin naturaleza normativa la información que la empresa debe proporcionar a los representantes de los trabajadores y a los empleados al amparo del art. 64.4.d) ET y el art. 22 del Reglamento General de Protección de Datos[1594]. En primer lugar, recoge el deber de información en favor de los trabajadores sujetos a decisiones íntegramente automatizadas, incluyendo la elaboración de perfiles, sin intervención humana. Dicha intervención humana ha de ser significativa, reali-

---

[1594] Ministerio de Trabajo y Economía Social: "Información algorítmica en el ámbito laboral", *Guía práctica y herramienta sobre la obligación empresarial de información sobre el uso de algoritmos en el ámbito laboral*, mayo 2022, disponible en: https://www.uv.es/ceconomiacol/descarregues/MITES_Info_algortca_laboral_arte_final.pdf.

zada por una persona con competencia y autoridad sobre la decisión, que valore toda la información disponible y se debe apreciar en cada una de las decisiones y no solamente en alguna parte del proceso. Cuando se limita a replicar la decisión adoptada por el algoritmo no se puede entender como una intervención significativa, sino como un proceso de decisión íntegramente automatizado. Segundo, incorpora obligaciones de información de la empresa a la representación legal de la plantilla sobre el funcionamiento del algoritmo que afecte a los trabajadores. En este caso no se exige que la decisión sea íntegramente automatizada.

Ambas obligaciones tienen un contenido común a proporcionar por parte de la empresa y que consiste en: i) información sobre el uso de algoritmos o sistemas de Inteligencia Artificial para tomar decisiones automatizadas, incluida la elaboración de perfiles, identificando la tecnología utilizada y las concretas decisiones de gestión de personas (por ejemplo, el control de la productividad); ii) información significativa, clara y simple sobre la lógica y funcionamiento del algoritmo; iii) información sobre las consecuencias que pueden derivarse de la decisión adoptada mediante el uso de algoritmos o sistemas de decisión automatizada sobre la persona y en materia de igualdad y no discriminación entre mujeres y hombres.

Respecto al momento de facilitar la información, esta se debe transmitir a los trabajadores individualmente afectados por decisiones íntegramente automatizadas con anterioridad al tratamiento de datos. A la representación de los trabajadores con la periodicidad que proceda, ya sea previamente a la utilización de los algoritmos ya sea ante cualquier cambio en las variables, parámetros o cualquier otra característica del algoritmo.

La información debe facilitarse de forma clara, simple y comprensible para personas sin conocimientos técnicos, sin que aportar datos meramente técnicos resulte suficiente, por cuanto puede ser información opaca o confusa. Con todo, sería deseable reforzar el deber de sigilo de los representantes de los trabajadores, así como aumentar su formación en materia digital, para que puedan comprender el funcionamiento de un sistema de Inteligencia Artificial y sus limitaciones; detectar cuando este puede ser engañoso o erróneo; y mantener un nivel prudente de escepticismo en los resultados[1595].

La obligación de información no puede interpretarse en el sentido de facilitar el código fuente del algoritmo. Cualquier algoritmo utilizado en el ámbito laboral para la toma de decisiones automatizada está sujeto a la obligación empresarial de información. Están incluidas en esta obligación todas las decisiones en materia de gestión de personas, desde selección y contratación hasta asignación de tareas, fijación de horarios, determinación de salarios, control y monitorización, control de productividad, evaluación de resultados, promoción profesional y despidos.

En la misma línea, el Acuerdo para el Empleo y Negociación Colectiva recuerda que la IA tendrá un impacto significativo en el mundo laboral y, si no se hace un uso correcto, podría llevar a adoptar decisiones sesgadas o discriminatorias. El despliegue en las empresas debe seguir el principio de control humano respecto a la IA y ser seguro y transparente. Las empresas facilitarán a los representantes legales de las personas trabajadoras información entendible sobre los procedimientos de recursos humanos basados en sistemas de Inteligencia Artificial y garantizarán que no existen prejuicios ni discriminaciones.

Pese a que el art. 64.4 d) del ET alude únicamente a la información, la guía sienta con claridad que sí existe la obligación

---

1595 Fernández Fernández, R.: *Selección de trabajadores y algoritmos: desafíos ante las nuevas formas de reclutamiento*, Navarra (Aranzadi), 2022, pág. 94.

empresarial de consultar la introducción de algoritmos para la gestión de personas *ex* art. 64.5 ET que prevé el derecho de la representación legal de los trabajadores a ser informada sobre todas las decisiones de la empresa que pudieran provocar cambios relevantes en cuanto a la organización del trabajo y a los contratos de trabajo. Además, los representantes tienen derecho a emitir un informe con carácter previo a la ejecución por parte de la empresa sobre la "implantación y revisión de sistemas de organización y control del trabajo, estudios de tiempos, establecimiento de sistemas de primas e incentivos y valoración de puestos de trabajo".

Como regla general, no hay obligación de negociar el algoritmo con los representantes de los trabajadores; no obstante, sí existe tal deber si es utilizado en el marco de un despido colectivo para determinar las personas afectadas u otras medidas. Ninguno de los convenios colectivos consultados contiene una referencia concreta a esta interesante e importante cuestión.

Por otra parte, la Carta de Derechos Digitales supone otra gran apuesta por el diálogo social, por cuanto uno de sus elementos más relevantes es la necesidad de realizar una evaluación de impacto en el diseño de los algoritmos en caso de decisiones automatizadas o semiautomatizadas en los derechos digitales. La evaluación, así como todos los procesos de transformación digital deben aplicar la perspectiva de género. Si bien la Carta carece de eficacia jurídica, su contenido constituye un buen punto de partida para los interlocutores sociales. De hecho, algunos convenios, directamente vinculantes, contemplan ciertos derechos contenidos en la Carta como es el efectuar la evaluación de impacto.

En efecto, la permanente situación de cambio hace rigurosamente necesaria la adaptación de la organización de las empresas con la finalidad de afrontar la mejora de competitividad, la incorporación constante de nuevas tecnologías y formas de organización del trabajo, haciéndola compatible con el mantenimiento del empleo[1596]. Las partes son conscientes de la importancia que el uso generalizado de las nuevas tecnologías y su conocimiento tienen en el ámbito laboral y de la problemática que puede derivarse de una incorrecta utilización de las mismas y regulan esta materia bajo una serie de principios de actuación[1597]:

En algunas ocasiones la comisión paritaria de seguimiento y control del convenio asume entre sus funciones el examen de los objetivos de productividad global y el estudio y propuesta de aplicaciones de nuevas tecnologías bajo la doble perspectiva del coste económico-social y de las necesidades organizativas[1598]. Así, debe ser informada de las tecnologías que tengan repercusiones sobre los trabajadores[1599].

En las reuniones entre la comisión directiva de las empresas y los representantes de los trabajadores, que tendrán una periodicidad trimestral como mínimo, la dirección informará sobre las líneas básicas y estrategias en la incorporación de nuevas tecnologías, aspectos organizativos y recursos humanos[1600].

En términos generales, en los procesos de reconversión digital, las empresas informarán a la representación legal de

---

1596 Art. 8 VIII CC de Iberdrola Grupo (BOE núm. 52, de 2 de marzo de 2021).

1597 Art. 83 III CC del Grupo Acciona Energía (BOE núm. 123, de 21 de mayo de 2024); o art. 128 V CC marco del Grupo Endesa (BOE núm. 101, de 25 de abril de 2024).

1598 Art. 7 IV CC del Grupo Enagás (BOE núm. 169, de 17 de junio de 2020).

1599 Art. 14 VI CC de Baxi Calefacción, SLU, de Dietrich Thermique Iberia, SL, y Baxi Sistemas y Servicios de Climatización, SLU (BOE núm. 61, de 12 de marzo de 2022).

1600 Art. 8 III CC de Telefónica de España, SAU; Telefónica Móviles España, SAU y Telefónica Soluciones de Informática y Comunicaciones, SAU (BOE núm. 52, de 28 de febrero de 2024).

las personas trabajadoras sobre los cambios que vayan a producirse en las mismas, cuando sean relevantes y puedan tener consecuencias significativas sobre el empleo y/o cambios sustanciales en las condiciones laborales[1601]. Si la empresa decidiera utilizar, en algún momento, programas o algoritmos de decisión para cualquier proceso laboral, se informará previamente al comité de empresa[1602]. A la par, ostenta el derecho a presentar un informe con anterioridad a la ejecución de las decisiones que el empresario adopte en los casos de implantación o revisión de sistemas de organización y control de trabajo, todo ello sin perjuicio de las normas legales que sean de aplicación[1603], y de las facultades expresamente otorgadas a la comisión paritaria[1604]. El delegado sindical tiene derecho a ser informado y oído, con carácter previo a su ejecución, atendiendo en lo posible los criterios o pareceres formulados por la empresa que sean razonables, respecto de aquellas decisiones relativas a la introducción de dispositivos digitales[1605].

En materia de derechos digitales se reproduce el contenido del art. 64.4.d) ET, de manera que las empresas informarán acerca de los parámetros, reglas e instrucciones utilizados por parte de los algoritmos o sistemas de Inteligencia Artificial, que afectan a las condiciones de trabajo, el acceso y mantenimiento del empleo de la mano de obra[1606]. Las empresas

---

1601 Art. 12 CC Mediación de seguros privados (BOE núm. 273, de 15 de noviembre de 2023).

1602 Art. 10 CC de Air Nostrum Engineering and Maintenance Operations, SLU (BOE núm. 117, de 14 de mayo de 2024).

1603 Art. 7 IX CC del grupo Unide (BOE núm. 52, de 2 de marzo de 2021).

1604 Art. 28 CC de empresas de Televisiones Locales y Autonómicas de Castilla y León (BOCYL núm. 136, de 17 de julio de 2023).

1605 Art. 94. VIII CC de Iberdrola Grupo (BOE núm. 52, de 2 de marzo de 2021).

1606 Art. 38 CC del Grupo Allianz (BOE núm. 154, de 29 de junio de 2023).

informarán a los representantes de los trabajadores sobre el uso de la analítica de datos o IA cuando la toma de decisiones en materia de recursos humanos y relaciones laborales se base exclusivamente en modelos digitales sin intervención humana. Dicha información, como mínimo, abarcará los datos que nutren los algoritmos, la lógica de funcionamiento y la evaluación de los resultados.

Las personas trabajadoras tienen derecho a no ser objeto de decisiones basadas única y exclusivamente en variables automatizadas, salvo en aquellos supuestos previstos por la Ley, así como derecho a la no discriminación en relación con las decisiones y procesos, cuando ambos estén basados únicamente en algoritmos, pudiendo solicitar el concurso e intervención de las personas designadas a tal efecto por la empresa, en caso de discrepancia[1607].

Previo a la modificación de las condiciones de trabajo debido a la incidencia de nuevas tecnologías se procederá a realizar la evaluación de los riesgos que pudieran generar[1608].

A modo de recomendaciones, la negociación colectiva debería reforzar y entrar a detallar las cláusulas de información, consulta y participación de los representantes de los trabajadores durante la implementación de la IA o ante cualquier cambio del algoritmo; prever expresamente el derecho de explicación ante la utilización de los sistemas en la gestión de las plantillas; ponderar que el procesamiento de los datos de la mano de obra puede acarrear una monitorización a todas luces excesiva; ahondar en las garantías de acceso, rectificación, oposición, supresión ("derecho al

---

1607 Art. 35 CC para los establecimientos financieros de crédito (BOE núm. 172, de 17 de julio de 2024).

1608 Art. 11 CC del Grupo Marítima Dávila (BOE núm. 108, de 6 de mayo de 2022).

olvido"), limitación del tratamiento, portabilidad y de no ser objeto de decisiones individualizadas; y establecer un reparto de tareas con niveles de responsabilidad para garantizar el control humano. La gestión algorítmica de la producción y los puestos de trabajo puede llegar a potenciar la discriminación y los estereotipos preexistentes en la sociedad. Por lo tanto, resulta sorprendente la falta de iniciativas por parte de los interlocutores sociales a fin de paliar o eliminar eventuales desigualdades.

En relación con las auditorías sobre un tratamiento que incluya un componente, estas tienen distinta extensión (sobre el proceso de desarrollo del componente, aspectos concretos del tratamiento, de la operación, de la seguridad y robustez, etc.) y pueden ser una herramienta de transparencia o tener un propósito de control. Las garantías para gestionar el riesgo han de estar documentas y recoger la información suficiente para acreditar las acciones tomadas. Ninguna referencia hay en los convenios sobre que esta documentación ha de permitir la trazabilidad de las decisiones siguiendo el principio de minimización. El tratamiento de los datos de las personas trabajadoras basado en las soluciones de IA ha de ser auditable a lo largo de su ciclo de vida para así comprobar su validez. El proceso ha de evaluar, entre otras cuestiones, la existencia o no de datos personales elaboración de perfiles o decisiones automáticas sobre los trabajadores sin intervención humana; el proceso de análisis, desarrollo y/o de implementación documentado; la base jurídica para el tratamiento (esto es, la ejecución del contrato de trabajo) y la identificación de responsabilidades; o el cumplimiento de las limitaciones sobre las decisiones automatizadas y la evaluación, en su caso, de la calidad de la intervención humana y la supervisión.

4. LA FLEXIBILIDAD INTERNA FRENTE AL RECURSO A LA DESTRUCCIÓN DE PUESTOS DE TRABAJO

El Real Decreto-ley 32/2021, de 28 de diciembre, de medidas urgentes para la reforma laboral, la garantía de la estabilidad en el empleo y la transformación del mercado de trabajo, merece una valoración positiva, a pesar de algunas cuestiones que han quedado en el tintero, por cuanto amplía los instrumentos de flexibilidad interna como alternativa al despido, así como también mejora la calidad del empleo y pone coto al pesado lastre de la temporalidad. Los agentes sociales, piezas básicas en el cambio de paradigma, requieren de un proceso formativo en orden a conducir la negociación hacia cuestiones estratégicas de la organización de trabajo basada en el cambio tecnológico[1609].

La norma articula diversos mecanismos encaminados al mantenimiento del empleo apoyando a las empresas con medidas económicas y formativas en las diversas situaciones de crisis o precrisis.

En los procesos de reestructuración que puedan acometerse por razones económicas, técnicas, organizativas o de producción resulta preferente la utilización de medidas de flexibilidad interna tales como la suspensión de contratos de trabajo y excedencias, la reducción de jornada, la movilidad funcional y geográfica y la modificación de condiciones de trabajo[1610]. Antes de acudir a los procedimientos legales previstos en los arts. 40, 41, 47, 47.bis y 51 ET, las empresas abrirán un proceso previo y limitado en el tiempo, de al menos quince días de

---

[1609] Rojo Torrecilla, E.: "La reforma laboral de 2021. Negociación colectiva, flexibilidad interna y subcontratación", *Revista de Trabajo y Seguridad Social (CEF)*, núm. 467, 2022, pág. 81.

[1610] DA 5ª CC para las cajas y entidades financieras de ahorro para el periodo 2024-2026 (BOE núm. 137, de 6 de junio de 2024).

duración, de negociación con la representación legal de las personas trabajadoras para buscar las fórmulas que permitan minimizar el impacto de cualquier proceso de reestructuración en el volumen de empleo. Resalta la importancia de la estabilidad en el empleo de los trabajadores de cada una de las empresas, siempre teniendo en cuenta el contexto económico y empresarial vigente en cada momento.

El *quid* consiste en contar con un marco que posibilite el mantenimiento del empleo y procure el desarrollo profesional del colectivo existente. En este sentido, la, antes de iniciar la implementación de ajustes de carácter colectivo, ha de contemplar medidas alternativas y valorar otras medidas plurales y/o individuales tendentes a procurar la estabilidad de los puestos de trabajo, apostando por su conservación. En este mismo escenario, como cláusula de salvaguarda del empleo, los empresarios reubicarán al personal en las distintas entidades que conformen el grupo cuando fuera posible. Todo lo anterior sin perjuicio de los derechos de oposición a estas medidas que la legislación garantice a los trabajadores afectados. Los convenios recogen el compromiso de las partes a acometer aquellas medidas que impliquen una reestructuración colectiva que afecte a la estabilidad del empleo a través del diálogo, siempre con respeto y observancia de la buena fe en aras de encontrar las soluciones menos traumáticas para el conjunto de los trabajadores[1611].

En concreto, las personas trabajadoras perjudicadas por los reajustes de plantillas o reestructuración organizativa tendrán derecho a la elección preferente de aquellos puestos de trabajo propios de su puesto profesional vacantes en la provincia de su residencia laboral; en el caso de no ser posible, la opción preferente de puestos de trabajo propios de su puesto profesional

---

1611 DA 2ª II CC de Nortegas (BOE núm. 28, de 1 de febrero de 2024).

en aquellas localidades en que existan vacantes, mediante el desarrollo de un proceso de reasignación de carácter nacional; la percepción de una compensación económica siempre que, como consecuencia del traslado, se produzca cambio de domicilio, con una compensación adicional cuando se acredite fehacientemente el traslado de familiares dependientes; y la concesión de aval para la adquisición de vivienda aun cuando las personas peticionarias hubiesen disfrutado de este beneficio, si bien con la condición, en tal supuesto, de haber cancelado en su totalidad el anterior[1612]. Si la reasignación de puestos de trabajo afecta únicamente a una parte de la plantilla del centro de trabajo, la empresa, salvando las prescripciones legales establecidas al efecto, tendrá en cuenta las circunstancias personales, familiares y sociales de los trabajadores, de forma que hayan de sufrir el traslado quienes resulten menos perjudicados; en iguales circunstancias, se trasladará al más moderno en el puesto profesional y en caso de empate se estará a la menor antigüedad y, en su caso, a la menor edad.

Cuando, consecuencia de la movilidad geográfica, se produzca la reubicación del puesto de trabajo en una localidad diferente a la actual, se abrirá un tiempo para tratar con los representantes de los trabajadores la posibilidad de reubicar al titular del puesto en otras funciones o actividades en su zona de origen[1613]. Si una empresa introduce sistemas que puedan suponer para los trabajadores modificación sustancial de condiciones de trabajo, o bien un periodo de formación o adaptación técnica no inferior a un mes, se debe comunicar a los representantes de los trabajadores en el plazo

---

[1612] Art. 138 III CC de Telefónica de España, SAU; Telefónica Móviles España, SAU y Telefónica Soluciones de Informática y Comunicaciones, SAU (BOE núm. 52, de 28 de febrero de 2024).

[1613] Art. 21 II CC del Grupo Parcial Cepsa (BOE núm. 52, de 28 de febrero de 2024).

suficiente para poder analizar y prever sus consecuencias. En el supuesto de que las TIC supongan una modificación sustancial de las condiciones de trabajo se estaría a lo dispuesto en el art. 41 ET[1614].

En síntesis, la incorporación de nuevas tecnologías legitima la modificación de las condiciones de la relación laboral, por cuanto el Estatuto de los Trabajadores prevé la movilidad funcional para la realización de funciones, tanto superiores como inferiores, no correspondientes al grupo profesional si existen razones técnicas que la justifiquen y por el tiempo imprescindible para su atención; el traslado de trabajadores a un centro de trabajo distinto de la empresa que exija cambios de residencia por la misma causa; la modificación sustancial de las condiciones de trabajo cuando concurran motivos relacionados con la competitividad, productividad u organización técnica o del trabajo en la empresa; la reducción de la jornada de trabajo de las personas trabajadoras o la suspensión de los contratos de trabajo cuando se produzcan cambios, entre otros, en el ámbito de los medios o instrumentos de producción; la inaplicación de las condiciones de trabajo previstas en el convenio colectivo aplicable, sea este de sector o de empresa, a raíz de innovaciones técnicas.

Tratándose de medidas de flexibilidad interna, no es necesario que concurra una situación económica negativa, ya que estas medidas tienen por objeto promover una mejor productividad, una mayor competitividad, y la adecuación de las empresas a las circunstancias cambiantes del mercado[1615]. Los

---

[1614] Art. 28 IX CC estatal del corcho (BOE núm. 214, de 7 de septiembre de 2023); o art. 25 CC provincial de trabajo de industria de la madera (BOP Almería núm. 109, de 9 de junio de 2023).

[1615] GONZÁLEZ-POSADA MARTÍNEZ, E.: "La flexibilidad y el círculo interior de las organizaciones productivas", *Revista Crítica de Relaciones de Trabajo, Laborum*, núm. 2, 2022, pág. 57.

convenios colectivos contienen una ordenación prolija de tales instrumentos de flexibilidad interna, pero no anudan tales procedimientos con la reconversión tecnológica, obviando la oportunidad para clarificar sus consecuencias particulares en comparación con las causas restantes y la fuerza mayor.

A título de ejemplo, la mera transformación en el equipamiento pudiera no justificar la reducción o suspensión de jornada, pues se ha de valorar el impacto cuantitativo o cualitativo de la medida sobre el personal. Sería conveniente entrar a diferenciar qué innovaciones científicas conforman el catálogo de causas tecnológicas capaces de activar las disposiciones de flexibilidad interna.

5. LAS COMPETENCIAS DIGITALES COMO INSTRUMENTO CLAVE PARA EL MANTENIMIENTO DEL EMPLEO

La digitalización ha supuesto una modificación y transformación de la realidad laboral, generando así una necesidad de adaptación de las competencias, habilidades y perfiles profesionales a las demandas actuales. El desarrollo de las habilidades de los trabajadores en las áreas de la información y alfabetización de datos, comunicación y colaboración, creación de contenidos digitales, seguridad, y resolución de problemas, está vinculado la mejora de la productividad y el desempeño a cualquier edad.

Los interlocutores sociales atribuyen a la formación profesional la condición de herramienta estratégica básica dentro de la política de recursos humanos, orientada a mejorar la eficacia y eficiencia de la compañía, así como a potenciar el desarrollo personal y profesional de las personas trabajadoras y su capacidad para asumir nuevas responsabilidades, garantizando la permanente solvencia profesional de la plantilla ante los cambios tecnológicos[1616]. No se concibe como una acción aislada, sino que es un proceso permanente a lo largo de la vida profesional y es un derecho individual y colectivo por lo que debe estar basada en una efectiva y real igualdad de oportunidades[1617]. Cabe recordar, dentro de este contexto, que a las dificultades normales que encuentra cualquier trabajador que intenta conservar su empleo en un mundo laboral cada vez más exigente se debe añadir, en el caso de las personas con discapacidad, las que derivan de su propia situación, por lo que precisan de mayores apoyos y de una formación más individualizada y constante en el tiempo para adquirir unas habilidades y conocimientos cada vez más especializados, principalmente por la introducción de dispositivos digitales[1618].

La formación se basará en el principio de igualdad de oportunidades y tendrá, entre otros, los siguientes objetivos: el perfeccionamiento profesional en el desempeño de los puestos de trabajo; la adecuación y actualización de los recursos humanos a los cambios organizativos y productivos, con una atención especial en la asimilación de las nuevas tecnologías; el desarrollo técnico de calidad; y la mejora y garantía de la empleabilidad[1619]. A resultas del proceso de innovación tecnológica se

---

1616 Art. 43 VI CC para el Grupo Maxam (BOE núm. 77, de 31 de marzo de 2023); o art. 31 VI Acuerdo Laboral para el sector de la Hostelería –ALEH VI– (BOE núm. 59, de 10 de marzo de 2020).

1617 Art. 32 CC del Grupo Enagás (BOE núm. 169, de 17 de junio de 2020).

1618 DA 3ª XVII CC de la Organización Nacional de Ciegos y su personal (BOE núm. 294, de 8 de diciembre de 2022).

1619 Art. 37 VIII CC de Repsol, SA (BOE núm. 77, de 31 de marzo de 2023); art. 11 XII CC de Red Eléctrica de España, SAU (BOE núm. 228, de 23 de septiembre de 2023); art. 27 II CC del Grupo Vodafone España (BOE núm. 34, de 9 de febrero de 2021); art. 15 III CC de Bureau Veritas Inspección y Testing, SLU y Bureau Veritas Solutions Iberia, SLU (BOE núm. 74, de 25 de marzo de 2024); art. 40

procederá a optimizar las cualificaciones de las plantillas a través de un máximo aprovechamiento de las ventajas derivadas de los acuerdos sobre ayudas/bonificaciones existentes para la formación[1620]. Las empresas proveerán la dotación de recursos suficientes, facilitando los medios económicos y materiales necesarios para conseguir una mejora progresiva en el aprendizaje de los trabajadores, debiendo estos realizar la formación tendente a asegurar el correcto desempeño de su puesto de trabajo. En caso de ser fuera del mismo, será voluntaria la asistencia, salvo la formación legalmente exigible.

En orden a conseguir una formación integral que permita alcanzar los fines propuestos, la asistencia a los cursos de formación se realizará preferentemente dentro del horario de trabajo. El empleador facilitará la asistencia a los cursos de formación, adaptando la jornada en los términos que sea opor-

---

II CC del Grupo Parcial Cepsa (BOE núm. 52, de 28 de febrero de 2024); art. 11 IX CC del Grupo Prisa Radio (BOE núm. 73, de 23 de marzo de 2024); art 15 CC del Grupo Asegurador Reale (BOE núm. 259, de 30 de octubre de 2023); art. 15 CC de Zurich Insurance, PLC, Sucursal en España; Zurich Vida, Compañía de Seguros y Reaseguros, SA; y Zurich Services AIE (BOE núm. 93, de 19 de abril de 2023); art. 29 X Acuerdo Marco del Grupo Repsol (BOE núm. 45, de 22 de febrero de 2023); art. 50 CC del grupo Redexis Gas (BOE núm. 215, de 7 de septiembre de 2022); art. 43 XXV CC estatal de oficinas de farmacia (BOE núm. 311, de 28 de diciembre de 2022); art. 34 CC provincial de A Coruña de Agencias Marítimas y Aduaneras, Empresas Estibadoras Portuarias y Comisionistas de Tránsito 2020-2025 (BOP A Coruña núm. 77, de 24 de abril de 2023); art. 17 CC sectorial para las industrias de aguas de bebida envasadas (BOE núm. 304, de 21 de diciembre de 2023); art. 30 CC para las cajas y entidades financieras de ahorro para el periodo 2024-2026 (BOE núm. 137, de 6 de junio de 2024); art. 54 CC de Radio Popular, SA (BOE núm. 177, de 25 de julio de 2022); o art. 21 V CC del Grupo de Empresas Groundforce (BOE núm. 8, de 9 de enero de 2024).

1620 Art. 34 VIII CC de Santa Bárbara Sistemas, SA (BOE núm. 47, de 22 de febrero de 2024).

tuno, así como los permisos reglamentarios para la asistencia a exámenes de carácter oficial, ostentando el derecho a exigir la presentación de los certificados emitidos por los centros correspondientes.

Si el trabajador realizara la formación fuera de la jornada laboral tendrá una compensación de una hora de descanso por cada hora de formación. En paralelo, el tiempo de desplazamiento invertido para asistir a la formación obligatoria fuera de la jornada laboral y del centro de trabajo, será considerado como tiempo de trabajo efectivo siempre que la distancia entre el centro de trabajo y el lugar de impartición de la formación sea superior a una determinada distancia que varía en función del convenio colectivo[1621]. En el caso de existir necesidades formativas específicas y prioritarias para el desarrollo de las funciones de determinados puestos de trabajo, se establecerán medidas individualizadas y se informará a la representación legal de las personas trabajadoras. El *e-learning* contribuye a la conciliación de la vida personal y familiar con la laboral gracias al descenso del número de viajes, siempre que las materias lo permitan[1622]. A su vez, los recursos tecnologías favorecen una mayor agilidad, rapidez y comodidad en la adquisición de nuevas destrezas y conocimientos[1623].

Especial consideración merece el acceso de todas las personas trabajadoras a formación profesional de grado superior y universitaria, en el ámbito de las TIC. Una buena práctica detectada es la incorporación de mecanismos y criterios necesarios para compatibilizar esta capacitación con su actividad

---

1621 Art. 24 III CC del Grupo Acciona Energía (BOE núm. 123, de 21 de mayo de 2024).

1622 Art. 31 V CC marco del Grupo Endesa (BOE núm. 101, de 25 de abril de 2024).

1623 Art. 18 CC de Teleinformática y Comunicaciones SA (BOE núm. 148, de 19 de junio de 2024).

laboral a través de una bolsa de horas anual o mensual en función de la tipología de los estudios y del número de asignaturas, que permita aunar correctamente ambas situaciones[1624]. La permanencia en estos programas estará circunscrita a cursos universitarios y de formación profesional de grado superior oficiales en el ámbito de las TIC y que mejor se adapten a las tecnologías desarrolladas y útiles para las empresas.

La comisión paritaria, en este ámbito, asume el compromiso de impulsar la realización de estudios, análisis y diagnósticos de las necesidades de formación continua, así como de promover Planes de Formación y la adaptación a los avances tecnológicos, tanto de las empresas como de los trabajadores a través de la capacitación[1625]. Un convenio prevé la constitución de un comité paritario sectorial formado por un mínimo de dos representantes de las organizaciones sindicales y otros tantos de las asociaciones empresariales, que tendrá por objeto elaborar planes de formación profesional destinados a acomodar los conocimientos profesionales de las personas trabajadoras a las nuevas tecnologías, y a facilitar la formación profesional[1626].

En definitiva, de esta formación adquiere el o la trabajadora un bien tan preciado como es la adaptación cultural y profesional a cada momento tecnológico del mercado, y la

---

1624 Art. 44 bis III CC de Telefónica de España, SAU; Telefónica Móviles España, SAU y Telefónica Soluciones de Informática y Comunicaciones, SAU (BOE núm. 52, de 28 de febrero de 2024).

1625 Art. 43 CC de trabajo para el sector de comercio ganadería (BOP Palencia núm. 63, de 26 de mayo de 2023); art. 16 CC de Al Air Liquide España, SA, y Air Liquide Ibérica de Gases, SLU (BOE núm. 290, de 5 de diciembre de 2023); o art. 113 VII CC de industrias de ferralla 2023-2024 (BOE núm. 41, de 16 de febrero de 2024).

1626 Art. 77 XXIII CC de contratas ferroviarias (BOE núm. 154, de 28 de junio de 2022).

empresa cuenta con personal capaz de desarrollar sus funciones con los conocimientos precisos en la era de la innovación digital[1627].

6. LA FALTA DE ADAPTACIÓN A LAS NUEVAS TECNOLOGÍAS, HERRAMIENTAS O PROGRAMAS

Los trabajadores desarrollarán las funciones que tengan encomendadas con eficacia y deberán colaborar en cuantas mejoras de métodos o sistemas se implanten, con el objetivo de contribuir al desarrollo tecnológico de la compañía y garantizar un nivel óptimo de productividad. El art. 52 ET, apartados a y b, contemplan la extinción del contrato por ineptitud del trabajador conocida o sobrevenida y por falta de adaptación a las modificaciones técnicas operadas en su puesto de trabajo, cuando estos sean razonables. Con anterioridad, el empleado deberá ofrecer un curso dirigido a facilitar la adaptación a las modificaciones operadas. La terminación no podrá ser acordada por el empresario hasta que hayan transcurrido al menos dos meses desde que se introdujo la modificación o desde la finalización de la capacitación. En efecto, no contempla la pérdida de las habilidades profesionales requeridas para el desarrollo de las funciones habituales, sino la incapacidad de mantener las mismas al ritmo de las exigencias del progreso técnico.

Ahora bien, solo un convenio señala que la introducción de nuevas tecnologías se hará en beneficio de empresas y las plantillas, no pudiendo alegarse la ineptitud sobrevenida para la extinción del contrato salvo que el empleado se haya negado expresamente a recibir los cursos de formación continua que la

---

[1627] Art. 11 CC del sector de automoción (BOP Málaga núm. 83, de 4 de mayo de 2023).

dirección le hubiera planteado, previo conocimiento de representación legal de las personas trabajadoras[1628]. Esta cláusula concuerda con la doctrina judicial, pues la negativa del trabajador a participar en los cursos de readaptación ofrecidos por la empresa mueve a estimar la procedencia de la resolución[1629].

Ante la ausencia de otras cláusulas novedosas en este ámbito, las partes deberían valorar la posibilidad de recoger las pautas marcadas por la jurisprudencia. En primer lugar, los elementos constitutivos de dicha causa extintiva son: que se produzca la modificación técnica del puesto de trabajo; que este sea el puesto habitual del trabajador; que el afectado, por su parte, no se adapte a ese cambio; que las modificaciones técnicas operadas en el puesto de trabajo sean razonables y hayan trascurrido dos meses, como mínimo, desde el cambio. Las modificaciones no afectan al objeto de la prestación de las funciones sino al modo, que en lo esencial permanecen inalterables si bien deben de ser efectuadas con los nuevos medios técnicos introducidos. La falta de adaptación tiene que producirse en el puesto de trabajo del trabajador afectado y no en la categoría que ostente[1630].

Si es prácticamente imposible que el empleado adquiera los conocimientos demandados en el periodo reseñado, no podrá alegarse por la empresa esta causa, pues de otra manera serviría para crear un despropósito de indefensión respecto a la persona trabajadora, si pudiese interpretarse que este plazo de dos meses es simplemente del transcurso del tiempo, sin una referencia específica a que sea plazo suficiente para adquirir

---

1628 Art. 7 IX CC del grupo Unide (BOE núm. 145, de 18 de junio de 2022).

1629 STSJ Andalucía, Sevilla, de 12 de noviembre de 2002 (rec. 2799/2002).

1630 STSJ Castilla y León, Burgos, de 28 de septiembre de 2011 (rec. 516/2011).

la cualificación de la nueva técnica que requiere el empresario[1631]. Los convenios colectivos podrían ampliar el plazo mínimo exigido por la Ley o al menos puntualizar objetivos formativos claros y plausibles.

El supuesto resolutorio no abarca los supuestos de realización de funciones distintas de las habituales como consecuencia de la movilidad funcional. Tal es el caso de una empleada que no logró adaptarse a sus nuevas funciones, pues tenía que manejar un programa informático. A pesar de la formación recibida, no fue capaz de familiarizarse con los requerimientos técnicos solicitados, provocando quejas de los clientes; no obstante, no puede invocarse causa de despido objetivo de ineptitud sobrevenida o de falta de adaptación en los supuestos de realización de funciones distintas de las habituales como consecuencia de la movilidad funcional y así había sucedido.

Igualmente improcedente se declaró el despido de una auxiliar administrativo, en tanto no se había acreditado debidamente la falta de adaptación alegada. El órgano juzgador consideró que concurría más bien una falta de interés o de voluntad, que podía dar lugar a otro tipo de consecuencias que no fueron debatidas en el procedimiento. No es correcto finalizar la relación laboral por no saber manejar correctamente las tablas Excel cuando esta tarea la venían realizando anteriormente titulados superiores[1632].

Por otro lado, el no superar la puntuación fijada en los cursillos no es elemento decisivo para considerar que el afectado no se ha adaptado a las modificaciones técnicas operadas en su puesto de trabajo, de las que no constan las diferencias con el anterior desempeño, ni se ha descrito detalladamente en que

---

1631 STSJ País Vasco, de 20 de septiembre de 2001 (rec. 1380/2001).

1632 STSJ Castilla y León, Valladolid, de 1 de octubre de 2008 (rec. 1024/2008).

ha consistido su falta de adaptación, soltura, su menor capacidad de trabajo y aptitud[1633].

Tampoco prospera la pretensión de la empleadora de despedir a uno de sus profesores por la falta de desenvolvimiento ante los alumnos en las prácticas de estudio de TV, en las prácticas desarrolladas con cámaras ENG y con los equipos de edición que se usan para impartir su asignatura. Efectivamente el actor, aunque tenía conocimientos técnicos para manejar los equipos significados, y cuya tecnología no ha cambiado, no sabe manipularlos, pero tal circunstancia no es sobrevenida, habida cuenta que no impartía la parte práctica de la asignatura, sino la teórica o técnica[1634].

Aun cuando se constante la falta de adaptación, no procede la resolución si la misma fue consentida por la empresa que solo ante las quejas reacciona. No dio formación hasta mucho tiempo después, cuando ya había decidido extinguir un puesto, de modo que no puede alegar falta de adaptación; dicha causa ya no puede ser utilizada para justificar el despido; en todo caso, podría aducirse la ineptitud sobrevenida[1635].

En cambio, se estima el despido de un trabajador que no se adaptó a las nuevas técnicas, consistentes en una serie de herramientas informáticas a utilizar. No sabía enviar un correo electrónico ni manejar el ordenador con la destreza adecuada; datos muy relevantes ya que la gestión encomendada se llevaba a cabo informáticamente. La empresa le dio la formación necesaria, sin que formulara alguna queja sobre su insuficiencia o su impropio contenido y, a pesar de su interés en el aprendizaje, la adaptación no fue posible[1636].

1633 STSJ Madrid, de 9 de enero de 2014 (rec. 1609/2013).

1634 STSJ Madrid, de 27 de abril de 2004 (rec. 6086/2003).

1635 STSJ Galicia, de13 de noviembre de 2018 (rec. 2825/2018).

1636 STSJ Madrid, de 28 de enero de 2014 (rec. 2058/2013).

Para concluir, parece especialmente acertada la obligación empresarial de impartir a los trabajadores la formación para el adecuado desarrollo de su actividad cuando se produzcan cambios en los medios o tecnologías utilizadas. Ello posibilita la adaptación a los cambios en la prestación de servicios, si bien resulta aconsejable que la negociación colectiva se encargue de articular planes de capacitación en horario laboral para que las personas trabajadoras puedan adquirir competencias digitales. Al mismo tiempo, los convenios pueden fijar un plazo más generoso que el concedido por la norma para la asimilación del cambio tecnológico, así como los tiempos de implantación.

7. LAS PREVISIONES CUANDO LA PÉRDIDA DEL EMPLEO DEVIENE INEVITABLE

Los arts. 51 y 52.c) ET contemplan la posibilidad de llevar a cabo un despido motivado por causas directamente relacionadas con el funcionamiento de la empresa. La normativa distingue, por una parte, las llamadas causas económicas; y por otra, las llamadas causas técnicas, organizativas o de producción. Las razones técnicas tratan de posibilitar la incorporación de tecnologías destinadas a sustituir métodos y procesos de trabajo desfasados y faltos de competitividad por otros más modernos, por cuanto están vinculadas a la obsolescencia de las máquinas y medios de producción en los puestos de trabajo[1637].

La modificación pretendida puede obedecer a la vejez o inutilidad total o parcial

de los medios de producción, y al interés de incorporar nuevos métodos o maquinarias, no en vano la robótica o los pro-

[1637] POQUET CATALÁ, R.: "Cuarta revolución industrial, automatización y afectación sobre la continuidad de la relación laboral", *Ars Iuris Salmanticensis,* Vol. 8, núm. 1, 2020, pág. 175

cesos de digitalización imponen profundas transformaciones estratégicas y la mano de obra pude sufrir esos cambios. Lamentablemente, "falta todavía por incorporar como contenido propio y necesario (al menos a nivel supraempresarial) mecanismos dirigidos a evitar (o al menos paliar) los despidos tecnológicos (individuales, plurales o colectivos)", tales como indemnizaciones más beneficiosas o periodos de adaptación[1638].

En un ámbito tan sensible como es la pérdida del empleo, los agentes sociales deberían hacer un esfuerzo por aquilatar los mecanismos capaces de aliviar las consecuencias para los afectados. A este respecto, se reconoce la prioridad de permanencia de los representantes de los trabajadores en la empresa o centro de trabajo, respecto a las demás personas, en los supuestos de extinción de contratos por causas tecnológicas durante el periodo de ejercicio de sus funciones y año siguiente al de expiración de su mandato[1639]. Otras cláusulas disponen que

---

1638 Álvarez Cuesta, H.: "Buenas prácticas convencionales frente a despidos por causas tecnológicas", *Documentación Laboral*, Vol. 2, núm. 123, 2021, págs. 78 y 80.

1639 Art. 99 (BOE núm. 52, de 2 de marzo de 2021); art. 29 II CC de la Sociedad Anónima de Electrónica Submarina (BOE núm. 154, de 29 de junio de 2023); art. 112 II CC de Nortegas (BOE núm. 28, de 1 de febrero de 2024); arts. 25 y 26 V CC del Grupo de Empresas Groundforce (BOE núm. 8, de 9 de enero de 2024); art. 59 CC del Grupo Cetelem (BOE núm. 77, de 31 de marzo de 2023); art. 33 VI CC para el Grupo Maxam (BOE núm. 77, de 31 de marzo de 2023); art. 34 CC de Bellota Herramientas, SLU, y Bellota Agrisolutions, SLU (BOE núm. 22, de 26 de enero de 2023); art. 21 CC de Trabajo de Oficinas y Despachos para la Comunidad Autónoma de Extremadura (DOE Extremadura núm. 110, de 9 de junio de 2022); art. 39 CC del sector de Pizarras de la Comunidad de Castilla y León (BOCYL núm. 30, de 14 de febrero de 2023); art. 39 CC del sector del transporte de enfermos y accidentados en ambulancia de la Comunidad Autónoma de Canarias (BOC núm. 90, de 13 de mayo de 2019); art. 74 VII CC general de ámbito nacional del sector de

mediante pacto entre partes podrá establecerse la preferencia en favor de otros colectivos tales como trabajadores con cargas familiares, personas con discapacidad o bien mayores[1640]. Dicha transcripción de la norma no posee la debida precisión que merece la protección de quienes son más vulnerables a la reconversión tecnológica, en particular, y la extinción de su vínculo contractual, en general.

Del mismo modo, en caso de ser necesaria la reestructuración de actividades que tengan incidencia directa sobre el volumen de empleo, ninguna persona trabajadora de las mismas será adscrita con carácter forzoso, sin previo acuerdo con la representación de las personas trabajadoras[1641].

Cabe mencionar, además un convenio que incluye el derecho y la obligación a la subrogación cuando por motivos tecnológicos, medio ambientales, o de cualquier otra índole, se cierre una instalación y entre en funcionamiento otra nueva, independientemente de que la administración que contrate sea diferente a la que contrató la antigua instalación, o de que la nueva asuma, además del servicio que prestaba la antigua, los de otras instalaciones o servicios que no se prestaban[1642].

Por último, una iniciativa positiva es la apostar por la Responsabilidad Social Corporativa como uno de los objetivos es-

---

aparcamientos y garajes (BOE núm. 120, de 17 de mayo de 2024); o art. 96 III CC del Grupo Acciona Energía (BOE núm. 123, de 21 de mayo de 2024).

1640 Art. 18 XII CC de Salas de Juego Orenes Grupo (BOE núm. 187, de 7 de agosto de 2023).

1641 Art. 12 III CC de Telefónica de España, SAU; Telefónica Móviles España, SAU y Telefónica Soluciones de Informática y Comunicaciones, SAU (BOE núm. 52, de 28 de febrero de 2024).

1642 Art. 57 CC del Sector del Ciclo Integral del Agua de la provincia de Zamora para los años 2021, 2022, 2023 y 2024 (BOP Zamora núm. 131, de 11 de noviembre de 2022).

tratégicos de las entidades. Un marco estratégico de empresa sostenible tiene por objetivo contribuir, a través de la tecnología, los productos y los servicios digitales, al crecimiento económico, a la igualdad de oportunidades y a fortalecer las capacidades de personas y organizaciones[1643]. Por una parte, se desarrollan actividades derivadas del compromiso con el comportamiento ético, responsable y transparente en las relaciones con las personas trabajadoras. En este ámbito se incluyen aspectos tales como el despliegue, operación y mantenimiento de las instalaciones de forma respetuosa con el medio ambiente, y la protección de los derechos y libertades digitales relacionados con temas tales como la privacidad y protección de datos, la propiedad intelectual, y el uso seguro y responsable de los sistemas. En concreto, destaca el compromiso a tener una sensibilidad especial para los colectivos vulnerables, como las personas trabajadoras de mayor edad, en los procesos de adecuación de plantilla que pudieran producirse. Por otra parte, el marco estratégico incluye la consecución de una serie de propósitos asociados a los beneficios socioeconómicos derivados del uso del potencial transformador de la tecnología, en línea con la aplicación de los conceptos de innovación sostenible para proporcionar respuesta a los retos sociales o ambientales al mismo tiempo que se genera valor para las empresas. En este grupo de actividades se contemplan iniciativas tales como el fomento de la diversidad e igualdad de oportunidades o la potenciación de habilidades para el empleo.

8. REFLEXIÓN FINAL

La aplicación de los sistemas de IA en el lugar de trabajo puede derivar en la automatización de las tareas realizadas

---

[1643] Art. 42 II CC del Grupo Vodafone España (BOE núm. 34, de 9 de febrero de 2021).

por las personas trabajadoras o en la mecanización de las funciones de gestión, denominado "gestión algorítmica". El uso de algoritmos no conduce necesariamente a despidos, pues la tecnología sirve para complementar la mano de obra humana. De hecho, la pérdida o aumento del empleo dependerá de la importancia de las funciones automatizadas para la ocupación, de cómo se integren las innovaciones técnicas en los procesos de trabajo y el compromiso del empleador por retener el talento humano que, además, han de realizar o supervisar algunas labores.

A medida que la transición digital transforma las ocupaciones, es crucial contar con una plantilla dotada de las competencias necesarias en aprendizaje automático, ciencia de datos y ética de la IA. En consecuencia, la formación profesional constituye un objetivo compartido por empresarios y trabajadores y viene siendo objeto de atención especial por las organizaciones empresariales y sindicales en el marco de la negociación colectiva. Esta formación mejora también la adaptación del personal a los cambios producidos en la empresa o sector, motivados tanto por procesos de innovación tecnológica como por nuevas formas de organización de trabajo, contribuyendo con la capacitación continua a propiciar el desarrollo y la innovación de la actividad. El reciclaje a todos los niveles de las personas trabajadoras contribuye a la mejora de sus condiciones de trabajo, a la estabilidad en el empleo y a su promoción profesional y personal.

Ante el desafío común de la transformación digital en el mundo laboral, los convenios colectivos deberían apostar por la inversión en competencias digitales y en su actualización; la colaboración entre empresas, personas trabajadoras y sus representantes para abordar temas como las aptitudes, la organización del trabajo y las condiciones laborales; promover un enfoque orientado en las personas, en particular, sobre el uso de sistemas de Inteligencia Artificial seguros y transparentes; reforzar los derechos individuales y colectivos en el ámbito de la gestión algorítmica; incorporar, en su caso, las auditorias en el diseño de los algoritmos; minimizar el impacto en el empleo en caso de abordar una reestructuración debida a razones técnicas, conectar los mecanismos de flexibilidad interna con la causa tecnológica en mayor detalle; prohibir cualquier medida que pueda resultar en una discriminación directa o indirecta por cuestión de género o cualquier otra condición personal o social, a fin de asegurar la igualdad de condiciones en el acceso y uso de dispositivos digitales, así como en el mantenimiento del empleo; en fin, fomentar la Responsabilidad Social Corporativa.

9. BIBLIOGRAFÍA

Álvarez Cuesta, H.: "Buenas prácticas convencionales frente a despidos por causas tecnológicas", *Documentación Laboral,* Vol. 2, núm. 123, 2021.

AUTOR, D.H: "Why are there still so many jobs? The history and future of workplace automation," *Journal of Economic Perspectives,* Vol. 29, núm. 3, 2015.

Bender, E.M. *et al.*: "On the Dangers of Stochastic Parrots: Can Language Models Be Too Big?", en *Proceedings of the 2021 ACM Conference on Fairness, Accountability, and Transparency (FAccT '21),* New York (Association for Computing Machinery), 2021.

CASTILLO PARRILLA, J.A. *et al*: "Comentarios y propuestas de modificación a la Carta de Derecho Digitales", *Grupo de trabajo Área de Privacidad y Derechos OdiseIA, Observatorio del Impacto Social y Ético de la Inteligencia Artificial,* diciembre de 2020, disponible en: https://www.dropbox.com/scl/fi/gguvg5ruy971mxdorz9yj/consultaOdiseIAv6.pdf?rlkey=7s22yz55m4yy0nf44awm7zyq0&e=1&dl=0

CASTILLO PARRILLA, J.A.: "Sentencia del Tribunal Ordinario de Bolonia de 31 de diciembre de 2020 (Caso Deliveroo) ¿Discriminación algorítmica o discriminación a través de un algoritmo?", *Derecho Digital e Innovación, Digital Law and Innovation Review,* núm. 7, 2020.

COMISIÓN EUROPEA: *The Impact of the Digital Transformation on EU Labour Markets,* Luxemburgo (Publications Office of the European Union), 2019.

Fernández Fernández, R.: *Selección de trabajadores y algoritmos: desafíos ante las nuevas formas de reclutamiento*, Navarra (Aranzadi), 2022.

FUNDACIÓN TELEFÓNICA, "Sociedad Digital en España", 2018, disponible en: https://www.fundaciontelefonica.com/noticias/sociedad-de-la-informacion-presentacion-2018/

GMYREK, P.; BERG, J. y BESCOND, D.: *Generative AI and jobs: A global analysis of potential effects on job quantity and quality*, ILO Working Paper 96, Genova (ILO), 2023.

GONZÁLEZ-POSADA MARTÍNEZ, E.: "La flexibilidad y el círculo interior de las organizaciones productivas", *Revista Crítica de Relaciones de Trabajo, Laborum*, núm. 2, 2022.

LAZCOZ MORATINOS, G. y CASTILLO PARRILLA, J.A.: "Valoración algorítmica ante los derechos humanos y el Reglamento General de Protección de Datos: el caso SyRI", *Revista Chilena de Derecho y Tecnología*, núm. 1, 2020.

Lee, M.K; Kusbit, D.; Metsky, E. y Dabbish, L.: "Working with Machines: The Impact of Algorithmic and Data-Driven Management on Human Workers", en *Proceedings of the 33rd Annual ACM Conference on Human Factors in Computing* Systems (CHI '15), New York (Association for Computing Machinery), 2015.

MINISTERIO DE ASUNTOS ECONÓMICOS Y TRANSFORMACIÓN DIGITAL: "Estrategia Nacional de Inteligencia Artificial", noviembre 2020, disponible en: https://www.lamoncloa.gob.es/presidente/actividades/Documents/2020/ENIA2B.pdf

Ministerio de Trabajo y Economía Social: "Información algorítmica en el ámbito laboral", *Guía práctica y herramienta sobre la obligación empresarial de información sobre el uso de algoritmos en el ámbito laboral*, mayo 2022, disponible en: https://www.uv.es/ceconomiacol/descarregues/MITES_Info_algortca_laboral_arte_final.pdf.

POQUET CATALÁ, R.: "Cuarta revolución industrial, automatización y afectación sobre la continuidad de la relación laboral", *Ars Iuris Salmanticensis*, Vol. 8, núm. 1, 2020.

Rojo Torrecilla, E.: "La reforma laboral de 2021. Negociación colectiva, flexibilidad interna y subcontratación", *Revista de Trabajo y Seguridad Social (CEF)*, núm. 467, 2022.

SÁINZ, M. *et al.*: *Mujeres y digitalización. De las brechas a los algoritmos*, Madrid (Instituto de la Mujer y Ministerio de Igualdad), 2020.